教育部高等学校文科计算机基础教学指导分委员会立项教材
数据挖掘与人工智能在会计、金融领域的理论创新及应用研究 编号：18PT02
全国高等院校计算机基础教育研究会项目 编号：2019-AFCEC-100
教育部2018年第二批产学合作协同育人项目（“智能会计运营”特色课程） 编号：201802366005

互联网+制造企业信息化应用微课系列教程

丛书主编 李吉梅

企业成本管理与供应链应用

——基于用友ERP产品微课教程

李吉梅 刘大斌 杜美杰 主 编
王若慧 张昭君 李 康 副主编

清华大学出版社
北京

内容简介

本书从成本会计的角度设计了离散型生产制造企业的日常业务和成本会计活动，基于用友 ERP-U8 V10.1 新道版软件，将企业的物料清单管理、生产规划、购销存业务活动及相应的财务活动案例贯穿起来，使读者在虚拟场景中学会企业供应链、生产制造、成本管理和财务会计的信息化处理技能，更好地理解在信息化环境下企业管理的变革，理解企业业务流、资金流和信息流的集成性、实时性和共享性。

本书以"强化实践、培养技能"为目标，突出"利用碎片时间学习，在场景中理解业务，利用虚拟机掌握操作"的理念，因此相应的教辅网站支持微学习和无缝学习。本书不但可以作为高等院校(含高职)会计、管理、物流、电子商务、信息管理与信息系统等相关专业的成本管理类课程的教学用书，而且可以作为用友 ERP 认证系列和相关技能竞赛的实验用书，更可作为企业财务人员、业务人员、管理人员了解企业信息系统实务的参考读本和多终端个性化自适应学习的资料。

图书在版编目(CIP)数据

企业成本管理与供应链应用：基于用友 ERP 产品微课教程/李吉梅，刘大斌，杜美杰主编. —北京：清华大学出版社，2020.2

互联网+制造企业信息化应用微课系列教程

ISBN 978-7-302-52342-0

Ⅰ. ①企…　Ⅱ. ①李…②刘…③杜…　Ⅲ. ①企业管理—成本管理—计算机管理系统—教材②企业管理—供应链管理—计算机管理系统—教材　Ⅳ. ①F275.3-39②F274-39

中国版本图书馆 CIP 数据核字(2019)第 034667 号

责任编辑：汪汉友
封面设计：常雪影
责任校对：梁　毅
责任印制：刘海龙

出版发行：清华大学出版社
　　网　　址：http://www.tup.com.cn，http://www.wqbook.com
　　地　　址：北京清华大学学研大厦 A 座　　**邮　　编**：100084
　　社 总 机：010-62770175　　**邮　　购**：010-62786544
　　投稿与读者服务：010-62776969，c-service@tup.tsinghua.edu.cn
　　质量反馈：010-62772015，zhiliang@tup.tsinghua.edu.cn
　　课件下载：http://www.tup.com.cn，010-83470236
印 装 者：三河市铭诚印务有限公司
经　　销：全国新华书店
开　　本：185mm×260mm　　**印　　张**：27.75　　**字　　数**：668 千字
版　　次：2020 年 2 月第 1 版　　**印　　次**：2020 年 2 月第 1 次印刷
定　　价：85.00 元

产品编号：070860-01

本教材出版得到以下项目资助和支持

教育部高等学校文科计算机基础教学指导分委员会立项教材

数据挖掘与人工智能在会计、金融领域的理论创新及应用研究　编号：18PT02

全国高等院校计算机基础教育研究会项目　编号：2019-AFCEC-100

教育部2018年第二批产学合作协同育人项目（“智能会计运营”特色课程）编号：201802366005

编写委员会

序　言

本丛书是适于移动学习的互动图书，根据教育部高等教育司组织、高等学校文科计算机基础教学指导委员会编写的《高等学校文科类专业大学计算机基本要求（第 6 版，2011 年版）》有关企业信息系统（EIS）的基本要求，以及教育部高等学校管理科学与工程类学科专业教学指导委员会与国际信息系统协会中国分会课题组编制的《中国信息系统学科课程体系 2011》有关 EIS 原理及应用的教学要求编写而成。

EIS 是一种系统全面的企业资源规划（ERP）与管理的系统，它将企业的物流、资金流和信息流统一起来进行管理，对企业拥有的人力、资金、材料、设备、方法（生产技术）、信息和时间等各项资源进行综合平衡和充分考虑，最大限度地利用企业现有的资源，争取获得更大的经济效益，科学、有效地管理企业人、财、物、产、供、销等各项具体工作。目前绝大多数跨国企业、国内大中型企业都在使用或实施 EIS。用友 ERP-U8 是一款国内企业广泛使用的 EIS 软件，并有多达 2700 所高校在利用该产品进行 EIS 应用类的课程教学。

在高等教育中，应用性实践教学是巩固理论知识和加深对理论认识的有效途径，是培养具有创新意识的高素质工程技术人员的重要环节，是理论联系实际、培养学生掌握科学方法和提高动手能力的重要平台。我国在《国家中长期人才发展规划纲要（2010—2020 年）》《国家中长期教育改革和发展规划纲要（2010—2020 年）》以及《教育部、财政部关于“十二五”期间实施“高等学校本科教学质量与教学改革工程”的意见（教高[2011]6 号）》中，明确指出要“大力加强实验、实践教学改革”“以强化实践教学为重点，整合各类实验实践教学资源”，所以本系列教程强调实践性和软件应用性，进行基于用友 ERP-U8 的企业业务信息化处理。

为帮助学生理解企业业务以及业务与软件操作之间的关系，本系列教程模拟现代商业社会环境中企业的经营与管理，对典型业务进行了虚拟场景设计。

随着移动互联网的发展和泛在学习的普及，碎片化、可视化学习越来越受到大家的关注，所以本系列教程实现了互动性，将企业业务在用友 ERP-U8 中的应用操作，按知识点和业务场景录制了微视频。

总之，本丛书突出“利用碎片时间学习，在场景中理解业务，利用虚拟机掌握操作”的理念，以“强化实践实训、突出技能培养”为目标，将企业经营活动的业务，先以情景剧的形式体现，然后在业务分析和知识点讲解的基础上，以用友 ERP-U8 为工具，进行处理方法和操作流程的讲解，并给出了相应的操作录屏（10 分钟以内的微视频），使读者可以在虚拟现实中可视化地学会使用信息化手段处理企业业务的技能，更深入地理解企业的业务流、资金流和信息流的集成性、实时性和共享性的内涵。

本系列教程的教辅网站支持学员的微学习、无缝学习和自适应学习，支持教师的在线开课和学习管理。

丛书编委会

前　言

本书是以工业企业的成本管理、生产规划、日常供应链活动及相应的财务活动为原型设计的，将企业的生产、供应链和成本管理的典型业务活动案例贯穿始终，重点讲解在信息化管理环境下，工业企业成本管理和供应链典型业务在用友 ERP-U8 V10.1 中的处理方法和处理流程，涉及物料清单、主生产计划、需求计划、生产订单、成本管理、采购、销售、库存、存货核算、薪资管理、固定资产、应收、应付和总账等功能模块。

由于用友 ERP-U8 体现了业务流程的思想，在进行各项任务的信息化处理时，会涉及多个模块和多项功能命令的使用，所以本书模拟现代商业社会环境中企业的经营与管理，对成本管理和供应链典型业务进行了虚拟场景设计，并将企业业务在用友 ERP-U8 中的应用操作，按知识点和业务场景录制了微视频，以分解业务处理流程和降低学习难度。

本书的微视频，全部按业务流程和虚拟场景的顺序存放在教学网站上。教辅网站支持无缝学习和微学习，学员可在网站上自主地选择学习或通过搜索知识点进行精准学习，以及参加教师的课程进行系统学习；教师可基于本书的在线资料和微视频，进行在线教学、课程管理和学员的学习管理等。

为了更好地支持教与学活动和移动学习，本书还提供了可在计算机上运行的配套实验环境和按章存放的账套备份文件，以提高读者的实验环境搭建效率和业务操作的效率与效果。

本书共 13 章，前 4 章主要讲解实验环境的搭建、案例企业的管理体系与制度、案例企业的基础档案(含物料清单)和案例企业对用友 ERP-U8 中各个业务模块的初始设置，第 5 章是普通销售与产品预测，第 6 章是生产规划，第 7 章是采购与应付业务，第 8 章是生产管理，第 9 章是销售特殊业务，第 10 章是存货核算与财务会计，第 11 章是成本管理，第 12 章是会计月末处理，第 13 章是综合实验，用于检验学生对第 5～12 章所学业务操作的掌握情况。

本书在每章开头给出本章概要、授课时间建议，以及实验目的与要求，并在理论知识较多的章节中，增加“预备知识”部分。例如，在第 3 章中增加“3.1 预备知识”，讲解生产过程和生产类型、供应量与需求量定义，生产制造相关术语、存货基本术语、存货计划相关术语等。

本书中的供应链业务和虚拟场景设计，按岗位分工进行，但在操作时以账套主管的身份进行，以降低学习难度。本书共设计了 9 个岗位(即场景中的人物)，包括账套主管、财务主管、管理会计、财务会计、出纳、采购主管、销售主管、仓库主管、生产主管，以仿真企业实际。

本书的主体写作模式为业务概述与分析、虚拟业务场景和操作指导。下面，以 5.1 节[先发货后开票(有代垫运费)业务]为例进行说明。其业务描述为：

2017 年 4 月 1 日，销售部赵飞与光明公司签订销售合同(合同编号 XS001，相应单据可参见图 5-1)，出售高端低度老花镜 100 副(无税单价 420 元)、普通低度老花镜 500 副(无税单价 180 元)，增值税 17%，货到 30 天之内结清货款。本公司当日发货，并用现金代垫运费 1110 元。光明公司当日收到货物并确认合格后，本公司开具货款的增值税发票(票号为

88170401，价税合计 154440 元，相应单据可参见图 5-2），货款发票和运费发票随后寄出，款项尚未收到。

5.1 节的业务分析：本笔业务是一次销售全部发货出库的先发货后开票业务，还涉及代垫运费的处理，需要填制并审核销售订单和发货单，审核出库单，填制并复核销售发票，填制并审核代垫费用，销售成本结转、销售应收确认和代垫运费的应收确认。

5.1 节的虚拟业务场景中包括人物设计[例如赵飞（销售部主管）、刘欣（光明公司采购部）、李莉（仓库主管）、张兰（财务部会计）、罗迪（财务部出纳）、曾志伟（财务主管）]，场景事件（例如“场景 1：与光明公司签订亮康老花镜的销售合同，填制并审核销售订单”），以及对话设计如下所示。

（光明公司采购部打来电话）

赵飞：喂，您好，这里是亮康公司销售部。

刘欣：您好！我是光明公司采购部的采购员。我们想订购老花镜，请问：你们的眼镜价格和质量怎么样？

赵飞：眼镜的质量没有问题，高端低度老花镜无税单价为 420 元，普通低度老花镜无税单价为 180 元。

刘欣：那我们订高端低度老花镜 100 副和普通低度老花镜 500 副，今天就要货，运费可自付。

赵飞：（现存量查询之后……）好的，我们先代垫运费，共 1110 元，合作愉快！

（赵飞填制并审核销售订单……）

操作指导中，首先给出本笔业务的操作流程图，然后按场景给出微视频所在的网页地址、二维码、操作任务说明和相应的操作步骤。以 5.1 节的场景 1 为例，其相关内容如下所示。

场景 1 的操作步骤

操作时间：确认系统日期和业务日期为 2017 年 4 月 1 日。

视频观看：手机扫描二维码即可观看相关操作。

任务说明：销售主管赵飞填制与审核销售订单。

操作步骤如下：

（1）打开“销售订单”页签。登录“企业应用平台”，在“业务导航视图”的“业务工作”导航条中选中“供应链”|“销售管理”|“销售订货”|“销售订单”，打开“销售订单”页签。

（2）编辑销售订单。单击工具栏中的“增加”按钮，新增一张销售订单，并做如下编辑。

① 编辑表头。修改“订单号”为“XS001”，“客户简称”为“光明公司”，“销售部门”为“销售部”，“业务员”为“赵飞”，“备注”为“销售老花镜有代垫运费”，其他项默认。

② 编辑表体。在第 1 行参照生成“存货名称”为“高端低度老花镜”，编辑“数量”为“100”，“无税单价”为“420”元；第 2 行参照生成“存货名称”为“普通低度老花镜”，编辑“数量”为“500”，“无税单价”为“180”元；其他项默认。

由上可知，针对每个操作步骤，本书不仅给出了详细的描述，还提炼了主要功能或目标（例如打开“……”窗口、保存、审核、退出），以利于读者快速了解本步骤的目标。

另外，为便于初学者了解各种电子单据的操作，本书在每种单据首次被使用时，都会给出提示，以说明该种单据的可操作类型和操作限制。

总之，本书突出“利用碎片时间学习，在场景中理解业务，利用虚拟机掌握操作”的理念，以“强化实践实训、突出技能培养”为目标，注重提高读者的使用效率与效果。

本书的授课时间建议 48～72 课时，业余时间与课堂的学时比例至少为 2∶1，建议进行混合模式教学，即学生业余时间通过微视频学习操作，课堂进行理论讲解、实操经验交流和完成实验报告。

本书由李吉梅、刘大斌、杜美杰担任主编，王若慧、张昭君、李康担任副主编，参与本书编写的还有赵慧周、李丛、张忠伟等，全书最后由李吉梅统稿和审定。

本书获“数据挖掘与人工智能在会计、金融领域的理论创新及应用研究”（编号 18PT02）、全国高等院校计算机基础教育研究会项目（编号 2019-AFCEC-100）和教育部 2018 年第二批产学合作协同育人项目（“智能会计运营”特色课程）（编号 201802366005）的资助。此外，本书的编写得到新道科技股份有限公司的技术支持与帮助，在此表示感谢！

书中难免会有不妥之处，敬请同行与读者不吝指正。

李吉梅

2019 年 12 月于北京

教辅资料与网站说明

欢迎使用《企业成本管理与供应链应用——基于用友 ERP 产品微课教程》!

本书的作者在百度网盘空间中,存放并共享了实验环境用友 ERP-U8 V10.1 新道教学版的虚拟机软件和数据文件(网盘地址:https://pan.baidu.com/s/1kWTtuaN,密码:rn89),教学课件、案例企业的数据账套,以及业务操作的微视频访问说明等(网盘地址:https://pan.baidu.com/s/1eSxB2uQ,密码:pxsn)。

另外,本书的教辅网站(网站地址:http://mdwx.mdmuke.com/course/view.php?id=45),支持微学习和无缝学习,支持教师在线开课和教师间的资料共享,以及学员多终端的在线个性化学习与交流。

1. 用友 ERP-U8 V10.1 实验环境

本书中的实验操作是在用友 ERP-U8 V10.1 新道教学版软件中实现的,即必须有实验环境才能进行实验操作。该实验环境可以用以下两种方式搭建:

- 安装用友 ERP-U8 V10.1 新道教学版软件。
- 安装虚拟机软件,然后在虚拟机中导入用友 ERP-U8 V10.1 新道教学版的数据文件。

一般学校的用友 ERP 实验室中教学用机上都安装有此软件,安装方法在此不再赘述。若需要在个人计算机上使用,因用友 ERP-U8 V10.1 的安装步骤和所需要的组件较多,而且对计算机上的其他软件限制较多,所以本书给出了利用虚拟机软件搭建实验环境的方法(详见第 1 章),百度网盘空间中的"seentao101 虚拟机"文件夹中包括以下 3 个文件:

- VirtualBox.exe 虚拟机软件,V5.0.16 绿色版。
- VirtualBoxHelp.pdf 虚拟机软件的安装说明和帮助手册。
- seentao101.ova 用友 ERP-U8 V10.1 新道教学版的虚拟机数据文件。

2. 数据账套使用方法

百度网盘空间中的"实验账套数据"文件夹中,账套备份文件均为压缩文件。

使用前,需要首先将相应的压缩文件从网盘中下载到本地硬盘上,再用解压缩工具进行解压(建议用 WinRAR 3.42 或以上版本),得到相应可以引用的账套数据文件。

例如,可以在做实验前引入相应的账套,然后在引入的账套上进行业务操作;或者将实验的结果与备份账套核对,以验证实验的正确性。

3. 微视频观看方法

本书配套的微视频,均存放在北京神州明灯教育科技有限公司和合一集团(优酷土豆股份有限公司)网站上,相应的访问说明请参见百度网盘中的"微视频访问说明.doc"和"如何获取与管理账号.doc"。

目　录

第 1 章　实验环境的搭建与建账

用友 ERP-U8 提供了覆盖企业各个经营及管理环节、高颗粒度的应用方案及产品，包括供应链管理、生产制造、财务管理、企业协同、产品生命周期管理、客户关系管理、人力资源管理、成本管理、资金管理、商业分析和移动应用等。

用友 ERP-U8 是成长型企业互联网应用的平台架构，为成长型企业提供了 12 种互联网应用模式，包括营销服务一体化、电子商务、供应链协同、设计制造一体化、精益生产、精细管控、人力资源、办公协同、移动应用、大数据分析、社交化协同和云服务等。

本书是在用友 ERP-U8 V10.1 新道教学版中操作的，所以必须要有实验环境才能完成本书中的实验任务。该实验环境可以有两种方式搭建，一是安装用友 ERP-U8 V10.1 新道教学版软件；二是安装虚拟机软件，然后在虚拟机软件中导入用友 ERP-U8 V10.1 新道教学版的数据文件，以虚拟电脑的方式运行。

由于在一般学校的用友 ERP 实验室中，教学用机上都安装有用友 ERP-U8 V10.1 软件，其安装步骤不再赘述。若需要在个人计算机上使用，因用友 ERP-U8 V10.1 的安装步骤和所需要的组件较多，对计算机上其他的软件有较多限制，所以本章 1.1.1 节将给出利用虚拟机软件 VirtualBox 搭建实验环境的方法和相应数据文件所在的网盘地址。

用友 ERP-U8 是由多个子产品组成的，由于这些子产品是为企业、事业单位或独立核算部门等同一个主体的不同层面服务的，因此就要求这些子产品具备如下特点：

(1) 具备公用的基础信息。

(2) 操作员和操作权限集中管理，并且进行角色的集中管理。

(3) 业务数据共用一个数据库。共用的这个数据库在用友 ERP-U8 中被称为账套。在 1.1.2 节，将对账套、角色、权限等名词进行解释；在 1.2 节和 1.3 节，将简介本书中用友 ERP-U8 的服务主体(北京亮康眼镜有限公司)及其权限体系和公用基础信息。

本章实验操作完成的账套备份压缩文件(01 新建账套. rar)，存放在百度网盘空间的“实验账套数据”文件夹中(网盘地址：https://pan.baidu.com/s/1eSxB2uQ，密码：pxsn)，可随时下载和参照使用。

本章建议的授课时间，理论课为 2～4 学时，实验课为 2 学时。若课时不足，可跳过本章实验，其中理论部分主要讲解账套、权限等基本概念，案例企业的基本情况和管理体制，系统管理的功能等，内容可参见 1.1～1.3 节的相关讲解和本书配套的课件。本章的实验目的与要求如下：

(1) 搭建用友 ERP-U8 实验环境。

(2) 学会“系统管理”的启动与退出。

(3) 学会创建企业账套。

(4) 掌握编辑操作员功能权限与数据权限的操作。

(5) 了解账套的自动备份。

(6) 掌握账套的输出与引入。

(7) 学会查阅操作结果。

1.1 实验准备与预备知识

用友(集团)成立于1988年,是亚太地区领先的软件、云服务、金融服务提供商,是中国最大的ERP、CRM、人力资源管理、商业分析、内审、小微企业管理软件和财政、汽车、烟草等行业应用解决方案提供商,网址为 http://www.yonyou.com。

截至2014年,中国及亚太地区超过220万家企业与公共组织,通过使用用友企业应用软件、企业互联网服务及互联网金融服务,实现了精细管理、敏捷经营和商业创新。其中,中国500强企业超过60%是用友的客户。

用友公司的软件有面向大型企业的用友NC6、用友ERP-U9、用友HCM和电商通等,面向中型及成长型企业的用友ERP-U8、用友PLM、用友CRM等,以及面向小微企业的畅捷通T+、畅捷通T1、畅捷通T3和畅捷通T6。

用友ERP-U8 V10.1提供了覆盖企业各个经营及管理环节、高颗粒度的应用方案及产品,包括供应链管理、生产制造、财务管理、企业协同、产品生命周期管理、客户关系管理、人力资源管理、成本管理、资金管理、商业分析和移动应用等。

本书是以用友ERP-U8 V10.1产品的新道教学版为软件工具,设计并讲解工业企业的供应链典型活动及其相关的财务活动的。因为用友ERP-U8 V10.1的安装步骤和所需要的组件较多,对计算机上其他的软件限制较多,同时为了便于读者的移动学习,所以本书提供了利用虚拟机软件VirtualBox搭建实验环境的方法和相关文件。并在1.1.1节讲解了实验环境的搭建。相应的软件和数据文件,存放在百度网盘空间(网盘地址: https://pan.baidu.com/s/1kWTtuaN,密码: rn89),可随时下载使用。

用友ERP-U8 V10.1是由多个产品组成的可在各个产品之间实现相互联系、数据共享,共同实现财务业务一体化的管理。由于用友ERP-U8 V10.1所含的各个产品都是为同一个主体的不同层面服务的,因此就要求这些产品的业务数据必须共用一个数据库。共用的这个数据库,在用友ERP-U8 V10.1中称为账套。在1.1.2节,将对账套、角色、权限等名词进行解释。

用友ERP-U8 V10.1的操作,涉及账套管理、账套中的基础档案管理、业务数据管理等,既相互关联又相互独立,在1.1.3节给出了完整的操作流程。

本书的各个章节和业务既可以顺序完成,也可以根据需要任选业务或章节开始,在1.1.4节,给出了实验流程的设计与建议。

1.1.1 利用 VirtualBox 搭建用友 ERP-U8 实验环境

VirtualBox是一款开源的虚拟机软件,是由德国Innotek公司开发、由Sun Microsystems公司(简称Sun公司)出品的软件,在Sun公司被Oracle公司收购后正式更名为Oracle VM VirtualBox。使用者可以在VirtualBox上安装并且执行Solaris、Windows、DOS、Linux、OS/2 Warp、BSD等系统作为客户端操作系统。

1. VirtualBox 的特点

VirtualBox简单易用,可虚拟的系统包括Windows(从Windows 3.1到Windows 10、

Windows Server 2012）、Mac OS X、Linux、OpenBSD、Solaris、IBM OS2，甚至 Android 等操作系统，使用者可以在 VirtualBox 上安装并且运行上述的这些操作系统。

与同类的 VMware 及 Virtual PC 相比，VirtualBox 还包括对远端桌面协定（RDP）、iSCSI 及 USB 的支持，其主要特点如下：

（1）在主机端与客户端间建立分享文件夹（必须安装客户端驱动）；

（2）能够在主机端与客户端共享剪贴簿（必须安装客户端驱动）；

（3）无缝视窗模式（必须安装客户端驱动）；

（4）支持 64 位客户端操作系统（即使主机为 32 位的 CPU）；

（5）支持 SATA 硬盘 NCQ 技术；

（6）虚拟硬盘快照；

（7）内建远端桌面服务器，实现单机多用户；

（8）支持 VMware VMDK 磁盘文档及 Virtual PC VHD 磁盘文档格式；

（9）3D 虚拟化技术支持 OpenGL（2.1 版后支持）、Direct3D（3.0 版后支持）、WDDM（4.1 版后支持）；

（10）最多虚拟 32 颗 CPU（3.0 版后支持）；

（11）支持 VT-x 与 AMD-V 硬件虚拟化技术；

（12）支持 iSCSI；

（13）支持 USB 与 USB 2.0。

目前 VirtualBox 软件已更新到 5.2.26 正式版，本次更新后支持配置 HTTP 代理、支持快捷键重新分配，增强对各种 Linux 发行版的支持，支持 Linux kernel 4.3 内核。

2. VirtualBox 的安装

VirtualBox 的安装文件，可以从其官方网站（https://www.virtualbox.org/）下载与所用计算机（以下简称"主机"）的操作系统对应的安装文件。本书的配套资料存放于百度网盘空间中，其中也存放有 VirtualBox 的安装文件，读者可以将其复制到主机运行。

运行 VirtualBox 的安装文件，将开启一个简单的安装向导，允许用户定制 VirtualBox 特性，选择任意快捷方式并指定安装目录。

安装成功之后，桌面上会增加 Oracle VM VirtualBox 的图标，双击图标，系统将打开"Oracle VM VirtualBox 管理器"窗口。

3. 导入虚拟电脑

在 VirtualBox 中创建的虚拟电脑可以按照用户个人的应用情况进行配置。由于篇幅的限制，虚拟电脑的创建步骤，请例如参阅本书配套资料中的帮助文件，在此仅讲解虚拟电脑的导入和设置。

在导入 seentao101 虚拟电脑前，请首先将百度网盘空间（网盘地址：https://pan.baidu.com/s/1kWTtuaN，密码：rn89）中"seentao101 虚拟机"文件夹下的"seentao101.ova"下载到计算机。"seentao101.ova"数据文件，是编者通过 Oracle VM VirtualBox 管理器的"导出虚拟电脑"功能，导出的已安装了用友 ERP-U8 V10.1 新道教学版的虚拟电脑数据文件，它本身不可直接运行，但将其导入 VirtualBox 软件成功之后，便可直接使用用友 ERP-U8 V10.1 软件了。

导入虚拟电脑的操作步骤如下：

(1) 打开“Oracle VM VirtualBox 管理器”窗口。选中桌面上的“Oracle VM VirtualBox”图标,打开“Oracle VM VirtualBox 管理器”窗口,如图 1-1 所示。

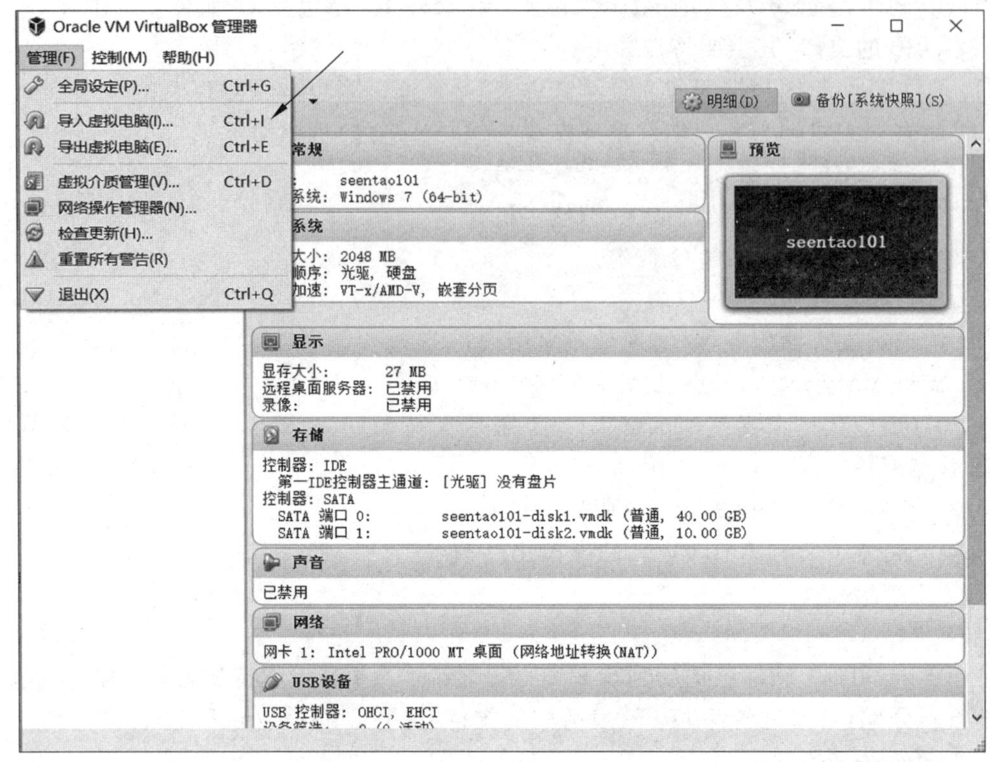

图 1-1 “Oracle VM VirtualBox 管理器”窗口

(2) 选中“管理”|“导入虚拟电脑”菜单项,弹出“要导入的虚拟电脑”对话框,浏览并找到计算机上的数据文件,例如 seentao101. ova。

(3) 单击“下一步”按钮,弹出“虚拟电脑导入设置”对话框,如图 1-2 所示,其中默认虚拟电脑的“名称”为“seentao101”,“内存”为“2048MB”,“虚拟硬盘”有两个,默认的路径为“C:\Users\lijimeiBlcu\VirtualBox VMs\seentao101\seentao101-disk1. vmdk”和“C:\Users\lijimeiBlcu\VirtualBox VMs\seentao101\seentao101-disk2. vmdk”。

(4) 设置虚拟电脑的内存。在“虚拟电脑导入设置”对话框中,选中“内存”所在行,可输入拟建虚拟电脑内存的大小。因为 VirtualBox 不支持内存过量使用,所以不能给一个虚拟电脑分配超过主机内存大小的内存值,建议分配给虚拟电脑的内存不超过计算机内存的一半,但至少为 1024MB,否则用友 ERP-U8 V10.1 无法运行。

(5) 设置“虚拟硬盘”的位置。在如图 1-2 所示的“虚拟电脑导入设置”对话框中,选中“虚拟硬盘”所在行,可修改系统默认的虚拟电脑文件存放的位置,例如可以根据计算机存储空间分布情况,设置该路径。

(6) 开始导入。单击“虚拟电脑导入设置”对话框中的“导入”按钮,弹出如图 1-3 所示的导入进度条,开始导入 seentao101 虚拟电脑。

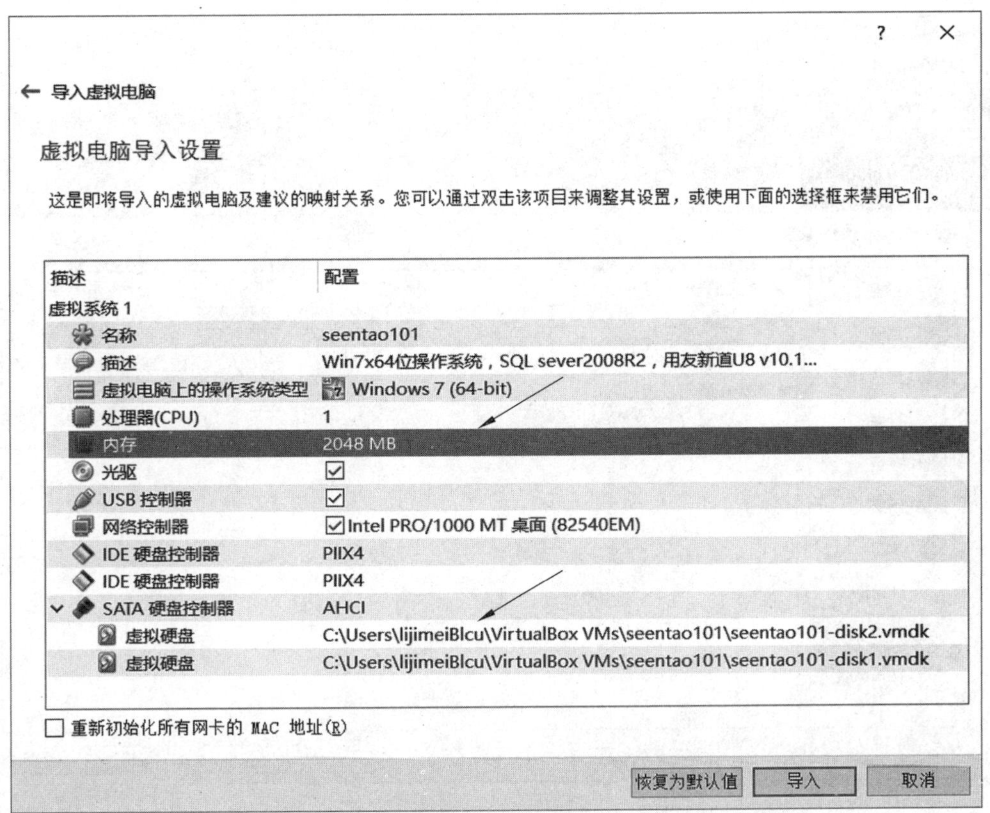

图 1-2 “虚拟电脑导入设置”对话框

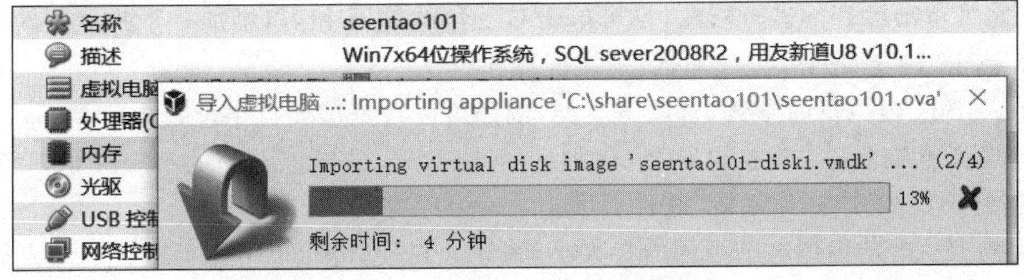

图 1-3 虚拟机导入进度条

(7) 完成。导入成功后，系统将返回“Oracle VM VirtualBox 管理器”窗口，如图 1-4 所示。

4. 设置虚拟电脑

虚拟电脑关闭时，可以编辑虚拟电脑的设置并更改硬件。虚拟电脑与主机的数据交换，最便捷的方式便是通过“共享文件夹”进行。

设置共享文件夹的操作步骤如下：

(1) 在“Oracle VM VirtualBox 管理器”窗口中，确认 seentao101 虚拟电脑处于关闭状态后，先单击左侧窗格中的“seentao101 虚拟机”，再单击工具栏中的“设置”按钮，弹出“seentao101-设置”对话框，如图 1-4 所示。

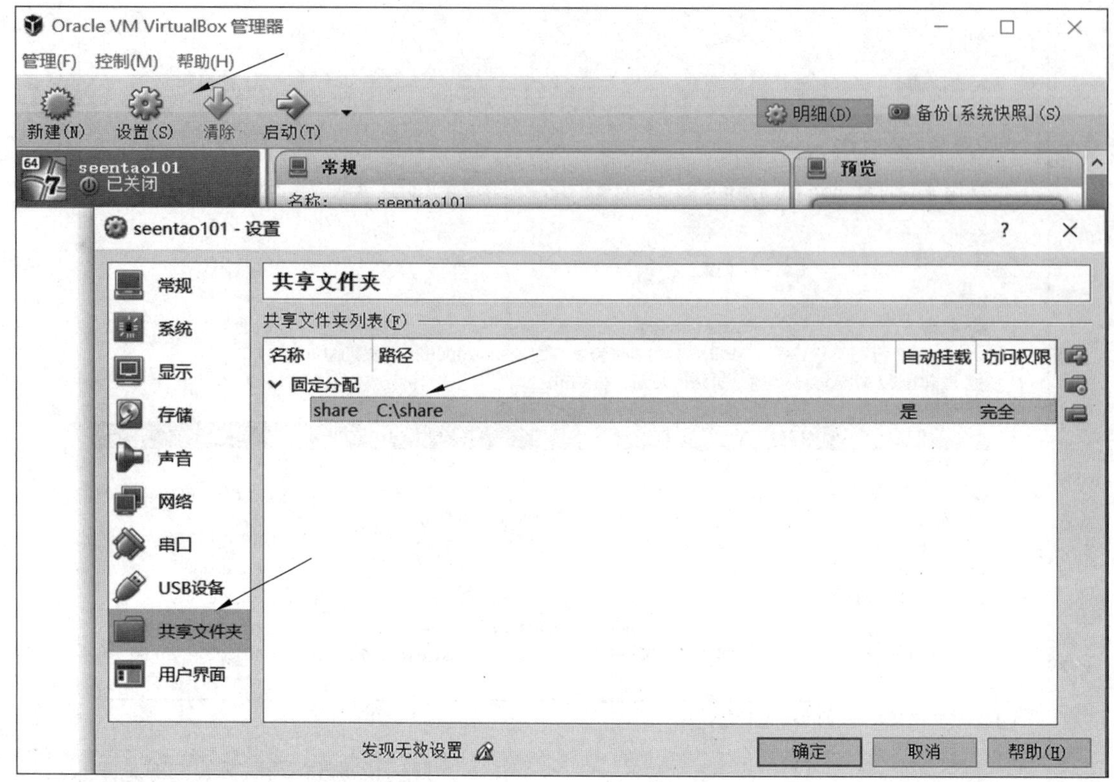

图 1-4 “seentao101-设置”对话框

(2) 在“seentao101-设置”对话框中,选中左栏的“共享文件夹”,右侧显示已有的共享文件夹,在此可单击已有的进行修改,也可单击右上角的按钮,以增加一个共享文件夹。

(3) 单击“确定”按钮,关闭对话框,完成操作。

VirtualBox 虚拟机的参数,有以下 5 类,例如可以根据需要自主设置。

(1) 虚拟电脑名称:虚拟电脑名(例如 seentao101)是虚拟电脑的唯一标识,用来区分虚拟电脑的硬件配置、操作系统、软件等数据。

(2) 内存:指定虚拟电脑可用内存大小,系统会自动分配,也可自行设置。

(3) 虚拟硬盘:选择一个虚拟硬盘作为主硬盘,也可以新建一个。

(4) 硬盘存储类型:分为动态扩展和固定大小两种,其中动态扩展类型最初只需占用非常小的物理硬盘空间,然后根据虚拟电脑的实际需求动态分配;固定大小类型就是建立时就分配指定的大小给虚拟电脑使用。后者在性能上有一定优势,但建立时间较长。

(5) 摘要:显示虚拟电脑的各项数据情况。

小贴士

在 Windows 10 系统中,在 VirtualBox 管理器中运行虚拟电脑时,若出现如图 1-5 所示的错误提示,可单击“明细”前的箭头以展开其错误说明,然后根据说明修改主机或虚拟机的相关设置,也可以单击“确定”按钮返回,再次打开就能正常开机了。若一直出现问题,可以“删除”后再次“导入虚拟电脑”。

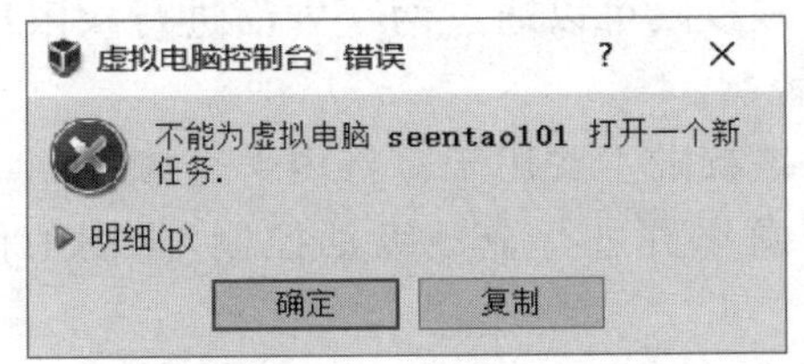

图 1-5　虚拟电脑启动时可能出现的错误提示

1.1.2　名词解释

1. 账套与账套库

在用友 ERP-U8 中,一个账套对应一个经营实体或核算单位,对于拥有多个核算单位的企业,可以拥有多个账套(最多可以拥有 999 个账套)。

用友 ERP-U8 的账套是由一个或多个账套库组成的,一个账套库含有一年或多年的使用数据。由于企业是持续经营的,因此企业的日常工作也是一个连续性的工作,用友 ERP-U8 支持在一个账套库中保存连续多年数据。从理论上讲,一个账套库可以在一个账套中一直使用下去。但是由于某些原因(例如需要调整重要基础档案、调整组织机构、调整部分业务或者一个账套库中数据过多影响业务处理性能),就需要使用新的账套库并重置一些数据,即新建账套库。

账套是账套库的上一级,账套中的某个账套库对应这个经营实体的某年度区间内的业务数据。例如,某单位建立账套"001 正式账套"后在 2016 年使用,然后在 2017 年的期初建 2017 账套库后使用,则"001 正式账套"具有两个账套库即"001 正式账套 2016 年"和"001 正式账套 2017 年";如果希望连续使用也可以不建新库,直接录入 2017 年数据,则"001 正式账套"只有一个账套库,即"001 正式账套 2016—2017 年"。

账套库的建立,是在已有账套库的基础上,通过新账套库建立,自动将老账套库的基本档案信息结转到新的账套库中。

2. 角色与权限

企业的员工,都有自己的工作权限,例如会计有据以原始单据记账、制单等的权限、采购员有填制、修改、查看、统计采购订单等的业务权限,采购主管除了具有采购员的权限外,还具有审核、弃审等管理权限。

用友 ERP-U8 支持按角色分工管理的理念。在用友 ERP-U8 中,会计、采购员、采购主管等是角色的名称。用友 ERP-U8 在定义这些角色后,也定义了角色的相应权限。

角色是指在企业管理中拥有某一类职能的组织或人员,这个角色组织可以是实际的部门,可以是由拥有同一类职能的人构成的虚拟组织。例如,实际工作中最常见的会计和出纳两个角色(他们可以是一个部门的人员,也可以不是一个部门但是工作职能是一样的角色统称),以及账套主管、系统管理员、系统安全员等。角色管理的优点是方便控制操作员权限,可以依据职能统一进行权限的划分。

用友 ERP-U8 中的权限可分为 3 类。

(1) 功能级权限管理。该权限包括各功能模块相关业务的查看和分配权限,相关操作详见 1.3.3 节。

(2) 数据级权限管理。该权限可以通过两个方面进行权限控制，一个是字段级权限控制，另一个是记录级的权限控制。

(3) 金额级权限管理。该权限主要用于完善内部金额控制，实现对具体金额数量划分级别，对不同岗位和职位的操作员进行金额级别控制，限制他们制单时可以使用的金额数量。

3. 用户(操作员)

在用友 ERP-U8 中，只有设置了具体的用户才能进行相关的操作，只有合法用户才能进入和使用 ERP 系统。用户也称为操作员，用友 ERP-U8 的用户(操作员)类似于 Windows 系统的用户，在用户进行登录操作时，系统要进行相关的合法性检查。

在用友 ERP-U8 中设置角色后，可以定义角色的权限。如果用户归属此角色，则同时拥有该角色相应的权限。

用户和角色的设置可以不分先后顺序，但如果需要自动传递权限，则应该首先设定角色，然后分配权限，最后进行用户的设置，这样在设置用户的时候，如果将该用户归属某个角色，则其自动具有该角色的权限。

一个角色可以拥有多个用户，一个用户也可以分属于多个不同的角色，同时还可以额外增加角色中没有赋予的权限。

若修改了用户的所属角色，则该用户对应的权限也跟着角色的改变而相应改变。

1.1.3 用友 ERP-U8 的操作流程

作为新用户，用友 ERP-U8 操作流程如下：

(1) 启动“系统管理”窗口；

(2) 以系统管理员(admin)的身份登录；

(3) 新建账套(可启用各相关子系统，例如采购管理、销售管理)；

(4) 增加用户和角色(若需要)；

(5) 设置角色、用户权限；

(6) 录入基础档案；

(7) 设置系统参数和录入期初余额；

(8) 日常业务处理；

(9) 月末处理；

(10) 数据备份与账簿打印。

1. 新建账套

账套指的是一组相互关联的数据。每个企业或每个独立核算部门的数据，在用友 ERP-U8 中都表现为一个账套。一个账套的基本信息包括账套信息、单位信息、核算类型、基础信息、编码方案和数据精度 6 个方面。

新建账套前，需要先启动“系统管理”窗口，然后以系统管理员(admin)的身份登录(操作步骤详见 1.3.1 节)，选中“账套”|“建立”菜单项，然后在弹出的“创建账套”对话框中继续操作，详细步骤参见 1.3.2 节。

“系统管理”窗口的主要功能包括新建、修改、删除和备份账套，可以根据企业经营管理中岗位职能的不同建立不同的角色、新建操作员，以及权限的控制与分配等功能。

2. 增加用户与设置用户权限

为了保证系统数据的安全与保密，用友 ERP-U8 的“系统管理”模块，提供了用户及其功能权限的集中管理功能。在进行权限设置之前，首先要添加系统用户信息，然后企业管理者可以根据用户的不同岗位分工来设置其操作权限。这样一来，一方面可以避免与业务无关的人员进入系统进行非法操作，另一方面可以按照企业需求对各个用户进行管理授权，以保证各负其责，使得工作流程清晰顺畅。

增加用户的操作，详见 1.3.1 节和 1.3.3 节。

3. 录入基础档案

在开始日常业务之前，必须设置用到的所有基础数据，这些数据之间有一定的勾稽关系，需要遵循一定的顺序，具体的录入顺序如图 1-6 所示，相应的操作步骤详见第 2 章。

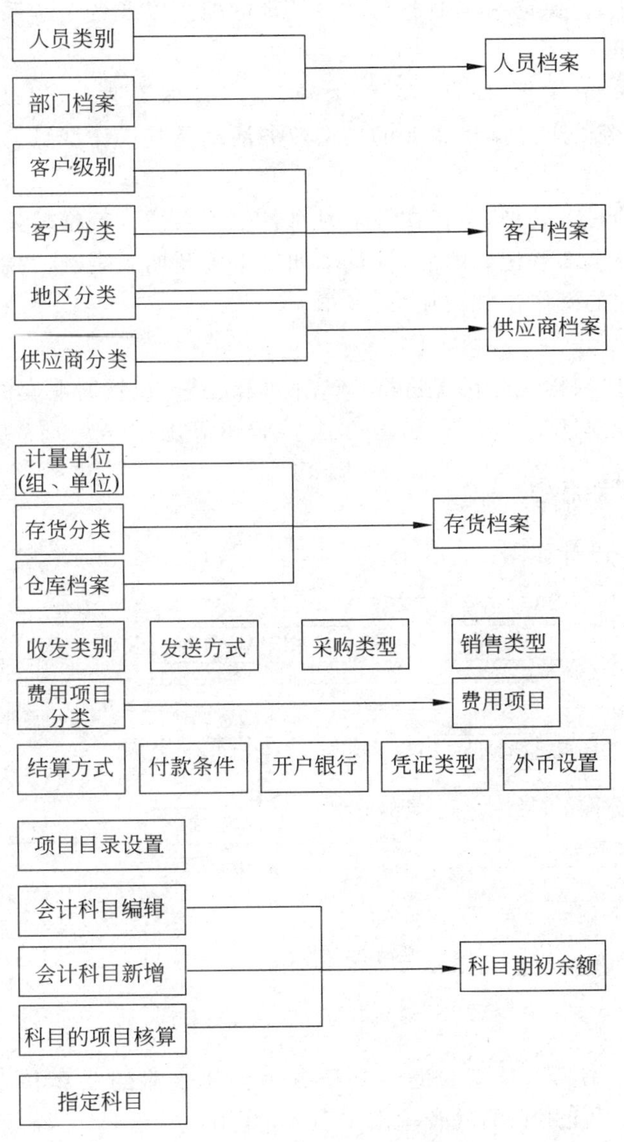

图 1-6　基础档案录入顺序图

4. 设置系统参数和录入期初余额

系统参数,即业务处理控制参数,是指在企业业务处理过程中所使用的各种控制参数,系统参数的设置将决定用户使用系统的业务流程、业务模式和数据流向,所以在进行系统参数设置之前,一定要详细地了解选项开关对业务处理流程的影响,并结合企业的实际业务需要进行设置。由于有些选项在日常业务开始后不能随意更改,所以企业最好在业务开始前进行全盘考虑,尤其一些对其他系统有影响的选项,更要考虑清楚。

账簿都应有期初数据,以保证其数据的连贯性。初次使用时,应当先输入采购、销售、库存、存货、应收、应付和总账的期初数据。对于采购和存货核算系统,还需要进行期初记账操作。只有经过期初记账之后的业务和数据,系统才会将其作为本期业务处理。

第 4 章的实验任务,是对已经启用的各个子系统进行系统参数和业务规则设置,进行期初数据的录入与记账,以保证手工业务与软件处理的衔接以及各个子系统间数据的连贯。

5. 日常业务处理

日常业务包括采购、销售、库存、存货、委外、生产管理等业务,以及应收、应付、成本管理、总账等相关的账务处理。案例企业的典型业务活动及其操作详见第 5～11 章。

6. 月末处理

企业业务活动的月末处理,是指在月末时对各个子系统进行结转处理,把一定时期内应记入账簿的经济业务全部登记入账后,计算本期发生额及期末余额,并将本月余额结转至下期或新的账簿。详细的操作步骤请见第 12 章。

7. 数据备份

账套建立后,可以根据实际情况进行修改完善和备份,包括对账套的引入、输出等操作。账套的修改操作步骤详见 1.3.4 节,账套的引入、输出等操作详见 1.3.5 节。

1.1.4 本书的实验流程

本书的教学实验设计如图 1-7 所示。

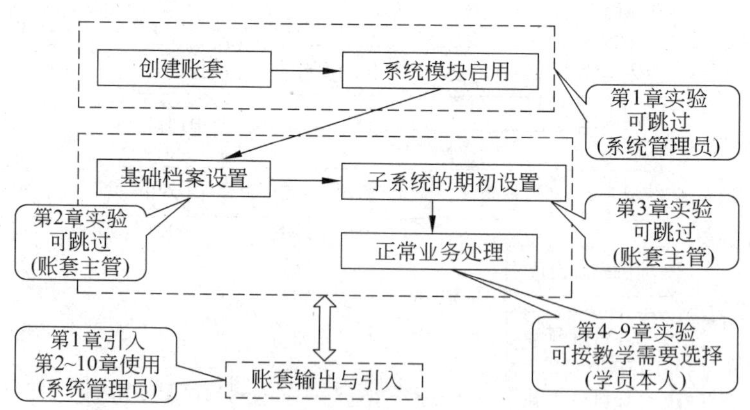

图 1-7 本书的教学设计示意图

由图 1-7 可知,本书第 1 章实验的主要任务是创建企业的账套和启用系统模块,以及第 2～12 章中随时都可能用到的账套输出与引入,其用户身份是“系统管理员”,操作模块是“系统管理”窗口,若学时不足可跳过本章实验。

第2～3章实验的主要任务是设置企业的基础档案，包括企业员工、供应商、客户、存货、会计科目、银行账号等。相应的录入顺序如图1-6所示。第2～3章实验的用户身份是账套主管，若课时不足可跳过。

第4章实验的主要任务是设置各个子系统的系统参数、核算规则、单据的编号设置和格式设置，以及期初的余额录入与记账，其用户身份是账套主管，若学时不足可跳过。

第1～4章的实验完成了企业的建账基础工作。第5～11章是企业成本管理和典型供应链业务的操作，是本书的主体，建议要求用学员自己的用户名(账套主管角色)，登录企业应用平台进行操作。本书在网盘上存放有按章备份的账套文件，学员可随时下载进行参照和对比。网盘地址：https://pan.baidu.com/s/1eSxB2uQ，密码：pxsn。

本书中的业务，力争做到既相关又独立，教师可根据需要进行增减而不影响其完整性。

本书设计的普通销售与产品预测，既包括先发货后开票(有代垫运费)的销售业务、有折扣的开票直接发货业务、有定金的销售订货(拆单发货)的普通销售业务(详见第5章)，又包括产品预测(详见第5章)。这些销售业务中，除了需要填制与审核销售订单、销售发货单和销售出库单，填制销售发票，销售出库存货的记账与生成凭证等供应链的功能模块，还涉及收款单的填制、审核与制单，应收单据的审核与制单等财务会计的功能模块，另外还涉及产品预测订单的填制与审核等生产制造的功能模块。

第6章的生产规划，主要分为MPS计划生成与查询和MRP规划与查询两部分，均在生产制造的功能模块中完成。

采购与应付业务包括在途物资到货、镜框镜腿采购业务、其他原材料采购(含定金处理和现付结算)、到货拒收与预付冲应付业务、采购退货与红票对冲业务、采购暂估结算业务(详见第7章)。在这些采购业务中，除了需要填制与审核采购订单、采购到货单、采购退货单和采购入库单，填制、现付采购发票并进行采购结算，采购入库存货的记账与生成凭证等供应链的功能模块，还涉及付款单的填制、审核与制单，应付单据的审核与制单、预付冲应付的转账与制单、应付核销、红票对冲等财务会计的功能模块。

第8章的生产管理，既包括生产订单生产与审核，又涉及生产领料和生产完工入库。前者需要填制与审核生产订单的生产制造功能模块，后者需要填制与审核材料出库单和产成品入库单。

第9章的销售特殊业务，包括拆单发货与定金转货款业务、分期收款业务(含现结处理)、委托代销业务、销售退货与红票对冲业务。这些销售特殊业务中，除了需要填制与审核销售订单、销售发货单、销售退货单和销售出库单，填制、现结销售发票，销售出库存货的记账与生成凭证等供应链的功能模块，还涉及收款单的填制、审核与制单，应收单据的审核与制单、预收冲应收的转账与制单、应收核销、红票对冲等财务会计的功能模块。

存货核算与财务会计业务，主要穿插在采购管理和销售管理业务中，第10章中设计了相对独立的假退料业务，以及固定资产、薪资管理、收付款与核销、总账的凭证管理等业务。

第11章的成本管理，主要涉及成本数据录入、成本计算、存货核算、成本查询、成本分析、成本凭证处理和成本月末处理。

第12章是会计月末处理，主要是总账的月末处理业务(例如计算与结转增值税、计提并结转相关税费、计提并结转本月企业所得税)，以及各个模块的月末结转。

1.2 案例企业情况简介

本节的内容包括案例企业的基本情况、公司所采用的内部会计制度，以及企业员工的岗位分工情况。

1.2.1 基本情况

1. 公司简介

北京亮康眼镜有限公司（简称亮康公司）是专门从事眼镜生产、批发和零售的制造企业，位于北京市昌平区。详细信息如下。

公司开户银行：中国工商银行北京市昌平支行

人民币账号：110202052678298 7908

纳税登记号：210019995461202

电话：010-60228226

邮箱：liangkang@163.com

2. 组织结构

北京亮康眼镜有限公司的注册类型为有限责任公司，股东由3个自然人组成。其中，李吉棕出资额占70%，担任公司的董事长兼总经理，是公司的法人代表；赵飞和刘静各占15%，均为董事会成员。总经理下设4位部门主管，其中赵飞担任销售主管，刘静担任采购主管，曾志伟担任财务主管，陈虹担任行政主管，组织结构图如图1-8所示。

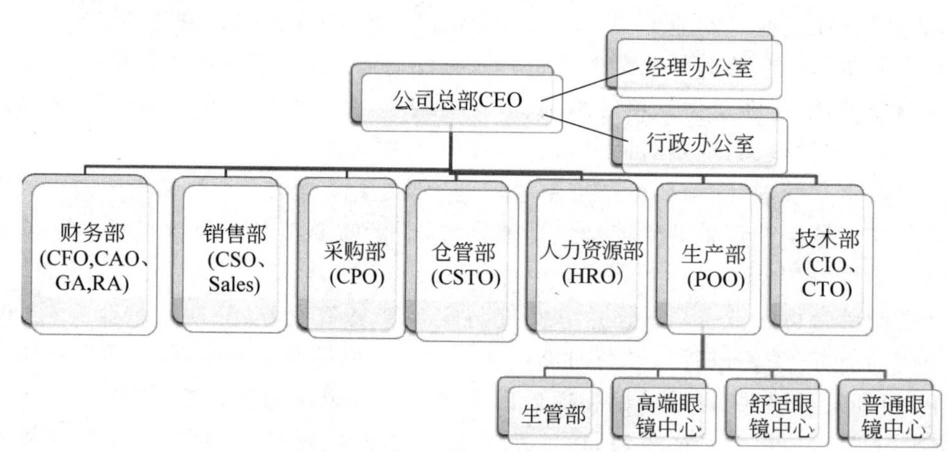

图1-8 案例企业组织结构图

1.2.2 企业会计制度

1. 会计科目设置规定

（1）会计科目编码。会计科目编码采用4-2-2方式，即一级科目4位字长，二级科目2位字长，三级科目2位字长。

（2）会计科目设置要求。“库存现金”科目是现金日记账科目；“应付账款”科目下设“暂估应付账款"和"一般应付账款"两个二级科目，其中一般应付账款设置为受控于应付款系统，暂估应付账款科目设置为不受控于应付款系统。类似地，其他一级科目的辅助账类型设置要求、二级科目的增加和辅助账类型设置要求，以及三级科目的增加和辅助账类型设置要求参见2.8节。

(3) 项目核算。本案例企业不设置科目的项目核算。若希望学习项目核算相关的操作，请参见本系列教程之《企业供应链高级应用——基于用友ERP产品微课教程》。

2. 内部会计政策

(1) 会计核算的基本规定。企业采用科目汇总表账务处理程序，每月月末编制科目汇总表并登记一次总账；公司采用复式记账，按单一格式填制凭证。会计凭证按月连续编号；公司开设总分类账、明细分类账、现金和银行存款日记账及银行结算票据备查簿；公司按规定编制资产负债表、利润表、现金流量表和所有者权益变动表。

(2) 货币资金的核算方法。每日终了，必须对库存现金进行实地盘点，确保现金账面余额与实际库存相符。银行存款每月根据银行对账单进行核对清查，若发现不符，及时查明原因，做出处理。公司采用的结算方式包括现金、现金支票、转账支票、银行承兑汇票、商业承兑汇票、电汇、同城特约委托收款等。

(3) 存货的核算方法。企业存货包括各种眼镜(包括太阳镜和老花镜)、包装物，以及办公用品类的低值易耗品；各类存货采用永续盘存制，按照实际成本核算；在核算过程中，存货采用移动平均法计算成本。

(4) 固定资产的核算方法。公司的固定资产包括房屋及建筑物、机器设备、交通运输设备和电子设备，均为正在使用状态；按照企业会计准则规定，按月计提折旧，当月增加的，自下月开始计提折旧，当月减少的，当月照提折旧；公司采用平均年限法计提折旧，净残值率按不同类别设置为2%、3%和5%，使用年限依据税法规定设置。

(5) 职工薪酬的核算方法。公司按照有关规定，由单位承担并缴纳的养老保险、医疗保险、失业保险、工伤保险和住房公积金，分别按照本月职工应发工资的20%、9.55%、1%、1%和12%计算；职工个人承担的养老保险、医疗保险、失业保险、住房公积金分别按照本人本月应发工资的8%、2%、0.2%、12%计算；按照国家有关规定，单位代扣个人所得税，单位按本月职工应发工资总额的2%计提工会经费，2.5%计提职工教育经费。

(6) 税务的会计处理。本公司为增值税一般纳税人，2017—2017账套库的购销货物税率为17%，运费税率11%，手续费税率为6%，按月缴纳；企业所得税采用资产负债表债务法，除应收账款外，假设资产、负债的账面价值与其计税基础一致，未产生暂时性差异。企业所得税的计税依据为应纳税所得额，税率为25%，按月预计，按季预缴，全年汇总清缴。按当期应交增值税的7%、3%和2%，计算城市维护建设税、教育费附加和地方教育费附加。

(7) 利润分配规定。根据公司章程，公司税后利润按以下顺序及规定分配：A弥补亏损；B按10%提取法定盈余公积；C提取任意盈余公积；D向投资者分配利润。

(8) 财产清查的要求。公司每月上旬对存货进行清查，年末对固定资产进行清查，根据盘点结果编制"盘点表"，并与账面情况进行比较，报经主管领导审批后进行处理。

(9) 坏账损失的核算方法。除应收账款外，其他的应收款项不计提坏账准备。在每年年末，按应收账款余额百分比法计提坏账准备，提取比例为期末余额的0.5%。对于可能成为坏账的应收账款应当报告有关决策机构，由其进行审查和确认；发生的各种坏账应查明原因，及时做出会计处理；注销的坏账应当进行备查登记，做到账销案存，已注销的坏账又收回时应当及时入账。

(10) 月末将各损益类账户余额转入本年利润账户，收入和支出分别制单。

3. 会计岗位职责

(1) 主管会计的职责：在董事会和总经理的领导下，总管公司会计、报表和预算工作，负责对各项财务、会计工作的布置检查；组织初始建账工作，各种原始凭证、记账凭证和会计报表的审核；负责编制资产负债表、利润表、现金流量表和所有者权益变动表等会计报表的工作；负责财务分析工作；负责总账的编制和档案管理。

(2) 出纳的职责：保管库存现金、有价证券，并保管财务专用章；负责空白支票和支票、银行结算票据备查簿、有价证券、借款的备查簿的编写和管理；负责登记现金、银行存款日记账。

(3) 记账会计的职责：负责往来账款的管理，各种明细表的登记工作；负责财务资产的清查、银行对账工作；负责编制各种税收申报表和养老保险申报表，并缴纳各种税费；负责开具发票，固定资产、无形资产的卡片账记录和保管。

1.2.3 操作员及权限

案例企业账套使用人员的岗位分工与功能权限设置如表1-1所示，其用户类型均为"普通用户"。

表1-1 软件应用人员分工及权限分配表

编码	人员姓名	职　务	操作权限	所属角色	功能权限修改
A01	赵技巩	技术总监	系统的初始设置、所有业务单据的审核与批复	账套主管	
W01	曾志伟	财务经理	记账凭证的审核、查询、对账、总账结账，编制UFO报表		总账的设置、凭证的主管签字、审核凭证、查询凭证、账表和期末，UFO报表，公用目录设置
W02	张兰	财务会计 材料会计	总账凭证的填制和查询、账表、期末处理、记账、应付款和应收款管理(不含收付款处理)、固定资产管理、薪资管理、存货核算、银行对账		总账的凭证、账表和期末；应付款和应收款管理(不含收付款单编辑—卡片编辑、审批中修改和卡片删除，以及选择收付款)；固定资产、存货核算、薪资管理的所有权限；基本信息中公共单据的出库单；公用目录设置
W03	罗迪	出纳	收付款单填制、选择收付款、票据管理、凭证的出纳签字		总账的出纳功能和凭证中的出纳签字；应收款和应付款的单据处理、选择收付款与票据管理，公用目录设置
W04	赵俊	成本会计	生产成本管理		成本管理、物料清单、公用目录设置

续表

编码	人员姓名	职　务	操 作 权 限	所属角色	功能权限修改
X01	赵飞	销售主管	销售管理		销售管理，管理基本信息中公共单据的出库单和出库单列表，公用目录设置
G01	刘静	采购主管	采购管理		采购管理的所有权限，基本信息中公共单据的入库单和入库单单列表，公用目录设置
C01	李莉	仓库主管	库存管理		库存管理，基本信息中公共单据的入库单和出库单功能及其列表，公用目录设置
P01	刘正	生产主管	物料清单、主生产计划、物料需求规划、生产订单管理		物料清单、主生产计划、需求规划、生产订单，基本信息中公共单据的入库单和入库单单列表、公用目录设置

注：

- 操作员无密码，“用户类型”均为“普通用户”。
- 为了保持与会计信息化技能大赛中的操作员一致，本书中部分业务的操作人员可能与企业实际不符。
- 实际工作中需要根据本单位的实际情况授权，本系列教程之《企业会计信息化应用——基于用友 ERP 产品微课教程》中，是按照虚拟业务场景中人物的工作需要进行的功能权限设置和数据权限设置，并基于各自的权限在企业账套中操作。

1.3　建账及账套备份

本节的主要任务，是建立企业账套的公用基本信息以及对账套信息进行管理，并在“系统管理”功能模块中进行相关操作。

本账套建立时间为 2017 年 4 月 1 日，各子系统启用时间为 2017 年 4 月 1 日。本案例企业发生业务活动的时间均为 2017 年 4 月，建账的操作流程如图 1-9 所示。

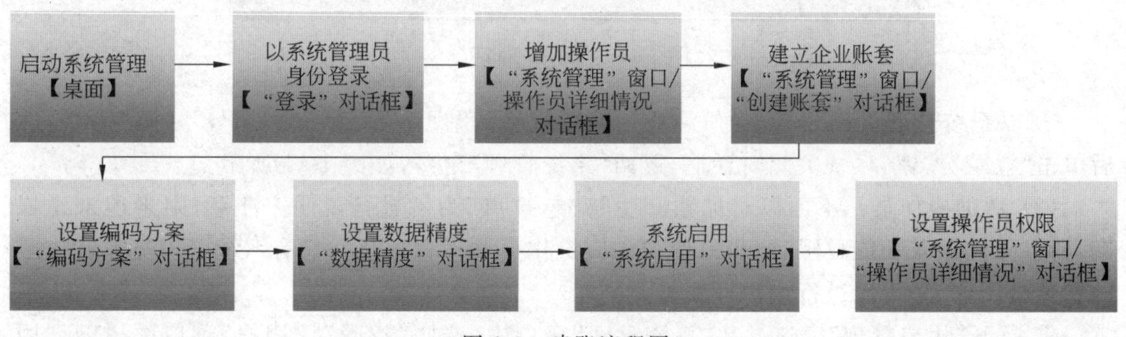

图 1-9　建账流程图

说明：

(1) 本书的所有业务实验操作，都有配套的微视频，可以通过扫描二维码或者到指定的网页去观看。

(2) 本节的实验操作，因其是基础数据且比较简单，没有做相应的视频录制，已经完成的账套数据(01 新建账套. rar)，存放在百度网盘空间的“实验账套数据”文件夹中(网盘地址：https://pan. baidu. com/s/1eSxB2uQ，密码：pxsn)。

(3) 实验操作前，需要将系统时间调整为“2017-04-01”。如果没有调整系统时间，则在建账过程中和启用子系统时，注意修改时间为“2017-04-01”。

1.3.1 添加操作员

本案例企业的操作员如表 1-1 所示。本任务是按照表 1-1 的资料，在系统管理中添加操作员。

操作时间：在操作之前，确认系统日期为“2017-04-01”。

操作步骤如下：

(1) 启动系统管理，以系统管理员(admin)身份注册。

① 打开“系统管理”窗口。双击桌面的“系统管理”图标，打开“系统管理”窗口。

② 打开“登录”对话框。在“系统管理”窗口中，选中“系统”|“注册”菜单项，弹出“登录”对话框，结果如图 1-10 所示。

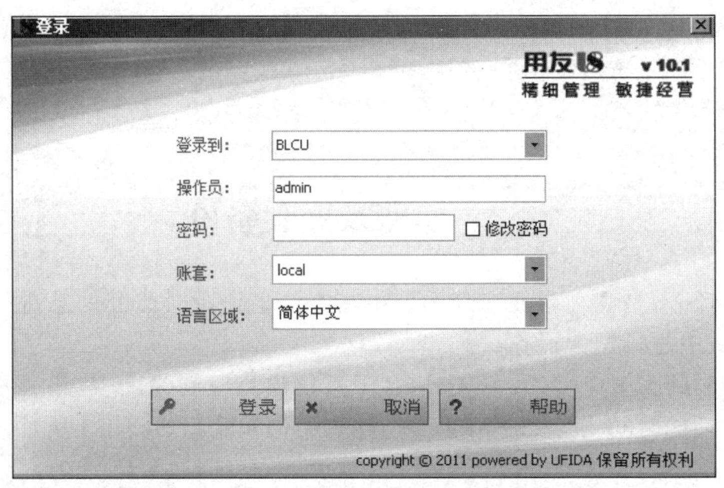

图 1-10 “登录”对话框

③ 以系统管理员(admin)身份注册。编辑或确认“操作员”为“admin”，“密码”为空，然后单击“登录”按钮，系统关闭对话框，返回“系统管理”窗口，如图 1-11 所示。

(2) 增加操作员。下面以增加账套主管“赵技巩”为例进行说明。注意，由于还未建账套，所以无法录入功能权限，此步只增加相应操作员并设置角色。只有系统管理员或有权限的管理员用户，才可以进行用户设置。

① 打开“用户管理”窗口。在“系统管理”窗口中，选中“权限”|“用户”菜单项，打开“用户管理”窗口。

② 打开“操作员详细情况”对话框。在“用户管理”窗口中，单击“增加”按钮，打开“操作员详细情况”对话框。

③ 增加“赵技巩”用户。根据表 1-1 输入“赵技巩”的编号、姓名、用户类型(已默认为普

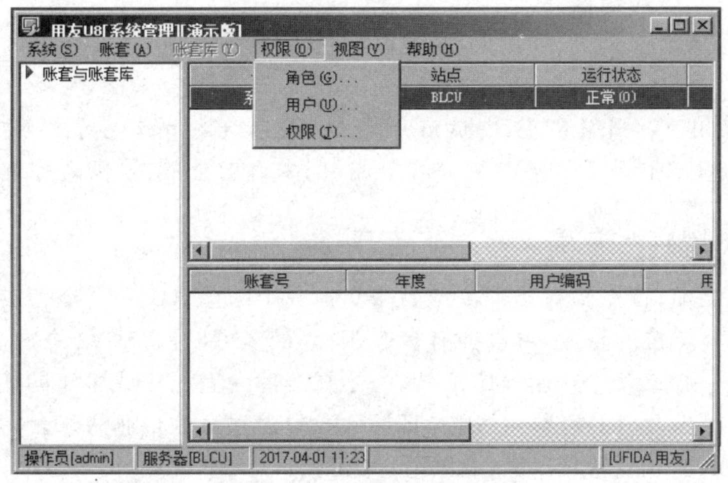

图 1-11 “系统管理”窗口

通用户)和所属角色(账套主管),如图 1-12 所示,图中的“口令”即密码,因初始密码为空,故不输入),然后单击“增加”按钮。

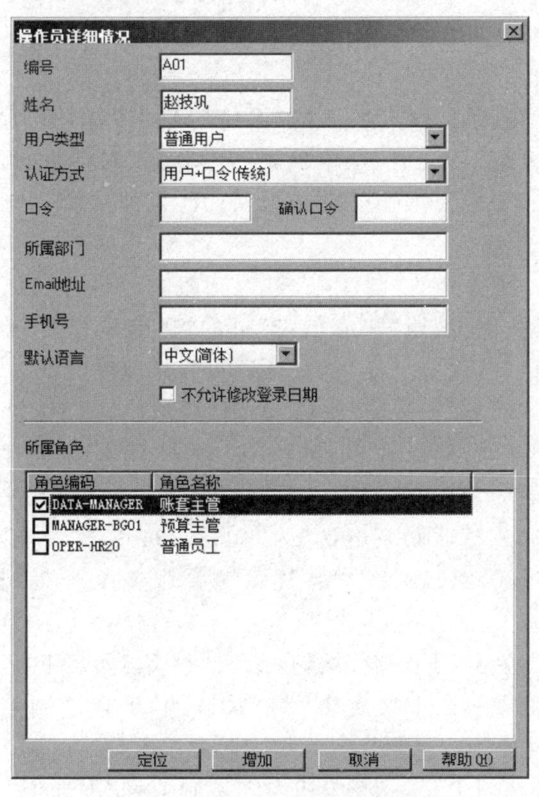

图 1-12 “操作员详细情况”对话框

④ 重复步骤③,按照表 1-1 完成其他操作员(即编号为 W01-W04、G01、X01、C01 和 P01 用户)编号和姓名的编辑工作。

⑤ 退出。单击对话框中的“取消”按钮,关闭对话框,返回“用户管理”窗口。单击“退

出”按钮，关闭窗口，完成操作。

小贴士

- 若修改了用户的所属角色，则该用户对应的权限也跟着角色的改变而相应改变。
- 对于已经登录门户且正在使用产品的用户，不能删除，也不能修改任何信息。

1.3.2 建立案例企业账套

在使用系统之前，首先要新建本单位的账套。一个账套对应一个经营实体或核算单位，对于拥有多个核算单位的企业，可以拥有多个账套(最多可以拥有999个账套)。用友ERP-U8的账套，是由一个或多个账套库组成的，一个账套库含有一年或多年的使用数据。

本任务是依据1.2节的资料，在用友ERP-U8中建立案例企业的账套，并启用相应的功能模块，包括总账、应收款管理、应付款管理、固定资产、成本管理、销售管理、采购管理、库存管理、存货核算、委外管理、物料清单、主生产计划、需求规划、生产订单、产能管理、车间管理和薪资管理。

具体如下：本案例企业账套的账套号为“517”，账套名称为“北京亮康眼镜有限公司”，账套路径默认为“C:\U8SOFT\Admin\”，启用会计期为“2017-04”。

注意：只有系统管理员用户才有权限创建新账套。

操作步骤如下：

(1) 打开“创建账套”向导。双击桌面的“系统管理”图标，打开如图1-11所示的“系统管理”窗口。首先选中“系统”|“注册”菜单项，打开“登录”对话框，以系统管理员(admin)的身份进行登录，然后选中“账套”|“建立”菜单项，打开“创建账套”对话框，并根据向导完成账套资料的录入。

(2) 编辑账套信息。在打开的“创建账套”对话框，将“建账方式”下的“新建空白账套”单选按钮，单击“下一步”按钮，编辑“账套信息”下的“账套号”为“517”，“账套名称”为“北京亮康眼镜有限公司”，确认“启用会计期”为“2017-04”，其他项默认。

(3) 编辑单位信息。单击“下一步”按钮，编辑“单位信息”下的“单位名称”为“北京亮康眼镜有限公司”(在此应录入企业的全称，以便打印发票时使用)，“机构代码”为“168306659”，“单位简称”为“亮康眼镜”，“单位地址”为“北京市昌平区”，“法人代表”为“李吉棕”，“邮政编码”为“100022”，“联系电话”为“400812345678”，“电子邮件”为“liangkang@163.com”，“税号”为“1101082121202”，“备注一”为“眼镜生产”，“备注二”为“眼镜批发与零售”。

(4) 编辑核算类型。单击“下一步”按钮，编辑“核算类型”下的“本位币”为“RMB”(人民币)，“企业类型”为“工业”，“行业性质”为“2007年新会计制度科目”，“账套主管”为“A01”，并选中“按行业性质预置科目”。

(5) 编辑基础信息。单击“下一步”按钮，在“基础信息”下选中“存货是否分类”“客户是否分类”“供应商是否分类”和“有无外币核算”复选框，单击“下一步”按钮，进入“开始”页面。

(6) 创建账套。单击“完成”按钮，弹出消息框，询问“可以创建账套了吗?”，单击“是”按钮，系统开始创建账套，初始创建完成之后打开“编码方案”对话框。

(7) 设置编码方案。在“编码方案”对话框中，将“科目编码级次”行的第2级和第3级的位长设置为 2,其他的编码分类采用系统默认值。

(8) 设置数据精度。单击“确定”按钮系统保存编码设置,再单击“取消”按钮,打开“数据精度”对话框。

(9) 创建账套成功。数据精度全部采用默认值,所以单击“取消”按钮,系统退出“数据精度”对话框,此时系统创建账套成功,并弹出消息框,提示“现在进行子系统启用的设置吗?”。

(10) 启用“总账”系统。单击消息框中的“是”按钮,打开“系统启用”对话框;在该对话框中首先选中“总账”系统名称前的复选框,然后单击“确定”按钮,系统将弹出消息框,询问“确实要启用当前系统吗?”,单击“是”按钮,系统将启用“总账”系统,如图 1-13 所示。

图 1-13 启用总账系统

(11) 启用其他系统。重复步骤(10),依次启用应收款管理、应付款管理、固定资产、成本管理、销售管理、采购管理、库存管理、存货核算、物料清单、主生产计划、需求规划、生产订单、车间管理和薪资管理。

(12) 退出。单击“系统启用”和“创建账套”对话框的“退出”按钮,关闭对话框,完成操作。

1.3.3 设置操作员权限

本任务是依据表 1-1 的资料,设置操作员的功能权限和数据权限。在用友 ERP-U8 中可做 3 个层次的权限管理,即功能级权限管理、数据级权限管理和金额级权限管理。

(1) 功能级权限管理提供了划分更为细致的功能级的权限管理功能,包括各功能模块相关业务的查看和分配权限。

(2) 数据级权限管理可以通过两个方面进行权限控制与分配,详见本节和 4.5.2 节的相关内容。

(3) 金额级权限管理主要用于完善内部金额控制,实现对具体金额数量划分级别,对不同岗位和职位的操作员进行金额级别控制,限制他们制单时可以使用的金额数量。

设置操作员的功能级权限时,可以先设置操作员的角色,然后再设置或修改其功能权限，也可以直接设置功能权限。

1. 设置操作员的功能权限

操作步骤如下：

(1) 打开“操作员权限”窗口。以系统管理员身份登录“系统管理”后，在“系统管理”窗口中选中“权限”|“权限”菜单项，打开“操作员权限”窗口。

(2) 编辑曾志伟的功能权限。在“操作员权限”窗口的左窗格中选中操作员“曾志伟”，单击窗口工具栏中的“修改”按钮，然后在窗口右侧先选择或确认账套为“[517]…”和年度“2017-2017”，最后依据表 1-1 中的“功能权限修改”列，增加选中需要的功能项目。曾志伟的功能权限设置结果如图 1-14 所示。

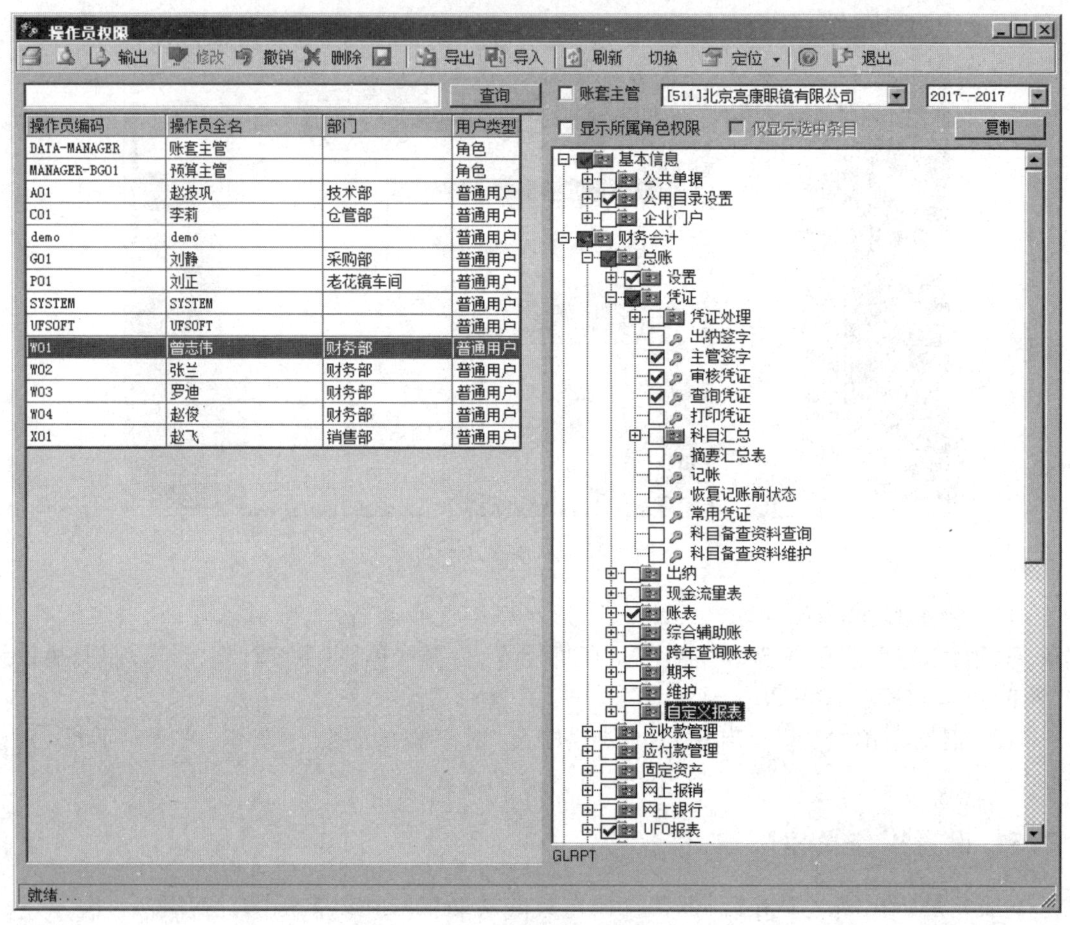

图 1-14 “操作员权限”窗口

(3) 单击“保存”按钮，完成其功能权限的修改。

(4) 重复步骤(2) 和(3)，依据表 1-1 的“功能权限修改”列，修改并保存其他操作员的功能权限。

(5) 退出。单击“操作员权限”窗口工具栏中的“退出”按钮，关闭窗口，完成操作。

2. 操作员的数据权限控制设置

操作步骤如下：

(1) 打开“企业应用平台”窗口。双击桌面的“企业应用平台”快捷方式，在打开的在“登录”对话框中，设置“操作员”为“A01”，“密码”为空，“账套”为“[517]…”，然后单击“登录”按钮，打开“企业应用平台”窗口。

(2) 打开“数据权限控制设置”窗口。在“业务导航视图”的“系统服务”导航条选中“权限”|“数据权限控制设置”，打开“数据权限控制设置”窗口。

(3) 在“记录级”选项卡中，不选中“是否控制”栏的“用户”复选框，如图 1-15 所示。

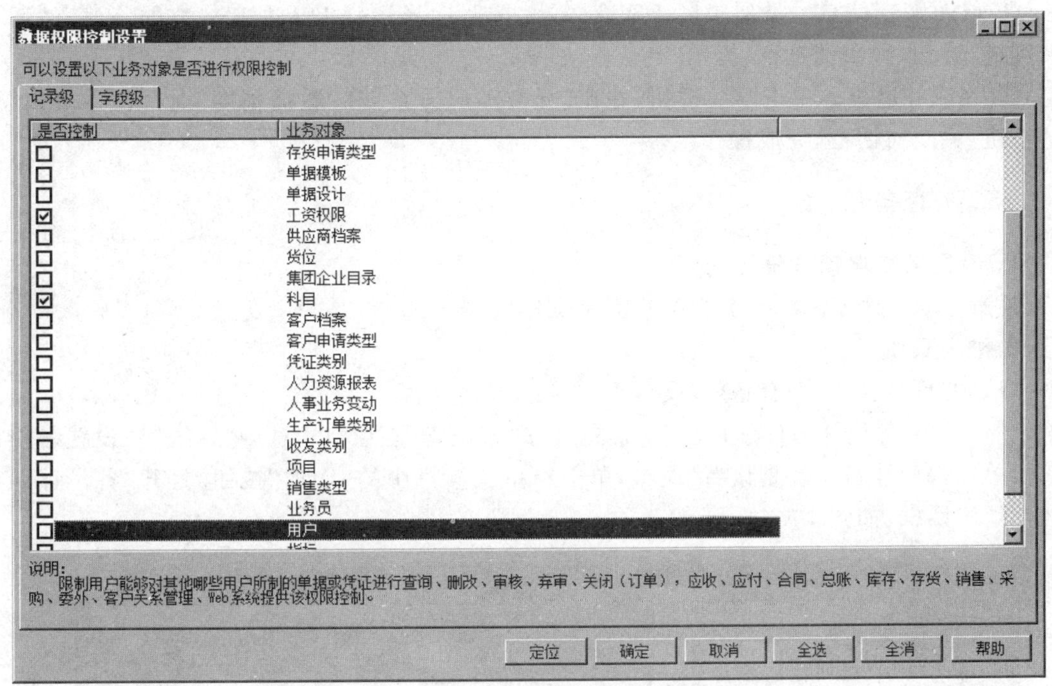

图 1-15 “数据权限控制设置”对话框

(4) 单击“确定”按钮，关闭窗口，完成操作。

此时，数据不做用户控制。例如，财务部会计张兰在登录到企业应用平台后，就可以查阅和审核赵飞填制的销售发票了。

提示：数据权限控制设置，是设置“业务对象”(例如用户、业务员、货位)是否被控制；而数据权限分配，是分配一个操作员对另一个操作员的数据(例如填制的单据)的操作权限(例如查看、审核、编辑)，账套主管不参加数据权限分配。

1.3.4 修改账套信息

修改账套信息的工作，应由账套主管在“系统管理”窗口中完成。

操作步骤如下：

(1) 以账套主管“赵技巩”的身份注册系统管理。

① 注销现有的系统登录。在“系统管理”窗口中，选中“系统”|“注销”菜单项以注销系统管理员身份的注册。

② 打开“登录”对话框。选中“系统”|“注册”菜单项，打开“登录”对话框。

③ 设置登录信息。编辑“操作员”为“A01”或“赵技巩”，密码为空，选择“账套”为

“[517]…”,“操作日期”为当前系统日期“2017-04-01”。

④ 登录。单击“登录”按钮,关闭对话框,返回“系统管理”窗口,窗口菜单中显示为黑色字体的部分为账套主管可以操作的功能。

(2) 修改账套信息。

① 打开“修改账套”对话框。在“系统管理”窗口中选中“账套”|“修改”菜单项,打开“修改账套”对话框,可以修改的账套信息以白色显示,不可修改的以灰色显示。

② 修改账套信息。类似于创建账套,在此按照向导逐步完成账套信息的修改,然后单击“完成”按钮,弹出消息框,提示“确认修改账套了?”。

③ 完成并退出。单击“是”按钮,并在“分类编码方案”和“数据精度”对话框中单击“取消”按钮,关闭对话框,完成操作。

1.3.5 账套备份

1. 设置系统自动备份计划

注意:该工作可由账套主管或系统管理员在“系统管理”窗口中完成。

操作步骤如下:

(1) 在 E 盘新建“账套备份”文件夹。

(2) 打开“备份计划详细情况”对话框。在“系统管理”窗口中选中“系统”|“设置备份计划”菜单项,打开“备份计划设置”窗口,单击窗口工具栏中的“增加”按钮,打开“备份计划详细情况”对话框,如图 1-16 所示。

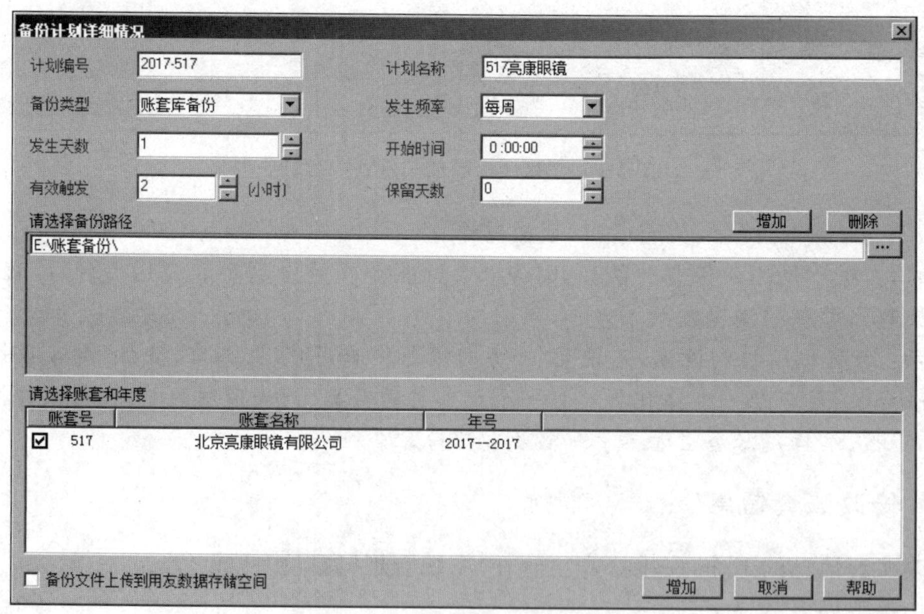

图 1-16 “备份计划详细情况”对话框

(3) 编辑信息。录入“计划编号”为“2017-517”,“计划名称”为“517 亮康眼镜”,选择“发生频率”为“每周”,录入“开始时间”为“0:00:00”,“发生天数”为“1”(表示每周日 0 点开始备份)。

（4）弹出“请选择账套备份路径”对话框。单击对话框中间“请选择备份路径”区上方的“增加”按钮，弹出“请选择账套备份路径”对话框。

（5）设置备份路径。选择“E:\账套备份”文件夹为备份路径，然后单击“确定”按钮返回，此时在“请选择备份路径”区中增加了一行，其右侧出现“浏览”按钮，单击后可打开“请选择账套备份路径”对话框，在“请选择账套和年度”区中选中“517”账套，如图 1-16 所示。

（6）完成备份设置。单击对话框底部的“增加”按钮，完成该备份计划的设置。

（7）退出。单击“取消”按钮退出“备份计划详细情况”对话框，返回“备份计划设置”窗口；再单击窗口工具栏中的“退出”按钮，关闭窗口，完成操作。

2. 账套输出

为能让每次实验都具有连续性，以完成完整的流程操作，建议在每完成一节或一章的实验之后，将实验结果备份保存在 E 盘或个人的 U 盘或网盘中。

因此需要在每次实验之后，先进行企业账套的输出，并将输出的结果压缩后保存。然后在下次实验前，再将上次的操作成果引入系统。

操作步骤如下：

（1）以系统管理员身份登录“系统管理”窗口。双击桌面上的“系统管理”图标打开“系统管理”窗口；选中“系统”|“注册”菜单项，打开“登录”对话框，以系统管理员（admin）的身份登录“系统管理”窗口。

（2）设置账套输出路径。在“系统管理”窗口中，选中“账套”|“输出”菜单项，打开“账套输出”对话框；选定“账套号”和“输出文件位置”后，确认没有选中“删除当前输出账套”复选框，如图 1-17 所示。

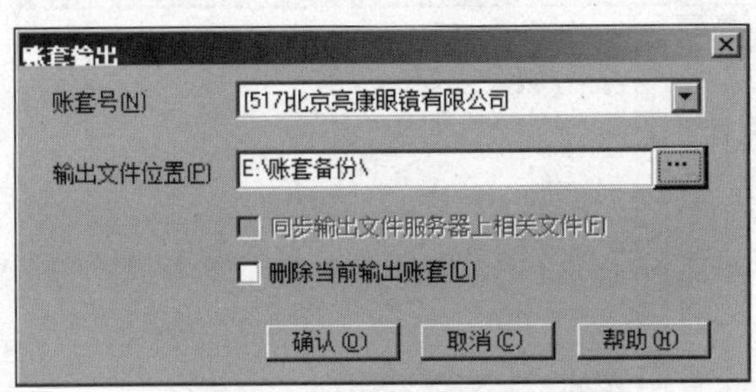

图 1-17 “账套输出”对话框

（3）开始账套备份。单击“确认”按钮，系统自动完成账套输出的任务并弹出消息框，单击“确定”按钮，关闭消息框。

（4）压缩备份文件。在资源管理器中，打开“账套备份”文件夹，将列出两个文件：UFDATA. BAK（1. 5GB 左右）和 UfErpAct. Lst（1KB），将这两个文件压缩成一个包（约 150MB），并发送到 U 盘或网盘，完成操作。

小贴士

- 只有系统管理员（admin）才能“输出”账套，账套主管“输出”的是账套库，不是账套。
- 账套输出只是做了账套备份，现有的账套还在用友 ERP-U8 系统中，可继续操作；但若删除了账套，则下次必须“引入”账套后才能继续操作。

- 账套删除和账套输出的操作基本一样，区别只是在“账套输出”对话框中，需要选中“删除当前输出账套”复选框，且在弹出消息框询问“真要删除该账套吗?”时，单击“确认”按钮即可；若单击“取消”按钮，则不删除当前输出的账套，下次可继续使用该账套。
- 如果账套正在使用，则“删除当前输出账套”复选框是灰色的，即不允许选中。

3. 引入(恢复)账套

操作步骤如下：

(1) 启动系统管理，以系统管理员(admin)身份注册。双击桌面上的“系统管理”图标打开“系统管理”窗口；选中“系统”|“注册”菜单项，打开“登录”对话框，以系统管理员(admin)的身份登录“系统管理”窗口。

(2) 引入账套。

① 打开“请选择账套备份文件”对话框。在“系统管理”窗口中选中“账套”|“引入”菜单项，弹出“请选择账套备份文件”对话框。

② 设置备份文件的路径。选择“E:\账套备份\UfErpAct. Lst”，然后单击“确定”按钮，弹出“系统管理”消息框，提示账套引入的默认路径。

③ 设置账套的路径。单击“确定”按钮，弹出“请选择账套引入的目录”对话框。选择“C:\U8SOFT”文件夹，结果如图 1-18 所示。

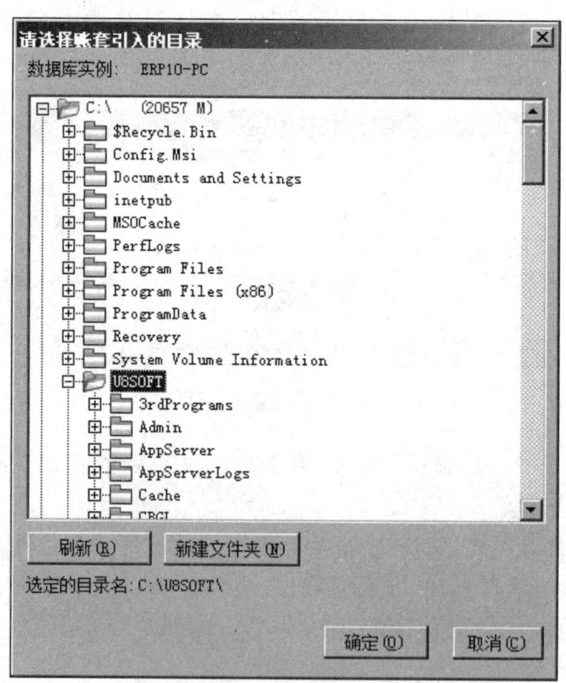

图 1-18 “请选择账套引入的目录”对话框

④ 账套引入。单击“确定”按钮，弹出消息框，提示账套“引入成功”。

⑤ 退出。单击“确定”按钮，关闭消息框，完成操作。

小贴士

- 只有系统管理员(admin)才能引入账套,账套主管引入的只能是账套库。

1.4 实验报告内容

1. 查看用友 ERP-U8 系统中的操作员列表,并将结果界面拷屏后粘贴在实验报告中。

2. 查看"账套主管"角色"销售管理"相关权限的设置页面,并将结果界面拷屏后粘贴在实验报告中。

3. 查看自己设置的自动备份计划,并将结果界面拷屏后粘贴在实验报告中。

4. 查看案例企业的"系统启用"情况,并将结果界面拷屏后粘贴在实验报告中。

5. 查看案例企业的编码方案,并将结果界面拷屏后粘贴在实验报告中。

6. 比较操作员的功能权限与数据权限的功能差异(即作用的不同)。

7. 比较操作员的功能权限与数据权限的操作差异。

8. 比较账套删除与账套输出的操作差异。

9. 比较账套删除与账套输出的操作结果的差异。

10. 账套删除和账套输出备份的操作有何异同?

11. 说明"用户"与"角色"的作用及其关系。

12. 说明"角色"与"权限"之间的关系。

13. 用友 ERP-U8 的"系统管理"与"系统管理员"有何不同?

14. 用友 ERP-U8 系统中"行业性质"有哪几种? 设置"行业性质"的作用是什么?

15. 用友 ERP-U8 系统中科目编码"4-2-2"的含义是什么? 请举例说明。

16. 本实验中,账套和账套号的作用是什么?

17. 列出查看拥有"账套主管"角色的用户列表的操作步骤。

18. 用友 ERP-U8 的"系统管理"允许以"系统管理员"和"账套主管"的身份登录进入。"系统管理员"与"账套主管"的权限有何异同?

19. 设置账套备份计划的作用有哪些? 如何设置?

20. 账套备份计划与账套输出备份,有哪些功能上的差异?

21. "系统管理"和"企业应用平台"的"登录"对话框,有哪些相同点和不同点?

第2章　企业基础档案之人与财设置

企业的基础档案(包括人、财、物、业务和制造等参数)的编辑是在“企业应用平台”中进行的。“企业应用平台”是用友 ERP-U8 系统的集成应用平台，是进行企业账套管理的唯一入口，可以进行企业基础档案和基础数据的设置、维护，以及信息的及时沟通、传输和统计分析等工作。

设置企业的基础档案，就是设置用友 ERP-U8 中各个子系统共用的基础档案信息，主要包括企业部门及人员档案、客商信息、财务信息、收付结算信息、存货档案、生产制造参数等。

本章实验的主要任务是设置案例企业的人员和财务相关的基础信息。物料档案与生产制造方面的基础档案的设置，将在第 3 章中完成。

在本章操作时，系统日期应该是 2017 年 4 月 1 日，由账套主管“赵技巩”(或者读者本人)登录“企业应用平台”，并在第 1 章完成的账套中继续进行。所以在实验操作前，需要将系统时间进行调整。如果没有调整系统时间，则在登录“企业应用平台”时需要修改“操作日期”为“2017-04-01”；如果操作日期与账套建账时间之间的跨度超过 3 个月，则该账套在演示版状态下不能执行任何操作。

如果没有完成第 1 章的建账和设置权限的任务，可以到百度网盘空间(网盘地址：https://pan.baidu.com/s/1eSxB2uQ，密码：pxsn)的“实验账套数据”文件夹中，将“01 新建账套.rar”下载到实验用机上，然后“引入”(操作步骤详见 1.3.5 节)到用友 ERP-U8 系统中。此外，本章完成的账套，其输出压缩的文件名为“02 人员与财务资料.rar”。

需要说明如下：

(1) 因网盘中的账套备份文件均为压缩文件，所以在下载完成后引入之前，需要用解压缩工具进行解压(建议用 WinRAR 3.42 或以上版本)，得到相应可以引入的账套数据文件。

(2) 本章的所有业务实验操作都有配套的微视频，可以通过扫描二维码或者到指定的网页去观看。本书配套的微视频均存放在网盘中。本章的实验操作，因为是基础档案，所以没有做相应的视频录制。

本章建议的授课时间，理论课为 2～4 学时，实验课为 4 学时，若课时不足，可跳过本章的讲解与实验。理论部分主要讲解基础档案中各个部分的作用和数据之间的关系，内容可参见 2.1～2.9 节的相关讲解和本书配套的课件。

实验的目的与要求如下：

(1) 理解企业中人、财、物基础数据的重要性。

(2) 理解存货的计价方式(例如移动平均法、全月平均法、个别计价法)。

(3) 掌握 ERP 软件中编辑企业利益相关者(例如员工、客户、供应商、银行)档案的操作。

(4) 掌握编辑企业财务相关档案(例如会计科目、付款条件、开户银行、结算方式、凭证类别)的操作。

（5）掌握编辑企业业务基础档案（例如收发类别、发运方式、采购类型、销售类型）的操作。

（6）学会对相关报表的查询。

2.1　部门与人员档案设置

企业一般对其人员类别进行分类设置和管理，本案例企业是按树状层次结构分类的，如表 2-1 所示。根据企业各部门的实际情况，案例企业已经设置了各职位具体人员的职责，如表 2-2 所示。

1. 人员类别设置

表 2-1 中列出了本案例企业的人员类别设置情况。本任务是按照表 2-1 完成案例企业在用友 ERP-U8 中“人员类别”为“正式工”的子类设置（新建账套时，系统已预置“正式工”，“合同工”和“实习生”3 个人员类别）。

表 2-1　人员类别

人员类别	档案编码	档案名称
101 正式工	1011	企管人员
	1012	采购人员
	1013	销售人员
	1014	生产人员
	1015	生管人员
102 合同工		
103 实习生		

操作步骤如下：

（1）打开“企业应用平台”窗口。双击桌面的“企业应用平台”图标，在打开的“登录”对话框中，设置“操作员”为“A01”，“密码”为空，“账套”为“[517]…”，然后单击“登录”按钮，打开“企业应用平台”窗口。

（2）打开“人员类别”窗口。在“业务导航视图”的“基础设置”导航条中选中“基础档案”|“机构人员”|“人员类别”，打开“人员类别”窗口。

（3）打开“增加档案项”对话框。选中左窗格中的“正式工”，然后单击窗口工具栏中的“增加”按钮，弹出“增加档案项”对话框。

（4）编辑“企管人员”类别。编辑“档案编码”为“1011”，“档案名称”为“企管人员”，再单击“确定”按钮。

（5）完成人员类别设置。重复步骤（4），录入完成表 2-1 中的 1012、1013、1014 和 1015 后，单击“取消”按钮，返回“人员类别”窗口。

（6）退出。先单击“增加档案项”对话框中的“取消”按钮，再单击窗口工具栏中的“退出”按钮，关闭窗口，完成操作。

2. 部门档案与人员档案设置

用友 ERP-U8 中的"部门",是指账套主体(例如案例企业)下辖的需要进行独立的财务核算或业务管理要求的单元体,可以是实际中的部门机构,也可以是虚拟的核算单元。

用友 ERP-U8 中的"人员",是指企业各职能部门中需要进行独立财务核算和业务管理的职员信息,必须先设置好部门档案才能在这些部门下设置相应的职员档案。除了固定资产和成本管理产品外,其他产品均需使用职员档案。如果企业不需要对职员进行核算和管理要求,则可以不设置职员档案。

表 2-2 中列出了本案例企业的部门档案和人员档案。本任务是按照表 2-2 完成案例企业的部门档案和人员档案在用友 ERP-U8 中的设置。

表 2-2 部门档案与人员档案

<table>
<tr><th>一级部门</th><th>二级部门</th><th>人员类别</th><th>人员编码及姓名</th><th>性别</th><th>雇佣状态</th><th>银行及银行账号</th><th>是否操作员</th><th>是否业务员</th></tr>
<tr><td rowspan="2">1 公司总部</td><td>101 经理办公室</td><td>企管人员</td><td>0100 李吉棕</td><td>女</td><td>在职</td><td>工行
6222020220332016001</td><td></td><td></td></tr>
<tr><td>102 行政办公室</td><td>企管人员</td><td>0101 陈虹</td><td>女</td><td>在职</td><td>工行
6222020220332016002</td><td></td><td></td></tr>
<tr><td rowspan="4">2 财务部</td><td rowspan="4"></td><td rowspan="4">企管人员</td><td>W01 曾志伟</td><td>男</td><td>在职</td><td>工行
6222020220332016003</td><td>是</td><td></td></tr>
<tr><td>W02 张兰</td><td>女</td><td>在职</td><td>工行
6222020220332016004</td><td>是</td><td></td></tr>
<tr><td>W03 罗迪</td><td>女</td><td>在职</td><td>工行
6222020220332016005</td><td>是</td><td></td></tr>
<tr><td>W04 赵俊</td><td>女</td><td>在职</td><td>工行
6222020220332016006</td><td>是</td><td></td></tr>
<tr><td>3 销售部</td><td></td><td>销售人员</td><td>X01 赵飞</td><td>男</td><td>在职</td><td>工行
6222020220332016007</td><td>是</td><td>是</td></tr>
<tr><td>4 采购部</td><td></td><td>采购人员</td><td>G01 刘静</td><td>女</td><td>在职</td><td>工行
6222020220332016008</td><td>是</td><td>是</td></tr>
<tr><td>5 仓管部</td><td></td><td>企管人员</td><td>C01 李莉</td><td>女</td><td>在职</td><td>工行
6222020220332016009</td><td>是</td><td></td></tr>
<tr><td>6 人力资源部</td><td></td><td>企管人员</td><td>0600 王军</td><td>男</td><td>在职</td><td>工行
6222020220332016010</td><td></td><td></td></tr>
<tr><td rowspan="4">7 生产部</td><td rowspan="2">700 生管部</td><td rowspan="2">生管人员</td><td>P01 刘正</td><td>男</td><td>在职</td><td>工行
6222020220332016011</td><td>是</td><td>是</td></tr>
<tr><td>0701 夏于</td><td>男</td><td>在职</td><td>工行
6222020220332016012</td><td></td><td>是</td></tr>
<tr><td rowspan="2">701 高端眼镜中心</td><td rowspan="2">生产人员</td><td>0702 李华</td><td>男</td><td>在职</td><td>工行
6222020220332016013</td><td></td><td>是</td></tr>
<tr><td>0703 张新海</td><td>男</td><td>在职</td><td>工行
6222020220332016014</td><td></td><td>是</td></tr>
</table>

续表

一级部门	二级部门	人员类别	人员编码及姓名	性别	雇佣状态	银行及银行账号	是否操作员	是否业务员
7 生产部	702 舒适眼镜中心	生产人员	0704 赵林	男	在职	工行 6222020220332016015		是
			0705 李东	男	在职	工行 6222020220332016016		是
	703 普通眼镜中心	生产人员	0706 梁京	女	在职	工行 6222020220332016017		是
			0707 李江	男	在职	工行 6222020220332016018		是
8 技术部		企管人员	A01 赵技巩	男	在职	工行 6222020220332016019	是	

操作步骤如下：

(1) 打开“部门档案”页签。登录“企业应用平台”，在“业务导航视图”的“基础设置”导航条中选中“基础档案”|“机构人员”|“部门档案”，打开“部门档案”页签。

(2) 编辑“公司总部”。单击工具栏中的“增加”按钮，录入“部门编码”为“1”，“部门名称”为“公司总部”，然后单击“保存”按钮。

(3) 完成部门编辑。重复步骤(2)，按照表 2-2 的第 1 列和第 2 列，将部门档案全部录入，完成后单击“部门档案”页签的“关闭”按钮，关闭页签。

(4) 打开“人员档案”页签。登录“企业应用平台”，在“业务导航视图”的“基础设置”导航条中选中“基础档案”|“人员档案”，打开“人员档案”页签。

(5) 新增一张人员档案单据。单击工具栏中的“增加”按钮，打开“人员档案”窗口。

(6) 编辑人员档案。编辑“人员编码”为“0100”，“人员姓名”为“李吉棕”，“性别”为“女”，“行政部门”为“101”(经理办公室)，“雇佣状态”为“在职”，“人员类别”为“企管人员”，“银行”为“中国工商银行”，“账号”为“6222020220332016001”，同时选中“是否操作员”复选框，如图 2-1 所示。

(7) 保存。单击“保存”按钮，若该人员已经是用友 ERP-U8 的操作员，则弹出消息框，询问“人员信息已改，是否同步修改操作员的相关信息？”，单击“是”按钮，系统保存人员信息并新增一张人员档案表。

(8) 完成人员档案编辑。重复步骤(6)～(7)，依据表 2-2 将人员档案全部录入(或再录入 W01、W02、W03、W04、X01、G01、C01 和 A01 的员工信息)完成后，单击工具栏中的“退出”按钮，退出“人员档案”窗口，返回“人员档案”页签。

备注：因为本书的操作员设置，仅为满足会计信息化技能竞赛的要求，所以录入 W01、W02、W03、W04、X01、G01、C01 和 A01 员工信息后，就不影响第 3-12 章的业务操作了。如果希望学习按岗位操作，可参见本系列教程之《企业会计信息化应用——基于用友 ERP 产品微课教程》。

(9) 退出。单击“人员档案”页签的“关闭”按钮，关闭页签，完成操作。

提示：

• 部门指某使用单位下辖的具有分别进行财务核算或业务管理要求的单元体，可以是

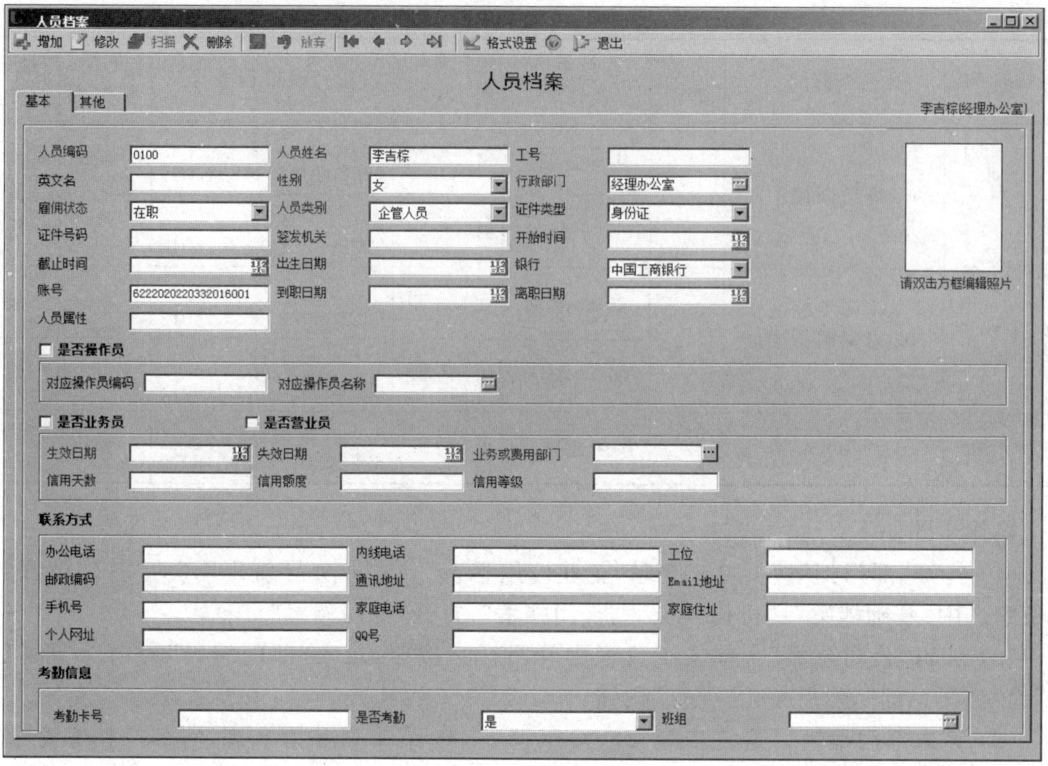

图 2-1 “人员档案”窗口

实际中的部门机构，也可以是虚拟的核算单元。

- 人员编码不能修改，人员的名称可随时修改。
- 是“业务员”的需要添加“业务或费用部门”；若在增加时设置为“业务员”，则有与其“行政部门”相同的默认部门。

2.2 地区分类及客商档案设置

本节是按照表 2-3～表 2-7，完成案例企业在用友 ERP-U8 中的地区分类、供应商分类、供应商档案、客户分类和客户档案的设置。

1. 地区分类

表 2-3 中列出了本案例企业的地区分类。本任务是按照表 2-3，完成案例企业在用友 ERP-U8 中的地区分类的设置。

表 2-3 地区分类

分类编码	分类名称
01	华北地区
02	华东地区
03	西北地区

操作步骤如下：

(1) 登录“企业应用平台”，在“业务导航视图”的“基础设置”导航条中选中“基础档案”|“客商信息”|“地区分类”，打开“地区分类”窗口。

(2) 单击窗口工具栏中的“增加”按钮，录入“分类编码”为“01”，“分类名称”为“华北地区”，并单击“保存”按钮。

(3) 重复步骤(2)，依据表 2-3 录入地区分类信息完成后，单击窗口工具栏中的“退出”按钮，关闭窗口，完成操作。

2. 客户分类与供应商分类

表 2-4 中列出了本案例企业的客户和供应商分类。本任务是按照表 2-4，完成案例企业在用友 ERP-U8 中的客户和供应商分类的设置。

表 2-4　客户分类与供应商分类

类别名称	一级分类编码与名称	二级分类编码与名称
供应商	01 材料供应商	
	02 委外商	
	03 其他供应商	
客户	01 代销商	
	02 批发商	02001 山西省批发商
		02002 北京市批发商
		02003 上海市批发商
	03 零售商	
	04 其他客户	

操作步骤如下：

(1) 打开“供应商分类”窗口。登录“企业应用平台”，在“业务导航视图”的“基础设置”导航条中选中“基础档案”|“客商信息”|“供应商分类”，打开“供应商分类”窗口。

(2) 新增一个供应商分类。单击窗口工具栏中的“增加”按钮，录入“分类编码”为“01”，“分类名称”为“供应商”，并单击“保存”按钮。

(3) 完成供应商分类编辑。重复步骤(2)，依据表 2-4 录入供应商分类信息完成后，单击窗口工具栏中的“退出”按钮，关闭窗口。

(4) 打开“客户分类”窗口。登录“企业应用平台”，在“业务导航视图”的“基础设置”导航条中选中“基础档案”|“客商信息”|“客户分类”，打开“客户分类”窗口。

(5) 新增一个客户分类。单击窗口工具栏中的“增加”按钮，录入“分类编码”为“01”，“分类名称”为“代销商”，单击“保存”按钮；

(6) 完成客户分类编辑。重复步骤(5)，依据表 2-4 录入客户分类信息，完成后单击窗口工具栏中的“退出”按钮，关闭窗口，完成操作。

3. 供应商档案

企业设置往来供应商的档案信息，有利于对供应商资料管理和业务数据的统计与分析。在用友 ERP-U8 中建立供应商档案，主要是为企业的采购管理、委外管理、库存管理、应付账管理服务的。在填制采购入库单、采购发票和进行采购结算、应付款结算和有关供货单位统计时都会用到供货单位档案，因此必须先设立供应商档案。在输入单据时，如果单据上的供货单位不在供应商档案中，则必须在此建立该供应商的档案。如果在建立账套时选择了供应商分类，则必须在设置完成供应商分类档案的情况下才能编辑供应商档案。

表 2-5 中列出了本案例企业的供应商档案。本任务是按照表 2-5，完成案例企业在用友 ERP-U8 中的供应商档案的设置。

表 2-5　供应商档案

供应商编码与名称	供应商简称	所属地区	所属分类	税　　号	开户银行与账号	邮编与地址	电　　话
001 北京大运眼镜配件厂	大运配件厂	01	01	200106653865211	工行朝阳支行 1102020526782987123	100045 北京朝阳十里堡 8 号	010-82282263
002 上海吉祥眼镜公司	吉祥公司	02	02	310115549876477	工行浦东支行 1102020526782987135	200332 上海浦东新区东方路 1 号	021-62338258
003 北京塑料二厂	塑料二厂	01	01	200106756865001	招行昌平支行 6225880126782987908	100046 北京昌平区大新路 33 号	010-80228229
004 宁夏螺钉厂	螺钉厂	03	01	100106539465724	工行银川支行 1102020526782985703	333571 宁夏银川市和信区富民路 23 号	0951-5122822
005 河北硅胶三厂	硅胶三厂	01	01	300106224160365	工行燕郊支行 1102020526782987351	100050 河北省燕郊经济开发区 20 号	010-61598220

备注：

- 所有供应商的结算币种均为人民币。
- 供应商属性(采购、委外、服务、国外)均为“采购”，另外“吉祥公司”增加“委外”属性。
- 在录入“开户银行”时，其“所属银行”为“开户银行”所在银行，例如“工行海淀支行”的“所属银行”为“中国工商银行”。

操作步骤如下：

(1) 打开“供应商档案”页签。登录“企业应用平台”，在“业务导航视图”的“基础设置”导航条中选中“基础档案”|“客商信息”|“供应商档案”，打开“供应商档案”页签。

(2) 新增一个供应商。单击工具栏中的“增加”按钮，打开“增加供应商档案”页签，即可在“基本”和“联系”选项卡中编辑编码、名称、简称、分类、币种、所属地区等供应商档案的信息，如图 2-2 所示。

供应商编码 001　　供应商名称 北京大运眼镜配件厂

基本 | 联系 | 信用 | 其他

供应商编码	001	供应商名称	北京大运眼镜配件厂
供应商简称	大运配件厂	助记码	
所属地区	01 - 华北地区	所属分类	01 - 材料供应商
供应商总公司		员工人数	
对应客户		所属行业	
税号	200106653865211	币种	人民币
开户银行	工行朝阳支行	注册资金	
法人		银行账号	1102020526782987123
税率%		所属银行	01 - 中国工商银行
☑ 采购		☐ 委外	
☐ 服务		☐ 国外	

图 2-2　供应商档案“基本”选项卡示意图

(3) 保存并新增。单击工具栏中的“保存并新增”按钮，保存该供应商信息并增加一份供应商档案。

(4) 完成编辑。重复步骤(2)～(3)，将表 2-5 中所有供应商档案全部录入后，单击“增加供应商档案”页签的“关闭”按钮，关闭页签，完成操作。

提示：已停用的供应商(即供应商档案的停用日期小于当前单据日期的供应商)，输入单据时不能再参照，否则系统提示“此供应商已停用，请选择其他供应商”。在进行单据或账表查询时，已停用的供应商仍可继续查询。

4. 客户级别及档案

建立客户档案主要是为企业的销售管理、库存管理、应收账管理服务的。用友 ERP-U8 中，客户档案功能用于设置往来客户的档案信息，以便于对客户资料管理和业务数据的录入、统计、分析，例如在填制销售发货单、销售发票和进行应收款结算时，都会用到客户档案。在输入单据时，如果单据上的采购单位不在客户档案中，则必须在此建立该客户的档案。

如果在建立账套时选择了客户分类，则必须在设置完成客户分类档案的情况下才能编辑客户档案。表 2-6 中列出了本案例企业的客户级别，表 2-7 中列出了客户档案。本任务是按照表 2-6 和表 2-7 完成案例企业在用友 ERP-U8 中的客户级别及档案的设置。

表 2-6　客户级别

客户级别编码	名　称
01	VIP 客户
02	重要客户
03	一般客户

表 2-7　客户档案

客户编码与名称	客户简称	所属地区	所属分类	客户级别编码	税　　号	开户银行与账号	邮码与地址	电　　话	信用额度
001 北京光明眼镜公司	光明公司	01	02002	01	200106653865885	工行海淀支行 6227000526782987908	100077 北京海淀学院路1号	010-62338229	250 万
002 上海雪亮眼镜公司	雪亮公司	02	02003	03	310104712121774	工行徐汇支行 1102020526782987158	200032 上海徐汇天平路8号	021-84658236	50 万
003 北京同方眼镜公司	同方公司	01	02002	02	200121554863995	光大银行海淀支行 6227000526782987973	100088 北京海淀成府路3号	010-82338278	170 万
004 山西华飞眼镜公司	华飞公司	01	02001	03	411135871135557	光大银行太原支行 6227000526782987984	250001 山西太原天桥区成府路3号	0351-4019813	50 万
900 零散客户	零散客户		04						

备注：

- 所有客户的结算币种均为人民币；属性均为“国内”。
- 表 2-7 中的“开户银行”均是默认的结算银行。
- 在录入“开户银行”时，需要打开“增加客户档案”页签，单击工具栏中的“银行”按钮，然后在打开的对话框中，录入相关信息，其“所属银行”为“开户银行”所在银行，例如“工行海淀支行”的“所属银行”为“中国工商银行”。

操作步骤如下：

（1）打开“客户级别分类”窗口。登录“企业应用平台”，在“业务导航视图”的“基础设置”导航条中选中“基础档案”|“客商信息”|“客户级别”，打开“客户级别分类”窗口。

（2）新增 VIP 客户类别。单击窗口工具栏中的“增加”按钮，编辑客户级别的相关信息，以表 2-6 第 1 行为例，在表体中录入“客户级别编码”为“01”，“客户级别名称”为“VIP 客户”，并单击“保存”按钮。

（3）完成客户类别编辑。重复步骤（2），客户级别全部录入完成后，单击窗口工具栏中的“退出”按钮，关闭窗口。

（4）打开“客户档案”页签。登录“企业应用平台”，在“业务导航视图”的“基础设置”导航中选中“基础档案”|“客商信息”|“客户档案”，打开“客户档案”页签。此时左窗格中会显示已经设置的客户分类，选中某一客户分类，右窗格中显示该分类下的所有客户列表。

（5）新增一个客户并编辑基本信息。单击工具栏中的“增加”按钮，打开“增加客户档案”页签，在“基本”选项卡中编辑客户编码、客户名称、简称等客户档案信息，如图 2-3 所示。

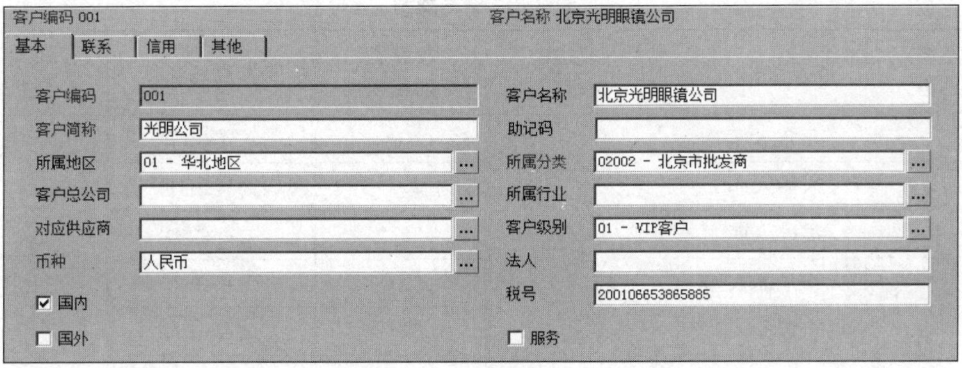

客户编码 001　　　　客户名称 北京光明眼镜公司

基本　联系　信用　其他

客户编码 001　　客户名称 北京光明眼镜公司
客户简称 光明公司　　助记码
所属地区 01 - 华北地区　　所属分类 02002 - 北京市批发商
客户总公司　　所属行业
对应供应商　　客户级别 01 - VIP客户
币种 人民币　　法人
☑ 国内　　税号 200106653865885
☐ 国外　　☐ 服务

图 2-3　客户档案“基本”选项卡

(6) 编辑客户的信用信息。在“增加客户档案”页签的“联系”选项卡中编辑邮政编码和地址,在“信用”选项卡中编辑信用额度。

(7) 编辑客户的银行信息。单击工具栏中的“银行”按钮,弹出”客户银行档案”窗口,单击窗口工具栏中的“增加”按钮,以表 2-7 第 1 行为例,选择所属银行为“中国工商银行”并录入“开户银行”为“工行海淀支行”,“银行账号”为 6227000526782987908,“默认值”为“是”,然后单击窗口工具栏中的“保存”和“退出”按钮,关闭窗口。

(8) 保存并新增。单击工具栏中的“保存并新增”按钮,保存该客户信息并新增一张客户档案单据。

(9) 完成客户信息编辑。重复步骤(5)～(8),依据表 2-7,完成客户档案的录入。

(10) 退出。单击“客户档案”页签的“关闭”按钮,关闭页签,完成操作。

提示:

- 已停用的客户(即客户档案的停用日期小于当前单据日期的客户),输入单据时不能再参照,否则系统提示“此客户已停用,请选择其他客户”。但在进行单据或账表查询时,已停用的客户仍可继续查询。
- 档案增加指定默认的币种,将在销售订单等单据中直接带出。
- 当客户的基本信息编辑完成并保存后,方可使用“银行”的编辑功能,来编辑此客户的银行信息。

2.3　收发类别与发运方式设置

1. 收发类别设置

收发类别设置,是为了对材料的出入库情况进行分类汇总统计而设置的,表示材料的出入库类型。用友 ERP-U8 规定收发类型只有收和发两种,编辑时只需选中相应的单选按钮。注意,入库的“收发类别标志”应为“收”,出库的“收发类别标志”应为“发”。

本任务是按照表 2-8,在用友 ERP-U8 中设置案例企业的仓库收发类别。

操作步骤如下:

(1) 打开“收发类别”窗口。登录“企业应用平台”,在“业务导航视图”的“基础设置”导航条中选中“基础档案”|“业务”|“收发类别”,打开“收发类别”窗口。

表 2-8　收发类别

<table>
<tr><th>收发类别编码</th><th>收发类别名称</th><th>收发类别标志</th><th>收发类别编码</th><th>收发类别名称</th><th>收发类别标志</th></tr>
<tr><td>1</td><td>正常入库</td><td rowspan="6">收</td><td>3</td><td>正常出库</td><td rowspan="6">发</td></tr>
<tr><td>11</td><td>采购入库</td><td>31</td><td>销售出库</td></tr>
<tr><td>12</td><td>委外入库</td><td>32</td><td>委外领料</td></tr>
<tr><td>13</td><td>半成品入库</td><td>33</td><td>生产领料</td></tr>
<tr><td>14</td><td>产成品入库</td><td>34</td><td>赠品出库</td></tr>
<tr><td>15</td><td>采购退货</td><td>35</td><td>销售退货</td></tr>
<tr><td>2</td><td>非正常入库</td><td rowspan="3"></td><td>4</td><td>非正常出库</td><td rowspan="3"></td></tr>
<tr><td>21</td><td>盘盈入库</td><td>41</td><td>盘亏出库</td></tr>
<tr><td>22</td><td>其他入库</td><td>42</td><td>其他出库</td></tr>
</table>

(2) 新增一个收发类别。单击窗口工具栏中的“增加”按钮，在右窗格中编辑收发类别相关信息。以表 2-8 第 1 行为例，录入“收发类别编码”为“1”，“收发类别名称”为“正常入库”，并选择“收”，然后单击“保存”按钮。

(3) 完成收发类别的编辑。重复步骤(2)，将表 2-8 中所有的收发类别录入并保存。

(4) 退出。单击“收发类别”窗口工具栏中的“退出”按钮，关闭窗口，完成操作。

2. 发运方式设置

用户在处理采购业务或销售业务中的运输方式时，应先设定这些运输方式。表 2-9 中列出了本案例企业的发运方式，本任务将完成案例企业在用友 ERP-U8 中的发运方式的设置。

表 2-9　发运方式

发运方式编码	发运方式名称
01	公路
02	铁路
03	航空
04	水运

操作步骤如下：

(1) 打开“发运方式”窗口。登录“企业应用平台”，在“业务导航视图”的“基础设置”导航条中选中“基础档案”|“业务”|“发运方式”，打开“发运方式”窗口。

(2) 新增一个发运方式。单击窗口工具栏中的“增加”按钮，录入“发运方式编码”为“01”，“发运方式名称”为“公路”，然后单击“保存”按钮。

(3) 完成发运方式编辑。重复步骤(2)，将表 2-9 中的发运方式全部录入并保存。

(4) 退出。单击“发运方式”窗口工具栏中的“退出”按钮，关闭窗口，完成操作。

2.4 采购和销售类型设置

如果企业需要按采购类型进行统计，那就应该建立采购类型项目。采购类型是由用户根据企业需要自行设定的项目，用户在使用用友采购管理系统，填制采购入库单等单据时，会涉及采购类型栏目。采购类型不分级次，企业可以根据实际需要进行设立。例如从国外购进、国内购进、从省外购进、从本地购进、从生产厂家购进、从批发企业购进、为生产采购、为委托加工采购、为在建工程采购等。

用户在处理销售业务时，可以根据自身的实际情况自定义销售类型，以便于按销售类型对销售业务数据进行统计和分析。

表 2-10 中列出了本案例企业的采购类型和销售类型。本任务是在用友 ERP-U8 中设置案例企业的采购类型与销售类型。

表 2-10 采购与销售类型

采购类型编码	采购类型名称	入库类别	是否默认值	是否委外默认值	销售类型编码	销售类型名称	出库类别	是否默认值
01	普通采购	11(采购入库)	是	否	01	批发销售	31(销售出库)	是
02	委外加工	12(委外入库)	否	是	02	门市零售	31(销售出库)	否
03	采购退回	15(采购退货)	否	否	03	销售退回	35(销售退货)	否

操作步骤如下：

(1) 打开“采购类型”窗口。登录“企业应用平台”，在“业务导航视图”的“基础设置”导航条中选中“基础档案”|“业务”|“采购类型”，打开“采购类型”窗口。

(2) 新增一个采购类型。单击窗口工具栏中的“增加”按钮，编辑采购类型编码、名称及入库类别等采购类型相关信息。以表 2-10 左侧第 1 行为例，在表体中填制“采购类型编码”为“01”，“采购类型名称”为“普通采购”，选择“入库类别”为“11(采购入库)”，“是否默认值”为“是”，“是否委外默认值” 为“否”，其他项默认，然后单击“保存”按钮。

(3) 完成采购类型编辑。重复步骤(2)，依据表 2-10 左侧内容，将采购类型全部录入并保存。

(4) 退出。单击窗口工具栏中的“退出”按钮，关闭窗口。

(5) 打开“销售类型”窗口。登录“企业应用平台”，在“业务导航视图”的“基础设置”导航条中选中“基础档案”|“业务”|“销售类型”，打开“销售类型”窗口。

(6) 新增一个销售类型。单击窗口工具栏中的“增加”按钮，编辑销售类型相关信息，包括销售类型编码、名称及出口类别。以表 2-10 右侧的第 1 行为例，在表体中填制“销售类型编码”为“01”，“销售类型名称”为“批发销售”，选择“出库类别”为“31”(销售出库)，“是否默认值”为“是”，然后单击“保存”按钮。

(7) 完成销售类型编辑。重复步骤(6)，依据表 2-10 的内容将销售类型全部录入并保存。

(8) 退出。单击窗口工具栏中的“退出”按钮，关闭窗口，完成操作。

2.5 费用项目设置

用户若需处理销售业务中的代垫费用、销售支出费用，则应先设定这些费用项目。费用项目分类是将同一类属性的费用归集成一类，以便统计和分析。

表 2-11 中列出了本案例企业的费用项目分类和费用项目。本任务是按照表 2-11，在用友 ERP-U8 中设置案例企业的费用项目分类和费用项目。

表 2-11 费用分类及其项目

分类编码	分类名称	费用项目编码	费用项目名称
1	购销	01	运输费
		02	装卸费
		03	包装费
2	管理	04	业务招待费

1. 费用项目分类设置

操作步骤如下：

(1) 打开“费用项目分类”窗口。登录“企业应用平台”，在“业务导航视图”的“基础设置”导航条中选中“基础档案”|“业务”|“费用项目分类”，打开“费用项目分类”窗口。

(2) 新增一个费用项目分类。单击窗口工具栏中的“增加”按钮，然后编辑分类编码和名称等费用项目分类相关信息。以表 2-11 第 1 行为例，在右窗格中输入“分类编码”为“1”，“分类名称”为“购销”，单击窗口工具栏中的“保存”按钮。

(3) 完成费用项目分类编辑。重复步骤(2)，完成表 2-11 中“管理”分类的录入与保存。

(4) 退出。单击窗口工具栏中的“退出”按钮，关闭窗口，完成操作。

2. 费用项目设置

操作步骤如下：

(1) 打开“费用项目”窗口。登录“企业应用平台”，在“业务导航视图”的“基础设置”导航条中选中“基础档案”|“业务”|“费用项目”，打开“费用项目档案”窗口。

(2) 新增一个费用项目。单击窗口工具栏中的“增加”按钮，然后编辑费用项目编码、名称及分类名称等费用项目相关信息。以表 2-11 第 1 行为例，在右窗格的费用项目表体中输入“费用项目编码”为“01”，“费用项目名称”为“运输费”，选择“费用项目分类名称”为“购销”，再单击“保存”按钮。

(3) 完成费用项目的编辑。重复步骤(2)，依据表 2-11 将费用项目全部录入并保存。

(4) 退出。单击窗口工具栏中的“退出”按钮，关闭窗口，完成操作。

2.6 凭证类别与外币设置

许多单位为了便于管理或登账，会对记账凭证进行分类编制，但各单位的分类方法不尽相同，所以用友 ERP-U8 中提供了“凭证类别”功能。

汇率管理是专为外币核算服务的，用友 ERP-U8 中提供了“外币设置”功能。

1. 凭证类别设置

如果是第一次进行凭证类别设置，可以按以下几种常用分类方式进行定义：

(1) 记账凭证；

(2) 收款、付款、转账凭证；

(3) 现金、银行、转账凭证；

(4) 现金收款、现金付款、银行收款、银行付款、转账凭证；

(5) 自定义凭证类别。

表 2-12 所示的“限制科目”是指某些类别的凭证在制单时，对科目有一定限制，用友 ERP-U8 系统有 7 种限制类型供选择，具体如下。

表 2-12 凭证类别

类别字	类别名称	限制类型	限制科目
记	记账凭证	无限制	(空)

(1) 借方必有：制单时，此类凭证借方至少有一个限制科目有发生。

(2) 贷方必有：制单时，此类凭证贷方至少有一个限制科目有发生。

(3) 凭证必有：制单时，此类凭证无论借方还是贷方至少有一个限制科目有发生。

(4) 凭证必无：制单时，此类凭证无论借方还是贷方不可有一个限制科目有发生。

(5) 无限制：制单时，此类凭证可使用所有合法的科目限制科目由用户输入，可以是任意级次的科目，科目之间用逗号分隔，数量不限；也可参照输入，但不能重复录入。

(6) 借方必无：金额发生在借方的科目集必须不包含借方必无科目。可在凭证保存时检查。

(7) 贷方必无：金额发生在贷方的科目集必须不包含贷方必无科目。可在凭证保存时检查。

若限制科目为非末级科目，则在制单时，其所有下级科目都将受到同样的限制。

操作步骤如下：

(1) 登录“企业应用平台”，在“业务导航视图”的“基础设置”导航条中选中“基础档案”|“财务”|“凭证类别”，弹出“凭证类别”对话框。

(2) 确认该对话框表体中的“类别字”为“记”，“类别名称”为“记账凭证”，“限制类型”为“无限制”。

(3) 退出。单击对话框工具栏中的“退出”按钮，关闭对话框，完成操作。

2. 外币设置

在用友 ERP-U8 的“外币设置”功能中，可以对本账套所使用的外币进行定义，设置界面如图 2-4 所示，其中主要参数含义如下：

(1) 外币折算方式分为直接汇率与间接汇率两种，直接汇率即“外币 * 汇率＝本位币”，间接汇率即“外币/汇率＝本位币”。

(2) 汇率分为固定汇率与浮动汇率，选“固定汇率”即可录入各月的月初汇率，选“浮动汇率”即可录入所选月份的各日汇率。

(3) 记账汇率是在平时制单时，系统自动显示的。如果用户使用固定汇率(月初汇率)，则记账汇率必须输入，否则制单时汇率为0。

(4) 调整汇率即月末汇率，在期末计算汇兑损益时用，平时可不输，等到期末可输入期末时汇率，用于计算汇兑损益，本汇率不作其他用途。

在用友ERP-U8中，在"填制凭证"时所用的汇率应先在此进行定义，以便制单时调用，减少录入汇率的次数和差错。当汇率变化时，应预先在此进行定义，否则制单时不能正确录入汇率。对于使用固定汇率（即使用月初或年初汇率）作为记账汇率的用户，在填制每月的凭证前，应预先在此录入该月的记账汇率，否则在填制该月外币凭证时，将会出现汇率为0的错误。对于使用浮动汇率（即使用当日汇率）作为记账汇率的用户，在填制当天的凭证前，应预先在此录入该天的记账汇率。

本案例企业需要增加美元（$）外币，按固定汇率设置2017.04的记账汇率为"6.5"。

操作步骤如下：

(1) 打开"外币设置"对话框。登录"企业应用平台"，在"业务导航视图"的"基础设置"导航条中选中"财务"|"外币设置"，打开"外币设置"对话框，如图2-4所示。

(2) 设置外币的币符和币名。将"币符"设置为"$"，"币名"设置为"美元"，单击"确认"按钮。

(3) 设置汇率。选中窗体中部的"固定汇率"单选按钮，然后在"2017.04"的"记账汇率"栏中录入"6.5"，并单击他区域以保存汇率设置，如图2-4所示。

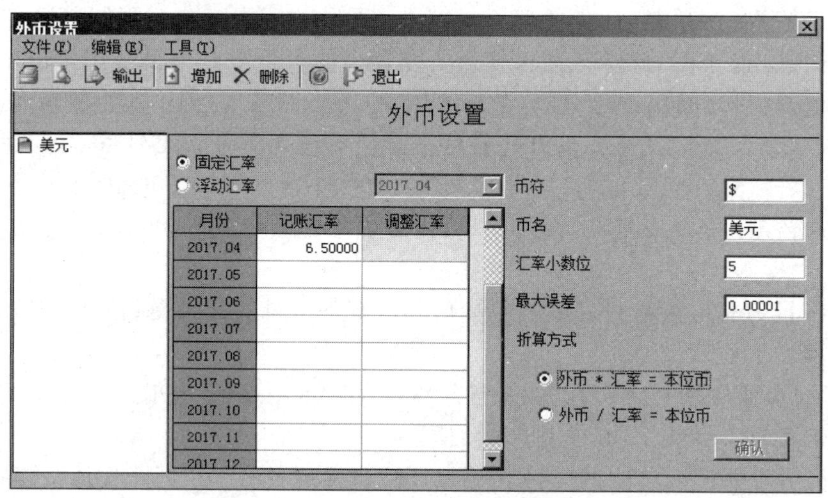

图2-4 外币设置对话框

(4) 退出。单击对话框工具栏中的"退出"按钮，关闭对话框，完成操作。

提示： 此处仅供用户录入固定汇率与浮动汇率，并不决定在制单时是使用固定汇率还是浮动汇率，在总账系统的"选项"中"其他"页签的"汇率方式"的设置，决定了制单是使用固定汇率还是浮动汇率。

2.7 收付结算设置

收付结算设置包括结算方式、开户银行和付款条件设置。

1. 结算方式设置

结算方式,即财务结算方式,包括现金结算、支票结算等。在用友 ERP-U8 中,结算方式最多可以分为 2 级。表 2-13 中列出了本案例企业的结算方式,本任务是按照表 2-13,完成在用友 ERP-U8 中设置本案例企业的结算方式。

表 2-13 结算方式

结算方式编码	结算方式名称
1	现金
2	支票
201	现金支票
202	转账支票
3	商业汇票
301	银行承兑汇票
302	商业承兑汇票
4	电汇
5	委托收款
6	其他

操作步骤如下:

(1) 打开"结算方式"窗口。登录"企业应用平台",在"业务导航视图"的"基础设置"导航条中选中"基础档案"|"收付结算"|"结算方式",打开"结算方式"窗口。

(2) 新增一个结算方式。单击窗口工具栏中的"增加"按钮,在右窗格中录入"结算方式编码"为"1","结算方式名称"为"现金",然后单击"保存"按钮。

(3) 完成结算方式的编辑。重复步骤(2),依据表 2-13 将结算方式全部录入并保存。

(4) 退出。单击"结算方式"窗口工具栏中的"退出"按钮,关闭窗口,完成操作。

2. 付款条件

付款条件也叫现金折扣,是指企业为了鼓励客户偿还货款而允诺在一定期限内给予的规定的折扣优待。这种折扣条件通常可表示为"4/10,2/20,n/30",它的意思是客户在 10 天内偿还货款,可得到 4%的折扣,只付原价的 96%的货款;在 20 天内偿还货款,可得到 2%的折扣,只要付原价的 98%的货款;在 30 天内偿还货款,则须按照全额支付货款;在 30 天以后偿还货款,则不仅要按全额支付货款,还可能要支付延期付款利息或违约金。付款条件将主要在采购订单、销售订单、采购结算、销售结算、客户目录、供应商目录中引用。

表 2-14 中列出了本案例企业的付款方式。本任务是按照表 2-14,完成案例企业在用友 ERP-U8 中的付款方式的设置。

操作步骤如下:

(1) 打开"付款条件"窗口。登录"企业应用平台",在"业务导航视图"的"基础设置"导航条中选中"基础档案"|"收付结算"|"付款条件",打开"付款条件"窗口。

表 2-14　付款条件

付款条件编码	付款条件名称	信用天数	优惠天数 1	优惠率 1	优惠天数 2	优惠率 2	优惠天数 3	优惠率 3
01	4/10,2/20,n/30	30	10	4	20	2	30	0
02	n/30	30						

(2) 新增一个付款条件。单击窗口工具栏中的“增加”按钮,在表体中填制“付款条件编码”为“01”,“信用天数”为“30”,“优惠天数 1”为“10”,“优惠率 1”为“4”,“优惠天数 2”为“20”,“优惠率 2”为“2”,“优惠天数 3”为“30”,“优惠率 3”为“0”,单击“保存”按钮,此时付款条件名称自动填写为“4/10,2/20,n/30”。

(3) 完成付款条件编辑。重复步骤(2),完成表 2-14 中第 2 行的录入并保存。

(4) 退出。单击“付款条件”窗口工具栏中的“退出”按钮,关闭窗口,完成操作。

3. 银行档案设置

本案例企业的开户银行是中国工商银行,设置其个人账号的定长为 19 位,录入时自动带出账号 17 位;企业账户不定长。

操作步骤如下:

(1) 打开“修改银行档案”对话框。登录“企业应用平台”,在“业务导航视图”的“基础设置”导航条中选中“基础档案”|“收付结算”|“银行档案”,进入“银行档案”窗口;选中“中国工商银行”所在行,打开“修改银行档案”对话框。

(2) 编辑信息。选中“个人账户规则”区域的“定长”前的复选框,并修改“账号长度”为“19”,“自动带出账号长度”为“17”;确认“企业账户规则”区的“定长”复选框没有被选中。

(3) 保存并退出。单击对话框工具栏中的“退出”按钮,弹出消息框,询问“是否保存对当前档案的编辑?”,单击“是”按钮,关闭对话框;单击“银行档案”窗口工具栏中的“退出”按钮,关闭窗口,完成操作。

4. 本单位开户银行设置

用友 ERP-U8 支持企业具有多个开户行及账号。“本单位开户银行”功能用于维护及查询使用单位的开户银行信息。开户银行一旦被引用,便不能进行修改和删除的操作。表 2-15 中列出了本案例企业的开户银行信息。本任务是按照表 2-15,完成案例企业的单位开户银行在用友 ERP-U8 中的设置。

表 2-15　单位开户银行

编码	银行账号	账户名称/币种	开户银行	所属银行编码	签约标志
01	1102020526782987908	人民币	中国工商银行昌平支行	01 中国工商银行	检查收付款账号
02	1102020526782987337	美元	中国工商银行昌平支行	01 中国工商银行	

操作步骤如下:

(1) 打开“本单位开户银行”窗口。登录“企业应用平台”,在“业务导航视图”的“基础设置”导航条中选中“基础档案”|“收付结算”|“本单位开户银行”,打开“本单位开户银行”窗口。

(2) 编辑本单位人民币开户行信息。单击窗口工具栏中的“增加”按钮，弹出“增加本单位开户银行”对话框，录入“编码”为“01”，“银行账户”为“110202052678298790 8”，“币种”为“人民币”，“开户银行”为“中国工商银行昌平支行”；选择“所属银行编码”为“01 中国工商银行”，“签约标志”为“检查收付账号”；最后单击对话框工具栏中的“保存”和“退出”按钮，关闭对话框。

(3) 编辑本单位美元开户行信息。

(4) 退出。单击窗口工具栏中的“退出”按钮，关闭窗口，完成操作。

2.8 会计科目

会计科目是填制会计凭证、登记会计账簿、编制会计报表的基础。会计科目是对会计对象的具体内容分门别类进行核算所规定的项目。会计科目是一个完整的体系，它是区别于流水账的标志，是复式记账和分类核算的基础。会计科目设置的完整性影响着会计过程的顺利实施，会计科目设置的层次深度直接影响会计核算的详细、准确程度。

表 2-16 中列出了本案例企业的会计科目，包括系统默认的部分一级科目、需要增加的二级和三级科目。

表 2-16 计科目设置

科目编码	科目名称	辅助核算	受控系统	计量单位	余额方向
1001	库存现金	日记账			借
1002	银行存款				借
100201	工行存款	银行账、日记账			借
100202	中行存款	银行账、日记账			借
1121	应收票据				借
112101	银行承兑汇票	客户往来	应收系统		借
112102	商业承兑汇票	客户往来	应收系统		借
1122	应收账款	客户往来	应收系统		借
1123	预付账款	供应商往来	应付系统		借
1221	其他应收款				借
122101	个人往来	个人往来			借
122102	单位往来	客户往来	应收系统		借
1402	在途物资	供应商往来	(不受控)		借
1403	原材料				借
140301	主要原材料		存货核算系统		借
140302	其他原材料		存货核算系统		借
1405	库存商品	数量核算	存货核算系统	副	借

续表

科目编码	科目名称	辅助核算	受控系统	计量单位	余额方向
1406	发出商品	数量核算	存货核算系统	副	借
1901	待处理财产损益				借
190101	待处理流动资产损益				借
190102	待处理固定资产损益				借
2201	应付票据				贷
220101	银行承兑汇票	供应商往来	应付系统		贷
220102	商业承兑汇票	供应商往来	应付系统		贷
2202	应付账款				贷
220201	一般应付账款	供应商往来	应付系统		贷
220202	暂估应付账款	供应商往来	(不受控)		贷
2203	预收账款				贷
220301	预收款	客户往来	应收系统		贷
220302	定金				贷
2211	应付职工薪酬				贷
221101	工资	部门核算			贷
221102	社会保险费	部门核算			贷
221103	住房公积金	部门核算			贷
221104	工会经费	部门核算			贷
221105	职工教育经费	部门核算			贷
221106	非货币性福利	部门核算			贷
2221	应交税费				贷
222101	应交增值税				贷
22210101	进项税额				贷
22210102	进项税额转出				贷
22210103	销项税额				贷
22210104	已交税金				贷
22210105	转出未交增值税				贷
222102	未交增值税				贷
222103	应交所得税				贷
222104	应交个人所得税				贷
222105	应交城市维护建设税				贷
222106	应交教育费附加				贷

续表

科目编码	科目名称	辅助核算	受控系统	计量单位	余额方向
222107	应交地方教育费附加				贷
2241	其他应付款				贷
224101	应付社会保险费				贷
224102	应付住房公积金				贷
224103	个人往来	个人往来			贷
224104	单位往来				贷
4001	实收资本				贷
4101	盈余公积				贷
4103	本年利润				贷
4104	利润分配				贷
410401	提取法定盈余公积				贷
410402	提取任意盈余公积				贷
410403	应付现金股利或利润				贷
410404	转作股本的股利				贷
410405	盈余公积补亏				贷
410406	未分配利润				贷
5001	生产成本				借
500101	直接人工	部门核算			借
500102	直接材料	部门核算			借
500103	制造费用	部门核算			借
500104	共耗费用				借
50010401	人工				借
50010402	折旧				借
50010403	共耗其他				借
5101	制造费用				借
510101	职工薪酬	部门核算			借
510102	物料消耗	部门核算			借
510103	折旧费	部门核算			借
6601	销售费用				借
660101	职工薪酬				借
660102	折旧费				借
660103	办公费				

续表

科目编码	科目名称	辅助核算	受控系统	计量单位	余额方向
660104	广告促销费				借
660105	差旅费				借
660106	其他				借
6602	管理费用				借
660201	职工薪酬				借
660202	折旧费				借
660203	办公费				借
660204	招待费				借
660205	差旅费				借
660206	其他				借
6603	财务费用				借
660301	利息费用				借
660302	现金折扣				借
660303	票据费用				借

本任务是按照表 2-16，完成在用友 ERP-U8 中设置案例企业的会计科目，包括新增所有的二级三级科目并设置相应的辅助账类型和受控系统，以及指定现金科目和银行科目。

提示：若设置会计科目时弹出消息框，提示"与某台电脑冲突，操作被锁定"，而且多次重注册企业应用平台均无效时，可以登录"系统管理"窗口，选中"视图"|"清除单据锁定"菜单项，并在弹出的"删除工作站的所有锁定"对话框中单击"确定"按钮，再重新注册到企业应用平台，可进行会计科目的修改和增加。

2.8.1 编辑与新增会计科目

本任务将编辑部分一级科目的辅助账类型和受控系统，如表 2-16 所示；新增表 2-16 中所有的二级和三级科目；设置科目的辅助账类型和受控系统。

1. 编辑会计科目

操作步骤如下：

(1) 打开"会计科目"窗口。登录"企业应用平台"，在"业务导航视图"的"基础设置"导航条中选中"基础档案"|"财务"|"会计科目"，打开"会计科目"窗口。

(2) 编辑库存现金的辅助账类型。首先选中预修改的会计科目，例如"1001"(库存现金)；然后在弹出的"会计科目 修改"对话框中，单击"修改"按钮，再编辑会计科目相关信息，例如选中"日记账"复选框，以设置"库存现金"的辅助账类型为"日记账"，最后单击"确定"按钮、"返回"按钮，关闭对话框。

（3）编辑其他会计科目。重复步骤（2），依据表 2-16 将预修改的会计科目全部编辑完成。

（4）退出。单击“会计科目”窗口工具栏中的“退出”按钮，关闭窗口，完成操作。

提示：

- 非末级科目和已使用的末级科目，不能再修改科目编码。
- 在科目设置中定义的客户、供应商核算的科目时，系统将自动设置该科目为应收应付系统的受控科目，此时可根据需要修改其是否受控。

2. 新增会计科目

新增表 2-16 中所有的二级和三级科目，同时设置科目的辅助账类型和受控系统（如果需要），具体的操作步骤如下：

（1）登录“企业应用平台”，在“业务导航视图”的“基础设置”导航条中选中“基础档案”|“财务”|“会计科目”，打开“会计科目”窗口。

（2）单击工具栏中的“增加”按钮，弹出“新增会计科目”对话框。

（3）在“新增会计科目”对话框中，编辑会计科目的相关信息。以“100201 工行存款”为例，录入“科目编码”为“100201”，“科目名称”为“工行存款”，选中“日记账”和“银行账”，“余额方向”为“借”，然后单击“确定”按钮返回。

（4）单击“会计科目”窗口的“增加”按钮，重复步骤（3），完成全部新增会计科目的录入。

（5）单击“会计科目”窗口工具栏中的“退出”按钮，关闭对话框，完成操作。

提示：

- 科目增加下级科目时，自动将原科目的所有账全部转移到新增的下级第一个科目中，此操作不可逆，同时要求新增加的下级科目所有科目属性与原上级科目一致。
- 已使用末级的会计科目不能再增加下级科目。

2.8.2 指定科目

本任务是指定现金科目和银行科目，只有进行现金和银行科目的指定后，使用“总账”|“凭证”|“出纳签字”功能才能查询到相应凭证。

操作步骤如下：

（1）登录“企业应用平台”，在“业务导航视图”的“基础设置”导航条中选中“基础档案”|“财务”|“会计科目”，打开“会计科目”窗口。

（2）指定科目。选中窗口菜单中的“编辑”|“指定科目”选项，弹出“指定科目”对话框，设置“现金科目”为“库存现金”，“银行科目”为“银行存款”。

（3）确定。单击“确定”按钮返回。

（4）退出。单击“会计科目”窗口工具栏中的“退出”按钮，关闭窗口，完成操作。

提示：

- 在查询现金、银行存款日记账前，必须指定现金、银行存款总账科目，以供出纳管理使用。
- 如果本科目已被制过单或录入过期初余额，则不能删除、修改该科目。如要修改该科目必须先删除有该科目的凭证，并将该科目及其下级科目余额清零，方可再行修改，修改完毕后要将余额及凭证补上。

2.9 常用摘要

企业在处理日常业务数据时，在输入单据或凭证的过程中，因为业务的重复性发生，经常会有许多摘要完全相同或大部分相同，如果将这些常用摘要存储起来，在输入单据或凭证时随时调用，必将大大提高业务处理效率。调用常用摘要可以在输入摘要时直接输摘要代码、按 F2 键或参照输入。

表 2-17 中列出了本案例企业的常用摘要。本任务是按照表 2-17，完成在用友 ERP-U8 中设置案例企业的常用摘要。

表 2-17 摘要

常用摘要编码	常用摘要正文	常用摘要编码	常用摘要正文
01	缴纳税费(地税)	08	支付水电费
02	缴纳税费(国税)	09	支付贷款利息
03	预支差旅费	10	代发职工工资
04	报销差旅费	11	盘盈转营业外收入
05	预支房租费	12	盘亏转营业外支出
06	报销房租费	13	固定资产清理转营业外支出
07	缴纳社会保险费和住房公积金	14	提取备用金

操作步骤如下：

(1) 打开"常用摘要"对话框。登录"企业应用平台"，在"业务导航视图"的"基础设置"导航条中选中"基础档案"|"其他"|"常用摘要"，弹出"常用摘要"对话框。

(2) 编辑。依据表 2-17，录入摘要编码和摘要内容，共 14 条记录。

(3) 退出。单击"常用摘要"对话框工具栏中的"退出"按钮，关闭对话框，完成操作。

2.10 实验报告内容

1. 查看本企业的部门档案列表，并将结果界面拷屏后粘贴在实验报告中。
2. 查看本企业的人员档案列表，并将结果界面拷屏后粘贴在实验报告中。
3. 查看本企业的供应商档案列表，并将结果界面拷屏后粘贴在实验报告中。
4. 查看本企业的客户档案列表，并将结果界面拷屏后粘贴在实验报告中。
5. 查看本企业的付款条件设置，并将结果界面拷屏后粘贴在实验报告中。
6. 查看本企业的费用项目，并将结果界面拷屏后粘贴在实验报告中。
7. 查看本企业的收发类别，并将结果界面拷屏后粘贴在实验报告中。
8. 查看本企业的计量单位(单位)，并将结果界面拷屏后粘贴在实验报告中。
9. 查看本企业的仓库档案列表，并将结果界面拷屏后粘贴在实验报告中。
10. 查看本企业的存货档案列表，并将结果界面拷屏后粘贴在实验报告中。
11. 查看本企业的仓库收发类别列表，并将结果界面拷屏后粘贴在实验报告中。

12. 查看本企业的发运方式列表，并将结果界面拷屏后粘贴在实验报告中。

13. 查看本企业的外币设置结果，并将界面拷屏后粘贴在实验报告中。

14. 会计科目的辅助账有项目核算类，其项目目录是如何进行设置的？给出项目目录设置的操作步骤。

15. 用友 ERP-U8 中的“部门”与企业实际的部门是一一对应的吗？解释原因。

16. 在用友 ERP-U8 中，如何创建供应商的档案？已经停用的供应商档案，是否等同于删除了该供应商？说明原因。

17. 在用友 ERP-U8 中，设置客户级别有哪些作用？

18. 在用友 ERP-U8 中，如何设置客户的银行档案？如果设置不成功，以后的哪些操作会因此而出现异常？

19. 在进行用友 ERP-U8 的人员档案设置时，有“操作员”和“业务员”两个复选框，请说明二者的功能差异。

第 3 章　企业存货与物料清单管理

工业企业的存货，是指企业的物料，包括采购的商品、原材料、委外的半成品和产成品、自制的半成品和产成品等存货物料，以及包装物、办公用品、固定资产等相关物品。企业的制造资料包括需求时栅与时格资料、工作中心资料、资源资料、标准工序与工艺路线资料等。这些资料的设置，是在“企业应用平台”的“基础档案”中完成的。

物料清单是一个制造企业的核心文件。各个部门的活动都要用到物料清单，生产部门要根据物料清单来生产产品，库房要根据物料清单进行发料，财务部门要根据物料清单来计算成本，销售和订单录入部门要通过物料清单确定客户定制产品的结构，维修服务部门要通过物料清单了解需要什么备件，质量控制部门要根据物料清单保证产品正确生产，计划部门要根据物料清单来计划物料和能力的需求，等等。

物料清单如同一个管理枢纽，把企业的各个业务部门通过物料有机地联系在一起。因此，企业的主要业务部门几乎都要依据和使用统一的物料清单进行工作。

本章实验的主要内容是设置案例企业的存货、物料与生产制造方面的基础档案。本章的操作应该是在系统日期“2017-04-01”由账套主管“赵技巩”登录到“企业应用平台”并在第 2 章完成的账套中继续进行，所以在实验操作前需要将系统时间调整为 2017 年 4 月 1 日。如果没有调整系统时间，则在登录“企业应用平台”时需要修改“操作日期”为“2017-04-01”；如果操作日期与账套建账时间之间的跨度超过 3 个月，则该账套在演示版状态下不能执行任何操作。

如果没有完成第 2 章的人与财务基础档案的设置，可以到百度网盘空间（网盘地址：https://pan.baidu.com/s/1eSxB2uQ，密码：pxsn）的“实验账套数据”文件夹中，将“02 人员与财务资料.rar”下载到实验用机上，然后“引入”（操作步骤详见 1.3.5 节）到用友 ERP-U8 系统中。此外，本章完成的账套，其“输出”压缩的文件名为“03 物与制造资料.rar”。

需要说明如下：

(1) 因网盘中的账套备份文件均为压缩文件，所以在下载完成后引入之前，需要用解压缩工具进行解压（建议用 WinRAR 3.42 或以上版本），得到相应可以引入的账套数据文件。

(2) 本章的所有业务实验操作都有配套的微视频，可以通过扫描二维码或者到指定的网页去观看。本书配套的微视频均存放在网盘中。本章的实验操作，因为是基础档案，所以没有做相应的视频录制。

本章建议的授课时间，理论课为 2～4 学时，实验课为 4 学时，若课时不足，可跳过本章的讲解与实验。其中，理论部分主要讲解存货、生产制造和物料清单的基础知识、关键术语和关键参数的作用，详见 3.1～3.4 节的相关讲解和本书配套的课件。

实验目的与要求如下：

(1) 深入理解 ERP 软件基础数据管理的重要性。

(2) 理解物料清单的概念与作用。

(3) 理解存货的相关术语（包括与计划控制有关的），以及存货的存储方式。

(4) 掌握存货的编辑操作。

(5) 掌握生产制造资料与制造参数的编辑操作。

(6) 掌握物料清单的编辑与管理。

(7) 掌握相关账表的查询。

3.1 预备知识

本章实验的主要内容是设置案例企业的制造参数与存货资料,具体包括生产过程与生产类型、供应量与需求量定义、生产制造相关术语、存货基本术语、存货计划相关术语、存货控制相关术语等。下面,先讲解实验原理,然后再在3.2节和3.3节讲解相关的操作。

3.1.1 生产过程与生产类型

工业企业的生产管理是对生产过程进行计划、组织、领导、控制和考核等一系列管理活动的总称。生产过程是生产管理的主要对象。生产类型是企业根据产品结构(即产品工程图、物料清单)、生产方法、设备条件、生产规模和专业化程度等方面的情况,按照一定的标志进行的分类。

1. 生产过程

生产过程是围绕产品生产所进行的一系列有组织的生产活动的运行过程,可分为狭义和广义两种定义。

从狭义上讲,是指产品的生产过程,即企业对原材料进行加工,使之转化为成品的一系列生产活动的运行过程;从广义上讲,包含基本生产、辅助生产、生产技术准备和生产服务等企业范围内全部生产活动协调配合的运行过程。

企业的生产过程,是由一系列生产环节组成的,包括加工制造过程、检验过程、运输过程、库存保管过程、停歇过程(由于各种原因造成的产品生产中断),以及可能的自然过程(例如自然冷却、自然干燥等)。

生产过程的这些生产环节,可组成生产工艺,即工艺路线(详见3.1.3节)。工艺路线主要说明物料实际加工和装配的工序(详见3.1.3节)顺序、每道工序使用的工作中心、各项时间定额等。

衡量生产过程的先进性和合理性的主要标志有如下5个。

(1) 生产过程的连续性:在空间上,各个环节布置紧凑,使加工对象所经历的生产流程路线最短;在时间上,各个工序的安排紧密衔接,清除生产中断和不应有的停顿、等待现象。

(2) 生产过程的并行性:加工过程中尽量实现交叉作业。

(3) 生产过程的比例性:生产过程中各个环节的生产能力保持适当的比例,使其与所承担的生产任务所需的能力相匹配。

(4) 生产过程的均衡性:企业的生产任务从投料到最后完工能够按预定计划“均衡”地完成,所谓“均衡”是指在相等的时间间隔内完成大体相等的生产工作量。

(5) 生产过程的适应性:在企业产品进行更新换代或品种组成发生变化时,能够由生产一种产品迅速转到生产另一种产品的应变能力。

2. 生产类型

生产类型是企业根据产品结构、生产方法、设备条件、生产规模和专业化程度等方面的情况，按照一定的标志所进行的分类。常见的划分标志及相应的分类如下。

(1) 按接受生产任务的方式划分。

① 订货生产方式。根据用户提出的订货要求进行产品的生产，生产出的各种产品在品种、数量、质量和交货期等方面都是不同的。由于是按照合同规定立即向用户交货，所以订货生产基本上可以消灭库存。生产管理的主要任务就是抓住交货期，保证产品的如期生产。

② 存货生产方式。在对市场需求量进行科学预测的基础上，有计划地组织生产。这种生产方式会伴随着库存的出现，管理的重点是抓住产、供、销之间的衔接，防止库存积压和脱销。要求按"量"组织生产过程中各个环节之间的平衡，以便于保证生产计划的顺序完成。

(2) 按生产工艺特点划分。

① 合成型。将不同的零件装配成成套产品或将不同成分的物质合成一种产品。例如汽车厂、机床厂、水泥厂、化肥厂或纺织厂等。

② 调制型。通过改变加工对象的形状或性能而制成产品。例如炼钢厂、橡胶厂、电镀厂或热处理厂等。

③ 分解型。将原材料经过加工处理后生成许多种产品。例如石油化工企业或焦化厂等。

④ 提取型。从矿山、地下或海洋中挖掘提取产品的企业。例如矿山、油田或天然气工业等。

按照这种方式划分生产类型并不是绝对的，一个企业可以并存上述中的几种类型。例如，石油化工厂既裂化分解出各种类别的油，又生产合成纤维，兼具合成型和分解型企业的类型特点；汽车装配厂既有合成型又有调制型的类型特点。

(3) 按生产的连续程度划分。

① 连续生产型。连续生产是在计划期内连续不断地生产一种或很少几种产品，所用的工艺流程、生产设备以及产品都是标准化的，车间和工序之间没有在制品储存。例如石油、化工、冶金企业等。

② 离散生产型。生产中输入的各要素是间断地投入，设备和运输工具能够适应多品种加工的需要，车间和工序之间具有一定的在制品储存。例如机床厂、机修厂或重型机器厂等。

(4) 按工作地专业化程度划分。

工作地是指由一个工人或若干个工人在一个工作地点，对同一个劳动对象连续地进行生产活动的基本单位。综合反映工作地专业化程度的指标是固定于工作地上的工序数目。按工作地专业化程度划分，生产类型有以下 3 种。

① 大量生产。在大量生产的企业中，每个工作地固定地完成一道或者少数几道工序，工作地的专业化程度很高。

② 批量生产。在成批生产的企业中，工作地为成批地、轮番地进行生产，一批相同零件加工结束之后，调整设备和工装，再加工另一批其他零件。因此，成批生产的工作地专业化程度和连续性都比大量生产低。成批生产又可以根据产品的生产规模和生产的重复性分为大批、中批和小批生产。大批生产接近于大量生产，有"大量大批"之称；小批生产接近于单件生产，有"单件小批"之称。

③ 单件生产。单件生产是在工作地需要经常完成很不固定的工序，工作地专业化程度最低。

3. 用友 ERP-U8 中实现的生产类型

用友 ERP-U8 中实现的生产类型包括以下几种。

(1) 备货生产(Make To Stock，MTS)：它是指产品的计划主要根据销售预测进行，在接到客户订单之前已生产出产品。

(2) 订货生产(Make To Order，MTO)：它是指产品的计划主要根据客户的订单进行，一般是在接到订单后才开始生产产品。

(3) 订货组装(Assemble To Order，ATO)：它是指根据备货生产方式先生产和储存定型的零部件，当接到客户订单后再根据订单要求装配成各种产品。

(4) 按订单分拣(Parcel To Order，PTO)：它是指根据备货生产方式先生产和储存定型的零部件，当接到客户的订单后再根据订单的要求直接将零部件出货。

(5) 定制生产(Engineer to Order，ETO)：它是指在接到客户订单后，按订单的要求进行专门设计和组织生产。

3.1.2 供应量与需求量定义

1. 单据状态及其转换

在用友 ERP-U8 中，一般的单据(例如请购单、订单、到货单、入库单、出库单等)都具有未保存、已保存未审核、已审核未执行、已审核已执行、已审核未关闭、已审核已关闭这 6 种状态，状态之间的转换操作(一般表现为窗口工具栏上的命令按钮)，如图 3-1 所示。

在工业企业中，因为 MPS/MRP 规划需要锁定单据，所以会增加单据的“锁定”状态。

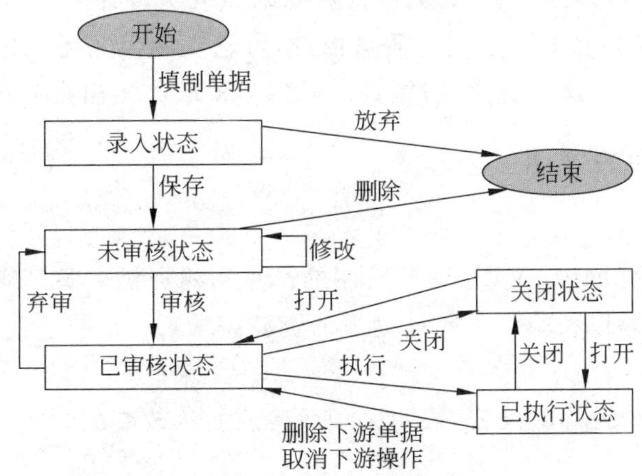

图 3-1 单据的状态及其转换

2. 供应量定义

(1) 采购在途量：它是指已审核或已锁定的采购订单未入库或未到货量，以及进口订单未入库量。

(2) 已请购量：它是指已审核或已锁定的采购请购单未生成采购订单的量。

(3) 生产订单量：它是指已审核或已锁定的生产订单未入库的数量。实际业务中，指企业已下达了生产计划，但还处于准备生产或正在生产过程，未完工入库的量。

(4) 委外订单量：它是指已审核或已锁定的委外订单的未入库或未到货量。

(5) MPS 计划量：它是指已由 MPS(Master Production Schedule，主生产计划)计算产生出计划需求，但尚未下达生产或委外的数量。

(6) MRP 计划量：它是指已由 MRP(Material Requirements Planning，物料需求计划)计算产生出计划需求，但尚未下达生产或委外的量。

(7) 到货/在检量：它是指到货但未入库的量，以及红字发货单、发票未出库的量(实际业务中，采购或销售退货的商品已到达企业，但还未检验或未办理实物入库的量)；或生产入库的产品处于在检状态未入库的量。

(8) 调拨在途量：它是指其他出入库单审核时改现存量，已审核的调拨单对应的其他入库单未审核的量。实际业务中，企业已开具调拨单，调拨存货已发出正在运输途中，调拨入库方还未收到的存货的量。

3. 需求量定义

(1) 销售订单量：它是指已开具的销售订单或出口订单承诺给客户但还未发货的量。

(2) 待发货量：它是指已开具发货单但未实际出库的数量。

(3) 生产未领量：它是指已审核或已锁定的生产订单子项未领料量。

(4) 委外未领量：它是指已审核或已锁定的委外订单子项未领料量。

(5) 调拨待发量：它是其他出入库单审核时改现存量，已审核的调拨单对应的其他出库单未审核的量。实际业务中，已开具调拨单，但未发货的量。

(6) 安全库存量：为了预防需求或供应方面不可预料的波动而定义的货物在库存中的基准数量，安全库存量可以在存货档案、仓库存货对照表中设置。

(7) 冻结量：它是指企业为了进行质量控制，对已入库但还需要定期检验的商品，在检验结果未出来之前需要将这部分商品进行冻结，以便检验结果出来后再进行相应的处理。

3.1.3 生产制造相关术语

1. 预测版本

预测版本用以说明 MPS/MRP 展开所用的产品预测资料来源。通过不同的预测版本，MPS/MRP 计划时可模拟和验证不同计划下的资源需求。

2. 时栅

时栅(Time Fence)也称时间栏，表示公司政策或做法改变的时点。

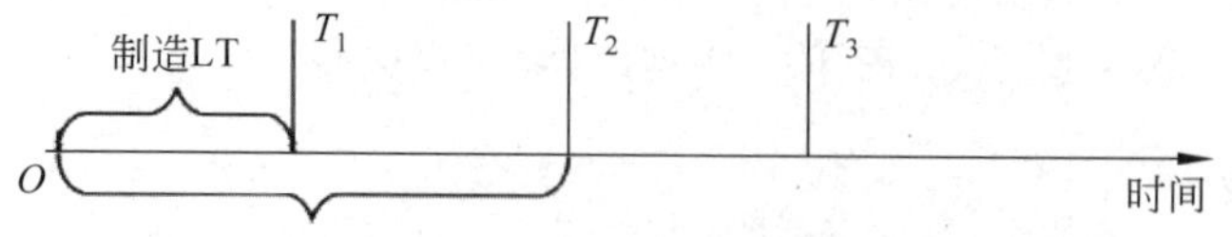

图 3-2 时栅示意图

如图 3-2 所示，LT 表示提前期，T_1、T_2、T_3 表示各个时间点。T_1 代表第一个时栅，称作“冻结时栅”，相当于工厂内平均的“制造提前期”(提前期的概念解释，详见 3.1.5 节)，T_2

代表第二个时栅，称作“协议时栅”，它相当于平均的“制造提前期＋采购提前期”，T_3 称作“计划时栅”，代表每次主生产计划时间的长短。

T_1 内的生产日程是不宜变动的，否则换线、制造通知、备料、更动日程及相关工作等成本会很高，因此一般又称 T_1 为“冻结日期”，把从当天到冻结日期这段时区称作“冻结区”。除非冻结区内生产负荷还有空余，料的库存够用或者还来得及采购，否则不宜插单。

T_1～ T_2 的时区称作产销之间的“协议区”，双方协议的原则是，如果有料，就可插单。因为车间在协议区内要做的产品，这时还没有开始制造，因此不会引发额外插单的成本。

T_2 以后的时区内，原则上是业务部门说了算。工厂生产的内容，主要是依据业务部门提出的市场需求，即客户订单与需求预测的内容。

所以，时栅共分为 3 个时间段，每一区段的天数由使用者自行决定，3 个行号中至少必输其一。

【例 3-1】 案例企业 SZ01 号时栅的 3 个区段天数分别为 8、20、40，若 MPS/MRP 展开时“系统日期”为“2017/04/06”，则此时栅 3 个区段的起止日期分别为“2017/04/06-2017/4/13”“2017/04/14-2017/05/03”“2017/05/04-2017/06/12”。

时栅的每个时间段，有一个“需求来源”设置，以选择该时段内物料计划的独立需求来源，可选择的有 7 种：

(1) 预测订单；

(2) 客户订单；

(3) 预测订单＋客户订单，反向消抵；

(4) 预测订单＋客户订单，正向消抵；

(5) 预测订单＋客户订单，先反向再正向消抵；

(6) 预测订单＋客户订单，先正向再反向消抵；

(7) 预测订单＋客户订单，不消抵。

独立需求来源的预测消抵，其计算逻辑是依各区段而执行的，传统方式下不跨区段作业。

3. 时格

时格(Time Bucket)也称时段，是根据企业生产特性确定的时间单元，时格代号及其内容可以供查看物料可承诺量(ATP)、MPS/MRP 供需资料、工作中心资源产能/负载资料，及设定资源需求计划、重复计划期间时使用。它是用来合并某些与时间相关的资料时所用的时间单位，可以是一周、一旬、一月、一季、一年或某一段时间天数。

【例 3-2】 案例企业 SG01 号的时格设定为：行号 1 类别为周，期间数为 1，起始位置为星期一；行号 2 类别也为周，期间数也为 1，起始位置也为星期一；行号 3 类别为月，期间数为 1，起始位置为 1 日；行号 4 类别为天，期间数为 30。

若“系统日期”为“2017/04/06”，则 SG01 时格所代表的计划期间的日期范围分别为“2017/04/03-2017/04/09”“2017/04/10-2017/04/16”“2017/04/17-2017/04/31”和“2017/05/01-2017/05/30”。

若“系统日期”为“2017/04/03”，因当周的起始位置为星期一，所以其计划期间的日期范围也为 2017/04/03-2017/04/09 等。

4. 工作日历

工作日历是设置公司的实际工作日期和上班时间的日历，用户可按公司实际的休假日和工作日维护。

公司的工作日历，用于物料需求、车间工序计划、产能计算进行日期推算时，ERP 系统按实际工作日安排开工和完工日期。

5. 工作中心

工作中心(Work Center，WC)是生产加工单元的统称，通常是企业内的一个区域，它由一个或多个人员、设备、成组的加工单元或装配场地等组成，甚至一个实际的车间也可作为一个工作中心。

工作中心的设置，可大大地简化管理流程。一个车间可以由一个或多个工作中心组成，一条生产线也是由一个或多个工作中心组成。

工作中心作为产能、负载计算、成本资料收集、分摊或生产效率评估的单位，是 ERP 系统的基本加工单位，是进行物料需求计划与能力需求计划运算的基本资料。物料需求计划中必须说明物料的需求与产出是在哪个工作中心进行的；能力需求是指对相应工作中心的能力的需求。

6. 资源

资源(Resource)，是生产产品所必需的设备、人工、场地等。在企业里，资源通常有人工、机器设备、模夹具、场所、检验仪器等。

用友 ERP-U8 系统中的资源，是指计划、执行或成本计算所要求的任何事物，包括员工、设备、外协处理和物理场所等，可以使用资源来定义物料在加工工序所花费的时间和在工序所引起的成本。

用友 ERP-U8 系统中的资源资料维护，用于维护分属于各工作中心的资源资料，以供评估产能、计算成本之用。

7. 工序

工序(Operation)是制造过程的一个步骤，工序的定义中包含资源以及用量。工序是工艺路线的组成部分，可以在其中执行各项作业和冲减加工物料的工作中心的资源。

每道工序都可以指定一个工作中心，以确定可用于该工序的资源。

8. 工艺路线

工艺路线(Routing)是产品制造工序的一个序列，可用来生产物料。工艺路线由物料、一系列工序、工序序列和工序有效日期组成。每个工艺路线可以有任意道工序。

用友 ERP-U8 系统中的工艺路线资料，主要说明物料实际加工和装配的工序顺序、每道工序使用的工作中心、各项时间定额(例如准备时间、加工时间和传送时间，包括排队时间与等待时间)及外协工序的时间和费用等。

工艺路线是一种计划文件而不是工艺文件。它不是用来详细说明加工技术条件和操作要求，而主要说明加工过程中的工序顺序和生产资源等计划信息。

(1) 主要和替代工艺路线。主要工艺路线是制造产品最常用的一组工序。一般情况下，使用这些工序制造产品，因此可以将制造此产品的一组工序定义为主要工艺路线。

替代工艺路线，用来描述生产相同产品的与主要工艺路线不同的制造过程。与定义主要工艺路线不同，要通过指定物料和替代标识来定义替代工艺路线。在定义替代工艺路线之前，必须首先定义主要工艺路线。

(2) 公用工艺路线。任何具有同一物料清单类型的两个物料，均可以共享公用工艺路线。如果两个不同的物料共享同一工艺路线，则只需定义一个物料的工艺路线，可供另一物料公用，但这两个物料应该具有相同的 BOM 类型。

在定义新的物料的工艺路线时，可以将另一物料作为公用工艺路线来引用，而不需要在工艺路线中输入任何信息，从而节省输入时间，方便维护。

(3) 工艺路线版本。每一个主要工艺路线都必须至少定义一个版本。在建立一个新的版本时，应该确保输入的版本日期不与其他现有版本日期重叠，即同一物料的工艺路线，其不同版本不允许具有相同的版本日期(生效日期)。

3.1.4 存货基本术语

1. 存货计量组与计量单位

所有的存货都需要有计量单位，只有先增加计量单位组，才能在该组下增加具体的计量单位内容。

计量单位组可分无换算、浮动换算、固定换算 3 种类别，每个计量单位组中都有至少一个主计量单位、一个或多个辅助计量单位，可以设置主辅计量单位之间的换算率。

(1) 无换算计量单位组：该组下的计量单位都可以单独存在，即相互之间不需要输入换算率，而且全部默认为主计量单位。

(2) 固定换算的计量单位组：含有多个计量单位，包括一个主计量单位和多个辅计量单位，每个辅计量单位对主计量单位的换算率不为空。此时需要将该计量单位组中的主计量单位显示在存货卡片界面上。

(3) 浮动换算的计量单位组：只能包括两个计量单位：一个主计量单位、一个辅计量单位。此时需要将该计量单位组中的主计量单位、辅计量单位显示在存货卡片界面上。

存货的数量(按主计量单位计量) = 件数(按辅计量单位计量) × 换算率

例如，一“箱”啤酒为 24“听”，则 24 就是辅计量单位“箱”和主计量单位“听”之间的换算比；再例如 1“盒”眼镜有 10“副”，则 10 是辅计量单位“盒”和主计量单位“副”之间的换算比。

2. 仓库

存货一般是在仓库保管的，对存货进行核算管理，首先应对仓库进行管理。

(1) 计价方式。仓库中的存货一般有 6 种计价方式：工业企业的有计划价法、全月平均法、移动平均法、先进先出法、后进先出法和个别计价法；商业企业的计价方式有售价法、全月平均法、移动平均法、先进先出法、后进先出法和个别计价法。

① 先进先出、后进先出：出库单记账(包括红字出库单)时计算出库成本，只按此仓库的同种存货的入库记录进行先进先出或后进先出选择成本，只要存货相同、仓库相同则将入库记录全部大排队，进行先进先出或后进先出选择成本。

② 移动平均：出库单记账时计算出库成本，是根据该仓库的同种存货按最新结存金额和结存数量计算的单价计算。

③ 个别计价：出库单记账时计算出库成本，出库成本即为本物品的入库成本。

④ 全月平均：期末处理时计算出库成本，根据该仓库同种存货的金额和数量计算的平均单价计算出库成本。

⑤ 计划价：期末处理时计算差异率，根据此仓库的同种存货的差异、金额计算的差异率计算出库成本。

⑥ 售价：期末处理时计算差价率，根据此仓库的同种存货的差异、金额计算的差价率计算出库成本。

(2) 仓库属性。企业的仓库，可分为普通仓、现场仓、委外仓，用友 ERP-U8 系统中默认仓库的属性为普通仓。

① 普通仓用于正常的材料、产品、商品的出入库、盘点的管理。

② 现场仓用于生产过程的材料、半成品、成品的管理。

③ 委外仓用于管理发给委外商的材料的管理。

3. 存货属性

用友 ERP-U8 系统的存货档案管理为存货设置了二十多种属性。同一存货可以设置多个属性，但当一个存货同时被设置为自制、委外和(或)外购时，MPS/MRP 系统默认自制为其最高优先属性而自动建议计划生产订单；而当一个存货同时被设置为委外和外购时，MPS/MRP 系统默认委外为其最高优先属性而自动建议计划委外订单。

(1) 内销：具有该属性的存货可用于销售(国内销售)。发货单、发票、销售出库单等与销售有关的单据参照存货时，参照的都是具有销售属性的存货。开在发货单或发票上的应税劳务，也应设置为销售属性，否则开发货单或发票时无法参照。

(2) 外销：具有该属性的存货可用于销售(出口销售)。

(3) 外购：具有该属性的存货可用于采购。到货单、采购发票、采购入库单等与采购有关的单据参照存货时，参照的都是具有外购属性的存货。开在采购专用发票、普通发票、运费发票等票据上的采购费用，也应设置为外购属性，否则开具采购发票时无法参照。

(4) 生产耗用：具有该属性的存货可用于生产耗用。例如生产产品耗用的原材料、辅助材料等。具有该属性的存货可用于材料的领用。材料出库单参照存货时，参照的都是具有生产耗用属性的存货。

(5) 委外：具有该属性的存货主要用于委外管理。委外订单、委外到货单、委外发票、委外入库单等与委外有关的单据参照存货时，参照的都是具有委外属性的存货。

(6) 自制：具有该属性的存货可由企业生产自制。例如工业企业生产的产成品、半成品等存货，具有该属性的存货可用于产成品或半成品的入库。

(7) 计划品：具有该属性的存货主要用于生产制造中的业务单据以及对存货的参照过滤。计划品代表一个产品系列的物料类型，其物料清单中包含子件物料和子件计划百分比。它与“存货”的所有属性互斥(即不可以同时设置或存在)。

(8) 选项类：它是 ATO 模型或 PTO 模型物料清单上对可选子件的一个分类。选项类作为一个物料，成为模型物料清单中的一层。

(9) 备件：具有该属性的存货主要用于设备管理的业务单据和处理，以及对存货的参照过滤。与“应税劳务”“计划品”“PTO”选项类属性互斥。

(10) PTO：它使用标准 BOM，可选择 BOM 版本，可选择模拟 BOM，直接将标准 BOM 展开到单据表体。

(11) ATO：它是指面向订单装配，即接受客户订单后方可下达生产装配。ATO 在接受客户订单之前虽可预测，但目的在于事先提前准备其子件供应，ATO 件本身则需按客户订单下达生产。本系统中,ATO一定同时为自制件属性。若ATO与模型属性共存,则是指在客户订购该物料时,其物料清单可列出其可选用的子件物料,即在销售管理或出口贸易系统中可以按客户要求订购不同的产品配置。ATO模型与PTO模型的区别在于,ATO模型需选配后下达生产订单组装完成再出货,PTO模型则按选配子件直接出货。

(12) 模型:在其物料清单中可列出可选配的子件物料。本系统中,模型可以是ATO或者为PTO。

(13) PTO+模型:指面向订单挑选出库。本系统中,PTO一定同时为模型属性,是指在客户订购该物料时,物料清单可列出可选用的子件物料,即在销售管理或出口贸易系统中可以按客户要求订购不同的产品配置。

(14) 服务项目:默认为不选择。

(15) 服务配件:默认为不选择,同"服务项目"选择互斥,与备件属性的控制规则相同。

(16) 计件:选中,表示该产品或加工件需要核算计件工资,可批量修改。

(17) 应税劳务:指开具在采购发票上的运费费用、包装费等采购费用或开具在销售发票或发货单上的应税劳务。应税劳务属性应与"自制""在制""生产耗用"属性互斥。

(18) 保税品:进口的被免除关税的产品被称为保税品。

3.1.5 存货计划相关术语

1. MPS件

主生产计划的展开对象,称为MPS件(MPS Items)。列入MPS件范围的,通常为销售品、关键零组件、供应提前期较长或占用产能负荷多或作为预测对象的存货等。案例企业的所有产成品,均为MPS件。

2. 提前期

提前期是指某一工作的工作时间周期,即从工作开始到工作结束的时间。

提前期的概念主要是针对"需求"而提出的。如要采购部门在某日向生产部门提供某种采购物料,则采购部门应该在需要的日期之前就下达采购订单,这个提前的时间段就是提前期。固定提前期是从发出需求信息,到接获存货为止所需的固定提前期。以采购件为例,即不论需求量多少,从发出采购订单到可收到存货为止的最少需求时间,称为此采购件的固定提前期。

累计提前期,是指从取得原物料开始到完成制造该存货所需的时间,可逐层比较而取得其物料清单下各层子件的最长固定提前期,再将本存货与其各层子件中最长的提前期累加而得。该值由MPS/MRP系统中"累计提前期天数推算"作业自动计算而得,详见4.8.1节。

3.2 存货资料编辑

存货的属性很多(详见3.1.4和3.1.5节),其中存货分类、存货的计量单位和计量单位组、存货所存放的仓库等相关基础资料,需要提前录入企业账套。本节的表3-1～表3-4分别是案例企业的存货计量单位组、存货计量单位、仓库档案和存货分类,表3-5是存货档案。本节的实验任务,是在用友ERP-U8中编辑并保存表3-1～表3-5中的内容。

3.2.1 存货计量单位(组)

表 3-1 中列出了本案例企业使用的存货计量单位组,表 3-2 中列出了存货计量单位。本任务是按照表 3-1 和表 3-2,完成案例企业的存货计量单位组和存货计量单位,在用友 ERP-U8 中的设置。

表 3-1 存货计量单位组

计量单位组编码	计量单位组名称	计量单位组类别
01	副	固定换算率
02	无固定换算率	无换算率

值得指出的是,在编辑计量单位时,应先通过“分组”定义计量单位组,在单位组的基础上定义计量单位。

1. 存货计量单位(组)

操作步骤如下:

(1) 打开“计量单位”窗口。登录“企业应用平台”,在“业务导航视图”的“基础设置”导航条选中“基础档案”|“存货”|“计量单位”,打开“计量单位”窗口。

(2) 单击工具栏中的“分组”按钮,弹出的“计量单位组”对话框。

(3) 在“计量单位组”对话框中,单击对话框工具栏中的“增加”按钮,录入“计量单位组编码”为“01”,“计量单位组名称”为“副”,选择“计量单位组类别”为“固定换算率”,单击“保存”按钮。

(4) 重复步骤(3),录入表 3-1 中的第 2 行,完成后单击对话框工具栏中的“退出”按钮,关闭对话框,完成操作。

提示:

- *计量单位组分无换算、浮动换算、固定换算 3 种类别,每个计量单位组中有至少一个主计量单位、一个或多个辅助计量单位,可以设置主辅计量单位之间的换算率。*
- *存货档案中每一存货只能选择一个计量单位组。*
- *计量单位组保存后不可修改。*

2. 存货计量单位

操作步骤如下:

(1) 登录“企业应用平台”,在“业务导航视图”的“基础设置”导航条选中“基础档案”|“存货”|“计量单位”,打开“计量单位”窗口。

(2) 打开计量单位组“副”的“计量单位”对话框。首先选中左窗格的“计量单位组”|“副”,然后单击窗口工具栏中的“单位”按钮,弹出“计量单位”对话框。

(3) 编辑计量单位组“副”的主计量单位。单击对话框工具栏中的“增加”按钮,新增一张表单,此时“计量单位组编码”默认为“01”(不可修改);然后在表头,录入“计量单位编码”为“01”,“计量单位名称”为“副”,确认选中“主计量单位标志”复选框;最后单击“保存”按钮。

(4) 编辑计量单位组“副”的副计量单位。在“计量单位”对话框中,单击对话框工具栏中的“增加”按钮,然后在表头录入“计量单位编码”为“02”,“计量单位名称”为“盒”,确认没有选中"主计量单位标志"复选框,换算率为"10",然后单击对话框工具栏中的"保存"和"退出"按钮,退出"计量单位"对话框。

(5) 编辑计量单位组"无固定换算率"的所有计量单位。重复步骤(2)～(4),依据表 3-2 录入第 3～7 行的计量单位。

表 3-2 计量单位

计量单位编码	计量单位名称	计量单位组编码与名称	主单位标志	换算率
01	副	01 副	是	1
02	盒	01 副	否	10
03	对	02 无固定换算率		
04	颗	02 无固定换算率		
05	个	02 无固定换算率		
06	千克	02 无固定换算率		
07	次	02 无固定换算率		

(6) 退出。单击"计量单位"窗口工具栏中的"退出"按钮,关闭窗口,完成操作。

提示:数量(按主计量单位计量)=件数(按辅计量单位计量)×换算率,例如 1 盒眼镜 10 副,则 10 是辅计量单位"盒"和主计量单位"副"之间的换算比。

3.2.2 仓库与存货档案设置

存货一般是用仓库来保管的,对存货进行核算管理,首先应对仓库进行管理,因此进行仓库设置是供应链管理系统的重要基础准备工作之一。

表 3-3 中列出了本案例企业使用的仓库档案,表 3-4 中列出了存货分类,表 3-5 中列出了存货档案。

表 3-3 仓库档案

仓库编码	仓库名称	部门编码	计价方式	仓库属性	参与 MRP 运算 参与 ROP 计算
0010	周转仓库	5 仓管部	移动平均法	普通仓	否、否
0020	原材料仓库	5 仓管部	移动平均法	普通仓	是、是
0030	半成品仓库	5 仓管部	全月平均法	普通仓	是、是
0040	产成品仓库	5 仓管部	全月平均法	普通仓	是、是

注:"仓库属性"可选择普通仓、现场仓、委外仓,默认为普通仓。普通仓用于正常的材料、产品、商品的出入库、盘点的管理;现场仓用于生产过程的材料、半成品、成品的管理;委外仓用于发给委外商的材料的管理。

本任务是按照表 3-3～表 3-5,完成案例企业的仓库档案、存货分类和存货档案,在用友 ERP-U8 中的设置。

1. 仓库档案设置

操作步骤如下:

(1) 打开"仓库档案"页签。登录"企业应用平台",在"业务导航视图"的"基础设置"导

航条中选中“基础档案”|“业务”|“仓库档案”，打开“仓库档案”页签。

(2) 新增一个仓库。单击工具栏中的“增加”按钮，弹出“增加仓库档案”页签，录入“仓库编码”为“0010”，“仓库名称”为“周转仓库”，选择“部门编码”为“5 仓管部”，“计价方式”为“移动平均法”，“仓库属性”为“普通仓”，不选中“参与 MRP 运算”，“参与 ROP 计算”复选框，然后单击“保存”按钮。

(3) 完成仓库编辑。重复步骤(2)，完成表 3-3 中所有仓库档案的录入，然后单击“增加仓库档案”页签的“关闭”按钮，关闭页签。

(4) 退出。单击“仓库档案”页签的“关闭”按钮，关闭页签，完成操作。

提示：

- 若仓库已经使用，则不可删除。
- 用友 ERP-U8 系统提供了 6 种计价方式，工业企业的有计划价法、全月平均法、移动平均法、先进先出法、后进先出法和个别计价法。
- 每个仓库必须选择一种计价方式。
- 仓库属性可选择普通仓、现场仓、委外仓，默认为普通仓。

2. 存货分类设置

存货分类用于设置存货分类编码、名称及所属经济分类，以便于对业务数据的统计和分析。表 3-4 中列出了案例企业的存货分类，本任务是完成案例企业在用友 ERP-U8 中存货分类的设置。

表 3-4 存货分类

一级分类编码	一级分类名称
01	产成品
02	半成品
03	原材料
04	劳务

操作步骤如下：

(1) 登录“企业应用平台”，在“业务导航视图”的“基础设置”导航条选中“基础档案”|“存货”|“存货分类”，打开“存货分类”窗口。

(2) 单击窗口工具栏中的“增加”按钮，在右窗格中输入“分类编码”为“01”，录入“分类名称”为“产成品”，然后单击“保存”按钮。

(3) 重复步骤(2)，录入表 3-4 中所有的存货分类，然后单击窗口工具栏的“退出”按钮，关闭窗口，完成操作。

3. 存货档案设置

表 3-5 中列出了案例企业的存货档案。在用友 ERP-U8 中，存货属性有二十多种。例如具有“内销”属性的存货可用于销售，发货单、发票、销售出库单等与销售有关的单据在参照存货时，参照的都是具有销售属性的存货。类似地，具有“外购”属性的存货，可用于采购，到货单、采购发票、采购入库单等与采购有关的单据在参照存货时，参照的都是具有外购属性的存货；开在采购专用发票、普通发票、运费发票等票据上的采购费用，也应设置为“外购”属性，否则开具采购发票时无法参照。

表 3-5　存货档案

基本							成本			控制	计划	MPS/MRP					
存货编码/代码	存货名称	规格型号	存货分类	计量单位	税率	存货属性	参考成本	参考售价	主要供货单位/默认仓库	订货超额上限	固定提前期	是否MPS件	生产部门	供应期间	供应倍数	变动提前期	变动基数
1000	钛材老花镜		1	01 副	17	内销、外购	280	420	/周转仓库								
1001	高端低度老花镜	钛材 100 度	1	01 副	17	内销、自制	280	420	/产成品仓库		1	是	701		100	1	200
1002	高端中度老花镜	钛材 150 度	1	01 副	17	内销、自制	280	420	/产成品仓库		1	是	701		100	1	200
1003	高端高度老花镜	钛材 400 度	1	01 副	17	内销、自制	280	420	/产成品仓库		1	是	701		100	1	200
2001	舒适低度老花镜	板材 100 度	1	01 副	17	内销、自制	240	360	/产成品仓库		1	是	702		100	1	200
2002	舒适中度老花镜	板材 150 度	1	01 副	17	内销、自制	240	360	/产成品仓库		1	是	702		100	1	200
2003	舒适高度老花镜	板材 400 度	1	01 副	17	内销、自制	240	360	/产成品仓库		1	是	702		100	1	200
3001	普通低度老花镜	塑料 100 度	1	01 副	17	内销、自制	120	180	/产成品仓库		1	是	703		100	1	200
3002	普通中度老花镜	塑料 150 度	1	01 副	17	内销、自制	120	180	/产成品仓库		1	是	703		100	1	200
3003	普通高度老花镜	塑料 400 度	1	01 副	17	内销、自制	120	180	/产成品仓库		1	是	703		100	1	200
1100	高端镜框	钛材	3	05 个	17	外购、生产耗用	80		大运配件厂/原材料仓库	1	2			10	10		

续表

基本							成本			控制	计划	MPS/MRP					
存货编码/代码	存货名称	规格型号	存货分类	计量单位	税率	存货属性	参考成本	参考售价	主要供货单位/默认仓库	订货超额上限	固定提前期	是否MPS件	生产部门	供应期间	供应倍数	变动提前期	变动基数
1200	高端镜腿	钛材	3	03 对	17	外购、生产耗用	80		大运配件厂/原材料仓库	1	2			10	10		
2100	舒适镜框	板材	3	05 个	17	外购、生产耗用	70		大运配件厂/原材料仓库	1	2			10	10		
2200	舒适镜腿	板材	3	03 对	17	外购，生产耗用	70		大运配件厂/原材料仓库	1	2			10	10		
3100	普通镜框	塑材	3	05 个	17	外购，生产耗用	10		大运配件厂/原材料仓库	1	2			10	10		
3200	普通镜腿	塑材	3	03 对	17	外购、生产耗用	10		大运配件厂/原材料仓库	1	2			10	10		
101	低度镜片	树脂 100 度	3	03 对	17	外购，生产耗用	70		塑料二厂/原材料仓库	1	2			10	10		
102	中度镜片	树脂 150 度	3	03 对	17	外购，生产耗用	70		塑料二厂/原材料仓库	1	2			10	10		
103	高度镜片	树脂 400 度	3	03 对	17	外购，生产耗用	70		塑料二厂/原材料仓库	1	2			10	10		
4002	硅胶鼻托		3	03 对	17	外购，生产耗用	10		硅胶三厂/原材料仓库	1	2			10	10		
4003	铰链		3	05 个	17	外购，生产耗用	2		螺钉厂/原材料仓库	2	2			10	100		
4004	螺钉		3	04 颗	17	外购，生产耗用	1		螺钉厂/原材料仓库	2	2			10	100		
9001	运输费		4	07 次	11	应税劳务											

注：“订货超额上限”为“1”，表示该存货在参照 MRP/MPS 建议订货量生成采购订单的时候，订购量可超过建议订货量的 1 倍，即可以是建议订货量的 2 倍。但是，只有在采购管理的选项设置时，选中“是否允许超计划订货”复选框，参数才会有效。

同一存货可以设置多个属性，但当一个存货同时被设置为“自制”“委外”和“外购”时，MPS/MRP 系统默认自制为其最高优先属性而自动建议计划生产订单；而当一个存货同时被设置为委外和外购时，MPS/MRP 系统默认委外为其最高优先属性而自动建议计划委外订单，其中 MPS/MRP 系统是指主生产计划和物料需求规划系统，详见第 6 章。

操作步骤如下：

(1) 登录“企业应用平台”，在“业务导航视图”的“基础设置”导航条选中“基础档案”|“存货”|“存货档案”，打开“存货档案”页签。

(2) 单击工具栏中的“增加”按钮，打开“增加存货档案”页签。

(3) 在新增的表单中做如下编辑：

① 在“基本”选项卡中，根据表 3-5 编辑存货编码、存货代码、存货名称、主计量单位组、主计量单位、存货分类和存货属性等存货档案相关信息，其他值默认。

② 单击“成本”选项卡，在打开的选项卡中录入参考成本、参考售价、主要供货单位和默认仓库，其他值默认。

③ 单击“计划”选项卡，在打开的选项卡中录入固定提前期，其他值默认。

④ 单击“MPS/MRP”选项卡，在打开的选项卡中选择是否为“MPS 件”，并录入参照生成“生产部门”，其他值默认。

(4) 单击工具栏中的“保存并新增”按钮，系统保存该存货信息，并新增一张表单。

(5) 重复步骤(3)和(4)，将存货档案全部录入完成后，单击“增加存货档案”和“存货档案”页签的“关闭”按钮，关闭页签，完成操作。

注意：太阳镜的主计量单位默认为“01-副”，其采购、库存等的默认单位为辅助计量单位“02-盒”。

提示：

- 存货档案管理主要用于设置企业在生产经营中使用到的各种存货信息，以便于对这些存货进行资料管理、实物管理，以及业务数据的统计与分析。
- 本功能完成对存货目录的设立和管理，随同发货单或发票一起开具的应税劳务等也应设置在存货档案中。

3.3 制造资料编辑

生产企业的制造资料主要包括需求时栅与时格资料、生产资源资料、工序与工艺路线资料、工作日历与工作中心、成本中心等。本节的实验任务是完成案例企业的相关制造资料，在用友 ERP-U8 中的编辑和设置。

3.3.1 预测版本资料维护

预测版本资料是 MPS/MRP 展开所用的产品预测资料来源，预测版本号一旦被其他资料引用，则不可被删除，且版本类别不可修改。表 3-6 是本企业的预测版本资料。

表 3-6　预测版本资料

版本代号	版本说明	版本类别	默认版本
YCMPS	主 MPS 需求预测	MPS	是
YCMRP	主 MRP 需求预测	MRP	是

操作步骤如下：

(1) 打开“预测版本资料维护”页签。登录“企业应用平台”，在“业务导航视图”的“基础设置”导航条选中“基础档案”|“生产制造”|“预测版本资料维护”，打开“预测版本资料维护”页签。

(2) 编辑 YCMPS 信息。单击工具栏中的“增加”按钮，然后编辑“版本代号”为“YCMPS”，“版本说明”为“主 MPS 需求预测”，“版本类别”为“MPS”，“默认计划”为“是”，然后单击“保存”按钮。

(3) 编辑 YCMRP 信息。再单击工具栏中的“增加”按钮，然后编辑“版本代号”为“YCMRP”，“版本说明”为“主 MRP 需求预测”，“版本类别”为“MRP”，“默认计划”为“是”，然后单击“保存”按钮。

(4) 退出。单击“预测版本资料维护”页签的“关闭”按钮，关闭页签，完成操作。

3.3.2　需求时栅与时格资料维护

表 3-7 中列出了本案例企业的需求时栅维护资料，表 3-8 是时格资料，本节的任务是进行需求时栅和时格的资料维护。

1. 需求时栅维护

MPS/MRP 展开时，系统读取时栅代号的顺序如下：先以物料在存货档案中的时栅代号为准；若无，则按 MPS/MRP 计划参数中设定的时栅代号。一旦时栅代号被其他任何资料引用，则不可被删除。

需要特别说明的是，独立需求来源的预测消抵，其计算逻辑是依照各区段而执行的，一般不跨区段作业。

表 3-7　需求时栅维护

行号	日数	需求来源
1	8	客户订单
2	20	预测＋客户订单，反向消抵
3	40	预测＋客户订单，先反向再正向消抵

注：时栅代号：SZ01，时栅说明：时栅 1 号。

操作步骤如下：

(1) 打开“需求时栅维护”页签。登录“企业应用平台”，在“业务导航视图”的“基础设置”导航条选中“基础档案”|“生产制造”|“需求时栅维护”，打开“需求时栅维护”页签。

(2) 增加并编辑表头信息。先单击工具栏中的“增加”按钮，然后设置表头的“时栅代号”为“SZ01”，“时栅说明”为“时栅 1 号”。

(3) 编辑表体信息。依据表 3-7,依次录入需求时栅维护的资料,如图 3-3 所示。

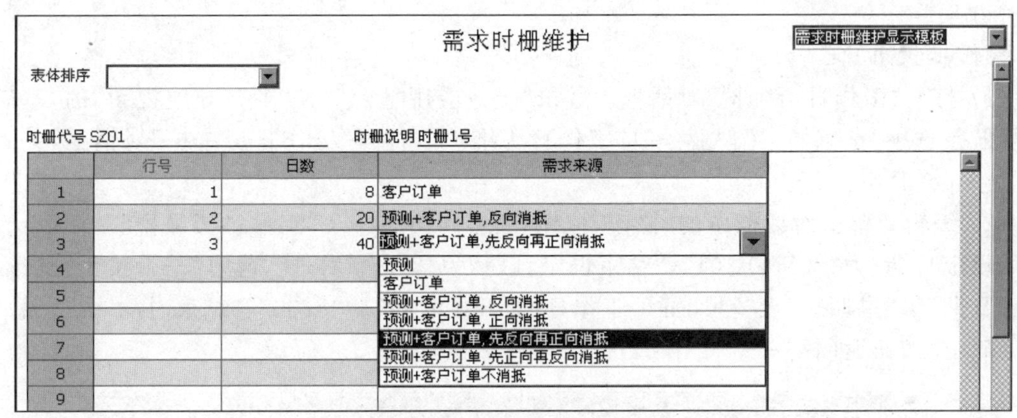

图 3-3 "需求时栅维护"页签

(4) 保存并退出。单击工具栏中的"保存"按钮,再单击"需求时栅维护"页签的"关闭"按钮,关闭页签,完成操作。

2. 时格资料维护

时格代号及其内容,可供查看物料可承诺量、MPS/MRP 供需资料、工作中心资源产能/负载资料等情况使用。一旦时格代号被其他任何资料引用,时格代号即不可被删除。

操作步骤如下:

(1) 打开"时格资料维护"页签。登录"企业应用平台",在"业务导航视图"的"基础设置"导航条选中"基础档案"|"生产制造"|"时格资料维护",打开"时格资料维护"页签。

(2) 编辑表头信息。先单击工具栏中的"增加"按钮,然后设置表头的"时格代号"为"SG01","时格说明"为"时格 1 号"。

(3) 编辑表体信息。依据表 3-8,从空白行的"类别"和"起始位置"列的下拉列表中选择相应的值,并在"期间数"中录入相应的值。

表 3-8 时格资料维护

行号	类别	期间数	起始位置
1	周	1	星期一
2	周	1	星期一
3	月	1	1 日
4	天	30	

注:时格代号:SG01,时格说明:时格 1 号。

(4) 保存并退出。单击工具栏中的"保存"按钮,再单击"时格资料维护"页签的"关闭"按钮,关闭页签,完成操作。

3.3.3 工作日历与工作中心维护

1. 工作日历维护

案例企业的工作日历设置要求如下:

“修改”“system”日历为“2017-01-01”至“2017-12-31”的每天，工作时间为 8：00 至20：00（12 个小时）。

操作步骤如下：

（1）打开“工作日历维护”对话框。登录“企业应用平台”，在“业务导航视图”的“基础设置”导航条选中“基础档案”|“业务”|“工作日历维护”，打开“工作日历维护”对话框，并默认显示 system 日历。

（2）编辑。单击对话框中的“修改”按钮，还会弹出另一个“工作日历维护”对话框，设置“起始设定日期”为“2017-01-01”，“结束设定日期”为“2017-12-31”，选中“是否覆盖”复选框，“选择日期”为“星期一”至“星期五”，工作日的“开始时间”为“8：00”，“结束时间”为“20：00”，单击“确定”按钮返回第一个“工作日历维护”对话框，如图 3-4 所示。

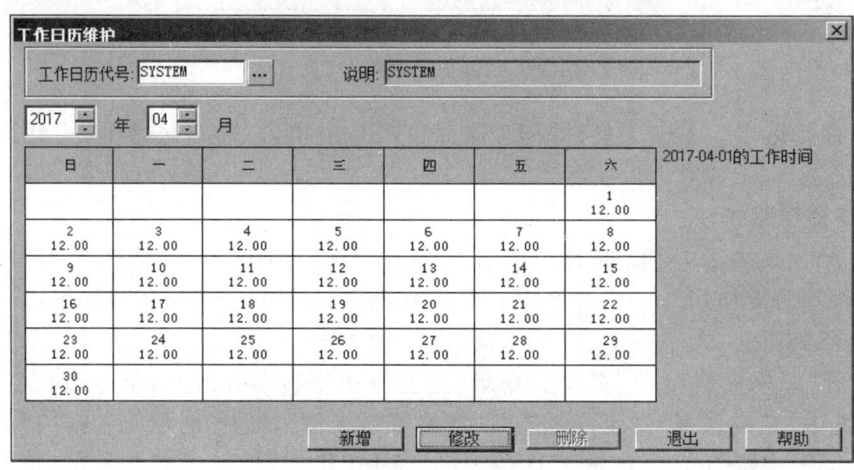

图 3-4　第一个“工作日历维护”对话框

（3）退出。单击第一个“工作日历维护”对话框的“退出”按钮，关闭对话框，完成操作。

提示：在设置工作日的“开始时间”和“结束时间”前，应先选中时间前面的复选框，待时间由灰色变为黑色时，即可修改。

2. 工作中心维护

在用友 ERP-U8 中，工作中心让工艺路线、工序得以归属，也作为产能计算、负载计算、成本资料收集、成本分摊或生产效率评估的单位。工作中心资料一旦被其他任何资料引用，即不可被删除。

表 3-9 中列出了本案例企业的工作中心资料。本任务是完成在用友 ERP-U8 中，按照表 3-9 进行案例企业的工作中心资料维护。

表 3-9　工作中心资料

工作中心代号	工作中心名称	隶属部门	工作日历	是否生产线
0010	钛材眼镜中心	701 高端眼镜中心	SYSTEM	否
0020	板材眼镜中心	702 舒适眼镜中心	SYSTEM	否
0030	塑材眼镜中心	703 普通眼镜中心	SYSTEM	否

操作步骤如下：

(1) 打开“工作中心维护”页签。在“企业应用平台”的“基础设置”导航条下，选中“基础档案”|“业务”|“工作中心维护”，打开“工作中心维护”页签。

(2) 增加并保存。单击工具栏中的“增加”按钮，然后在表体编辑“工作中心代号”为“0010”，“工作中心名称”为“钛材眼镜中心”，“隶属部门”为“701”，“是否生产线”为“否”，最后单击工具栏中的“保存”按钮。

(3) 完成编辑。重复步骤(2)，将表 3-9 中的工作中心资料全部录入。

(4) 退出。单击“工作中心维护”页签的“关闭”按钮，关闭页签，完成操作。

3.3.4 资源资料维护

资源资料维护，是按工作中心进行资源资料的管理，以供评估产能、计算成本之用。资源代号一旦被其他资料引用，即不可被删除，仅表体资料可删除。

表 3-10 中列出了本案例企业的资源资料。

表 3-10 资源资料维护

资源代号	资源名称	资源类别	基准类型	计费类型	工作中心	工作中心名称	计算产能	可用数量	利用率	关键资源
0001	钛材装配线	机器设备	物料	自动	0010	钛材眼镜中心	是	1	84	是
0002	板材装配线	机器设备	物料	自动	0020	板材眼镜中心	是	1	84	是
0003	塑材装配线	机器设备	物料	自动	0030	塑材眼镜中心	是	1	84	是

操作步骤如下：

(1) 打开“资源资料维护”页签。登录“企业应用平台”，在“业务导航视图”的“基础设置”导航条中选中“基础档案”|“生产制造”|“资源资料维护”，打开“资源资料维护”页签。

(2) 编辑信息。单击工具栏中的“增加”按钮，新增一张表单，然后做如下编辑：

① 在表头中录入“资源代号”为“0001”，“资源名称”为“钛材装配线”，选择“资源类别”为“机器设备”，“基准类型”为“物料”，“计费类型”为“自动”。

② 在表体的第 1 行，编辑隶属“工作中心”为“0010”(钛材眼镜中心)，“计算产能”为“是”，“可用数量”为“1”，“利用率”为“84”，“关键资源”为“是”，其他项默认。

③ 单击“保存”按钮，完成该条记录的编辑。

(3) 完成并退出。重复步骤(2)，将表 3-10 中的资源资料全部录入，然后单击“资源资料维护”页签的“关闭”按钮，关闭页签，完成操作。

3.3.5 标准工序与工艺路线资料维护

表 3-11 中列出了本案例企业的标准工序资料，表 3-12 是工艺路线资料。本节的任务是进行工序和工艺路线的资料维护。

1. 标准工序资料维护

标准工序通常作为建立工艺路线时的工序模板，如果在建立工艺路线时指定标准工序的工序代码，则标准工序信息将被复制到当前定义的工序中，然后可对其进行修改，以节省输入时间。标准工序代号一旦被其他资料引用，即不可被删除，但表体资料可不输入或被删除。

表 3-11 标准工序资料维护

工序代号	工序说明	工作中心	委外工序	选项相关	检验方式	资源代号	资源名称	基准类型	工时（分子）	工时（分母）	计划否	计费类型
0001	钛材老花镜组装	0010	否	否	免检	0001	钛材装配线	物料	3	60	是	自动
0002	板材老花镜组装	0020	否	否	免检	0002	板材装配线	物料	3	60	是	自动
0003	塑材老花镜组装	0030	否	否	免检	0003	塑材装配线	物料	3	60	是	自动

表 3-12 工艺路线资料维护

序号	物料编号与名称	版本代号	版本说明	工序行号	标准工序	工序说明	委外工序否
1	1001 高端低度老花镜	10	主工艺路线	0010	0001	钛材老花镜组装	否
2	1002 高端中度老花镜	10	主工艺路线	0010	0001	钛材老花镜组装	否
3	1003 高端高度老花镜	10	主工艺路线	0010	0001	钛材老花镜组装	否
4	2001 舒适低度老花镜	10	主工艺路线	0010	0002	板材老花镜组装	否
5	2002 舒适中度老花镜	10	主工艺路线	0010	0002	板材老花镜组装	否
6	2003 舒适高度老花镜	10	主工艺路线	0010	0002	板材老花镜组装	否
7	3001 普通低度老花镜	10	主工艺路线	0010	0003	塑材老花镜组装	否
8	3002 普通中度老花镜	10	主工艺路线	0010	0003	塑材老花镜组装	否
9	3003 普通高度老花镜	10	主工艺路线	0010	0003	塑材老花镜组装	否

操作步骤如下：

（1）打开“标准工序资料维护”页签。登录“企业应用平台”，在“业务导航视图”的“基础设置”导航条中选中“基础档案”|“生产制造”|“标准工序资料维护”，打开“标准工序资料维护”页签。

（2）编辑信息。单击工具栏中的“增加”按钮，新增一张表单，然后做如下编辑。

① 在表头中录入“工序代号”为“0001”，“工序说明”为“钛材老花镜组装”，“工作中心”为“0010”，其他选项为默认值。

② 在表体中编辑或确认“资源代号”为“0001”，“基准类型”为“物料”，工时（分子）为“3”，工时（分母）为“60”，“是否计划”为“是”，“计费类型”为“自动”，其他项默认。

③ 单击“保存”按钮，保存该条记录。

（3）完成编辑。重复步骤（2），将表 3-11 中的工序资料全部录入。

（4）退出。单击“标准工序资料维护”页签的“关闭”按钮，关闭页签，完成操作。

2. 工艺路线资料维护

工艺路线资料维护，是维护计划品、委外件、自制件、采购件的工艺路线，可以复制现有工艺路线或引用公用工艺路线，也可以建立物料的替代工艺路线。该功能模块提供新增、修改、变更、删除、查询、复制、公用、审核、弃审、停用、还原、打印等基本功能。

表 3-12 是案例企业的工艺路线资料。

提示：表 3-12 中，物料 1001、1002 和 1003 的工艺路线是相同的，故在操作时可以先创建 1001 的主工艺路线，然后"公用"给 1002 和 1003。类似地，2001、2002 和 2003、3001、3002、3003 这两组物料也可以先针对每组中的一个物料创建一个工艺路线，然后"公用"给另外两个物料。

操作步骤如下：

(1) 打开"工艺路线资料维护"页签。登录"企业应用平台"，在"业务导航视图"的"基础设置"导航条中选中"基础档案"|"生产制造"|"工艺路线资料维护"，打开"工艺路线资料维护"页签。

(2) 增加并编辑信息。单击工具栏中的"增加"按钮，新增一张工艺路线单据，然后做如下编辑：

① 在表头，编辑"物料编码"为"1001"（高端低度老花镜），"版本代号"为"10"，"版本说明"为"主工艺路线"，其他项默认。

② 在表体第 1 行录入"标准工序"为"0001"，确认"委外工序否"为"否"，其他项默认。

(3) 保存。单击"保存"按钮，完成 1001 物料的主工艺路线的维护，如图 3-5 所示。

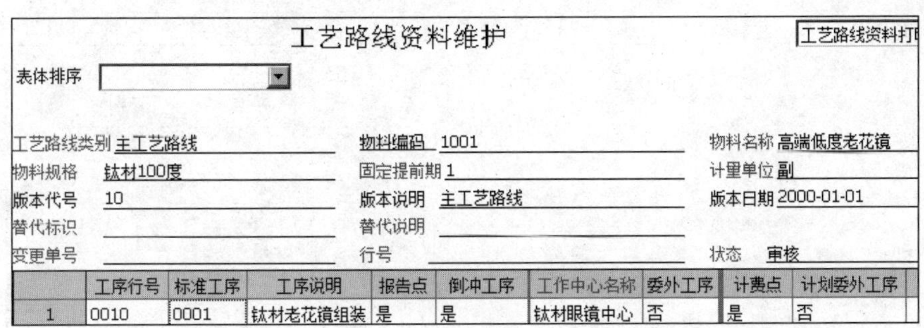

工艺路线资料维护

工艺路线资料打印

表体排序

工艺路线类别 主工艺路线　物料编码 1001　物料名称 高端低度老花镜

物料规格 钛材100度　固定提前期 1　计量单位 副

版本代号 10　版本说明 主工艺路线　版本日期 2000-01-01

替代标识　替代说明

变更单号　行号　状态 审核

	工序行号	标准工序	工序说明	报告点	倒冲工序	工作中心名称	委外工序	计费点	计划委外工序
1	0010	0001	钛材老花镜组装	是	是	钛材眼镜中心	否	是	否

图 3-5 "工艺路线资料维护"页签

(4) 公用工艺路线给 1002 和 1003 物料。单击工具栏中的"公用"按钮，在打开的"公用工艺路线资料维护"窗口中，先单击窗口工具栏中的"修改"按钮，再在表体中参照生成"公用物料编码"为"1002"和"1003"，如图 3-6 所示。

公用工艺路线资料维护

表体排序

被公用物料编码 1001　被公用物料名称 高端低度老花镜

被公用物料规格 钛材100度　计量单位 副

	公用物料编码	公用物料名称	公用物料规格	计量单位
1	1002	高端中度老花镜	钛材150度	副
2	1003	高端高度老花镜	钛材400度	副

图 3-6 "公用工艺路线资料维护"窗口

(5) 保存并退出。在"公用工艺路线资料维护"窗口中，单击窗口工具栏中的"保存"按钮，返回"工艺路线资料维护"页签。

(6) 重复步骤(2)～(5)，完成另外两组物料(2001、2002、2003 和 3001、3002、3003)的工

艺路线编辑和保存。

(7) 退出。单击“工艺路线资料维护”页签的“关闭”按钮,关闭页签,完成操作。

3.3.6 生产制造参数设定

生产制造参数设定,是设定生产制造系统的参数,以供生产制造系统各模块控制使用。

本案例企业除系统默认设置之外,还需要进行状态设置,修改“手动输入生产订单默认状态”为“锁定”、“生产订单排程类型”为“逆推”。

操作步骤如下:

(1) 打开“生产制造参数设定”对话框。登录“企业应用平台”,在“业务导航视图”的“基础设置”导航条中选中“基础档案”|“生产制造”|“生产制造参数设定”,打开“生产制造参数设定”对话框。

(2) 状态设置。在“状态设置”选项卡中,选中“手动输入生产订单默认状态”栏的“锁定”单选按钮,选中“生产订单排程类型”栏的“逆推”单选按钮,其他项默认,结果如图 3-7 所示。

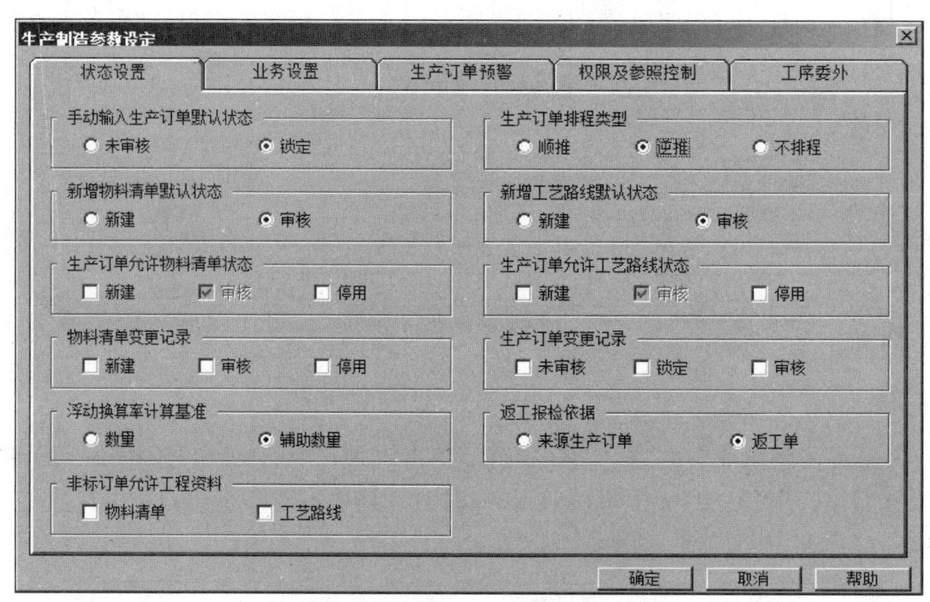

图 3-7 “生产制造参数设定”对话框的状态设置

(3) 保存并关闭。单击“确定”按钮,关闭对话框,完成操作。

3.4 物料清单管理

物料清单(Bill of Materials,BOM),其定义可分为狭义和广义的。

狭义上讲,物料清单就是产品结构(Product Structure),主要表述的是对物料物理结构按照一定的划分规则进行的分解,用来描述物料的物理组成,表达组成某个制成品所需要的原材料、零部件或半成品等的组成结构关系,表明了产品各个层次物料的从属关系和数量关系。

广义上讲，是产品结构和工艺路线的结合体，即“物料清单＝工艺路线＝工序的集合＝工作中心的集合＋工作中心的设备和人员＋产品结构＝物料的集合＋物料的成本信息”。

3.4.1 相关术语

与物料清单相关的术语，包括卷积成本、联产品、副产品、产出品、毛需求、净需求等，下面分别阐述。

1. 卷积成本（Rolled-up Cost）

卷积成本类似于标准成本，主要是用来做内部管理之用。如果将各采购件的采购成本、委外件的委外成本与各成品的人工成本，按照物料清单的结构从最低层逐层往上汇总，即可以得到其上各阶成品及其半成品的“直接制造成本”；如果再将制造费用也纳入逐层的计算中，就可以得到产成品的“制造总成本”，将这种成本数字称为“卷积成本”。

2. 联产品（Co-product）

若加工过程中产出一个以上的产品，与主产品一道产出的产品称为联产品。联产品通常也是企业向客户销售的产品。

3. 副产品（By-product）

副产品是主要产品加工过程中产出的残余品或附带品。企业可按其用途将其回收、销售或使用。

4. 产出品

产出品是指在生产过程中作为剩余物品产出的物料，例如副产品、装配件拆卸物料和其他可重新使用物料等。

5. 毛需求与净需求

在用友 ERP-U8 中，需求是指对特定产品需要的数量和时间。毛需求量（Gross Requirement）是在任意给定的计划周期内，某个物料按订单和物料清单展开的总需求量（不计算预计入库量、预计出库量和安全库存量）；净需求量（Net Requirement）是指在任意给定的计划周期内，某物料实际需求数量。通常，净需求＝毛需求－供应＋安全库存量。

3.4.2 物料清单系统

物料清单系统，主要提供定义组成各产成品的所有零配件及原材料，以达到以下目的：

（1）标准成本卷积计算，包括物料、人工、制造费用等；

（2）新产品的成本模拟，作为拟定售价的参考；

（3）物料需求计划计算用料的基础；

（4）计划品、模型及选项类物料需求预测展开的依据；

（5）支持按订单配置产品的组件选配；

（6）领料、发料的依据。

用友 ERP-U8 的物料清单子系统，在使用前需要先创建工业版账套，并有基础档案数据和期初设置（具体地可参见本书 3.3 节之前的内容），然后在用友 ERP-U8 的物料清单子系统中，利用“物料清单资料维护”功能维护物料清单资料，并可利用“无物料清单物料查询”功能，随时检查有无遗漏未建物料清单的物料。物料清单建立之后，可进行“物料清单逻辑查验”，以检查物料清单的结构是否存在自循环，并需要利用“物料低阶码推算”功能，推算物料的低阶码。

物料清单建立之后，可随时查询或打印物料清单资料。具体的操作流程如图 3-8 所示。

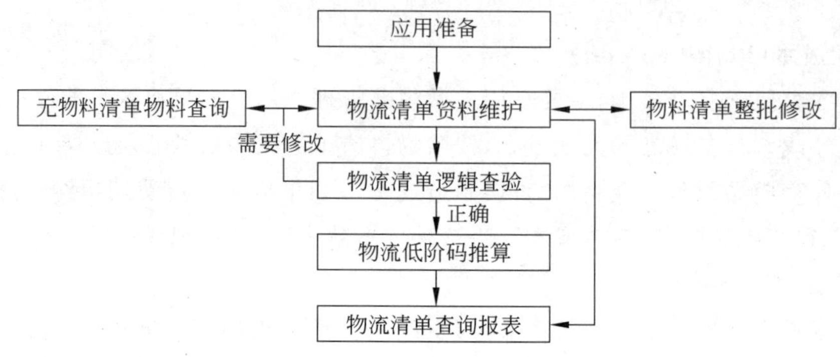

图 3-8　物料清单的操作流程

3.4.3　物料清单资料编辑

表 3-13 是本案例企业的物料清单列表。本节的实验任务是利用“物料清单资料维护”功能，完成在用友 ERP-U8 中编辑表 3-13 中的物料清单资料。

表 3-13　物料清单列表

子件阶别	母件编码	母件名称	版本代号	版本说明	子件名称	子件单位	基本用量	基础数量	领料部门
+	1001	高端低度老花镜	10	主物料清单	低度镜片	对	1	1	701
+					高端镜框	个	1	1	701
+					高端镜腿	对	1	1	701
+					硅胶鼻托	对	1	1	701
+					铰链	个	2	1	701
+					螺钉	颗	2	1	701
+	1002	高端中度老花镜	10	主物料清单	中度镜片	对	1	1	701
+					高端镜框	个	1	1	701
+					高端镜腿	对	1	1	701
+					硅胶鼻托	对	1	1	701
+					铰链	个	2	1	701
+					螺钉	颗	2	1	701

续表

子件阶别	母件编码	母件名称	版本代号	版本说明	子件名称	子件单位	基本用量	基础数量	领料部门
+	1003	高端高度老花镜	10	主物料清单	高度镜片	对	1	1	701
+	1003	高端高度老花镜	10	主物料清单	高端镜框	个	1	1	701
+	1003	高端高度老花镜	10	主物料清单	高端镜腿	对	1	1	701
+	1003	高端高度老花镜	10	主物料清单	硅胶鼻托	对	1	1	701
+	1003	高端高度老花镜	10	主物料清单	铰链	个	2	1	701
+	1003	高端高度老花镜	10	主物料清单	螺钉	颗	2	1	701
+	2001	舒适低度老花镜	10	主物料清单	低度镜片	对	1	1	702
+	2001	舒适低度老花镜	10	主物料清单	舒适镜框	个	1	1	702
+	2001	舒适低度老花镜	10	主物料清单	舒适镜腿	对	1	1	702
+	2001	舒适低度老花镜	10	主物料清单	硅胶鼻托	对	1	1	702
+	2001	舒适低度老花镜	10	主物料清单	铰链	个	2	1	702
+	2001	舒适低度老花镜	10	主物料清单	螺钉	颗	2	1	702
+	2002	舒适中度老花镜	10	主物料清单	中度镜片	对	1	1	702
+	2002	舒适中度老花镜	10	主物料清单	舒适镜框	个	1	1	702
+	2002	舒适中度老花镜	10	主物料清单	舒适镜腿	对	1	1	702
+	2002	舒适中度老花镜	10	主物料清单	硅胶鼻托	对	1	1	702
+	2002	舒适中度老花镜	10	主物料清单	铰链	个	2	1	702
+	2002	舒适中度老花镜	10	主物料清单	螺钉	颗	2	1	702
+	2003	舒适高度老花镜	10	主物料清单	高度镜片	对	1	1	702
+	2003	舒适高度老花镜	10	主物料清单	舒适镜框	个	1	1	702
+	2003	舒适高度老花镜	10	主物料清单	舒适镜腿	对	1	1	702
+	2003	舒适高度老花镜	10	主物料清单	硅胶鼻托	对	1	1	702
+	2003	舒适高度老花镜	10	主物料清单	铰链	个	2	1	702
+	2003	舒适高度老花镜	10	主物料清单	螺钉	颗	2	1	702
+	3001	普通低度老花镜	10	主物料清单	低度镜片	对	1	1	703
+	3001	普通低度老花镜	10	主物料清单	普通镜框	个	1	1	703
+	3001	普通低度老花镜	10	主物料清单	普通镜腿	对	1	1	703
+	3001	普通低度老花镜	10	主物料清单	硅胶鼻托	对	1	1	703
+	3001	普通低度老花镜	10	主物料清单	铰链	个	2	1	703
+	3001	普通低度老花镜	10	主物料清单	螺钉	颗	2	1	703

续表

子件阶别	母件编码	母件名称	版本代号	版本说明	子件名称	子件单位	基本用量	基础数量	领料部门
+	3002	普通中度老花镜	10	主物料清单	中度镜片	对	1	1	703
+					普通镜框	个	1	1	703
+					普通镜腿	对	1	1	703
+					硅胶鼻托	对	1	1	703
+					铰链	个	2	1	703
+					螺钉	颗	2	1	703
+	3003	普通高度老花镜	10	主物料清单	高度镜片	对	1	1	703
+					普通镜框	个	1	1	703
+					普通镜腿	对	1	1	703
+					硅胶鼻托	对	1	1	703
+					铰链	个	2	1	703
+					螺钉	颗	2	1	703

操作步骤如下：

(1) 打开“物料清单资料维护”页签。登录“企业应用平台”，在“业务导航视图”的“业务工作”导航条中选中“生产制造”|“物料清单”|“物料清单维护”|“物料清单资料维护”，打开“物料清单资料维护”页签。

(2) 新增并编辑物料清单。单击“增加”按钮，新增一张物料清单单据，然后做如下编辑：

① 在表头中参照生成“母件编码”为“1001”，编辑“版本说明”为“主物料清单”。

② 在表体的第 1 行参照生成“子件编码”为“0101”(低度镜片)，确认“基本用量”为 1，“基础数量”为 1，“领料部门”为“701”，其他项默认。

③ 在表体的第 2 行参照生成“子件编码”为“1100”(高端镜框)，确认“基本用量”为 1，“基础数量”为 1，“领料部门”为“701”，其他项默认。

④ 在表体的第 3 行参照生成“子件编码”为“1200”(高端镜腿)，确认“基本用量”为 1，“基础数量”为 1，“领料部门”为“701”，其他项默认。

⑤ 在表体的第 4 行参照生成“子件编码”为“4002”(硅胶鼻托)、确认“基本用量”为 1，“基础数量”为 1，“领料部门”为“701”，其他项默认。

⑥ 在表体的第 5 行参照生成“子件编码”为“4003”(铰链)、编辑“基本用量”为 2，确认“基础数量”为 1，“领料部门”为“701”，其他项默认。

⑦ 在表体的第 6 行参照生成“子件编码”为“4004”(螺钉)、编辑“基本用量”为 2，确认“基础数量”为 1，“领料部门”为“701”，其他项默认。

(3) 保存物料清单。单击工具栏中的“保存”按钮，保存该物料清单，而且系统默认该物料清单的状态为“审核”状态，结果如图 3-9 所示。

提示：

• 在输入表体的子件时，也可以在参照窗体中一次性地选中所有子件，这样就可以一

物料清单资料维护

物料清单资料维护打E

表体排序

BOM类别 主BOM　　母件编码 1001　　母件名称 高端低度老花镜

规格型号 钛材100度　　计量单位 副　　母件损耗率(%) 0.000

版本代号 10　　版本说明 主物料清单　　版本日期 2000-01-01

替代标识　　替代说明

变更单号　　变更单行号

默认基础数量 1.00　　状态 审核

	子件…	工序行号	子件编码	子件名称	子件规格	计…	基本用量	基础数量	供应…	成本…	领料部门
1	10	0000	0101	低度镜片	树脂100度	对	1.00	1.00	领用	是	701
2	20	0000	1100	高端镜框	钛材	个	1.00	1.00	领用	是	701
3	30	0000	1200	高端镜腿	钛材	对	1.00	1.00	领用	是	701
4	40	0000	4002	硅胶鼻托		对	1.00	1.00	领用	是	701
5	50	0000	4003	铰链		个	2.00	1.00	领用	是	701
6	60	0000	4004	螺钉		颗	2.00	1.00	领用	是	701

图 3-9 “高端低度老花镜”的物料清单

次性加载所有的子件，然后再逐一修改相关属性。

- 新增并保存物料清单时，系统默认该物料清单的状态为“审核”状态；但如果是单击工具栏中的“弃审”和“修改”按钮之后，再保存，就需要再单击工具栏中的“审核”按钮。

(4) 重复步骤(2)～(3)，将表 3-13 中的另外 8 个物料的物料清单依次录入和保存，最后单击“物料清单资料维护”页签的“关闭”按钮，关闭页签，完成操作。

提示：可以复制其他物料的物料清单以加快编辑速度。操作方法是在物料(例如 1002)的物料清单新增状态下，单击工具栏中的“复制”按钮，弹出“复制”窗口；在该窗口的“母件编码”编辑栏，参照生成具有相似物料清单的母件编码(例如 1001)，然后单击编辑框，系统将显示该参照母件的物料清单，确认后单击“复制”窗口的“确定”按钮，系统将参照母件的物料清单，直接复制到新建母件的编辑窗口，此时再作修改并保存即可。

3.4.4 物料清单查验

物料清单查验，包括对物料清单的逻辑查验、物料低阶码推算、无物料清单物料的查询和相关物料清单的查询。

物料清单逻辑查验是查验物料清单中物料是否有逻辑错误，即主要物料清单中所有物料(包括替换料)是否有成为自我子件的错误逻辑。

无物料清单物料查询是查询未建立主要物料清单(和公用清单)的属性为自制、委外、计划品、PTO、选项类的物料资料，供 MPS/MRP 展开前查核，以免因物料清单建立不完整而无法完成 MPS/MRP 计算。

本节的实验任务是查验案例企业的物料清单是否有成为自我子件的错误逻辑、查询企业档案中是否存在无物料清单资料的物料，以及查询现有的物料清单等。

1. 物料清单逻辑查验

操作步骤如下：

(1) 打开“物料清单逻辑查验”对话框。登录“企业应用平台”，在“业务导航视图”的“业务工作”导航条中选中“生产制造”|“物料清单”|“物料清单维护”|“物料清单逻辑查验”，打

开“物料清单逻辑查验”对话框。

（2）逻辑查验。单击“执行”按钮，即可自动执行物料清单逻辑校验，依主要物料清单、订单物料清单（不考虑替代BOM），校验物料清单中所有物料是否有成为自我子件的错误逻辑。若有逻辑错误，则显示错误清单并可打印出来：若无错误，则弹出消息框，提示“处理成功”，单击“确定”按钮，关闭消息框，完成操作。

提示：执行物料清单逻辑查验时，系统以生产制造参数中设定的“物料清单展开层数”为参照基准，所以维护该参数时应注意大于系统中所有主要物料清单的最大阶层数。

2. 无物料清单物料查询

操作步骤如下：

（1）打开“无物料清单物料查询”对话框。登录“企业应用平台”，在“业务导航视图”的“业务工作”导航条中选中“生产制造”|“物料清单”|“物料清单维护”|“无物料清单物料查询”，打开“查询条件选择”对话框。

（2）查询并打开“无物料清单物料查询”页签。参照生成“物料编码”的起始编码（例如“10000”）和结束编码（可不输入）后，单击“确定”按钮，即可查询未建立主要物料清单（和公用清单）的属性为自制、委外、计划品、PTO、选项类的物料资料，打开“无物料清单物料查询”页签。

（3）退出。单击“无物料清单物料查询”页签的“关闭”按钮，关闭页签，完成操作。

提示：若有还没有建立物料清单的物料，则在列表行选中，若操作员有物料清单新增功能权限，则可进入物料清单维护界面，进行物料清单新增，物料清单表头默认该列表行“物料编码+结构自由项”，其他默认值同物料清单新增作业。

3. 母件结构查询-多阶

操作步骤如下：

（1）打开“母件结构查询-多阶”对话框。登录“企业应用平台”，在“业务导航视图”的“业务工作”导航条中选中“生产制造”|“物料清单”|“物料清单查询报表”|“母件结构查询-多阶”，打开“查询条件选择-母件结构查询-多阶”对话框。

（2）查询物料清单并打开“母件结构查询-多阶”页签。参照生成“母件编码”（例如“1001”）、“版本代号”“有效日期”后，单击“确定”按钮，打开“母件结构查询-多阶”页签，并在左侧窗格显示物料清单树状结构，可以逐层展开显示母件和子件的资料，如图3-10所示。

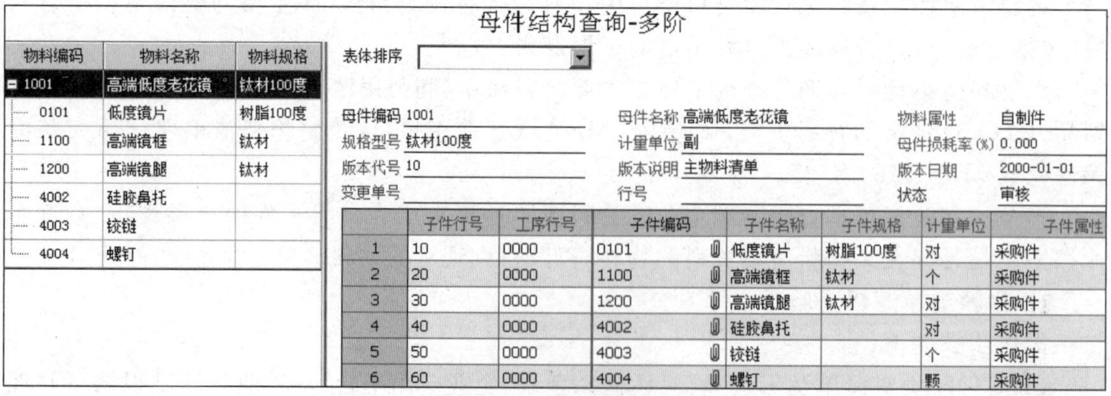

母件结构查询-多阶

物料编码	物料名称	物料规格
1001	高端低度老花镜	钛材100度
0101	低度镜片	树脂100度
1100	高端镜框	钛材
1200	高端镜腿	钛材
4002	硅胶鼻托	
4003	铰链	
4004	螺钉	

表体排序

母件编码 1001　母件名称 高端低度老花镜　物料属性 自制件
规格型号 钛材100度　计量单位 副　母件损耗率(%) 0.000
版本代号 10　版本说明 主物料清单　版本日期 2000-01-01
变更单号　行号　状态 审核

	子件行号	工序行号	子件编码	子件名称	子件规格	计量单位	子件属性
1	10	0000	0101	低度镜片	树脂100度	对	采购件
2	20	0000	1100	高端镜框	钛材	个	采购件
3	30	0000	1200	高端镜腿	钛材	对	采购件
4	40	0000	4002	硅胶鼻托		对	采购件
5	50	0000	4003	铰链		个	采购件
6	60	0000	4004	螺钉		颗	采购件

图3-10　老花镜的“母件结构查询-多阶”页签

（3）退出。单击打开“母件结构查询-多阶”页签的“关闭”按钮，关闭页签，完成操作。

提示：

- 在“母件结构查询-多阶”页签中可查询母件之下各阶的子件资料，按查询资料系统列出各物料隶属物料的清单结构。
- 本功能模块只能查询主要清单，不查询替代清单。
- 定位在列表的母件资料行，若有物料清单资料维护、程序修改或变更功能权限，可单击工具栏中的“维护”按钮，进入“物料清单资料维护”页签。

4. 母件结构表-汇总式

操作步骤如下：

（1）打开“母件结构表-汇总式”对话框。登录“企业应用平台”，在“业务导航视图”的“基础设置”导航条中选中“业务工作”|“生产制造”|“物料清单”|“物料清单查询报表”|“母件结构表-汇总式”，打开“查询条件选择-母件结构表-汇总式”对话框。

（2）查询并打开“母件结构表-汇总式”页签。参照生成“物料清单选择”为“主要”物料清单，“母件编码”起始的编码为“1001”，并编辑“母件数量”为“100”，然后单击“确定”按钮，打开“母件结构表-汇总式”页签，显示子件汇总用量资料，如图 3-11 所示。

母件结构表-汇总式

母件编码：1001 到　　版本代号：到

版本日期：到　　替代标识：到

有效日期：2017-04-01　　母件数量：100

母件编码	母件规格	母件名称				母件计量单位	版本说明	版本日期	版本代号			状态	母件数量	行号	子件编码	子件名称	子件规格	子件计量单位	使用数量	产出品	子件属性
1001	钛材100度	高端低度老…				副	主	20	1			审核	100.00		4004	螺钉		颗	200.00	否	采购
															4003	铰链		个	200.00	否	采购
															4002	硅胶鼻托		对	100.00	否	采购
															1200	高端镜腿	钛材	对	100.00	否	采购
															1100	高端镜框	钛材	个	100.00	否	采购
															0101	低度镜片	树脂100度	对	100.00	否	采购
1002	钛材150度	高端中度老…				副	主	20	1			审核	100.00		4004	螺钉		颗	200.00	否	采购
															4003	铰链		个	200.00	否	采购
															4002	硅胶鼻托		对	100.00	否	采购
															1200	高端镜腿	钛材	对	100.00	否	采购
															1100	高端镜框	钛材	个	100.00	否	采购
															0102	中度镜片	树脂150度	对	100.00	否	采购
1003	钛材400度	高端高度老…				副	主	20	1			审核	100.00		4004	螺钉		颗	200.00	否	采购
															4003	铰链		个	200.00	否	采购
															4002	硅胶鼻托		对	100.00	否	采购
															1200	高端镜腿	钛材	对	100.00	否	采购
															1100	高端镜框	钛材	个	100.00	否	采购
															0103	高度镜片	树脂400度	对	100.00	否	采购
2001	板材100度	舒适低度老…				副	主	20	1			审核	100.00		4004	螺钉		颗	200.00	否	采购
															4003	铰链		个	200.00	否	采购

图 3-11　母件 100 个的“母件结构查询-汇总式”窗口

（3）退出。单击“母件结构表-汇总式”页签的“关闭”按钮，关闭页签，完成操作。

提示：

- “母件结构表-汇总式”页签可显示、可打印母件以下所有各子件的汇总用量，即同一子件在各阶层的用量加总。
- “母件数量”必须输入，系统按此数量计算各子件所需用料总量。

3.5 实验报告内容

1. 查看本企业的计量单位(单位),并将结果界面拷屏后粘贴在实验报告中。

2. 查看本企业的仓库档案列表,并将结果界面拷屏后粘贴在实验报告中。

3. 查看本企业的存货档案列表,并将结果界面拷屏后粘贴在实验报告中。

4. 查看“老花镜”的存货档案“MPS/MRP”页签,并将结果界面拷屏后粘贴在实验报告中。

5. 查看本企业的时栅资料维护,并将结果界面拷屏后粘贴在实验报告中。

6. 查看本企业的时格资料维护,并将结果界面拷屏后粘贴在实验报告中。

7. 查看本企业的工作中心维护,并将结果界面拷屏后粘贴在实验报告中。

8. 查看本企业的资源资料维护,并将结果界面拷屏后粘贴在实验报告中。

9. 查看本企业的标准工序资料维护,并将结果界面拷屏后粘贴在实验报告中。

10. 查看本企业的工艺路线资料,并将结果界面拷屏后粘贴在实验报告中。

11. 什么叫供应倍数、变动提前期和变动基数?请举例说明。

12. 什么是 MPS?为什么老花镜是 MPS 件?

13. 为什么本实验可设置物料清单的展开层数为 5?

14. 时格的作用是什么?以上设置的 SG01 的含义是什么?

15. 若公司周年庆为 9 月 10 日,加双休日的调休,非工作时间为 9 月 10 日—9 月 12 日,13 日(周日)为工作时间,则 9 月份的工作日历如何设置?请将设置结果界面拷屏后粘贴在下面。

16. 用友 ERP-U8 中有哪几种计量单位组?各有哪些特点?

17. 在实验账套中,“运输费”作为一种存货,其存货属性是什么?

18. 为什么用友 ERP-U8 中“运输费”作为一种存货建立了存货档案?

19. 用友 ERP-U8 中,存货属性有哪几种(查看存货档案)?给出每一种存货属性的特点。

20. 通过“母件结构查询-多阶”页签,查看“老花镜”的物料清单,并将结果界面拷屏后粘贴在实验报告中。

21. 通过“母件结构查询-多阶”页签,查看“镜架”的物料清单,并将结果界面拷屏后粘贴在实验报告中。

22. 通过“母件结构查询-汇总式”页签,查看 200 个老花镜所需要的所有子件的需求量,并将结果界面拷屏后粘贴在实验报告中。

23. 查看“老花镜”的存货档案“MPS/MRP”页签,并将结果界面拷屏后粘贴在实验报告中。

24. 在“物料清单资料维护”页签中,基本用量(分子、分母)的作用是什么?

25. 解释为什么图 3-11 中第 1 行,螺钉的“使用数量”为“200”。

26. 比较物料清单中母件损耗率与子件损耗率的不同。

27. 用友 ERP-U8 中,“产出品”有哪几种类型?

28. 举例说明物料低阶码推算的意义。

第 4 章　期初设置与记账

用友 ERP-U8 系统包括多个子系统。本书是面向经营型工业企业的供应链与成本管理应用，涉及销售、物料清单、主生产计划(MPS 计划)、物料需求规划(MRP 规划)、采购、委外、生产订单管理、车间管理、库存、存货核算等业务子系统，应付、应收、总账等财务子系统。

图 4-1 是工业企业供应链与财务会计的应用模型，图中描述了各个子系统之间的关联关系和主要的信息流。

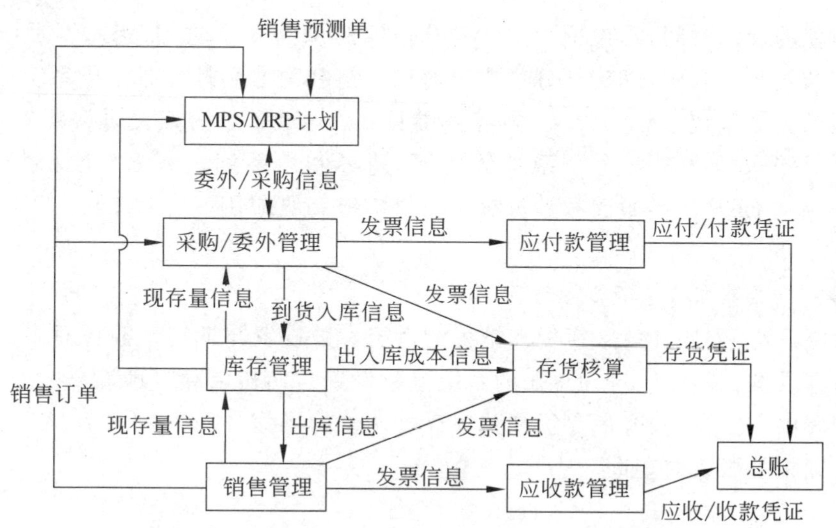

图 4-1　工业企业供应链及相应财务会计应用模型

企业的生产管理活动是连续的，相应的其信息也具有连续性，反映在 ERP 账套中就是有账套的期初设置和期初数据。本实验所针对的北京亮康眼镜有限公司，其期初设置包括图 4-1 中各个模块的业务参数设置、之间的业务和账务数据，以及相关业务的单据编号设置和单据格式设置等。

系统参数，即业务处理控制参数，是指在企业业务处理过程中所使用的各种控制参数，系统参数的设置将决定用户使用系统的业务流程、业务模式和数据流向，所以在进行系统参数设置之前，一定要详细了解选项开关对业务处理流程的影响，并结合企业的实际业务需要进行设置。由于有些选项在日常业务开始后不能随意更改，所以企业最好在业务开始前进行全盘考虑，尤其一些对其他系统有影响的选项设置更要考虑清楚。

账簿都应有期初数据，以保证其数据的连贯性。初次使用时，应先输入采购、委外、销售、库存、存货、应收、应付和总账的期初数据。采购、委外和存货核算系统，还需要进行期初记账操作。期初记账之后的业务和数据，系统才会将其作为本期业务处理。

本章的操作，系统日期应该为"2017-04-01"，由账套主管"赵技巩"(或读者本人)登录到"企业应用平台"，并在第 3 章完成的账套中进行采购管理、委外管理、应付款管理、销售管理、应收款管理、成本管理、库存管理、存货核算和总账系统操作。

在实验操作前，需要将系统时间调整为 2017 年 4 月 1 日。如果没有调整系统时间，则在登录“企业应用平台”时需要修改“操作日期”为 2017 年 4 月 1 日；如果操作日期与账套建账时间之间的跨度超过 3 个月，则该账套在演示版状态下不能执行任何操作。

如果没有完成第 3 章的企业基础档案中物料与制造资料的编辑任务，可以到百度网盘空间（网盘地址：https://pan.baidu.com/s/1eSxB2uQ，密码：pxsn）的“实验账套数据”文件夹中，将“03 物料与制造资料.rar”下载到实验用机上，然后“引入”（操作步骤详见 1.3.5 节）到用友 ERP-U8 系统。此外，本章完成的账套，其输出压缩的文件名为“04 期初记账.rar”。

需要说明的是，因网盘中的账套备份文件均为压缩文件，所以在下载完成后引入之前，需要用解压缩工具进行解压（建议用 WinRAR 3.42 或以上版本），得到相应可以引入的账套数据文件。

本章建议的授课时间，理论课为 4～8 学时，实验课为 8 学时，若课时不足，可跳过本章的理论讲解与实验。其中，理论部分主要讲解供应链和财务会计中各个子系统的作用、期初设置的作用及关键系统参数的含义，内容可参见 4.1～4.8 节的相关讲解和本书配套的课件。若希望更深入地理解各个子系统的功能，请参阅本系列教程之《企业供应链基础应用——基于用友 ERP 产品微课教程》或《企业供应链高级应用——基于用友 ERP 产品微课教程》。

实验目的与要求如下：

（1）掌握采购、委外、库存、存货和销售的系统参数设置与期初余额管理。

（2）掌握成本、应收、应付和总账的系统参数设置与期初余额管理。

（3）掌握供应商存货、客户存货和销售存货调价的操作。

（4）掌握相关账表的查询。

4.1 采购与应付款期初设置

本节将对采购管理系统的参数、供应商存货调价单、单据编号进行设置，以及期初数据的录入与记账。本节还将对应付款管理系统的参数、科目等进行设置，以及期初数据的录入与对账。

4.1.1 参数设置与核算规则设置

采购管理系统的选项设置，将对采购管理的所有操作员和客户端的操作生效，故要慎重设定或修改。本案例企业的采购管理系统选项，除系统默认设置之外，还需将“业务及期限控制”选项卡中的“订单\到货单\发票单价录入方式”设置为“取自供应商存货价格表价格”。

操作步骤如下：

（1）打开“采购系统选项设置”对话框。登录“企业应用平台”，在“业务导航视图”的“业务工作”导航条中选中“供应链”|“采购管理”|“设置”|“采购选项”，打开“采购系统选项设置-请按照贵单位的业务认真设置”对话框。

（2）业务与权限控制设置。在“业务及权限控制”选项卡中，选中“订单\到货单\发货单价录入方式”区中的“取自供应商存货价格表价格”单选按钮，其他选项按系统默认设置，如

图 4-2 所示。

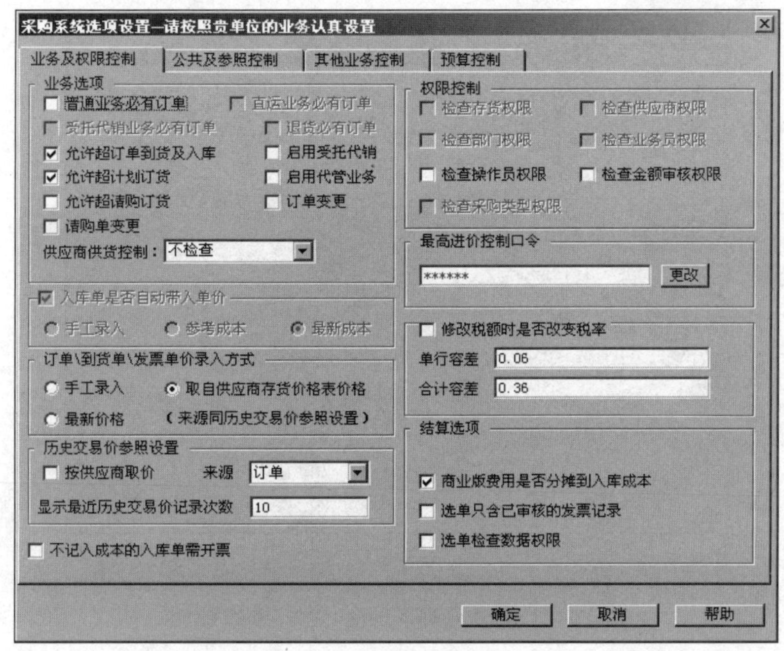

图 4-2 采购管理系统基本参数设置

(3) 确定并退出。单击“确定”按钮，保存并关闭对话框，完成操作。

提示：

- *在进行采购选项修改前，应确定系统相关功能没有使用，否则系统发出警告信息。*
- *在相关业务已开始后，最好不要随意修改采购选项。*

1. 应付款管理系统参数设置

应付管理系统主要提供了设置、日常处理、单据查询、账表管理、其他处理等功能。在运行本系统前，应先设置运行所需要的账套参数，以便系统按设定的选项进行相应的处理。

本案例企业的应付款系统，除了系统默认设置之外，还需进行如下参数设置。

(1) 常规：“单据审核日期依据”选择“单据日期”，即在单据处理功能中进行单据审核时，自动将单据的审核日期(即入账日期)记为该单据的单据日期。其默认值为“业务日期”，即在单据处理功能中进行单据审核时，自动将单据的审核日期(即入账日期)记为当前业务日期(即登录日期)。

(2) 凭证：“受控科目制单方式”选择“明细到单据”。

操作步骤如下：

(1) 打开“账套参数设置”对话框。登录“企业应用平台”，在“业务导航视图”的“业务工作”导航条中选中“财务会计”|“应付款管理”|“设置”|“选项”，打开“账套参数设置”对话框。

(2) 常规参数设置。单击“编辑”按钮，在“常规”选项卡中，使所有参数处于可修改状态，“单据审核日期依据”选择“单据日期”，其他项默认(其中“应付账款核算模型”默认为“详细核算”)，如图 4-3 所示。

(3) 凭证参数设置。在“凭证”选项卡的“受控科目制单方式”下拉列表中选中“明细到单据”，其他项默认，结果如图 4-4 所示。

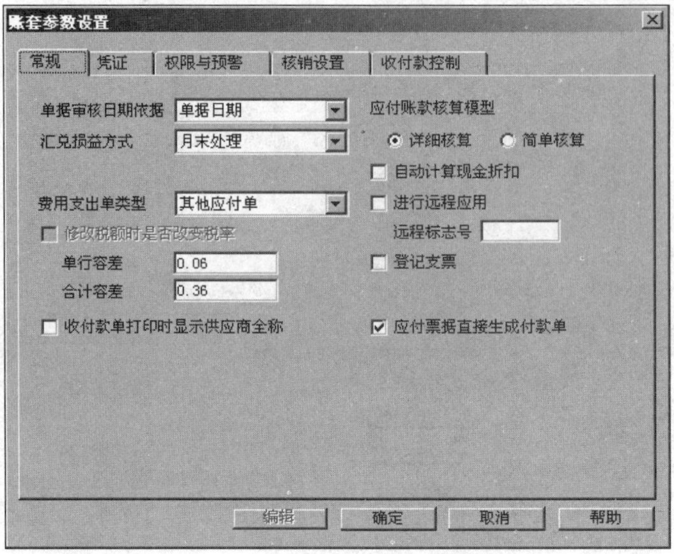

图 4-3　应付款管理系统的“常规”参数设置

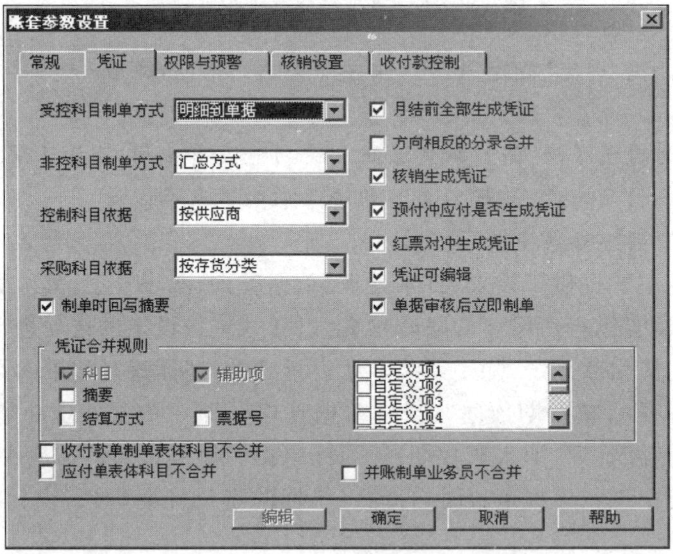

图 4-4　应付款管理系统的“凭证”参数设置

(4) 确定并退出，单击“确定”按钮，保存并关闭对话框，完成操作。

2. 应付款管理系统科目设置

由于应付款系统的业务类型较固定，生成的凭证类型也较固定，因此为了简化凭证生成操作，可以在此处将各业务类型凭证中的常用科目预先设置好。系统依据制单业务规则将设置的科目自动带出。

表 4-1 中列出了本案例企业的应付款管理系统科目设置。本任务是按照表 4-1 完成案例企业的应付款管理系统科目设置。

表 4-1　应付款管理系统科目设置

科 目 类 别	设 置 方 式
基本科目设置	应付科目(人民币)：220201 一般应付账款
	预付科目(人民币)：1123 预付账款
	采购科目(人民币)：1402 在途物资
	税金科目(人民币)：22210101 进项税额
结算方式科目设置	结算方式为现金；币种为人民币；科目为 1001 库存现金
	结算方式为现金支票；币种为人民币；科目为 100201 工行存款
	结算方式为转账支票；币种为人民币；科目为 100201 工行存款
	结算方式为电汇；币种为人民币；科目为 100201 工行存款
	结算方式为委托收款；币种为人民币；科目为 100201 工行存款
	结算方式为其他；币种为人民币；科目为 100201 工行存款

操作步骤如下：

(1) 打开“初始设置”页签。登录“企业应用平台”，在“业务导航视图”的“业务工作”导航条中选中“财务会计”|“应付款管理”|“设置”|“初始设置”，打开“初始设置”页签。

(2) 基本科目设置。在左侧窗格中选中“设置科目”|“基本科目设置”，单击工具栏中的“增加”按钮，然后在第 1 行的“基本科目种类”中选择“应付科目”，“科目”录入或参照生成“220201”(一般应付账款)，“币种”为“人民币”，并依据表 4-1，在“基本科目设置”的第 2～4 行进行设置。

(3) 结算方式科目设置。在左侧窗格选中“设置科目”|“结算方式科目设置”，结算方式选择“现金”，币种选择“人民币”，科目选择“1001”(库存现金)，根据表 4-1 中的内容，以此方法依次进行其他行的设置，操作结果如图 4-5 所示。

图 4-5　应付款管理系统“结算方式”科目设置

(4) 退出。单击“初始设置”页签的“关闭”按钮，关闭页签，完成操作。

提示：

- 如果需要为不同的供应商(供应商分类、地区分类)分别设置应付款核算科目和预付款核算科目，则应该在左侧窗格中选中“控制科目设置”并进行设置。
- 应付和预付科目必须是已经在科目档案中指定为应付系统的受控科目。
- 结算科目不能是已经在科目档案中指定为应收系统或者应付系统的受控科目，而且必须是最明细科目。

4.1.2 单据设置

1. 单据编号设置

将采购管理中采购专用发票和采购订单的单据编号，设置为可以自动编号和手动修改方式。

操作步骤(以“采购专用发票”的设置为例)：

(1) 打开“单据编号设置”对话框。登录“企业应用平台”，在“业务导航视图”的“基础设置”导航条中选中“单据设置”|“单据编号设置”，弹出“单据编号设置”对话框。

(2) 选中“采购专用发票”单据。在“编号设置”选项卡的左侧窗格中选中“单据类型”|“采购管理”|“采购专用发票”。

(3) 修改“采购专用发票”单据的编号规则。单击选项卡右侧工具栏中的“修改”按钮，然后选中“手工改动，重号时自动重取”复选框，如图 4-6 所示，单击 “保存”按钮。

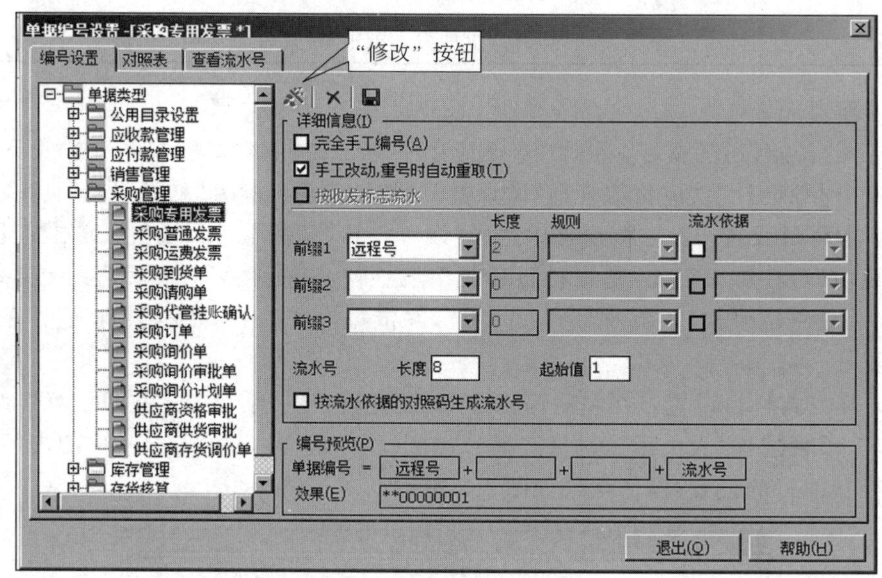

图 4-6 “单据编号设置”对话框

(4) 修改其他单据的编号规则。重复步骤(2)～(3)，完成采购管理中的采购订单的单据编号设置。

(5) 退出。单击对话框的“退出”按钮，关闭对话框，完成操作。

2. 单据格式设置

设置“采购订单”的单据格式，在其表头增加“定金”栏目。

操作步骤如下：

(1) 打开“单据格式设置”页签。登录“企业应用平台”，在“业务导航视图”的“基础设置”导航条中选中“单据设置”|“单据格式设置”，打开“单据格式设置”页签。

(2) 选中采购订单显示模板。依次单击左侧“单据类型”窗格的“采购管理”|“采购订单”|“显示”|“采购订单显示模板”，右侧窗格出现采购订单的显示模板。

(3) 增加选择“定金”表头栏目。单击工具栏中的“表头项目”按钮，在弹出的“表头：”

对话框中，选中“41 定金”，单击“确定”按钮返回。

(4) 调整位置并保存。单击工具栏中的“自动布局”按钮，然后在弹出的“自动布局”对话框中，单击“确定”按钮，系统自动调整单据格式的排版，最后单击“保存”按钮，模板如图 7-14 所示。

(5) 退出。单击“单据格式设置”页签的“关闭”按钮，关闭页签，完成操作。

4.1.3 期初数据录入与记账

初次使用采购管理系统时，应先输入期初数据。如果系统中已有上年的数据，不允许取消期初记账。采购期初数据包括以下两种。

(1) 期初在途物资：在启用采购系统时，会存在有些货物没有入库，但已取得了供货单位采购发票的情况，此时必须将不能进行采购结算的发票输入系统，以便货物入库填制入库单后进行采购结算。

(2) 期初暂估入库：在启用采购系统时，有些货物会因为没有取得供货单位的采购发票而不能进行采购结算，此时必须将入库单输入系统，以便取得发票后进行采购结算。

1. 期初采购订单

本案例企业期初的采购订单，如表 4-2 所示。

表 4-2 期初采购订单列表

订单号	单据日期	供应商	存货	数量	原币单价	原币金额	税率(%)
CG0301	2017-03-17	大运配件厂	普通镜腿	1000	10	10,000	17
CG0302	2017-03-20	螺钉厂	螺钉	6000	1	6000	17
CG0303	2017-03-25	硅胶三厂	硅胶鼻托	1000	10	10,000	17

操作步骤如下：

(1) 打开“采购订单”页签。登录“企业应用平台”，在“业务导航视图”的“业务工作”导航条中选中“供应链”|“采购管理”|“采购订货”|“采购订单”，打开“采购订单”页签。

(2) 填制采购订单。单击工具栏中的“增加”按钮，新增一张采购订单，然后做如下编辑。

① 编辑表头。修改表头的“订单日期”为“2017-03-17”，修改“订单编号”(即合同编号)为“CG0301”，修改“供应商”为“大运配件厂”，其他项默认。

② 编辑表体。选中表体第 1 行的“存货编码”栏，单击出现在栏中的参照按钮，打开“采购存货档案”窗口，选中“普通镜腿”，单击窗口工具栏中的“确定”按钮返回，然后在表体第 1 行的“数量”栏输入“1000”，“原币单价”栏输入“10”，其他项默认。

(3) 保存和审核。单击工具栏中的“保存”和“审核”按钮，保存并审核该单据。

(4) 重复步骤(2)～(3)，完成表 4-2 中的其他记录的录入、保存与审核。

(5) 退出。单击“采购订单”页签的“关闭”按钮，关闭页签，完成操作。

2. 期初采购发票

本案例企业期初的票到货未到的发票，如表 4-3 所示。

表 4-3　采购增值税专用发票列表

订单号	发票号	单据日期	供应商	存货	数量	原币单价	税率(%)
CG0301	61060301	2017-03-17	大运配件厂	普通镜腿	1000	10	17
CG0302	61060302	2017-03-20	螺钉厂	螺钉	6000	1	17
CG0303	61060303	2017-03-25	硅胶三厂	硅胶鼻托	1000	10	17

操作步骤如下：

(1) 打开"期初专用发票"页签。登录"企业应用平台"，在"业务导航视图"的"业务工作"导航条中选中"供应链"|"采购管理"|"采购发票"|"专用采购发票"，打开"期初专用发票"页签。

(2) 增加一张发票。在"期初专用发票"页签中，单击工具栏中的"增加"按钮，新增一张采购专用发票。

(3) 复制信息。单击工具栏中的"生单"|"采购订单"下拉按钮，打开"查询条件选择-采购订单列表过滤"对话框，单击"确定"按钮，打开"拷贝并执行"窗口；选中"订单号"为"CG0301"所在行的"选择"栏，使其出现"Y"字样，然后单击窗口工具栏中的"OK 确定"按钮，返回"期初专用发票"页签，并带入订单的信息。

(4) 编辑信息。编辑表头的"发票号"为"61060301"，"开票日期"为"2017-03-17"，其他项默认。

(5) 保存。单击工具栏中的"保存"按钮，保存该发票。

(6) 重复步骤(2)～(5)，依据表 4-3，增加其他发票。

(7) 退出。单击"期初专用发票"页签的"关闭"按钮，关闭页签，完成操作。

3. 期初采购入库单

本案例企业期初的货到票未到的采购入库单为 2017 年 3 月 15 日，从螺钉厂购入铰链 7500 个，已入原材料仓库，发票未到。暂估入库单价 2 元，货款共计 15000 元。

操作步骤如下：

(1) 打开"期初采购入库单"页签。登录"企业应用平台"，在"业务导航视图"的"业务工作"导航条中选中"供应链"|"采购管理"|"采购入库"|"采购入库单"，打开"期初采购入库单"页签。

(2) 增加并编辑表头。单击工具栏中的"增加"按钮，修改新增入库单表头的"入库日期"为"2017-03-15"，"仓库"为"原材料仓库"，"供货单位"为"螺钉厂"，接着修改"入库类型"和"采购入库"，其他项默认。

(3) 编辑表体。选中表体第一行的"存货编码"栏第一行中的参照按钮，打开"采购存货档案"窗口，选中"铰链"所在的行，单击窗口工具栏中的"确定"按钮，关闭窗口，完成存货的参照生成，然后在表体第一行的"数量"栏输入"7500"，"本币单价"栏输入"2"，其他项默认。

(4) 保存。单击工具栏中的"保存"按钮，保存暂估入库单信息。

(5) 退出。单击"期初采购入库单"页签的"关闭"按钮，关闭页签，完成操作。

小贴士

- 采购管理系统的"采购入库"，只能录入期初暂估入库单。采购期初记账后，采购入

库单只能通过在“业务导航视图”的“业务工作”导航条中选中“供应链”|“库存管理”|“入库业务”|“采购入库单”进行录入或生成。

- 在采购管理系统期初记账前，允许编辑和删除暂估入库单，但在期初记账后就不允许了。

4. 采购管理系统期初记账

操作步骤如下：

(1) 打开“期初记账”对话框。登录“企业应用平台”，在“业务导航视图”的“业务工作”导航条中选中“供应链”|“采购管理”|“设置”|“采购期初记账”，打开“期初记账”对话框。

(2) 记账。单击“记账”按钮，弹出消息框提示“期初记账完毕”。

(3) 退出。单击“确定”按钮，关闭消息框，完成操作。

提示：

- 采购期初记账，表明采购管理业务的往期数据录入工作已完成，之后进行的业务操作属于当期业务。
- 如果没有期初数据，可以不输入期初数据，但必须执行记账操作。

5. 应付账款期初余额与对账

期初的采购发票，除了在采购系统中做期初采购发票录入，还需要在应付款管理中进行期初应付账款的发票录入。本任务是参照表 4-3 对采购增值税专用发票进行录入，并与总账进行对账。

注意：在采购管理中录入的期初采购发票，在应付款管理系统中不能被直接调用，所以需要在应付款管理系统中再次录入，以使其可以在应付款管理中进行相关处理。但由于在采购管理和应付款管理中录入的期初采购发票，存储在同一个数据表中，其发票号不能重复出现，所以在应付款管理中录入期初余额时，不编辑表头的“发票号”。

操作步骤如下：

(1) 打开应付款的“期初余额-查询”对话框。登录“企业应用平台”，在“业务导航视图”的“业务工作”导航条中选中“财务会计”|“应付款管理”|“设置”|“期初余额”，打开“期初余额-查询”对话框。

(2) 打开“采购发票”页签。单击“确定”按钮，进入“期初余额”页签，单击工具栏中的“增加”按钮，弹出“单据类别”对话框，系统默认“单据名称”为“采购发票”，“单据类型”为“采购专用发票”，单击“确定”按钮，进入“采购发票”页签。

(3) 增加一张期初发票。单击“增加”按钮，新增一张采购专用发票，编辑表头的开票日期为“2017-03-17”，“订单号”为“CG0301”，选择“供应商”为“大运配件厂”，“部门”为“采购部”。编辑表体中的“存货编码”为“3200”(普通镜腿)，“数量”为“1000”对，“原币单价”为“10”，然后单击“保存”按钮。

(4) 完成期初应付款的编辑。重复步骤(3)，完成表 4-3 中其他业务应付期初余额录入，然后单击“采购发票”页签的“关闭”按钮，关闭页签。此时单击工具栏中的“刷新”按钮，刚录入的 3 张发票信息列表会显示在“期初余额”页签中。

(5) 对账。单击工具栏中的“对账”按钮，应付款系统与总账管理系统进行对账，打开“期初对账”页签，此时显示“差额”不为零，表示对账不成功，所以需要在总账系统中进行“引入”，详见 4.6.3 节。

(6) 退出。单击“期初对账”和“期初余额”页签的“关闭”按钮，关闭页签，完成操作。

4.1.4 供应商存货调价表

供应商存货调价单，按供应商＋存货＋定价自由项进行制价和调价。在此表单可以针对不同供应类型（采购、委外、进口）进行价格设置，包括含税单价、税率、无税单价，可以按数量阶梯进行价格设置，可以设置生效日期、失效日期，可以设置是否为促销价。

表 4-4 中列出了本案例企业的供应商存货调价单。本任务是按照表 4-4，完成案例企业的供应商存货调价单的设置，包括录入、保存与审核。

表 4-4 采购供应商存货调价单

供应商	存货名称	原币单价	数量下限	是否促销价	税率	币种
大运配件厂	高端镜框	80	0	否	17	人民币
大运配件厂	高端镜腿	80	0	否	17	人民币
大运配件厂	舒适镜框	70	0	否	17	人民币
大运配件厂	舒适镜腿	70	0	否	17	人民币
大运配件厂	普通镜框	10	0	否	17	人民币
大运配件厂	普通镜腿	10	0	否	17	人民币
塑料二厂	低度镜片	70	0	否	17	人民币
塑料二厂	中度镜片	70	0	否	17	人民币
塑料二厂	高度镜片	70	0	否	17	人民币
硅胶三厂	硅胶鼻托	10	0	否	17	人民币
螺钉厂	铰链	2	100	否	17	人民币
螺钉厂	螺钉	1	100	否	17	人民币

操作步骤如下：

(1) 打开“供应商存货调价单”页签。登录“企业应用平台”，在“业务导航视图”的“业务工作”导航条中选中“供应链”|“采购管理”|“供应商管理”|“供应商供货信息”|“供应商存货调价单”，打开“供应商存货调价单”页签。

(2) 编辑并保存。单击“增加”按钮，确认表头的“价格标识”为“含税价”，然后依据表 4-4 进行表体的价格维护，单击“保存”按钮，保存调价单。

(3) 审核。单击“审核”按钮，审核通过调价单，系统将自动更新采购供应商存货价格表，完成存货的“定价”操作，价格生效。

(4) 退出。单击“供应商存货调价单”页签的“关闭”按钮，关闭页签，完成操作。

提示：

- 调价单审核之后更新价格表，表体的“操作类型”为“新增”的记录将追加到价格表中，“操作类型”为“修改”时，更新原行，“操作类型”为“删除”时，删除原行。所以通过调价功能，可实现删除价格表。
- 调价单审核后不允许弃审，所以一定在保证正确之后再“审核”。

4.2 销售与应收款期初设置

在进行销售日常业务之前，需要做一些基本的设置工作，即根据业务情况设置销售系统的参数以及允销限设置；设置信用审批人以及录入期初单据。本节将对销售管理系统的参数、存货调价单、单据编号与格式进行设置。

同理，在应用应收款系统之前也需要进行初始设置。本节还将对应收款管理系统的参数、科目等进行设置，以及期初数据的录入与对账。

4.2.1 参数设置与核算规则设置

1. 销售管理系统参数设置

本案例中，除系统默认设置之外，还需做如下参数设置。

(1) 业务控制：选中“有零售日报业务”“有委托代销业务”“有分期收款业务”和“委托代销必有订单”“销售生成出库单”“允许超发货量开票”复选框，取消选中“报价含税”复选框。

(2) 其他控制：在“新增退货单默认”框中选中“参照订单”单选按钮。

(3) 可用量控制：在“发货单/发票非追踪型存货预计库存量查询公式”框中选中“做预计库存量查询”复选框，以及“预计入库”和“预计出库”后边的所有选项。

操作步骤如下：

(1) 打开“销售选项设置”对话框。登录“企业应用平台”，在“业务导航视图”的“业务工作”导航条中选中“供应链”|“销售管理”|“设置”|“销售选项”，打开“销售选项设置”对话框。

(2) 业务控制设置。在“业务控制”选项卡中，选中“有零售日报业务”“有委托代销业务”“有分期收款业务”和“委托代销必有订单”复选框。确认选中“销售生成出库单”和“允许超发货量开票”，取消选中“报价含税”复选框，其他项默认，结果如图 4-7 所示。

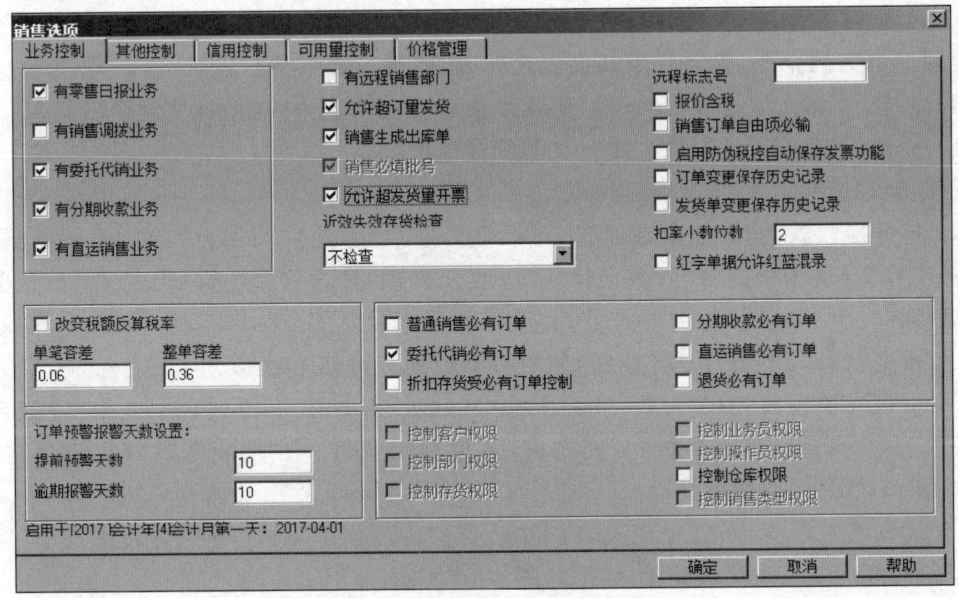

图 4-7 销售管理系统“业务控制”参数设置

(3) 其他控制设置。在“其他控制”选项卡的“新增退货单默认”框中选中“参照订单”单选按钮,其他项默认。

(4) 可用量控制设置。在“可用量控制”选项卡中,在“发货单/发票非追踪型存货预计库存量查询公式”框中选中“做预计库存量查询”复选框,以及“预计入库”和“预计出库”后边的所有选项,其他选项按系统默认设置,如图 4-8 所示。

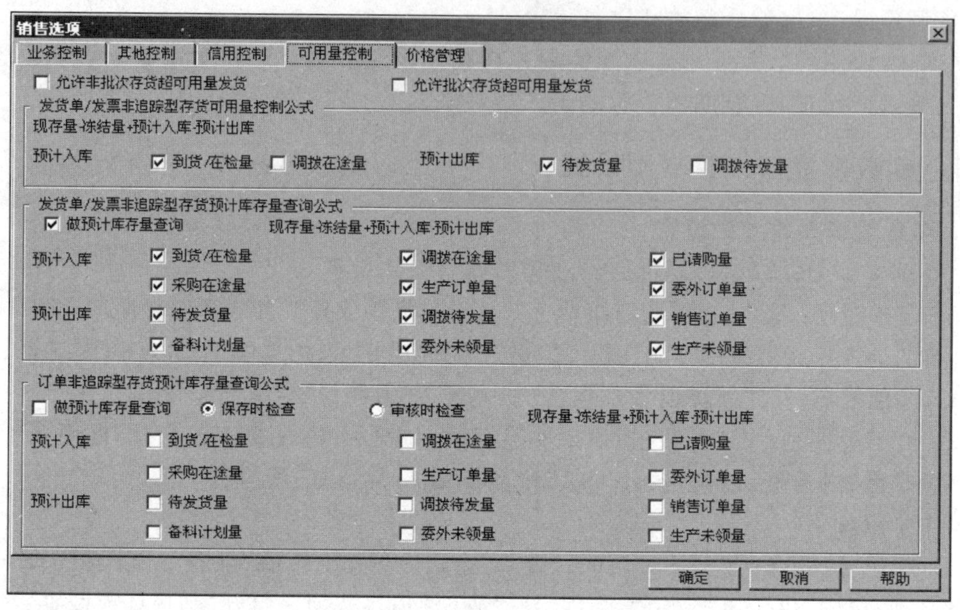

图 4-8 销售管理系统“可用量控制”参数设置

(5) 退出。单击“确定”按钮,关闭对话框,完成操作。

2. 应收款管理系统参数设置

在运行应收款系统前,应先设置运行所需要的账套参数,以便系统按设定的选项进行相应的处理。本案例企业,除系统默认设置之外,还需进行如下参数设置。

(1) 常规:“坏账处理方式”选择“应收余额百分比”,选中“自动计算现金折扣”。

(2) 凭证:“受控科目制单方式”为“明细到单据”。

操作步骤如下:

(1) 打开应收款的“账套参数设置”对话框。登录“企业应用平台”,在“业务导航视图”的“业务工作”导航条中选中“财务会计”|“应收款管理”|“设置”|“选项”,打开“账套参数设置”对话框。

(2) 改变状态。单击“编辑”按钮,使所有参数处于可修改状态。

(3) 常规参数设置。在“常规”选项卡的“坏账处理方式”下拉列表中选中“应收余额百分比法”,选中“自动计算现金折扣”复选框,其他项默认(其中“应收账款核算模型”默认为“详细核算”),如图 4-9 所示。

(4) 凭证参数设置。在“凭证”选项卡的“受控科目制单方式”下拉列表中选中“明细到单据”,其他选项按系统默认设置,结果如图 4-10 所示。

(5) 退出。单击“确定”按钮,关闭对话框,完成操作。

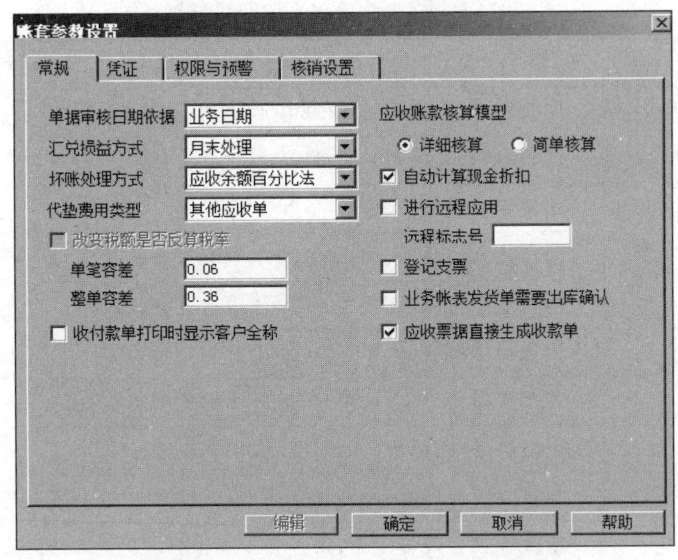

图 4-9　应收款管理的“常规”参数设置

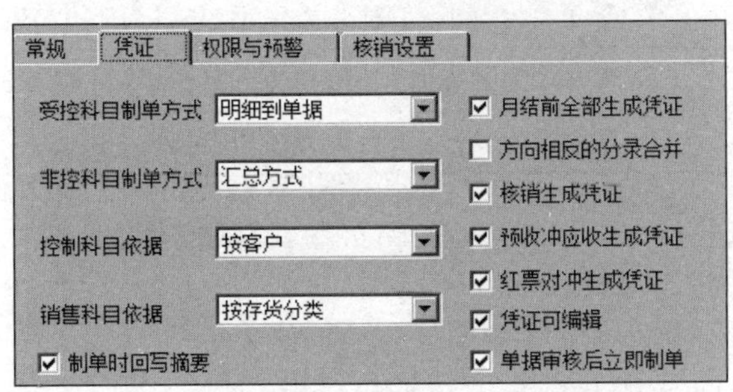

图 4-10　应收款管理的“凭证”参数设置

3. 应收款管理系统科目设置

由于应收款系统的业务类型较固定，生成的凭证类型也较固定，因此为了简化凭证生成操作，可以在此将各业务类型凭证中的常用科目预先设置好。系统将依据制单规则在生成凭证时自动带入。

表 4-5 中列出了本案例企业的应收款管理系统的科目设置。本任务是按照表 4-5 完成案例企业的应收款管理系统科目设置。

操作步骤如下：

(1) 打开应收的“初始设置”页签。登录“企业应用平台”，在“业务导航视图”的“业务工作”导航条中选中“财务会计”|“应收款管理”|“设置”|“初始设置”，打开“初始设置”页签。

(2) 基本科目设置。在左侧窗格选中“设置科目”|“基本科目设置”，单击工具栏中的“增加”按钮，然后在第 1 行的“基础科目种类”中选择“应收科目”，“科目”录入或参照生成“1122”(应收账款)、“币种”为“人民币”；依据表 4-5，在“基本科目设置”的其他行完成设置。

(3) 结算方式科目设置。在左侧窗格选中“设置科目”|“结算方式科目设置”，在第 1 行的“结算方式”栏中选择“现金”，“科目”列录入或参照生成“1001”(库存现金)；然后依据表 4-5，在“结算方式科目设置”中进行其他行的设置。

表 4-5　应收款管理系统科目设置

科目类别	设置方式
基本科目设置	应收科目(人民币)：1122 应收账款
	预收科目(人民币)：220301 预收款
	销售定金科目(人民币)：220302 定金
	销售收入科目(人民币)：6001 主营业务收入
	销售退回科目(人民币)：6001 主营业务收入
	代垫费用科目(人民币)：1001 库存现金
	现金折扣科目(人民币)：660302 财务费用/现金折扣
	税金科目(人民币)：22210103 销项税额
结算方式科目设置	结算方式为现金；币种为人民币；科目为 1001 库存现金
	结算方式为现金支票；币种为人民币；科目为 100201 工行存款
	结算方式为转账支票；币种为人民币；科目为 100201 工行存款
	结算方式为电汇；币种为人民币；科目为 100201 工行存款
	结算方式为委托收款；币种为人民币；科目为 100201 工行存款
	结算方式为其他；币种为人民币；科目为 100201 工行存款

(4) 退出。单击页签的“关闭”页签，关闭页签，完成操作。

4.2.2　单据设置

本任务是将案例企业账套的销售专用发票、销售普通发票和销售订单的单据编号，设置为可以自动编号和手动修改方式，并在“销售订单”的表头增加“必有定金”和“定金原币金额”项目，在表体增加“预完工日期”栏目。

1. 单据编号设置

将销售管理中销售专用发票、销售普通发票和销售订单的单据编号，设置为可以自动编号和手动修改方式。

操作步骤(以“销售专用发票”的设置为例)：

(1) 打开“单据编号设置”对话框。登录“企业应用平台”，在“业务导航视图”的“基础设置”导航条中选中“单据设置”|“单据编号设置”，弹出“单据编号设置”对话框。

(2) 选中“销售专用发票”单据。在左侧窗格中选中“单据类型”|“销售管理”|“销售专用发票”。

(3) 修改“销售专用发票”单据的编号设置。单击工具栏中的“修改”按钮，然后选中“手工改动，重号时自动重取”复选框，再单击工具栏中的“保存”按钮。

(4) 编辑其他单据的编号设置。重复步骤(2)和(3)，完成销售普通发票和销售订单的单据编号设置。

(5) 退出。单击“退出”按钮，关闭对话框，完成操作。

2. 销售订单的单据格式设置

设置“销售订单”的单据格式，在表头增加“必有定金”和“定金原币金额”项目，在表体增加“预完工日期”项目。

操作步骤如下：

(1) 打开“单据格式设置”页签。登录“企业应用平台”，在“业务导航视图”的“基础设置”导航条中选中“单据设置”|“单据格式设置”，打开“单据格式设置”页签。

(2) 打开销售订单显示模板。单击工具栏中的“模板夹”按钮，显示“单据类型”窗格，选中其中的“销售管理”|“销售订单”|“显示”|“销售订单显示模板”，右侧窗格出现销售订单显示模板。

(3) 增加选择“定金原币余额”表头项目。单击工具栏中的“表头项目”按钮，弹出“表头：”对话框，选中“3 必有定金”和“5 定金原币金额”复选框，单击“确定”按钮返回。

(4) 增加选择“预完工日期”表体项目。单击工具栏中的“表体项目”按钮，弹出“表体：”对话框，增加选中“114 预完工日期”复选框，如图 4-11 所示；然后单击“确定”按钮返回。

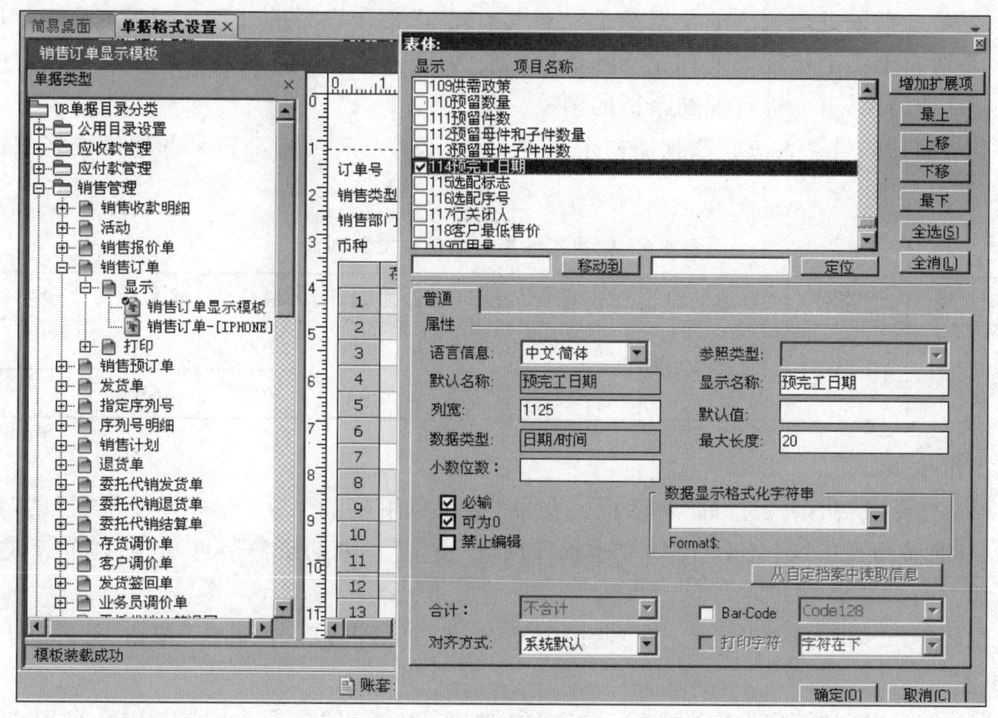

图 4-11 销售订单格式设置

(5) 调整位置并保存。先单击工具栏中的“自动布局”按钮，弹出“自动布局”对话框，单击“确定”按钮，系统自动调整单据格式的排版，最后单击“保存”按钮。

(6) 退出。单击“单据格式设置”页签的“关闭”按钮，关闭页签，完成操作。

3. 委托代销结算单的单据格式设置

设置“委托代销结算单”的单据格式，在表头增加“发票号”。

操作步骤如下：

(1) 打开“单据格式设置”页签。登录“企业应用平台”，在“业务导航视图”的“基础设

置”导航条中选中“单据设置”|“单据格式设置”，打开“单据格式设置”页签。

（2）打开委托代销结算单显示模板。单击工具栏中的“模板夹”按钮，显示“单据类型”窗格，选中其中的“销售管理”|“委托代销结算单”|“显示”|“委托代销结算单显示模板”，右侧窗格出现委托代销结算单显示模板。

（3）增加选择“发票号”项目。单击选择工具栏中的“表头项目”，在弹出的“表头：”对话框中选中“31 发票号”，然后单击“确定”按钮返回。

（4）调整位置并保存。先单击工具栏中的“自动布局”按钮，然后在弹出的“自动布局”对话框中单击“确定”按钮，系统自动调整单据格式的排版，最后单击“保存”按钮。

（5）退出。单击“单据格式设置”页签的“关闭”按钮，关闭页签，完成操作。

4.2.3 期初数据录入与对账

通过期初余额功能，可将正式启用账套前的所有应收业务数据录入到系统中，作为期初建账的数据。这样既保证了数据的连续性，又保证了数据的完整性。当初次使用应收款系统时，要将上期未处理完全的单据都录入到本系统，以便于以后的处理。当进入第二年度处理时，系统自动将上年度未处理完全的单据转成为下一年度的期初余额。在下一年度的第一个会计期间里，可以进行期初余额的调整。

本节的任务是录入应收账款期初余额并对账，表 4-6 是销售部转来的增值税发票的列表，税率为 17%。

表 4-6 销售部转来的增值税发票列表

单据日期	发票号	客户名称	存货名称	数量	无税单价	价税合计	税率(%)
2017-03-25	81090301	雪亮公司	高端低度老花镜	1000	400	468000	17
			普通低度老花镜	1500	200	351000	17

操作步骤如下：

（1）打开“期初余额-查询”对话框。登录“企业应用平台”，在“业务导航视图”的“业务工作”导航条中选中“财务会计”|“应收款管理”|“设置”|“期初余额”，打开“期初余额-查询”对话框。

（2）打开“期初余额”页签。在“期初余额-查询”对话框，单击“确定”按钮，打开“期初余额”页签。

（3）打开“期初销售发票”页签。单击“增加”按钮，弹出“单据类别”对话框，此时“单据名称”下拉列表默认为“销售发票”，“单据类型”下拉列表默认为“销售专用发票”，单击“确定”按钮，打开“期初销售发票”页签。

（4）编辑一张期初销售发票。单击“增加”按钮后，在新增的发票单据上，修改表头的开票日期为“2017-03-25”，“发票号”为“81090301”，“客户名称”为“雪亮公司”，“销售部门”为“销售部”。在表体的第 1 行“货物编号”栏参照生成“1001”（高端低度老花镜），在“数量”栏输入“1000”，“无税单价”为“400”；在表体的第 2 行“货物编号”栏参照生成“3001”（普通低度老花镜），在“数量”栏输入“1500”，“无税单价”为“200”，其他项默认；单击“保存”按钮，完成期初销售专用发票的录入。

(5) 返回“期初余额”页签。单击“期初销售发票”页签的“关闭”按钮，关闭页签，单击工具栏中的“刷新”按钮，录入的发票信息列表将显示在“期初余额”页签中。

(6) 对账。单击工具栏中的“对账”按钮，应收款系统与总账管理系统，根据受控科目进行一一对账，此时显示“差额”不为零，表示对账不成功，所以需要在总账系统中进行“引入”，详见 4.6.3 节。

(7) 退出。单击“期初对账”和“期初余额”页签的“关闭”按钮，关闭页签，完成操作。

4.2.4 销售存货调价单

销售存货调价单可以用来设置、修改存货的价格，当调价单审核以后，价格可以更新存货价格表。本节的任务是录入与审核销售存货调价单，表 4-7 是案例企业现阶段执行的销售存货调价单。

表 4-7 销售存货调价单

存货编码	存货名称	规格型号	计量单位	数量下限	批发价 1	零售价 1	是否促销价
1001	高端低度老花镜	钛材 100 度	副	0.00	450.00	585.00	否
1001	高端低度老花镜	钛材 100 度	副	100.00	420.00		否
1002	高端中度老花镜	钛材 150 度	副	0.00	450.00	585.00	否
1002	高端中度老花镜	钛材 150 度	副	100.00	420.00		否
1003	高端高度老花镜	钛材 400 度	副	0.00	450.00	585.00	否
1003	高端高度老花镜	钛材 400 度	副	100.00	420.00		否
2001	舒适低度老花镜	板材 100 度	副	0.00	400.00	526.50	否
2001	舒适低度老花镜	板材 100 度	副	100.00	360.00		否
2002	舒适中度老花镜	板材 150 度	副	0.00	400.00	526.50	否
2002	舒适中度老花镜	板材 150 度	副	100.00	360.00		否
2003	舒适高度老花镜	板材 400 度	副	0.00	400.00	526.50	否
2003	舒适高度老花镜	板材 400 度	副	100.00	360.00		否
3001	普通低度老花镜	塑料 100 度	副	0.00	200.00	280.80	否
3001	普通低度老花镜	塑料 100 度	副	100.00	180.00		否
3002	普通中度老花镜	塑料 150 度	副	0.00	200.00	280.80	否
3002	普通中度老花镜	塑料 150 度	副	100.00	180.00		否
3003	普通高度老花镜	塑料 400 度	副	0.00	200.00	280.80	否
3003	普通高度老花镜	塑料 400 度	副	100.00	180.00		否

操作步骤如下：

(1) 打开“存货调价单”页签。登录“企业应用平台”，在“业务导航视图”的“业务工作”导航条中选中“供应链”|“销售管理”|“价格管理”|“存货价格”|“存货调价单”，打开“存货调价单”页签。

(2) 编辑第1行。单击“增加”按钮，然后在新增的存货调价单中，参照生成“存货编码”为“1001”(高端低度老花镜)，编辑“数量下限”为“0”，“批发价 1”为“450”，“零售价”为“585”。

(3) 编辑其他行。重复步骤(2)，完成其他行的存货调价录入，然后单击“保存”按钮，保存调价单。

(4) 审核。单击“审核”按钮，审核通过调价单，系统将自动更新存货价格表，完成存货的“定价”操作，价格生效。

(5) 退出。单击“存货调价单”页签的“关闭”按钮，关闭页签，完成操作。

提示：

- 调价单审核之后更新价格表，表体的“操作类型”为“新增”的记录将追加到价格表中，“操作类型”为“修改”时，更新原行，“操作类型”为“删除”时，删除原行。所以通过调价功能，可实现删除价格表。
- 调价单审核后不允许弃审，所以一定在保证正确之后再“审核”。

4.3 库存与存货核算期初设置

本节是对库存和存货管理系统进行参数设置、期初余额录入与记账。

4.3.1 参数设置

1. 库存管理系统参数设置

本案例企业的库存管理系统参数，除系统默认设置之外，还需进行参数设置。

操作步骤如下：

(1) 打开“库存选项设置”对话框。登录“企业应用平台”，在“业务导航视图”的“业务工作”导航条中选中“供应链”|“库存管理”|“初始设置”|“选项”，打开“库存选项设置”对话框。

(2) 通用设置。在“通用设置”选项卡中，选中“业务设置”区的“有无委托代销业务”复选框，选中“修改现存量时点”区的“采购入库审核时改现存量”“销售出库审核时改现存量”“产成品入库审核时改现存量”“材料出库审核时改现存量”和“其他出入库审核时改现存量”复选框，取消选中“业务校验”区的“审核时检查货位”复选框，其他选项按系统默认设置，如图 4-12 所示。

(3) 专用设置。在“专用设置”选项卡中，选中“业务开关”区的“允许超发货单出库”复选框，选中“自动带出单价的单据”区的“采购入库单”“采购入库取价按采购管理选项”“其他入库单”“其他出库单”和“调拨单”复选框，其他选项按系统默认设置，结果如图 4-13 所示。

(4) 预计可用量设置。在“预计可用量设置”选项卡中的“预计可用量检查公式”区中选中“出入库检查预计可用量”复选框，在“预计入库量”区选中“已请购量”“采购在途量”“到货/在检量”“生产订单量”“委外订单量”复选框，在“预计出库量”区选中“销售订单量”“待发货量”“生产未领量”和“委外未领量”复选框，如图 4-14 所示。

(5) 确定并退出。单击“确定”按钮，保存系统参数的设置，关闭该对话框，完成操作。

2. 存货核算设置

本案例企业的存货核算系统参数，除系统默认设置之外，还需进行参数设置。

图 4-12 “库存选项设置”对话框的“通用设置”

库存选项设置

通用设置 | 专用设置 | 预计可用量控制 | 预计可用量设置 | 其它设置

业务开关
允许超发货单出库
允许超调拨单出库
允许超调拨申请单调拨
允许货位零出库
允许超生产订单领料
允许超限额领料
允许超采购订单入库
允许超生产订单入库
允许超委外订单入库
允许超委外订单发料
允许超作业单出库
允许超领料申请出库
允许未领料的产成品入库
按领料比例控制
只控制关键物料
允许超采购到货单入库
允许超委外到货单入库
允许修改调拨单生成的其他出入库单据
倒冲盘点领料不足倒冲生成其它入库单
生产领料考虑损耗率
生产领料时允许使用替代料
领料必有来源单据
退料必有来源单据
补料必有来源单据

条码设置
维深条码驱动

预警设置
保质期存货报警
最高最低库存控制
按仓库控制盘点参数
按仓库控制最高最低库存量
按供应商控制库存量
PE预留临近预警天数 0
PE预留逾期报警天数 0
在库检验临近预警天数 0
在库检验逾期报警天数 0

修改税额时修改税率
单行容差 0.06
合计容差 0.36

自动带出单价的单据
采购入库单
采购入库取价按采购管理选项
销售出库单
产成品入库单
材料出库单
其他入库单
其他出库单
调拨申请单
调拨单
不合格品记录单
不合格品处理单
盘点单
组装单
拆卸单
形态转换单

入库单成本
最新成本
参考成本
计划单价
按计价方式取单价

出库单成本
最新成本
参考成本
计划单价
按计价方式取单价

确定 取消 应用 帮助

图 4-13 库存管理“专用设置”参数设置

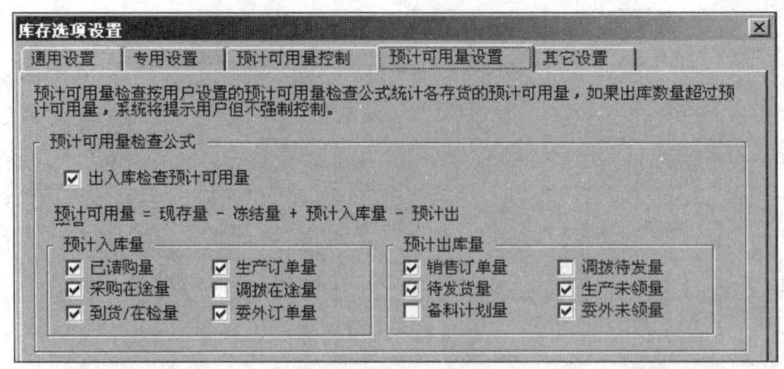

图 4-14 “库存选项设置”对话框的“预计可用量设置”

操作步骤如下：

(1) 打开“选项录入”对话框。登录“企业应用平台”，在“业务导航视图”的“业务工作”导航条中选中“供应链”|“存货核算”|“初始设置”|“选项”|“选项录入”，打开“选项录入”对话框。

(2) 核算方式设置。在“核算方式”选项卡中的“委托代销成本核算方式”选中“按发出商品核算”单选按钮，在“暂估方式”区选中“单到回冲”单选按钮，在“零成本出库选择”区选中“参考成本”单选按钮，在“红字出库单成本”区选中“参考成本”单选按钮，在“入库单成本选择”区选中“参考成本”单选按钮，其他项默认，如图 4-15 所示。

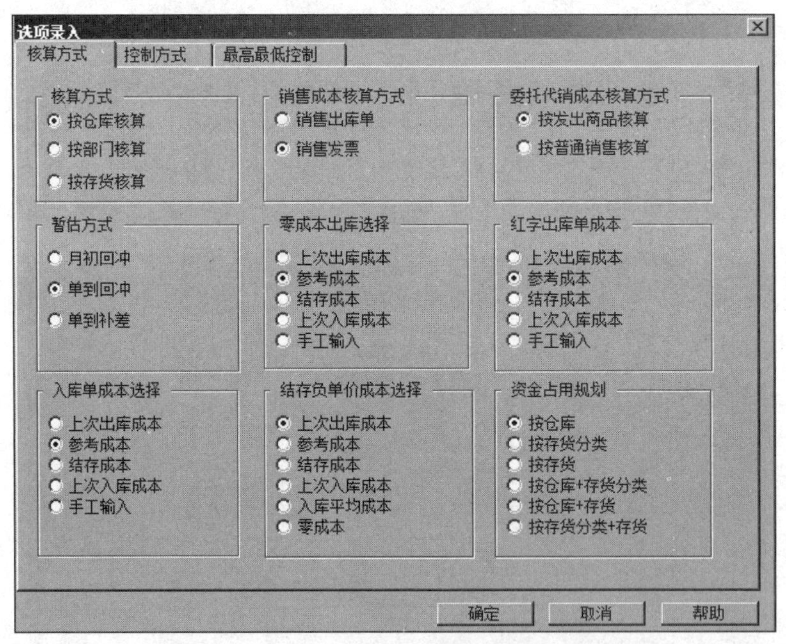

图 4-15 存货“选项录入”对话框的“核算方式”

(3) 控制方式设置。在“控制方式”选项卡中，选中“结算单价与暂估单价不一致是否调整出库成本”复选框，其他项默认。

(4) 确定并退出。单击“确定”按钮，保存系统参数的设置，关闭对话框，完成操作。

3. 存货科目设置

存货核算系统的存货科目功能是设置本系统中生成凭证所需要的各种存货科目、差异科目、分期收款发出商品科目、委托代销科目，因此用户在制单之前应先在本系统中将存货科目设置正确、完整，否则系统生成凭证时无法自动带出科目。表4-8中列出了本案例企业的存货科目。本任务是按照表4-8，完成案例企业的存货科目设置。

表4-8 存货科目

存货分类	存货编码与存货名称	存货科目编码与名称	分期收款发出商品科目编码与名称	委托代销发出商品科目编码与名称	直运科目编码与名称
01 产成品		1405 库存商品	1406 发出商品	1406 发出商品	1402 在途物资
	0101 低度镜片	140301 主要原材料			
	0102 中度镜片	140301 主要原材料			
	0103 高度镜片	140301 主要原材料			
	1100 高端镜框	140301 主要原材料			
	1200 高端镜腿	140301 主要原材料			
	2100 舒适镜框	140301 主要原材料			
	2200 舒适镜腿	140301 主要原材料			
	3100 普通镜框	140301 主要原材料			
	3200 普通镜腿	140301 主要原材料			
	4002 硅胶鼻托	140302 其他原材料			
	4003 铰链	140302 其他原材料			
	4004 螺钉	140302 其他原材料			

操作步骤如下：

(1) 打开“存货科目”窗口。登录“企业应用平台”，在“业务导航视图”的“业务工作”导航条中选中“供应链”|“存货核算”|“初始设置”|“科目设置”|“存货科目”，打开“存货科目”窗口。

(2) 编辑并保存。单击窗口工具栏中的“增加”按钮，按照表4-8的内容，逐行依次填写各列的编码，完成之后单击工具栏中的“保存”按钮。

(3) 退出。单击窗口工具栏中的“退出”按钮，关闭窗口，完成操作。

4. 存货对方科目设置

表4-10中列出了本案例企业的存货核算系统的存货对方科目设置。本任务是按照表4-9，完成案例企业的存货对方科目设置。

操作步骤如下：

(1) 打开“对方科目”窗口。登录“企业应用平台”，在“业务导航视图”的“业务工作”导航条中选中“供应链”|“存货核算”|“初始设置”|“科目设置”|“对方科目”，打开“对方科目”窗口。

(2) 编辑并保存。单击工具栏中的“增加”按钮，按照表4-9的内容，逐行依次填写“收发类别编码”“对方科目编码”以及“暂估科目编码”,然后单击“保存”按钮。

表 4-9　存货对方科目

收发类别编码	收发类别名称	对方科目编码与名称	暂估科目编码与名称
11	采购入库	1402 在途物资	220202 暂估应付账款
14	产成品入库	500102 直接材料	
15	采购退货	1402 在途物资	
22	其他入库	190101 待处理流动资产损益	
31	销售出库	6401 主营业务成本	
33	生产领料	500102 直接材料	
35	销售退货	6401 主营业务成本	
42	其他出库	190101 待处理流动资产损益	

(3) 退出。单击窗口工具栏中的“退出”按钮,关闭窗口,完成操作。

4.3.2　单据格式设置

本任务是在案例企业账套的“材料出库单”和“产成品入库单”的表体中增加“项目编码”“项目大类编码”和“项目大类名称”项目。

1. 材料出库单的单据格式设置

设置“材料出库单”的单据格式,在表体增加“项目编码”“项目大类编码”和“项目大类名称”项目。

操作步骤如下:

(1) 打开“单据格式设置”页签。登录“企业应用平台”,在“业务导航视图”的“基础设置”导航条中选中“单据设置”|“单据格式设置”,打开“单据格式设置”页签。

(2) 打开材料出库单单据设置界面。依次单击对话框左侧窗格的“库存管理”|“材料出库单”|“显示”|“材料出库单显示模板”,右侧出现材料出库单显示模板。

(3) 增加选择表体项目。单击工具栏中的“表体项目”按钮,弹出“表体:”对话框,增加选中“41 项目编码”“42 项目大类编码”“43 项目大类名称”复选框,然后单击“确定”按钮,返回“单据格式设置”页签。

(4) 保存。单击工具栏中的“保存”按钮,保存单据的格式设置。

(5) 退出。单击“单据格式设置”页签的“关闭”按钮,关闭页签,完成操作。

2. 产成品入库单的单据格式设置

设置“产成品入库单”的单据格式,在表体增加“项目编码”“项目大类编码”和“项目大类名称”项目。

操作步骤如下:

(1) 打开“单据格式设置”页签。登录“企业应用平台”,在“业务导航视图”的“基础设置”导航条中选中“单据设置”|“单据格式设置”,打开“单据格式设置”页签。

(2) 打开产成品入库单单据设置界面。依次单击对话框左侧的“库存管理”|“产成品入库单”|“显示”|“产成品入库单显示模板”,右侧出现产成品入库单显示模板。

(3) 增加选择表体项目。单击工具栏中的“表体项目”按钮,弹出“表体:”对话框,增加选中“33 项目编码”“35 项目大类编码”“36 项目大类名称”复选框,单击“确定”按钮,返回“单据格式设置”页签。

(4) 保存。单击工具栏中的“保存”按钮,保存单据的格式设置。

(5) 退出。单击“单据格式设置”页签的“关闭”按钮,关闭页签,完成操作。

4.3.3 期初数据录入与记账

1. 库存期初数据

库存管理的期初数据,只有在启用系统的第一年或重新初始化的年度可以录入,其他年度均不可录入。但启用第一年或重新初始化年度第一个会计月结账后,也不允许再新增、修改或删除期初数据,更不可以审核和弃审。因此应在期初数据全部录入完毕并审核后,再进行第一个会计月的结账操作。

本任务是依据表 4-10,完成案例企业的库存期初数据录入。请注意,每个仓库一张期初数据录入单据。

表 4-10 库存期初数据

仓库名称	存货编码	存货名称	数量	单价(元)	入库类别
产成品仓库	1001	高端低度老花镜	100	280	14 产成品入库
产成品仓库	2001	舒适低度老花镜	100	240	14 产成品入库
产成品仓库	3001	普通低度老花镜	1050	120	14 产成品入库
原材料仓库	1100	钛材镜框	400	80	11 采购入库
原材料仓库	1200	钛材镜腿	400	80	11 采购入库
原材料仓库	2100	板材镜框	400	70	11 采购入库
原材料仓库	2200	板材镜腿	400	70	11 采购入库
原材料仓库	3100	塑料镜框	400	10	11 采购入库
原材料仓库	3200	塑料镜腿	400	10	11 采购入库
原材料仓库	0101	低度镜片	1200	70	11 采购入库
原材料仓库	4002	硅胶鼻托	1200	10	11 采购入库
原材料仓库	4003	铰链	2400	2	11 采购入库
原材料仓库	4004	螺钉	2400	1	11 采购入库

操作步骤如下:

(1) 打开“库存期初数据录入”页签。登录“企业应用平台”,在“业务导航视图”的“业务工作”导航条中选中“供应链”|“库存管理”|“初始设置”|“期初结存”,打开“库存期初数据录入”页签。

(2) 选择仓库。在“仓库”下拉列表中选中“产成品仓库”,然后单击工具栏中的“修改”

按钮，使表格处于编辑状态。

(3) 编辑第一条期初数据。在表体，参照生成第1行的“存货编码”为“1001”(高端低度老花镜)，在“数量”栏输入“100”，“单价”栏输入“280”，“入库类别”为“产成品入库”。

(4) 编辑其他期初数据。重复步骤(3)，依据表4-10，录入其他老花镜的期初库存数据。

(5) 保存和批审。单击“保存”按钮，保存录入的存货信息；再单击“批审”按钮，审核该仓库的所有期初数据。

(6) 编辑与审核原材料仓库的期初数据。重复步骤(2)～(5)，依据表4-10，完成原材料的期初库存数据录入、保存和审核工作。

(7) 退出。单击“库存期初数据录入”页签的“关闭”按钮，关闭页签，完成操作。

提示：

- 库存期初结存数据必须按照仓库分别录入，且录入完成后必须审核。期初结存数据的审核实际是期初记账的过程，表明该仓库期初数据录入工作的完成。
- 库存期初数据审核是分仓库分存货进行的，即“审核”功能仅针对当前仓库的一条存货记录进行审核；“批审”功能是对当前仓库的所有存货执行审核，而不是审核所有仓库的存货。
- 审核后的库存期初数据不能修改、删除，但可以“弃审”后进行修改或删除。
- 库存期初结存数据录入时，若默认存货在库存系统的计量单位不是主计量单位，则需要录入该存货的单价和金额，由系统计算该存货的数量。

2. 存货核算期初数据的生成与记账

初次使用存货核算系统时，应先输入全部末级存货的期初余额。存货核算的期初数据，一般与库存管理系统的期初相对应，可以直接录入；但若在库存管理系统中已经录入了，则可以在存货核算系统中通过“取数”功能，从库存管理系统中取数。当然，库存的期初数据也可与存货核算的期初数据不一致，系统提供两边互相取数和对账的功能。

期初数据录入后，可执行期初记账，则系统把期初差异分配到期初单据上，并把期初单据的数据记入存货总账、存货明细账、差异账、委托代销/分期收款发出商品明细账。期初记账后，用户才能进行日常业务、账簿查询、统计分析等操作。

如果期初数据有错误，可以在取消期初记账后修改期初数据，然后重新执行期初记账。

操作步骤如下：

(1) 打开“期初余额”窗口。登录“企业应用平台”，在“业务导航视图”的“业务工作”导航条中选中“供应链”|“存货核算”|“初始设置”|“期初数据”|“期初余额”，打开“期初余额”窗口。

(2) 取数。在“仓库”下拉列表中选择“原材料仓库”，然后单击窗口工具栏中的“取数”按钮，系统自动读取仓库存货并显示在“期初余额”窗口中。

(3) 取数。重复步骤(2)，从“产成品仓库”“取数”，以完成存货核算系统期初数据的生成。

(4) 对账。单击“对账”按钮，弹出“库存与存货期初对账查询条件”对话框，已默认选择了所有仓库，单击“确定”按钮，弹出消息框，显示“对账成功！”，单击“确定”按钮关闭消息框，完成库存与存货的期初对账。

(5) 记账。单击“记账”按钮，弹出消息框，显示“期初记账成功”，单击“确定”按钮，完成存货期初余额的记账工作。

(6) 汇总。单击“汇总”按钮,弹出“期初汇总条件选择”对话框,已默认选择了所有仓库,选择“存货级次”的下限为“明细”,然后单击“确定”按钮,打开“期初数据汇总”窗口,表明已完成期初数据汇总工作,如图 4-16 所示。

期初数据汇总表

仓库:周转仓库,原材料仓库,半成品仓库,产成品仓库　　存货级次　1 — 明细

存货级次	存货大类编码	存货大类名称	存货编码	存货名称	规格型号	计量单位	结存数量	结存单价	结存金额	计划单价	结存计划金额
1	01	产成品					1250.00	142.40	178,000.00		0.00
明细	01	产成品	1001	高端低度老	钛材100度	副	100.00	280.00	28,000.00	0.00	0.00
明细	01	产成品	2001	舒适低度老	板材100度	副	100.00	240.00	24,000.00	0.00	0.00
明细	01	产成品	3001	普通低度老	塑料100度	副	1050.00	120.00	126,000.00	0.00	0.00
1	03	原材料					9600.00	24.08	231,200.00		0.00
明细	03	原材料	0101	低度镜片	树脂100度	对	1200.00	70.00	84,000.00	0.00	0.00
明细	03	原材料	1100	高端镜框	钛材	个	400.00	80.00	32,000.00	0.00	0.00
明细	03	原材料	1200	高端镜腿	钛材	对	400.00	80.00	32,000.00	0.00	0.00
明细	03	原材料	2100	舒适镜框	板材	个	400.00	70.00	28,000.00	0.00	0.00
明细	03	原材料	2200	舒适镜腿	板材	对	400.00	70.00	28,000.00	0.00	0.00
明细	03	原材料	3100	普通镜框	塑材	个	400.00	10.00	4,000.00	0.00	0.00
明细	03	原材料	3200	普通镜腿	塑材	对	400.00	10.00	4,000.00	0.00	0.00
明细	03	原材料	4002	硅胶鼻托		对	1200.00	10.00	12,000.00	0.00	0.00
明细	03	原材料	4003	铰链		个	2400.00	2.00	4,800.00	0.00	0.00
明细	03	原材料	4004	螺钉		颗	2400.00	1.00	2,400.00	0.00	0.00

图 4-16　存货“期初数据汇总”窗口

(7) 退出。单击“退出”按钮,退出“期初数据汇总”和“期初余额”窗口,完成操作。

提示:

- 期初记账前可修改存货的计价方式及核算方式,可修改存货的期初数据,但记账后不能改。
- 期初数据录入完毕,必须在期初记账后才能开始日常业务核算。未记账时,允许进行单据录入、账表查询。
- 期初数据记账是针对所有期初数据进行记账操作的。因此用户在进行期初数据记账前,必须先确认所有期初数据全部录入完毕并且正确无误,再进行期初记账。
- 没有期初数据的用户,可以不录入期初数据,但也必须执行期初记账操作。
- 恢复期初记账时,如是第一会计年度,可直接恢复期初记账,如果不是,则弹出消息框“只有调整存货的核算方式和计价方式、核算自由项、修改期初数据时才可以恢复期初记账”。
- 汇总,是指对期初余额按存货进行逐级汇总。

4.4　固定资产管理期初设置

本节是完成案例企业的固定资产管理的账套参数与期初设置,包括固定资产账套初始化、科目设置、固定资产类别与折旧方法设置、固定资产增加方式设置,以及固定资产原始卡片录入。

4.4.1　系统参数与折旧科目设置

1. 账套初始化

操作步骤如下:

(1) 登录“企业应用平台”，在“业务导航视图”的“业务工作”导航条中选中“财务会计”|“固定资产”，弹出消息框，询问“这是第一次打开此账套，还未进行过初始化，是否进行初始化?”。

(2) 单击“是”按钮，打开固定资产“初始化账套向导”对话框，进行“1. 约定及说明”的操作。选择“我同意”。

(3) 单击“下一步”按钮，进行“2. 启用月份”的操作，选择为当前日期。

(4) 单击“下一步”按钮，进行“3. 折旧信息”的操作，选择主要折旧方法为“平均年限法(一)”，确认选择折旧汇总分配周期为“1 个月”，“当(月初已计提月份＝可使用月份－1) 时将剩余折旧全部提足”复选框。

(5) 单击“下一步”按钮，进行“4. 编码方式”的操作，设置资产类别编码方式为“2112”，选择固定资产编码方式按“自动编码”和“类别编码＋序号”，序号长度为“3”。

(6) 单击“下一步”按钮，进行“5. 账务接口”的操作，选中“与账务系统进行对账”复选框，参照生成“固定资产对账科目”为“1601”(固定资产)，“累计折旧对账科目”为“1602”(累计折旧)，选中“在对账不平情况下允许固定资产系统月末结账”复选框。

(7) 单击“下一步”按钮，进行“6. 完成”的操作，确认信息无误后，单击“完成”按钮，弹出消息框，询问“已经完成了新账套的所有设置工作，是否确定所设置的信息完全正确并保存对新账套的所有设置?”，单击“是”按钮，弹出消息框，显示“已经成功初始化本固定资产账套!”，单击对话框“确定”按钮，关闭对话框，完成操作。

提示：

- 在用友 ERP-U8 系统中，固定资产账套与企业账套是不同层次的概念。企业账套是在系统管理中针对整个企业建立的；而固定资产账套是在固定资产管理系统中创建的，是企业账套的一个组成部分。类似的，工资账套(在薪资管理中创建)也是企业账套的一个组成部分。
- 约定及说明：是在进行系统初始化之前需要同意的条款内容。
- 启用月份：查看本账套固定资产开始使用的年份和会计期间，启用日期只能查看不可修改。要录入系统的期初资料，一般指截至该期间的期初资料。
- 资产类别编码方式设定以后，如果某一级资产设置了类别，则该级的长度不能修改，没有使用过的各级的长度可修改；每一个账套中资产的自动编码方式只能有一种，一经设定，该自动编码方式不得修改。
- 只有存在对应总账系统的情况下才要与账务系统对账。对账的含义是将固定资产系统内所有资产的原值、累计折旧和总账系统中的固定资产科目和累计折旧科目的余额核对，看数值是否相等。
- 系统初始化中有些参数一旦设置完成，退出初始化向导后就不能修改了。如果要改，只能通过“重新初始化”功能实现，重新初始化将清空该账套中所有数据。所以如果有些参数设置不能确定，可单击“上一步”按钮重新设置。确实无误后，再单击“完成”按钮保存退出。

2. 固定资产的选项设置

操作步骤如下：

(1) 打开“选项”对话框。登录“企业应用平台”，在“业务导航视图”的“业务工作”导航

条中选中“财务会计”|“固定资产”|“设置”|“选项”，打开“选项”对话框。

(2) 编辑账务接口。单击“编辑”按钮，在“与账务系统接口”选项卡的下半部分设置各种缺省入账科目。设置固定资产系统与账务系统的接口，案例企业的设置要求：“[固定资产]缺省入账科目”为“固定资产”，“[累计折旧]缺省入账科目”为“累计折旧”，“[减值准备]缺省入账科目”为“固定资产减值准备”，“[增值税进项税额]缺省入账科目”为“进项税额”(22210101)，“[固定资产清理]缺省入账科目”为“固定资产清理”，如图 4-17 所示。

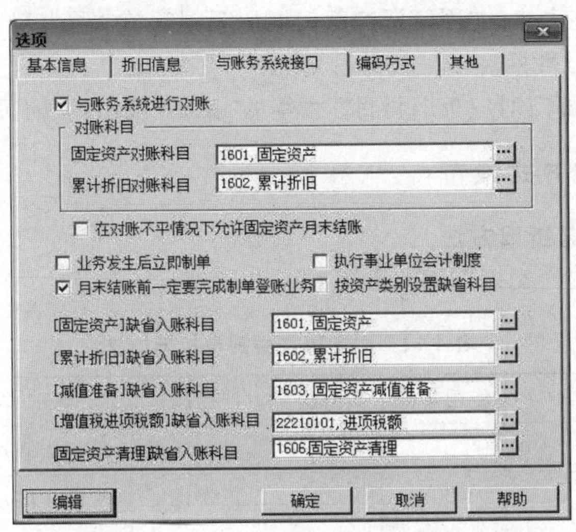

图 4-17 固定资产的“选项”对话框

(3) 确定并退出。单击对话框的“确定”按钮，关闭对话框，完成操作。

3. 部门对应折旧科目

案例企业的固定资产部门对应折旧科目，如表 4-11 所示。

表 4-11 部门对应折旧科目

部门名称	对应折旧科目
公司总部、财务部、采购部、仓管部、人力资源部、技术部	管理费用/折旧费(660202)
销售部	销售费用/折旧费(660102)
生管部	制造费用/折旧费(510103)
高端眼镜中心、舒适眼镜中心、低端眼镜中心	生产成本/制造费用(500103)

固定资产计提折旧后必须把折旧归入成本或费用，本账套需要按部门归集。部门对应折旧科目设置就是给部门选择一个折旧科目。录入卡片时，该科目自动显示在卡片中，不必一个一个输入，可提高工作效率；在生成部门折旧分配表时，每一部门按折旧科目汇总，生成记账凭证。

操作步骤如下：

(1) 打开“部门对应折旧科目”页签。登录“企业应用平台”，在“业务导航视图”的“业务工作”导航条中选中“财务会计”|“固定资产”|“设置”|“部门对应折旧科目”，打开“部门对应折旧科目”页签。

(2) 打开“部门对应折旧科目-单张视图”窗口。在左窗格单击“公司总部”所在行，右窗格中将仅显示“公司总部”，此时单击“修改”按钮，打开“单张视图”选项卡。

(3) 编辑某部门的对应折旧科目。在“折旧科目”栏录入或参照生成“660202”，单击“保存”按钮，若有下级部门，则弹出选项卡，询问“是否将[公司总部]部门的所有下级部门的折旧科目替换为[折旧费]?”，单击“是”按钮，返回“列表视图”选项卡。

(4) 编辑所有部门的对应折旧科目。重复步骤(2)～(3)，完成表 4-11 中其他部门对应的折旧科目设置。

(5) 显示。选中左窗格的“固定资产部门编码目录”，在“列表视图”选项卡中将显示所有的部门及相应的折旧科目。

(6) 退出。单击“部门对应折旧科目” 页签的“关闭”按钮，关闭页签，完成操作。

4.4.2 类别与增减方式设置

1. 固定资产类别与折旧方法

案例企业的固定资产类别与折旧方法如表 4-12 所示。

表 4-12 固定资产类别与折旧方法

类别编码	类别名称	使用年限	净残值率	计提属性	折旧方法	卡片样式
01	房屋及建筑物			正常计提	平均年限法(一)	通用样式(二)
011	办公楼	30	2%	正常计提	平均年限法(一)	通用样式(二)
012	厂房	30	2%	正常计提	平均年限法(一)	通用样式(二)
02	机器设备			正常计提	平均年限法(一)	通用样式(二)
021	生产设备	10	3%	正常计提	平均年限法(一)	通用样式(二)
022	办公设备	5	3%	正常计提	平均年限法(一)	通用样式(二)
03	运输工具	8	5%	正常计提	平均年限法(一)	通用样式(二)

操作步骤如下：

(1) 打开“资产类别”页签。登录“企业应用平台”，在“业务导航视图”的“业务工作”导航条中选中“财务会计”|“固定资产”|“设置”|“资产类别”，打开“资产类别”页签。

(2) 增加一个一级类别。单击“增加”按钮，进入“单张视图”选项卡，默认“类别编码”为“01”，在“类别名称”栏录入“房屋及建筑物”，在“计提属性”下拉列表中选中“正常计提”，在“折旧方法”下拉列表中选中“平均年限法(一)”，在“卡片样式”下拉列表中选中“通用样式(二)”，最后单击“保存”按钮。

(3) 编辑所有一级类别。重复步骤(2)，根据表 4-12 中的相关信息，继续录入和保存“类别编码”为“02”(机器设备)和“03”(运输工具)的信息。

(4) 增加一个二级类别。单击选中左窗格的“固定资产分类编码表”的“01 房屋及建筑物”分类，再单击“增加”按钮，在“类别名称”栏录入“办公楼”，“使用年限”栏输入“30”，“净残值率”为“2%”，最后单击“保存”按钮。

(5) 编辑所有二级类别。重复步骤(4)，录入表 4-12 中其他的固定资产分类。

(6) 退出。单击“资产类别”页签的“关闭”按钮，关闭页签，完成操作。

2. 增减方式

案例企业的固定资产增加和减少方式，如表 4-13 所示。

表 4-13　固定资产增减方式

增加方式	对应入账科目	减少方式	对应入账科目
直接购入	银行存款/工行存款(100201)	出售	固定资产清理(1606)
投资者投入	实收资本(4001)	投资转出	长期股权投资(1511)
捐赠	营业外收入(6301)	捐赠转出	固定资产清理(1606)
盘盈	以前年度损益调整(6901)	盘亏	待处理财产损益/待处理固定资产损益(190102)
在建工程转入	在建工程(1604)	报废	固定资产清理(1606)
融资租入	长期应付款(2701)	毁损	固定资产清理(1606)
		融资租出	长期应收款(1531)
		拆分减少	固定资产清理(1606)

操作步骤如下：

(1) 打开“增减方式”页签。登录“企业应用平台”，在“业务导航视图”的“业务工作”导航条中选中“财务会计”|“固定资产”|“设置”|“增减方式”，打开“增减方式”页签。

(2) 修改“直接购入”方式的对应入账科目。在左窗格中选中“1.增加方式”|“直接购入”，再单击工具栏中的“修改”按钮，进入“单张视图”选项卡，然后在“对应入账科目”栏录入或参照生成“100201”，最后单击“保存”按钮。

(3) 修改其他增减方式的对应入账科目。重复步骤(2)，录入表 4-13 中其他增减方式对应的入账科目，结果如图 4-18 所示。

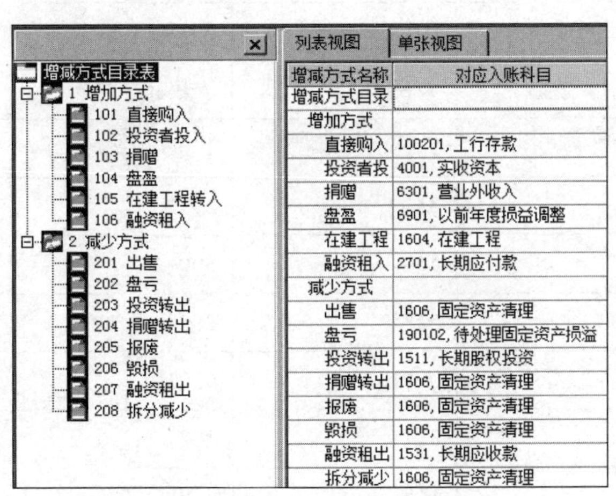

图 4-18　增减方式-列表视图

(4) 退出。单击“增减方式”页签的“关闭”按钮，关闭页签，完成操作。

提示：

- 在固定资产增减方式中设置的对应入账科目是系统生成凭证时的默认科目。

- 已使用(卡片已选用过)的方式不能删除。
- 非明细级方式不能删除。
- 系统缺省的增减方式“盘盈”“盘亏”和“毁损”不能删除。

4.4.3 固定资产原始卡片录入

原始卡片是指已使用过并已计提折旧的固定资产卡片，案例企业的原始卡片如表 4-14 所示。

表 4-14 固定资产原始卡片

卡片编号	00001	00002	00003	00004
固定资产编号	022001	022002	022003	012001
固定资产名称	华硕 A8 电脑	IBMX60 电脑	联想 T4202 电脑	厂房
类别编号	022	022	022	012
类别名称	办公设备	办公设备	办公设备	厂房
使用部门	经理办公室	财务部	销售部	高端眼镜中心，40%； 舒适眼镜中心，30%； 普通眼镜中心，30%
增加方式	直接购入	直接购入	直接购入	直接购入
使用状况	在用	在用	在用	在用
使用年限	5 年	5 年	5 年	30 年
折旧方法	平均年限法(一)	平均年限法(一)	平均年限法(一)	平均年限法(一)
开始使用日期	2013-06-01	2015-11-01	2015-11-01	2010-03-01
币种	人民币	人民币	人民币	人民币
原值	20000	20000	10000	720000
净残值率	3%	3%	3%	2%
净残值	600	600	300	14400
累计折旧	14580	5184	2592	163296
月折旧率	0.0162	0.0162	0.0162	0.0027
月折旧额	324	324	162	1944
净值	5420	14816	7408	556704
对应折旧科目	660202 管理费用/折旧费	660202 管理费用/折旧费	660102 销售费用/折旧费	500103 生产成本/制造费用

续表

卡片编号	00005	00006	00007	00008
固定资产编号	021001	021002	021003	03001
固定资产名称	钛材眼镜装配线	板材眼镜装配线	塑材眼镜装配线	货车
类别编号	021	021	021	03
类别名称	生产设备	生产设备	生产设备	运输工具
使用部门	高端眼镜中心	舒适眼镜中心	普通眼镜中心	生管部
增加方式	直接购入	直接购入	直接购入	直接购入
使用状况	在用	在用	在用	在用
使用年限	10年	10年	10年	8年
折旧方法	平均年限法(一)	平均年限法(一)	平均年限法(一)	平均年限法(一)
开始使用日期	2013-06-01	2015-11-01	2015-11-01	2010-03-01
币种	人民币	人民币	人民币	人民币
原值	50000	50000	20000	80000
净残值率	3%	3%	3%	5%
净残值	1500	1500	600	4000
累计折旧	18225	6480	2592	66528
月折旧率	0.0081	0.0081	0.0081	0.0099
月折旧额	405	405	162	792
净值	31775	43520	17408	13472
对应折旧科目	500103生产成本/制造费用	500103生产成本/制造费用	500103生产成本/制造费用	510103制造费用/折旧费

操作步骤如下:

(1) 打开“固定资产类别档案”窗口。登录“企业应用平台”,在“业务导航视图”的“业务工作”导航条中选中“财务会计”|“固定资产”|“卡片”|“录入原始卡片”,打开“固定资产类别档案”窗口。

(2) 打开“固定资产卡片”页签。选中“022”(办公设备)所在行,关闭窗口,打开“固定资产卡片”页签,“卡片编号”默认为“00001”。

(3) 在“固定资产名称”栏录入“华硕 A8 电脑”,单击“使用部门”栏,会出现“使用部门”按钮,单击该按钮,打开“固定资产”对话框,在“本资产部门使用方式”区选中“单部门使用”单选按钮。

(4) 单击“确定”按钮,打开“部门基本参照”窗口,选中“经理办公室”所在行以选择“经理办公室”,单击窗口工具栏中的“确定”按钮,返回“固定资产卡片”页签。

(5) 单击“增加方式”栏,此时出现“增加方式”按钮,单击该按钮,打开“固定资产增加方式”对话框,选中“直接购入”所在行,返回“固定资产卡片”页签

(6) 单击“使用状况”栏,此时出现“使用状况”按钮,单击该按钮,打开“使用状况参照”对话框,选中“在用”所在行,返回“固定资产卡片”页签。

(7) 在“开始使用日期”栏录入“2013-06-01”,在“原值”栏录入“20000”,在“累计折旧”栏录入“14580”,单击“保存”按钮,弹出消息框,提示“数据成功保存!”,单击“确定”按钮,返回“固定资产卡片”页签。

(8) 重复步骤(2)～(7),完成表4-14中其他的原始卡片的信息录入工作。

(9) 单击"固定资产卡片"页签的"关闭"按钮,关闭页签,完成操作。

提示:

- 在"固定资产卡片"页签中,除了"固定资产卡片"选项卡外,还有若干的选项卡。在录入主要信息后,可编辑附属设备和录入以前卡片发生的各种变动。但附属选项卡上的信息只供参考,不参与计算。
- 可以为一个资产选择多个"使用部门",并且当资产为多部门使用时,累计折旧可以在多个部门间分摊。

4.5 薪资管理期初设置

本节是对案例企业的薪资信息进行设置与编辑,包括薪资管理系统的参数设置、工资类别与工资项目设置、在职人员档案、在职人员的工资项目和公式定义,工资的代发银行设置、代扣税设置,以及期初工资数据的录入。

4.5.1 参数设置

案例企业的薪资管理要求如下:

- 启用日期为2017年4月1日;
- 工资类别个数为单个;
- 要求从工资中代扣个人所得税;
- 人员编码长度为3位。

操作步骤如下:

(1) 登录"企业应用平台",在"业务导航视图"的"业务工作"导航条中选中"人力资源"|"薪资管理",弹出"建立工资套"对话框,进入步骤"1.参数设置"。

(2) 选中"请选择本工资套所处理的工资类别个数:"下的"单个"单选按钮,其他为默认状态。单击"下一步"按钮,进入步骤"2.扣税设置"。

(3) 选中"是否从工资中代扣个人所得税"复选框。单击"下一步"按钮,进入步骤"3.扣零设置"。

(4) 不选中"扣零"复选框。单击"下一步"按钮,进入步骤"4.人员编码"

(5) 系统提示"本系统要求您对员工进行统一编码,人员编码同公共平台的人员编码保持一致"。单击"完成"按钮,关闭对话框,完成操作。

提示:

- 当单位按周或一月发多次工资或者在单位中有多种不同类别(部门)的人员时,工资发放项目可能会不尽相同,计算公式也会不相同,若需要进行统一工资核算管理,就应选择"多个"工资类别;如果单位中所有人员的工资统一管理,而人员的工资项目、工资计算公式全部相同,则选择"单个"工资类别。
- 若选择进行扣零处理,系统在计算工资时将依据所选择的扣零类型将零头扣下,并在积累成整时补上。

4.5.2 工资类别主管设置

为了使用薪资管理的工资管理,需要给财务部会计张兰分配"工资类别主管"权限。

操作步骤如下：

（1）登录“企业应用平台”，在“业务导航视图”的“系统服务”导航条，选中“权限”|“数据权限分配”，打开“权限浏览”页签。

（2）首先单击工具栏中的“修改”按钮，然后在左侧的“用户及角色”窗格中选中“用户”|“张兰”，在右窗格表格上部的“业务对象”下拉列表中选择“工资权限”，最后选中“工资类别主管”复选框；单击工具栏中的“保存”按钮，保存该权限分配结果（允许张兰操作薪资模块）。

（3）单击“权限浏览”页签的“关闭”按钮，关闭页签。

（4）重注册（系统/重注册）企业应用平台，以使以上设置生效。完成操作。

4.5.3 人员档案设置

人员档案信息用于管理工资发放人员的姓名、职工编号、所在部门、人员类别等信息，本案例企业的在职人员档案信息，如表4-15所示。

表4-15 在职人员列表

薪资部门名称	人员编号	人员姓名	人员类别	账号	中方人员	是否计税
经理办公室	0100	李吉棕	企管人员	6222020220332016001	是	是
行政办公室	0101	陈虹	企管人员	6222020220332016002	是	是
财务部	W01	曾志伟	企管人员	6222020220332016003	是	是
财务部	W02	张兰	企管人员	6222020220332016004	是	是
财务部	W03	罗迪	企管人员	6222020220332016005	是	是
财务部	W04	赵俊	企管人员	6222020220332016006	是	是
销售部	X01	赵飞	销售人员	6222020220332016007	是	是
采购部	G01	刘静	采购人员	6222020220332016008	是	是
仓管部	C01	李莉	企管人员	6222020220332016009	是	是
人力资源部	0600	王军	企管人员	6222020220332016010	是	是
生管部	P01	刘正	生管人员	6222020220332016011	是	是
生管部	0701	夏于	生管人员	6222020220332016012	是	是
高端眼镜中心	0702	李华	生产人员	6222020220332016013	是	是
高端眼镜中心	0703	张新海	生产人员	6222020220332016014	是	是
舒适眼镜中心	0704	赵林	生产人员	6222020220332016015	是	是
舒适眼镜中心	0705	李东	生产人员	6222020220332016016	是	是
普通眼镜中心	0706	梁京	生产人员	6222020220332016017	是	是
普通眼镜中心	0707	李江	生产人员	6222020220332016018	是	是
技术部	A01	赵技巩	企管人员	6222020220332016019	是	是

操作步骤如下：

（1）打开“人员档案”页签。登录“企业应用平台”，在“业务导航视图”的“业务工作”导

航条中选中“人力资源”|“薪资管理”|“设置”|“人员档案”，打开“人员档案”页签。

（2）打开“人员批量增加”对话框。单击工具栏中的“批增”按钮，打开“人员批量增加”对话框。

（3）批量增加。单击对话框中的“查询”按钮，以查询出全部人员，然后单击“全选”按钮和“确定”按钮，返回“人员档案”页签，列示了所有在基础档案中已有的人员信息。

（4）退出。单击“人员档案”页签的“关闭”按钮，关闭页签，完成操作。

4.5.4 工资项目设置

1. 工资项目设置

可以为工资设置以下项目。

（1）增项：基本工资、岗位工资、绩效工资、交通补助。

（2）减项：养老保险、医疗保险、失业保险、住房公积金。

操作步骤如下：

（1）打开“工资项目设置”对话框。登录“企业应用平台”，在“业务导航视图”的“业务工作”导航条中选中“人力资源”|“薪资管理”|“设置”|“工资项目设置”，打开“工资项目设置”对话框。

（2）增加基本工资项。单击“增加”按钮，从“名称参照”下拉列表中选择“基本工资”，其默认类型为“数字”，小数位数为“2”，增减项为“增项”，如图 4-19 所示。

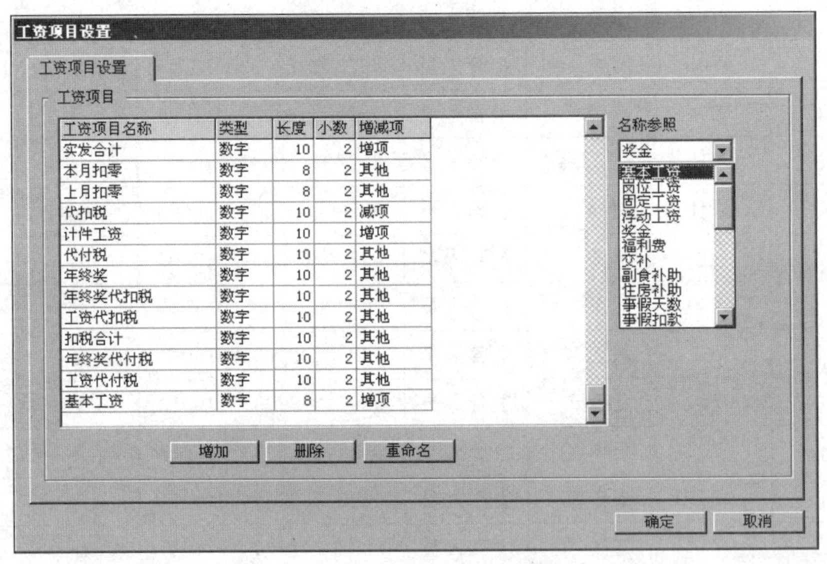

图 4-19 工资项目设置—增加增项

（3）增加绩效工资项。单击“增加”按钮，从“名称参照”下拉列表中选择“奖金”，“重命名”其“工资项目名称”为“绩效工资”。

（4）增加其他“增项”工资项目。重复步骤(2)或(3)，完成其他“增项”工资项目的增加。

（5）增加养老保险项。再单击“增加”按钮，从“名称参照”下拉列表中选择“保险费”，“重命名”其“工资项目名称”为“养老保险”，并修改其“增减项”为“减项”。

（6）增加其他“减项”工资项目。重复步骤(5)，完成其他“减项”工资项目的增加。

(7) 调整工资项的排列顺序。单击选中“基本工资”所在行，再单击“上移”按钮，将“基本工资”移动到工资项目栏的第 1 行，并以此方法移动其他的工资项目到相应的位置，如图 4-20 所示。

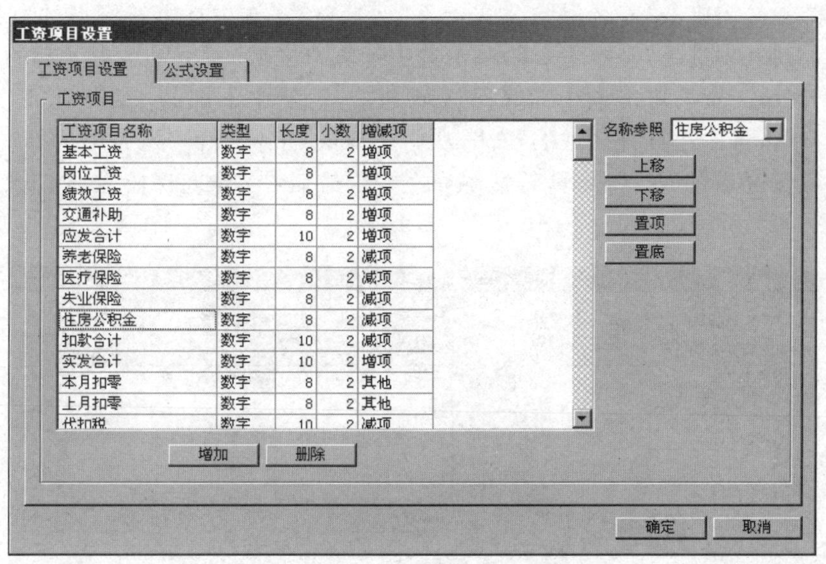

工资项目名称	类型	长度	小数	增减项
基本工资	数字	8	2	增项
岗位工资	数字	8	2	增项
绩效工资	数字	8	2	增项
交通补助	数字	8	2	增项
应发合计	数字	10	2	增项
养老保险	数字	8	2	减项
医疗保险	数字	8	2	减项
失业保险	数字	8	2	减项
住房公积金	数字	8	2	减项
扣款合计	数字	10	2	减项
实发合计	数字	10	2	增项
本月扣零	数字	8	2	其他
上月扣零	数字	8	2	其他
代扣税	数字	10	2	减项

图 4-20　调整工资项目的排列顺序

(8) 完成并退出。单击“确定”按钮，关闭对话框，完成操作。

提示：

- 系统提供的固定工资项目，例如本实验中的本月扣零、上月扣零，不能修改和删除。
- 项目名称必须唯一。工资项目一经使用，数据类型不允许修改。
- 增项直接计入应发合计，减项直接计入扣款合计，若工资项目类型为字符型，则小数位不可用，且其增减项为其他。
- 单击界面上的向上、向下移动箭头可调整工资项目的排列顺序。
- 单击“确定”按钮保存设置，若放弃设置单击“取消”按钮返回。
- 单击“重命名”按钮，可修改工资项目名称；
- 选择要删除的工资项目，单击“删除”按钮，确认后即可删除。
- 系统默认：应发合计＝增项之和；扣款合计＝减项之和；实发合计＝应发合计－扣款合计。

2. 公式项目

本案例企业工资项目的公式包括以下 4 个：

养老保险 ＝(基本工资＋岗位工资＋绩效工资＋交通补助)×0.08

医疗保险 ＝(基本工资＋岗位工资＋绩效工资＋交通补助)×0.02

失业保险 ＝(基本工资＋岗位工资＋绩效工资＋交通补助)×0.002

住房公积金 ＝(基本工资＋岗位工资＋绩效工资＋交通补助)×0.12

操作步骤如下：

(1) 打开“工资项目设置”的“公式设置”选项卡。登录“企业应用平台”，在“业务导航视图”的“业务工作”导航条中选中“人力资源”|“薪资管理”|“设置”|“工资项目设置”，打开“工

资项目设置”对话框，再单击“公式设置”选项卡，打开“公式设置”选项卡，操作界面如图 4-20 所示。

(2) 增加公式项。单击“增加”按钮，并从左上角的“工资项目”列表中选择“养老保险”。

(3) 编辑公式。单击“养老保险公式定义”区域，单击选中运算符区域的“(”，从中下部的“工资项目”列表中选择“基本工资”，单击选中运算符区域的“+”，从中下部的“工资项目”列表中选择“岗位工资”，单击选中运算符区域的“+”，从中下部的“工资项目”列表中选择“绩效工资”，单击选中运算符区域的“+”，从中下部的“工资项目”列表中选择“交通补助”，单击选中运算符区域的“)”和运算符区域的“*”，最后在“养老保险公式定义”区域输入“0.08”，如图 4-21 所示。

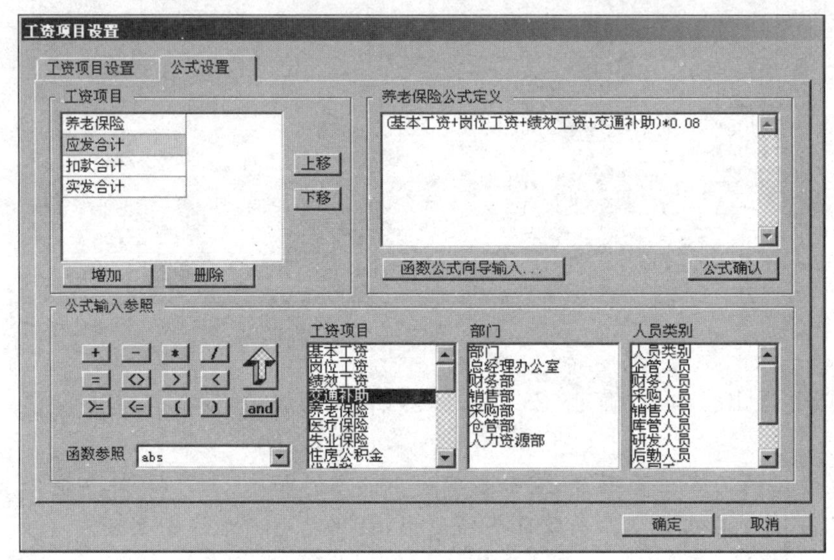

图 4-21　养老保险公式定义

(4) 保存。单击“公式确认”按钮，完成“养老保险”的公式定义。

(5) 编辑其他公式。重复步骤(2)～(4)，完成“医疗保险”“失业保险”和“住房公积金”的公式定义。

(6) 完成并退出。单击“确定”按钮，关闭对话框，完成操作。

提示：

- 使用“公式设置”选项卡中的相关功能，可定义工资项目的计算公式。
- 不能删除已输入数据或已设置计算公式的工资项目。

4.5.5　工资的代扣设置

根据相关规定，本案例企业代扣个人所得税的计税基数为 3500 元，附加费用 1300 元。

操作步骤如下：

(1) 打开“选项”对话框。登录“企业应用平台”，在“业务导航视图”的“业务工作”导航条中选中“人力资源”|“薪资管理”|“设置”|“选项”，打开“选项”对话框。

(2) 单击“扣税设置”选项卡，再单击“编辑”按钮，如图 4-22 所示。

(3) 单击的“税率设置”按钮，打开“个人所得税申报表-税率表”对话框，如图 4-23 所示。

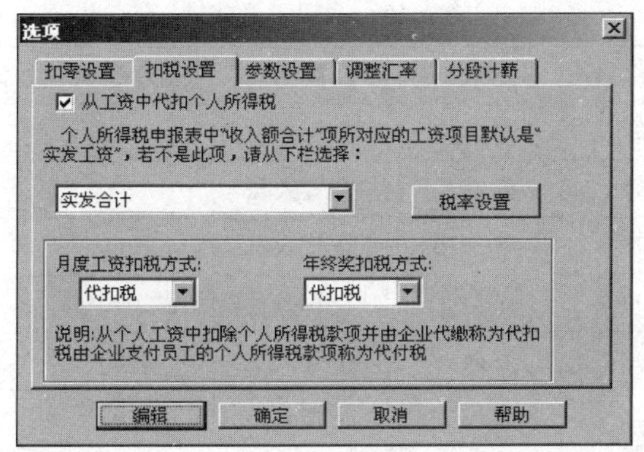

图 4-22　薪资管理“选项”对话框的“扣税设置”选项卡

级次	应纳税所得额下限	应纳税所得额上限	税率(%)	速算扣除数
1	0.00	1500.00	3.00	0.00
2	1500.00	4500.00	10.00	105.00
3	4500.00	9000.00	20.00	555.00
4	9000.00	35000.00	25.00	1005.00
5	35000.00	55000.00	30.00	2755.00
6	55000.00	80000.00	35.00	5505.00
7	80000.00		45.00	13505.00

图 4-23　个人所得税申报表-税率表

(4) 修改并确认“基数”“附加费用”和税率表的相应数据。

(5) 单击“确定”按钮，完成税率设置，返回“选项”对话框。

(6) 再单击“确定”按钮，完成设置，关闭对话框，完成操作。

提示：

- 只有主管人员可以修改工资参数，工资账参数调整包括对扣零设置、扣税设置、参数设置和调整汇率。
- 已经进行过月结的工资类别或发放次数不能修改币种。
- 设置工资的扣税工资项目，系统默认为“实发合计”。在实际业务中，因可能存在免税收入项目（例如政府特殊津贴、院士津贴等）和税后列支项目，可以单独设置一个工资项目来计算应纳税工资。
- 如果修改了“扣税设置”，需要进入“工资变动”执行“计算”和“汇总”功能，以保证“代扣税”工资项目正确地反映单位实际代扣个人所得税的金额。
- 工资和年终奖可采用不同的扣税方式，如工资为代扣税，而年终奖为代付税。

4.5.6　期初工资数据录入

本案例企业在职人员的期初工资数据如表 4-16 所示。

表 4-16　期初工资数据

薪资部门名称	人员编号	人员姓名	人员类别	基本工资	岗位工资	绩效工资
经理办公室	0100	李吉棕	企管人员	2000	1000	5000
行政办公室	0101	陈虹	企管人员	2000	1000	3000
财务部	W01	曾志伟	企管人员	2000	1000	4000
财务部	W02	张兰	企管人员	2000	900	3000
财务部	W03	罗迪	企管人员	2000	900	3000
财务部	W04	赵俊	企管人员	2000	1000	3000
销售部	X01	赵飞	销售人员	2000	900	4000
采购部	G01	刘静	采购人员	2000	700	4000
仓管部	C01	李莉	企管人员	2000	1000	4000
人力资源部	0600	王军	企管人员	2000	900	3000
生管部	P01	刘正	生管人员	2000	900	4000
生管部	0701	夏于	生管人员	2000	700	3000
高端眼镜中心	0702	李华	生产人员	2000	700	3000
高端眼镜中心	0703	张新海	生产人员	2000	700	3000
舒适眼镜中心	0704	赵林	生产人员	2000	700	3000
舒适眼镜中心	0705	李东	生产人员	2000	700	3000
普通眼镜中心	0706	梁京	生产人员	2000	700	3000
普通眼镜中心	0707	李江	生产人员	2000	700	3000
技术部	A01	赵技巩	企管人员	2000	1000	4000

操作步骤如下：

(1) 打开“人员档案”列表窗口。登录“企业应用平台”，在“业务导航视图”的“业务工作”导航条中选中“人力资源”|“薪资管理”|“设置”|“人员档案”，打开“人员档案”页签。

(2) 打开“工资数据录入-页编辑”对话框。选中“0100 李吉棕”所在行，打开“人员档案明细”对话框，并显示李吉棕的详细档案，单击“数据档案”按钮，打开“工资数据录入-页编辑”对话框。

(3) 编辑一个员工的工资数据。在表格中输入“基本工资”为“2000”、“岗位工资”为“1000”、“绩效工资”为“5000”，其他数据项系统自动给出，如图 4-24 所示。

(4) 保存。单击“保存”按钮，返回“人员档案明细”对话框，然后单击“确定”按钮，弹出消息框，询问“写入该人员档案信息吗?”，单击“确定”按钮，返回“人员档案明细”对话框，系统自动显示下一个员工的详细档案。

(5) 编辑其他员工的工资数据。重复(3)～(4)，将表 4-16 中所有的期初工资数据录入并保存。

(6) 退出。单击“取消”按钮，关闭对话框，完成操作。

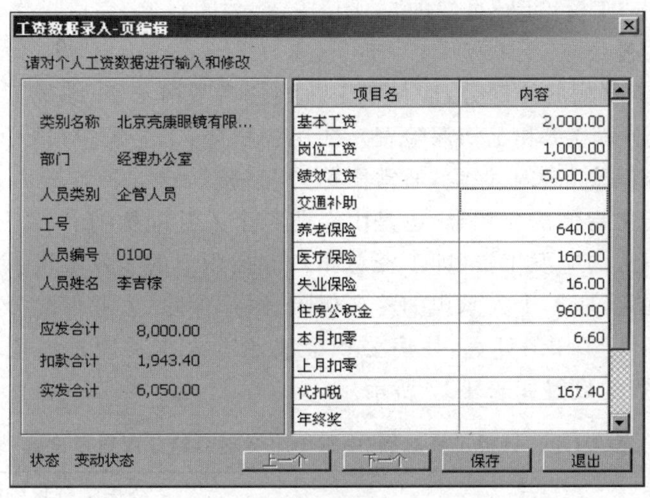

图 4-24 工资数据录入-页编辑

4.5.7 工资汇总与分摊设置

1. 工资汇总

在进行工资分摊设置前,需要先进行工资汇总。

操作步骤如下:

(1) 打开“工资变动”页签。登录“企业应用平台”,在“业务导航视图”的“业务工作”导航条中选中“人力资源”|“薪资管理”|“业务处理”|“工资变动”,打开“工资变动”页签。

(2) 工资汇总。单击工具栏中的“全选”按钮,选择所有员工,然后单击“汇总”按钮,完成全部工资项内容的计算与汇总,如图 4-25 所示。

工资变动

过滤器 所有项目 □ 定位器

选择	人员编号	姓名	部门	人员类别	基本工资	岗位工资	绩效工资	交通补助	应发合计	养老保险	医疗保险	失业保险
	0100	李吉棕	经理办公室	企管人员	2,000.00	1,000.00	5,000.00		8,000.00	640.00	160.00	16.00
	0101	陈虹	行政办公室	企管人员	2,000.00	1,000.00	3,000.00		6,000.00	480.00	120.00	12.00
	W01	曾志伟	财务部	企管人员	2,000.00	1,000.00	4,000.00		7,000.00	560.00	140.00	14.00
	W02	张兰	财务部	企管人员	2,000.00	900.00	3,000.00		5,900.00	472.00	118.00	11.80
	W03	罗迪	财务部	企管人员	2,000.00	900.00	3,000.00		5,900.00	472.00	118.00	11.80
	W04	赵俊	财务部	企管人员	2,000.00	1,000.00	3,000.00		6,000.00	480.00	120.00	12.00
	X01	赵飞	销售部	销售人员	2,000.00	900.00	4,000.00		6,900.00	552.00	138.00	13.80
	G01	刘静	采购部	采购人员	2,000.00	700.00	4,000.00		6,700.00	536.00	134.00	13.40
	C01	李莉	仓管部	企管人员	2,000.00	1,000.00	4,000.00		7,000.00	560.00	140.00	14.00
	0600	王军	人力资源部	企管人员	2,000.00	900.00	3,000.00		5,900.00	472.00	118.00	11.80
	0701	夏于	生管部	生管人员	2,000.00	700.00	3,000.00		5,700.00	456.00	114.00	11.40
	P01	刘正	生管部	生管人员	2,000.00	900.00	4,000.00		6,900.00	552.00	138.00	13.80
	0702	李华	高端眼镜中心	生产人员	2,000.00	700.00	3,000.00		5,700.00	456.00	114.00	11.40
	0703	张新海	高端眼镜中心	生产人员	2,000.00	700.00	3,000.00		5,700.00	456.00	114.00	11.40
	0704	赵林	舒适眼镜中心	生产人员	2,000.00	700.00	3,000.00		5,700.00	456.00	114.00	11.40
	0705	李东	舒适眼镜中心	生产人员	2,000.00	700.00	3,000.00		5,700.00	456.00	114.00	11.40
	0706	梁京	普通眼镜中心	生产人员	2,000.00	700.00	3,000.00		5,700.00	456.00	114.00	11.40
	0707	李江	普通眼镜中心	生产人员	2,000.00	700.00	3,000.00		5,700.00	456.00	114.00	11.40
	A01	赵技巩	技术部	企管人员	2,000.00	1,000.00	4,000.00		7,000.00	560.00	140.00	14.00
合计					38,000.00	16,100.00	65,000.00	0.00	119,100.00	9,528.00	2,382.00	238.20

图 4-25 期初工资列表

(3) 退出。单击“工资变动”页签的“关闭”按钮，关闭页签，完成操作。

2. 分摊工资总额

工资是应付职工薪酬的一部分，应付职工薪酬包括基本工资、绩效工资、社保(医疗保险费、养老保险费、失业保险费和工伤保险费)、住房公积金、工会经费和职工教育经费等。

医疗保险、养老保险和失业保险，通常简称为“三险”，这3种险是由企业和个人共同缴纳的保费；“一金”通常指住房公积金，也是由企业和个人共同缴纳。

工资分配时，职工的应发工资(即工资总额)，包括职工的实发工资，以及个人承担的“三险一金”。本公司规定，职工个人承担的养老保险、医疗保险、失业保险分别按照本人本月应发工资总额的8%、2%、0.2%计算，住房公积金按照本人本月应发工资总额的12%计算。本案例企业计提工资的设置如表4-17所示。

表4-17 “计提工资总额”中每个工资项目的分配科目设置

部门与人员类别		分摊工资总额(100%)	
		借方科目	贷方科目
经理办公室、行政办公室、财务部、仓管部、人力资源部、技术部	企管人员	660201 管理费用/职工薪酬	221101 应付职工薪酬/工资
采购部	采购人员	660201 管理费用/职工薪酬	
销售部	销售人员	660101 销售费用/职工薪酬	
生管部	生管人员	510101 制造费用/职工薪酬	
高端眼镜中心、舒适眼镜中心、普通眼镜中心	生产人员	500101 生产成本/直接人工	

需要说明的是，个人承担的“三险一金”计提比例，是在账套初始设置时，通过工资项目公式设置实现的，详见本书的4.5.4节。

操作步骤如下：

(1) 打开“工资分摊”对话框。登录“企业应用平台”，在“业务导航视图”的“业务工作”导航条中选中“人力资源”|“薪资管理”|“业务处理”|“工资分摊”，打开“工资分摊”对话框。

(2) 工资总额分摊计提比例设置。在“工资分摊”对话框中，单击“工资分摊设置”按钮，打开“分摊类型设置”对话框，再单击对话框中的“增加”按钮，打开“分摊计提比例设置”对话框，在“计提类型名称”栏录入“计提工资总额”，“分摊计提比例”为“100%”。

(3) 工资总额分摊构成设置。单击“下一步”按钮，打开“分摊构成设置”对话框，在该对话框中，根据表4-17逐一编辑“部门名称”“人员类别”“工资项目(即应发合计)”“借方科目”和“贷方科目”，如图4-26所示。

(4) 退出。单击“分摊构成设置”对话框的“完成”按钮，返回到“分摊类型设置”对话框，单击“返回”按钮，返回“工资分摊”对话框。单击“确定”按钮，关闭对话框，完成操作。

3. 分摊单位承担的社会保险费与住房公积金

本公司规定，由单位承担并缴纳的养老保险、医疗保险、失业保险和工伤保险，分别按照职工本月应发工资的20%、9.55%、1%、1%计算；由单位承担并缴纳的住房公积金，按照职工本月应发的12%计算。

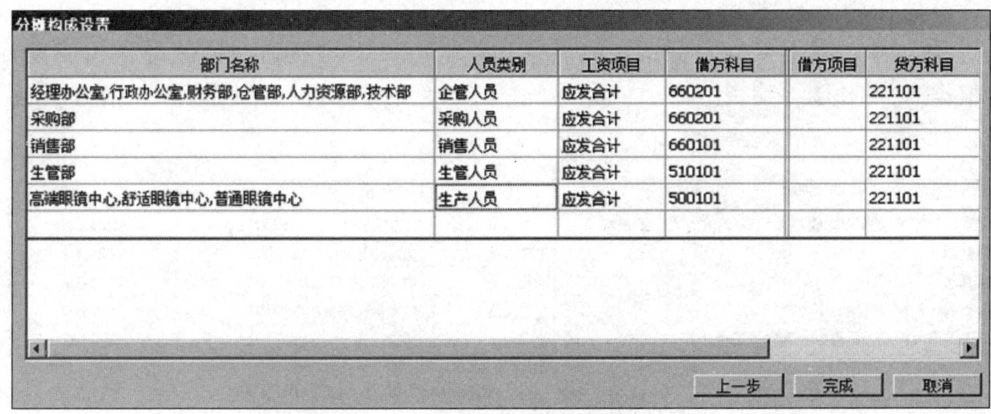

分摊构成设置

部门名称	人员类别	工资项目	借方科目	借方项目	贷方科目
经理办公室,行政办公室,财务部,仓管部,人力资源部,技术部	企管人员	应发合计	660201		221101
采购部	采购人员	应发合计	660201		221101
销售部	销售人员	应发合计	660101		221101
生管部	生管人员	应发合计	510101		221101
高端眼镜中心,舒适眼镜中心,普通眼镜中心	生产人员	应发合计	500101		221101

上一步　完成　取消

图 4-26　工资总额分摊构成设置的结果

因此,本案例企业单位承担的社会保险(应发合计的 31.55%,包括养老保险 20%、医疗保险 9.55%、失业保险 1%、工伤保险 1%)和住房公积金(应发合计的 12%),其分摊科目设置如表 4-18 所示。

表 4-18　单位承担社会保险和住房公积金的分摊科目设置

<table>
<tr><th colspan="2" rowspan="3">部门与人员类别</th><th colspan="4">工资分摊</th></tr>
<tr><th colspan="2">单位承担社会保险(31.55%)</th><th colspan="2">单位承担住房公积金(12%)</th></tr>
<tr><th>借方科目</th><th>贷方科目</th><th>借方科目</th><th>贷方科目</th></tr>
<tr><td>经理办公室、行政办公室、财务部、仓管部、人力资源部、技术部</td><td>企管人员</td><td rowspan="2">660201 管理费用/职工薪酬</td><td rowspan="5">221102 应付职工薪酬/社会保险费</td><td rowspan="2">660201 管理费用/职工薪酬</td><td rowspan="5">221103 应付职工薪酬/住房公积金</td></tr>
<tr><td>采购部</td><td>采购人员</td></tr>
<tr><td>销售部</td><td>销售人员</td><td>660101 销售费用/职工薪酬</td><td>660101 销售费用/职工薪酬</td></tr>
<tr><td>生管部</td><td>生管人员</td><td>510101 制造费用/职工薪酬</td><td>510101 制造费用/职工薪酬</td></tr>
<tr><td>高端眼镜中心、舒适眼镜中心、普通眼镜中心</td><td>生产人员</td><td>500101 生产成本/直接人工</td><td>500101 生产成本/直接人工</td></tr>
</table>

本笔业务是单位承担社会保险费和住房公积金的设置、分摊与制单,需要进行单位承担社会保险和住房公积金费用分摊科目设置、工资费用分摊与制单。

操作步骤如下:

(1) 打开"工资分摊"对话框。登录"企业应用平台",在"业务导航视图"的"业务工作"导航条中选中"人力资源"|"薪资管理"|"业务处理"|"工资分摊",打开"工资分摊"对话框。

(2) 打开"分摊类型设置"对话框。单击"工资分摊设置"按钮,打开"分摊类型设置"对话框。

(3) 单位承担社会保险计提比例设置。在"分摊类型设置"对话框中,单击对话框中的"增加"按钮,打开"分摊计提比例设置"对话框,在"计提类型名称"栏录入"单位承担社会保险费”，“分摊计提比例”为“31.55%”。

(4) 单位承担社会保险费分摊构成设置。单击“下一步”按钮，打开“分摊构成设置”对话框，根据表4-18逐一编辑“部门名称”“人员类别”“工资项目(应发合计)”“借方科目”“贷方科目”，如图4-27所示。

部门名称	人员类别	工资项目	借方科目	借方…	贷方科目
经理办公室,行政办公室,财务部,仓管部,人力资源部,技术部	企管人员	应发合计	660201		221102
采购部	采购人员	应发合计	660201		221102
销售部	销售人员	应发合计	660101		221102
生管部	生管人员	应发合计	510101		221102
高端眼镜中心,舒适眼镜中心,普通眼镜中心	生产人员	应发合计	500101		221102

图4-27　单位承担社会保险费分摊科目设置的结果

(5) 单击“完成”按钮，保存该分摊构成设置，返回“分摊类型设置”对话框。

(6) 重复步骤(3)～(5)，完成“单位承担住房公积金”分摊设置，“分摊比例”为12%，如图4-28所示。

部门名称	人员类别	工资项目	借方科目	借方…	贷方科目
经理办公室,行政办公室,财务部,仓管部,人力资源部,技术部	企管人员	应发合计	660201		221103
采购部	采购人员	应发合计	660201		221103
销售部	销售人员	应发合计	660101		221103
生管部	生管人员	应发合计	510101		221103
高端眼镜中心,舒适眼镜中心,普通眼镜中心	生产人员	应发合计	500101		221103

图4-28　单位承担住房公积金分摊科目设置的结果

(7) 退出。单击“返回”按钮，返回“工资分摊”对话框。单击“确定”按钮，关闭对话框，完成操作。

4. 分摊工会经费和职工教育经费

工会经费是指工会依法取得并开展正常活动所需的费用，职工教育经费是指企业按工资总额的一定比例提取用于职工教育事业的一项费用，是企业为职工学习先进技术和提高文化水平而支付的费用。

本公司规定，按应发工资总额的2%计提工会经费(应发合计的2%)，按2.5%计提职工教育经费(应发合计的2.5%)，分摊科目如表4-19所示。

操作步骤如下：

(1) 打开“工资分摊”对话框。登录“企业应用平台”，在“业务导航视图”的“业务工作”导航条中选中“人力资源”|“薪资管理”|“业务处理”|“工资分摊”，打开“工资分摊”对话框。

(2) 打开“分摊类型设置”对话框。在“工资分摊”对话框，单击“工资分摊设置”按钮，打开“分摊类型设置”对话框。

(3) 工会会费的计提比例设置。在“分摊类型设置”对话框中，单击对话框中的“增加”按钮，打开“分摊计提比例设置”对话框，在“计提类型名称”栏录入“计提工会会费”，“分摊计提比例”为“2%”。

(4) 工会会费的分摊构成设置。单击“下一步”按钮，打开“分摊构成设置”对话框，根据表4-19逐一编辑“部门名称”“人员类别”“工资项目(应发合计)”“借方科目”和“贷方科目”，如图4-29所示。

表 4-19　单位计提工会经费和职工教育经费的分摊科目

<table>
<tr><th colspan="2" rowspan="3">部门与人员类别</th><th colspan="4">工资分摊</th></tr>
<tr><th colspan="2">工会经费(2%)</th><th colspan="2">职工教育经费(2.5%)</th></tr>
<tr><th>借方科目</th><th>贷方科目</th><th>借方科目</th><th>贷方科目</th></tr>
<tr><td>经理办公室、行政办公室、财务部、仓管部、人力资源部、技术部</td><td>企管人员</td><td rowspan="2">660201 管理费用/职工薪酬</td><td rowspan="5">221104 应付职工薪酬-工会经费</td><td rowspan="2">660201 管理费用/职工薪酬</td><td rowspan="5">221105 应付职工薪酬-职工教育经费</td></tr>
<tr><td>采购部</td><td>采购人员</td></tr>
<tr><td>销售部</td><td>销售人员</td><td>660101 销售费用/职工薪酬</td><td>660101 销售费用/职工薪酬</td></tr>
<tr><td>生管部</td><td>生管人员</td><td>510101 制造费用/职工薪酬</td><td>510101 制造费用/职工薪酬</td></tr>
<tr><td>高端眼镜中心、舒适眼镜中心、普通眼镜中心</td><td>生产人员</td><td>500101 生产成本/直接人工</td><td>500101 生产成本/直接人工</td></tr>
</table>

部门名称	人员类别	工资项目	借方科目	借方…	贷方科目
经理办公室,行政办公室,财务部,仓管部,人力资源部,技术部	企管人员	应发合计	660201		221104
采购部	采购人员	应发合计	660201		221104
销售部	销售人员	应发合计	660101		221104
生管部	生管人员	应发合计	510101		221104
高端眼镜中心,舒适眼镜中心,普通眼镜中心	生产人员	应发合计	500101		221104

图 4-29　工会会费分摊科目设置的结果

(5) 单击“完成”按钮,保存该分摊构成设置,返回“分摊类型设置”对话框。

(6) 重复步骤(3)～(5),完成“计提职工教育经费”分摊设置,“分摊比例”为“2.5%”,如图 4-30 所示。

部门名称	人员类别	工资项目	借方科目	借方…	贷方科目
经理办公室,行政办公室,财务部,仓管部,人力资源部,技术部	企管人员	应发合计	660201		221105
采购部	采购人员	应发合计	660201		221105
销售部	销售人员	应发合计	660101		221105
生管部	生管人员	应发合计	510101		221105
高端眼镜中心,舒适眼镜中心,普通眼镜中心	生产人员	应发合计	500101		221105

图 4-30　职工教育经费分摊科目设置的结果

(7) 退出。单击“分摊构成设置”对话框的“返回”按钮,返回“工资分摊”对话框。单击“确定”按钮,关闭对话框,完成操作。

5. 分摊个人三险一金

公司代扣代缴职工个人负担的社会保险费(应发合计的 10.2%,包括养老保险 8%、医疗保险 2%、失业保险 0.2%)和住房公积金(应发合计的 12%),分摊科目如表 4-20 所示。

操作步骤如下:

(1) 打开“工资分摊”对话框。登录“企业应用平台”,在“业务导航视图”的“业务工作”导航条中选中“人力资源”|“薪资管理”|“业务处理”|“工资分摊”,打开“工资分摊”对话框。

表 4-20　职工个人承担社会保险和住房公积金的分摊科目

<table>
<tr><th colspan="2" rowspan="3">部门与人员类别</th><th colspan="4">工资分摊</th></tr>
<tr><th colspan="2">个人承担社会保险费(10.2%)</th><th colspan="2">个人承担住房公积金(12%)</th></tr>
<tr><th>借方科目</th><th>贷方科目</th><th>借方科目</th><th>贷方科目</th></tr>
<tr><td>经理办公室、行政办公室、财务部、仓管部、人力资源部、技术部</td><td>企管人员</td><td rowspan="5">221101 应付职工薪酬/工资</td><td rowspan="5">224101 其他应付款/应付社会保险费</td><td rowspan="5">221101 应付职工薪酬/工资</td><td rowspan="5">224102 其他应付款/应付住房公积金</td></tr>
<tr><td>采购部</td><td>采购人员</td></tr>
<tr><td>销售部</td><td>销售人员</td></tr>
<tr><td>生管部</td><td>生管人员</td></tr>
<tr><td>高端眼镜中心、舒适眼镜中心、普通眼镜中心</td><td>生产人员</td></tr>
</table>

(2) 打开“分摊类型设置”对话框。在“工资分摊”对话框,单击“工资分摊设置”按钮,打开“分摊类型设置”对话框。

(3) 个人承担社会保险费的计提比例设置。在“分摊类型设置”对话框中,单击对话框中的“增加”按钮,打开“分摊计提比例设置”对话框,在“计提类型名称”栏录入“个人承担社会保险费”,“分摊计提比例”为“10.2%”。

(4) 个人承担社会保险费的分摊构成设置。单击“下一步”按钮,打开“分摊构成设置”对话框,根据表 4-20 逐一编辑“部门名称”“人员类别”“工资项目(应发合计)”“借方科目”“贷方科目”,如图 4-31 所示。

部门名称	人员类别	工资项目	借方科目	借方...	贷方科目
经理办公室,行政办公室,财务部,仓管部,人力资源部,技术部	企管人员	应发合计	221101		224101
采购部	采购人员	应发合计	221101		224101
销售部	销售人员	应发合计	221101		224101
生管部	生管人员	应发合计	221101		224101
高端眼镜中心,舒适眼镜中心,普通眼镜中心	生产人员	应发合计	221101		224101

图 4-31　个人承担社会保险费分摊科目设置的结果

(5) 单击“完成”按钮,保存该分摊构成设置,返回“分摊类型设置”对话框。

(6) 重复步骤(3)~(5),完成“个人承担住房公积金”分摊设置,“分摊比例”为 12%,录入完成的结果如图 4-32 所示。

部门名称	人员类别	工资项目	借方科目	借方...	贷方科目
经理办公室,行政办公室,财务部,仓管部,人力资源部,技术部	企管人员	应发合计	221101		224102
采购部	采购人员	应发合计	221101		224102
销售部	销售人员	应发合计	221101		224102
生管部	生管人员	应发合计	221101		224102
高端眼镜中心,舒适眼镜中心,普通眼镜中心	生产人员	应发合计	221101		224102

图 4-32　个人承担住房公积金分摊科目设置的结果

(7) 退出。单击“分摊类型设置”对话框的“返回”按钮,关闭对话框,单击“工资分摊”对话框的“确定”按钮，关闭对话框，完成操作。

6. 代扣个人所得税

本公司代扣代缴个人所得税，分摊科目如表 4-21 所示。

表 4-21　个人所得税科目

<table>
<tr><th colspan="2" rowspan="2">部门与人员类别</th><th colspan="2">代扣个人所得税（100%扣税合计）</th></tr>
<tr><th>借方科目</th><th>贷方科目</th></tr>
<tr><td>经理办公室、行政办公室、财务部、仓管部、人力资源部、技术部</td><td>企管人员</td><td rowspan="5">221101 应付职工薪酬/工资</td><td rowspan="5">222104 应交税费/应交个人所得税</td></tr>
<tr><td>采购部</td><td>采购人员</td></tr>
<tr><td>销售部</td><td>销售人员</td></tr>
<tr><td>生管部</td><td>生管人员</td></tr>
<tr><td>高端眼镜中心、舒适眼镜中心、普通眼镜中心</td><td>生产人员</td></tr>
</table>

操作步骤如下：

1）代扣个人所得税制表

（1）打开“个人所得税申报模板”对话框。登录“企业应用平台”，在“业务导航视图”的“业务工作”导航条中选中“人力资源”|“薪资管理”|“业务处理”|“扣缴所得税”，打开“个人所得税申报模板”对话框。

（2）所得税申报。在“个人所得税申报模板”对话框中，在“请选择所在地区名”中选中“北京”，并在其表体中选中“北京扣缴个人所得税报表”，然后单击该对话框的“打开”按钮，打开“所得税申报”对话框；单击“确定”按钮，打开“所得税申报”窗口，显示“北京扣缴个人所得税报表”。

（3）退出。单击“所得税申报”窗口工具栏中的“退出”按钮，关闭窗口；再单击“个人所得税申报模板”对话框的“取消”按钮，关闭对话框，完成操作。

2）代扣个人所得税的分摊科目设置

（1）打开“工资分摊”对话框。登录“企业应用平台”，在“业务导航视图”的“业务工作”导航条中选中“人力资源”|“薪资管理”|“业务处理”|“工资分摊”，打开“工资分摊”对话框。

（2）打开“分摊类型设置”对话框。在“工资分摊”对话框中，单击“工资分摊设置”按钮，打开“分摊类型设置”对话框。

（3）代扣个人所得税的计提比例设置。在“分摊类型设置”对话框中，单击“增加”按钮，打开“分摊计提比例设置”对话框，在“计提类型名称”栏录入“代扣个人所得税”，“分摊计提比例”为“100%”。

（4）代扣个人所得税的分摊构成设置。单击“下一步”按钮，打开“分摊构成设置”对话框，在该对话框中，根据表 4-21 逐一编辑“部门名称”“人员类别”“工资项目（扣税合计）”“借方科目”和“贷方科目”，录入完成的结果如图 4-33 所示。

（5）单击“完成”按钮，保存该分摊构成设置，返回“分摊类型设置”对话框。

（6）退出。单击“分摊类型设置”对话框的“返回”按钮，关闭对话框，单击“工资分摊”对

部门名称	人员类别	工资项目	借方科目	借方…	贷方科目
经理办公室,行政办公室,财务部,仓管部,人力资源部,技术部	企管人员	扣税合计	221101		222104
采购部	采购人员	扣税合计	221101		222104
销售部	销售人员	扣税合计	221101		222104
生管部	生管人员	扣税合计	221101		222104
高端眼镜中心,舒适眼镜中心,普通眼镜中心	生产人员	扣税合计	221101		222104

图 4-33 个人所得税分摊科目设置的结果

话框的“确定”按钮,关闭对话框,完成操作。

4.6 总账期初设置

本节的任务是完成总账的系统参数与核算规则设置、总账的期初余额的录入与引入、对账和期初记账。

4.6.1 系统参数设置

本案例企业的总账系统参数,除系统默认设置之外,还需在“权限”选项卡中选中“出纳凭证必须经由出纳签字”。

操作步骤如下:

(1) 打开“选项”对话框。登录“企业应用平台”,在“业务导航视图”的“业务工作”导航条中选中“财务会计”|“总账”|“设置”|“选项”,打开“选项”对话框。

(2) 权限设置。在“权限”选项卡中,先单击“编辑”按钮,使所有参数处于可修改状态,再选中“出纳凭证必须经由出纳签字”复选框,其他项默认,结果如图 4-34 所示。

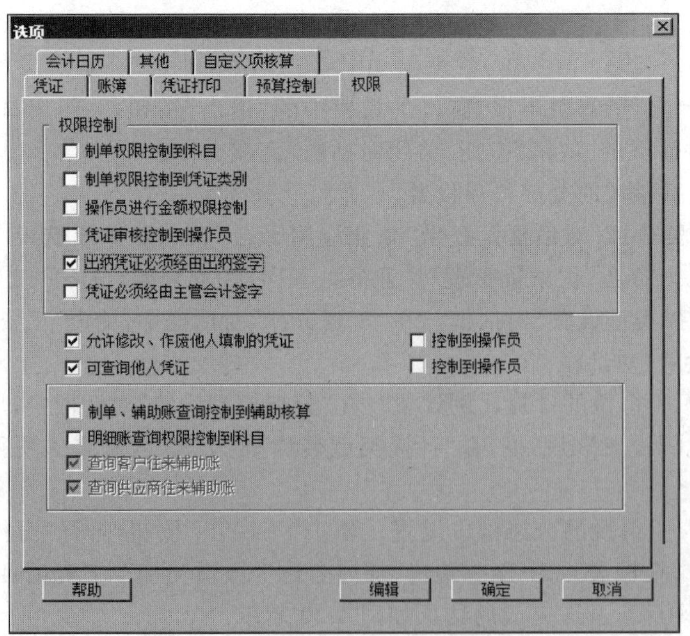

图 4-34 总账系统的“选项”对话框

(3) 确定并退出。单击“确定”按钮，关闭对话框，完成操作。

4.6.2 总账期初余额设置

总账的期初余额，是以上期的期末余额为基础，反映了以前期间的交易和上期采用的会计政策的结果。期初已存在的账户余额，是由上期结转至本期的金额，或是上期期末余额调整后的金额。本节将在总账系统中录入上月的会计科目期末余额数据信息，作为本月会计科目期初余额数据，以保证数据的完整性和连续性。

本任务是按照表 4-22～表 4-25，录入会计科目的期初余额(分 4 类完成)。

表 4-22 会计科目的期初余额

科目编码	科 目 名 称	余额方向	计量	期 初 余 额	余额录入方式
1001	库存现金	借		69641	直接录入
1002	银行存款	借		610420.55	自动生成
100201	工行存款	借		610420.55	直接录入
1122	应收账款	借		819000	参照引入
1402	在途物资	借		26000(本表)	明细录入
1403	原材料	借		231200	自动生成
140301	主要原材料	借		212000	直接录入
140302	其他原材料	借		19200	直接录入
1405	库存商品	借		178000	直接录入
		借	副	1250	直接录入
1601	固定资产	借		970000	直接录入
1602	累计折旧	贷		279477	直接录入
2202	应付账款	贷		45420	自动生成
220201	一般应付账款	贷		30420	参照引入
220202	暂估应付账款	贷		15000(如表 4-23)	明细录入
2211	应付职工薪酬	贷		148856.76	自动生成
221101	工资	贷		91629.21(如表 4-24)	明细录入
221102	社会保险费	贷		37576.05(如表 4-24)	明细录入
221103	住房公积金	贷		14292(如表 4-24)	明细录入
221104	工会经费	贷		2382(如表 4-24)	明细录入
221105	职工教育经费	贷		2977.5(如表 4-24)	明细录入
2221	应交税费	贷		148430.59	自动生成
222102	未交增值税	贷		9000	直接录入
222103	应交所得税	贷		137500	直接录入

续表

科目编码	科 目 名 称	余额方向	计量	期 初 余 额	余额录入方式
222104	应交个人所得税	贷		1030.59	直接录入
222105	应交城市维护建设税	贷		630	直接录入
222106	应交教育费附加	贷		270	直接录入
222107	应交地方教育费附加	贷		180	直接录入
2241	其他应付款	贷		26440.20	自动生成
224101	应付社会保险费	贷		12148.2	直接录入
224102	应付住房公积金	贷		14292	直接录入
2501	长期借款	贷		600000	直接录入
4001	实收资本	贷		1000000	直接录入
4101	盈余公积	贷		59857	直接录入
4103	本年利润	贷		45600	直接录入
4104	利润分配	贷		550000	自动生成
410406	未分配利润	贷		550000	直接录入

表 4-23　在途物资期初往来明细

供应商	摘　　要	金额	发票号	票据日期
大运配件厂	CG0301 购普通镜腿	10000	61060301	2017-03-17
螺钉厂	CG0302 购螺钉	6000	61060302	2017-03-20
硅胶三厂	CG0303 购硅胶鼻托	10000	61060303	2017-03-25

表 4-24　暂估应付账款的期初余额

日　期	供应商	摘要	方向	金额
2017-03-15	螺钉厂	购铰链 7500 个	贷	15000

表 4-25　"应付职工薪酬"的部门核算

部　门	工　资	社会保险费	住房公积金	工会经费	职工教育经费
经理办公室	6056.6	2524	960	160	200
行政办公室	4632.96	1893	720	120	150
财务部	19104.34	7824.4	2976	496	620
销售部	5286.38	2176.95	828	138	172.5
采购部	5146.34	2113.85	804	134	167.5
仓管部	5356.4	2208.5	840	140	175
人力资源部	4557.49	1861.45	708	118	147.5

续表

部　门	工　资	社会保险费	住房公积金	工会经费	职工教育经费
生管部	9692.94	3975.3	1512	252	315
高端眼镜中心	8813.12	3596.7	1368	228	285
舒适眼镜中心	8813.12	3596.7	1368	228	285
普通眼镜中心	8813.12	3596.7	1368	228	285
技术部	5356.4	2208.5	840	140	175
总　计	91629.21	37576.05	14292	2382	2977.5

根据期初余额录入方式的不同，在此把会计科目分为 4 类：直接录入、明细录入、参照引入，以及通过录入下级科目自动生成得出，具体如图 4-35 所示。

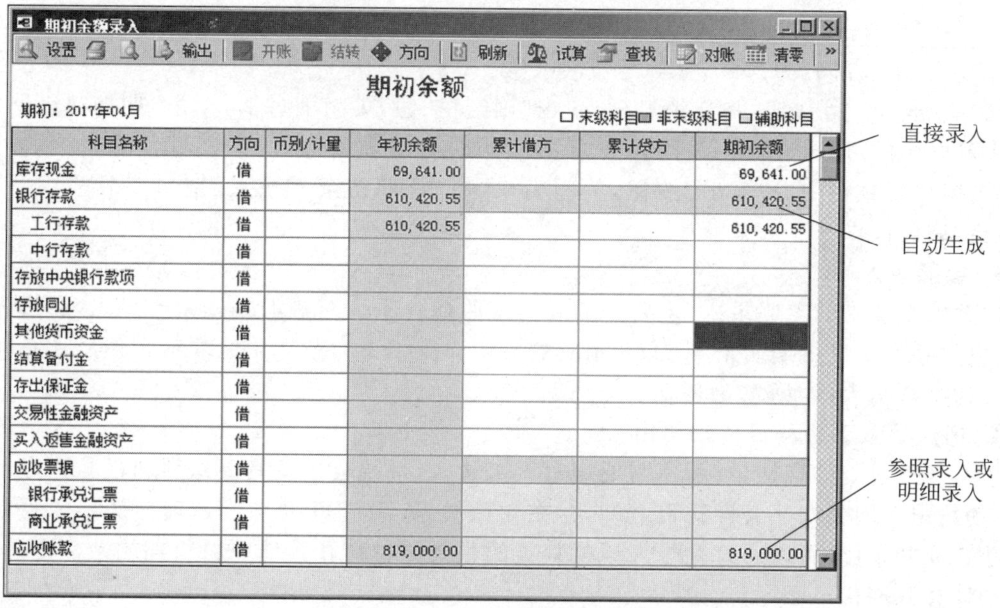

期初余额录入

设置　输出　开账　结转　方向　刷新　试算　查找　对账　清零

期初余额

期初：2017年04月

□末级科目□非末级科目□辅助科目

科目名称	方向	币别/计量	年初余额	累计借方	累计贷方	期初余额
库存现金	借		69,641.00			69,641.00
银行存款	借		610,420.55			610,420.55
工行存款	借		610,420.55			610,420.55
中行存款	借					
存放中央银行款项	借					
存放同业	借					
其他货币资金	借					
结算备付金	借					
存出保证金	借					
交易性金融资产	借					
买入返售金融资产	借					
应收票据	借					
银行承兑汇票	借					
商业承兑汇票	借					
应收账款	借		819,000.00			819,000.00

直接录入

自动生成

参照录入或明细录入

图 4-35　总账中期初余额的录入方式

一般而言，只有末级科目且辅助账类型不是部门核算，而且不需要与其他子系统账簿对账的账户，其期初余额才能直接录入；是部门核算的末级科目，以及需要与其他账簿对账的末级科目，其账户的期初余额需要参照录入；非末级科目的账户期初余额，是通过录入下级科目的账户期初余额后系统自动得出的。

下面是具体的分类说明，以及相应的录入操作步骤。

1. 直接录入

可直接录入期初余额的科目包括库存现金、工行存款、主要原材料、其他原材料、库存商品、固定资产、累计折旧、实收资本、盈余公积、本年利润等。这些科目是末级科目且辅助账类型不是部门核算，而且也不需要与其他账簿对账。

操作步骤如下：

(1) 打开总账的"期初余额"页签。登录"企业应用平台"，在"业务导航视图"的"业务工

作”导航条中选中“财务会计”|“总账”|“设置”|“期初余额”，打开“期初余额录入”窗口。

(2) 编辑科目期初余额。选中相应科目的“期初余额”栏，然后录入其期初余额值。

(3) 完成期初余额编辑。重复步骤(2)，依据表 4-22 编辑完成可直接录入的会计科目期初余额。

(4) 退出。单击“期初余额录入”窗口的“退出”按钮，关闭窗口，完成操作。

2. 明细录入

本案例企业中的明细录入，主要是需要与存货核算系统对账的期初余额录入，可在总账系统中通过期初往来明细录入，以“暂估应付账款”为例。

操作步骤如下：

(1) 登录“企业应用平台”，在“业务导航视图”的“业务工作”导航条中选中“财务会计”|“总账”|“设置”|“期初余额”，打开“期初余额录入”窗口。选中“暂估应付账款”科目，弹出“辅助期初余额”窗口，在窗口工具栏中单击“往来明细”按钮，打开“期初往来明细”窗口。

(2) 单击“增行”按钮，录入“日期”为“2017-03-15”，“供应商”为“螺钉厂”，“摘要”为“购铰链 7500 个”，“方向”为“贷”，金额为“15000”。

(3) 单击“汇总”按钮，弹出消息框，单击“确定”按钮，关闭消息框，单击“期初往来明细”窗口工具栏中的“退出”按钮，关闭窗口，此时“辅助期初余额”窗口中该科目的余额自动带入，单击窗口工具栏中的“退出”按钮，关闭窗口，单击“期初余额录入”窗口工具栏中的“退出”按钮，完成操作。

3. 参照录入

本案例企业中的参照录入，主要是需要与应收应付系统对账的期初余额录入，通过先在应收、应付系统中进行期初余额录入(相应的操作详见 4.1.3 节和 4.2.3 节)，然后在总账中进行期初余额引入(详见 4.6.3 节)。

4. 通过录入下级科目自动得出

该类会计科目的期初余额，不需要通过人工录入，系统会依据其下级科目的账户期初余额，自动给出。因为有些会计科目之间，存在勾稽关系，系统可以自行处理。例如原材料科目的账户期初余额，可以通过在录入原材料类的主要原材料和其他原材料期初余额之后，系统自动计算其期初余额。

4.6.3 期初余额引入与对账

1. 期初余额引入与汇总

操作步骤如下(以应收账款为例)：

(1) 打开总账系统的“期初余额”页签。登录“企业应用平台”，在“业务导航视图”的“业务工作”导航条中选中“财务会计”|“总账”|“设置”|“期初余额”，打开“期初余额录入”窗口。

(2) 打开“辅助期初余额”窗口。选中“应收账款”科目所在行，双击打开“辅助期初余额”窗口，如图 4-36 所示。

辅助期初余额

科目名称 1122 应收账款

客户	业务员	方向	累计借方金额	累计贷方金额	金额
雪亮公司	-	借			819,000.00

图 4-36 总账“辅助期初余额”窗口

(3) 打开“期初往来明细”窗口。单击工具栏中的“往来明细”按钮，打开“期初往来明细”窗口，如图 4-37 所示。

期初往来明细

科目名称 1122 应收账款

日期	凭证号	客户	业务员	摘要	方向	金额	票号	票据日期	年度
2017-03-25		雪亮公司	-	往来期初引入	借	468,000.00	81090301	2017-03-25	2017
2017-03-25		雪亮公司	-	往来期初引入	借	351,000.00	81090301	2017-03-25	2017

图 4-37　总账“期初往来明细”窗口

(4) 引入。单击工具栏中的“引入”按钮，弹出消息框，询问“确定要引入期初吗?”，单击“是”按钮，系统将应收款系统中录入的 3 张发票信息引入总账，并显示在“期初往来明细”窗口中。

(5) 汇总。单击工具栏中的“汇总”按钮，系统汇总客户往来明细辅助期初，在弹出的多个对话框中单击“是”或“确定”按钮，直到返回“期初往来明细”窗口。

(6) 退出。单击“期初往来明细”窗口工具栏中的“退出”按钮，返回“辅助期初余额”窗口。

(7) 查询引入结果。单击“辅助期初余额”窗口工具栏中的“查找”按钮，在弹出的“查找”对话框中，单击“确定”按钮，返回“辅助期初余额”窗口，如图 4-36 所示。

(8) 退出并返回总账系统的“期初余额”页签。单击“期初往来明细”和“辅助期初余额”窗口工具栏中的“退出”按钮，关闭窗口。

(9) 重复步骤(2)～(8)，完成“一般应付账款”科目的期初余额数据引入和汇总。单击“期初余额录入”窗口工具栏中的“退出”按钮，完成操作。

2. 期初余额对账

操作步骤如下：

(1) 登录“企业应用平台”，在“业务导航视图”的“业务工作”导航条中选中“财务会计”|“总账”|“设置”|“期初余额”，打开“期初余额录入”窗口。

(2) 打开“期初对账”对话框。单击“对账”按钮，弹出“期初对账”对话框，提示将“核对总账上下级”“核对总账与辅助账”“核对辅助账与明细账”。

(3) 对账。单击“开始”按钮，系统开始对总账与应付账款、应收账款，总账与辅助账、辅助账与明细账进行核对，完成之后在“期初对账”对话框中给出对账结果。

(4) 退出。单击“取消”按钮，关闭对话框，完成操作。

提示：如果对账后发现有错误，可单击“显示对账错误”按钮，系统将把对账中发现的问题列出来。

3. 期初试算

操作步骤如下：

(1) 登录“企业应用平台”，在“业务导航视图”的“业务工作”导航条中选中“财务会计”|“总账”|“设置”|“期初余额”，打开“期初余额录入”窗口。

(2) 试算。单击“试算”按钮，弹出“期初试算平衡表”对话框，并给出试算结果如图 4-38 所示。

(3) 关闭对话框。单击“确定”按钮，返回“期初余额录入”窗口。

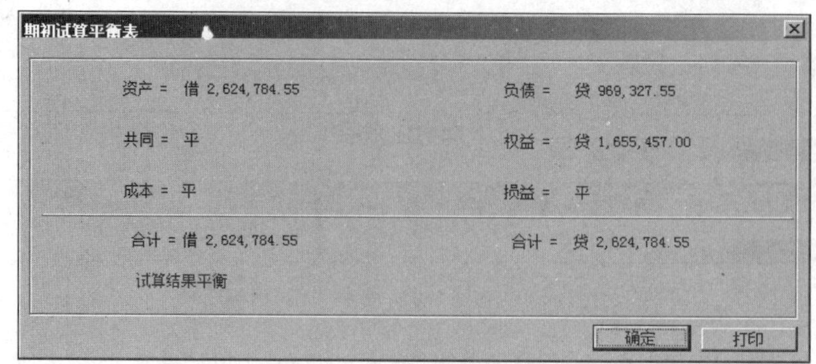

图 4-38 期初试算结果

(4) 关闭窗口。单击窗口工具栏中的“退出”按钮,关闭窗口,完成操作。

提示:在总账系统中,若有当月凭证记账了,则总账期初余额不能再修改。

4.7 成本管理期初设置

本节的任务是完成成本管理的成本核算体系设置、选项设置、产品属性定义和费用明细与总账接口的定义,费用分配率和分配范围的定义,以及成本管理的期初余额录入和期初记账。

4.7.1 设置成本核算体系

本案例企业的成本按实际成本核算。

操作步骤如下:

(1) 登录“企业应用平台”,在“业务导航视图”的“业务工作”导航条中选中“管理会计”|“成本管理”,弹出“成本核算体系选择”对话框,并且默认选择了“实际成本核算体系”。

(2) 单击对话框的“确定”按钮,弹出消息框,提示成本核算体系一旦选择确定将不能修改,询问是否继续,单击“是”按钮,关闭消息框,完成操作。

4.7.2 成本中心与项目目录设置

1. 成本中心档案

成本中心档案是独立收集成本的最小组织或责任单位,承担成本费用的流入、流出。通过成本中心,可以区分相关区域发生的费用和监控不同组织费用的发生情况。成本中心可以与部门的设置不一致,按其功能可区分为生产成本中心、辅助成本中心等。

本案例企业的各成本中心如表 4-26。

表 4-26 成本中心资料

成本中心代号	成本中心名称	生产属性
701	高端眼镜中心	基本生产
702	舒适眼镜中心	基本生产
703	普通眼镜中心	基本生产

操作步骤如下：

(1) 打开“成本中心档案”窗口。登录“企业应用平台”，在“业务导航视图”的“基础设置”导航条下，选中“基础档案”|“财务”|“成本中心”，打开“成本中心档案”窗口。

(2) 引入。单击窗口工具栏中的“引入”按钮，然后在弹出的“部门基本参照”窗口中选中701、702和703，然后单击窗口工具栏中的“确定”按钮，关闭窗口。

(3) 退出。单击“成本中心档案”窗口工具栏中的“退出”按钮，关闭窗口，完成操作。

2. 成本中心对照

成本中心对照是确定哪些部门或工作中心参与成本核算，以及确定辅助生产成本中心的辅助服务，是应用成本管理必须要设置的条件。

本案例企业的成本中心与车间一一对应，不核算工序产品成本。

操作步骤如下：

(1) 打开“成本中心对照”窗口。登录“企业应用平台”，在“业务导航视图”的“基础设置”导航条下，选中“基础档案”|“财务”|“成本中心对照”，打开“成本中心对照”窗口。

(2) 对应部门档案。单击窗口工具栏中的“自动”按钮，弹出消息框，提示引入成功，单击“确定”按钮关闭消息框。

(3) 退出。单击“成本中心对照”窗口工具栏中的“退出”按钮，关闭窗口，完成操作。

提示： 若成本核算方法没有选择“核算工序产品成本”，则部门编码为必输项；若选择了，则部门编码与工作中心编码必须输入其中一个。

3. 项目目录设置

企业在实际业务处理中会对多种类型的项目进行核算和管理，例如在建工程、对外投资、技术改造项目、项目成本管理、合同等。因此本产品提供项目核算管理的功能。可以将具有相同特性的一类项目定义成一个项目大类。一个项目大类可以核算多个项目，而为了便于管理，我们还可以对这些项目进行分类管理。例如可以将存货、成本对象、现金流量、项目成本等作为核算的项目分类。

使用项目核算与管理的首要步骤是设置项目档案。项目档案设置包括增加或修改项目大类，定义项目核算科目、项目分类、项目栏目结构，并进行项目目录的维护。为核算成本，本案例企业需要设置“成本对象”，并设置与物料清单对应的项目目录。

操作步骤如下：

(1) 打开“项目档案”对话框。登录“企业应用平台”，在“业务导航视图”的“基础设置”导航条下，选中“基础档案”|“财务”|“项目目录”，打开“项目档案”对话框。

(2) 定义项目大类。单击窗口工具栏中的“增加”按钮，打开“项目大类定义-增加”对话框，先选择“成本对象”单选按钮，然后多次单击“下一步”按钮，其他设置均采用系统默认值，最后单击“完成”按钮，关闭对话框。

(3) 定义项目分类。在“项目档案”对话框中选择“项目大类”为“成本对象”，然后单击“项目分类定义”选项卡，再单击右下角的“增加”按钮，输入“分类编码”为“1”，“分类名称”为“基本生产成本”，并单击“确定”按钮。

(4) 定义项目目录。在“项目档案”对话框中选择“项目目录”选项卡，单击右下角的“维护”按钮，打开“项目目录维护”窗口，单击窗口工具栏中的“引入”按钮，打开“项目档案导入”窗口，选择所有的物料，然后单击窗口工具栏中的“确定”按钮，系统提示引入成功，并返回

“项目目录维护”窗口，如图 4-39 所示。

项目目录维护

设置 输出 增加 删除 引入 查找 排序 过滤 全部 合并 定义取数关系

项目档案

项目编号	项目名称	是否结算	所属分类码	所属分类名称	Bom版本号	替代标识号	存货编码	存货名称	结构自由项1	结构自由项2
1001	高端低度老花镜		1	基本生产成本	10		1001	高端低度老花镜		
1002	高端中度老花镜		1	基本生产成本	10		1002	高端中度老花镜		
1003	高端高度老花镜		1	基本生产成本	10		1003	高端高度老花镜		
2001	舒适低度老花镜		1	基本生产成本	10		2001	舒适低度老花镜		
2002	舒适中度老花镜		1	基本生产成本	10		2002	舒适中度老花镜		
2003	舒适高度老花镜		1	基本生产成本	10		2003	舒适高度老花镜		
3001	普通低度老花镜		1	基本生产成本	10		3001	普通低度老花镜		
3002	普通中度老花镜		1	基本生产成本	10		3002	普通中度老花镜		
3003	普通高度老花镜		1	基本生产成本	10		3003	普通高度老花镜		

图 4-39　项目目录设置

(5) 退出。连续单击“退出”按钮，退出“项目目录维护”窗口和“项目档案”对话框，完成操作。

4.7.3　成本核算选项设置

企业在采用成本管理系统进行成本核算之前，要根据企业自身的生产特点和核算要求确定所要采用的成本核算方法。

成本核算选项设置，是设置成本核算方法、数据精度、人工费用来源、制造费用来源、折旧费用来源、存货数据来源、其他费用来源等。

本案例企业的成本核算方法是“全部统一”用“品种法或分步法”，存货数据来源于存货核算系统，人工费用来源于薪资管理，制造费用来源于总账系统，其他费用来源于手工录入，汇总表中“单价”的数据精度为“2”，“数量”的数据精度为“2”。

操作步骤如下：

(1) 打开“选项”对话框。登录“企业应用平台”，在“业务导航视图”的“业务工作”导航条中选中“管理会计”|“成本管理”“设置”|“选项”，打开“选项”对话框。

(2) 编辑成本核算方法。在“选项”对话框中，首先单击“编辑”按钮，使其处于编辑状态，在“成本核算方法”选项卡中选择“计算方法”区的“全部统一”单选按钮，选中“选择一种计算方法”区的“品种法或分步法”单选按钮(即设置核算方法是“全部统一”用“品种法或分步法”)，如图 4-40 所示。

小贴士

- 不能选中“启用‘生产制造’数据来源”复选框
- 本案例企业是使用品种法核算成本的，所以选用“品种法或分步法”。

(3) 设置存货数据来源。单击“选项”对话框中的“存货数据来源”选项卡，选中“来源于存货核算系统”单选按钮，将“出库类别”框中的“生产领料”选入“记入直接材料费用”框，将“入库类别”框中的“产成品入库”选入“记入入库数量”框，如图 4-41 所示。

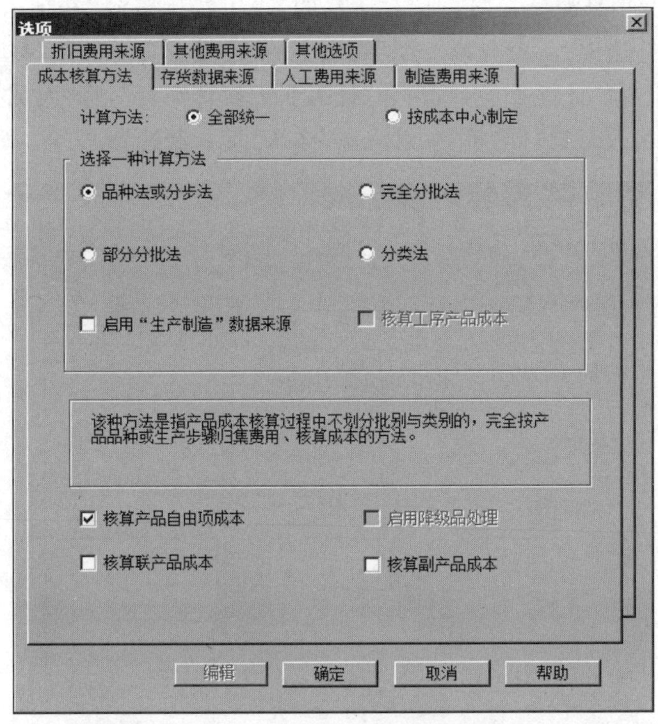

图 4-40　成本核算方法设置

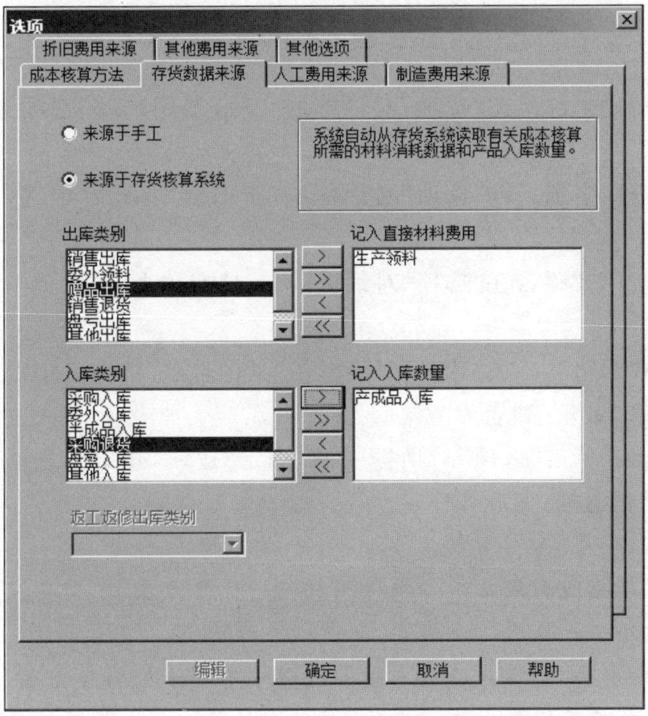

图 4-41　存货数据来源设置

(4) 设置人工费用来源。在“选项”对话框的“人工费用来源”选项卡中选中“来源于薪资管理”单选按钮，并选中“工资分摊类型”列表中的“计提工资总额”“单位承担社会保险费”“单位承担住房公积金”“计提工会会费”和“计提职工教育经费”，将“人员类别”框中的“生产人员”选入“计入直接人工费”框，将“生管人员”选入“计入制造费用”框，如图 4-42 所示。

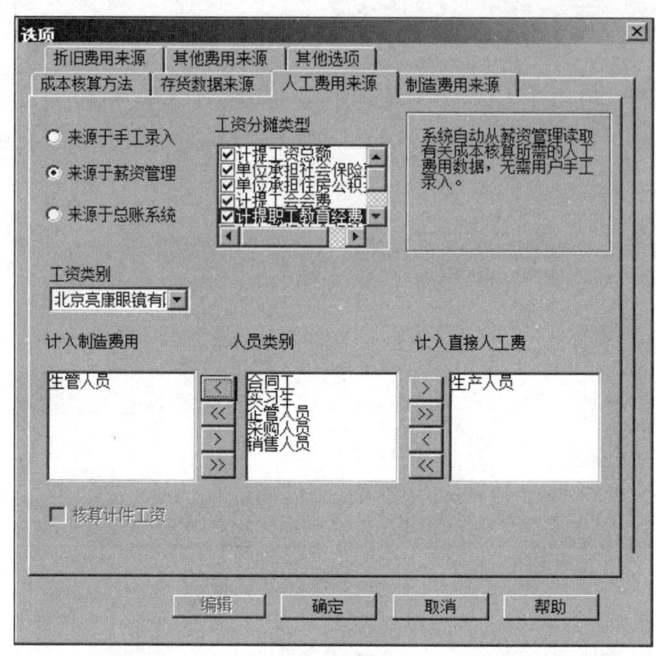

图 4-42 人工费用来源设置

(5) 设置制造费用来源。在“选项”对话框的“制造费用来源”选项卡中选中“来源于总账系统”单选按钮。

(6) 设置折旧费用来源。在“选项”对话框的“折旧费用来源”中选中“来源于固定资产系统”单选按钮。

(7) 设置其他费用来源。在“选项”对话框的“其他费用来源”中选中“来源于手工录入”单选按钮。

(8) 设置汇总数据精度。在“选项”对话框的“其他选项”选项卡中设置“数据精度(小数位)”区中的“单价”和“数量”列表为“2”。

(9) 确认并退出。单击“选项”对话框中的“确定”按钮，弹出消息框，提示设置的结果，单击“是”按钮，关闭消息框，完成操作。

提示：

- “全部统一”是指所有成本中心统一用相同的核算方法，不需要分别为某个成本中心设置核算方法。
- “品种法或分步法”是指产品成本核算过程中不划分批别与类别、完全按产品品种和核算步骤归集费用核算成本的方法，并可以计算出每个步骤的产品成本。
- 其他更详细的解释和说明，参见 11.1.5 节。

4.7.4 定义产品属性

定义产品属性是确认每月成本核算系统的产品核算范围和定义产品的大类(在成本报表的查询中,按产品的大类进行查询范围的细分)。但如果成本核算方法未选择“分类法”,则不能够定义产品属性的“产品大类”。

本案例企业的产品属性如图 4-43 所示。

注意:要得到最新的产品信息,请“刷新”!

	成本中心编码	成本中心名称	产品编码	产品名称	BOM版本号	规格型号	停用...	工序属性	订单状态	维修订...
1	701	高端眼镜中心	1001	高端低度老花镜	10	钛材100度	启用	自制	正常	否
2	701	高端眼镜中心	1002	高端中度老花镜	10	钛材150度	启用	自制	正常	否
3	701	高端眼镜中心	1003	高端高度老花镜	10	钛材400度	启用	自制	正常	否
4	702	舒适眼镜中心	2001	舒适低度老花镜	10	板材100度	启用	自制	正常	否
5	702	舒适眼镜中心	2002	舒适中度老花镜	10	板材150度	启用	自制	正常	否
6	702	舒适眼镜中心	2003	舒适高度老花镜	10	板材400度	启用	自制	正常	否
7	703	普通眼镜中心	3001	普通低度老花镜	10	塑料100度	启用	自制	正常	否
8	703	普通眼镜中心	3002	普通中度老花镜	10	塑料150度	启用	自制	正常	否
9	703	普通眼镜中心	3003	普通高度老花镜	10	塑料400度	启用	自制	正常	否

图 4-43 “定义产品属性”页签

操作步骤如下:

(1) 打开“定义产品属性”页签。登录“企业应用平台”,在“业务导航视图”的“业务工作”导航条中选中“管理会计”|“成本管理”|“设置”|“定义产品属性”,弹出“查询条件选择-定义产品属性”对话框,单击“确定”按钮,打开“定义产品属性”页签。

(2) 显示产品属性。单击工具栏中的“刷新”按钮,“定义产品属性”页签中显示信息如图 4-43 所示。

(3) 退出。单击“定义产品属性”页签的“关闭”按钮,关闭页签,完成操作。

4.7.5 定义费用明细与总账接口

定义费用明细与总账接口,就是定义制造费用与其他费用的明细。若在成本管理的选项设置中选择制造费用、其他费用、折旧、人工费用或共耗费用的数据来源于总账系统,则需要在此定义与总账接口的公式。

操作步骤如下:

(1) 打开“定义费用明细与总账接口”页签。登录“企业应用平台”,在“业务导航视图”的“业务工作”导航条中选中“管理会计”|“成本管理”|“设置”|“定义费用明细与总账接口”,打开“定义费用明细与总账接口”页签。

(2) 修改制造费用的成本习性。在“制造费用”选项卡的表体中设置“折旧”和“管理人员工资”的“成本习性”列为“固定成本”。

(3) 增加共耗人工费用。选择“共耗费用”选项卡,并单击工具栏中的“增加”按钮,在弹出的“部门基础参照”窗口中选择“700”(生管部)后单击“确定”按钮返回,然后单击工具栏中的“增行”按钮,并在表体的第 1 行,编辑“费用名称”为“共耗人工费用”,参照生成“取数公式”为“FS("510101",月,"借","517",年)”(制造费用下职工薪酬科目的本月借方发生额),

选择“成本习性”列为“固定成本”，最后单击工具栏中的“保存”按钮。

(4) 增加共耗折旧费用。单击工具栏中的“增行”按钮，并在表体的第 2 行，编辑“费用名称”为“共耗折旧费用”，参照生成“取数公式”为“FS("510103",月,"借","517",年)”(制造费用下折旧费科目的本月借方发生额)，选择“成本习性”列为“固定成本”，最后单击工具栏中的“保存”按钮。

(5) 退出。单击“定义费用明细与总账接口”页签的“关闭”按钮，关闭页签。

提示：

- 本案例企业的“制造费用”有明细，是各个成本中心的折旧费和管理人员工资，没有包括共耗的“制造费用”(即总账科目 5101)，故在此设置“共耗人工费用”和“共耗折旧费用”，分别对应制造费用的职工薪酬和折旧费。
- 如果企业的“制造费用”无明细，且“制造费用”默认来源于总账系统的数据，则需要定义制造费用与总账的接口，其接口公式为“FS("500103",月,,"517",年)”，即取生产成本制造费用的本期借方发生额。

4.7.6 定义分配率和分配范围

为了计算最终产成品的成本，需要将按成本中心归集的成本费用，在成本中心内部各产品之间以及在产品与完工产品之间进行分配。因此，在成本管理系统中，需要定义各种分配率，为系统自动计算产品成本提供计算依据。

同时，共用材料及公共费用，可以在选定的成本对象范围内进行分配，定义分配范围就是定义成本对象，可以设置“按基本产品”并“按实际核算对象”分配某一待分配费用值。

1. 定义分配率

所谓费用分配率，其实质是计算“权重”，即将某一待分配费用值，在各个应负担对象中分摊的比例，即费用在成本中心内部各产品间的分配率和在完工产品与在产品间的分配率。

本案例企业的费用与成本分配内容及方法，如表 4-27 和表 4-28 所示。表 4-27 中的第 1 行，表示共用材料分配率“全部统一”用“按产品产量”的方法分配，即全部成本中心的共用材料分配均采用“按产品产量”分配。

表 4-27 费用与成本分配内容及方法

分配费用内容	各成本中心费用分配一致性	分 配 方 法
共耗费用	“直接分配”的“全部统一”	按产品产量
共用材料	全部统一	按产品产量
直接人工费用	全部统一	按实际工时(人工)
制造费用	全部统一	按实际工时(机器)
在产品成本	全部统一	按产品约当产量

表 4-28　在产品约当产量系数

成本中心编码与名称	产品编码与名称	约当系数(人工)	约当系数(制造)	约当系数(材料)
701 高端眼镜中心	1001 高端低度老花镜	0.5	0.5	1
	1002 高端中度老花镜	0.5	0.5	1
	1003 高端高度老花镜	0.5	0.5	1
702 舒适眼镜中心	2001 舒适低度老花镜	0.5	0.5	1
	2002 舒适中度老花镜	0.5	0.5	1
	2003 舒适高度老花镜	0.5	0.5	1
703 普通眼镜中心	3001 普通低度老花镜	0.5	0.5	1
	3002 普通中度老花镜	0.5	0.5	1
	3003 普通高度老花镜	0.5	0.5	1

操作步骤如下：

(1) 打开“定义分配率”对话框，定义共耗费用分配率。登录“企业应用平台”，在“业务导航视图”的“业务工作”导航条中选中“管理会计”|“成本管理”|“设置”|“定义分配率”|“共耗费用分配率”，打开“定义分配率”对话框，选中对话框中的“全部统一”和“按产品产量”单选按钮，如图 4-44 所示。

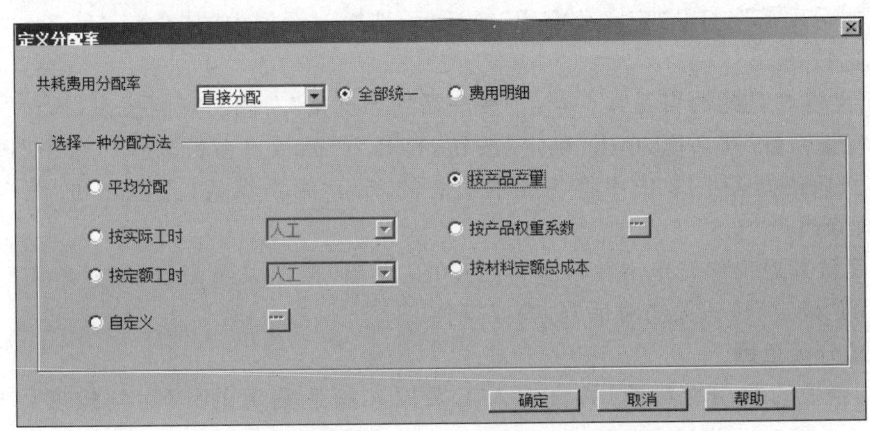

图 4-44　定义共耗费用分配率

(2) 退出“定义分配率”对话框。单击“确定”按钮，关闭对话框。

(3) 打开“定义分配率”对话框，定义共用材料分配率。登录“企业应用平台”，在“业务导航视图”的“业务工作”导航条中选中“管理会计”|“成本管理”|“设置”|“定义分配率”|“共用材料分配率”，打开“定义分配率”对话框，选中对话框中的“全部统一”和“按产品产量”单选按钮。

(4) 退出“定义分配率”对话框。单击“确定”按钮，关闭对话框。

(5) 打开“定义分配率”对话框，定义直接人工分配率。登录“企业应用平台”，在“业务导航视图”的“业务工作”导航条中选中“管理会计”|“成本管理”|“设置”|“定义分配率”|“直接人工分配率”，打开“定义分配率”对话框，选中对话框中的“全部统一”和“按实际工时”单

选按钮，并从“按实际工时”下拉列表中选择“人工”，如图 4-45 所示。

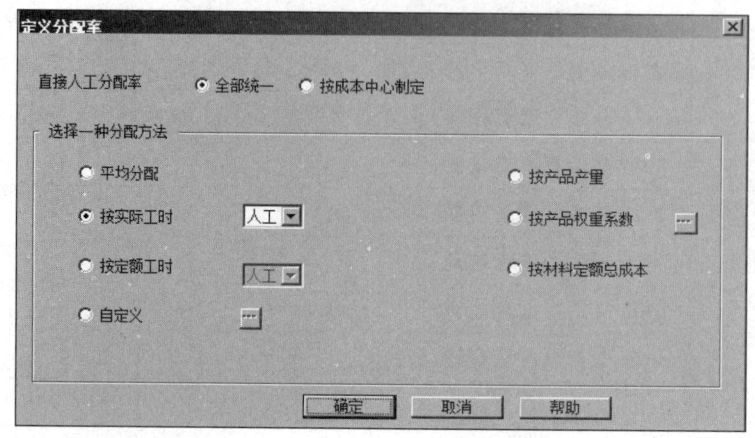

图 4-45　定义直接人工费用分配率

(6) 退出“定义分配率”对话框。单击“确定”按钮，关闭对话框。

(7) 定义制造费用分配率。重复步骤(3)和(4)，定义制造费用分配率为“全部统一”和“按实际工时(机器)”。

(8) 打开“定义分配率”对话框，定义在产品成本分配率。登录“企业应用平台”，在“业务导航视图”的“业务工作”导航条中选中“管理会计”|“成本管理”|“设置”|“定义分配率”|“在产品成本分配率”，打开“定义分配率”对话框，选中对话框中的“全部统一”和“按产品约当产量”单选按钮。

(9) 定义在产品的约当系数。单击“按产品约当产量”右侧的参照按钮，弹出“查询条件选择-产量权重系数”对话框，单击“确定”按钮，打开“产品权重系数”窗口，选中“固定比率”单选按钮，然后依据表 4-28 依次将各成本中心的产品“约当系数(人工)”和“约当系数(制造)”的系数修改为“0.5”。

(10) 确认并退出。先单击窗口工具栏中的“退出”按钮关闭窗口，然后单击“定义分配率”对话框的“确定”按钮关闭对话框，完成操作。

2. 定义分配范围

本案例企业的共用材料费用、直接人工费用和制造费用的分摊，均按实际核算对象分摊。

操作步骤如下：

(1) 打开“定义公共费用分配范围”页签。登录“企业应用平台”，在“业务导航视图”的“业务工作”导航条中选中“管理会计”|“成本管理”|“设置”|“定义分配范围”，弹出“查询条件选择-定义公共费用分配范围”对话框中，单击“确定”按钮，打开“定义公共费用分配范围”页签，如图 4-46 所示。

(2) 设置成本中心内共用材料的分摊范围。先在选择窗格中选中“高端眼镜中心”|“共用材料”，然后单击“增行”按钮，并在右侧上窗格中设置“分摊方式”为“在范围内分配”，“成本核算对象”为“按实际核算对象”，最后单击“刷新”和“全选”按钮，结果如图 4-46 所示。

(3) 重复步骤(2)，设置人工费用、制造费用和共耗费用的分摊范围，以及舒适眼镜中心和普通眼镜中心的共用材料费用、直接人工费用和制造费用的分摊范围。

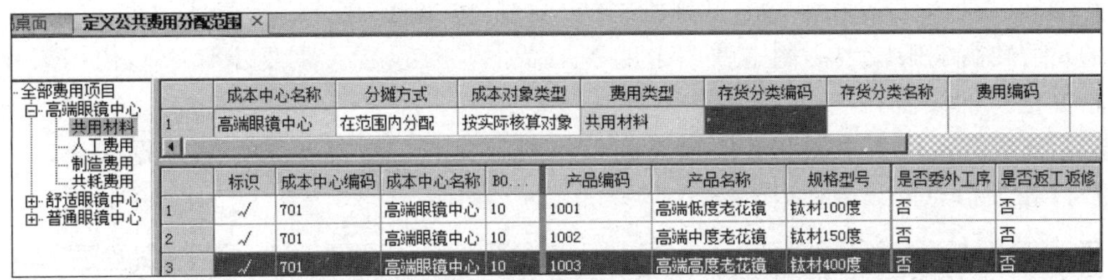

图 4-46　定义公共费用分配范围之共用材料费用

(4) 退出。单击“定义公共费用分配范围”页签的“关闭”按钮，关闭页签，完成操作。

4.7.7　凭证科目设置

成本管理子系统涉及的凭证按业务类型可分成 5 种：结转制造费用、结转辅助生产成本、结转盘点损失、结转产品耗用、结转直接人工，可以选择按业务类型、成本中心、订单类型、订单类别，灵活地定义各费用的借方科目、贷方科目及摘要。成本计算后，成本管理子系统可根据科目设置，在“定义凭证”时自动带出已定义科目(详见 11.5 节)。

案例企业的凭证科目设置如表 4-29 所示。

表 4-29　成本管理的凭证科目设置

业务类型	成本中心编码与名称	费用编码与名称	借方科目	贷方科目	摘要
结转制造费用	701 高端眼镜中心	1000 共耗人工费用	50010401 生产成本/共耗费用/人工	510101 制造费用/职工薪酬	结转共耗人工
结转制造费用	701 高端眼镜中心	1001 共耗折旧费用	50010402 生产成本/共耗费用/折旧	510103 制造费用/折旧费	结转共耗折旧
结转制造费用	702 舒适眼镜中心	1000 共耗人工费用	50010401 生产成本/共耗费用/人工	510101 制造费用/职工薪酬	结转共耗人工
结转制造费用	702 舒适眼镜中心	1001 共耗折旧费用	50010402 生产成本/共耗费用/折旧	510103 制造费用/折旧费	结转共耗折旧
结转制造费用	703 普通眼镜中心	1000 共耗人工费用	50010401 生产成本/共耗费用/人工	510101 制造费用/职工薪酬	结转共耗人工
结转制造费用	703 高普通眼镜中心	1001 共耗折旧费用	50010402 生产成本/共耗费用/折旧	510103 制造费用/折旧费	结转共耗折旧

操作步骤如下：

(1) 打开“科目设置”窗口。登录“企业应用平台”，在“业务导航视图”的“业务工作”导航条中选中“管理会计”|“成本管理”|“核算”|“凭证处理”|“科目设置”，打开“查询条件选择-科目设置”对话框。

(2) 结转高端眼镜中心制造费用中的职工薪酬的科目设置。单击工具栏中的“增行”按钮，系统在表体增加 1 行，然后选择“业务类型”为“结转制造费用”，参照生成“成本中心编码”为“701”、“费用编码”为“1000”，“借方科目”为“50010401”，“贷方科目”为“510101”，“摘要”为“结转共耗人工”，最后单击工具栏中的“刷新”按钮，保存并刷新窗体内容。

(3) 结转高端眼镜中心制造费用中的折旧费的科目设置。重复步骤(2)，依据表 4-29，完成相关信息的设置。

(4) 完成其他成本中心和费用项目的结转科目设置。重复步骤(2)，依据表 4-29，完成其他各行相关信息的设置，如图 4-47 所示。

易桌面 | 科目设置 ×

	业务类型	成...	成本中心名称	费用...	费用名称	订单...	订单...	订单...	借方科目	贷方科目	摘要
1	结转制造费用	701	高端眼镜中心	1000	共耗人工费用				50010401	510101	结转共耗人工
2	结转制造费用	701	高端眼镜中心	1001	共耗折旧费用				50010402	510103	结转共耗折旧
3	结转制造费用	702	舒适眼镜中心	1000	共耗人工费用				50010401	510101	结转共耗人工
4	结转制造费用	702	舒适眼镜中心	1001	共耗折旧费用				50010402	510103	结转共耗折旧
5	结转制造费用	703	普通眼镜中心	1000	共耗人工费用				50010401	510101	结转共耗人工
6	结转制造费用	703	普通眼镜中心	1001	共耗折旧费用				50010402	510103	结转共耗折旧

图 4-47　成本凭证科目设置结果

4.7.8　期初数据录入与记账

期初余额的录入记账是成本管理系统核算的起点，其期初余额是指上一会计期间的在产品成本。在此处录入的期初余额必须还原为明细成本费用的消耗数据，而且需要将车间所有不能归入在产品成本的剩余原材料做退库或假退料处理。在以后年度，系统自动将上年末的材料余额转入本年，不再需要做退料的工作。

期初数据核对无误后，可以单击“记账”按钮，但一经记账将不允许修改期初数据。案例企业没有期初余额，所以直接进行期初记账。

操作步骤如下：

(1) 打开“期初余额调整”页签。登录“企业应用平台”，在“业务导航视图”的“业务工作”导航条中选中“管理会计”|“成本管理”|“设置”|“期初余额调整”，并在弹出的“查询条件选择-期初余额调整”对话框中，单击“确定”按钮，打开“期初余额调整”页签。

(2) 记账。单击工具栏中的“记账”按钮，弹出消息框，询问“期初余额数据在成本计算后将不再允许被修改和变更，确定要继续本操作吗?”，单击“确定”按钮，关闭消息框。

(3) 退出。单击“建账期初余额”页签的“关闭”按钮，关闭页签，完成操作。

提示：

- 如果已启用总账系统，则本系统的记账日期必须大于总账系统的最大结账月份，而且可以与总账“对账”。
- 一旦执行“记账”，则期初数据不允许修改，可以“恢复”以后调整期初余额数据。
- 如果期初余额调整表进行了“恢复”操作，退出后未做“记账”，则本月及以前月份各数据录入表、核算、预测、分析功能均不能执行。

4.8　生产规划期初设置

生产规划，包括主生产计划(MPS)和物料需求规划(MRP)。MPS 和 MRP 计划执行前，需要首先进行一些准备工作，包括设置系统参数、执行“累计提前天数推算”等。

4.8.1 累计提前天数推算

累计提前天数推算，是计算各物料的累计提前天数，并更新存货主档及 MPS/MRP 系统参数的最长累计提前天数。

4.8.2 MPS 计划参数设置

MPS 计划参数设置，就是设置 MPS 计划的相关参数，作为 MPS 展开计算时所依据的条件，但其输入值只是作为 MPS 计划生成的默认值，在 MPS 计划生成前可修改。

本案例企业的 MPS 计划参数，除系统默认的外，还需要进行以下设置：

① 编辑“计划代号”为“JHMPS”，“计划说明”为“主计划 MPS”，选中“默认计划”和“是否生效”复选框。

② 选择“需求时栅”为“SZ01”，设置“截止日期”为“2017-4-30”。

③ “计划时考虑”生产订单、委外订单、请购订单、采购订单和计划订单。

④ 选中“供需追溯”，“逾期时正向排程”复选框。

操作步骤如下：

(1) 打开“MPS 计划参数维护”页签。登录“企业应用平台”，在“业务导航视图”的“业务工作”导航条中选中“生产制造”|“主生产计划”|“基本资料维护”|“MPS 计划参数维护”，打开“MPS 计划参数维护”页签。

(2) 打开“MPS 计划参数维护”对话框。单击工具栏中的“增加”按钮，弹出“MPS 计划参数维护”对话框，如图 4-48 所示。

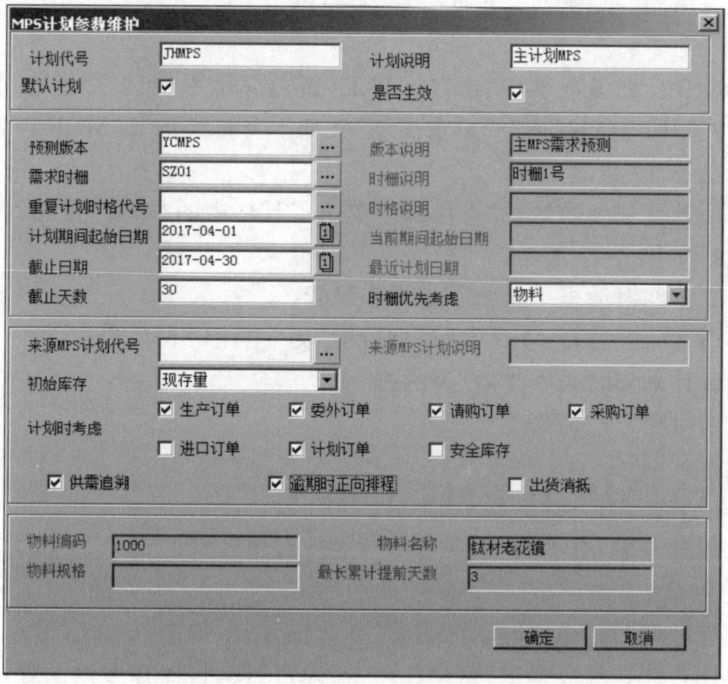

图 4-48 “MPS 计划参数维护”对话框

(3) 在对话框中做如下编辑和设置。

① 编辑“计划代号”为“JHMPS”,“计划说明”为“主计划 MPS”。

② 选中“默认计划”和“是否生效”复选框。

③ 选择“需求时栅”为“SZ01”。

④ 编辑“截止日期”为 2017-4-30。

⑤ 选中“计划时考虑”的“生产订单”“委外订单”“请购订单”“采购订单”和“计划订单”复选框。

⑥ 选中“供需追溯”和“逾期时正向排程”复选框,如图 4-48 所示。

(4) 单击“确定”按钮,关闭对话框。

(5) 退出。单击“MPS 计划参数维护”页签的“关闭”按钮,关闭页签,完成操作。

4.8.3 MRP 计划参数设置

MRP 计划参数设置,就是设置 MRP 计划的相关参数,作为 MRP 展开计算时所依据的条件,但其输入值只是作为 MRP 计划生成的默认值,在 MRP 计划生成前可修改。

本案例企业的 MRP 计划参数,除系统默认的外,还需要进行以下设置。

① 编辑“计划代号”为“JHMRP”,“计划说明”为“主计划 MRP”。

② 选中“默认计划”和“是否生效”复选框。

③ 选中“需求时栅”为“SZ01”,设置“截止日期”为“2017-4-30”。

④ 设置“来源 MPS 计划代号”为“JHMPS”,“计划时考虑”选中“计划时考虑”右边的“生产订单”“委外订单”“请购订单”“采购订单”和“计划订单”复选框。

⑤ 选中“供需追溯”和“逾期时正向排程”复选框。

操作步骤如下:

(1) 打开“MRP 计划参数维护”窗口。登录“企业应用平台”,在“业务导航视图”的“业务工作”导航条中选中“生产制造”|“需求规划”|“基本资料维护”|“MRP 计划参数维护”,打开“MRP 计划参数维护”页签。

(2) 打开“MRP 计划参数维护”对话框。单击工具栏中的“增加”按钮,弹出“MRP 计划参数维护”对话框,如图 4-49 所示。

(3) 参数设置。在对话框中做如下编辑和设置。

① 编辑“计划代号”为“JHMRP”,“计划说明”为“主计划 MRP”。

② 选中“默认计划”和“是否生效”复选框。

③ 选中“需求时栅”为“SZ01”。

④ 编辑“截止日期”为 2017-4-30。

⑤ 参照生成“来源 MPS 计划代号”为“JHMPS”。

⑥ 选中“计划时考虑”右边的“生产订单”“委外订单”“请购订单”“采购订单”和“计划订单”复选框。

⑦ 选中“供需追溯”和“逾期时正向排程”复选框,结果如图 4-49 所示。

(4) 返回“MRP 计划参数维护”窗口。单击“确定”按钮,保存参数设置,关闭对话框。

(5) 退出。单击“MRP 计划参数维护”窗口工具栏中的“关闭”按钮,关闭窗口,完成操作。

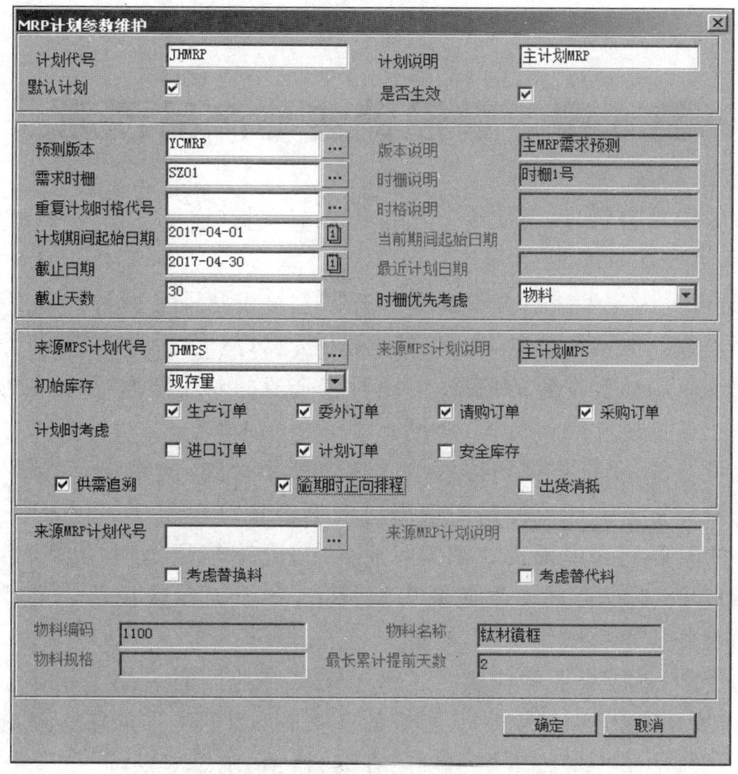

图 4-49 “MRP 计划参数维护”对话框

4.9 实验报告内容

1. 将在销售订单显示格式中增加“预完工日期”栏的格式设置对话框，拷屏后粘贴在实验报告中。
2. 销售订单中为何要设置“预完工日期”？
3. 查看本企业的库存期初结存，并将结果界面拷屏后粘贴在实验报告中。
4. 查看本企业的存货核算期初余额，并将结果界面拷屏后粘贴在实验报告中。
5. 查看本企业的存货科目设置，并将结果界面拷屏后粘贴在实验报告中。
6. 查看本企业的存货对方科目设置，并将结果界面拷屏后粘贴在实验报告中。
7. 查看本企业的客户价格，并将结果界面拷屏后粘贴在实验报告中。
8. 查看本企业的总账期初余额，并将结果界面拷屏后粘贴在实验报告中。
9. 查看本企业的应收账款期初余额明细，并将结果界面拷屏后粘贴在实验报告中。
10. 查看本企业的应付账款期初余额明细，并将结果界面拷屏后粘贴在实验报告中。
11. 将总账的“试算”平衡结果，拷屏后粘贴在实验报告中。
12. 在用友 ERP-U8 中，账户的期初余额录入，分为哪 4 种情况？举例说明。
13. 查看“库存商品”账户期初余额明细，并将结果界面拷屏后粘贴在实验报告中。

第 5 章　普通销售与产品预测

用友 ERP-U8 的销售管理，可实现一次销售全部发货（详见 5.1 节和 5.2 节），以及一次销售分批发货（详见 5.3 节和 9.1 节）。

普通销售，又可分为先发货后开票业务和开票直接发货业务两种。先发货后开票业务，是指根据销售订单或其他销售合同，向客户先发出货物，然后根据发货单开票的业务。发货单作为仓库出货及填制销售发票的依据，可以对应企业的专用票据，如销售小票、提货单、发送单等。相关的业务描述和操作流程，详见 5.1 节和 9.1 节。

开票直接发货业务，是指根据销售订单或其他销售合同，向客户开具销售发票，客户根据发票到指定仓库提货。一般流程是销售部门根据销售订单生成销售发票，客户或送货人依据销售发票中的某联到仓库提货。在实际业务中，仓库依据销售发票中的某联作为出货依据，但用友 ERP-U8 系统会自动生成销售发货单，并根据参数设置自动或手工生成销售出库单。相关的业务描述和操作流程，详见 5.2 节。

销售货物的货款，形成企业的应收款。由于案例企业同时启用了销售管理和应收款管理系统，所以销售发票由销售系统录入（相应的业务，可参见本书的第 5 章和第 9 章），在应收款管理系统中对这些单据进行审核、弃审、查询、核销、制单等处理。

用友 ERP-U8 的应收款管理中收款单据处理，主要是对结算单据（收款单、付款单即红字收款单）的录入与审核。单据核销，是指应用收款来核销应收款的工作。相应的业务，可参见 10.4.1 节。

本章的操作，按照业务描述中的系统日期（例如 2017 年 4 月 1 日）和操作员（如销售主管赵飞、财务部会计张兰等），在第 4 章完成的基础上，在销售管理、库存管理、存货核算和应收款管理系统中进行。

如果没有完成第 4 章的账套期初设置与期初记账的操作，可以到百度网盘空间（网盘地址：https://pan.baidu.com/s/1eSxB2uQ，密码：pxsn）的"实验账套数据"文件夹中，将"04 期初记账.rar"下载到实验用机上，然后引入（操作步骤详见 1.3.5 节）到用友 ERP-U8 系统中。此外，本章完成的账套，其输出压缩的文件名为"05 普通销售.rar"。

需要说明如下：

(1) 因网盘中的账套备份文件均为压缩文件，所以在下载完成后引入之前，需要用解压缩工具进行解压（建议用 WinRAR 3.42 或以上版本），得到相应可以引入的账套数据文件。

(2) 本章的所有业务实验操作都有配套的微视频，可以通过扫描二维码或者到指定的网页去观看。本书配套的微视频均存放在网盘中。

本章建议的授课时间，理论课为 2 学时，实验课为 2 学时。理论部分主要讲解普通销售业务的业务类型、流程和单据状态的转换，销售定金收款业务，以及产品预测处理，内容可参见5.1～5.4 节的相关讲解和本书配套的课件。

实验目的与要求如下：

(1) 理解销售管理系统的作用及其与其他管理部门的关系。

(2) 理解销售普通业务的业务流和数据流。

(3) 理解先发货后开票和开票直接发货的操作差异。

(4) 理解产品预测订单的作用。

(5) 熟练掌握普通销售业务和产品预测订单的操作。

5.1 先发货后开票(有代垫运费)业务

普通销售业务根据“发货—开票”的实际业务流程不同,可以分为两种业务模式。系统处理两种业务模式的流程不同,但允许两种流程并存。系统判断两种流程的最本质区别是先录入发货单还是先录入发票。

先发货后开票模式,是先录入发货单,再根据发货单开票。

【业务描述】

2017 年 4 月 1 日,销售部赵飞与光明公司签订销售合同(合同编号 XS001,相应单据如图 5-1 所示),出售高端低度老花镜 100 副(无税单价 420 元)、普通低度老花镜 500 副(无税单价 180 元),增值税 17%,货到 30 天之内结清货款。本公司当日发货,并用现金代垫运费 1110 元。

购销合同 合同编号:XS001

卖方:北京亮康眼镜有限公司

买方:北京光明眼镜公司

为保护买卖双方的合法权益,买卖双方根据《中华人民共和国合同法》的有关规定,经友好协商,一致同意签订本合同,共同遵守。

一、货物的名称、数量及金额

货物的名称	规格型号	计量单位	数量	单 价(不含税)	金 额(不含税)	税 率	价税合计
高端低度老花镜		副	100	420.00	42000.00	17%	49140.00
普通低度老花镜		副	500	180.00	90000.00	17%	105300.00
合计					¥132000.00		¥154440.00

二、合同总金额:人民币壹拾伍万肆仟肆佰肆拾元整(¥154440.00)。

三、付款时间及付款方式:

付款时间:自交货当日 30 日内,买方向卖方支付全部货款,即人民币壹拾伍万肆仟肆佰肆拾元整(¥154440.00)。

付款结算方式:转账支票

四、时间与地点:交货时间为 2017 年 4 月 1 日,交货地点:北京光明眼镜公司

五、发运方式与运输费用承担方式:由卖方负责发货并以现金代垫运费人民币壹仟壹佰壹拾元整。

卖　　方:北京亮康眼镜有限公司　　　　买　　方:北京光明眼镜公司

授权代表:赵飞　　　　授权代表:刘欣

日期:2017 年 4 月 1 日　　　　日期:2017 年 4 月 1 日

图 5-1　合同 XS001

光明公司当日收到货物并确认合格后,本公司开具货款的增值税发票(票号为 88170401,价税合计 154440 元,相应单据如图 5-2 所示),货款发票和运费发票随后寄出,款项尚未收到。

本笔业务是一次销售全部发货出库的先发货后开票业务,还涉及代垫运费的处理,需要填制并审核销售订单和发货单,审核出库单,填制并复核销售发票,填制并审核代垫费用销

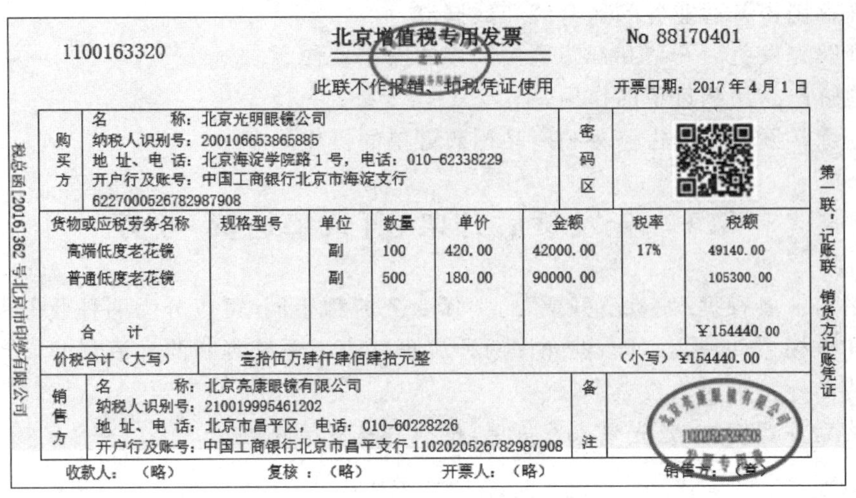

图 5-2　合同 XS001 的销售发票

售应收确认和代垫运费的应收确认。

备注：案例企业的产成品存放于产成品仓库，因为产成品仓库的计价方式是全月平均法，所以本业务的销售成本结转，将在月末进行，相关操作详见 11.3 节。

【虚拟业务场景】

人物：

赵飞（销售部主管）

刘欣（光明公司采购部）

李莉（仓库主管）

张兰（财务部会计）

罗迪（财务部出纳）

曾志伟（财务主管）

场景 1：与光明公司签订亮康老花镜的销售合同，填制并审核销售订单

（光明公司采购部打来电话）

赵飞：喂，您好，这里是亮康公司销售部。

刘欣：您好！我是光明公司采购部的采购员。我们想订购老花镜，请问你们的眼镜价格和质量怎么样？

赵飞：眼镜的质量没有问题，高端低度老花镜无税单价为 420 元，普通低度老花镜无税单价为 180 元。

刘欣：那我们订高端低度老花镜 100 副和普通低度老花镜 500 副，今天就要货，运费可自付。

赵飞：（现存量查询之后……）好的，我们先代垫运费，共 1110 元，合作愉快！

（赵飞填制并审核销售订单……）

场景 2：销售部填制发货单并审核

（赵飞参照销售订单生成发货单，并审核）

场景 3：赵飞填制并复核销售专用发票和运费的代垫费用单

（赵飞填制并复核销售专用发票）

（赵飞填制并审核代垫费用单）

场景 4：赵飞通知仓管部发货，仓管部审核销售出库单

赵飞：李总，光明公司订购了高端低度老花镜 100 副和普通低度老花镜 500 副，请您安排一下发货吧。

李莉：好的，我们马上准备。

（仓管部出库完成后，李莉审核出库单……）

场景 5：曾志伟提醒会计张兰进行应收确认

曾志伟：小张，今天有一笔应收业务，请尽快完成应收确认。

张兰：好的，我马上处理。（应收单据的审核与制单……）

【操作指导】

1. 操作流程图

本业务的操作流程如图 5-3 所示。

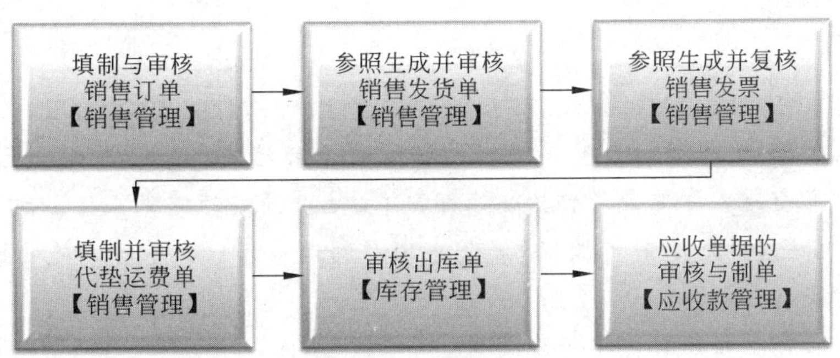

图 5-3　业务的操作流程

提示：操作流程图的每个流程框中，“【××】”（如【总账】）是操作的模块。

2. 场景 1 的操作步骤

操作时间：确认系统日期和业务日期为 2017 年 4 月 1 日。

视频观看：手机扫描二维码即可观看相关操作。

任务说明：销售主管赵飞填制与审核销售订单。

操作步骤如下：

(1) 打开“销售订单”页签。登录“企业应用平台”，在“业务导航视图”的“业务工作”导航条中选中“供应链”|“销售管理”|“销售订货”|“销售订单”，打开“销售订单”页签。

(2) 编辑销售订单。单击工具栏中的“增加”按钮，新增一张销售订单，并做如下编辑。

① 编辑表头。修改“订单号”为“XS001”，“客户简称”为“光明公司”，“销售部门”为“销售部”，“业务员”为“赵飞”，“备注”为“销售老花镜有代垫运费”，其他项默认。

② 编辑表体。在第 1 行参照生成“存货名称”为“高端低度老花镜”，编辑“数量”为“100”，“无税单价”为“420”元；第 2 行参照生成“存货名称”为“普通低度老花镜”，编辑“数

量”为“500”,“无税单价”为“180”元;其他项默认。

(3) 保存。单击工具栏中的“保存”按钮,保存该订单,如图 5-4 所示。

销售订单

打印模板 销售订单打印模板

表体排序

合并显示 □

必有定金 否　　订单号 XS001　　订单日期 2017-04-01

业务类型 普通销售　　销售类型 批发销售　　客户简称 光明公司

付款条件　　销售部门 销售部　　业务员 赵飞

税率 17.00　　币种 人民币　　汇率 1

备注 销售老花镜有代垫运费　　定金原币金额

	存货编码	存货名称	规格型号	主计量	数量	无税单价	无税金额	税额	价税合计	预发货日期
1	1001	高端低度老…	钛材100度	副	100.00	420.00	42000.00	7140.00	49140.00	2017-04-01
2	3001	普通低度老…	塑料100度	副	500.00	180.00	90000.00	15300.00	105300.00	2017-04-01

图 5-4　业务 5.1 的销售订单

(4) 审核。单击工具栏中的“审核”按钮,完成审核工作。

(5) 退出。单击“销售订单”页签的“关闭”按钮,关闭页签,完成操作。

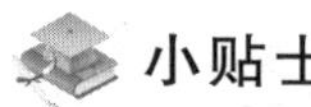

小贴士

- 销售订单可修改、删除、审核、弃审、关闭、打开,可以行关闭、行打开。
- 工业版账套中,未审核未整单关闭的销售订单可锁定、解锁;系统将已锁定、已审核的未关闭的销售订单余量作为需求规划、主生产计划的需求来源。相关的业务设计与操作指导,参见本系列教程之《企业生产制造应用——基于用友 ERP-U8 产品的微课教程》。
- 已审核未关闭的销售订单可以变更。
- 已审核未关闭的销售订单可参照生成销售发货单、销售发票。

3. 场景 2 的操作步骤

操作时间:确认系统日期和业务日期为 2017 年 4 月 1 日。

视频观看:手机扫描二维码即可观看相关操作。

任务说明:销售主管赵飞参照生成与审核销售发货单。

操作步骤如下:

(1) 打开“发货单”页签。登录“企业应用平台”,在“业务导航视图”的“业务工作”导航条中选中“供应链”|“销售管理”|“销售发货”|“发货单”,打开“发货单”页签。

(2) 参照销售订单生成发货单。单击工具栏中的“增加”按钮,弹出“查询条件选择-参照订单”对话框,单击“确定”按钮,打开“参照生单”窗口。在上窗格中,选中要选择的销售订单(订单编号为 XS001) 所对应的“选择”栏,使其出现“Y”字样;再单击窗口工具栏中的“OK 确定”按钮,返回“发货单”页签,此时相关的信息已经有默认值,保持数据不变。

(3) 保存。单击工具栏中的“保存”按钮,保存该发货单,结果如图 5-5 所示。

发货单

打印模板 | 发货单打印模板

表体排序

合并显示 □

发货单号 0000000001 | 发货日期 2017-04-01 | 业务类型 普通销售
销售类型 批发销售 | 订单号 XS001 | 发票号
客户简称 光明公司 | 销售部门 销售部 | 业务员 赵飞
发货地址 | 发运方式 | 付款条件
税率 17.00 | 币种 人民币 | 汇率 1
备注 销售老花镜有代垫运费

	仓库名称	存货编码	存货名称	规格型号	主计…	数量	含税单价	无税单价	无税金额	税额	价税合计
1	产成品仓库	1001	高端低度老花镜	钛材100度	副	100.00	491.40	420.00	42000.00	7140.00	49140.00
2	产成品仓库	3001	普通低度老花镜	塑料100度	副	500.00	210.60	180.00	90000.00	15300.00	105300.00

图 5-5　业务 5.1 的销售发货单

(4) 审核。单击工具栏中的“审核”按钮，完成审核工作(根据本公司的账套初始设置，系统将自动生成销售出库单)。

(5) 退出。单击“发货单”页签的“关闭”按钮，关闭页签，完成操作。

小贴士

在先发货后开票模式下(即发货单由销售部门参照销售订单生成或手工录入；发货单审核后，生成销售发票、销售出库单)：

- 销售发货单可以手工增加，也可以参照销售订单生成。
- 销售发货单可以修改、删除、审核、弃审、关闭、打开，可以行关闭、行打开。
- 已审核未关闭的销售发货单，可参照生成销售发票。
- 与库存管理系统集成使用时，如在销售管理系统的销售选项设置，设置“业务控制”为“销售生成出库单”，则销售发货单审核时自动生成销售出库单；否则在库存管理系统中参照发货单生成出库单。

4. 场景 3 的操作步骤

操作时间：确认系统日期和业务日期为 2017 年 4 月 1 日。

视频观看：手机扫描二维码即可观看相关操作。

任务说明：销售主管赵飞参照生成与复核销售专用发票，填制与审核代垫运费单。

操作步骤如下：

(1) 打开“销售专用发票”页签。登录“企业应用平台”，在“业务导航视图”的“业务工作”导航条中选中“供应链”|“销售管理”|“销售开票”|“销售专用发票”，打开“销售专用发票”页签。

(2) 参照发货单生成销售专用发票。

① 新增一张发票。单击工具栏中的“增加”按钮，弹出“查询条件选择-参照订单”对话框，本业务需要参照销售发货单生成，所以单击“取消”按钮，关闭对话框。

② 打开“参照生单”窗口。单击工具栏中的“生单”|“参照发货单”下拉按钮，弹出“查询

条件选择-发票参照发货单”对话框，单击“确定”按钮，打开“参照生单”窗口。

③ 选单。单击窗口工具栏中的“全选”按钮，以选中相应的销售发货单（其对应的“订单号”为“XS001”），然后单击工具栏中的“OK 确定”按钮，关闭窗口，此时销售发票上已经有系统默认的信息。

（3）编辑并保存销售专用发票。在“销售专用发票”页签中，编辑表头的“发票号”为“88170401”，然后单击工具栏中的“保存”按钮，如图 5-6 所示。

销售专用发票

打印模版 销售专用发票打印

表体排序

合并显示

发票号 88170401 开票日期 2017-04-01 业务类型 普通销售

销售类型 批发销售 订单号 XS001 发货单号 0000000001

客户简称 光明公司 销售部门 销售部 业务员 赵飞

付款条件 客户地址 北京海淀学院路1号 联系电话 010-62338229

开户银行 工行海淀支行 账号 6227000526782987908 税号 200106653865885

币种 人民币 汇率 1 税率 17.00

备注 销售老花镜有代垫运费

	仓库名称	存货编码	存货名称	规格型号	主计量	数量	报价	含税单价	无税单价	无税金额	税额	价税合计
1	产成品仓库	1001	高端低度老花镜	钛材100度	副	100.00	420.00	491.40	420.00	42000.00	7140.00	49140.00
2	产成品仓库	3001	普通低度老花镜	塑料100度	副	500.00	180.00	210.60	180.00	90000.00	15300.00	105300.00

图 5-6 业务 5.1 的销售专用发票

小贴士

- 如果在业务中，需要开具专用发票，则需要在客户档案中将税号、银行等相关信息录入完全，U8 系统会按税务要求对发票的相关信息进行检查。
- 在先发货后开票模式下，参照销售发货单生成销售发票；销售发票可以修改、删除、复核、弃复。

（4）复核销售专用发票。单击工具栏中的“复核”按钮，复核该销售专用发票。

（5）编辑并保存代垫运费单。单击工具栏中的“代垫”按钮，打开“代垫费用单”页签。在表体，参照生成“费用项目”为“运输费”，编辑“代垫金额”为“1110”元，然后单击工具栏中的“保存”按钮，保存该单据，结果如图 5-7 所示。

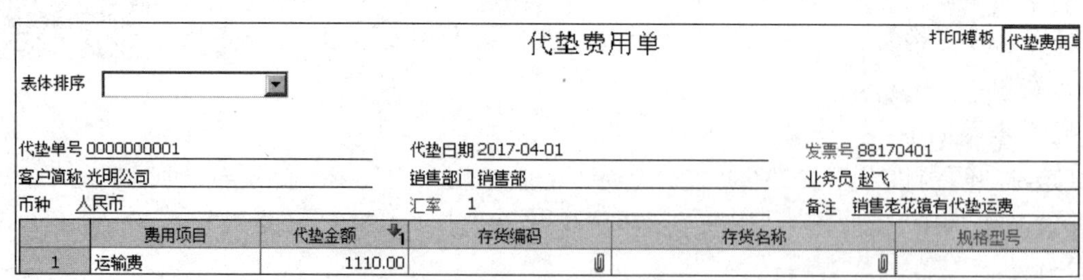

代垫费用单

打印模版 代垫费用单

表体排序

代垫单号 0000000001 代垫日期 2017-04-01 发票号 88170401

客户简称 光明公司 销售部门 销售部 业务员 赵飞

币种 人民币 汇率 1 备注 销售老花镜有代垫运费

	费用项目	代垫金额	存货编码	存货名称	规格型号
1	运输费	1110.00			

图 5-7 业务 5.1 的代垫费用单

（6）审核。单击工具栏中的“审核”按钮，完成审核工作。

（7）退出。单击“代垫费用单”和“销售专用发票”页签的“关闭”按钮，关闭页签，完成操作。

小贴士

- 代垫费用单的税额为0。
- 代垫费用单不能做现结处理。
- 代垫费用单可以修改、删除、审核、弃审。
- 代垫费用单审核后，自动生成可在应收款管理系统中处理的其他应收单，弃审时自动删除生成的其他应收单。

5. 场景4的操作步骤

操作时间：确认系统日期和业务日期为2017年4月1日。

视频观看：手机扫描二维码即可观看相关操作。

任务说明：仓库主管李莉审核销售出库单。

操作步骤如下：

(1) 打开"销售出库单"页签。登录"企业应用平台"，在"业务导航视图"的"业务工作"导航条中选中"供应链"|"库存管理"|"出库业务"|"销售出库单"，打开"销售出库单"页签。

(2) 查阅并审核销售出库单。单击工具栏中的"末张"按钮，查阅到相应的销售出库单；然后单击工具栏中的"审核"按钮，弹出消息框，提示审核成功；单击"确定"按钮，完成审核工作，如图5-8所示。

销售出库单　　销售出库单打印模板

表体排序　　◉ 蓝字　○ 红字　　合并显示 □

出库单号 0000000001　　出库日期 2017-04-01　　仓库 产成品仓库

出库类别 销售出库　　业务类型 普通销售　　业务号 0000000001

销售部门 销售部　　业务员 赵飞　　客户 光明公司

审核日期 2017-04-01　　备注 销售老花镜有代垫运费

	存货编码	存货名称	规格型号	主计量单位	数量	单价	金额
1	1001	高端低度老花镜	钛材100度	副	100.00		
2	3001	普通低度老花镜	塑料100度	副	500.00		

图5-8　业务5.1的销售出库单

(3) 退出。单击"销售出库单"页签的"关闭"按钮，关闭页签，完成操作。

小贴士

- 本案例企业的产成品仓库是全月平均法计价，所以销售出库单上没有单价和金额。
- 销售出库单，可随时进行出库记账。本案例将在第10章统一记账并生成凭证。

6. 场景5的操作步骤

操作时间：确认系统日期和业务日期为2017年4月1日。

视频观看：手机扫描二维码即可观看相关操作。

任务说明：财务部会计张兰进行应收单据的审核与制单。

操作步骤如下：

1）财务部会计张兰进行销售专用发票和代垫费用单的应收审核

(1) 打开“单据处理”页签。登录“企业应用平台”，在“业务导航视图”的“业务工作”导航条中选中“财务会计”|“应收款管理”|“应收单据处理”|“应收单据审核”，弹出“应收单查询条件”对话框，单击“确定”按钮，打开“单据处理”页签。

(2) 审核应收单据。在“单据处理”页签中，系统已列出本业务的销售专用发票和代垫费用单，单击工具栏中的“全选”按钮，以选中这两个单据，然后单击工具栏中的“审核”按钮，弹出消息框，提示审核成功，单击“确定”按钮，关闭消息框。

说明：已审核的单据，其“审核人”栏有操作员姓名，例如张兰。

(3) 退出。单击“单据处理”页签的“关闭”按钮，关闭页签，完成操作。

2）财务部会计张兰进行销售专用发票和代垫费用的应收制单

(1) 打开应收“制单”页签。登录“企业应用平台”，在“业务导航视图”的“业务工作”导航条中选中“财务会计”|“应收款管理”|“制单处理”，在弹出的“制单查询”对话框中，确认已选中“发票制单”和“应收单制单”复选框，然后单击“确定”按钮，打开“制单”页签。

(2) 编辑并保存凭证。

① 生成凭证。单击工具栏中的“全选”按钮，以选中本业务填制的销售专用发票和代垫运费单，再单击“制单”按钮，打开“填制凭证”页签，并默认显示第1张凭证（销售专用发票对应的凭证）的信息为借记应收账款，贷记主营业务收入、销项税额。

② 保存第1张凭证。单击工具栏中的“保存”按钮，结果如图5-9所示。

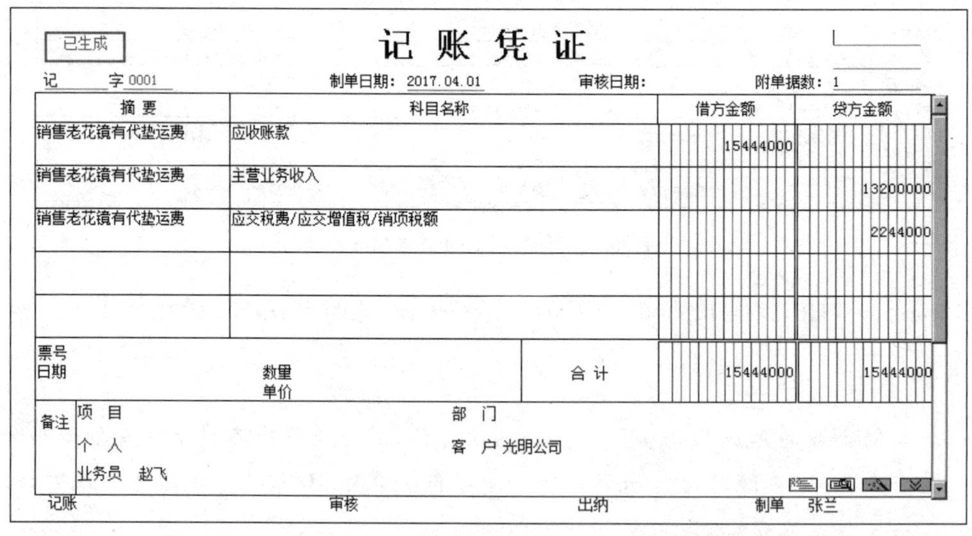

已生成

记账凭证

记 字 0001　　制单日期：2017.04.01　　审核日期：　　附单据数：1

摘要	科目名称	借方金额	贷方金额
销售老花镜有代垫运费	应收账款	15444000	
销售老花镜有代垫运费	主营业务收入		13200000
销售老花镜有代垫运费	应交税费/应交增值税/销项税额		2244000
票号 日期　　数量 单价	合计	15444000	15444000

备注　项目　　部门
个人　　客户 光明公司
业务员 赵飞

记账　　审核　　出纳　　制单 张兰

图5-9　业务5.1的销售专用发票制单结果

③ 编辑第2张凭证。单击工具栏中的“下张凭证”按钮，系统默认显示第2张凭证（代垫费用对应的凭证）的信息为借记应收账款，贷记库存现金，修改“摘要”为“代垫运费”，然后单击“保存”按钮，如图5-10所示。

(3) 退出。单击“填制凭证”和“制单”页签的“关闭”按钮，关闭页签，完成操作。

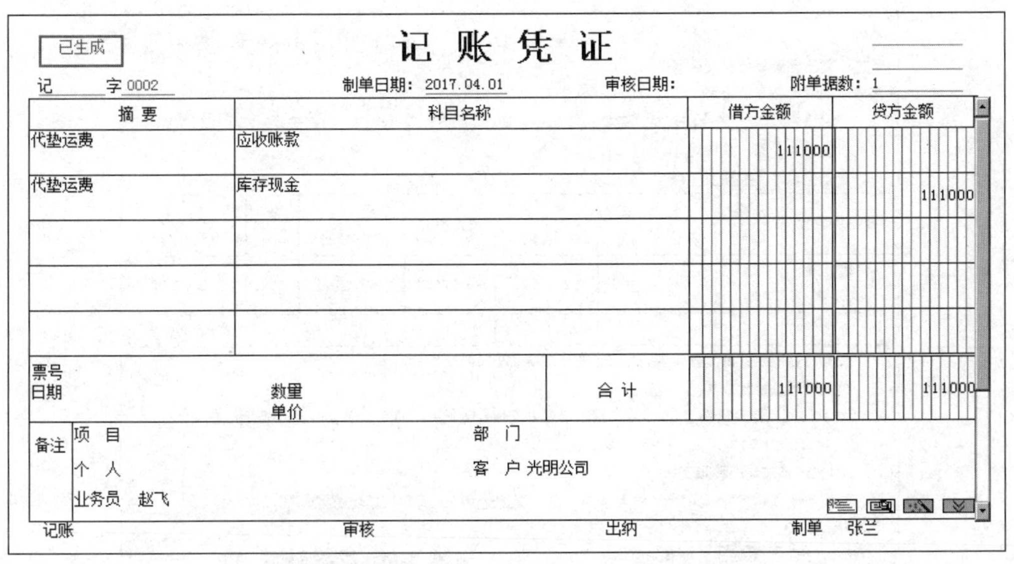

已生成

记 账 凭 证

记 字 0002　　制单日期：2017.04.01　　审核日期：　　附单据数：1

摘要	科目名称	借方金额	贷方金额
代垫运费	应收账款	111000	
代垫运费	库存现金		111000
票号 日期	数量 单价　　合 计	111000	111000

备注　项 目　　部 门

个 人　　客 户 光明公司

业务员 赵飞

记账　　审核　　出纳　　制单 张兰

图 5-10　业务 5.1 的代垫费用制单结果

5.2　有折扣的开票直接发货业务

销售过程中的折扣，可分为商业折扣和现金折扣。

商业折扣（税法中又称“折扣销售”），指实际销售商品或提供劳务时，将价目单中的报价打一个折扣后提供给客户，这个折扣就叫商业折扣。商业折扣是企业在销售商品时，先打折再销售，折扣在前销售在后，是在交易成立及实际付款之前予以扣除的，所以对库存现金和主营业务收入不产生影响。商业折扣需要明列出来，通常以百分数如 5%、10% 的形式表示，买方只需按照标明价格的百分比付款即可。

现金折扣（又称销售折扣），是指企业为了鼓励客户偿还货款而允诺在一定期限内给予的规定的折扣优待。在用友 ERP-U8 中称为付款条件，通常可表示为“5/10，2/20，n/30”，它的意思是客户在 10 天内偿还货款，可得到 5% 的折扣，即只付原价的 95% 的货款；在 20 天内偿还货款，可得到 2% 的折扣，即只要付原价的 98% 的货款；在 30 天内偿还货款，则须按照全额支付货款；在 30 天以后偿还货款，则不仅要按全额支付货款，还可能要支付延期付款利息或违约金。

现金折扣发生在销货之后，是一种融资性质的理财费用。为简化操作，本案例企业没有设计现金折扣的相关业务。有关现金折扣的业务设计和操作步骤，参见本系列教程之《企业会计信息化应用——基于用友 ERP 产品微课教程》中的 7.3 节。

【业务描述】

2017 年 4 月 1 日，销售部赵飞与雪亮公司签订销售合同（合同编号 XS002，相应单据如图 5-11 所示），合同约定销售普通低度老花镜 500 副，无税单价 200 元，税率 17%，当日发货，商业折扣 5000 元，货到 30 日内结清货款。

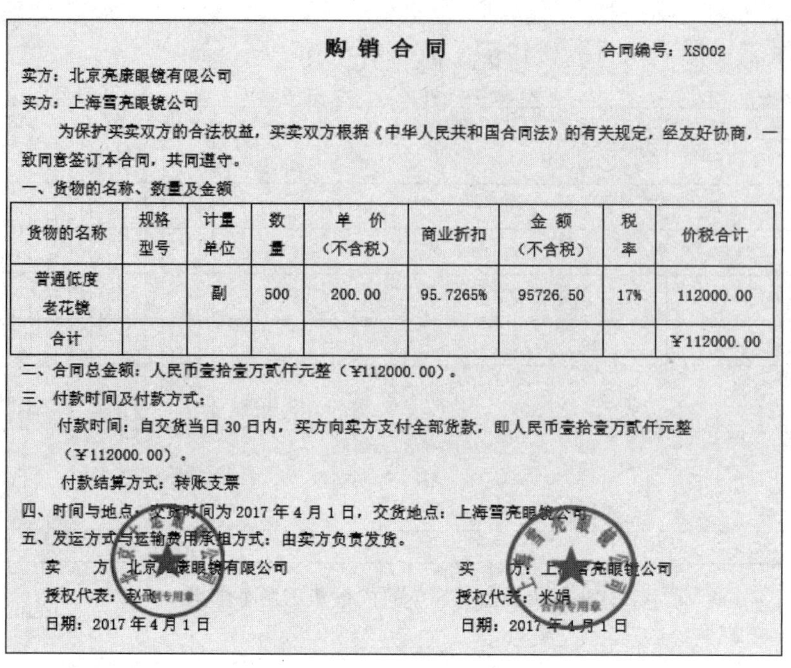

购销合同　　合同编号：XS002

卖方：北京亮康眼镜有限公司

买方：上海雪亮眼镜公司

为保护买卖双方的合法权益，买卖双方根据《中华人民共和国合同法》的有关规定，经友好协商，一致同意签订本合同，共同遵守。

一、货物的名称、数量及金额

货物的名称	规格型号	计量单位	数量	单价（不含税）	商业折扣	金额（不含税）	税率	价税合计
普通低度老花镜		副	500	200.00	95.7265%	95726.50	17%	112000.00
合计								￥112000.00

二、合同总金额：人民币壹拾壹万贰仟元整（￥112000.00）。

三、付款时间及付款方式：

付款时间：自交货当日30日内，买方向卖方支付全部货款，即人民币壹拾壹万贰仟元整（￥112000.00）。

付款结算方式：转账支票

四、时间与地点：交货时间为2017年4月1日，交货地点：上海雪亮眼镜公司

五、发运方式与运输费用承担方式：由卖方负责发货。

卖　方：北京亮康眼镜有限公司　　买　方：上海雪亮眼镜公司

授权代表：赵雨　　授权代表：米娟

日期：2017年4月1日　　日期：2017年4月1日

图 5-11　合同 XS002

本公司开具增值税发票(票号为 88170402,原始单据如图 5-12 所示),价税合计 112000 元,当日随货发出,款项尚未收到。

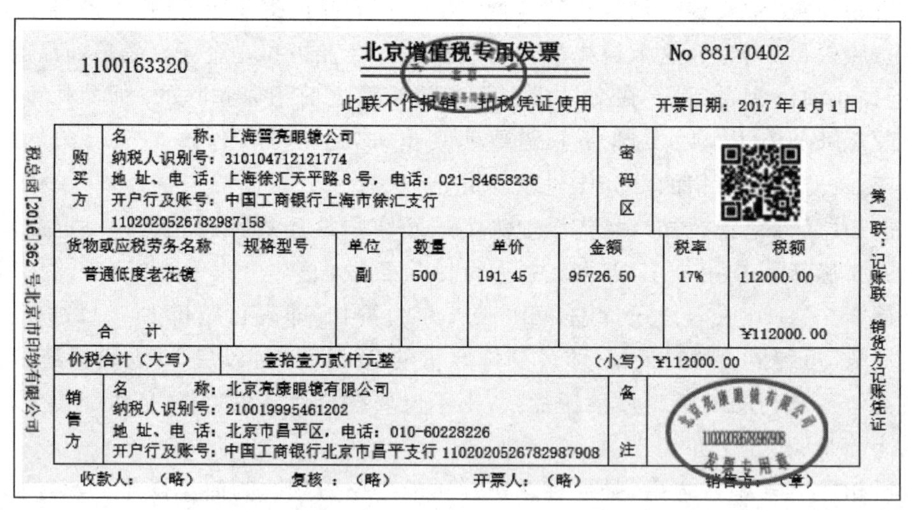

1100163320　　**北京增值税专用发票**　　No 88170402

此联不作报销、扣税凭证使用　　开票日期：2017年4月1日

税总函[2016]362号北京市印钞有限公司

购买方	名　　称：上海雪亮眼镜公司 纳税人识别号：310104712121774 地 址、电 话：上海徐汇天平路8号，电话：021-84658236 开户行及账号：中国工商银行上海市徐汇支行 1102020526782987158	密码区	

货物或应税劳务名称	规格型号	单位	数量	单价	金额	税率	税额
普通低度老花镜		副	500	191.45	95726.50	17%	112000.00
合　计							￥112000.00
价税合计（大写）	壹拾壹万贰仟元整				（小写）￥112000.00		

销售方	名　　称：北京亮康眼镜有限公司 纳税人识别号：210019995461202 地 址、电 话：北京市昌平区，电话：010-60228226 开户行及账号：中国工商银行北京市昌平支行 1102020526782987908	备注	

收款人：（略）　　复核：（略）　　开票人：（略）　　销售方：（章）

第一联：记账联　销货方记账凭证

图 5-12　合同 XS002 的发票

本笔业务是一次销售全部发货出库的开票直接发货业务,并涉及商业折扣的业务处理,需要填制并审核销售订单,填制并复核销售发票(扣除商业折扣),查阅发货单和审核出库单,进行应收确认。

备注:案例企业的产成品存放于产成品仓库,因为产成品仓库的计价方式是全月平均法,所以本业务的销售成本结转,将在月末进行,相关操作详见 11.3 节。

【虚拟业务场景】

人物：

赵飞(销售部主管)

米娟(雪亮公司采购部)

赵飞(销售部主管)

李莉(仓库主管)

张兰(财务部会计)

场景1：向雪亮公司销售老花镜500副，销售订单的填制与审核

(雪亮公司采购部打来电话)

赵飞：喂，您好，这里是亮康公司销售部。

米娟：您好！我是雪亮公司采购部的采购员，请问你公司的普通低度老花镜，可以每副180元出售吗？我们计划订500副。

赵飞：不好意思，我们的眼镜质量特别好，最低每副200元。您能接受吗？

米娟：这样啊，那能有些商业折扣吗？而且我们需要今天到货。

赵飞：(查询现存量之后……)今天能出货；商业折扣也没问题，我的权限最多可以优惠5000元，您能接受吗？

米娟：好的，那咱们签订购销合同吧。

赵飞：好的。(填制并审核销售订单完毕)

场景2：赵飞参照销售订单生成销售发票，赵飞复核发票、查阅发货单

(赵飞参照销售订单，填制并复核销售专用发票、查阅发货单)

场景3：赵飞发站内信通知仓管部发货，销售出库单的审核

赵飞：今天有一笔销售业务，对方要求今天出货，发货单我们已经审核通过，请您尽快发货。

李莉：好的，我们尽快完成。

(仓管部出库完成后，李莉审核出库单……)

场景4：曾志伟提醒会计张兰进行应收确认

曾志伟：小张，今天有一笔应收业务，请尽快完成应收确认。

张兰：好的，我马上处理。(应收单据的审核与制单……)

【操作指导】

1. 操作流程

本业务的操作流程如图5-13所示。

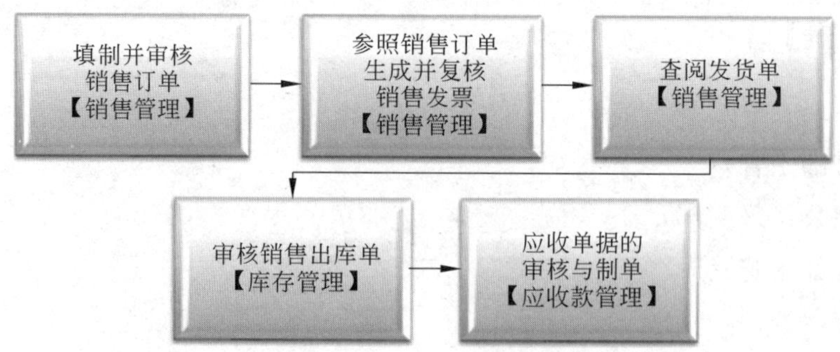

图 5-13　业务 5.2 的操作流程

2. 场景 1 的操作步骤

操作时间：确认系统日期和业务日期为 2017 年 4 月 1 日。

视频观看：手机扫描二维码即可观看相关操作。

任务说明：销售主管赵飞填制与审核销售订单。

操作步骤如下：

(1) 打开“销售订单”页签。登录“企业应用平台”，在“业务导航视图”的“业务工作”导航条中选中“供应链”|“销售管理”|“销售订货”|“销售订单”，打开“销售订单”页签。

(2) 编辑销售订单。单击工具栏中的“增加”按钮，新增一张销售订单，并做如下编辑。

① 编辑表头。修改“订单号”为“XS002”，“客户简称”为“雪亮公司”，“销售部门”为“销售部”，“业务员”为“赵飞”，“备注”为“销售普通老花镜有折扣”，其他项默认。

② 编辑表体。参照生成“存货名称”为“普通低度老花镜”，编辑“数量”为“500”，“报价”和“无税单价”为“200”元，“折扣额”为“5000”元，其他项默认。

(3) 保存。单击工具栏中的“保存”按钮，保存该订单，结果如图 5-14 所示。

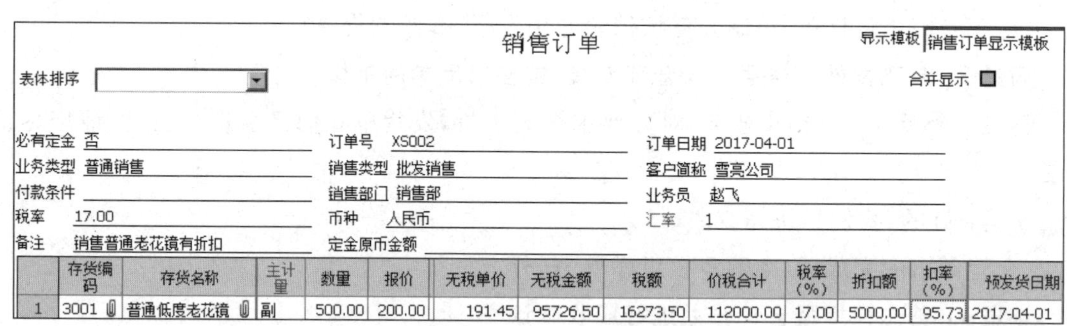

销售订单

显示模板　销售订单显示模板

表体排序　　合并显示

必有定金 否　订单号 XS002　订单日期 2017-04-01

业务类型 普通销售　销售类型 批发销售　客户简称 雪亮公司

付款条件　销售部门 销售部　业务员 赵飞

税率 17.00　币种 人民币　汇率 1

备注 销售普通老花镜有折扣　定金原币金额

	存货编码	存货名称	主计量	数量	报价	无税单价	无税金额	税额	价税合计	税率(%)	折扣额	扣率(%)	预发货日期
1	3001	普通低度老花镜	副	500.00	200.00	191.45	95726.50	16273.50	112000.00	17.00	5000.00	95.73	2017-04-01

图 5-14　业务 5.2 的销售订单

(4) 审核。单击工具栏中的“审核”按钮，完成审核工作。

(5) 退出。单击“销售订单”页签的“关闭”按钮，关闭页签，完成操作。

3. 场景 2 的操作步骤

操作时间：确认系统日期和业务日期为 2017 年 4 月 1 日。

视频观看：手机扫描二维码即可观看相关操作。

任务说明：销售主管赵飞参照销售订单生成与复核销售专用发票；查阅自动生成和审核的发货单。

操作步骤如下：

1）销售主管赵飞参照销售订单生成与复核销售专用发票

（1）打开“销售专用发票”页签。登录“企业应用平台”，在“业务导航视图”的“业务工作”导航条中选中 “供应链”|“销售管理”|“销售开票”|“销售专用发票”，打开“销售专用发票”页签。

（2）参照销售订单生成销售专用发票。单击工具栏中的“增加”按钮，弹出“查询条件选择-参照订单”对话框，单击“确定”按钮打开“参照生单”窗口；在窗口的上窗格中选中要选择的订单（订单号为 XS002）所对应的“选择”栏，使其出现“Y”字样，再单击工具栏中的“OK确定”按钮，关闭窗口。

（3）编辑。编辑表头的“发票号”为“88170402”，其他项默认。

（4）保存。单击工具栏中的“保存”按钮，如图 5-15 所示。

销售专用发票

打印模板 销售专用发票打

表体排序

合并显示 □

发票号 88170402　开票日期 2017-04-01　业务类型 普通销售

销售类型 批发销售　订单号 XS002　发货单号

客户简称 雪亮公司　销售部门 销售部　业务员 赵飞

付款条件　客户地址 上海徐汇天平路8号　联系电话 021-84658236

开户银行 工行徐汇支行　账号 1102020526782987158　税号 310104712121774

币种 人民币　汇率 1　税率 17.00

备注 销售普通老花镜有折扣

	仓库名称	存货编码	存货名称	规格型号	主计…	数量	无税单价	无税金额	税额	价税合计	折扣额
1	产成品仓库	3001	普通低度老花镜	塑料100度	副	500.00	191.45	95726.50	16273.50	112000.00	5000.00

图 5-15　业务 5.2 的销售专用发票

（5）复核。单击工具栏中的“复核”按钮，完成复核工作。

注意：此时系统将自动生成并审核发货单，然后自动生成出库单。因为在开票直接发货模式下，发货单将由系统自动生成并审核，而且根据本公司的账套初始设置，系统将根据审核的发货单自动生成销售出库单。

（6）退出。单击“销售专用发票”页签的“关闭”按钮，关闭页签，完成操作。

2）销售主管赵飞查阅发货单

（1）打开“发货单”页签。登录“企业应用平台”，在“业务导航视图”的“业务工作”导航条中选中“供应链”|“销售管理”|“销售发货”|“发货单”，打开“发货单”页签。

（2）查阅发货单。单击工具栏中的“上张”按钮，查阅到相应的发货单，可见其已经是审核状态。

（3）退出。单击“发货单”页签的“关闭”按钮，关闭页签，完成操作。

小贴士

- 在开票直接发货模式下，发货单由销售发票产生，销售出库单根据自动生成的发货单生成。

- 销售发票复核时，自动生成销售发货单。
- 发货单可以浏览，不能进行修改、删除、弃审等操作，但可以关闭、打开。
- 与库存管理系统集成使用时，如在销售管理系统的销售选项设置，设置“业务控制”为“销售生成出库单”(如图 4-7)，则销售发票复核时自动生成销售出库单；否则在库存管理系统中参照发货单生成出库单。

4. 场景 3 的操作步骤

操作时间：确认系统日期和业务日期为 2017 年 4 月 1 日。

视频观看：手机扫描二维码即可观看相关操作。

任务说明：仓库主管李莉审核出库单。

操作步骤如下：

(1) 打开“销售出库单”页签。登录“企业应用平台”，在“业务导航视图”的“业务工作”导航条中选中“供应链”|“库存管理”|“出库业务”|“销售出库单”，打开“销售出库单”页签。

(2) 查阅并审核销售出库单。单击工具栏中的“末张”按钮，查阅到相应的销售出库单，然后单击工具栏中的“审核”按钮，弹出消息框，提示审核成功；单击“确定”按钮，关闭消息框。

(3) 退出。单击“销售出库单”页签的“关闭”按钮，关闭页签，完成操作。

5. 场景 4 的操作步骤

操作时间：确认系统日期和业务日期为 2017 年 4 月 1 日。

视频观看：手机扫描二维码即可观看相关操作。

任务说明：财务部张兰进行销售应收单据的审核与制单。

操作步骤如下：

(1) 打开“单据处理”页签。登录“企业应用平台”，在“业务导航视图”的“业务工作”导航条中选中“财务会计”|“应收款管理”|“应收单据处理”|“应收单据审核”，弹出“应收单查询条件”对话框，单击“确定”按钮，打开“单据处理”页签。

(2) 查阅发票。在“单据处理”页签中，系统已列出本业务的销售专用发票，选中该单据所在行，单击工具栏中的“单据”按钮，打开“销售发票”页签，并默认显示该单据。

(3) 审核并制单。单击工具栏中的“审核”按钮，系统自动完成审核，并弹出消息框，提示“是否立即制单?”，单击“是”按钮，打开“填制凭证”页签，并默认显示凭证的信息为“借记：应收账款”“贷记：主营业务收入、销项税额”。

(4) 保存凭证。单击工具栏中的“保存”按钮，保存该凭证，结果如图 5-16 所示。

(5) 退出。单击“填制凭证”“销售发票”和“单据处理”页签的“关闭”按钮，关闭页签，完成操作。

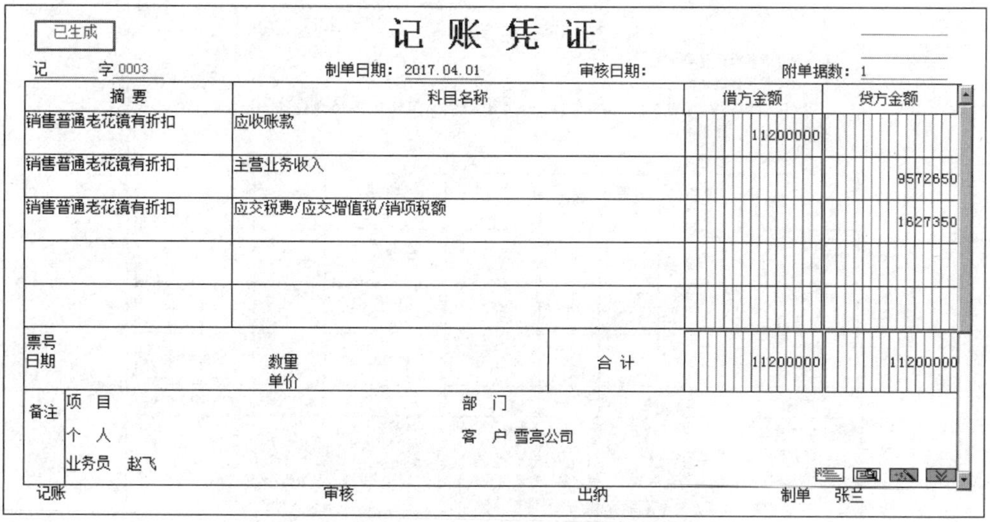

已生成

记 账 凭 证

记 字 0003 制单日期：2017.04.01 审核日期： 附单据数：1

摘 要	科目名称	借方金额	贷方金额
销售普通老花镜有折扣	应收账款	11200000	
销售普通老花镜有折扣	主营业务收入		9572650
销售普通老花镜有折扣	应交税费/应交增值税/销项税额		1627350
票号 日期	数量 单价 合 计	11200000	11200000

备注 项 目 部 门

个 人 客 户 雪亮公司

业务员 赵飞

记账 审核 出纳 制单 张兰

图 5-16 业务 5.2 的销售专用发票制单结果

5.3 有定金的销售订货(拆单发货)

定金是指在合同订立或在履行之前支付一定数额的金钱作为担保的担保方式。在用友 ERP-U8 中，销售业务的定金通过"预收款"反映。

在销售业务中，代垫费用指随货物销售所发生的、不通过发票处理而形成的，暂时代垫将来需向客户收取的运杂费、保险费等费用项目。代垫费用实际上形成了对客户的应收款。

企业的预收账款科目，用来核算企业按照合同规定或交易双方之约定，而向购买单位或接受劳务的单位，在未发出商品或提供劳务时预收的款项，一般包括预收的货款、预收购货定金等。企业在收到这笔钱时，商品或劳务的销售合同尚未履行，因而不能作为收入入账，只能确认为一项负债，即贷记"预收账款"账户。企业按合同规定提供商品或劳务后，再根据合同的履行情况，逐期将未实现收入转成已实现收入，即借记"预收账款"账户，贷记有关收入账户。

【业务描述】

2017 年 4 月 1 日，销售部赵飞与雪亮公司签订销售合同(合同编号 XS003，原始单据如图 5-17 所示)，出售高端低度老花镜 1000 副(无税单价 420 元)、舒适低度老花镜 2000 副(无税单价 360 元)和普通低度老花镜 3000 副(无税单价 180 元)，增值税 17%，销售定金 50000 元，货到 30 天内结清货款。合同约定 2017 年 4 月 17 日发货高端 1000 副和舒适 2000 副，2017 年 4 月 20 日发货普通 3000 副。

当日，案例企业收到银行入账通知单(原始单据如图 5-18 所示)，通知单上载明雪亮公司用转账支票转入 50000 元(票号 22170403)。

本业务是有定金的拆单销售业务，2017 年 4 月 1 日需要填制销售订单，填制定金的收款单(销售定金)，收款单据的审核与制单，最后审核销售订单。

购销合同 合同编号：XS003

卖方：北京亮康眼镜有限公司

买方：上海雪亮眼镜公司

为保护买卖双方的合法权益，买卖双方根据《中华人民共和国合同法》的有关规定，经友好协商，一致同意签订本合同，共同遵守。

一、货物的名称、数量及金额

货物的名称	规格型号	计量单位	数量	单价（不含税）	金额（不含税）	税率	价税合计
高端低度老花镜		副	1000	420.00	420000.00	17%	491400.00
舒适低度老花镜		副	2000	360.00	720000.00	17%	842400.00
普通低度老花镜		副	3000	180.00	540000.00	17%	631800.00
合计							￥1965600.00

二、合同总金额：人民币壹佰玖拾陆万伍仟陆佰元整（￥1965600.00）。

三、付款时间及付款方式：

付款时间：自签订合同当日内，买方向卖方支付货款定金￥50000.00即人民币伍万元整。剩余货款￥1915600.00即人民币壹佰玖拾壹万伍仟陆佰元整，自交货当日30日内全部支付。

付款结算方式：转账支票

四、时间与地点：交货时间为2017年4月17日发货高端低度老花镜1000副和舒适低度老花镜2000副，2017年4月20日发货普通低度老花镜3000副，交货地点：上海雪亮眼镜公司

五、发运方式与运输费用承担方式：由卖方负责发货。

卖　方：北京亮康眼镜有限公司　　买　方：上海雪亮眼镜公司

授权代表：赵飞　　授权代表：王强

日期：2017年4月1日　　日期：2017年4月1日

图 5-17　合同 XS003

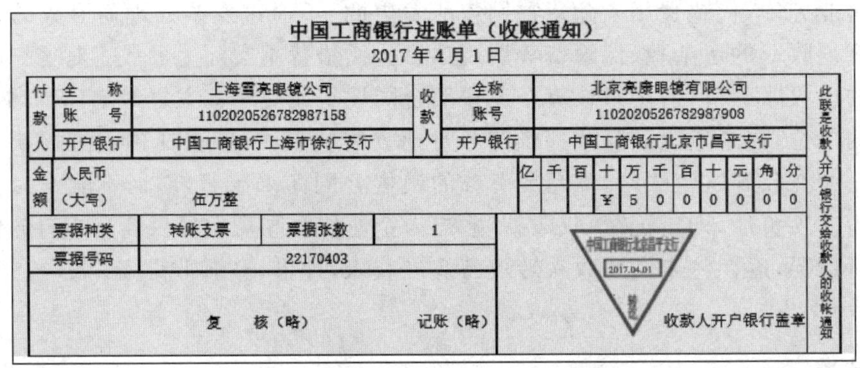

中国工商银行进账单（收账通知）

2017年4月1日

付款人	全称	上海雪亮眼镜公司	收款人	全称	北京亮康眼镜有限公司
	账号	1102020526782987158		账号	1102020526782987908
	开户银行	中国工商银行上海市徐汇支行		开户银行	中国工商银行北京市昌平支行
金额	人民币（大写）	伍万整		￥5000000	
票据种类	转账支票	票据张数	1		
票据号码	22170403				
复核（略）	记账（略）			收款人开户银行盖章	

此联是收款人开户银行交给收款人的收帐通知

图 5-18　合同 XS003 的定金银行入账通知单

2017 年 4 月 17 日和 20 日的发货与出库等业务，将在 9.1 节讲解。

【虚拟业务场景】

人物：

赵飞（销售部主管）

李莉（仓库主管）

张兰（财务部会计）

罗迪（财务部出纳）

王强（雪亮公司采购部）

场景 1：销售部职员与雪亮公司签订销售合同，填制与审核销售订单

（雪亮公司采购部打来电话）

王强：您好！请问是亮康公司吗？

赵飞：对，请问您是？

王强：我是雪亮公司的采购员王强。

赵飞：王先生您好！

王强：我们想采购 1000 副高端低度老花镜、2000 副舒适低度老花镜和 3000 副普通低度老花镜，你们公司眼镜的价格和质量怎么样？

赵飞：眼镜质量绝对可以保证，价钱高端低度老花镜每副 420 元、舒适低度老花镜每副 360 元、普通低度老花镜每副 180 元。

王强：那好的，我们签过合同之后，本月 17 号就先发 1000 副高端低度老花镜和 2000 副舒适低度老花镜，剩下的 3000 副普通低度老花镜 20 号发货可以吗？

赵飞：（查询现存量之后……）好的，没问题。

（赵飞填制销售订单……）

场景 2：定金处理，财务部出纳罗迪填制收款单

赵飞：小罗，这是雪亮公司今天送来的 5 万元转账支票，用做定金。

罗迪：好的。（填制收款单……）

场景 3：财务部张兰审核收款单并制单

罗迪：张兰，雪亮公司的收款单填好了，请您审核一下。

张兰：好的。（收款单的审核与制单……）

场景 4：销售部主管赵飞审核销售订单

（赵飞审核销售订单……）

【操作指导】

1. 操作流程

本业务的操作流程如图图 5-19 所示。

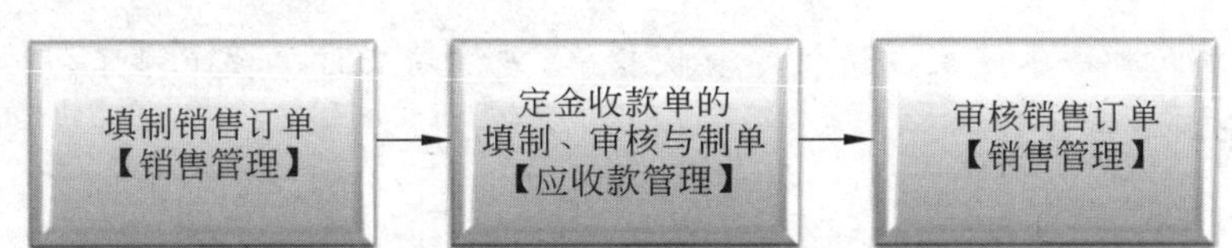

图 5-19　业务 5.3 的操作流程

2. 场景 1 的操作步骤

操作时间：确认系统日期和业务日期为 2017 年 4 月 1 日。

视频观看：手机扫描二维码即可观看相关操作。

任务说明：销售部主管赵飞填制销售订单。

操作步骤如下：

（1）打开“销售订单”页签。登录“企业应用平台”，在“业务导航视图”的“业务工作”导航条中选中“供应链”|“销售管理”|“销售订货”|“销售订单”，打开“销售订单”页签。

(2) 新增销售订单。单击工具栏中的“增加”按钮,新增一张销售订单。

(3) 编辑表头。修改“订单号”为“XS003”,参照生成“客户简称”为“雪亮公司”,“销售部门”为“销售部”,“业务员”为“赵飞”,“备注”为“拆单发货有定金 5 万”,“必有定金”为“是”,“定金原币金额”为“50000”,其他项默认。

(4) 编辑表体的 3 条记录。

① 第 1 行。参照生成“存货名称”为“高端低度老花镜”,“数量”为“1000”,确认“无税单价”为“420”,修改“预发货日期”和“预完工日期”为“2017-4-17”。

② 第 2 行。参照生成“存货名称”为“舒适低度老花镜”,“数量”为“2000”,确认“无税单价”为“360”,修改“预发货日期”和“预完工日期”为“2017-4-17”。

③ 第 3 行。参照生成“存货名称”为“普通低度老花镜”,“数量”为“3000”,确认“无税单价”为“180”,修改“预发货日期”和“预完工日期”为“2017-4-20”。

(5) 保存。单击工具栏中的“保存”按钮,保存该单据,结果如图 5-20 所示。

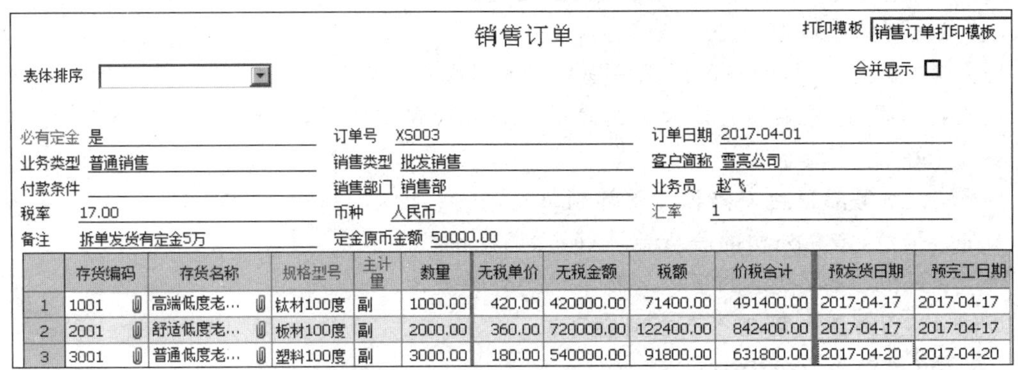

销售订单

打印模板 销售订单打印模板

表体排序

合并显示 □

必有定金 是	订单号 XS003	订单日期 2017-04-01
业务类型 普通销售	销售类型 批发销售	客户简称 雪亮公司
付款条件	销售部门 销售部	业务员 赵飞
税率 17.00	币种 人民币	汇率 1
备注 拆单发货有定金5万	定金原币金额 50000.00	

	存货编码	存货名称	规格型号	主计量	数量	无税单价	无税金额	税额	价税合计	预发货日期	预完工日期
1	1001	高端低度老…	钛材100度	副	1000.00	420.00	420000.00	71400.00	491400.00	2017-04-17	2017-04-17
2	2001	舒适低度老…	板材100度	副	2000.00	360.00	720000.00	122400.00	842400.00	2017-04-17	2017-04-17
3	3001	普通低度老…	塑料100度	副	3000.00	180.00	540000.00	91800.00	631800.00	2017-04-20	2017-04-20

图 5-20 业务 5.3 的销售订单

(6) 退出。单击“销售订单”页签的“关闭”按钮,关闭页签,完成操作。

小贴士

该销售订单需要被参照生成销售定金收款单,若该销售订单被审核了,则不能被参照执行了,所以在此不审核该订单。

提示:

- 销售订单是 MPS/MRP 计算的独立需求来源之一。
- 若不编辑“预完工日期”,则系统默认预完工日期为订单填制时的系统日期.
- 若销售订单的表体没有“预完工日期”栏,则需要修改销售订单的单据格式,操作步骤参见 4.2.2 节。
- 销售订单可手工增加,也可参照销售报价单、合同生成。
- 销售订单可修改、删除、审核、弃审、关闭、打开,可以进行行关闭、行打开。
- 工业版的账套中,未审核未整单关闭的销售订单可锁定、解锁;系统将已锁定、已审核的未关闭的销售订单余量作为需求规划、主生产计划的需求来源。
- 已审核未关闭的销售订单可以“变更”(变更后即生效不必再次审核,即状态依然为

"已审核")。

- 已审核未关闭的销售订单可参照生成销售发货单、销售发票,销售订单行记录如果是 ATO 件,则可下达生成生产订单。

3. 场景 2 的操作步骤

操作时间:确认系统日期和业务日期为 2017 年 4 月 1 日。

视频观看:手机扫描二维码即可观看相关操作。

任务说明:财务部出纳罗迪填制定金的收款单。

操作步骤如下:

(1) 打开"收付款单录入"页签。登录"企业应用平台",在"业务导航视图"的"业务工作"导航条中选中"财务会计"|"应收款管理"|"收款单据处理"|"收款单据录入",打开"收付款单录入"页签。

(2) 打开"拷贝并执行"窗口。单击工具栏中的"增加"|"销售定金"按钮,弹出"查询条件选择-参照订单"对话框,单击"确定"按钮,打开"拷贝并执行"窗口,窗体中显示销售定金列表,如图 5-21 所示。

销售定金列表　　☐ 选中合计

记录总数:1

选择	业务类型	销售类型	订单号	订单日期	客户简称	销售部门	业 务 员	价税合计	定金原币金额	定金累计实
	普通销售	批发销售	XS003	2017-04-01	雪亮公司	销售部	赵飞	1,965,600.00	50,000.00	
合计								1,965,600.00	50,000.00	

图 5-21　销售定金列表的"拷贝并执行"窗口

(3) 复制销售定金。选中销售订单 XS003 所在行的"选择"栏,使其出现"Y"字样,然后单击窗口工具栏中的"OK 确定"按钮,关闭窗口。

(4) 编辑收款单。编辑表头的"结算方式"为"转账支票","票据号"为"22170403","摘要"为"雪亮公司 XS003 的定金 5 万";确认表体的"科目"为"220302"("预收账款"|"定金"),结果如图 5-22 所示。

收款单

显示模板：应收收款单显示模板

表体排序

单据编号 0000000001　日期 2017-04-01　客户 雪亮公司

结算方式 转账支票　结算科目 100201　币种 人民币

汇率 1　金额 50000.00　本币金额 50000.00

客户银行 工行徐汇支行　客户账号 1102020526782987158　票据号 22170403

部门 销售部　业务员 赵飞　项目

摘要 雪亮公司XS003的定金5万

	款项类型	客户	部门	业务员	金额	本币金额	科目
1	销售定金	雪亮公司	销售部	赵飞	50000.00	50000.00	220302

图 5-22　业务 5.3 的定金收款单

(5) 保存。单击工具栏中的"保存"按钮,保存该单据。

(6) 退出。单击"收付款单录入"页签的"关闭"按钮,关闭页签,完成操作。

4. 场景 3 的操作步骤

操作时间：确认系统日期和业务日期为 2017 年 4 月 1 日。

视频观看：手机扫描二维码即可观看相关操作。

任务说明：财务部会计张兰进行收款单的审核与制单。

操作步骤如下：

(1) 打开“收付款单列表”页签。登录“企业应用平台”，在“业务导航视图”的“业务工作”导航条中选中“财务会计”|“应收款管理”|“收款单据处理”|“收款单据审核”，弹出“收款单查询条件”对话框，单击“确定”按钮，打开“收付款单列表”页签。

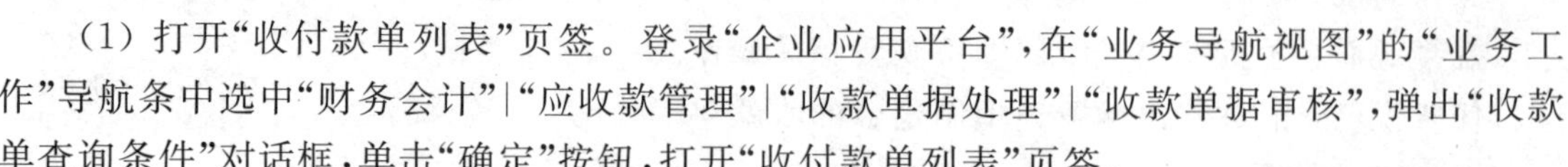

(2) 查阅定金的收款单。选中收付款单列表窗体中的收款单所在行，打开“收付款单录入”页签，并在其中显示本业务定金的收款单。

(3) 审核并制单。单击工具栏中的“审核”按钮，弹出消息框，询问“是否立即制单？”，单击“是”按钮，打开“填制凭证”页签，并默认显示凭证的信息为“借记：工行存款”“贷记：预收账款/定金”。

(4) 保存。单击工具栏中的“保存”按钮，如图 5-23 所示。

已生成　　**记 账 凭 证**

记　字 0004　　制单日期：2017.04.01　　审核日期：　　附单据数：1

摘要	科目名称	借方金额	贷方金额
雪亮公司XS003的定金5万	银行存款/工行存款	5000000	
雪亮公司XS003的定金5万	预收账款/定金		5000000
票号 202 - 22170403 日期 2017.04.01	数量 单价	合计 5000000	5000000

备注　项　目　　部　门

个　人　　客　户

业务员

记账　审核　出纳　制单 张兰

图 5-23　业务 5.3 的定金收款单制单结果

(5) 退出。单击“填制凭证”“收付款单录入”和“收付款单列表”页签的“关闭”按钮，关闭页签，完成操作。

5. 场景 4 的操作步骤

操作时间：确认系统日期和业务日期为 2017 年 4 月 1 日。

视频观看：手机扫描二维码即可观看相关操作。

任务说明：销售部主管赵飞审核销售订单。

操作步骤如下：

(1) 打开“销售订单”页签。登录“企业应用平台”，在“业务导航视图”的“业务工作”导航条中选中“供应链”|“销售管理”|“销售订货”|“销售订单”，打开“销售订单”页签。

(2) 查阅并审核销售订单。先单击工具栏中的“末张”按钮，系统在“销售订单”页签中

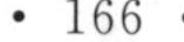

显示 XS003 的销售订单，然后单击工具栏中的"审核"按钮，审核该单据。

(3) 退出。单击"销售订单"页签的"关闭"按钮，关闭页签，完成操作。

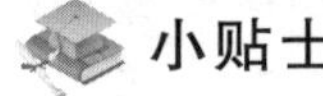

小贴士

2017 年 4 月 17 日和 20 日的业务处理，参见 9.1 节。

5.4 产品预测

预测就是预计和推测，即根据过去和现在的情况，预计和推测未来。本节的实验任务，是填制与审核销售预测订单。

销售预测是指根据以往的销售情况并使用销售预测模型以获得的对未来销售情况的预测。销售预测的作用如下：

(1) 企业可以以销定产，根据销售预测资料，安排生产，避免产品积压。

(2) 能合理有效管理产品库存，经过预测可对产品设立库存预警，对生产进度的安排具有指导意义。

(3) 经过销售预测后，可对产品的补货安排进行提供参考数据。

也就是说，销售预测是指对未来特定时间内，全部产品或特定产品的销售数量与销售金额的估计。

产品预测订单是建立 MPS/MRP 物料的需求预测资料，相应的生产规划参见第 6 章，基于规划的采购、生产等操作，可参见第 7 章和第 8 章。

【业务描述】

2017 年 4 月 1 日，生产主管刘正根据销售部的销售预测，完成近期预测订单的填制与审核：2017-4-25—2017-4-30，将有高端中度老花镜 2000 副、高端高度老花镜 2000 副、舒适中度老花镜 2000 副的需求。

本笔业务是普通的产品预测业务，需要填制与审核产品预测订单。

【操作指导】

操作时间：确认系统日期和业务日期为 2017 年 4 月 1 日。

视频观看：手机扫描二维码即可观看相关操作。

任务说明：生产主管刘正填制并审核产品预测单。

操作步骤如下：

(1) 打开"产品预测订单输入"页签。登录"企业应用平台"，在"业务导航视图"的"业务工作"导航条中选中"生产制造"|"主生产计划"|"需求来源资料维护"|"产品预测订单输入"，打开"产品预测订单输入"页签。

(2) 新增并编辑预测单。单击工具栏中的"增加"按钮，新增一张销售预测单，然后做如下编辑。

① 在表头确认"预测版本号"为"YCMPS"，设置"起始日期"为"2017-4-25"，"结束日期"为"2017-4-30"，其他项默认。

② 在表体的第 1 行，参照生成“物料编码”为“1002”（高端中度老花镜），“预测数量”为“2000”，其他项默认。

③ 在表体的第 2 行，参照生成“物料编码”为“1003”（高端高度老花镜），“预测数量”为“2000”，其他项默认。

④ 在表体的第 3 行，参照生成“物料编码”为“2002”（舒适中度老花镜），“预测数量”为“2000”，其他项默认。

(3) 保存与审核。单击工具栏中的“保存”和“审核”按钮，保存并审核该单据，结果如图 5-24 所示。

产品预测订单输入

产品预测订单输

表体排序

预测单号 0000000001　单据日期 2017-04-01　单据类别 MPS
预测版本号 YCMPS　版本说明 主MPS需求预测　均化类型 不均化
均化取整 取下整　时格代号　时格说明
起始日期 2017-04-25　结束日期 2017-04-30
原因码　原因说明

	物料编码	物料名称	物料规格	计量单位	起始日期	结束日期	预测数量	均化类型	均化取整
1	1002	高端中度老花镜	钛材150度	副	2017-04-25	2017-04-30	2,000.00	不均化	取下整
2	1003	高端高度老花镜	钛材400度	副	2017-04-25	2017-04-30	2,000.00	不均化	取下整
3	2002	舒适中度老花镜	板材150度	副	2017-04-25	2017-04-30	2,000.00	不均化	取下整

图 5-24　案例企业的近期产品预测单

(4) 退出。单击“产品预测订单输入”页签的“关闭”按钮，关闭页签，完成操作。

小贴士

- 可对产品预测订单进行新增、修改、删除、查询、审核、弃审、关闭、还原、变更、提交、撤销、打印等操作。
- 新增预测订单时，订单行状态默认为“未审核”，不可手动修改；单击工具栏中的“审核”按钮，可将表体未审核状态修改为审核状态；单击工具栏“弃审”按钮，可将表体审核状态修改为未审核状态；单击工具栏中的“关闭”按钮，可将表体审核状态修改为关闭状态；单击工具栏中的“还原”按钮，可将表体关闭状态修改为审核状态。
- 单击工具栏中的“修改”按钮，只可修改/删除未审核状态的预测订单行；单击工具栏中的“变更”按钮，只可修改/删除审核状态的预测订单行；单击工具栏“删除”按钮，只有当所有预测订单行状态都为未审核时，可删除整单。

5.5　实验报告内容

1. 查看销售订单列表，并将结果拷屏后粘贴在实验报告中。
2. 查看销售专用发票列表，并将结果拷屏后粘贴在实验报告中。
3. 查看销售发货单列表，并将结果拷屏后粘贴在实验报告中。
4. 查看销售出库单列表，并将结果拷屏后粘贴在实验报告中。
5. 查看销售订单 XS001 的出库单编辑窗口，并将结果拷屏后粘贴在实验报告中。

6. 查看销售订单 XS002 的编辑窗口，并将结果拷屏后粘贴在实验报告中。

7. 查看代垫费用单列表，并将结果拷屏后粘贴在实验报告中。

8. 查看代垫费用的应收凭证，并将结果拷屏后粘贴在实验报告中。

9. 查看存货流水账，并将结果拷屏后粘贴在实验报告中。

10. 查看应收的业务明细账，并将结果拷屏后粘贴在实验报告中。

11. 列出用友 ERP-U8 中销售管理系统的主要功能。

12. 列出销售业务中可能涉及的 3 个以上的部门名称，并说明各个部门在销售过程中扮演的角色。

13. 画出开票直接发货业务的操作流程图。

14. 画出普通销售先发货后开票的操作流程图。

15. 给出商业折扣的业务含义。

16. 列出你在实验中看到的销售订单表头和表体的所有项目，并解释每个项目的含义。

17. 列出你在实验中看到的销售发货单表头和表体的所有项目，并解释每个项目的含义。

18. 用友 ERP-U8 中，销售的"业务类型"和"销售类型"有何作用？

19. 列出你在实验中看到的销售出库单表头和表体的所有项目，并解释每个项目的含义。

20. 比较先发货后开票业务模式中，一次销售全部出库和一次销售分批出库的操作流程的不同。

21. 比较先发货后开票和开票直接发货这两种业务模式的异同点。

22. 销售订单有哪几种状态？说明这些状态是如何转换的。

23. 用友 ERP-U8 的销售管理系统，支持哪几种业务类型？如何启用或禁用它们？

24. 列出在实验中看到的代垫费用单表头和表体的所有项目，并解释每个项目的含义。

25. 列出应收确认的操作流程。

26. 客户针对某笔业务预付的定金，目前用友 ERP-U8 中能识别出业务和定金的关系吗？解释一下。

27. 说明同一笔普通销售业务，其应收货款和销售成本之间的差额，在用友 ERP-U8 中体现在哪些科目上？

第6章 生产规划

企业的生产规划，主要包括主生产计划和物料需求规划。

主生产计划(Master Production Schedule，MPS)，是对企业的关键零部件或产品(对公司利益影响重大或消耗关键资源的物料)的生产计划。在计划相关零部件和采购件之前，计划和调整关键物料的MPS计划，可保证对MPS物料计划所做的任何改变，不会立即影响较低层次的物料，以避免给供应计划造成不必要的混乱。

物料需求规划(Material Requirements Planning，MRP)，是依据主生产计划或客户订单及需求预测，利用物料清单资料，同时考虑现有库存量信息，以及有效订单(例如请购单、采购订单、生产订单、委外订单等)供应量，以计算物料净需求并提出新的供应计划。

展开MRP前，最好先有MPS系统，待关键物料(MPS物料)先模拟出可行的产销计划，再依定案的产销计划进行MRP计划，以保证MRP计划的可行性。

本章的实验任务，是完成MPS和MRP计划的生成与查阅。

本章的操作，按照业务描述中的系统日期(例如2017年4月1日)和操作员(如生产主管刘正)，在第5章完成的基础上，在主生产计划和需求规划模块中进行。

如果没有完成第5章的普通销售和产品预测，可以到百度网盘空间(网盘地址：https://pan.baidu.com/s/1eSxB2uQ，密码：pxsn)的“实验账套数据”文件夹中，将“05普通销售.rar”下载到实验用机上，然后“引入”(操作步骤详见1.3.5节)到用友ERP-U8系统。此外，本章完成的账套，其“输出”压缩的文件名为“06生产规划.rar”。

需要说明如下：

因网盘中的账套备份文件均为压缩文件，所以在下载完成后引入之前，需要用解压缩工具进行解压(建议用WinRAR 3.42或以上版本)，得到相应可以引入的账套数据文件。

本章建议的授课时间，理论课为2学时、实验课为1～2学时。其中，理论部分主要讲解MPS和MRP的基本概念、工作原理等，内容可参见6.1节至6.2节的相关讲解和本书配套的课件。

实验目的与要求如下：

(1) 理解MPS与MRP的相关术语。

(2) 掌握MPS计划生成与查阅的操作。

(3) 掌握MRP计划生成与查阅的操作。

6.1 MPS计划生成与查询

MPS计算的对象为所有MPS件，不包含MRP件。

MPS件最好是具有以下特征的物料：具有独立需求的物料；业务的关键性物料或者控制关键资源的物料。

另外，任何产品的MPS件选择，还应取决于以下判断：

(1) MPS 物料的种类数目要尽可能地少，以遵循重点管理的原则。

(2) 尽可能多地覆盖其物料清单中下阶的 MRP 组件。

(3) 尽可能多地产生关于生产设施，特别是瓶颈资源的负载信息。

案例企业的各种老花镜是 MPS 件，老花镜的所有子件为 MRP 件。

【预备知识】

主生产计划(MPS)子系统，其主要功能是定义关键物料的预期生产计划。有效的主生产计划为销售承诺提供基准，并用以识别所需资源(物料、劳力、设备与资金等)及其所需要的时间。

因此，企业的 MPS 计划，是产销协调的依据，是所有作业计划的基础。制造、委外和采购，这 3 种活动的明细日程，均是依据 MPS 的日程计算得出的。

主生产计划子系统，通过独立需求来源(需求预测和客户订单)，考虑现有库存和未关闭订单，生成企业的主生产计划。

1. 产品接口

用友 ERP-U8 的主生产计划子系统，与其他很多子系统都有关联关系，图 6-1 是主生产计划子系统与其他子系统的接口示意图。

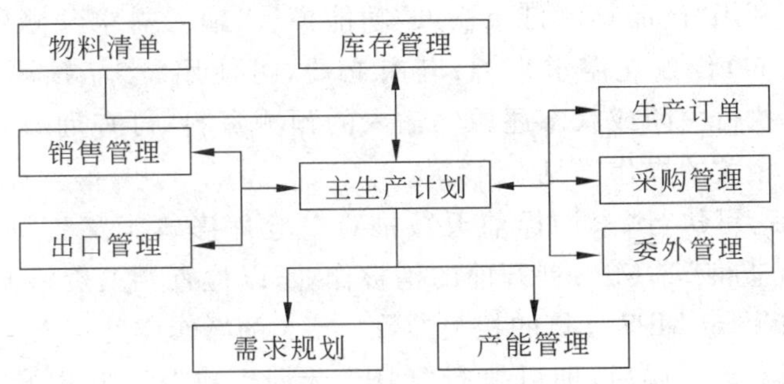

图 6-1　主生产计划系统接口

(1) 与物料清单子系统的关系。物料清单子系统中的物料清单，是 MPS 计划执行之前必须先行建立的基础资料，相关的操作详见 3.4 节。

(2) 与库存管理子系统的关系。库存管理子系统中，各 MPS 物料的现存量、预计入库量、预计出库量、冻结量、在检/到货量等，是 MPS 计算必须考虑的有效供应量和需求量，相关的操作详见 3.2 节和 6.2 节。

(3) 与销售管理和出口管理子系统的关系。销售管理和出口管理子系统中，已锁定和已审核的销售订单，是 MPS 计算的需求来源；由 MPS 计算产生的规划需求订单，可以在销售管理和出口管理子系统中被参照生成销售订单，相关的操作详见 5.3 节。

(4) 与生产订单子系统的关系。生产订单子系统中，各 MPS 物料的已锁定、已审核的生产订单余量，是 MPS 必须考虑的有效供应量之一，同时其 MPS 子件的需求余量则是 MPS 展开时的需求量之一。主生产计划子系统中，MPS 展开自动产生的建议计划量，则是生产订单子系统自动生成生产订单的依据，相关的操作详见 8.1 节。

(5) 与采购管理子系统的关系。采购管理子系统中，各 MPS 物料的已锁定、已审核的请购单和采购订单余量，是 MPS 必须考虑的有效供应量之一。同时，主生产计划子系统中

MPS 展开自动产生的建议计划量，则是采购管理子系统自动生成请购单、采购订单的依据，相关的操作详见第 7 章。

(6) 与委外管理子系统的关系。委外管理子系统中，各 MPS 物料的已锁定、已审核的委外订单余量，是 MPS 必须考虑的有效供应量之一，同时其 MPS 子件的需求余量，则是 MPS 展开时的需求量之一。主生产计划子系统中 MPS 展开自动产生的建议计划量，则是委外管理子系统自动生成委外单的依据。相关的操作，若需要，可参阅本系列教程中《企业生产制造应用——基于用友 ERP 产品微课教程》一书的 9.2 节。

(7) 与需求规划子系统的关系。主生产计划子系统中 MPS 展开产生的建议计划量，是需求规划子系统 MRP 展开必须考虑的需求来源，相关的操作详见 6.2 节。

(8) 与产能管理子系统的关系。主生产计划子系统中 MPS 展开产生的建议计划量，是产能管理子系统计算粗能力和细能力计划的依据。主生产计划子系统中的需求预测资料，也是产能管理子系统计算资源需求计划的依据。相关的操作，若需要，可参阅本系列教程中《企业生产制造应用——基于用友 ERP 产品微课教程》一书的 7.5 节和 8.3 节。

2. 操作流程

用友 ERP-U8 的主生产计划子系统，在使用前需要首先创建工业版账套，并有基础档案数据和期初设置，以及物料清单资料，具体可参见第 1～3 章。然后，在用友 ERP-U8 的主生产计划子系统中，利用“产品预测订单输入”功能模块，输入需求预测资料，输入保存即为审核状态，便可纳入 MPS 独立需求来源；若有必要，可使用“产品预测订单关闭/还原”功能，对需求预测订单执行关闭或状态还原。输入的预测资料，可查询或打印“产品预测订单明细表”以供核对。相关的操作详见 5.4 节。

预测资料建立后，可执行“累计提前天数推算”“仓库净算定义查询”“库存异常状况查询”和“订单异常状况查询”等 MPS 展开前的稽核作业，以检查相关资料的正确性。然后使用“MPS 计划参数维护”设定 MPS 计算的相关参数。相关的操作详见 4.8.1 节和 4.8.2 节。

设定 MPS 计划参数无误后，即可执行“MPS 计划生成”处理，以自动生成 MPS 计划。执行处理中可能出现计划日期超出工作日历范围或物料清单不完整等状况，可打印“自动规划错误信息表”核对并排除错误后，再执行 MPS 计算。若有必要，可在“MPS 计划维护”作业，修改 MPS 自动生成的计划供应，或手动新增 MPS 计划资料。

MPS 计算完成后，可使用“供需资料查询-订单/物料”作业，查询 MPS 的供需资料及计算过程；使用“预测消抵明细表”“供需追溯明细表”，分别了解需求预测与客户订单的消抵明细及追溯各订单的需求来源；最后可打印“建议计划量明细表”供自动生成生产订单/委外订单/采购订单时核对用；还可打印“待处理订单明细表”，以随时掌握待处理(逾期、提前、延后、取消、冲突、审核、减少)订单状况。

主生产计划子系统的操作流程，如图 6-2 所示。

【业务描述】

2017 年 4 月 1 日，生产部主管刘正进行本月各种老花镜的生产计划生成与查询。

本笔业务是执行“MPS 计划生成”，查阅各种老花镜的需求明细。

案例企业的 MPS 计划生成，将依据各种老花镜的需求来源(客户订单及需求预测，详见 5.3 节和 5.4 节)，考虑现有库存量和已锁定、已审核的各种订单(如采购请购单、采购订

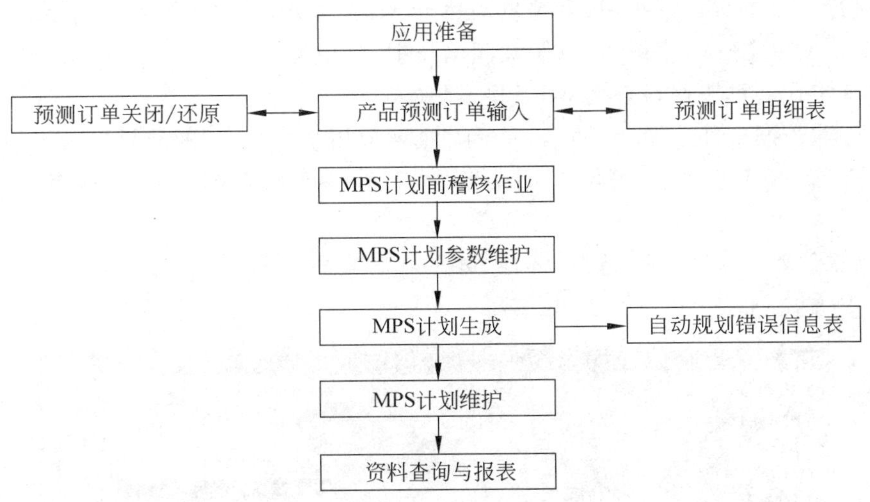

图 6-2 主生产计划子系统操作流程

单、生产订单、委外订单等)的余量,自动产生各种老花镜的供应计划。

【操作指导】

操作时间:确认系统日期和业务日期为 2017 年 4 月 1 日。

视频观看:手机扫描二维码即可观看相关操作。

任务说明:主生产计划的生成与查询。

操作步骤如下:

1) 生产主管刘正执行 MPS 计划生成

(1) 打开"MPS 计划生成"对话框。登录"企业应用平台",在"业务导航视图"的"业务工作"导航条中选中"生产制造"|"主生产计划"|"MPS 计划作业"|"MPS 计划生成",打开"MPS 计划生成"对话框,如图 6-3 所示。

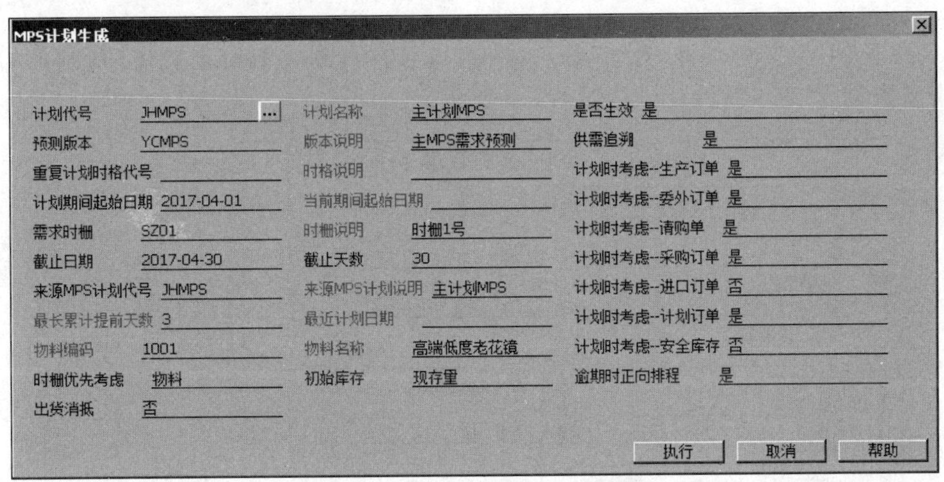

图 6-3 "MPS 计划生成"对话框

(2) 执行。单击“执行”按钮,系统自动执行 MPS 计划,并弹出消息框,提示处理成功。

(3) 退出。单击“确定”按钮,系统关闭消息框,完成操作。

2) 生产主管刘正按物料查询 MPS 供需资料

(1) 打开“查询条件选择”对话框。登录“企业应用平台”,在“业务导航视图”的“业务工作”导航条中选中“生产制造”|“MPS 计划作业”|“供需资料查询-物料”,弹出“查询条件选择”对话框。

(2) 设置参数。参照生成“查询选择”为“MPS”,“计划代号”为“JHMPS”,其他各项默认,如图 6-4 所示。

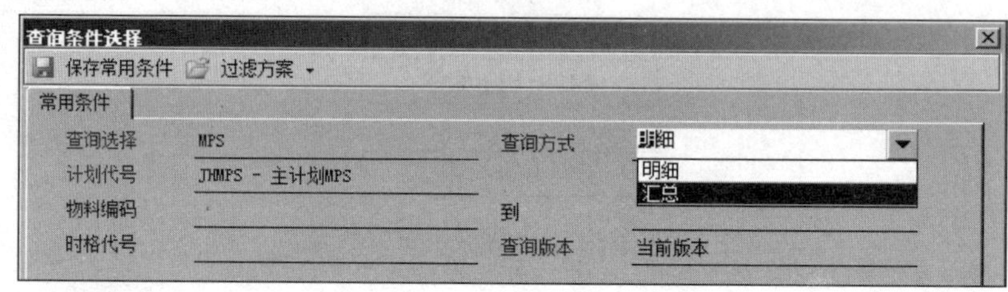

图 6-4　MPS“查询条件选择”对话框

(3) 打开“供需资料查询-物料” 页签。单击“确定”按钮,关闭对话框,并打开“供需资料查询-物料”页签,如图 6-5 所示。

供需资料查询-物料

记录总数:6

物料编码	物料名称	物料规格	物料属性	供需政策	需求跟踪方式
1001	高端低度老花镜	钛材100度	自制件	PE	
1002	高端中度老花镜	钛材150度	自制件	PE	
1003	高端高度老花镜	钛材400度	自制件	PE	
2001	舒适低度老花镜	板材100度	自制件	PE	
2002	舒适中度老花镜	板材150度	自制件	PE	
3001	普通低度老花镜	塑料100度	自制件	PE	
小计					

图 6-5　MPS 的供需资料物料查询

(4) 打开“供需资料查询-明细(物料)”窗口。选中“高端低度老花镜”所在的行,打开“供需资料查询-明细(物料)”窗口,如图 6-6 所示。

供需资料查询-明细(物料)

表体排序

物料编码	1001	物料名称	高端低度老花镜	物料规格	钛材100度
物料属性	自制件	计量单位	副	固定提前期	1
供应期间类型	日	供应期间		时格代号	
可用日期	第一需求日	供需政策	PE	重复计划	否
安全库存		切除尾数	否	令单合并	
变动提前期	1	最高供应量		固定供应量	
最低供应量		变动基数	200.00	替换日期	
需求跟踪号		需求跟踪行号		现存量	
供应倍数	100.00				

	供需日期	审核日期	需求跟踪方式	订单号码	订单型态	状态	供...	订单原量	订单余量
1	2017-04-17	2017-04-11		GEN00000...	规划供应		供	1000.00	1000.00
2	2017-04-17			XS003	审核销售订单		需	1000.00	1000.00

图 6-6　供需资料查询-明细(物料)窗口

（5）退出。单击窗口工具栏中的“退出”按钮，关闭窗口，完成操作。

6.2　MRP 规划与查询

需求规划（MRP）子系统，是针对 MRP 件，依客户订单或产品预测订单的需求，以及 MPS 计划结果，通过物料清单展开，并考虑现有库存和未关闭订单，而计算出各采购件、委外件及自制件的需求数量和日期，以供采购管理、委外管理、生产订单子系统的参照使用。

【预备知识】

本节主要讲解用友 ERP-U8 的需求规划子系统的主要功能特点、产品接口和操作流程。

1. 主要功能及特点

用友 ERP-U8 的需求规划子系统，有以下主要功能及特点。

（1）计算对象全面。在进行 MRP 计算时，需求规划子系统的计算对象为所有的 MRP 物料，并支持多物料清单版本，默认的物料清单版本以计划供应量的起始日期时默认的 MRP 件的主要物料清单版本为准。

（2）计算结果符合实际。MRP 计算时以公司的有效工作日为准，即当物料生产的建议开工日、完工日为放假日时，系统将自动调整为前一工作日，使计划更符合实际。

（3）可以设定独立的 MRP 需求来源。在需求规划子系统，可设定 MRP 的需求来源，即按时栅设定 MRP 物料在不同时间段的独立需求的来源。同时，MPS 计划也是 MRP 计划的需求来源。

（4）支持多版本的预测。需求规划子系统，支持建立多版本的产品需求预测资料，并可在执行 MRP 计划时选择某一版本的需求预测作为其需求来源。

（5）支持冻结区。需求规划子系统，提供冻结期间设置，即在冻结期间内，不允许生产订单的插单作业。若生产订单的开工日期落在冻结期间内，系统将显示其状态为“冲突”。

（6）支持所有 MRP 件的需求预测。需求规划子系统，可在物料清单的任意层建立 MRP 物料的需求预测，即可以直接预测标准物料和 ATO 模型，也可以预测计划品、PTO 模型和选项类物料。若是 PTO 模型和选项类物料，系统将其需求预测自动展开至标准物料。

（7）支持 MRP/SRP/BRP 计划。除了支持 MRP 计划，需求规划子系统还提供了 BOM 需求规划（BRP）功能，即将客户订单通过其 BOM 的直接展开，得到各阶物料的毛需求，以毛需求来计划采购、委外、自制订单等，以及销售需求计划（SRP）功能，即按照销售订单展开计算出物料需求。

（8）支持各种查询和报表输出。需求规划子系统，支持按物料或销售订单，查询 MRP 计划的供需资料及 MRP 的计算过程，并提供 MRP 建议计划表、需求预测与客户订单消抵明细表、供需资料追溯明细表及待处理（逾期、提前、延后、取消、冲突、审核、减少）订单明细表。

2. 产品接口

用友 ERP-U8 的需求规划子系统，与其他很多子系统都有关联关系，图 6-7 是需求规划子系统与其他子系统的接口示意图。

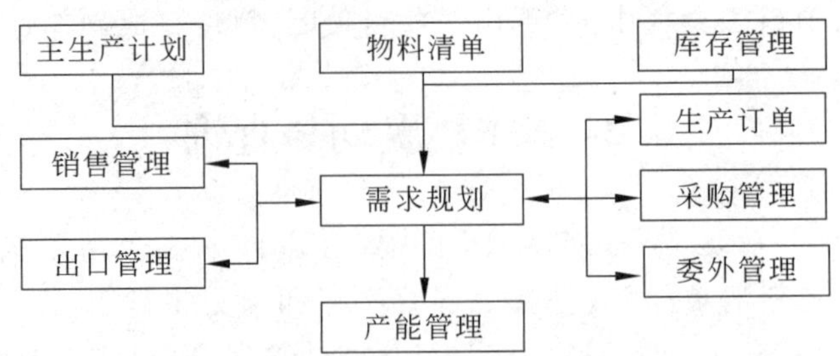

图 6-7　物料需求规划系统接口示意图

(1) 与主生产计划子系统的关系。主生产计划子系统中 MPS 展开产生的计划建议量，是需求规划子系统 MRP 展开必须考虑的需求来源。

(2) 与销售管理与出口管理子系统的关系。销售管理和出口管理子系统中，已锁定或已审核的销售订单，是 MRP 和 BRP 计算的需求来源。

(3) 与物料清单子系统的关系。物料清单子系统中的物料清单，是需求规划子系统 MRP 展开所必须先行建立的基础资料。

(4) 与库存管理子系统的关系。库存管理子系统中，各 MRP 物料的现存量、预计入库量、预计出库量、冻结量、在检/到货量等，是需求规划子系统 MRP 展开必须考虑的有效供应量和需求量。

(5) 与生产订单子系统的关系。生产订单子系统中，各 MRP 物料的已锁定、已审核的生产订单余量，是 MRP 必须考虑的有效供应量之一，同时各订单 MRP 子件的需求余量，是 MRP 展开时的需求量之一。另外，需求规划子系统中 MRP、BRP 展开自动产生的建议计划量，是生产订单子系统自动生成生产订单的参照依据。

(6) 与采购管理子系统的关系。采购管理子系统中，各 MRP 物料的已锁定、已审核的请购单和采购订单余量，是 MRP 必须考虑的有效供应量之一。需求规划子系统中 MRP、BRP 展开自动产生的建议计划量，则是采购管理子系统自动生成请购单、采购订单的参照依据。

(7) 与委外管理子系统的关系。委外管理子系统中，各 MRP 物料的已锁定、已审核委外订单余量，是 MRP 必须考虑的有效供应量之一，同时各订单 MRP 子件的需求余量，是 MRP 展开时的需求量之一。需求规划子系统中 MRP 展开自动产生的建议计划量，则是委外管理子系统自动生成委外订单的参照依据。

(8) 与产能管理子系统的关系。需求规划子系统中 MRP 展开产生的建议计划量，是产能管理子系统计算细能力计划的依据。

3. 操作流程

用友 ERP-U8 的物料需求规划子系统，在使用前需要首先创建工业版账套，并有基础档案数据和期初设置，以及物料清单资料，具体可参见第 1～3 章。

然后，在用友 ERP-U8“生产制造”|“需求规划”|“需求来源资料维护”|“产品预测订单输入”功能模块，输入需求预测资料，保存即为审核状态，便可纳入 MRP 独立需求来源；若有必要，可使用“产品预测订单关闭/还原”功能，对需求预测订单执行关闭或状态还原。输入的预测资料，可查询或打印“产品预测订单明细表”以供核对。

预测资料建立后，可执行“累计提前天数推算”“仓库净算定义查询”“库存异常状况查询”“订单异常状况查询”等 MRP 展开前的稽核作业，以检查相关资料的正确性。然后使用“MRP 计划参数维护”设定 MRP 计算的相关参数。

设定 MRP 计划参数无误后，即可执行“MRP 计划生成”处理，以自动生成 MRP 计划。执行处理中可能出现计划日期超出工作日历范围或物料清单不完整等状况，可打印“自动规划错误信息表”核对并排除错误后，再执行 MRP 计算。若有必要，可在“MRP 计划维护”作业，修改 MRP 自动生成的计划供应，或手动新增 MRP 计划资料。同理，可以执行“BRP 计划生成”和“SRP 计划生成”。

MRP 计算完成后，可使用“供需资料查询-订单/物料”作业，查询 MRP 的供需资料及计算过程；使用“预测消抵明细表”和“供需追溯明细表”，分别了解需求预测与客户订单的消抵明细及追溯各订单的需求来源；最后可打印“建议计划量明细表”供自动生成生产订单/委外订单/采购订单时核对用；还可打印“待处理订单明细表”，以随时掌握待处理（逾期、提前、延后、取消、冲突、审核、减少）订单状况。

需求规划子系统的操作流程如图 6-8 所示。

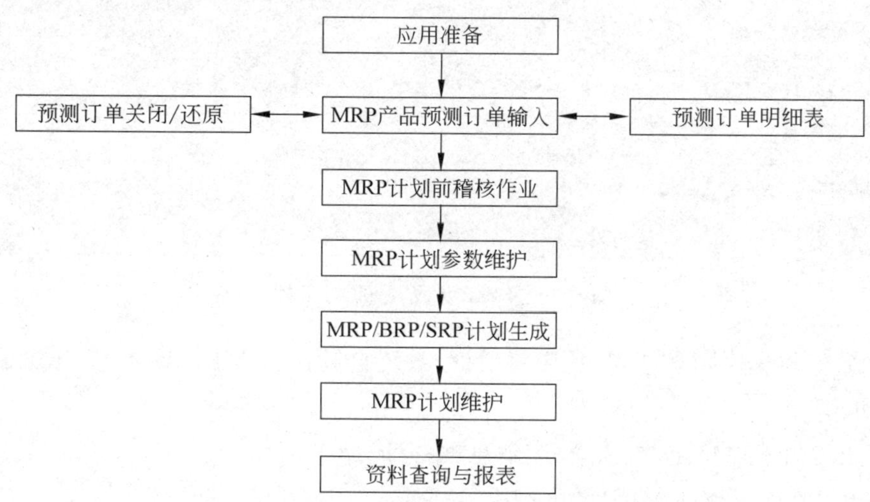

图 6-8　物料需求规划系统的操作流程图

【业务描述】

2017 年 4 月 1 日，生产部主管刘正进行本月各种老花镜生产所需原料的物料规划生成与查询。

本笔业务是执行“MRP 计划生成”，查阅各种老花镜所有原料的需求明细。

案例企业的 MRP 计划生成，将针对各种老花镜所有原料，依据各种老花镜的生产规划（详见 6.1 节），考虑现有库存量和已锁定、已审核的各种订单（如采购请购单、采购订单、生产订单、委外订单等）的余量，自动产生老花镜所有原料的供应计划。

【操作指导】

操作时间：确认系统日期和业务日期为 2017 年 4 月 1 日。

视频观看：手机扫描二维码即可观看相关操作。

任务说明：物料需求计划的生成与查询。

操作步骤如下：

1）生产主管刘正执行 MRP 计划生成

（1）打开“MRP 计划生成”对话框。登录“企业应用平台”，在“业务导航视图”的“业务工作”导航条中选中“生产制造”|“主生产计划”|“需求规划”|“计划作业”|“MRP 计划生成”，打开“MRP 计划生成”对话框，如图 6-9 所示。

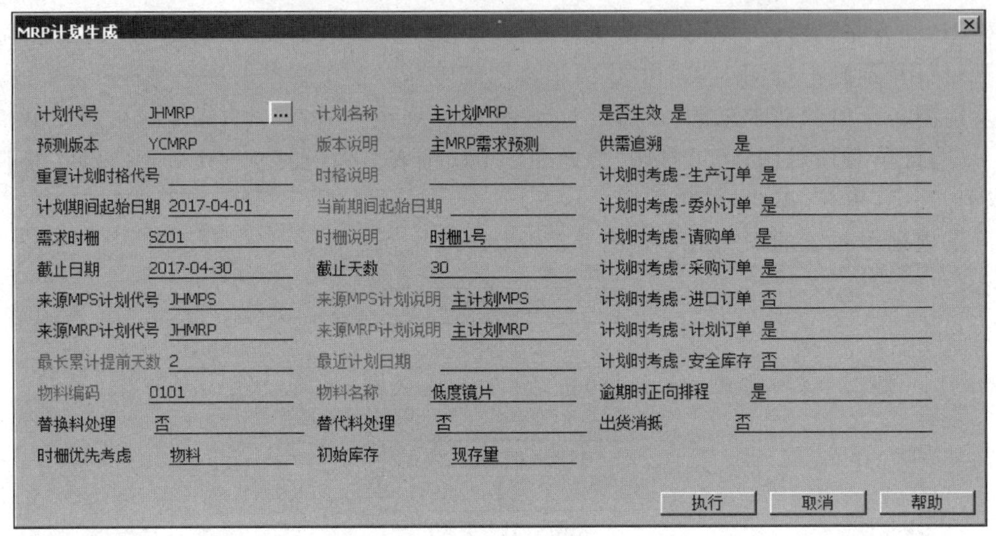

图 6-9 “MRP 计划生成”对话框

（2）执行。单击“执行”按钮，关闭对话框，系统自动执行 MRP 计划，并弹出消息框，显示处理成功。

（3）退出。单击 “确定”按钮，关闭消息框，完成操作。

2）生产主管刘正查询 MRP 计划结果

（1）打开“查询条件选择”对话框。登录“企业应用平台”，在“业务导航视图”的“业务工作”导航条中选中“生产制造”|“主生产计划”|“需求规划”|“计划作业”|“供需资料查询-物料”，弹出“查询条件选择”对话框。

（2）参数设置。参照生成“计划代号”为“JHMRP”，其他项默认。

（3）打开“供需资料查询-物料”页签。单击“确定”按钮，打开“供需资料查询-物料”页签，如图 6-10 所示。

（4）打开“供需资料查询-明细（物料）”窗口。选中某物料所在行，系统将打开“供需资料查询-明细（物料）”窗口，图 6-11 所示为高端镜框的“供需资料查询-明细（物料）”窗口，图 6-12～图 6-15 分别是舒适镜框、普通镜框、低度镜片和螺钉的“供需资料查询-明细（物料）”窗口。

（5）退出。单击窗口工具栏的“退出”按钮，关闭窗口，单击“供需资料查询-物料”页签的“关闭”按钮，完成操作。

供需资料查询-物料

记录总数：12

物料编码	物料名称	物料规格	物料属性	供需政策	需求跟踪方式
1100	高端镜框	钛材	采购件	PE	
1200	高端镜腿	钛材	采购件	PE	
2100	舒适镜框	板材	采购件	PE	
2200	舒适镜腿	板材	采购件	PE	
3100	普通镜框	塑材	采购件	PE	
3200	普通镜腿	塑材	采购件	PE	
4002	硅胶鼻托		采购件	PE	
4003	铰链		采购件	PE	
4004	螺钉		采购件	PE	
0101	低度镜片	树脂100度	采购件	PE	
0102	中度镜片	树脂150度	采购件	PE	
0103	高度镜片	树脂400度	采购件	PE	
小计					

图 6-10　MRP 的"供需资料查询-物料"窗口

供需资料查询-明细(物料)

表体排序

物料编码 1100　物料名称 高端镜框　物料规格 钛材
物料属性 采购件　计量单位 个　固定提前期 2
供应期间类型 日　供应期间 10　时格代号
可用日期 第一需求日　供需政策 PE　重复计划 否
安全库存　切除尾数 否　令单合并
变动提前期　最高供应量　固定供应量
最低供应量　变动基数　替换日期
需求跟踪号　需求跟踪行号　现存量 400.00
供应倍数 10.00

	供需日期	审核日期	订单号码	订单…	订单型态	供…	订单原量	订单余量	结存量-1
1	2017-04-11	2017-04-09	GEN00000…		规划供应	供	4600.00	4600.00	5000.00
2	2017-04-11		GEN00000…		规划需求	需	1000.00	1000.00	4000.00
3	2017-04-14		GEN00000…		规划需求	需	2000.00	2000.00	2000.00
4	2017-04-14		GEN00000…		规划需求	需	2000.00	2000.00	0.00

图 6-11　高端镜框的"供需资料查询-明细(物料)"窗口

供需资料查询-明细(物料)

表体排序

物料编码 2100　物料名称 舒适镜框　物料规格 板材
物料属性 采购件　计量单位 个　固定提前期 2
供应期间类型 日　供应期间 10　时格代号
可用日期 第一需求日　供需政策 PE　重复计划 否
安全库存　切除尾数 否　令单合并
变动提前期　最高供应量　固定供应量
最低供应量　变动基数　替换日期
需求跟踪号　需求跟踪行号　现存量 400.00
供应倍数 10.00

	供需日期	审核日期	订单号码	订单行号	订单型态	状态	供…	订单原量	订单余量	结存量-1
1	2017-04-06	2017-04-04	GEN00000…		规划供应		供	1500.00	1500.00	1900.00
2	2017-04-06		GEN00000…		规划需求		需	1900.00	1900.00	0.00
3	2017-04-14	2017-04-12	GEN00000…		规划供应		供	2000.00	2000.00	2000.00
4	2017-04-14		GEN00000…		规划需求		需	2000.00	2000.00	0.00

图 6-12　舒适镜框的"供需资料查询-明细(物料)"窗口

供需资料查询-明细(物料)

表体排序

物料编码 3100	物料名称 普通镜框	物料规格 塑材
物料属性 采购件	计量单位 个	固定提前期 2
供应期间类型 日	供应期间 10	时格代号
可用日期 第一需求日	供需政策 PE	重复计划 否
安全库存	切除尾数 否	令单合并
变动提前期	最高供应量	固定供应量
最低供应量	变动基数	替换日期
需求跟踪号	需求跟踪行号	现存量 400.00
供应倍数 10.00		

	供需日期	审核日期	订单号码	订…	订单型态	状态	供/需	订单原量	订单余量	结存量-1
1	2017-04-04	2017-04-02	GEN00000…		规划供应		供	2600.00	2600.00	3000.00
2	2017-04-04		GEN00000…		规划需求		需	3000.00	3000.00	0.00

图 6-13　普通镜框的"供需资料查询-明细(物料)"窗口

供需资料查询-明细(物料)

表体排序

物料编码 0101	物料名称 低度镜片	物料规格 树脂100度
物料属性 采购件	计量单位 对	固定提前期 2
供应期间类型 日	供应期间 10	时格代号
可用日期 第一需求日	供需政策 PE	重复计划 否
安全库存	切除尾数 否	令单合并
变动提前期	最高供应量	固定供应量
最低供应量	变动基数	替换日期
需求跟踪号	需求跟踪行号	现存量 1200.00
供应倍数 10.00		

	供需日期	审核日期	订单号码	订…	订单型态	状态	供/需	订单原量	订单余量	结存量-1
1	2017-04-04	2017-04-02	GEN00000…		规划供应		供	3700.00	3700.00	4900.00
2	2017-04-04		GEN00000…		规划需求		需	3000.00	3000.00	1900.00
3	2017-04-06		GEN00000…		规划需求		需	1900.00	1900.00	0.00
4	2017-04-11	2017-04-09	GEN00000…		规划供应		供	1000.00	1000.00	1000.00
5	2017-04-11		GEN00000…		规划需求		需	1000.00	1000.00	0.00

图 6-14　低度镜片的"供需资料查询-明细(物料)"窗口

供需资料查询-明细(物料)

表体排序

物料编码 4004	物料名称 螺钉	物料规格
物料属性 采购件	计量单位 颗	固定提前期 2
供应期间类型 日	供应期间 10	时格代号
可用日期 第一需求日	供需政策 PE	重复计划 否
安全库存	切除尾数 否	令单合并
变动提前期	最高供应量	固定供应量
最低供应量	变动基数	替换日期
需求跟踪号	需求跟踪行号	现存量 2400.00
供应倍数 10.00		

	供需日期	审核日期	订单号码	订…	订单型态	状态	供/需	订单原量	订单余量	结存量-1	重规划日	结存量-2
1	2017-03-20		CG0302		审核采购订单	逾期	供	6000.00	6000.00	8400.00	2017-04-04	8400.00
2	2017-04-04		GEN00000…		规划需求		需	6000.00	6000.00	2400.00		2400.00
3	2017-04-06	2017-04-04	GEN00000…		规划供应		供	1400.00	1400.00	3800.00		3800.00
4	2017-04-06		GEN00000…		规划需求		需	3800.00	3800.00	0.00		0.00
5	2017-04-11	2017-04-09	GEN00000…		规划供应		供	14000.00	14000.00	14000.00		14000.00
6	2017-04-11		GEN00000…		规划需求		需	2000.00	2000.00	12000.00		12000.00
7	2017-04-14		GEN00000…		规划需求		需	4000.00	4000.00	8000.00		8000.00
8	2017-04-14		GEN00000…		规划需求		需	4000.00	4000.00	4000.00		4000.00
9	2017-04-14		GEN00000…		规划需求		需	4000.00	4000.00	0.00		0.00

图 6-15　螺钉的"供需资料查询-明细(物料)"窗口

6.3 实验报告内容

1. 按物料查看“高端低度老花镜”的供需资料明细，并将结果界面拷屏后粘贴在实验报告中。

2. 在其他条件不变的情况下，若库存期初值修改审核了，例如将高端低度老花镜的库存期初变为50副而不是100副了，MPS计划是否需要重新生成？请解释。

3. 在其他条件不变的情况下，若客户订单的订货数量修改审核了，例如将XS003的高端低度老花镜订货数量由1000变为1200，MPS计划是否需要重新生成？请解释。

4. 按物料查看高端镜框的供需资料明细，并将结果界面拷屏后粘贴在实验报告中。

5. 查看低度镜片的供需资料明细，并将结果界面拷屏后粘贴在实验报告中。

6. 比较MPS与MRP计划的不同之处。

第7章　采购与应付业务

企业的采购是从资源市场获取资源的过程，它是一种经济活动。采购过程既是一个信息流过程，也是一个物流和资金流过程。

采购管理是供应链管理系统的重要组成部分，其主要任务是执行采购计划，进行采购订单管理、采购发票管理以及供应商管理。采购管理的目标是保证企业在生产和销售业务顺利进行的前提下，维持合理的库存量，从而降低成本。为了降低成本，企业需要不断地协调销售与采购、采购与库存间的关系。

在用友 ERP-U8 信息支撑环境中，实施标准的采购业务过程管理，可将销售与采购、采购与库存间的物流（采购入库引起的实物变化）信息、价值流（实物的成本变化）信息和资金流（采购付款引起的资金变化）信息相联系，使得物料的数量、成本、资金都更加清晰，也使得销售与采购更理性化，更具科学性，所以企业的采购业务，将涉及采购管理、库存管理、存货核算和应付款管理系统，它们之间的关系如图 4-1 所示。

本书的案例企业是工业企业，所以在新建账套时选择“企业类型”为“工业”，建立工业版账套。这样在采购管理系统中的存货、货物，是指原材料、材料、包装物、低值易耗品、委外加工材料及企业自行生产的半成品、产成品等。

由于案例企业同时启用了库存管理、存货核算和应付款管理系统，所以采购的物料流动过程信息在采购管理和库存管理系统中完成，价值流动过程信息在存货核算系统中完成，资金流动过程信息在应付款管理系统中完成。

本章的实验，是基于物料需求规划进行采购的订货、到货、入库、发票、结算和成本核算。本章的操作，请按照业务描述中的系统日期（例如 2017 年 4 月 1 日）和操作员（如采购主管刘静、财务部会计张兰等），在第 6 章完成的基础上，在采购管理、库存管理、存货核算和应付款管理模块中进行。

如果没有完成第 6 章的生产规划的操作，可以到百度网盘空间（网盘地址：https://pan. baidu. com/s/1eSxB2uQ，密码：pxsn）的“实验账套数据”文件夹中，将“06 生产规划. rar”下载到实验用机上，然后引入（操作步骤详见 1.3.5 节）到用友 ERP-U8 系统中。此外，本章完成的账套，其输出压缩的文件名为“07 采购与应付. rar”。

需要说明如下：

(1) 因网盘中的账套备份文件均为压缩文件，所以在下载完成后引入之前，需要用解压缩工具进行解压（建议用 WinRAR 3.42 或以上版本），得到相应可以引入的账套数据文件。

(2) 本章的所有业务实验操作都有配套的微视频，可以通过扫描二维码或者到指定的网页去观看。本书配套的微视频均存放在网盘中。

本章建议的授课时间，理论课为 2～4 学时，实验课为 4～6 学时。理论部分主要讲解采购概论、采购普通业务流程和单据状态，内容可参见第 7.1～7.7 节和配套课件。

实验目的与要求如下：

(1) 掌握采购管理的普通业务流程。

(2) 理解采购特殊业务的业务流和数据流。

(3) 熟练掌握采购普通业务的请购、订货、到货、入库、发票、结算(手工结算和自动结算,包括在发票窗口自动结算)等业务。

(4) 熟练掌握采购普通业务的会计核算操作,包括采购成本确认和应付确认。

(5) 熟练掌握采购特殊业务之在途物资到货和暂估结算的操作。

(6) 熟练掌握采购特殊业务之到货拒收和采购退货业务的操作。

7.1 采购规划单

生产企业在采购原材料的基础上,通过加工处理原材料,生成产成品。原材料是企业生产的关键要素,案例企业本月的 MPS/MRP 采购计划单列表如表 7-1 所示。

表 7-1 MPS/MRP 采购计划单列表

序号	存货编码	存货名称	主计量	计划数量	计划下达日期	计划到货日期	供应商简称
1	1100	高端镜框	个	4600	2017-4-9	2017-4-11	大运配件厂
2	1200	高端镜腿	对	4600	2017-4-9	2017-4-11	大运配件厂
3	2100	舒适镜框	个	1500	2017-4-4	2017-4-6	大运配件厂
4	2100	舒适镜框	个	2000	2017-4-12	2017-4-14	大运配件厂
5	2200	舒适镜腿	对	1500	2017-4-4	2017-4-6	大运配件厂
6	2200	舒适镜腿	对	2000	2017-4-12	2017-4-14	大运配件厂
7	3100	普通镜框	个	2600	2017-4-2	2017-4-4	大运配件厂
8	3200	普通镜腿	对	1600	2017-4-2	2017-4-4	大运配件厂
9	4002	硅胶鼻托	对	2700	2017-4-2	2017-4-4	硅胶三厂
10	4002	硅胶鼻托	对	7000	2017-4-9	2017-4-11	硅胶三厂
11	4003	铰链	个	7400	2017-4-2	2017-4-4	螺钉厂
12	4003	铰链	个	14000	2017-4-9	2017-4-11	螺钉厂
13	4004	螺钉	颗	1400	2017-4-4	2017-4-6	螺钉厂
14	4004	螺钉	颗	14000	2017-4-9	2017-4-11	螺钉厂
15	0101	低度镜片	对	3700	2017-4-2	2017-4-4	塑料二厂
16	0101	低度镜片	对	1000	2017-4-9	2017-4-11	塑料二厂
17	0102	中度镜片	对	4000	2017-4-12	2017-4-14	塑料二厂
18	0103	高度镜片	对	2000	2017-4-12	2017-4-14	塑料二厂

为了降低库存量和库存资金的积压,企业一般会依据 MPS/MRP 规划的采购时间和采购数量,逐步进行采购订货和到货入库。

但为降低操作的复杂度，本书将在7.3节和7.4节，对每种物料进行一次性地采购。同时，为防止不合格品影响生产的正常进行，将有部分订单是超计划量订货。

7.2 在途物资到货

在途物资是指企业购入尚未到达或尚未验收入库的各种物资（即在途物资），即上月发票已经审核并制单记账，但货物还没有到达或还没有入库的情况。

采购业务中，发票和货物存在3种情况，即货票同期、货到票未到（如上期货到本期票到）和票到货未到（例如上期票到本期货到），具体如图7-1所示。

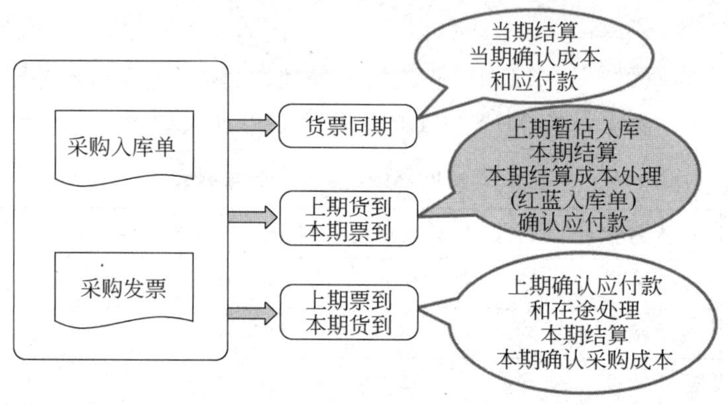

图7-1　采购业务的货票关系

（1）货票同期。此种情况可以在系统中当期完成入库和发票，并进行结算，当期确认采购成本和应付款。本书的7.3节和7.4节中的采购业务，就是货票同期业务。

（2）货到票未到，例如上期货到本期票到。此种情况下，上期只能将入库单做暂估入库处理，等本期收到发票后进行结算，在存货核算系统中进行结算成本处理并确认采购成本，在应付款管理系统中确认应付款。本书的7.7节，是暂估结算业务，属于期初货到本期票到。

（3）票到货未到，例如上期票到本期货到。此种情况下，上期先将发票录入到采购管理系统中，并在应付款管理系统中确认应付款、在存货核算系统中做在途物资处理，等本期货到入库后再与发票进行结算，确定入库成本。本节是在途物资到货业务，属于期初票到本期货到。

对于货票不同期业务，本期结算时的操作流程如图7-2所示。

图7-2中，若没有注明是上期（例如"上期填制采购发票""上期采购入库"）业务的，均为本期业务（例如"入库单""发票""采购结算"），其中"月初回冲""单到回冲"和"单到补差"的暂估方式如图7-65所示。

用友ERP-U8在进行生产规划时，已经将期初的采购订单（在途物资）作为预计入库量计算。为了降低操作的复杂度，本书在此将全部期初采购订单逐一进行到货入库，以形成可领料出库的现存量。

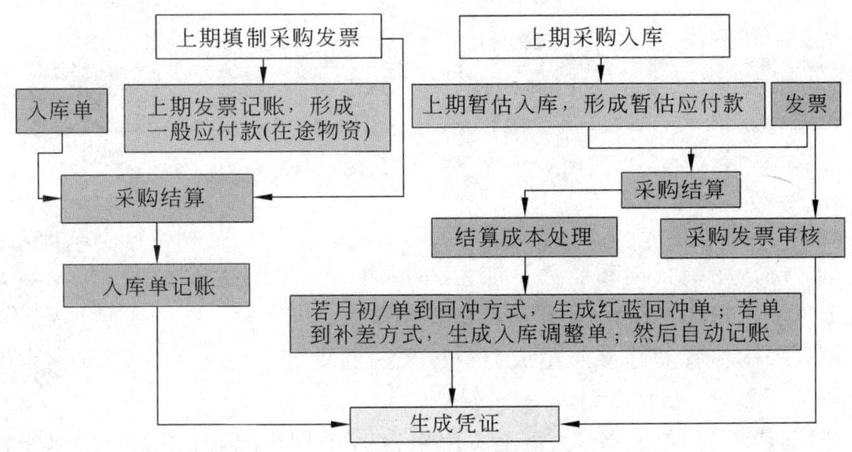

图 7-2　货票不同期采购业务的本期结算操作流程

【业务描述】

2017 年 4 月 2 日，采购主管刘静陆续收到上月采购的普通镜腿(合同 CG0301)、螺钉(合同 CG0302)和硅胶鼻托(合同 CG0303)，已验收入库。相应的采购订单可参见表 4-2。

本笔业务是采购管理中的采购到货入库业务，需要填制并审核采购到货单、入库单，并进行采购结算和采购成本确认。

【虚拟业务场景】

人物：

刘静(采购主管)

李莉(仓库主管)

张兰(财务部会计)

曾志伟(财务主管)

场景 1：到货单的填制和审核

(刘静填制并审核采购到货单)

场景 2：仓管部验收入库，入库单的填制与审核

(李莉参照采购到货单生成采购入库单并审核)

场景 3：采购专用发票的填制与结算

(刘静参照采购入库单生成采购专用发票，并在发票窗口进行采购自动结算)

场景 4：财务部会计张兰进行采购成本确认

刘静：张兰，今天有一笔采购业务已经完成了，麻烦您做成本确认。

张兰：好的，我马上做。(采购成本确认)

【操作指导】

1. 操作流程

本业务的采购到货入库的操作流程如图 7-3 所示。

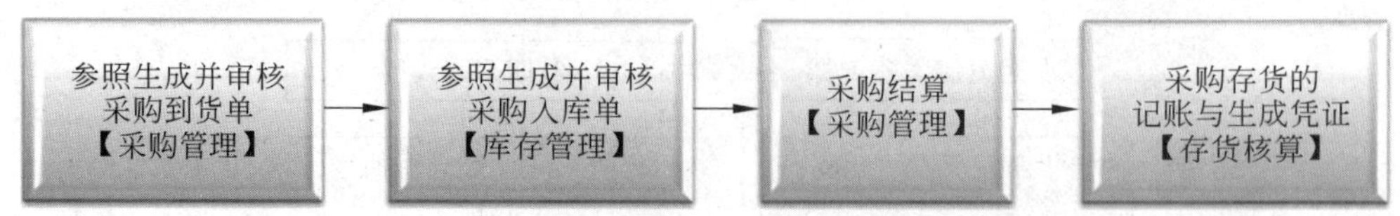

图 7-3　业务 7.2 的操作流程

2. 场景 1 的操作步骤

操作时间：确认系统日期和业务日期为 2017 年 4 月 2 日。

视频观看：手机扫描二维码即可观看相关操作。

任务说明：采购主管刘静参照生成与审核采购到货单。

操作步骤如下：

(1) 打开"到货单"页签。登录"企业应用平台"，在"业务导航视图"的"业务工作"导航条中选中"供应链"|"采购管理"|"采购到货"|"到货单"，打开"到货单"页签。

(2) 参照订单生成采购到货单。首先单击工具栏中的"增加"按钮，新增一张采购到货单，再做如下操作。

① 打开"拷贝并执行"窗口。单击工具栏中的"生单"|"采购订单"下拉按钮，打开"查询条件选择-采购订单列表过滤"对话框，单击"确定"按钮，打开"拷贝并执行"窗口。

② 复制信息。在窗口的上窗格中选中"订单号"为"CG0301"的采购订单所在行的"选择"栏，使其出现"Y"字样，再单击窗口工具栏中的"OK 确定"按钮，关闭窗口，此时相关的信息已带入"到货单"页签。

(3) 编辑并保存。先参照生成表头的"部门"为"采购部"，"业务员"为"刘静"，然后单击工具栏中的"保存"按钮，保存该到货单，如图 7-4 所示。

到货单　　打印模板 8170 到货单打印模板

表体排序　　合并显示 □

业务类型 普通采购　　单据号 0000000001　　日期 2017-04-02

采购类型 普通采购　　供应商 大运配件厂　　部门 采购部

业务员 刘静　　币种 人民币　　汇率 1

运输方式　　税率 17.00　　备注

	存货编码	存货名称	规格型号	主计量	数量	原币含税单价	原币单价	原币金额	原币税额
1	3200	普通镜腿	塑材	对	1000.00	11.70	10.00	10000.00	1700.00

图 7-4　业务 7.2 的采购到货单

(4) 审核。单击工具栏中的"审核"按钮，审核通过该到货单。

(5) 重复步骤(2)～(4)，完成订单号为 CG0302 和 CG0303 的采购到货业务。

(6) 退出。单击"到货单"页签的"关闭"按钮，关闭页签，完成操作。

3. 场景 2 的操作步骤

操作时间：确认系统日期和业务日期为 2017 年 4 月 2 日。

视频观看：手机扫描二维码即可观看相关操作。

任务说明：仓库主管李莉参照生成与审核采购入库单。

操作步骤如下：

(1) 打开库存管理的“采购入库单”页签。登录“企业应用平台”，在“业务导航视图”的“业务工作”导航条中选中“供应链”|“库存管理”|“入库业务”|“采购入库单”，打开“采购入库单”页签。

(2) 参照到货单生成采购入库单。单击工具栏中的“增加”按钮，新增一张采购入库单，然后做如下操作。

① 打开“到货单生单列表”窗口。单击表头中“到货单号”的参照按钮，系统先弹出“生单来源”对话框，并且已经默认选中“采购到货单”，单击“确认”按钮，弹出“查询条件选择-采购到货单列表”对话框；单击“确定”按钮，打开“到货单生单列表”窗口。

② 复制信息。在“到货单生单列表”窗口的上窗格中，选中第 1 行的“选择”栏，使其出现“Y”字样，再单击窗口工具栏中的“OK 确定”按钮，返回“采购入库单”页签，此时相关的信息已经默认显示在入库单上。

③ 编辑。参照生成或确认表头的“仓库”为“原材料仓库”，其他项默认。

(3) 保存。单击工具栏中的“保存”按钮，保存该单据，如图 7-5 所示。

采购入库单

采购入库单打印模板

表体排序　　蓝字　红字　　合并显示

入库单号 0000000002　入库日期 2017-04-02　仓库 原材料仓库

订单号 CG0301　到货单号 0000000001　业务号

供货单位 大运配件厂　部门 采购部　业务员 刘静

到货日期 2017-04-02　业务类型 普通采购　采购类型 普通采购

入库类别 采购入库　审核日期　备注

	存货编码	存货名称	规格型号	主计量单位	数量	本币单价	本币金额
1	3200	普通镜腿	塑材	对	1000.00	10.00	10000.00

图 7-5　业务 7.2 的采购入库单

(4) 审核。单击工具栏中的“审核”按钮，弹出消息框，提示审核成功，单击“确定”按钮，完成审核工作。

(5) 重复步骤(2)～(4)，完成订单号为 CG0302 和 CG0303 的采购入库业务，注意这两个采购订单采购的螺钉和硅胶鼻托入半成品仓库。

(6) 退出。单击“采购入库单”页签的“关闭”按钮，关闭页签，完成操作。

4. 场景 3 的操作步骤

操作时间：确认系统日期和业务日期为 2017 年 4 月 2 日。

视频观看：手机扫描二维码即可观看相关操作。

任务说明：采购主管刘静进行采购结算，并查看采购结算单。

操作步骤如下：

1) 采购主管刘静进行采购结算

(1) 打开“手工结算”页签。登录“企业应用平台”，在“业务导航视图”的“业务工作”导航条中选中“供应链”|“采购管理”|“采购结算”|“手工结算”，打开“手工结算”页签。

(2) 打开“结算选单”窗口。单击工具栏中的“选单”按钮，打开“结算选单”窗口，如图 7-6 所示。单击窗口工具栏中的“查询”按钮，弹出“查询条件选择-采购手工结算”对话框；单击“确定”按钮关闭对话框，此时“结算选单”窗口如图 7-6 所示。

结算选发票列表　☑ 扣税类别不同时给出提示

记录总数：3

选择	供应商简称	存货名称	制单人	发票号	供应...	供应商名称	开票日期	规格...	币种
Y	大运配件厂	普通镜腿	赵技巩	61060301	001	北京大运眼镜...	2017-03-17	塑材	人民币
	螺钉厂	螺钉	赵技巩	61060302	004	宁夏螺钉厂	2017-03-20		人民币
	硅胶三厂	硅胶鼻托	赵技巩	61060303	005	河北硅胶三厂	2017-03-25		人民币
合计									

结算选入库单列表

记录总数：4

选择	供应商简称	存货名称	仓库名称	入库单号	供应商名称	入库日期	仓库编码
	螺钉厂	铰链	原材料仓库	0000000001	宁夏螺钉厂	2017-03-15	0020
Y	大运配件厂	普通镜腿	原材料仓库	0000000002	北京大运眼镜配件厂	2017-04-02	0020
	螺钉厂	螺钉	原材料仓库	0000000003	宁夏螺钉厂	2017-04-02	0020
	硅胶三厂	硅胶鼻托	原材料仓库	0000000004	河北硅胶三厂	2017-04-02	0020
合计							

图 7-6　采购结算选单

(3) 选单。选中上窗格和下窗格中“存货名称”为“普通镜腿”的发票和入库单，使其“选择”栏出现“Y”字样，如图 7-6 所示。

(4) 结算。单击窗口工具栏中的“OK 确定”按钮，关闭窗口，单击工具栏中的“结算”按钮，系统自动完成采购结算，并弹出消息框，提示完成结算，单击“确定”按钮，关闭消息框。

(5) 选单。重复步骤(2)～(4)，完成“存货名称”为“螺钉”和“硅胶鼻托”的发票与入库单结算。

(6) 退出。单击“手工结算”页签的“关闭”按钮，关闭页签，完成操作。

2) 采购主管刘静查看采购结算单列表

(1) 打开“结算单列表”页签。登录“企业应用平台”，在“业务导航视图”的“业务工作”导航条中选中“供应链”|“采购管理”|“采购结算”|“结算单列表”，弹出“查询条件选择-采购结算单”对话框，单击“确定”按钮，打开“结算单列表”页签，如图 7-7 所示。

结算单列表

记录总数：3

选择	结算单号	结算日期	供应商	入库单号/...	发票号	存货编码	存货名称	规格型号	主计量	结算数量	结算单价	结算金额	暂估单价
	000000000000001	2017-04-02	大运配件厂	0000000002	61060301	3200	普通镜腿	塑材	对	1,000.00	10.00	10,000.00	10.00
	000000000000002	2017-04-02	螺钉厂	0000000003	61060302	4004	螺钉		颗	6,000.00	1.00	6,000.00	1.00
	000000000000003	2017-04-02	硅胶三厂	0000000004	61060303	4002	硅胶鼻托		对	1,000.00	10.00	10,000.00	10.00
合计										8,000.00		26,000.00	

图 7-7　采购结算单列表

(2) 退出。单击“结算单列表”页签的“关闭”按钮，关闭页签，完成操作。

5. 场景 4 的操作步骤

操作时间：确认系统日期和业务日期为 2017 年 4 月 2 日。

视频观看：手机扫描二维码即可观看相关操作。

任务说明：财务部会计张兰进行采购存货的记账与生成凭证。

操作步骤如下：

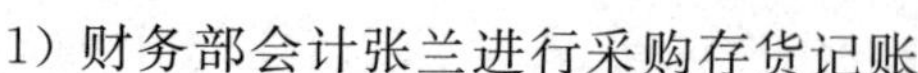

1) 财务部会计张兰进行采购存货记账

(1) 打开“未记账单据一览表”页签。登录“企业应用平台”，在“业务导航视图”的“业务

工作”导航条中选中“供应链”|“存货核算”|“业务核算”|“正常单据记账”，弹出“查询条件选择”对话框，选择“收发类型”为“采购入库”“到”“采购入库”，然后单击“确定”按钮，打开“未记账单据一览表”页签，此时页签中仅显示有本业务生成的 3 张采购入库单。

(2) 存货记账。单击工具栏中的“全选”和“记账”按钮，弹出消息框，提示记账成功，单击“确定”按钮，完成记账工作。

(3) 退出。单击“未记账单据一览表”页签的“关闭”按钮，关闭页签，完成操作。

2) 财务部会计张兰进行采购存货制单

(1) 打开“生成凭证”页签。登录“企业应用平台”，在“业务导航视图”的“业务工作”导航条中选中“供应链”|“存货核算”|“财务核算”|“生成凭证”，打开“生成凭证”页签。

(2) 打开“选择单据”窗口。单击工具栏中的“选择”按钮，弹出“查询条件”对话框，单击“确定”按钮，打开“选择单据”窗口。

(3) 复制信息。单击窗口工具栏中的“全选”按钮，以选中本业务生成的采购入库单，然后单击窗口工具栏中的“确定”按钮，关闭窗口，此时“生成凭证”页签如图 7-8 所示。

凭证类别 记 记账凭证

选择	单据类型	摘要	科目类型	科目编码	科目名称	借方金额	贷方金额	借方数量	贷方数量	科...	存货名称	部门名称	业...	供应商名称
1	采购入库单	采...	存货	140301	主要原材料	10,000.00		1,000.00		1	普通镜腿	采购部	刘静	北京大运眼...
			对方	1402	在途物资		10,000.00		1,000.00	2	普通镜腿	采购部	刘静	北京大运眼...
			存货	140302	其他原材料	6,000.00		6,000.00		1	螺钉	采购部	刘静	宁夏螺钉厂
			对方	1402	在途物资		6,000.00		6,000.00	2	螺钉	采购部	刘静	宁夏螺钉厂
			存货	140302	其他原材料	10,000.00		1,000.00		1	硅胶鼻托	采购部	刘静	河北硅胶三厂
			对方	1402	在途物资		10,000.00		1,000.00	2	硅胶鼻托	采购部	刘静	河北硅胶三厂
合计						28,000.00	26,000.00							

图 7-8 “生成凭证”页签

(4) 生成并保存第 1 张存货凭证。单击工具栏中的“生成”按钮，系统自动生成 3 张凭证，并打开“填制凭证”页签，默认显示了第一张凭证普通镜腿的相关信息，单击工具栏中的“保存”按钮，保存该凭证，如图 7-9 所示。

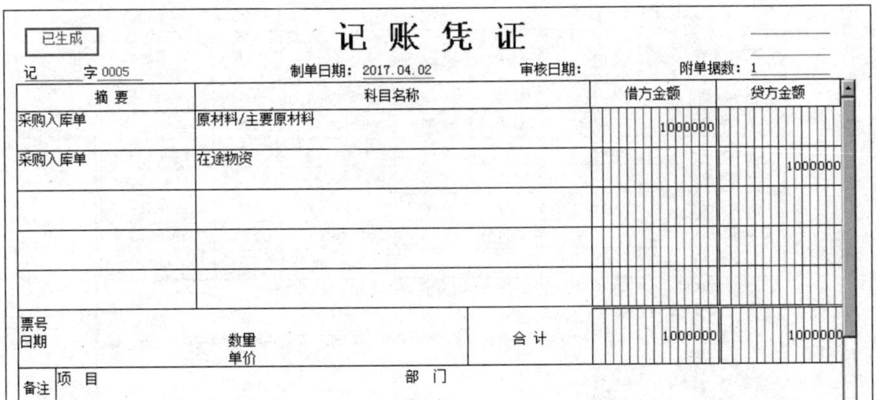

已生成

记 账 凭 证

记 字 0005　　制单日期：2017.04.02　　审核日期：　　附单据数：1

摘要	科目名称	借方金额	贷方金额
采购入库单	原材料/主要原材料	1000000	
采购入库单	在途物资		1000000
票号 日期	数量 单价	合计	1000000	1000000

备注　项 目　　部 门

个 人　　客 户

业务员

记账　　审核　　出纳　　制单 张兰

图 7-9 业务 7.2 的普通镜腿存货凭证

(5) 保存第 2 张和第 3 张凭证。单击工具栏中的“下张凭证”和“保存”按钮，保存另外两张存货凭证。

（6）退出。单击“填制凭证”和“生成凭证”页签的“关闭”按钮，关闭页签，完成操作。

小贴士

- 使用生成凭证功能时，可以选择单据生成凭证的条件。
- 生成凭证按整单制单，即一张单据必须所有记录全部记账，而且必须有成本数据，才能生成凭证。
- 如果在总账系统中选择可以使用应收应付受控科目，则存货核算的暂估入库或结算单制单时，才能使用应付的受控科目。
- 如果没有定义该单据中的存货科目、差异科目和所对应的科目，则所生成的凭证没有科目，并且没有辅助账类。对没有科目的凭证，可在显示的凭证中填入科目、修改或增加辅助账类的分录。

7.3　镜框镜腿采购业务

本节将依据 MPS/MRP 规划的采购计划单，进行高端、舒适和普通的镜腿镜框的采购。为降低操作的复杂度，本节将一次性地完成所有镜腿镜框规划订单的采购任务。

【业务描述】

2017 年 4 月 2 日，采购部刘静与大运配件厂签订采购合同（编号 CG001，原始单据如图 7-10 所示）约定采购高端、舒适和普通的镜腿和镜框（货物明细见表 7-1 的第 1～8 行），要求于 2017 年 4 月 4 日全部到货，货到 30 天内结清货款。

购销合同　　合同编号：CG001

卖方：北京大运眼镜配件配件厂

买方：北京亮康眼镜有限公司

为保护买卖双方的合法权益，买卖双方根据《中华人民共和国合同法》的有关规定，经友好协商，一致同意签订本合同，共同遵守。

一、货物的名称、数量及金额

货物的名称	规格型号	计量单位	数量	单价（不含税）	金额（不含税）	税率	价税合计
高端镜框		个	4600	80.00	368000.00	17%	430560.00
高端镜腿		对	4600	80.00	368000.00	17%	430560.00
舒适镜框		个	3500	70.00	245000.00	17%	286650.00
舒适镜腿		对	3500	70.00	245000.00	17%	286650.00
普通镜框		个	2600	10.00	26000.00	17%	30420.00
普通镜腿		对	1600	10.00	16000.00	17%	18720.00
合计							￥1483560.00

二、合同总金额：人民币壹佰肆拾捌万叁仟伍佰陆拾元整（￥1483560.00）。

三、付款时间及付款方式：

付款时间：自交货当日 30 日内，买方向卖方支付全部货款，即人民币壹佰肆拾捌万叁仟伍佰陆拾元整（￥1483560.00）。

付款结算方式：转账支票

四、时间与地点：交货时间为 2017 年 4 月 4 日　交货地点：北京亮康眼镜有限公司

五、发运方式与运输费用承担方式：运输费用由卖方承担。

卖　　方：北京大运眼镜配件配件厂　　买　　方：北京亮康眼镜有限公司

授权代表：夏子　　授权代表：刘静

日期：2017 年 4 月 [illegible] 日　　日期：2017 年 4 月 2 日

合同专用章　　合同专用章

图 7-10　合同 CG001

2017 年 4 月 4 日，大运配件厂依据合同 CG001 发来所有的采购物料，随货到达的采购专用发票（发票号 66170401，原始单据如图 7-11 所示）上标明价税合计为 1483560 元。仓管部验收入原材料仓库。货款尚未支付。

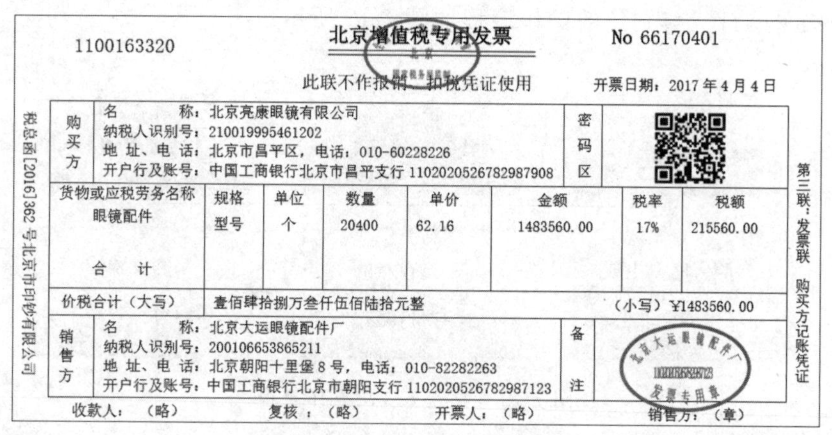

税总函[2016]362 号北京市印钞有限公司

1100163320　　北京增值税专用发票　　No 66170401

此联不作报销、扣税凭证使用　　开票日期：2017 年 4 月 4 日

购买方	名　　称：北京亮康眼镜有限公司 纳税人识别号：210019995461202 地 址、电 话：北京市昌平区，电话：010-60228226 开户行及账号：中国工商银行北京市昌平支行 1102020526782987908	密码区				
货物或应税劳务名称	规格型号	单位	数量	单价	金额	税率	税额
眼镜配件		个	20400	62.16	1483560.00	17%	215560.00
合　计							
价税合计（大写）	壹佰肆拾捌万叁仟伍佰陆拾元整				（小写）¥1483560.00		
销售方	名　　称：北京大运眼镜配件厂 纳税人识别号：200106653865211 地 址、电 话：北京朝阳十里堡 8 号，电话：010-82282263 开户行及账号：中国工商银行北京市朝阳支行 1102020526782987123	备注				

收款人：（略）　复核：（略）　开票人：（略）　销售方：（章）

第三联：发票联　购买方记账凭证

图 7-11　合同 CG001 的发票

本笔业务是原材料采购管理业务，需要填制并审核采购订单、到货单和入库单，填制采购发票，进行采购结算，以及采购的应付确认（即采购发票的审核与制单）。

【虚拟业务场景】

人物：

刘静（采购主管）

李莉（仓库主管）

张兰（财务部会计）

曾志伟（财务主管）

场景 1：采购订单的填制和审核

（刘静先填制并审核采购订单）

场景 2：到货单的填制和审核

（刘静填制并审核采购到货单）

场景 3：仓管部验收入库，入库单的填制与审核

（李莉参照采购到货单生成采购入库单并审核）

场景 4：采购专用发票的填制与结算

（刘静参照采购入库单完成采购专用发票的生成，并在发票窗口进行采购自动结算）

场景 5：财务部会计张兰进行采购成本确认

刘静：张兰，今天有一笔采购业务已经完成了，麻烦您做成本确认。

张兰：好的，我马上做。（采购成本确认）

场景 6：财务部会计张兰进行采购应付确认

曾志伟：张兰，我查阅到有一笔应付业务，需要做应付确认吧？

张兰：是的，我尽快完成。（采购应付确认）

【操作指导】

1. 操作流程

本业务的采购订货与到货的操作流程如图 7-12 所示。

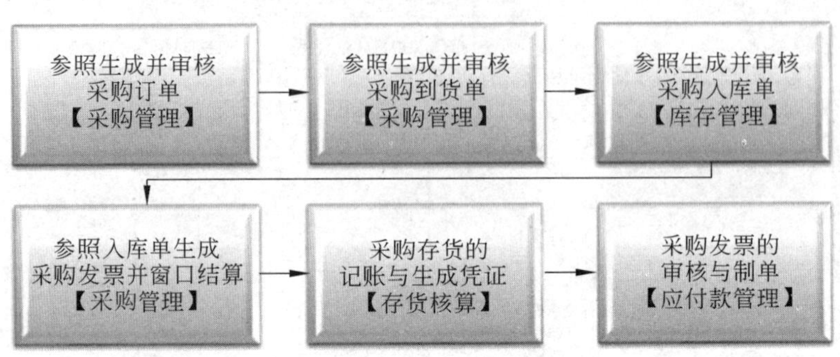

图 7-12　业务 7.3 的操作流程

2. 场景 1 的操作步骤

操作时间：确认系统日期和业务日期为 2017 年 4 月 2 日。

视频观看：手机扫描二维码即可观看相关操作。

任务说明：采购主管刘静参照生成与审核采购订单。

操作步骤如下：

（1）打开“采购订单”页签。登录“企业应用平台”，在“业务导航视图”的“业务工作”导航条中选中“供应链”|“采购管理”|“采购订货”|“采购订单”，打开“采购订单”页签。

（2）打开“拷贝并执行”窗口。单击工具栏中的“增加”按钮，新增一个采购订单，然后单击工具栏中的“生单”|“MPS/MRP 计划”下拉按钮，弹出“查询条件选择-采购订单 MRP 计划列表过滤”对话框，单击“确定”按钮，打开“拷贝并执行”窗口，如图 7-13 所示。

MRP计划批量生成订单

记录总数：18

选择	业务类型	供应商简称	存…	存货名称	规格型号	计划数量	本次下达量	主…	扣税类别	原币无…	计划下达日期	计划到货日期	采购类型	计划…
Y	普通采购	大运配件厂	1100	高端镜框	钛材	4,600.00	4,600.00	个	应税外加	0.00	2017-04-09	2017-04-11	普通采购	MRP
Y	普通采购	大运配件厂	1200	高端镜腿	钛材	4,600.00	4,600.00	对	应税外加	0.00	2017-04-09	2017-04-11	普通采购	MRP
Y	普通采购	大运配件厂	2100	舒适镜框	板材	1,500.00	1,500.00	个	应税外加	0.00	2017-04-04	2017-04-06	普通采购	MRP
Y	普通采购	大运配件厂	2100	舒适镜框	板材	2,000.00	2,000.00	个	应税外加	0.00	2017-04-12	2017-04-14	普通采购	MRP
Y	普通采购	大运配件厂	2200	舒适镜腿	板材	1,500.00	1,500.00	对	应税外加	0.00	2017-04-04	2017-04-06	普通采购	MRP
Y	普通采购	大运配件厂	2200	舒适镜腿	板材	2,000.00	2,000.00	对	应税外加	0.00	2017-04-12	2017-04-14	普通采购	MRP
Y	普通采购	大运配件厂	3100	普通镜框	塑材	2,600.00	2,600.00	个	应税外加	0.00	2017-04-02	2017-04-04	普通采购	MRP
Y	普通采购	大运配件厂	3200	普通镜腿	塑材	1,600.00	1,600.00	对	应税外加	0.00	2017-04-02	2017-04-04	普通采购	MRP
	普通采购	硅胶三厂	4002	硅胶鼻托		2,700.00	2,700.00	对	应税外加	0.00	2017-04-02	2017-04-04	普通采购	MRP
	普通采购	硅胶三厂	4002	硅胶鼻托		7,000.00	7,000.00	对	应税外加	0.00	2017-04-09	2017-04-11	普通采购	MRP
	普通采购	螺钉厂	4003	铰链		7,400.00	7,400.00	个	应税外加	0.00	2017-04-02	2017-04-04	普通采购	MRP
	普通采购	螺钉厂	4003	铰链		14,000.00	14,000.00	个	应税外加	0.00	2017-04-09	2017-04-11	普通采购	MRP
	普通采购	螺钉厂	4004	螺钉		1,400.00	1,400.00	颗	应税外加	0.00	2017-04-04	2017-04-06	普通采购	MRP
	普通采购	螺钉厂	4004	螺钉		14,000.00	14,000.00	颗	应税外加	0.00	2017-04-09	2017-04-11	普通采购	MRP
	普通采购	塑料二厂	0101	低度镜片	树脂100度	3,700.00	3,700.00	对	应税外加	0.00	2017-04-02	2017-04-04	普通采购	MRP
	普通采购	塑料二厂	0101	低度镜片	树脂100度	1,000.00	1,000.00	对	应税外加	0.00	2017-04-09	2017-04-11	普通采购	MRP
	普通采购	塑料二厂	0102	中度镜片	树脂150度	4,000.00	4,000.00	对	应税外加	0.00	2017-04-12	2017-04-14	普通采购	MRP
	普通采购	塑料二厂	0103	高度镜片	树脂400度	2,000.00	2,000.00	对	应税外加	0.00	2017-04-12	2017-04-14	普通采购	MRP
合计														

图 7-13　MRP 规划的“拷贝并执行”窗口

(3) 选单。选中“存货名称”为“高端镜框”“高端镜腿”“舒适镜框”“舒适镜腿”“普通镜框”和“普通镜腿”所在行的“选择”栏，使其出现“Y”字样，如图 7-13 所示。

(4) 参照 MPS/MRP 规划生成采购订单。单击窗口工具栏中的“OK 确定”按钮，关闭窗口，此时相关的信息已经带入“采购订单”页签。

(5) 编辑并保存采购订单。修改表头的“订单编号”为“CG001”，并参照生成表头的“部门”为“采购部”，“业务员”为“刘静”，“备注”为“采购镜框镜腿”，编辑表体的“计划到货日期”均为“2017-04-04”，再单击工具栏中的“保存”按钮，如图 7-14 所示。

采购订单

打印模板 8174 采购订单打印模板

表体排序 　　　　合并显示 □

业务类型 普通采购　　订单日期 2017-04-02　　订单编号 CG001
采购类型 普通采购　　部门 采购部　　业务员 刘静
币种 人民币　　汇率 1　　备注 采购镜框镜腿
计划到货日期　　税率 17.00　　付款条件
供应商 大运配件厂　　订金 0.00

	存货编码	存货名称	规格...	主...	数量	原币含税单价	原币单价	原币金额	原币税额	原币价税合计	税率	计划到货日期
1	1100	高端镜框	钛材	个	4600.00	93.60	80.00	368000.00	62560.00	430560.00	17.00	2017-04-04
2	1200	高端镜腿	钛材	对	4600.00	93.60	80.00	368000.00	62560.00	430560.00	17.00	2017-04-04
3	2100	舒适镜框	板材	个	1500.00	81.90	70.00	105000.00	17850.00	122850.00	17.00	2017-04-04
4	2100	舒适镜框	板材	个	2000.00	81.90	70.00	140000.00	23800.00	163800.00	17.00	2017-04-04
5	2200	舒适镜腿	板材	对	1500.00	81.90	70.00	105000.00	17850.00	122850.00	17.00	2017-04-04
6	2200	舒适镜腿	板材	对	2000.00	81.90	70.00	140000.00	23800.00	163800.00	17.00	2017-04-04
7	3100	普通镜框	塑材	个	2600.00	11.70	10.00	26000.00	4420.00	30420.00	17.00	2017-04-04
8	3200	普通镜腿	塑材	对	1600.00	11.70	10.00	16000.00	2720.00	18720.00	17.00	2017-04-04

图 7-14　业务 7.3 的采购订单

(6) 审核。单击工具栏中的“审核”按钮，审核通过该订单。

(7) 退出。单击“采购订单”页签的“关闭”按钮，关闭页签，完成操作。

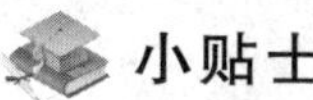

小贴士

采购订单可以修改、删除、审核、弃审、变更、关闭、打开、锁定、解锁。审核采购订单可以有 3 种含义，可根据业务需要选择其中一种。

- 采购订单输入计算机后，交由供货单位确认后的订单。
- 采购订单由专职录入员输入，由业务员进行数据检查，确定正确的订单。
- 经过采购主管批准的订单(本案例企业的审核采购订单的含义)。

已审核未关闭的采购订单可以参照生成采购到货单、采购入库单、采购发票、出口订单。

采购订单的制单人(见表底栏目)是新增或修改该单据的操作员，审核人是审核该单据的操作员，关闭人是关闭该单据的操作员，锁定人是手工锁定或自动锁定该单据的操作员。

其他单据的制单人、审核人、关闭人、锁定人与请购单类似，在此不再赘述。

3. 场景 2 的操作步骤

操作时间：确认系统日期和业务日期为 2017 年 4 月 4 日。

视频观看：手机扫描二维码即可观看相关操作。

任务说明：采购主管刘静参照生成与审核采购到货单。

操作步骤如下：

(1) 打开“到货单”页签。登录“企业应用平台”，在“业务导航视图”的“业务工作”导航条中选中“供应链”|“采购管理”|“采购到货”|“到货单”，打开“到货单”页签。

(2) 参照订单生成采购到货单。首先单击工具栏中的“增加”按钮，新增一张采购到货单，再做如下操作。

① 打开“拷贝并执行”窗口。单击窗口工具栏中的“生单”|“采购订单”下拉按钮，弹出“查询条件选择-采购订单列表过滤”对话框，单击“确定”按钮，打开“拷贝并执行”窗口。

② 复制信息。在“拷贝并执行”窗口的上窗格中，选中“订单号”为“CG001”的采购订单所在行的“选择”栏，使其出现“Y”字样，再单击工具栏中的“OK 确定”按钮，关闭窗口此时相关的信息已带入“到货单”页签，不需要修改。

(3) 保存。单击工具栏中的“保存”按钮，保存该到货单。

(4) 审核。单击工具栏中的“审核”按钮，审核通过该到货单。

(5) 退出。单击“到货单”页签的“关闭”按钮，关闭页签，完成操作。

4. 场景 3 的操作步骤

操作时间：确认系统日期和业务日期为 2017 年 4 月 4 日。

视频观看：手机扫描二维码即可观看相关操作。

任务说明：仓库主管李莉参照生成与审核采购入库单。

操作步骤如下：

(1) 打开库存管理的“采购入库单”页签。登录“企业应用平台”，在“业务导航视图”的“业务工作”导航条中选中“供应链”|“库存管理”|“入库业务”|“采购入库单”，打开“采购入库单”页签。

(2) 打开“到货单生单列表”窗口。单击工具栏中的“生单”|“采购到货单(蓝字)”下拉按钮，弹出“查询条件选择-采购到货单列表”对话框，单击“确定”按钮，打开“到货单生单列表”窗口。

(3) 参照到货单生成采购入库单。在上窗格中选中要选择的采购到货单(即上一步骤完成的采购到货单)所在行的“选择”栏，使其出现“Y”字样，再单击窗口工具栏中的“OK 确定”按钮，关闭窗口，此时相关的信息已经默认显示在“采购入库单”页签的入库单上，其表头的“仓库”为“原材料仓库”。

(4) 保存。单击工具栏中的“保存”按钮，保存该单据，如图 7-15 所示。

(5) 审核。单击工具栏中的“审核”按钮，弹出消息框，提示审核成功，单击“确定”按钮，关闭消息框。

(6) 退出。单击“采购入库单”页签的“关闭”按钮，关闭页签，完成操作。

5. 场景 4 的操作步骤

操作时间：确认系统日期和业务日期为 2017 年 4 月 4 日。

视频观看：手机扫描二维码即可观看相关操作。

任务说明：采购主管刘静进行采购专用发票的参照生成与窗口结算。

操作步骤如下：

(1) 打开“专用发票”页签。登录“企业应用平台”，在“业务导航视图”的“业务工作”导

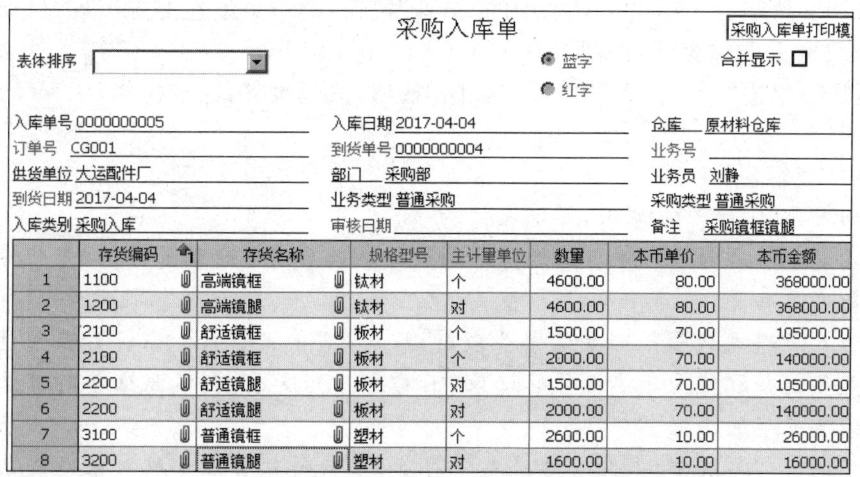

采购入库单

采购入库单打印模

表体排序

蓝字

红字

合并显示 □

入库单号 0000000005 | 入库日期 2017-04-04 | 仓库 原材料仓库

订单号 CG001 | 到货单号 0000000004 | 业务号

供货单位 大运配件厂 | 部门 采购部 | 业务员 刘静

到货日期 2017-04-04 | 业务类型 普通采购 | 采购类型 普通采购

入库类别 采购入库 | 审核日期 | 备注 采购镜框镜腿

	存货编码	存货名称	规格型号	主计量单位	数量	本币单价	本币金额
1	1100	高端镜框	钛材	个	4600.00	80.00	368000.00
2	1200	高端镜腿	钛材	对	4600.00	80.00	368000.00
3	2100	舒适镜框	板材	个	1500.00	70.00	105000.00
4	2100	舒适镜框	板材	个	2000.00	70.00	140000.00
5	2200	舒适镜腿	板材	对	1500.00	70.00	105000.00
6	2200	舒适镜腿	板材	对	2000.00	70.00	140000.00
7	3100	普通镜框	塑材	个	2600.00	10.00	26000.00
8	3200	普通镜腿	塑材	对	1600.00	10.00	16000.00

图 7-15 业务 7.3 的采购入库单

航条中选中“供应链”|“采购管理”|“采购发票”|“专用采购发票”，打开“专用发票”页签。

(2) 参照入库单生成采购专用发票。单击工具栏中的“增加”按钮，新增一张采购专用发票，然后做如下操作。

① 打开“拷贝并执行”窗口。单击窗口工具栏中的“生单”|“入库单”下拉按钮，打开“查询条件选择-采购入库单列表过滤”对话框；单击“确定”按钮，打开的“拷贝并执行”窗口。

② 复制信息。在窗口的上窗格中，选中要选择的采购入库单(即上一步骤完成的采购入库单)所在行的“选择”栏，使其出现“Y”字样，再单击工具栏中的“OK 确定”按钮，关闭页签，此时相关的信息带入“专用发票”页签。

③ 编辑。编辑表头的“发票号”为“66170401”，其他项默认。

(3) 保存。单击工具栏中的“保存”按钮，如图 7-16 所示。

已结算

专用发票

打印模板 8164 专用发票打印模板

表体排序

合并显示 □

业务类型 普通采购 | 发票类型 专用发票 | 发票号 66170401

开票日期 2017-04-04 | 供应商 大运配件厂 | 代垫单位 大运配件厂

采购类型 普通采购 | 税率 17.00 | 部门名称 采购部

业务员 刘静 | 币种 人民币 | 汇率 1

发票日期 | 付款条件 | 备注 采购镜框镜腿

	存货编码	存货名称	规格型号	主计量	数量	原币单价	原币金额	原币税额	原币价税合计	税率	订单号
1	1100	高端镜框	钛材	个	4600.00	80.00	368000.00	62560.00	430560.00	17.00	CG001
2	1200	高端镜腿	钛材	对	4600.00	80.00	368000.00	62560.00	430560.00	17.00	CG001
3	2100	舒适镜框	板材	个	1500.00	70.00	105000.00	17850.00	122850.00	17.00	CG001
4	2100	舒适镜框	板材	个	2000.00	70.00	140000.00	23800.00	163800.00	17.00	CG001
5	2200	舒适镜腿	板材	对	1500.00	70.00	105000.00	17850.00	122850.00	17.00	CG001
6	2200	舒适镜腿	板材	对	2000.00	70.00	140000.00	23800.00	163800.00	17.00	CG001
7	3100	普通镜框	塑材	个	2600.00	10.00	26000.00	4420.00	30420.00	17.00	CG001
8	3200	普通镜腿	塑材	对	1600.00	10.00	16000.00	2720.00	18720.00	17.00	CG001

图 7-16 业务 7.3 的采购专用发票(已结算)

（4）采购发票结算。单击工具栏中的“结算”按钮，此时页签左上方出现“已结算”字样，表示该发票已经采购结算了，如图7-16所示。

（5）退出。单击“专用发票”页签的“关闭”按钮，关闭页签，完成操作。

小贴士

- 采购发票可以修改、删除，可以现付、弃付。
- 采购发票与采购入库单可以进行采购结算。若启用了代管业务，则是代管挂账确认单与发票结算。
- 参照入库单或代管挂账确认单生成时，默认按“单据数量—累计开票数量”开票；如果是已进行红蓝入库单结算的记录，不需要开具发票，在参照生单时可选择不包括已结算完毕的单据。
- 在采购管理系统中，采购发票录入保存后，在应付款管理系统对采购发票进行审核登记应付账，同时回填采购发票的审核人。

6. 场景5的操作步骤

操作时间：确认系统日期和业务日期为2017年4月4日。

视频观看：手机扫描二维码即可观看相关操作。

任务说明：财务部会计张兰进行采购存货的记账与生成凭证。

操作步骤如下：

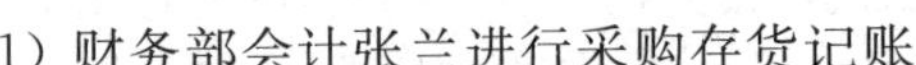

1）财务部会计张兰进行采购存货记账

（1）打开“未记账单据一览表”页签。登录“企业应用平台”，在“业务导航视图”的“业务工作”导航条中选中“供应链”|“存货核算”|“业务核算”|“正常单据记账”，弹出“查询条件选择”对话框，选择“单据类型”为“采购入库单”，然后单击“确定”按钮，打开“未记账单据一览表”页签。

（2）存货记账。单击工具栏中的“全选”按钮，以选中本业务生成的采购入库单，然后单击工具栏中的“记账”按钮，弹出消息框，提示记账成功，单击“确定”按钮，关闭消息框，完成记账工作。

（3）退出。单击“未记账单据一览表”页签的“关闭”按钮，关闭页签，完成操作。

2）财务部会计张兰进行采购存货制单

（1）打开“生成凭证”页签。登录“企业应用平台”，在“业务导航视图”的“业务工作”导航条中选中“供应链”|“存货核算”|“财务核算”|“生成凭证”，打开“生成凭证”页签。

（2）打开“选择单据”窗口。单击工具栏中的“选择”按钮，在弹出的“查询条件”对话框中，单击“确定”按钮，打开“选择单据”窗口。

（3）复制信息。单击窗口工具栏中的“全选”按钮，以选中本业务生成的采购入库单，然后单击窗口工具栏中的“确定”按钮，关闭对话框，此时“生成凭证”页签如图7-17所示。

（4）生成存货凭证。单击工具栏中的“生成”按钮，打开“填制凭证”页签，并默认显示了本业务入库单上的相关信息“借记：原材料/主要原材料”“贷记：在途物资”，保持默认信息。

（5）保存。单击工具栏中的“保存”按钮，保存该凭证，结果如图7-18所示。

（6）退出。单击“填制凭证”和“生成凭证”页签的“关闭”按钮，关闭页签，完成操作。

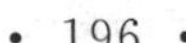

凭证类别 记 记账凭证

选择	单据类型	摘要	科目类型	科目编码	科目名称	借方金额	贷方金额	借方数量	贷方数量	科...	存货名称	部门名称	业...	供应商名称
1	采购入库单	采...	存货	140301	主要原材料	368,000.00		4,600.00		1	高端镜框	采购部	刘静	北京大运眼...
			对方	1402	在途物资		368,000.00		4,600.00	2	高端镜框	采购部	刘静	北京大运眼...
			存货	140301	主要原材料	368,000.00		4,600.00		1	高端镜腿	采购部	刘静	北京大运眼...
			对方	1402	在途物资		368,000.00		4,600.00	2	高端镜腿	采购部	刘静	北京大运眼...
			存货	140301	主要原材料	105,000.00		1,500.00		1	舒适镜框	采购部	刘静	北京大运眼...
			对方	1402	在途物资		105,000.00		1,500.00	2	舒适镜框	采购部	刘静	北京大运眼...
			存货	140301	主要原材料	140,000.00		2,000.00		1	舒适镜框	采购部	刘静	北京大运眼...
			对方	1402	在途物资		140,000.00		2,000.00	2	舒适镜框	采购部	刘静	北京大运眼...
			存货	140301	主要原材料	105,000.00		1,500.00		1	舒适镜腿	采购部	刘静	北京大运眼...
			对方	1402	在途物资		105,000.00		1,500.00	2	舒适镜腿	采购部	刘静	北京大运眼...
			存货	140301	主要原材料	140,000.00		2,000.00		1	舒适镜腿	采购部	刘静	北京大运眼...
			对方	1402	在途物资		140,000.00		2,000.00	2	舒适镜腿	采购部	刘静	北京大运眼...
			存货	140301	主要原材料	26,000.00		2,600.00		1	普通镜框	采购部	刘静	北京大运眼...
			对方	1402	在途物资		26,000.00		2,600.00	2	普通镜框	采购部	刘静	北京大运眼...
			存货	140301	主要原材料	16,000.00		1,600.00		1	普通镜腿	采购部	刘静	北京大运眼...
			对方	1402	在途物资		16,000.00		1,600.00	2	普通镜腿	采购部	刘静	北京大运眼...
合计						1,268,000.00	1,268,000.00							

图 7-17　业务 7.3 的生成凭证窗口

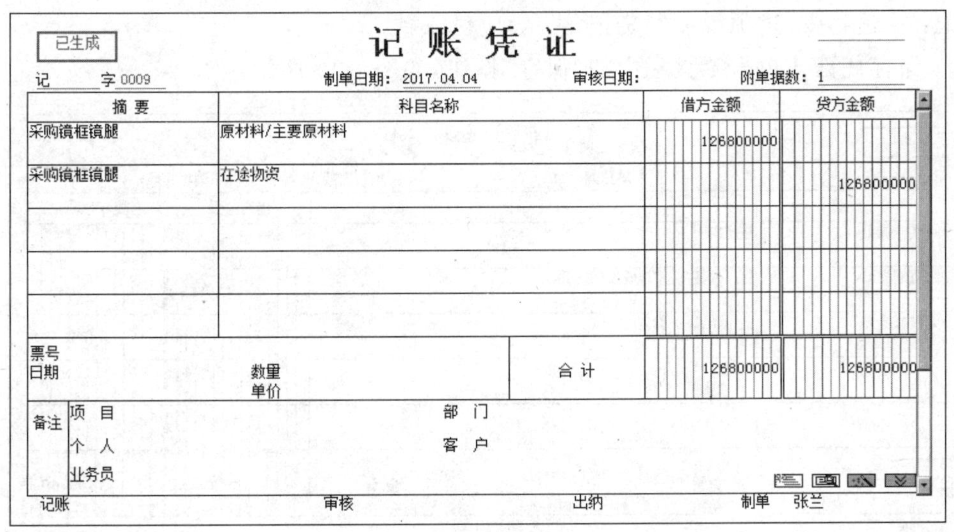

已生成

记账凭证

记 字 0009　制单日期：2017.04.04　审核日期：　附单据数：1

摘要	科目名称	借方金额	贷方金额
采购镜框镜腿	原材料/主要原材料	126800000	
采购镜框镜腿	在途物资		126800000
票号 日期　数量 单价	合计	126800000	126800000

备注　项目　部门　个人　客户　业务员

记账　审核　出纳　制单 张兰

图 7-18　业务 7.3 的存货凭证

小贴士

- 使用生成凭证功能时，可以选择单据生成凭证的条件。
- 生成凭证按整单制单，即一张单据必须所有记录全部记账，而且必须有成本数据，才能生成凭证。
- 如果在总账系统中选择可以使用应收应付受控科目，则存货核算的暂估入库或结算单制单时，才能使用应付的受控科目。
- 如果没有定义该单据中的存货科目、差异科目和所对应的科目，则所生成的凭证没有科目，并且没有辅助账类。对没有科目的凭证，可在显示的凭证中填入科目、修改或增加辅助账类的分录。

7. 场景 6 的操作步骤

操作时间：确认系统日期和业务日期为 2017 年 4 月 4 日。

视频观看：手机扫描二维码即可观看相关操作。

任务说明：财务部会计张兰进行采购发票的审核与制单。

操作步骤如下：

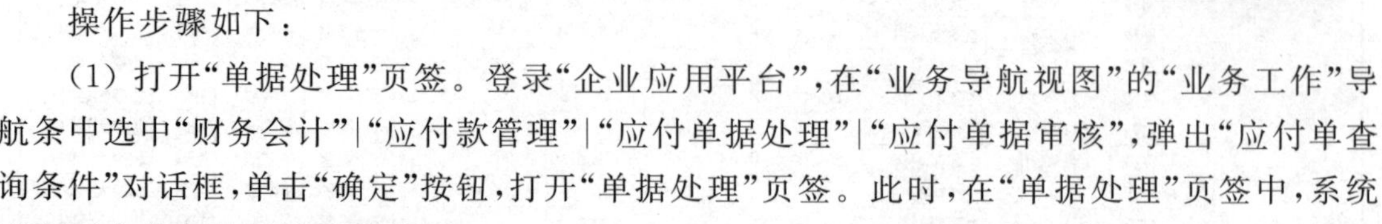

(1) 打开“单据处理”页签。登录“企业应用平台”，在“业务导航视图”的“业务工作”导航条中选中“财务会计”|“应付款管理”|“应付单据处理”|“应付单据审核”，弹出“应付单查询条件”对话框，单击“确定”按钮，打开“单据处理”页签。此时，在“单据处理”页签中，系统列出了本业务的采购专用发票。

(2) 查阅应付单据。选中该单据所在行，打开“采购发票”页签，并默认显示 66170401 发票的相关信息。

(3) 审核单据。单击工具栏中的“审核”按钮，系统自动完成审核工作，并弹出消息框，询问“是否立即制单?”。

(4) 生成凭证。单击消息框中的“是”按钮，打开“填制凭证”页签，并默认显示凭证信息为“借记：在途物资、进项税额”“贷记：一般应付账款”。

(5) 保存凭证。单击工具栏中的“保存”按钮，如图 7-19 所示。

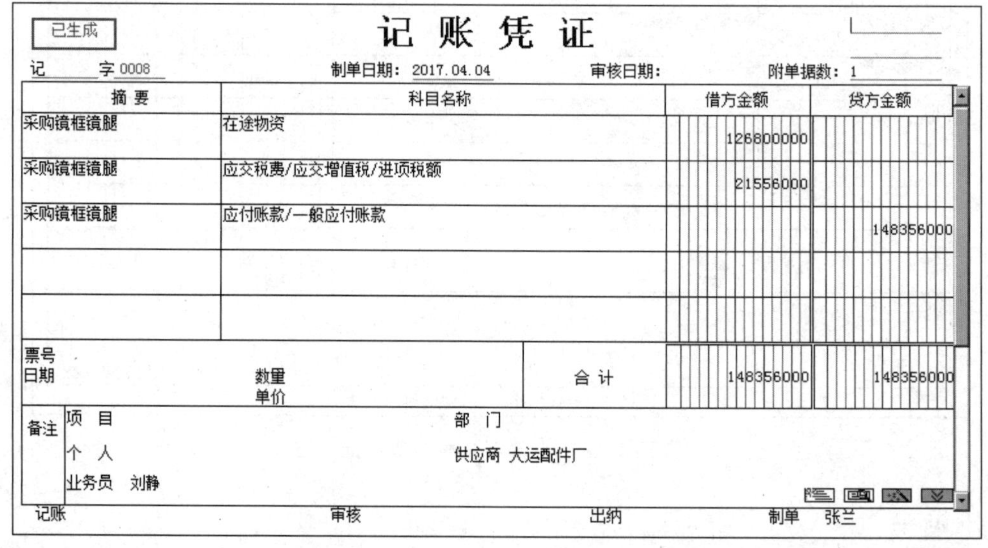

已生成

记账凭证

记 字 0008 制单日期：2017.04.04 审核日期： 附单据数：1

摘要	科目名称	借方金额	贷方金额
采购镜框镜腿	在途物资	126800000	
采购镜框镜腿	应交税费/应交增值税/进项税额	21556000	
采购镜框镜腿	应付账款/一般应付账款		148356000
票号 日期	数量 单价 合计	148356000	148356000

备注 项目 部门

个人 供应商 大运配件厂

业务员 刘静

记账 审核 出纳 制单 张兰

图 7-19 业务 7.3 采购专用发票制单结果

(6) 退出。单击“填制凭证”“采购发票”和“单据处理”页签的“关闭”按钮，关闭页签，完成操作。

7.4 其他原材料采购(含定金处理和现付结算)

定金，是指在合同订立或履行之前，支付一定数额的金钱作为担保的担保方式。本案例企业的采购定金通过“预付账款”反映。

生产制造企业的原材料采购订单，可通过 MRP 计划批量生成。本节的实验将先通过 MRP 计划批量生成采购订单，然后根据原材料的到货正品率设置一定的超计划定货量，并对紧俏原材料预付一定的采购定金。

为了降低实验的操作工作量，本节将所有的采购订单，在 2017 年 4 月 4 日填制并审核完成，而且在 2017 年 4 月 6 日完成到货入库、采购结算、采购成本确认与应付确认。

【业务描述】

2017 年 4 月 4 日，采购部刘静与塑料二厂签订采购合同（合同编号 CG002，原始单据如图 7-20 所示），约定采购各种镜片共 11000 对（如表 7-1 的第 15～18 行所示，其中第 15 行调整订货量为 4000 对），无税单价 70 元，增值税 17%。预付定金 50000 元（支付报告书如图 7-21 所示），当日用转账支票（支票票号 22170402，原始单据如图 7-22 所示）支付。约定 2017 年 4 月 6 日到货，自签订合同之日 30 天内支付尾款。

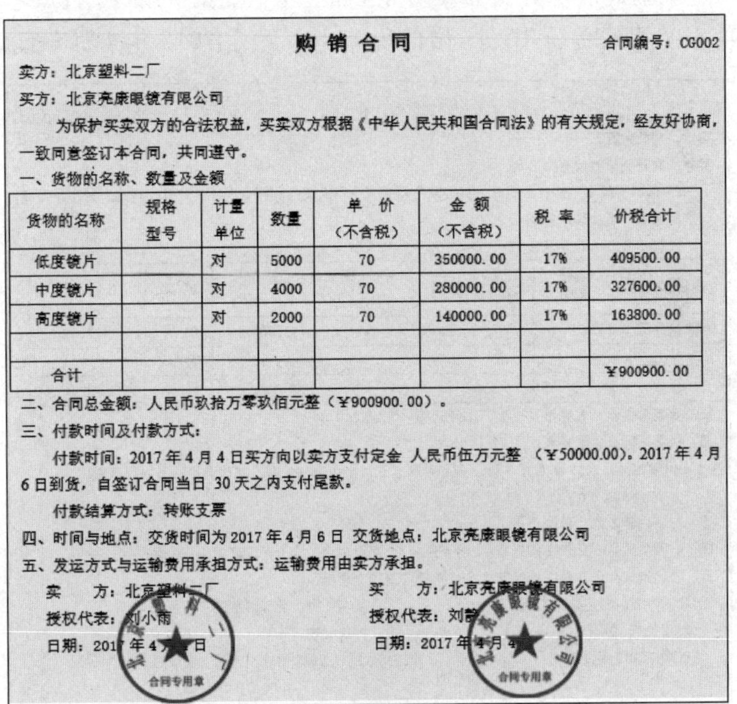

购 销 合 同　　　　合同编号：CG002

卖方：北京塑料二厂

买方：北京亮康眼镜有限公司

为保护买卖双方的合法权益，买卖双方根据《中华人民共和国合同法》的有关规定，经友好协商，一致同意签订本合同，共同遵守。

一、货物的名称、数量及金额

货物的名称	规格型号	计量单位	数量	单价（不含税）	金额（不含税）	税率	价税合计
低度镜片		对	5000	70	350000.00	17%	409500.00
中度镜片		对	4000	70	280000.00	17%	327600.00
高度镜片		对	2000	70	140000.00	17%	163800.00
合计							￥900900.00

二、合同总金额：人民币玖拾万零玖佰元整（￥900900.00）。

三、付款时间及付款方式：

付款时间：2017 年 4 月 4 日买方向以卖方支付定金 人民币伍万元整 （￥50000.00）。2017 年 4 月 6 日到货，自签订合同当日 30 天之内支付尾款。

付款结算方式：转账支票

四、时间与地点：交货时间为 2017 年 4 月 6 日 交货地点：北京亮康眼镜有限公司

五、发运方式与运输费用承担方式：运输费用由卖方承担。

卖　方：北京塑料二厂　　　　买　方：北京亮康眼镜有限公司

授权代表：刘小南　　　　授权代表：刘静

日期：2017 年 4 月 4 日　　　　日期：2017 年 4 月 4 日

图 7-20　合同 CG002

付 款 报 告 书

部门：采购部　　　2017 年 4 月 4 日　　　编号:001

开支内容	金　额	结算方式
支付定金（合同编号 CG002）	￥50000.00	转账支票
合计（大写）	人民币伍万元整	

会计主管：略　　单位负责人：略　　出纳：略　　经办人：略

图 7-21　合同 CG002 定金的支付报告书

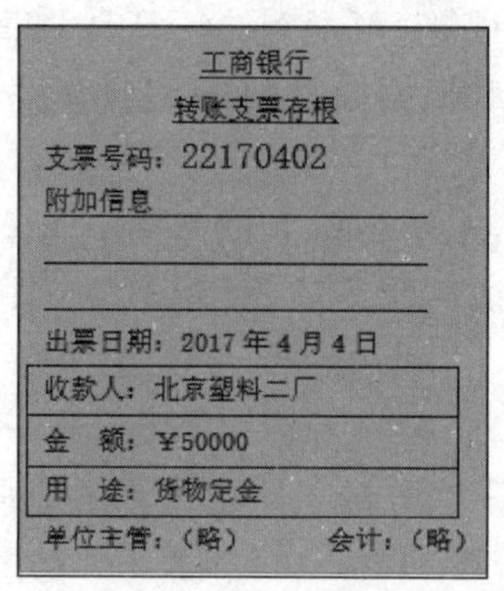
工商银行
转账支票存根
支票号码：22170402
附加信息
出票日期：2017年4月4日
收款人：北京塑料二厂
金　额：￥50000
用　途：货物定金
单位主管：（略）　　会计：（略）

图 7-22　支付合同 CG002 定金的支票存根

2017 年 4 月 4 日，采购部刘静与硅胶三厂签订采购合同（合同编号 CG003，原始单据如图 7-23 所示），约定采购硅胶鼻托共 10000 对（如表 7-1 的第 9 和 10 行所示，其中第 9 行调整订货量为 3000 对），无税单价 10 元，增值税 17%。约定 2017 年 4 月 6 日到货，货到付款。

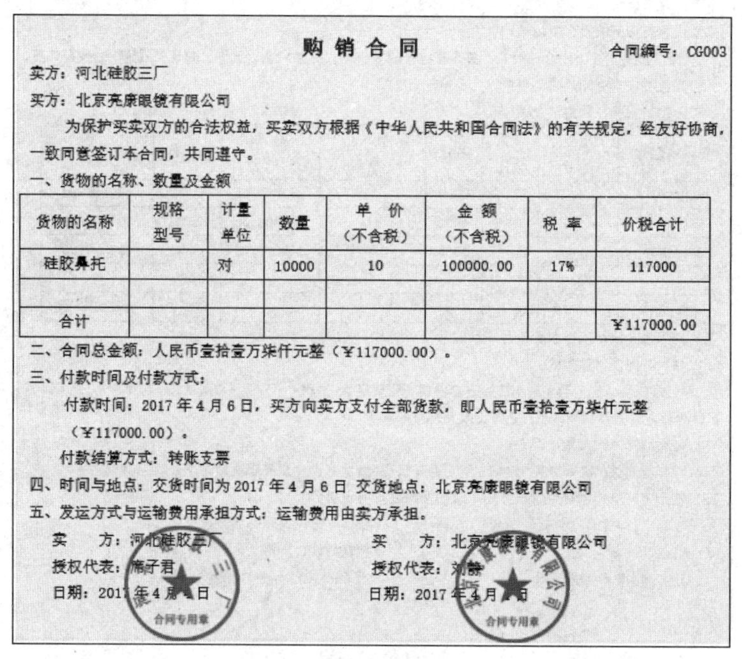
购 销 合 同

合同编号：CG003

卖方：河北硅胶三厂

买方：北京亮康眼镜有限公司

为保护买卖双方的合法权益，买卖双方根据《中华人民共和国合同法》的有关规定，经友好协商，一致同意签订本合同，共同遵守。

一、货物的名称、数量及金额

货物的名称	规格型号	计量单位	数量	单价（不含税）	金额（不含税）	税率	价税合计
硅胶鼻托		对	10000	10	100000.00	17%	117000
合计							￥117000.00

二、合同总金额：人民币壹拾壹万柒仟元整（￥117000.00）。

三、付款时间及付款方式：

付款时间：2017 年 4 月 6 日，买方向卖方支付全部货款，即人民币壹拾壹万柒仟元整（￥117000.00）。

付款结算方式：转账支票

四、时间与地点：交货时间为 2017 年 4 月 6 日　交货地点：北京亮康眼镜有限公司

五、发运方式与运输费用承担方式：运输费用由卖方承担。

卖　方：河北硅胶三厂　　　　买　方：北京亮康眼镜有限公司

授权代表：施子君　　　　授权代表：刘静

日期：2017 年 4 月 4 日　　　　日期：2017 年 4 月 4 日

图 7-23　合同 CG003

2017 年 4 月 4 日，采购部刘静与螺钉厂签订采购合同（合同编号 CG004，原始单据如图 7-24 所示），约定采购铰链共 22000 个（如表 7-1 的第 11 和 12 行所示，其中第 11 行调整订货量为 8000 个），无税单价 2 元，增值税 17%；采购螺钉共 16000 颗（如表 7-1 的第 13 和 14 行所示，其中第 13 行调整订货量为 2000 个），无税单价 1 元，增值税 17%；2017 年 4 月 6 日到货，自签订合同之日 30 天内付款。

2017 年 4 月 6 日，采购部收到螺钉厂依据合同 CG004 发来的铰链 22000 个和螺钉 16000 颗，以及随货发来的增值税发票（票号 66170403，原始单据如图 7-25 所示），仓管部将货物验收入库，货款尚未支付。

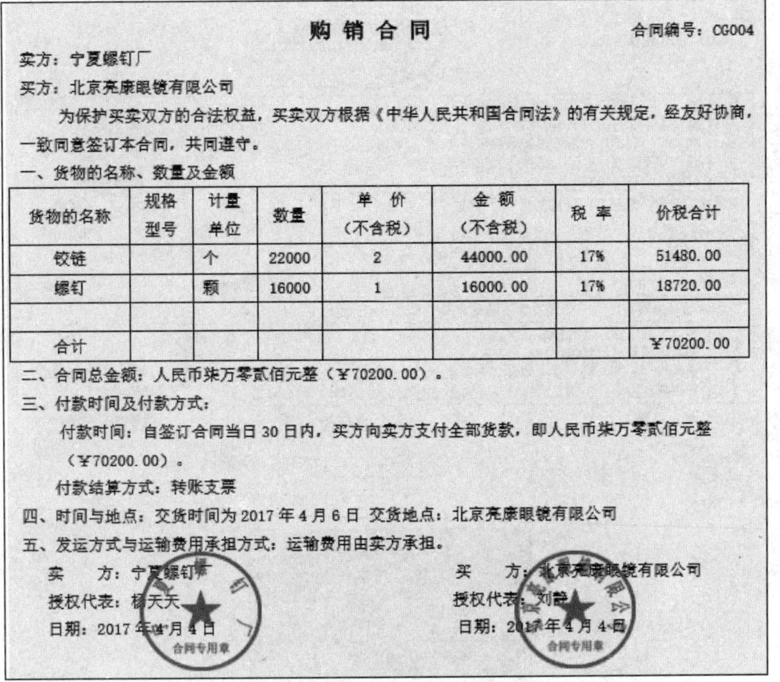

购销合同

合同编号：CG004

卖方：宁夏螺钉厂

买方：北京亮康眼镜有限公司

为保护买卖双方的合法权益，买卖双方根据《中华人民共和国合同法》的有关规定，经友好协商，一致同意签订本合同，共同遵守。

一、货物的名称、数量及金额

货物的名称	规格型号	计量单位	数量	单价（不含税）	金额（不含税）	税率	价税合计
铰链		个	22000	2	44000.00	17%	51480.00
螺钉		颗	16000	1	16000.00	17%	18720.00
合计							¥70200.00

二、合同总金额：人民币柒万零贰佰元整（¥70200.00）。

三、付款时间及付款方式：

付款时间：自签订合同当日 30 日内，买方向卖方支付全部货款，即人民币柒万零贰佰元整（¥70200.00）。

付款结算方式：转账支票

四、时间与地点：交货时间为 2017 年 4 月 6 日 交货地点：北京亮康眼镜有限公司

五、发运方式与运输费用承担方式：运输费用由卖方承担。

卖　方：宁夏螺钉厂　　买　方：北京亮康眼镜有限公司

授权代表：杨天天　　授权代表：刘静

日期：2017 年 4 月 4 日　　日期：2017 年 4 月 4 日

图 7-24　合同 CG004

1100163320　　**宁夏增值税专用发票**　　No 66170403

此联不作报销、扣税凭证使用　　开票日期：2017 年 4 月 6 日

购买方	名称：北京亮康眼镜有限公司 纳税人识别号：210019995461202 地址、电话：北京市昌平区，电话：010-60228226 开户行及账号：中国工商银行北京市昌平支行 110202052678298790８	密码区	

货物或应税劳务名称	规格型号	单位	数量	单价	金额	税率	税额
铰链		个	22000	2.00	51480.00	17%	3740.00
螺钉		颗	16000	1.00	18720.00	17%	2720.00
合　计					¥70200.00		¥6460.00
价税合计（大写）	柒万零贰佰元整				（小写）¥70200.00		

销售方	名称：宁夏螺钉厂 纳税人识别号：100106539465724 地址、电话：宁夏银川市和信区富民路 23 号，电话：0951-5122822 开户行及账号：中国工商银行宁夏银川支行 1102020526782985703	备注	

收款人：（略）　复核：（略）　开票人：（略）　销售方：（章）

税总函[2016]362 号北京市印钞有限公司

第三联：发票联　购买方记账凭证

图 7-25　合同 CG004 的采购发票

2017 年 4 月 6 日，硅胶三厂依据合同 CG003，将 10000 对硅胶鼻托和增值税发票（票号 66170404 原始单据如图 7-26 所示）送到本公司，仓管部验收入库。财务部开具转账支票（票号 22170403，支票存根如图 7-27 所示）支付全部货款（支付报告书如图 7-28 所示）。

本笔业务是普通采购业务和有定金的采购订货业务，需要填制并审核采购订单、参照生成并审核采购到货单、入库单，采购结算，采购存货的记账与制单，采购现付和应付的货款确认，以及填制采购定金的付款单、付款单审核与制单。

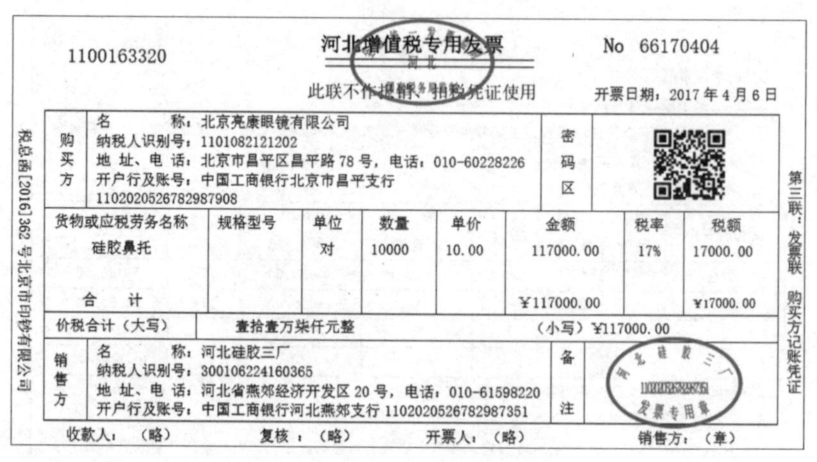

1100163320　　河北增值税专用发票　　No 66170404

此联不作报销、扣税凭证使用　　开票日期：2017 年 4 月 6 日

购买方	名　　称：北京亮康眼镜有限公司 纳税人识别号：1101082121202 地 址、电 话：北京市昌平区昌平路 78 号，电话：010-60228226 开户行及账号：中国工商银行北京市昌平支行 1102020526782987908				密码区		
货物或应税劳务名称	规格型号	单位	数量	单价	金额	税率	税额
硅胶鼻托		对	10000	10.00	117000.00	17%	17000.00
合　计					¥117000.00		¥17000.00
价税合计（大写）	壹拾壹万柒仟元整				（小写）¥117000.00		
销售方	名　　称：河北硅胶三厂 纳税人识别号：300106224160365 地 址、电 话：河北省燕郊经济开发区 20 号，电话：010-61598220 开户行及账号：中国工商银行河北燕郊支行 1102020526782987351				备注		

收款人：（略）　　复核：（略）　　开票人：（略）　　销售方：（章）

税总函[2016]362 号北京市印钞有限公司

第三联：发票联　购买方记账凭证

图 7-26　合同 CG003 的采购发票

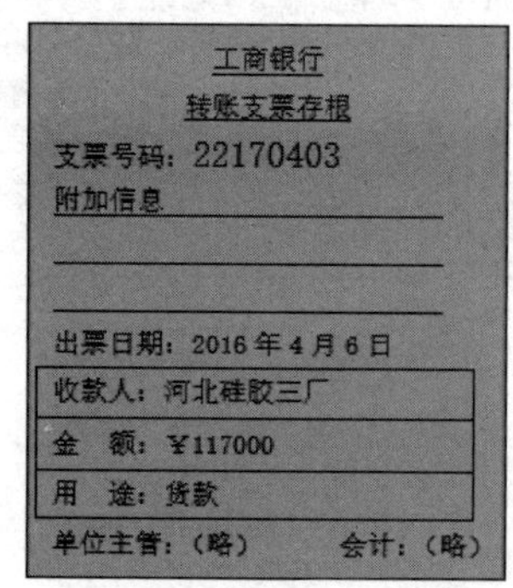

工商银行

转账支票存根

支票号码：22170403

附加信息

出票日期：2016 年 4 月 6 日

收款人：河北硅胶三厂
金　额：¥117000
用　途：货款

单位主管：（略）　　会计：（略）

图 7-27　支付合同 CG003 货款的支票存根

付 款 报 告 书

部门：采购部　　2016 年 7 月 1 日　　编号:001

开支内容	金　额	结算方式
支付货款（合同编号 CG003）	¥117000.00	转账支票
合计（大写）	人民币壹拾壹万柒仟元整	

会计主管：略　　单位负责人：略　　出纳：略　　经办人：略

图 7-28　合同 CG003 货款的支付报告书

【虚拟业务场景】

人物：

刘静（采购主管）

曾志伟（财务主管）

罗迪（财务部出纳）

张兰（财务部会计）

场景 1：签订合同，采购部填制并审核采购订单

（刘静填制并审核采购订单）

场景 2：财务部出纳支付定金，财务部会计审核付款单并制单

刘静：小罗，我们与塑料二厂签订了采购订单，要求预付定金 5 万。

罗迪：好的，我马上完成支付。（付款完成，并填制采购定金的付款单）

张兰，给塑料二厂的 5 万采购定金，我已经完成转账了，请审核制单。

张兰：好的，我马上做账务处理。

（付款单的审核与制单）

场景 3：到货单的填制和审核

（刘静填制并审核采购到货单）

场景 4：仓管部验收入库，入库单的填制与审核

（李莉参照采购到货单生成采购入库单并审核）

场景 5：采购专用发票的填制与结算

（刘静参照采购入库单生成采购专用发票，并在发票窗口进行采购自动结算）

场景 6：财务部会计张兰进行采购应付确认

曾志伟：张兰，我查阅到有一笔应付业务，需要做应付确认吧？

张兰：是的，我尽快完成。（采购应付确认）

场景 7：财务部会计张兰进行采购成本确认

刘静：张兰，今天有一笔采购业务已经完成了，麻烦您做成本确认。

张兰：好的，我马上做。（采购成本确认）

【操作指导】

1. 操作流程

业务的操作流程如图 7-29 所示。

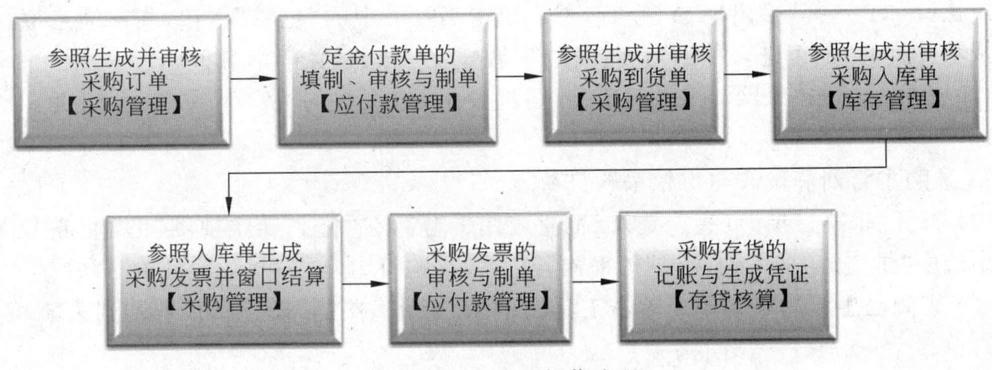

图 7-29　业务的操作流程

2. 场景 1 的操作步骤

操作时间：确认系统日期和业务日期为 2017 年 4 月 4 日。

视频观看：手机扫描二维码即可观看相关操作。

任务说明：采购主管刘静根据 MRP 计划批量生成、修改并审核采购订单。

操作步骤如下：

1）采购主管刘静根据 MRP 计划批量生成采购订单

（1）打开“采购 MRP/MPS 计划批量生单”页签。登录“企业应用平台”，在“业务导航视图”的“业务工作”导航条中选中“供应链”|“采购管理”|“采购订货”|“MRP/MPS 计划批量生单”，弹出“查询条件选择-MRP 批量生成采购订单列表过滤”对话框，单击“确定”按钮，打开“采购 MRP/MPS 计划批量生单”页签，如图 7-30 所示。

MRP计划批量生成订单

记录总数：10

选择	业务类型	供应商简称	存货名称	规格型号	计划数量	未下达量	本次下达量	主...	原币无...	计划下达日期	计划到货日期	采购类型	计划来源
	普通采购	硅胶三厂	硅胶鼻托		2,700.00	2,700.00	2,700.00	对	0.00	2017-04-02	2017-04-04	普通采购	MRP
	普通采购	硅胶三厂	硅胶鼻托		7,000.00	7,000.00	7,000.00	对	0.00	2017-04-09	2017-04-11	普通采购	MRP
	普通采购	螺钉厂	铰链		7,400.00	7,400.00	7,400.00	个	0.00	2017-04-02	2017-04-04	普通采购	MRP
	普通采购	螺钉厂	铰链		14,000.00	14,000.00	14,000.00	个	0.00	2017-04-09	2017-04-11	普通采购	MRP
	普通采购	螺钉厂	螺钉		1,400.00	1,400.00	1,400.00	颗	0.00	2017-04-04	2017-04-06	普通采购	MRP
	普通采购	螺钉厂	螺钉		14,000.00	14,000.00	14,000.00	颗	0.00	2017-04-09	2017-04-11	普通采购	MRP
	普通采购	塑料二厂	低度镜片	树脂100度	3,700.00	3,700.00	3,700.00	对	0.00	2017-04-02	2017-04-04	普通采购	MRP
	普通采购	塑料二厂	低度镜片	树脂100度	1,000.00	1,000.00	1,000.00	对	0.00	2017-04-09	2017-04-11	普通采购	MRP
	普通采购	塑料二厂	中度镜片	树脂150度	4,000.00	4,000.00	4,000.00	对	0.00	2017-04-12	2017-04-14	普通采购	MRP
	普通采购	塑料二厂	高度镜片	树脂400度	2,000.00	2,000.00	2,000.00	对	0.00	2017-04-12	2017-04-14	普通采购	MRP

图 7-30　采购 MRP/MPS 计划批量生单窗口

（2）生成采购镜片的订单。选中“存货名称”为“低度镜片”“中度镜片”和“高度镜片”所在行的“选择”栏，使其出现“Y”字样，然后单击工具栏中的“生单”按钮，弹出消息框，提示生单成功，并询问“是否进入单据列表查看?”，单击“否”按钮，关闭对话框。

（3）生成采购硅胶鼻托的订单。选中“存货名称”为“硅胶鼻托”的“选择”栏，使其出现“Y”字样，然后单击工具栏中的“生单”按钮，弹出消息框提示生单成功，并询问“是否进入单据列表查看?”，单击“否”按钮，关闭消息框。

（4）生成采购铰链和螺钉的订单。单击工具栏中的“全选”按钮，使“存货名称”为“铰链”和“螺钉”的“选择”栏出现“Y”字样，然后单击工具栏中的“生单”按钮，弹出消息框，提示生单成功并询问“是否进入单据列表查看?”，单击“否”按钮，关闭消息框。

（5）退出。单击“采购 MRP/MPS 计划批量生单”页签的“关闭”按钮，关闭页签，完成操作。

2）采购主管刘静修改与审核采购订单

（1）打开“采购订单”页签。登录“企业应用平台”，在“业务导航视图”的“业务工作”导航条中选中“供应链”|“采购管理”|“采购订货”|“采购订单”，打开“采购订单”页签。

（2）查阅已生成的采购单。单击工具栏中的“上张”或“下张”按钮，查阅到采购镜片的采购订单。

（3）修改订单。单击工具栏中的“修改”按钮，使当前订单处于可编辑状态，然后在表头编辑“订单编号”为“CG002”，参照生成“部门”为“采购部”，“业务员”为“刘静”，“备注”为“采购各种镜片有定金”，“付款条件”为“n/30”，“定金”为“50000”；编辑表体第 1 行的“数量”为“4000”（规划数量为 3700），所有行的“原币单价”为“70”元，“计划到货日期”为“2017-04-06”，如图 7-31 所示。

（4）保存与审核。单击工具栏中的“保存”和“审核”按钮，保存审核采购镜片的采购订单。

（5）重复步骤（2）～（4），修改、保存与审核 CG003 的采购订单，如图 7-32 所示，在表头

采购订单

打印模板 8174 采购订单打印模板

表体排序

合并显示 □

业务类型 普通采购	订单日期 2017-04-04	订单编号 CG002
采购类型 普通采购	部门 采购部	业务员 刘静
币种 人民币	汇率 1	备注 采购各种镜片有定金
计划到货日期	税率 17.00	付款条件 n/30
供应商 塑料二厂	定金 50000.00	

	存货编码	存货名称	规格型号	主…	数量	原币…	原币单价	原币金额	原币税额	原币价税合计	计划到货日期
1	0101	低度镜片	树脂100度	对	4000.00	81.90	70.00	280000.00	47600.00	327600.00	2017-04-06
2	0101	低度镜片	树脂100度	对	1000.00	81.90	70.00	210000.00	35700.00	245700.00	2017-04-06
3	0102	中度镜片	树脂150度	对	4000.00	81.90	70.00	140000.00	23800.00	163800.00	2017-04-06
4	0103	高度镜片	树脂400度	对	2000.00	81.90	70.00	140000.00	23800.00	163800.00	2017-04-06

图 7-31 采购订单 CG002 的编辑窗口

编辑“订单编号”为“CG003”,参照生成“部门”和“业务员”,编辑“备注”为“采购硅胶鼻托”,在表体将第 1 行的订购数量修改为 3000,表体所有行的原币单价为“10”,“计划到货日期”为“2017-04-06”。

采购订单

打印模板 8174 采购订单打印模板

表体排序

合并显示 □

业务类型 普通采购	订单日期 2017-04-04	订单编号 CG003
采购类型 普通采购	部门 采购部	业务员 刘静
币种 人民币	汇率 1	备注 采购硅胶鼻托
计划到货日期	税率 17.00	付款条件
供应商 硅胶三厂	定金	

	存货编码	存货名称	规格型号	主…	数量	原币…	原币单价	原币金额	原币税额	原币价税合计	计划到货日期
1	4002	硅胶鼻托		对	3000.00	11.70	10.00	30000.00	5100.00	35100.00	2017-04-06
2	4002	硅胶鼻托		对	7000.00	11.70	10.00	70000.00	11900.00	81900.00	2017-04-06

图 7-32 采购订单 CG003 的编辑窗口

(6) 重复步骤(2)~(4),修改、保存与审核 CG004 的采购订单,如图 7-33 所示,在表头编辑“订单编号”为“CG004”,参照生成“部门”和“业务员”,编辑“备注”为“采购铰链和螺钉”,“付款条件”为“n/30”。在表体,将第 1 行“铰链”的订购数量修改为“8000”,将第 3 行螺钉的数量修改为“2000”,修改铰链的原币单价为“2”元,螺钉的原币单价为“1”元,所有行的“计划到货日期”为“2017-04-06”。单击“采购订单”页签的“关闭”按钮,关闭页签,完成

采购订单

打印模板 8174 采购订单打印模板

表体排序

合并显示 □

业务类型 普通采购	订单日期 2017-04-04	订单编号 CG004
采购类型 普通采购	部门 采购部	业务员 刘静
币种 人民币	汇率 1	备注 采购铰链和螺钉
计划到货日期	税率 17.00	付款条件 n/30
供应商 螺钉厂	定金	

	存货编码	存货名称	规格型号	主…	数量	原币…	原币单价	原币金额	原币税额	原币价税合计	计划到货日期
1	4003	铰链		个	8000.00	2.34	2.00	16000.00	2720.00	18720.00	2017-04-06
2	4003	铰链		个	14000.00	2.34	2.00	28000.00	4760.00	32760.00	2017-04-06
3	4004	螺钉		颗	2000.00	1.17	1.00	2000.00	340.00	2340.00	2017-04-06
4	4004	螺钉		颗	14000.00	1.17	1.00	14000.00	2380.00	16380.00	2017-04-06

图 7-33 采购订单 CG004 的编辑窗口

操作。

3. 场景 2 的操作步骤

操作时间：确认系统日期和业务日期为 2017 年 4 月 4 日。

视频观看：手机扫描二维码即可观看相关操作。

任务说明：财务部出纳罗迪填制采购定金的付款单，会计张兰进行付款单的审核与制单。

操作步骤如下：

1）财务部出纳罗迪填制采购定金的付款单

（1）打开"收付款单录入"页签。登录"企业应用平台"，在"业务导航视图"的"业务工作"导航条中选中"财务会计"|"应付款管理"|"付款单据处理"|"付款单据录入"，打开"收付款单录入"页签。

（2）填制定金的付款单。单击工具栏中的"增加"按钮，新增一张付款单，然后做如下编辑。

① 表头编辑。在其表头依次编辑"供应商"为"塑料二厂"，"结算方式"为"转账支票"，"金额"为"50000"，"票据号"为"22170402"，"部门"为"采购部"，"业务员"为"刘静"，"摘要"为"付采购镜片定金 5 万"，其他项默认。

② 表体编辑。单击表体，会出现一行数据，然后在表体的"款项类型"中选择"预付款"（默认为应付款），并确认"供应商""金额"与表头对应，如图 7-34 所示。

图 7-34　业务 7.4 的采购定金付款单

（3）保存。单击工具栏中的"保存"按钮，保存该单据。

（4）退出。单击"收付款单录入"页签的"关闭"按钮，关闭页签，完成操作。

2）财务部会计张兰进行付款单的审核与制单

（1）打开"收付款单列表"页签。登录"企业应用平台"，在"业务导航视图"的"业务工作"导航条中选中"财务会计"|"应付款管理"|"付款单据处理"|"付款单据审核"，并在弹出的"付款单查询条件"对话框中，单击"确定"按钮，打开"收付款单列表"页签。

（2）查阅付款单。选中本业务生成的付款单所在行，打开"收付款单录入"页签，并默认显示本业务生成的付款单。

（3）审核与制单。单击工具栏中的"审核"按钮，系统审核通过该单据，并弹出信息询问

“是否立即制单?”,单击“是”按钮,打开“填制凭证”页签,并默认显示了已生成的凭证信息(借记:预付账款,贷记:工行存款)。

(4) 保存。单击“保存”按钮,以保存该凭证,结果如图 7-35 所示。

已生成

记 账 凭 证

记 字 0010 制单日期: 2017.04.04 审核日期: 附单据数: 1

摘要	科目名称	借方金额	贷方金额
付采购镜片订金5万	预付账款	5000000	
付采购镜片订金5万	银行存款/工行存款		5000000
票号 日期	数量 单价 合计	5000000	5000000

备注 项 目 部 门

个 人 供应商 塑料二厂

业务员 刘静

记账 审核 出纳 制单 张兰

图 7-35 业务 7.4 的采购定金付款的付款凭证

(5) 退出。单击“填制凭证”“收付款单录入”和“收付款单列表”页签的“关闭”按钮,关闭页签,完成操作。

4. 场景 3 的操作步骤

操作时间:确认系统日期和业务日期为 2017 年 4 月 6 日。

视频观看:手机扫描二维码即可观看相关操作。

任务说明:采购主管刘静参照采购订单 CG004 和 CG003 生成与审核采购到货单。

操作步骤如下:

(1) 打开“到货单”页签。登录“企业应用平台”,在“业务导航视图”的“业务工作”导航条中选中“供应链”|“采购管理”|“采购到货”|“到货单”,打开“到货单”页签。

(2) 参照订单生成采购到货单。单击工具栏中的“增加”按钮,新增一张采购到货单,再做如下操作。

① 打开“拷贝并执行”窗口。单击工具栏中的“生单”|“采购订单”下拉按钮,在弹出的“查询条件选择-采购订单列表过滤”对话框中,单击“确定”按钮,打开“拷贝并执行”窗口。

② 复制信息。在窗口的上窗格中,选中“订单号”为“CG004”的采购订单所在行的“选择”栏,使其出现“Y”字样,再单击窗口工具栏中的“OK 确定”按钮,关闭窗口,此时相关的信息已带入“到货单”页签,不需要修改。

(3) 保存。单击工具栏中的“保存”按钮,保存该到货单。

(4) 审核。单击工具栏中的“审核”按钮,审核通过该到货单。

(5) 重复步骤(2)~(4),完成 CG003 的到货单的生成、保存与审核。

(6) 退出。单击“到货单”页签的“关闭”按钮,关闭页签,完成操作。

5. 场景 4 的操作步骤

操作时间：确认系统日期和业务日期为 2017 年 4 月 6 日。

视频观看：手机扫描二维码即可观看相关操作。

任务说明：仓库主管李莉参照生成与审核订单 CG004 和 CG003 的采购入库单。

操作步骤如下：

(1) 打开库存管理的“采购入库单”页签。登录“企业应用平台”，在“业务导航视图”的“业务工作”导航条中选中“供应链”|“库存管理”|“入库业务”|“采购入库单”，打开“采购入库单”页签。

(2) 打开“到货单生单列表”窗口。在“采购入库单”页签中，单击工具栏中的“生单”|“采购到货单(蓝字)”下拉按钮，在弹出的“查询条件选择-采购到货单列表”对话框中，单击“确定”按钮，打开“到货单生单列表”窗口。

(3) 参照到货单生成螺钉厂的采购入库单。在窗口的上窗格中，选中螺钉厂所在行的“选择”栏，使其出现“Y”字样，再单击窗口工具栏中的“OK 确定”按钮，关闭窗口，此时相关的信息已经默认显示在“采购入库单”页签，其表头的“仓库”为“原材料仓库”。

(4) 保存。单击工具栏中的“保存”按钮，保存该单据。

(5) 审核。单击工具栏中的“审核”按钮，弹出消息框，提示审核成功，单击“确定”按钮，完成审核工作。

(6) 参照到货单生成硅胶三厂的采购入库单。重复步骤(2)～(5)，生成、保存并审核相应的采购入库单。

(7) 退出。单击“采购入库单”页签的“关闭”按钮，关闭页签，完成操作。

6. 场景 5 的操作步骤

操作时间：确认系统日期和业务日期为 2017 年 4 月 6 日。

视频观看：手机扫描二维码即可观看相关操作。

任务说明：采购主管刘静进行订单 CG004 和 CG003 的采购专用发票的参照生成与窗口结算。

操作步骤如下：

(1) 打开“专用发票”页签。登录“企业应用平台”，在“业务导航视图”的“业务工作”导航条中选中“供应链”|“采购管理”|“采购发票”|“专用采购发票”，打开“专用发票”页签。

(2) 参照入库单生成螺钉厂的采购专用发票。单击工具栏中的“增加”按钮，新增一张采购专用发票，然后做如下操作。

① 打开“拷贝并执行”窗口。单击工具栏中的“生单”|“入库单”下拉按钮，打开“查询条件选择-采购入库单列表过滤”对话框；单击“确定”按钮，打开的“拷贝并执行”窗口。

② 复制信息。在“拷贝并执行”窗口的上窗格中，选中本月螺钉厂的采购入库单所在行的“选择”栏，使其出现“Y”字样，再单击工具栏中的“OK 确定”按钮，关闭窗口，此时相关的信息带入“专用发票”页签。

③ 编辑。编辑表头的“发票号”为“66170403”，其他项默认。

(3) 保存。单击工具栏中的“保存”按钮，如图 7-36 所示。

(4) 采购发票窗口结算。单击工具栏中的“结算”按钮，此时页签左上方出现“已结算”

已结算

专用发票

打印模板 8164 专用发票打印模板

表体排序

合并显示

业务类型 普通采购 发票类型 专用发票 发票号 66170403

开票日期 2017-04-06 供应商 螺钉厂 代垫单位 螺钉厂

采购类型 普通采购 税率 17.00 部门名称 采购部

业务员 刘静 币种 人民币 汇率 1

发票日期 付款条件 n/30 备注 采购铰链和螺钉

	存货编码	存货名称	规格型号	主计量	数量	原币单价	原币金额	原币税额	原币价税合计	税率	订单号
1	4003	铰链		个	8000.00	2.00	16000.00	2720.00	18720.00	17.00	CG004
2	4003	铰链		个	14000.00	2.00	28000.00	4760.00	32760.00	17.00	CG004
3	4004	螺钉		颗	2000.00	1.00	2000.00	340.00	2340.00	17.00	CG004
4	4004	螺钉		颗	14000.00	1.00	14000.00	2380.00	16380.00	17.00	CG004

图 7-36　采购订单 CG004 的专用发票(已结算)

字样,表示该发票已经采购结算了,如图 7-36 所示。

(5) 参照生成与结算硅胶三厂的采购发票(发票号为 66170404)。重复步骤(2)～(4),编辑、保存与结算硅胶三厂的采购发票,如图 7-37 所示。

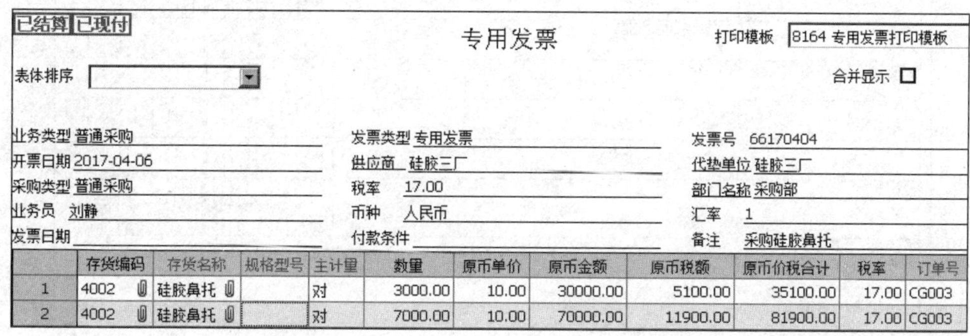
已结算 已现付

专用发票

打印模板 8164 专用发票打印模板

表体排序

合并显示

业务类型 普通采购 发票类型 专用发票 发票号 66170404

开票日期 2017-04-06 供应商 硅胶三厂 代垫单位 硅胶三厂

采购类型 普通采购 税率 17.00 部门名称 采购部

业务员 刘静 币种 人民币 汇率 1

发票日期 付款条件 备注 采购硅胶鼻托

	存货编码	存货名称	规格型号	主计量	数量	原币单价	原币金额	原币税额	原币价税合计	税率	订单号
1	4002	硅胶鼻托		对	3000.00	10.00	30000.00	5100.00	35100.00	17.00	CG003
2	4002	硅胶鼻托		对	7000.00	10.00	70000.00	11900.00	81900.00	17.00	CG003

图 7-37　采购订单 CG003 的专用发票(已结算)

(6) 现付。单击工具栏中的“现付”按钮,弹出“采购现付”对话框,编辑“结算方式”为“转账支票”,“原币金额”为“117000”元、“票据号”为“22170403”,然后单击“确定”按钮,返回“专用发票”页签,如图 7-37 所示。

(7) 退出。单击“专用发票”页签的“关闭”按钮,关闭页签,完成操作。

7. 场景 6 的操作步骤

操作时间:确认系统日期和业务日期为 2017 年 4 月 6 日。

视频观看:手机扫描二维码即可观看相关操作。

任务说明:财务部会计张兰进行采购发票的审核与制单。

操作步骤如下:

1) 财务部会计张兰进行采购发票的审核

(1) 打开“单据处理”页签。登录“企业应用平台”,在“业务导航视图”的“业务工作”导航条中选中“财务会计”|“应付款管理”|“应付单据处理”|“应付单据审核”,弹出“应付单查询条件”对话框,增加选中“包括已现结发票”复选框,然后单击“确定”按钮,打开“单据处理”页签,此时页签中列出了本业务的两张采购专用发票。

(2) 审核应付单据。单击工具栏中的“全选”和“审核”按钮,系统完成审核并弹出消息框，提示审核情况，单击“确定”按钮，关闭消息框。

(3) 退出。单击“单据处理”页签的“关闭”按钮，关闭页签，完成操作。

2) 财务部会计张兰进行采购发票的制单

(1) 打开“制单处理”窗口。登录“企业应用平台”，在“业务导航视图”的“业务工作”导航条中选中“财务会计”|“应付款管理”|“制单处理”，弹出“制单查询”对话框，选中“发票制单”和“现结制单”复选框，然后单击“确定”按钮，打开“制单”页签，此时页签中列出了本业务的两张采购专用发票。

(2) 生成凭证。单击工具栏中的“全选”和“制单”按钮，系统自动生成两张凭证，并打开“填制凭证”页签。

(3) 保存采购硅胶鼻托的凭证。单击工具栏中的“上张凭证”或“下张凭证”按钮，查阅到采购硅胶鼻托的凭证，然后单击“保存”按钮，结果如图 7-38 所示。

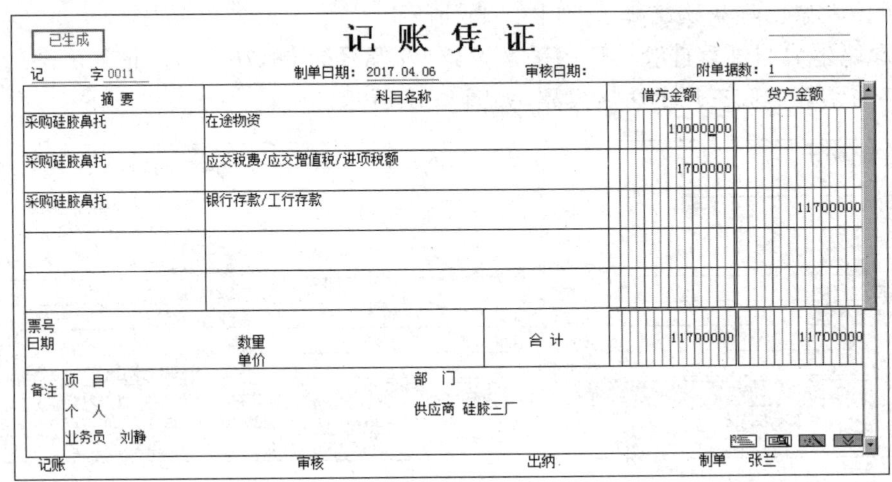

已生成

记账凭证

记 字 0011　　制单日期：2017.04.06　　审核日期：　　附单据数：1

摘要	科目名称	借方金额	贷方金额
采购硅胶鼻托	在途物资	10000000	
采购硅胶鼻托	应交税费/应交增值税/进项税额	1700000	
采购硅胶鼻托	银行存款/工行存款		11700000
票号 日期	数量 单价	合计 11700000	11700000

备注　项目　　部门
个人　　供应商 硅胶三厂
业务员 刘静

记账　　审核　　出纳　　制单 张兰

图 7-38　合同 CG003 的发票现结制单结果

(4) 保存采购铰链和螺钉的凭证。单击工具栏中的“上张凭证”或“下张凭证”按钮，查阅到采购铰链和螺钉的凭证，然后单击“保存”按钮，结果如图 7-39 所示。

已生成

记账凭证

记 字 0012　　制单日期：2017.04.06　　审核日期：　　附单据数：1

摘要	科目名称	借方金额	贷方金额
采购铰链和螺钉	在途物资	6000000	
采购铰链和螺钉	应交税费/应交增值税/进项税额	1020000	
采购铰链和螺钉	应付账款/一般应付账款		7020000
票号 日期	数量 单价	合计 7020000	7020000

备注　项目　　部门
个人　　供应商 螺钉厂
业务员 刘静

记账　　审核　　出纳　　制单 张兰

图 7-39　合同 CG004 的发票制单结果

(5) 退出。单击“填制凭证”和“制单”页签的“关闭”按钮,关闭页签,完成操作。

8. 场景 7 的操作步骤

操作时间:确认系统日期和业务日期为 2017 年 4 月 6 日。

视频观看:手机扫描二维码即可观看相关操作。

任务说明:财务部会计张兰进行采购存货的记账与生成凭证。

操作步骤如下:

1) 财务部会计张兰进行采购存货记账

(1) 打开“未记账单据一览表”页签。登录“企业应用平台”,在“业务导航视图”的“业务工作”导航条中选中“供应链”|“存货核算”|“业务核算”|“正常单据记账”,弹出“查询条件选择”对话框,选择其“单据类型”为“采购入库单”,然后单击“确定”按钮,打开“未记账单据一览表”页签。

(2) 存货记账。在“未记账单据一览表”页签中,单击工具栏中的“全选”按钮,以选中本业务生成的采购入库单(共 6 行),然后单击工具栏中的“记账”按钮,弹出消息框,提示记账成功,单击“确定”按钮,关闭对话框,完成记账工作。

(3) 退出。单击“未记账单据一览表”页签的“关闭”按钮,关闭页签,完成操作。

2) 财务部会计张兰进行采购存货制单

(1) 打开“生成凭证”页签。登录“企业应用平台”,在“业务导航视图”的“业务工作”导航条中选中“供应链”|“存货核算”|“财务核算”|“生成凭证”,打开“生成凭证”页签。

(2) 打开“选择单据”窗口。单击工具栏中的“选择”按钮,在弹出的“查询条件”对话框中单击“确定”按钮,打开“选择单据”窗口。

(3) 复制信息。单击窗口工具栏中的“全选”按钮,以选中本业务生成的两张采购入库单,然后单击工具栏中的“确定”按钮,关闭“选择单据”窗口,此时“生成凭证”页签如图 7-40 所示。

凭证类别 记 记账凭证

选择	单据类型	摘要	科目类型	科目编码	科目名称	借方金额	贷方金额	借方数量	贷方数量	科...	存货名称	部门名称	业...
1	采购入库单	采...	存货	140302	其他原材料	16,000.00		8,000.00		1	铰链	采购部	刘静
			对方	1402	在途物资		16,000.00		8,000.00	2	铰链	采购部	刘静
			存货	140302	其他原材料	28,000.00		14,000.00		1	铰链	采购部	刘静
			对方	1402	在途物资		28,000.00		14,000.00	2	铰链	采购部	刘静
			存货	140302	其他原材料	2,000.00		2,000.00		1	螺钉	采购部	刘静
			对方	1402	在途物资		2,000.00		2,000.00	2	螺钉	采购部	刘静
			存货	140302	其他原材料	14,000.00		14,000.00		1	螺钉	采购部	刘静
			对方	1402	在途物资		14,000.00		14,000.00	2	螺钉	采购部	刘静
		采...	存货	140302	其他原材料	30,000.00		3,000.00		1	硅胶鼻托	采购部	刘静
			对方	1402	在途物资		30,000.00		3,000.00	2	硅胶鼻托	采购部	刘静
			存货	140302	其他原材料	70,000.00		7,000.00		1	硅胶鼻托	采购部	刘静
			对方	1402	在途物资		70,000.00		7,000.00	2	硅胶鼻托	采购部	刘静
合计						160,000.00	160,000.00						

图 7-40　业务 7.4 的生成凭证窗口

(4) 生成存货凭证。单击工具栏中的“生成”按钮,系统自动生成两张凭证,并打开“填制凭证”页签,默认显示了螺钉厂入库单上的相关信息(借记:原材料/其他原材料,贷记:

在途物资),保持默认信息。

(5) 保存第一张凭证。单击工具栏中的“保存”按钮,保存该凭证,如图 7-41 所示。

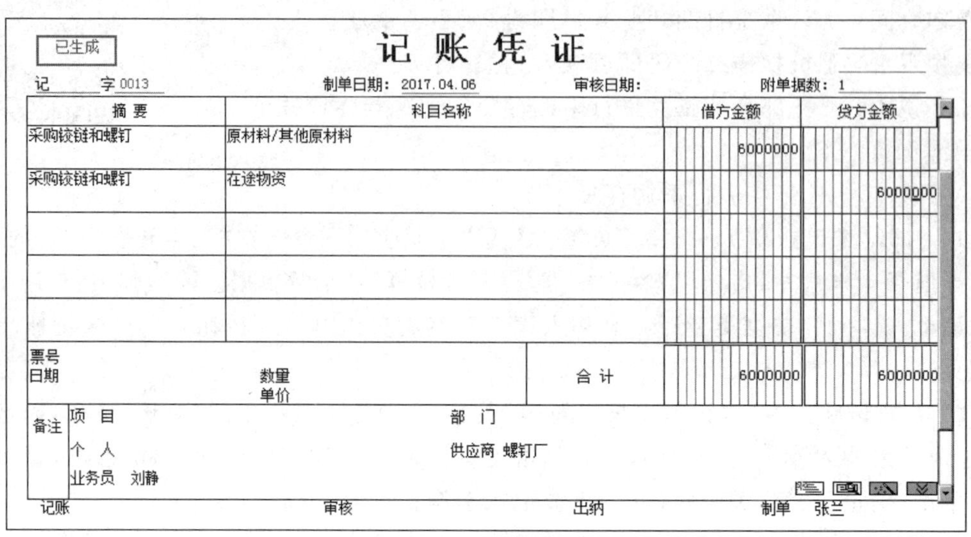

已生成

记账凭证

记 字 0013　　制单日期: 2017.04.06　　审核日期:　　附单据数: 1

摘要	科目名称	借方金额	贷方金额
采购铰链和螺钉	原材料/其他原材料	6000000	
采购铰链和螺钉	在途物资		6000000
票号 日期	数量 单价	合计 6000000	6000000

备注　项目　部门

个人　供应商 螺钉厂

业务员 刘静

记账　审核　出纳　制单 张兰

图 7-41　业务 7.4 的铰链螺钉存货凭证

(6) 保存第二张凭证。先单击工具栏中的“下张凭证”按钮,再单击“保存”按钮,保存该凭证,如图 7-42 所示。

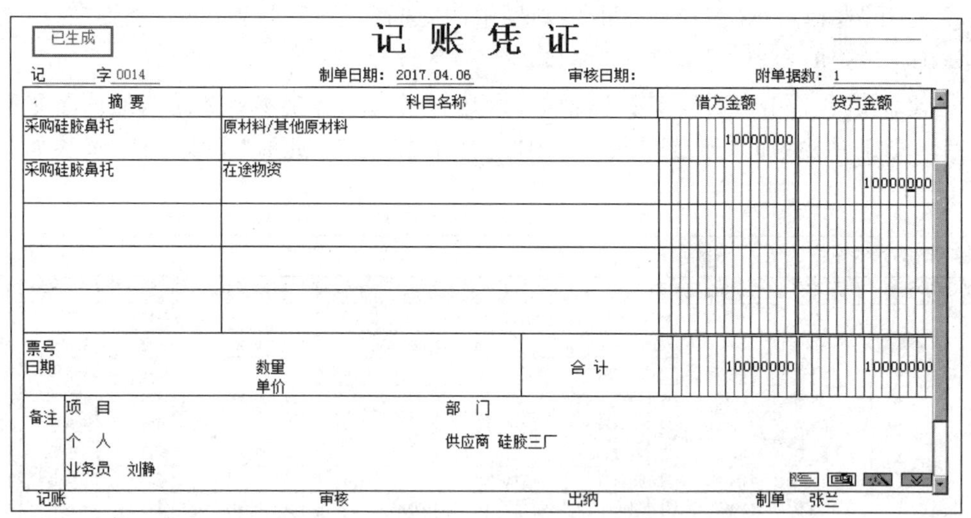

已生成

记账凭证

记 字 0014　　制单日期: 2017.04.06　　审核日期:　　附单据数: 1

摘要	科目名称	借方金额	贷方金额
采购硅胶鼻托	原材料/其他原材料	10000000	
采购硅胶鼻托	在途物资		10000000
票号 日期	数量 单价	合计 10000000	10000000

备注　项目　部门

个人　供应商 硅胶三厂

业务员 刘静

记账　审核　出纳　制单 张兰

图 7-42　业务 7.4 的硅胶鼻托存货凭证

(7) 退出。单击“填制凭证”和“生成凭证”页签的“关闭”按钮,关闭页签,完成操作。

7.5　到货拒收与预付冲应付业务

采购到货是采购订货和采购入库的中间环节。通常,对于采购到货之后入库之前的拒收作业,可以通过填制到货拒收单来实现。到货拒收单是采购到货单的红字单据。

如果在到货时能够直接确定拒收，则可将拒收数量填入到货单的“拒收数量”中，参照到货单的拒收数量生成到货拒收单；如果不能够确定是否拒收，则不录入拒收数量，参照到货单的到货数量减去已入库数量，生成到货拒收单。

值得注意的是，用友 ERP-U8 系统的处理逻辑是，如果到货单中录入了拒收数量，则只能在拒收数量的范围之内进行拒收，所以如果到货时只能部分确定拒收，则不要将拒收数量录入到货单中，可以先录入到货拒收单，待拒收情况全部确定之后，再修改这张到货拒收单或录入另外一张到货拒收单。

预付账款指企业按照购货合同的规定，预先以货币资金或货币等价物支付供应单位的款项。在日常核算中，预付账款按实际付出的金额入账；预付冲应付时，将预付供应商的款项与所欠供应商的货款进行转账核销。

【业务描述】

2017 年 4 月 6 日，采购部收到塑料二厂发来的各种镜片共 11000 对，到货验收时发现有不合格产品（品种和数量暂时不确定），要求退回。

当日，塑料二厂同意退货，经确认有 200 对不合格的低度镜片，当日未入库直接退货。随后，塑料二厂发来 10800 对镜片的购销专用发票（票号为 66170405，原始单据如图 7-43 所示），单价为 70 元，税率 17%。财务部将采购订单 CG002 的定金冲销相应的应付款，尾款尚未支付。

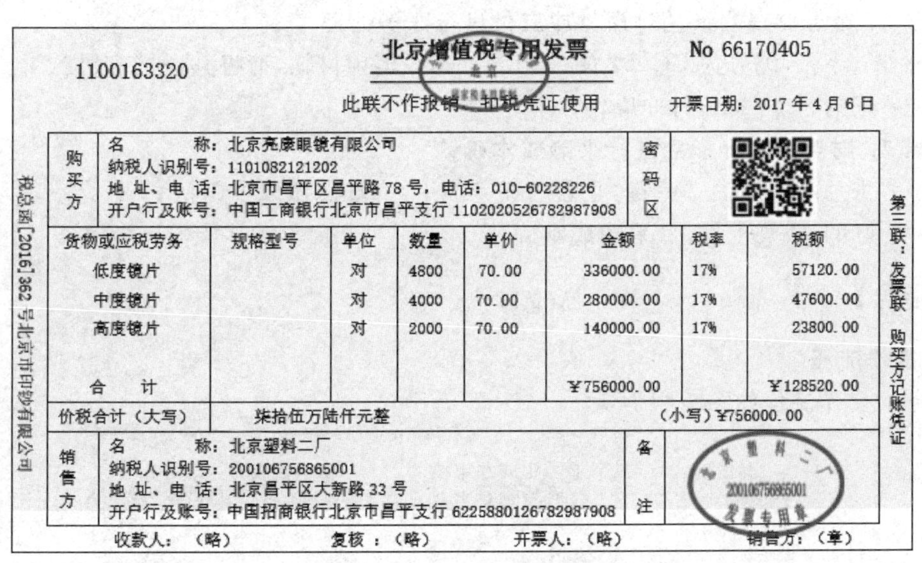

1100163320　　北京增值税专用发票　　No 66170405

此联不作报销、扣税凭证使用　　开票日期：2017 年 4 月 6 日

购买方　名称：北京亮康眼镜有限公司
纳税人识别号：1101082121202
地址、电话：北京市昌平区昌平路 78 号，电话：010-60228226
开户行及账号：中国工商银行北京市昌平支行 1102020526782987908

货物或应税劳务	规格型号	单位	数量	单价	金额	税率	税额
低度镜片		对	4800	70.00	336000.00	17%	57120.00
中度镜片		对	4000	70.00	280000.00	17%	47600.00
高度镜片		对	2000	70.00	140000.00	17%	23800.00
合　计					¥756000.00		¥128520.00

价税合计（大写）　柒拾伍万陆仟元整　（小写）¥756000.00

销售方　名称：北京塑料二厂
纳税人识别号：200106756865001
地址、电话：北京昌平区大新路 33 号
开户行及账号：中国招商银行北京市昌平支行 6225880126782987908

备注

收款人：（略）　复核：（略）　开票人：（略）　销售方：（章）

税总函［2016］362 号北京市印钞有限公司

第三联：发票联　购买方记账凭证

图 7-43　CG002 的发票（有拒收）

本笔业务是入库前的到货拒收业务，在填制到货单时不确定拒收数量，所以需要填制并审核采购到货单、到货拒收单和入库单，填制采购发票并进行窗口结算，进行应付单据的审核与制单，采购存货的记账与生成凭证，以及预付冲应付的转账与制单。

【虚拟业务场景】

人物：

刘静（采购主管）

李莉（仓库主管）

张兰（财务部会计）

曾志伟（财务主管）

场景1：采购部收到货物，填制与审核到货单

（刘静填制并审核采购到货单）

场景2：到货拒收，填制与审核到货拒收单

（刘静电话联系塑料二厂，对方同意退货；经查，不合格低度镜片有200对，刘静填制并审核到货拒收单）

场景3：仓管部验收入库，填制与审核采购入库单

（李莉参照采购到货单生成采购入库单，并审核）

场景4：采购部填制采购发票，并进行采购结算

（刘静收到塑料二厂发来的10800对镜片的专用发票，填制采购发票完毕并结算）

场景5：财务部会计张兰进行采购应付确认

曾志伟：张兰，我查阅到有一笔应付业务，需要做应付确认吧？

张兰：是的，我尽快完成。（采购应付确认）

场景6：曾志伟提醒张兰对预付冲应付进行账务处理

曾志伟：小张，编号为CG002的采购订单有一笔预付款，请将其冲销应付款了。

张兰：好的。（开始预付冲应付）

场景7：财务部会计张兰进行采购成本确认

刘静：张兰，今天有一笔采购业务已经完成了，麻烦您做成本确认。

张兰：好的，我马上做。（采购成本确认）

【操作指导】

1. 操作流程

业务的操作流程如图7-44所示。

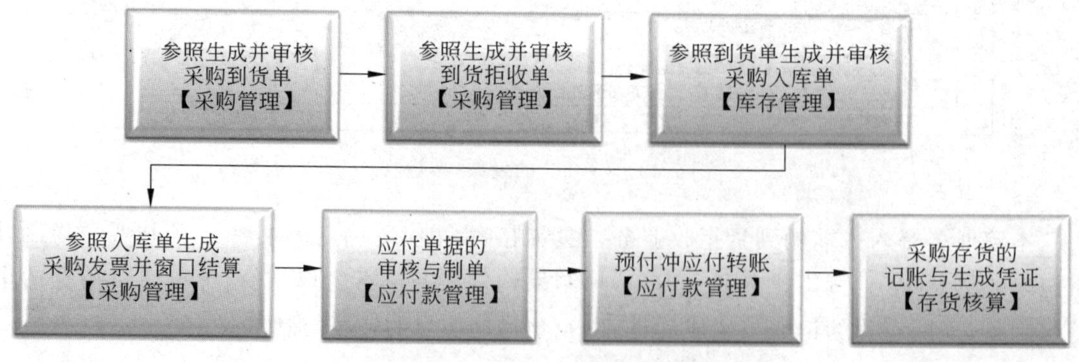

图7-44　业务7.5的操作流程

2. 场景 1 的操作步骤

操作时间：确认系统日期和业务日期为 2017 年 4 月 6 日。

视频观看：手机扫描二维码即可观看相关操作。

任务说明：采购主管刘静参照生成与审核采购到货单。

操作步骤如下：

(1) 打开“到货单”页签。登录“企业应用平台”，在“业务导航视图”的“业务工作”导航条中选中“供应链”|“采购管理”|“采购到货”|“到货单”，打开“到货单”页签。

(2) 参照订单生成采购到货单。单击工具栏中的“增加”按钮，新增一张采购到货单，再做如下操作：

① 打开“拷贝并执行”窗口。单击工具栏中的“生单”|“采购订单”下拉按钮，打开“查询条件选择-采购订单列表过滤”对话框，单击“确定”按钮，打开“拷贝并执行”窗口。

② 复制信息。在窗口的上窗格中选中要选择的采购订单(订单编号为 CG002) 所在行的“选择”栏，使其出现“Y”字样，再单击工具栏中的“OK 确定”按钮，返回“到货单”页签，此时相关的信息已经有默认值，不需要修改。

(3) 保存。单击工具栏中的“保存”按钮，保存该到货单。

(4) 审核。单击工具栏中的“审核”按钮，审核通过该到货单。

(5) 退出。单击“到货单”页签的“关闭”按钮，关闭页签，完成操作。

3. 场景 2 的操作步骤

操作时间：确认系统日期和业务日期为 2017 年 4 月 6 日。

视频观看：手机扫描二维码即可观看相关操作。

任务说明：采购主管刘静参照生成并审核到货拒收单。

操作步骤如下：

(1) 打开“到货拒收单”页签。登录“企业应用平台”，在“业务导航视图”的“业务工作”导航条中选中“供应链”|“采购管理”|“采购到货”|“到货拒收单”，打开“到货拒收单”页签。

(2) 参照到货单生成到货拒收单。首先单击工具栏中的“增加”按钮，新增一张到货拒收单，再做如下操作。

① 打开“拷贝并执行”窗口。单击工具栏中的“生单”|“到货单”下拉按钮，打开“查询条件选择-采购退货单列表过滤”对话框，单击“确定”按钮，打开“拷贝并执行”窗口。

② 复制信息。在窗口的上窗格中，选中要选择的到货单(即上一步骤完成的采购到货单)所在行的“选择”栏，使其出现“Y”字样，再单击工具栏中的“OK 确定”按钮，关闭窗口。

③ 编辑信息。首先修改“到货拒收单”表体第 1 行的“数量”为“－200”，然后单击第 2 行，再单击工具栏中的“删行”按钮，删除第 2 行，同理删除第 3 行和第 4 行，其他项默认。

(3) 保存。单击工具栏中的“保存”按钮，保存该单据，如图 7-45 所示。

(4) 审核。单击工具栏中的“审核”按钮，审核通过该单据。

(5) 退出。单击“到货拒收单”页签的“关闭”按钮，关闭页签，完成操作。

小贴士

- 采购到货拒收单只能参照到货单生成。

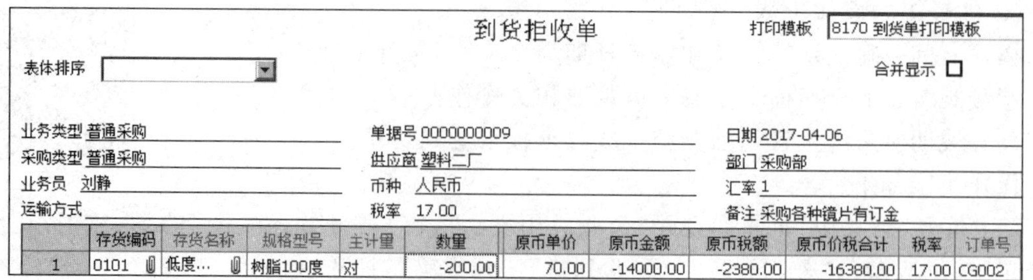
到货拒收单

打印模板 8170 到货单打印模板

表体排序

合并显示 □

业务类型 普通采购　单据号 0000000009　日期 2017-04-06

采购类型 普通采购　供应商 塑料二厂　部门 采购部

业务员 刘静　币种 人民币　汇率 1

运输方式　税率 17.00　备注 采购各种镜片有订金

	存货编码	存货名称	规格型号	主计量	数量	原币单价	原币金额	原币税额	原币价税合计	税率	订单号
1	0101	低度…	树脂100度	对	-200.00	70.00	-14000.00	-2380.00	-16380.00	17.00	CG002

图 7-45　业务 7.5 的到货拒收单

- 已审核的到货单才能拒收，已关闭的到货单不允许再进行拒收。
- 到货拒收单保存时，向到货单填写“已拒收数量”。
- 一张到货单，允许多次进行拒收。

4. 场景 3 的操作步骤

操作时间：确认系统日期和业务日期为 2017 年 4 月 6 日。

视频观看：手机扫描二维码即可观看相关操作。

任务说明：仓库主管李莉参照生成并审核采购入库单。

操作步骤如下：

(1) 打开库存管理的“采购入库单”页签。登录“企业应用平台”，在“业务导航视图”的“业务工作”导航条中选中“供应链”|“库存管理”|“入库业务”|“采购入库单”，打开“采购入库单”页签。

(2) 打开“到货单生单列表”窗口。单击工具栏中的“生单”|“采购到货单(蓝字)”下拉按钮，弹出“查询条件选择-采购到货单列表”对话框，单击“确定”按钮，打开“到货单生单列表”窗口。

(3) 参照到货单生成采购入库单。在窗口的上窗格中，选中要选择的采购到货单所在行的“选择”栏(即本业务中完成的采购到货单)，使其出现“Y”字样，再单击“OK 确定”按钮，关闭窗口，此时相关的信息已经默认显示在“采购入库单”页签上。

(4) 编辑并保存入库单。在“采购入库单”页签中，确认表头的“仓库”为“原材料仓库”、表体第 1 行的“数量”为“3800”，然后单击工具栏中的“保存”按钮，保存该单据，如图 7-46 所示。

采购入库单

采购入库单打印模

表体排序　◉ 蓝字　◉ 红字　合并显示 □

入库单号 0000000008　入库日期 2017-04-06　仓库 原材料仓库

订单号 CG002　到货单号 0000000007　业务号

供货单位 塑料二厂　部门 采购部　业务员 刘静

到货日期 2017-04-06　业务类型 普通采购　采购类型 普通采购

入库类别 采购入库　审核日期 2017-04-06　备注 采购各种镜片有订金

	存货编码	存货名称	规格型号	主计量单位	数量	本币单价	本币金额
1	0101	低度镜片	树脂100度	对	3800.00	70.00	266000.00
2	0101	低度镜片	树脂100度	对	1000.00	70.00	70000.00
3	0102	中度镜片	树脂150度	对	4000.00	70.00	280000.00
4	0103	高度镜片	树脂400度	对	2000.00	70.00	140000.00

图 7-46　业务 7.5 的采购入库单

(5) 审核。单击工具栏中的“审核”按钮，弹出消息框，提示审核成功，单击“确定”按钮，关闭消息框，完成审核工作。

(6) 退出。单击“采购入库单”页签的“关闭”按钮，关闭页签，完成操作。

5. 场景 4 的操作步骤

操作时间：确认系统日期和业务日期为 2017 年 4 月 6 日。

视频观看：手机扫描二维码即可观看相关操作。

任务说明：采购主管刘静参照入库单生成采购专用发票，采购的窗口结算。

操作步骤如下：

(1) 打开“专用发票”页签。登录“企业应用平台”，在“业务导航视图”的“业务工作”导航条中选中“供应链”|“采购管理”|“采购发票”|“专用采购发票”，打开“专用发票”页签。

(2) 参照入库单生成与编辑采购专用发票。单击工具栏中的“增加”按钮，新增一张采购专用发票，然后做如下操作。

① 打开“拷贝并执行”窗口。单击工具栏中的“生单”|“入库单”下拉按钮，打开“查询条件选择-采购入库单列表过滤”对话框，单击“确定”按钮，打开“拷贝并执行”窗口。

② 复制信息。在窗口的上窗格中，选中要选择的采购入库单(即本业务完成的采购入库单)所在行的“选择”栏，使其出现“Y”字样，然后单击工具栏中的“OK 确定”按钮，关闭窗口。

③ 编辑。编辑表头的“发票号”为“66170405”，其他项默认。

(3) 保存。单击工具栏中的“保存”按钮，保存该单据，如图 7-47 所示。

已结算

专用发票

打印模板 8164 专用发票打印模

表体排序

合并显示 □

业务类型 普通采购 | 发票类型 专用发票 | 发票号 66170405
开票日期 2017-04-06 | 供应商 塑料二厂 | 代垫单位 塑料二厂
采购类型 普通采购 | 税率 17.00 | 部门名称 采购部
业务员 刘静 | 币种 人民币 | 汇率 1
发票日期 | 付款条件 n/30 | 备注 采购各种镜片有订金

	存货编码	存货名称	规格型号	主…	数量	原币单价	原币金额	原币税额	原币价税合计	订单号
1	0101	低度镜片	树脂100度	对	3800.00	70.00	266000.00	45220.00	311220.00	CG002
2	0101	低度镜片	树脂100度	对	1000.00	70.00	70000.00	11900.00	81900.00	CG002
3	0102	中度镜片	树脂150度	对	4000.00	70.00	280000.00	47600.00	327600.00	CG002
4	0103	高度镜片	树脂400度	对	2000.00	70.00	140000.00	23800.00	163800.00	CG002

图 7-47　业务 7.5 的采购专用发票(已结算)

(4) 采购发票窗口结算。单击工具栏中的“结算”按钮，此时页签左上方出现“已结算”字样，表示该发票已经采购结算了，如图 7-47 所示。

(5) 退出。单击“专用发票”页签的“关闭”按钮，关闭页签，完成操作。

6. 场景 5 的操作步骤

操作时间：确认系统日期和业务日期为 2017 年 4 月 6 日。

视频观看：手机扫描二维码即可观看相关操作。

任务说明：财务部会计张兰进行采购应付确认(应付单据的审核与制单)。

操作步骤如下：

（1）打开“单据处理”页签。登录“企业应用平台”，在“业务导航视图”的“业务工作”导航条中选中“财务会计”|“应付款管理”|“应付单据处理”|“应付单据审核”，弹出“应付单查询条件”对话框，单击“确定”按钮，打开“单据处理”页签，其中列出了本业务的采购专用发票。

（2）查阅应付单据。选中该单据所在行，打开“采购发票”页签。

（3）审核单据。单击工具栏中的“审核”按钮，系统自动完成审核工作，并弹出消息框，询问“是否立即制单？”。

（4）生成凭证。单击消息框中的“是”按钮，打开“填制凭证”页签，其中默认显示凭证信息为借记：在途物资、进项税额，贷记：一般应付账款。

（5）保存凭证。单击工具栏中的“保存”按钮，结果如图 7-48 所示。

已生成

记账凭证

记　字 0015　　制单日期：2017.04.06　　审核日期：　　附单据数：1

摘要	科目名称	借方金额	贷方金额
采购各种镜片有订金	在途物资	75600000	
采购各种镜片有订金	应交税费/应交增值税/进项税额	12852000	
采购各种镜片有订金	应付账款/一般应付账款		88452000
票号 日期	数量 单价 合计	88452000	88452000

备注　项目　　部门

个人　　供应商 塑料二厂

业务员 刘静

记账　　审核　　出纳　　制单 张兰

图 7-48　业务 7.5 的采购发票制单结果

（6）退出。单击“填制凭证”“采购发票”和“单据处理”页签的“关闭”按钮，关闭页签，完成操作。

7. 场景 6 的操作步骤

操作时间：确认系统日期和业务日期为 2017 年 4 月 6 日。

视频观看：手机扫描二维码即可观看相关操作。

任务说明：财务部会计张兰进行预付冲应付的转账与制单。

操作步骤如下：

（1）打开“预付冲应付”对话框。登录“企业应用平台”，在“业务导航视图”的“业务工作”导航条中选中“财务会计”|“应付款管理”|“转账”|“预付冲应付”，打开“预付冲应付”对话框。

（2）预付设置。在“预付款”选项卡中，参照生成“供应商”为“塑料二厂”，然后单击“过滤”按钮，系统列出相关信息，在其表体选中相应的行，使其“转账金额”等于其“原币余额”（50000）。

(3) 应付设置。在“应付款”选项卡,先单击“过滤”按钮,再在表体选中“单据编号”为“66170405”所在的行,使其“转账金额”为50000。

(4) 转账完成。单击“确定”按钮,关闭对话框,转账完成后弹出消息框,询问“是否立即制单?”

(5) 转账制单。单击“是”按钮,打开“填制凭证”页签,默认的凭证信息为,借记:预付账款(红字)、一般应付账款,贷记:(无)。

小贴士

因为在会计信息化技能竞赛的自动判分时,针对“预付账款”科目,仅读取其借方金额进行判分,所以本业务中没有将“预付账款”的红字借方金额变为蓝字的贷方金额。但一般会计记账时,可单击红字的借方金额,然后按空格键,使红字的借方自动移动到贷方,变为蓝字的贷方金额。

(6) 保存凭证。单击“保存”按钮,如图7-49所示。

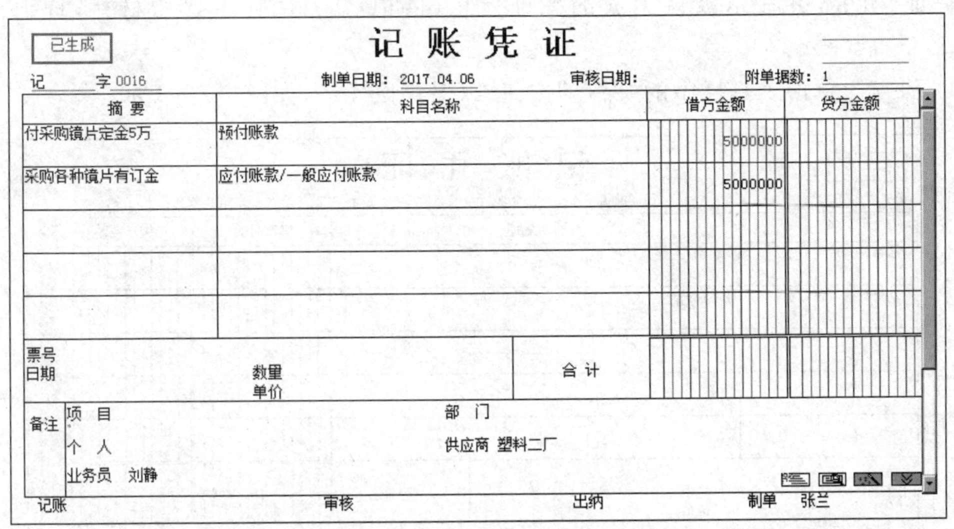

已生成

记账凭证

记 字 0016　制单日期：2017.04.06　审核日期：　附单据数：1

摘要	科目名称	借方金额	贷方金额
付采购镜片定金5万	预付账款	5000000	
采购各种镜片有订金	应付账款/一般应付账款	5000000	
票号 日期　数量 单价	合计		

备注　项目　部门　个人　供应商 塑料二厂　业务员 刘静

记账　审核　出纳　制单 张兰

图7-49　业务7.5的预付冲应付制单结果(第1笔分录的借方金额为红字)

(7) 退出。单击“填制凭证”页签的“退出”按钮和“预付冲应付”对话框的“取消”按钮,关闭对话框,完成操作。

8. 场景7的操作步骤

操作时间:确认系统日期和业务日期为2017年4月6日。

视频观看:手机扫描二维码即可观看相关操作。

任务说明:财务部会计张兰进行采购的成本确认。

操作步骤如下:

1) 财务部会计张兰进行采购入库记账

(1) 打开“未记账单据一览表”页签。登录“企业应用平台”,在“业务导航视图”的“业务工作”导航条中选中“供应链”|“存货核算”|“业务核算”|“正常单据记账”,弹出“查询条件选

择”对话框，选择“单据类型”为“采购入库单”，然后单击“确定”按钮，打开“未记账单据一览表”页签。

（2）入库记账。单击工具栏中的“全选”按钮，以选中本业务生成的采购入库单，然后单击工具栏中的“记账”按钮，弹出消息框，提示记账成功，单击“确定”按钮，关闭消息框，完成记账工作。

（3）退出。单击“未记账单据一览表”页签的“关闭”按钮，关闭页签，完成操作。

2）财务部会计张兰进行采购存货制单

（1）打开“生成凭证”页签。登录“企业应用平台”，在“业务导航视图”的“业务工作”导航条中选中“供应链”|“存货核算”|“财务核算”|“生成凭证”，打开“生成凭证”页签。

（2）打开“选择单据”窗口。单击工具栏中的“选择”按钮，在弹出的“查询条件”对话框中，单击“确定”按钮，打开“选择单据”窗口。

（3）生成存货凭证。单击窗口工具栏中的“全选”按钮，以选中本笔业务生成的采购入库单，然后单击工具栏中的“确定”按钮，关闭窗口。单击工具栏中的“生成”按钮，打开“填制凭证”页签，并显示默认生成的凭证信息（借记：原材料/主要原材料，贷记：在途物资）。

（4）保存。单击工具栏中的“保存”按钮，以保存该凭证，如图 7-50 所示。

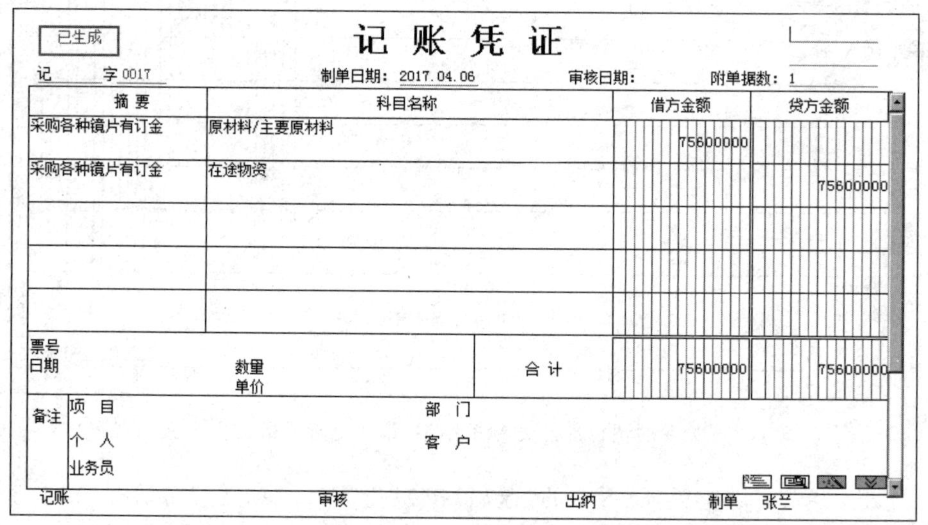

已生成

记账凭证

记 字 0017　　制单日期：2017.04.06　　审核日期：　　附单据数：1

摘要	科目名称	借方金额	贷方金额
采购各种镜片有订金	原材料/主要原材料	75600000	
采购各种镜片有订金	在途物资		75600000
票号 日期　　数量 单价	合计	75600000	75600000

备注　项目　　部门
个人　　客户
业务员

记账　　审核　　出纳　　制单 张兰

图 7-50　业务 7.5 的存货凭证

（5）退出。单击“填制凭证”和“生成凭证”页签的“关闭”按钮，关闭页签，完成操作。

7.6 采购退货与红票对冲业务

采购退货单表示入库后的退货，由采购业务员填制退货通知单，仓库负责实物退库。

采购退货的结算，可以分为 3 种情况：结算前的部分退货和全额退货，以及结算后退货，相应的业务流程如图 7-51 所示。

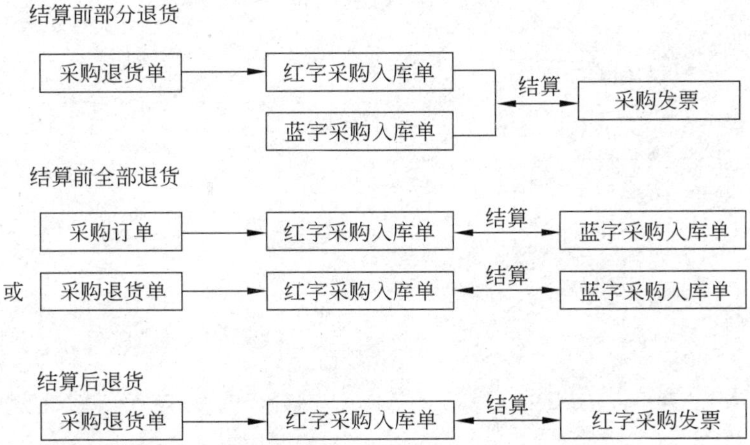

结算前部分退货

采购退货单 → 红字采购入库单 ↔ 结算 ↔ 采购发票
蓝字采购入库单

结算前全部退货

采购订单 → 红字采购入库单 ↔ 结算 ↔ 蓝字采购入库单

或 采购退货单 → 红字采购入库单 ↔ 结算 ↔ 蓝字采购入库单

结算后退货

采购退货单 → 红字采购入库单 ↔ 结算 ↔ 红字采购发票

图 7-51 采购退货的情况总结

(1) 结算前部分退货,即已录入采购入库单,但未进行采购结算,并且部分退货。其业务流程如下:首先填制退货单和一张部分数量的红字采购入库单;然后填制一张相对应的采购发票,其中发票上的数量=原入库单数量-红字入库单数量;再把红字入库单与原入库单、采购发票进行结算,冲抵原入库数据。

(2) 结算前全额退货,即已录入采购入库单,但未进行采购结算,并且全额退货。其业务流程为:首先填制退货单和一张全额数量的红字采购入库单,然后把红字采购入库单与原入库单进行结算,冲抵原入库数据。

(3) 结算后退货,即已录入采购入库单、采购发票,并且已进行了采购结算,现在需要全额或部分退货。其业务流程为:首先填制退货单和一张红字采购入库单,再填制一张相应的红字发票,然后把红字采购入库单与红字发票进行结算。

红票对冲可实现某客户的红字应收单与其蓝字应收单、收款单与付款单中间进行冲抵的操作。

【业务描述】

2017 年 4 月 7 日,仓管部发现本月依据 CG004 采购的铰链有 500 个不合格,要求退货,与螺钉厂取得联系,对方同意退货。

本公司填写“开具红字增值税专用发票申请单”(单号为 67170406,如图 7-52 所示),当日晚些时候收到了销售方发来的红字专用发票(票号为 67170407,如图 7-53 所示),价税合计 1170 元。

当日,财务部开出转账支票(票号为 22170404,支票存根如图 7-54 所示),向螺钉厂支付 CG004 的实际货款 69030 元(支付报告书如图 7-55 所示)。

本笔业务是普通采购业务和采购结算后的部分退货业务,需要填制并审核采购退货单、红字采购入库单,填制红字采购发票并进行采购结算,进行采购存货的记账与制单,红字应付单的审核与制单,付款单的填制、审核与制单,以及应付核销和红票对冲。

开具红字增值税专用发票申请单

填开日期：　2017　年　4　月　7　日　　　　　　　　No:67170406

销售方	名称	宁夏螺钉厂	购买方	名称	北京亮康眼镜有限公司
	税务登记号号	1102020526782985703		税务登记号	210019995461202

开具红字增值发票内容	货物（劳务）名称	单　价	数　量	金　额	税　率	税　额
	铰链	2.00	500	1170.00	17%	170.00
	合计			¥1170.00		
说明	对应蓝字专用发票抵扣增值税销项税额说明： 已抵扣 未抵扣 √ 纳税人识别号认证不符 增值税专用发票代码、号码认证不符 对应蓝字专用发票密码区打印的代码：略　　号码： 开开具红字专用发票理由：因质量问题退货					

申明：我单位提供的《申请单》内容真是，否则将承担相关法律责任

购买方经办人：　略　　　　　　　　　　购买方名称（印章）

主：本申请单一式两份：第一联，申请方留存；第二联，申请方所属主管税务机关留存。

图 7-52　业务 7.6 的开具红字发票申请单

1100163320　　　　**宁夏增值税专用发票**　　　　No 67170407

此联不作报销、扣税凭证使用　　　　开票日期：2017 年 4 月 7 日

购买方	名　　称：北京亮康眼镜有限公司 纳税人识别号：210019995461202 地 址、电 话：北京市昌平区，电话：010-60228226 开户行及账号：中国工商银行北京市昌平支行 1102020526782987908	密码区					
货物或应税劳务名称	规格型号	单位	数量	单价	金额	税率	税额
铰链		个	500	2.00	1170.00	17%	170.00
合　计					¥1170.00		¥170.00
价税合计（大写）	壹仟壹佰柒拾元整				（小写）¥1170.00		
销售方	名　　称：宁夏螺钉厂 纳税人识别号：100106539465724 地 址、电 话：宁夏银川市和信区富民路 23 号，电话：0951-5122822 开户行及账号：中国工商银行宁夏银川支行 1102020526782985703	备注					

收款人：（略）　　复核：（略）　　开票人：（略）　　销售方：（章）

税总函[2016]362 号北京市印钞有限公司

第三联：发票联　购买方记账凭证

图 7-53　业务 7.6 的红字发票(发票上是红字)

工商银行

转账支票存根

支票号码：22170404

附加信息

出票日期：2016 年 4 月 7 日

收款人：宁夏螺钉厂

金　额：¥69030.00

用　途：货款

单位主管：（略）　　会计：（略）

图 7-54　支付合同 CG004 货款的支票存根

付款报告书		
部门：采购部	2017年4月7日	编号:016
开支内容	金　额	结算方式
支付退货货款（合同CG004）	￥69030.00	转账支票
合计（大写）	人民币陆万玖仟零叁拾元整	
会计主管：略　单位负责人：略	出纳：略	经办人：略

图7-55　合同CG004货款的支付报告书

【虚拟业务场景】

人物：

刘静(采购主管)

李莉(仓库主管)

曾志伟(财务主管)

张兰(财务部会计)

罗迪(财务部出纳)

场景1：仓管部发现不合格铰链，请采购部协商退货，采购部填制并审核退货单

李莉：小刘，你好，我们入库后发现有500个铰链不合格，你帮忙协商一下看能否退货。

刘静：好的，你稍等(联系宁夏螺钉厂，对方同意退货)。小李，对方同意退货了，你们把货发回去吧，我们马上填制审核退货单。

李莉：太好了，我们尽快发货。

(刘静填制并审核采购退货单)

场景2：仓管部从仓库发出不合格铰链，填制并审核红字采购入库单

(李莉参照采购退货单生成红字入库单，并审核)

场景3：取得发票，采购部填制红字采购发票并进行采购结算

(刘静先填制红字采购发票，并进行采购结算)

场景4：采购退货的成本确认

刘静：张兰，今天有一笔采购退货业务已经完成了，麻烦您做采购成本确认。

张兰：好的，我尽快完成。(采购退货的记账与生成凭证)

场景5：采购退货后的应付确认

曾志伟：张兰，今天有一笔采购退货业务已经完成了，请做应付确认。

张兰：好的，我马上处理。(红字应付单的审核与制单)

场景6：罗迪完成本笔业务货款的支付，填制付款单并请张兰审核与制单

(罗迪填制付款单完毕……)

罗迪：张兰，我已经支付了宁夏塑料二厂的货款，请您审核制单。

张兰：好的，我马上做账务处理。(付款单的审核与制单)

场景7：曾志伟提醒张兰对应付账款进行核销

曾志伟：小张，宁夏塑料二厂的货款已经支付了，请做应付核销。

张兰：好的，我马上处理。(应付核销和红票对冲)

【操作指导】

1. 操作流程

业务的操作流程如图 7-56 所示。

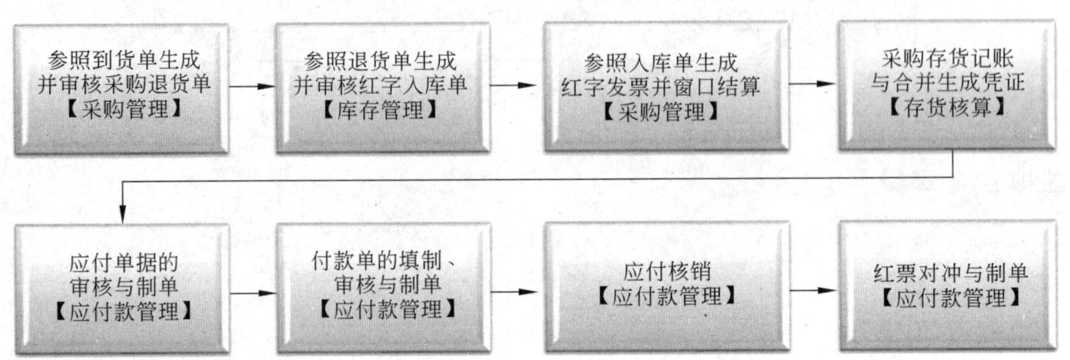

图 7-56　业务 7.6 的操作流程

2. 场景 1 的操作步骤

操作时间：确认系统日期和业务日期为 2017 年 4 月 7 日。

视频观看：手机扫描二维码即可观看相关操作。

任务说明：采购管部主管刘静参照生成并审核采购退货单。

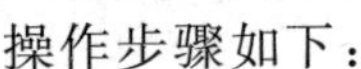

操作步骤如下：

(1) 打开“采购退货单”页签。登录“企业应用平台”，在“业务导航视图”的“业务工作”导航条中选中“供应链”|“采购管理”|“采购到货”|“采购退货单”，打开“采购退货单”页签。

(2) 参照到货单生成采购退货单。先单击工具栏中的“增加”按钮，新增一张采购退货单，然后做如下操作。

① 打开“拷贝并执行”窗口。单击工具栏中的“生单”|“到货单”下拉按钮，打开“查询条件选择-采购退货单列表过滤”对话框，单击“确定”按钮，打开“拷贝并执行”窗口。

② 复制信息。在窗口上窗格中选中 2017 年 4 月 6 日螺钉厂的到货单所在行的“选择”栏目，使其出现“Y”字样，再单击工具栏中的“OK 确定”按钮关闭窗口，此时“采购退货单”页签相关的信息已经有默认值。

③ 编辑信息。修改表头的“采购类型”为“采购退回”，“备注”为“采购退货铰链 500 个”，表体的第 1 行“数量”为“－500”，删除第 2～4 行，其他项默认。

(3) 保存。单击工具栏中的“保存”按钮，保存该单据，如图 7-57 所示。

采购退货单　　打印模板 8170 到货单打印模板

表体排序　　合并显示 □

业务类型 普通采购　　单据号 0000000010　　日期 2017-04-07

采购类型 采购退回　　供应商 螺钉厂　　部门 采购部

业务员 刘静　　币种 人民币　　汇率 1

运输方式　　税率 17.00　　备注 采购退货铰链500个

	存货编码	存货名称	规格型号	主计量	数量	原币单价	原币金额	原币税额	原币价税合计	订单号
1	4003	铰链		个	-500.00	2.00	-1000.00	-170.00	-1170.00	CG004

图 7-57　业务 7.6 的采购退货单

(4) 审核。单击工具栏中的“审核”按钮,审核通过该单据。

(5) 退出。单击“采购退货单”页签的“关闭”按钮,关闭页签,完成操作。

3. 场景2的操作步骤

操作时间：确认系统日期和业务日期为2017年4月7日。

视频观看：手机扫描二维码即可观看相关操作。

任务说明：仓库主管李莉参照生成并审核红字采购入库单。

操作步骤如下：

(1) 打开库存管理的“采购入库单”页签。登录“企业应用平台”,在“业务导航视图”的“业务工作”导航条中选中“供应链”|“库存管理”|“入库业务”|“采购入库单”,打开“采购入库单”页签。

(2) 参照退货单生成红字采购入库单。首先单击工具栏中的“增加”按钮,新增一张采购入库单,然后做如下操作。

① 打开“到货单生单列表”窗口。先选中页签右上角的“红字”单选按钮,再单击表头的“到货单号”的参照按钮,弹出“查询条件选择-采购到货单列表”对话框,单击“确定”按钮,打开“到货单生单列表”窗口。

② 复制信息。在窗口的上窗格中,选中要选择的采购到货单(即本业务中完成的采购退货单)所在行的“选择”栏,使其出现“Y”字样,再单击工具栏中的“OK确定”按钮关闭窗口,此时相关的信息已经带入。

(3) 保存。单击工具栏中的“保存”按钮,保存该单据。

(4) 审核。单击工具栏中的“审核”按钮,弹出消息框,提示审核成功,单击“确定”按钮,关闭消息框,完成审核工作。

(5) 退出。单击“采购入库单”页签的“关闭”按钮,关闭页签,完成操作。

4. 场景3的操作步骤

操作时间：确认系统日期和业务日期为2017年4月7日。

视频观看：手机扫描二维码即可观看相关操作。

任务说明：采购管部主管刘静参照生成红字采购专用发票并结算。

操作步骤如下：

(1) 打开红字“专用发票”页签。登录“企业应用平台”,在“业务导航视图”的“业务工作”导航条中选中“供应链”|“采购管理”|“采购发票”|“红字专用采购发票”,打开“专用发票”(红字)窗口。

(2) 参照红字入库单生成红字采购专用发票。先单击工具栏中的“增加”按钮,新增一张采购专用发票,再做如下操作。

① 打开“拷贝并执行”窗口。单击工具栏中的“生单”|“入库单”下拉按钮,打开“查询条件选择-采购入库单列表过滤”对话框,单击“确定”按钮,打开“拷贝并执行”窗口。

② 复制信息。在窗口的上窗格中,选中要选择的采购入库单(即本业务中完成的红字采购入库单)所在行的“选择”栏,使其出现“Y”字样,然后单击工具栏中的“OK确定”按钮,关闭窗口。

③ 编辑。编辑表头的“发票号”为“67170407”,其他项默认。

(3) 保存。单击工具栏中的“保存”按钮,如图7-58所示。

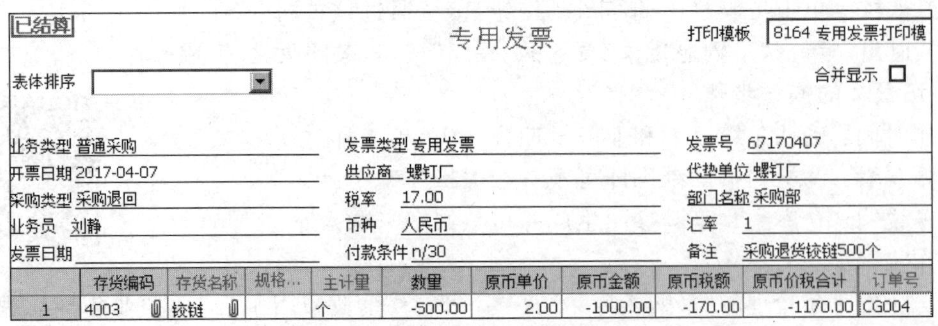

已结算		专用发票					打印模板	8164 专用发票打印模		
表体排序								合并显示 □		
业务类型 普通采购			发票类型 专用发票				发票号 67170407			
开票日期 2017-04-07			供应商 螺钉厂				代垫单位 螺钉厂			
采购类型 采购退回			税率 17.00				部门名称 采购部			
业务员 刘静			币种 人民币				汇率 1			
发票日期			付款条件 n/30				备注 采购退货铰链500个			
	存货编码	存货名称	规格...	主计量	数量	原币单价	原币金额	原币税额	原币价税合计	订单号
1	4003	铰链		个	-500.00	2.00	-1000.00	-170.00	-1170.00	CG004

图 7-58　业务 7.6 的红字采购专用发票(已结算)

(4) 采购发票窗口结算。单击工具栏中的“结算”按钮,此时页签左上方出现“已结算”字样,表示该发票已经采购结算了,如图 7-58 所示。

(5) 退出。单击“专用发票”页签的“关闭”按钮,关闭页签,完成操作。

5. 场景 4 的操作步骤

操作时间:确认系统日期和业务日期为 2017 年 4 月 7 日。

视频观看:手机扫描二维码即可观看相关操作。

任务说明:财务部会计张兰进行采购成本确认。

操作步骤如下:

1) 财务部会计张兰进行红字入库单的存货记账

(1) 打开“未记账单据一览表”页签。登录“企业应用平台”,在“业务导航视图”的“业务工作”导航条中选中“供应链”|“存货核算”|“业务核算”|“正常单据记账”,弹出“查询条件选择”对话框,选择“单据类型”为“采购入库单”,然后单击“确定”按钮,打开“未记账单据一览表”页签。

(2) 入库记账。单击工具栏中的“全选”按钮,以选中本业务生成的红字采购入库单,然后单击工具栏中的“记账”按钮,弹出消息框,提示记账成功,单击“确定”按钮,关闭消息框,完成记账工作。

(3) 退出。单击“未记账单据一览表”页签的“关闭”按钮,关闭页签,完成操作。

2) 财务部会计张兰进行采购存货制单

(1) 打开“生成凭证”页签。登录“企业应用平台”,在“业务导航视图”的“业务工作”导航条中选中“供应链”|“存货核算”|“财务核算”|“生成凭证”,打开“生成凭证”页签。

(2) 打开“选择单据”窗口。单击工具栏中的“选择”按钮,在弹出的“查询条件”对话框中,单击“确定”按钮,打开“选择单据”窗口。

(3) 生成并保存存货凭证。

① 选择采购入库单。单击窗口工具栏中的“全选”按钮,以选中本笔业务生成的采购入库单,然后单击工具栏中的“确定”按钮,关闭窗口。

② 生成并保存凭证。单击工具栏中的“生成”按钮,打开“填制凭证”页签,并默认显示了本业务入库单上的相关信息(借记:原材料/其他原材料,贷记:在途物资,均为红字),单击“保存”按钮,如图 7-59 所示。

(4) 退出。单击“填制凭证”和“生成凭证”页签的“关闭”按钮,关闭页签,完成操作。

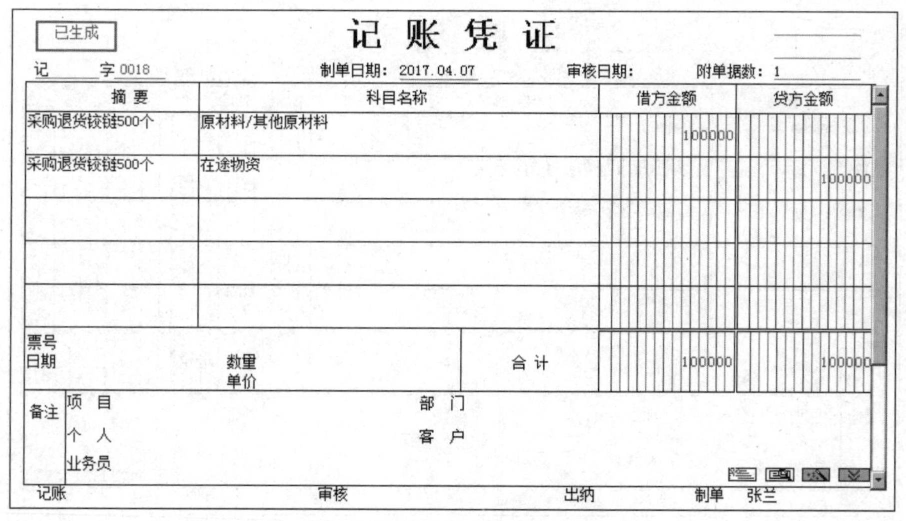

已生成

记 账 凭 证

记 字 0018　　制单日期：2017.04.07　　审核日期：　　附单据数：1

摘要	科目名称	借方金额	贷方金额
采购退货铰链500个	原材料/其他原材料	100000	
采购退货铰链500个	在途物资		100000
票号 日期	数量 单价　　合计	100000	100000

备注　项目　　部门
　　　个人　　客户
　　　业务员

记账　　审核　　出纳　　制单　张兰

图 7-59　业务 7.6 的存货凭证(红字)

6. 场景 5 的操作步骤

操作时间：确认系统日期和业务日期为 2017 年 4 月 7 日。

视频观看：手机扫描二维码即可观看相关操作。

任务说明：财务部会计张兰对红字发票进行审核与制单。

操作步骤如下：

(1) 打开"单据处理"页签。登录"企业应用平台"，在"业务导航视图"的"业务工作"导航条中选中"财务会计"|"应付款管理"|"应付单据处理"|"应付单据审核"，弹出"应付单查询条件"对话框，单击"确定"按钮，打开"单据处理"页签，其中列出了本业务的红字采购专用发票。

(2) 查阅应付单据。选中该单据所在行，打开"采购发票"页签，并默认显示 67170407 发票的相关信息。

(3) 审核单据。单击工具栏中的"审核"按钮，系统自动完成审核工作并弹出消息框询问"是否立即制单?"。

(4) 生成凭证。单击消息框中的"是"按钮，打开"填制凭证"页签，并默认显示凭证信息为借记：在途物资、进项税额，贷记：一般应付账款，均为红字。

(5) 保存凭证。单击工具栏中的"保存"按钮，如图 7-60 所示。

(6) 退出。单击"填制凭证""采购发票"和"单据处理"页签的"关闭"按钮，关闭页签，完成操作。

7. 场景 6 的操作步骤

操作时间：确认系统日期和业务日期为 2017 年 4 月 7 日。

视频观看：手机扫描二维码即可观看相关操作。

任务说明：财务部出纳罗迪填制付款单，会计张兰进行审核与制单。

操作步骤如下：

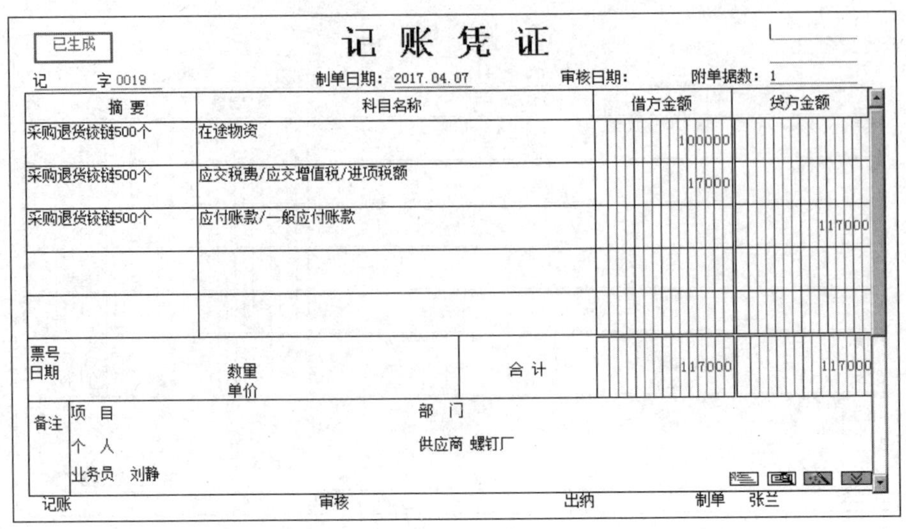

已生成

记账凭证

记 字 0019　　制单日期：2017.04.07　　审核日期：　　附单据数：1

摘要	科目名称	借方金额	贷方金额
采购退货铰链500个	在途物资	100000	
采购退货铰链500个	应交税费/应交增值税/进项税额	17000	
采购退货铰链500个	应付账款/一般应付账款		117000
票号 日期	数量 单价 合计	117000	117000

备注　项目　　部门

个人　　供应商 螺钉厂

业务员 刘静

记账　　审核　　出纳　　制单 张兰

图 7-60　业务 7.6 的红字发票制单结果(红字)

1）财务部出纳罗迪填制付款单

(1) 打开“收付款单录入”页签。登录“企业应用平台”，在“业务导航视图”的“业务工作”导航条中选中“财务会计”|“应付款管理”|“付款单据处理”|“付款单据录入”，打开“收付款单录入”页签。

(2) 编辑付款单。单击工具栏中的“增加”按钮，新增一张付款单，然后做如下操作。

① 编辑表头。编辑“供应商”为“螺钉厂”，“结算方式”为“转账支票”，“金额”为“69030”，“票据号”为“22170404”，“部门”为“采购部”，“业务员”为“刘静”，“摘要”为“支付螺钉厂 CG004 的货款(有退货)”。

② 编辑表体。单击表体部分，系统将自动生成一条记录。

(3) 保存。单击工具栏中的“保存”按钮，结果如图 7-61 所示。

付款单　　打印模板 应付付款单打印模

表体排序

单据编号 0000000003　　日期 2017-04-07　　供应商 螺钉厂

结算方式 转账支票　　结算科目 100201　　币种 人民币

汇率 1　　金额 69030.00　　本币金额 69030.00

供应商银行 工行银川支行　　供应商账号 1102020526782985703　　票据号 22170404

部门 采购部　　业务员 刘静　　项目

摘要 支付螺钉厂CG004的货款(有退货)

	款项类型	供应商	科目	金额	本币金额	部门	业务员
1	应付款	螺钉厂	220201	69030.00	69030.00	采购部	刘静

图 7-61　业务 7.6 的螺钉厂的付款单

(4) 退出，单击“收付款单录入”页签的“关闭”按钮，完成操作。

2）财务部会计张兰对付款单进行审核与制单

(1) 打开“收付款单列表”页签。登录“企业应用平台”，在“业务导航视图”的“业务工作”导航条中选中“财务会计”|“应付款管理”|“付款单据处理”|“付款单据审核”，弹出“付款单查询条件”对话框，单击“确定”按钮，打开“收付款单列表”页签，其中列出了本业务的付

款单。

(2) 查阅应付单据。选中该单据所在行,打开"收付款单录入"页签,并默认显示转账支票号为22170404的付款单相关信息。

(3) 审核单据。单击工具栏中的"审核"按钮,系统自动完成审核工作,并弹出消息框,询问"是否立即制单?"。

(4) 生成凭证。单击"是"按钮,打开"填制凭证"页签,并默认显示凭证信息为借记:一般应付账款,贷记:工行存款。

(5) 保存凭证。单击工具栏中的"保存"按钮,如图7-62所示。

已生成

记 账 凭 证

记 字 0020　　制单日期: 2017.04.07　　审核日期:　　附单据数: 1

摘 要	科目名称	借方金额	贷方金额
支付螺钉厂CG004的货款(有退货)	应付账款/一般应付账款	6903000	
支付螺钉厂CG004的货款(有退货)	银行存款/工行存款		6903000
票号 日期	数量 单价　　合 计	6903000	6903000

备注　项 目　　部 门
个 人　　供应商 螺钉厂
业务员 刘静

记账　　审核　　出纳　　制单 张兰

图7-62　业务7.6的螺钉厂的付款凭证

(6) 退出。单击"填制凭证""收付款单录入"和"收付款单列表"页签的"关闭"按钮,关闭页签,完成操作。

8. 场景7的操作步骤

操作时间:确认系统日期和业务日期为2017年4月7日。

视频观看:手机扫描二维码即可观看相关操作。

任务说明:财务部会计张兰进行应付核销,红票对冲与对冲制单。

操作步骤如下:

1) 财务部会计张兰进行应付核销

(1) 打开"单据核销"页签。登录"企业应用平台",在"业务导航视图"的"业务工作"导航条中选中"财务会计"|"应付款管理"|"核销处理"|"手工核销",弹出的"核销条件"对话框,参照生成"供应商"为"螺钉厂",然后单击"确定"按钮,打开"单据核销"页签。

(2) 核销设置。在下窗格中,选中"单据编号"为"66170403"所在的行,系统自动在该行的"本次结算"栏填入"69030"(与上窗格的"本次结算"栏数字一致)。

(3) 保存与核销。单击工具栏中的"保存"按钮,完成本笔业务的应付款核销。

(4) 退出。单击"单据核销"页签的"关闭"按钮,关闭页签,完成操作。

2）财务部会计张兰进行红票对冲与制单

（1）打开“红票对冲”页签。登录“企业应用平台”，在“业务导航视图”的“业务工作”导航条中选中“财务会计”|“应付款管理”|“转账”|“红票对冲”|“手工对冲”，在弹出的“红票对冲条件”对话框中，参照生成“供应商”为“螺钉厂”，然后单击“确定”按钮，打开“红票对冲”页签。

（2）对冲设置。在下窗格中选中“单据编号”为“66170403”所在的行，系统自动在该行的“对冲金额”栏填入“1170”（与上窗格的“对冲金额”栏数字一致）。

（3）保存设置与生成凭证。单击工具栏中的“保存”按钮，系统自动完成对冲任务，并弹出消息框，询问“是否立即制单？”，单击“是”按钮，打开“填制凭证”页签，并默认显示自动生成的凭证信息。

（4）保存凭证。单击工具栏中的“保存”按钮，保存该凭证，如图 7-63 所示。

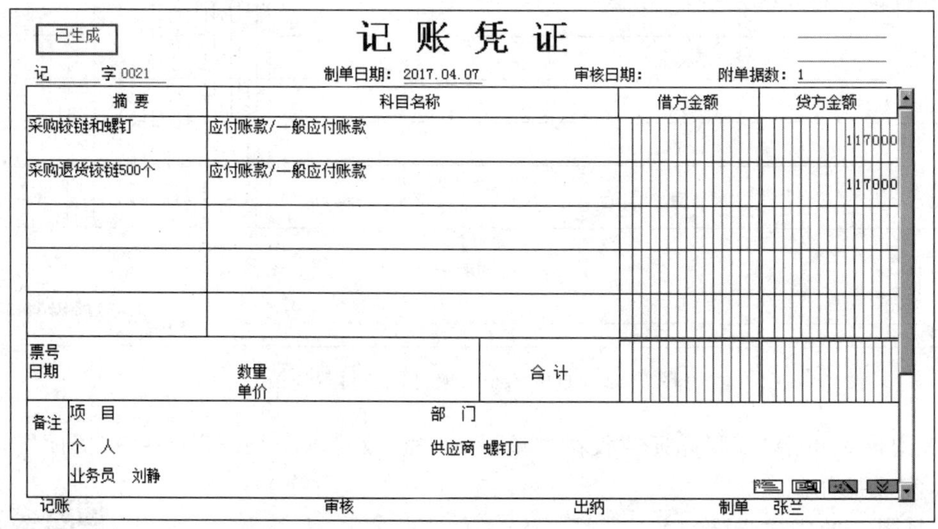

图 7-63 业务 7.6 的红票对冲制单结果（第 1 笔分录的贷方金额为红字）

（5）退出。单击“填制凭证”和“红票对冲”页签的“关闭”按钮，关闭页签，完成操作。

小贴士

因为在会计信息化技能竞赛的自动判分时，针对“一般应付账款”科目，仅读取其贷方金额进行判分，所以本业务中没有将“一般应付账款”的红字贷方金额变为蓝字的借方金额。但一般会计记账时，可单击红字的贷方金额，然后按空格键，使红字的贷方自动移动到借方，变为蓝字的借方金额。

7.7 采购暂估结算业务

存货暂估，是因外购入库的货物发票未到，而无法确定实际的采购成本时，财务人员期末暂时按估计价格入账，后续按照选择的暂估处理方式进行暂估回冲处理。

用友 ERP-U8 的存货核算系统，提供了月初回冲、单到回冲和单到补差 3 种暂估回冲方式，操作流程如图 7-64 所示。

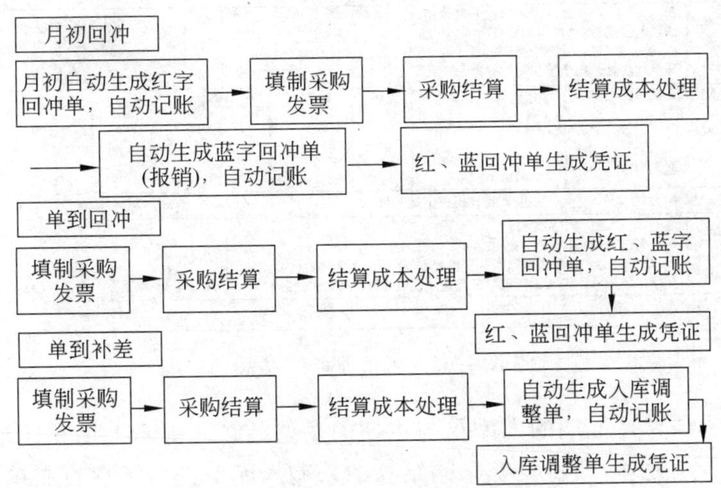

图 7-64　暂估业务的本期结算操作流程

(1) 月初回冲。月初回冲是指月初时，系统自动生成红字回冲单。在报销处理(即采购发票到了进行采购结算)时，系统自动根据报销金额生成采购报销入库单，即蓝字回冲(报销)单。

(2) 单到回冲。单到回冲是指本期发票到了并进行采购结算后，在结算成本处理时系统自动生成红字回冲单和采购报销入库单。

(3) 单到补差。单到补差是指本期发票到了并进行采购结算后，在结算成本处理时，系统自动生成一张出入库调整单，调整金额为实际金额与暂估金额的差额。

案例企业采用单到回冲方式进行暂估处理(相关的设置请参见 3.3.1 节)。对于以前月份的暂估、本月全部报销的普通采购业务，用友 ERP-U8 的处理方法是先查找存货明细账中对应的单据记录，再由此生成红字回冲单和蓝字报销单。红字回冲单的金额为原入库单据的暂估金额，方向与原暂估金额相反；蓝字报销单的金额为原入库单据的已报销金额(即相应的采购成本)。系统将自动生成的红字回冲单和蓝字报销单直接记入存货明细账，用户不能修改。

【业务描述】

2017 年 4 月 7 日，采购主管刘静收到螺钉厂发来的专用发票(票号 66170408，原始单据如图 7-65 所示)，发票上载明铰链 7500 个，无税价格为 2 元，增值税为 17%，价税合计 17550 元。经查，发票上载明的铰链，仓管部已于上月验收入库，暂估的入库单价为 2 元。款项尚未支付。

本笔业务是上月暂估入库本月票到回冲的采购暂估成本结算业务，需要填制采购发票(即本月票到)，进行采购结算、结算成本处理、红蓝回冲单制单，以及应付单据的审核与制单。

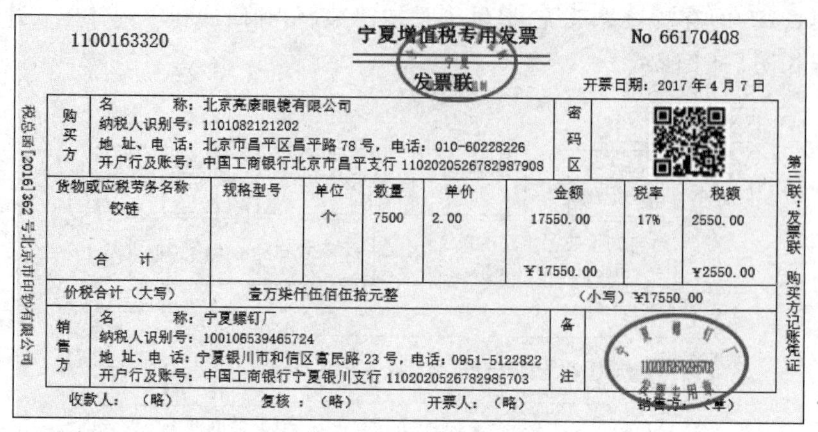

1100163320	宁夏增值税专用发票 发票联	No 66170408
		开票日期：2017 年 4 月 7 日

购买方	名　　称：北京亮康眼镜有限公司 纳税人识别号：1101082121202 地 址、电 话：北京市昌平区昌平路 78 号，电话：010-60228226 开户行及账号：中国工商银行北京市昌平支行 1102020526782987908	密码区					
货物或应税劳务名称	规格型号	单位	数量	单价	金额	税率	税额
铰链		个	7500	2.00	17550.00	17%	2550.00
合　计					¥17550.00		¥2550.00
价税合计（大写）	壹万柒仟伍佰伍拾元整				（小写）¥17550.00		
销售方	名　　称：宁夏螺钉厂 纳税人识别号：100106539465724 地 址、电 话：宁夏银川市和信区富民路 23 号，电话：0951-5122822 开户行及账号：中国工商银行宁夏银川支行 1102020526782985703	备注					

收款人：（略）　复核：（略）　开票人：（略）　销售方：（章）

税总函[2016]362 号北京市印钞有限公司

第三联：发票联　购买方记账凭证

图 7-65　暂估业务的发票

本业务的采购结算是上期的入库单与本期的发票结算。由于上期在期末处理时已经将入库单做了暂估入库处理，即将没有采购结算的采购入库单进行了存货制单，所以本月需要进行结算成本处理，以生成红字回冲单和蓝字报销单。

【虚拟业务场景】

人物：

刘静（采购主管）

张兰（财务部会计）

曾志伟（财务主管）

场景 1：采购专用发票的填制与结算

（刘静根据螺钉厂发来的专用发票，填制发票并结算）

场景 2：应付单据的审核与制单

曾志伟：张兰，今天有一张采购应付发票，请注意做应付确认。

张兰：好的，我尽快完成。（应付单据的审核与制单）

场景 3：暂估结算成本处理

刘静：张兰，今天有一笔票到回冲的采购业务已经完成了，麻烦您做账务处理。

张兰：好的，我马上做。（结算成本处理和生成存货凭证）

【操作指导】

1. 操作流程

业务操作流程如图 7-66 所示。

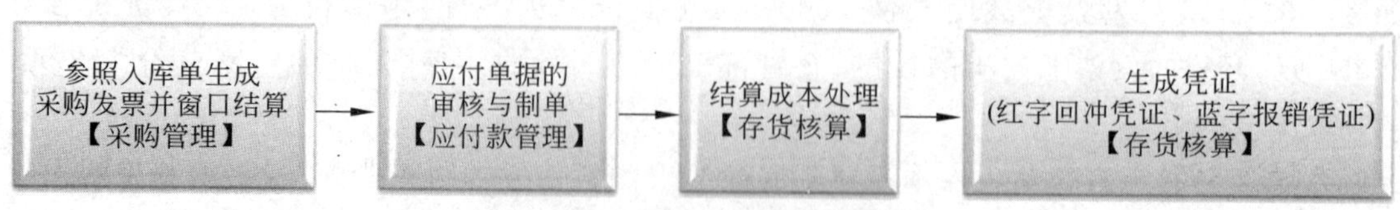

图 7-66　业务 7.7 的操作流程

2. 场景 1 的操作步骤

操作时间：确认系统日期和业务日期为 2017 年 4 月 7 日。

视频观看：手机扫描二维码即可观看相关操作。

任务说明：采购主管刘静进行暂估业务的采购专用发票的填制与结算。

操作步骤如下：

(1) 打开采购“专用发票”页签。登录“企业应用平台”，在“业务导航视图”的“业务工作”导航条中选中“供应链”|“采购管理”|“采购发票”|“专用采购发票”，打开“专用发票”页签。

(2) 参照入库单生成采购专用发票。单击工具栏中的“增加”按钮，新增一张采购专用发票；再单击工具栏中的“生单”|“入库单”下拉按钮，打开“查询条件选择-采购入库单列表过滤”对话框；单击“确定”按钮，打开“拷贝并执行”窗口。在上窗格中选中要选择的采购入库单(即 3 月 15 日的采购入库单)所对应的“选择”栏，使其出现“Y”字样，然后单击窗口工具栏中的“OK 确定”按钮，关闭窗口。

(3) 编辑采购专用发票。在“专用发票”页签中，编辑表头的“发票号”为“66170408”，“备注”为“铰链的暂估票到”，其他项默认。

(4) 保存。单击工具栏中的“保存”按钮，如图 7-67 所示。

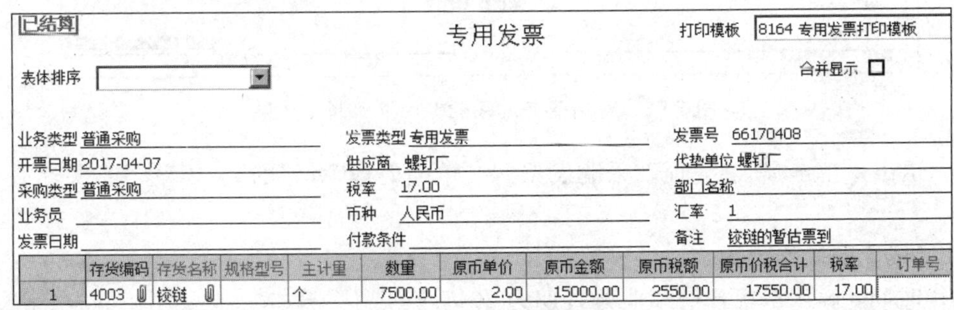

已结算

专用发票

打印模板 8164 专用发票打印模板

表体排序

合并显示 □

业务类型 普通采购　　发票类型 专用发票　　发票号 66170408

开票日期 2017-04-07　　供应商 螺钉厂　　代垫单位 螺钉厂

采购类型 普通采购　　税率 17.00　　部门名称

业务员　　币种 人民币　　汇率 1

发票日期　　付款条件　　备注 铰链的暂估票到

	存货编码	存货名称	规格型号	主计量	数量	原币单价	原币金额	原币税额	原币价税合计	税率	订单号
1	4003	铰链		个	7500.00	2.00	15000.00	2550.00	17550.00	17.00	

图 7-67　业务 7.7 的采购专用发票(已结算)

(5) 采购发票结算。单击工具栏中的“结算”按钮，此时页签左上方出现“已结算”字样，表示该发票已经采购结算了，如图 7-67 所示。

(6) 退出。单击“专用发票”页签的“关闭”按钮，关闭页签，完成操作。

3. 场景 2 的操作步骤

操作时间：确认系统日期和业务日期为 2017 年 4 月 7 日。

视频观看：手机扫描二维码即可观看相关操作。

任务说明：财务部会计张兰进行应付单据的审核与制单。

操作步骤如下：

(1) 打开“单据处理”页签。登录“企业应用平台”，在“业务导航视图”的“业务工作”导航条中选中“财务会计”|“应付款管理”|“应付单据处理”|“应付单据审核”，弹出“应付单查询条件”对话框，单击“确定”按钮，打开“单据处理”页签其中列出了本业务的采购专用发票。

（2）查阅应付单据。选中该单据所在行，打开“采购发票”页签，并默认显示了本业务的采购发票。

（3）审核。单击工具栏中的“审核”按钮，系统自动完成审核工作，并弹出消息框，询问“是否立即制单？”。

（4）生成应付转账凭证。单击“是”按钮，打开“填制凭证”页签，并默认显示凭证的信息为借记：在途物资、进项税额，贷记：一般应付账款。

（5）保存凭证。单击“保存”按钮，结果如图 7-68 所示。

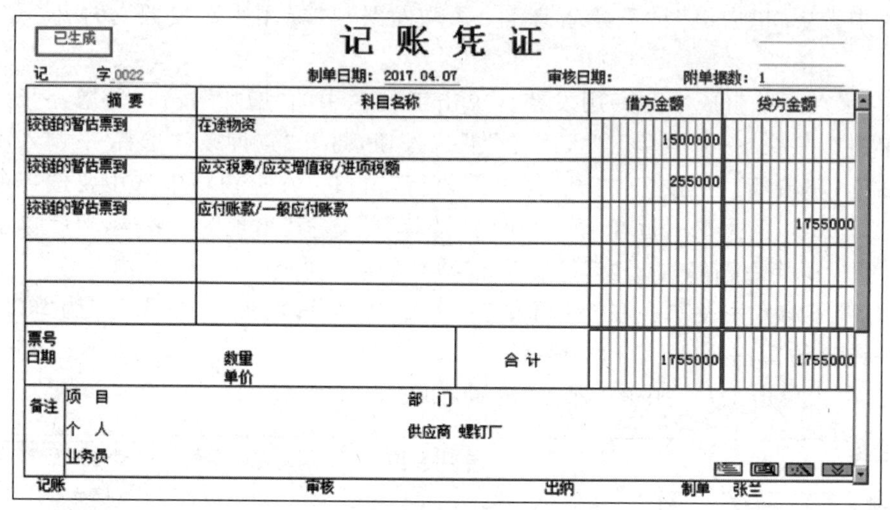

已生成

记账凭证

记 字 0022　制单日期：2017.04.07　审核日期：　附单据数：1

摘要	科目名称	借方金额	贷方金额
铰链的暂估票到	在途物资	1500000	
铰链的暂估票到	应交税费/应交增值税/进项税额	255000	
铰链的暂估票到	应付账款/一般应付账款		1755000
票号 日期　数量 单价	合计	1755000	1755000

备注　项目　部门
个人　供应商 螺钉厂
业务员

记账　审核　出纳　制单 张兰

图 7-68　暂估业务的采购专用发票制单结果

（6）退出。单击“填制凭证”“采购发票”和“单据处理”页签的“关闭”按钮，关闭页签，完成操作。

4. 场景 3 的操作步骤

操作时间：确认系统日期和业务日期为 2017 年 4 月 7 日。

视频观看：手机扫描二维码即可观看相关操作。

任务说明：财务部会计张兰进行结算成本处理和生成存货凭证。

操作步骤如下：

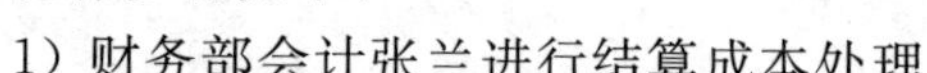

1）财务部会计张兰进行结算成本处理

（1）打开“结算成本处理”页签。登录“企业应用平台”，在“业务导航视图”的“业务工作”导航条中选中“供应链”|“存货核算”|“业务核算”|“结算成本处理”，打开“暂估处理查询”对话框，单击“全选”按钮以选择所有的仓库，然后单击“确定”按钮，打开“结算成本处理”页签。

（2）结算成本处理。单击工具栏中的“全选”按钮，以选中相应的期初采购入库单（相应的“选择”栏出现字母“Y”字样），再单击工具栏中的“暂估”按钮，系统自动完成暂估入库业务的结算成本处理，并弹出消息框，提示暂估处理完成，单击“确定”按钮关闭消息框。

（3）退出。单击“结算成本处理”页签的“关闭”按钮，关闭页签，完成操作。

小贴士

存货核算系统自动生成红字回冲单和蓝字报销单，并直接记入存货明细账，用户不能修改，但可以登录“企业应用平台”，在“业务导航视图”的“业务工作”导航条中选中“供应链”|“存货核算”|“日常业务”|“单据列表”|“红字回冲单列表”，打开“查询条件选择-红字回冲单列表”对话框查阅红字回冲单。同理，也可以查阅蓝字报销单。

2）财务部会计张兰进行红字回冲单制单

(1) 打开“生成凭证”页签。登录“企业应用平台”，在“业务导航视图”的“业务工作”导航条中选中“供应链”|“存货核算”|“财务核算”|“生成凭证”，打开“生成凭证”页签。

(2) 打开“选择单据”窗口。单击工具栏中的“选择”按钮，弹出“查询条件”对话框，选择“(24)红字回冲单”复选框(先“全消”再选中“(24)红字回冲单”)，然后单击“确定”按钮，打开“选择单据”窗口。

(3) 生成回冲凭证。

① 选择红字回冲单。单击窗口工具栏中的“全选”按钮，以选中本笔业务结算成本处理时系统自动生成的红字回冲单，然后单击窗口工具栏中的“确定”按钮，返回“生成凭证”页签。

② 生成凭证。单击工具栏中的“生成”按钮，打开“填制凭证”页签，并显示默认生成的红字凭证(借记：原材料/其他原材料，贷记：暂估应付账款)。

(4) 保存。单击工具栏中的“保存”按钮，以保存该凭证，如图 7-69 所示。

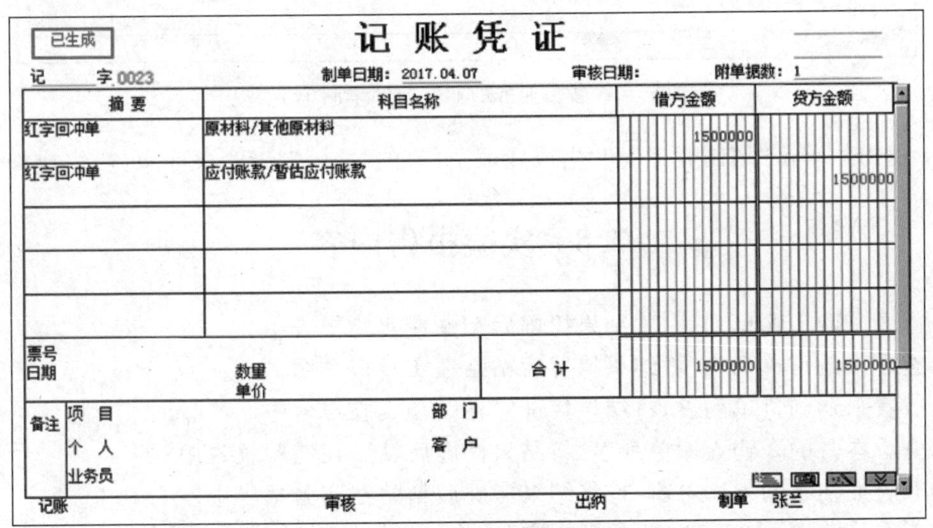

已生成

记账凭证

记 字 0023　制单日期：2017.04.07　审核日期：　附单据数：1

摘要	科目名称	借方金额	贷方金额
红字回冲单	原材料/其他原材料	1500000	
红字回冲单	应付账款/暂估应付账款		1500000
票号 日期	数量 单价 合计	1500000	1500000

备注　项目　部门
个人　客户
业务员

记账　审核　出纳　制单 张兰

图 7-69　暂估业务的红字回冲单制单结果(借贷金额均为红字)

(5) 退出。单击“填制凭证”和“生成凭证”页签的“关闭”按钮，关闭页签，完成操作。

3）财务部会计张兰进行蓝字回冲单制单

(1) 打开“生成凭证”页签。登录“企业应用平台”，在“业务导航视图”的“业务工作”导航条中选中“供应链”|“存货核算”|“财务核算”|“生成凭证”，打开“生成凭证”页签。

(2) 打开“选择单据”窗口。单击工具栏中的“选择”按钮，在弹出的“查询条件”对话框中，仅选择“(30)蓝字回冲单(报销)”复选框，然后单击“确定”按钮，打开“选择单据”窗口。

(3) 生成报销凭证。

① 选择蓝字回冲单。单击窗口工具栏中的“全选”按钮，以选中本笔业务结算成本处理时系统自动生成的蓝字回冲(报销)单，单击工具栏中的“确定”按钮，关闭窗口。

② 生成凭证。单击工具栏中的“生成”按钮，打开“填制凭证”页签，并显示默认生成的蓝字凭证(借记：原材料/其他原材料，贷记：在途物资)。

(4) 保存。单击工具栏中的“保存”按钮，以保存该凭证，结果如图 7-70 所示。

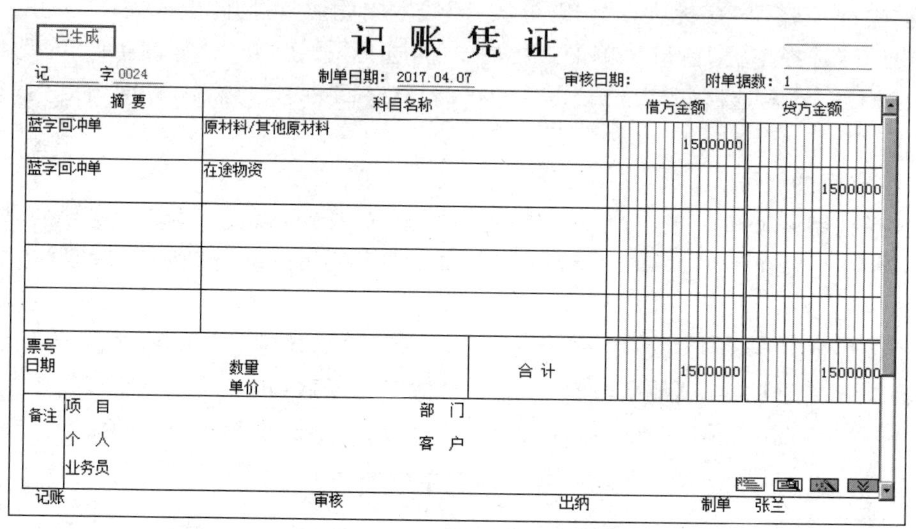

已生成

记账凭证

记 字 0024　　制单日期：2017.04.07　　审核日期：　　附单据数：1

摘要	科目名称	借方金额	贷方金额
蓝字回冲单	原材料/其他原材料	1500000	
蓝字回冲单	在途物资		1500000
票号 日期	数量 单价 合计	1500000	1500000

备注　项目　部门　个人　客户　业务员

记账　审核　出纳　制单 张兰

图 7-70　暂估业务的蓝字回冲单制单结果

(5) 退出。单击“填制凭证”和“生成凭证”页签的“关闭”按钮，关闭页签，完成操作。

7.8　实验报告内容

1. 查看采购请购单列表，将结果拷屏后粘贴在实验报告中。
2. 查看采购订单列表，将结果拷屏后粘贴在实验报告中。
3. 查看采购到货单列表，将结果拷屏后粘贴在实验报告中。
4. 查看本月的采购入库单列表，将结果拷屏后粘贴在实验报告中。
5. 查看期初采购入库单窗口，将结果拷屏后粘贴在实验报告中。
6. 查看采购发票 66170401 的发票窗口，将结果拷屏后粘贴在实验报告中。
7. 查看采购发票 67170407 的发票窗口，将结果拷屏后粘贴在实验报告中。
8. 查看采购发票列表，将结果拷屏后粘贴在实验报告中。
9. 打开采购合同 CG003 的定金付款窗口，将结果拷屏后粘贴在下面。
10. 查看采购结算单列表，将结果拷屏后粘贴在实验报告中。
11. 查看本月的出入库流水账，将结果拷屏后粘贴在实验报告中。
12. 查看所有存货截至 2017 年 4 月 5 日的现存量，将结果拷屏后粘贴在实验报告中。

13. 在存货核算系统中，查看所有存货截至 2017 年 4 月 5 日的收发存汇总表，将结果拷屏后粘贴在实验报告中。

14. 查看截至 2017 年 4 月 5 日的已记账单据的流水账，将结果拷屏后粘贴在实验报告中。

15. 查看截至 2017 年 4 月 5 日的应付业务明细账，将结果拷屏后粘贴在实验报告中。

16. 列出用友 ERP-U8 中采购管理系统的主要功能。

17. 列出采购业务中可能涉及的 3 个以上的部门名称，说明各个部门在采购过程中扮演的角色。

18. 采购订单有哪些作用？

19. 已经审核通过的采购订单，若需要修改，应该如何操作？请详细列出操作步骤。

20. 采购结算有什么作用？

21. 用友 ERP-U8 中的采购结算，有哪几种操作方式？

22. 用友 ERP-U8 中，有哪些单据之间可以进行采购结算？

23. 列出采购普通业务中 6 种以上的单据名称。

24. 根据本人的操作，列出能转换采购订单状态的操作按钮。

25. 用友 ERP-U8 中采购发票有哪 3 种类型？各有何作用和特点？

26. 用友 ERP-U8 中采购运费发票如何填制？请给出详细的操作步骤。

27. 用友 ERP-U8 中采购发票窗口的“结算”按钮，为什么有时显示的是灰色(不可用状态)？

28. 用友 ERP-U8 中采购结算，在什么情况下必须使用手工结算？

29. 详细列出采购手工结算的操作步骤。

30. 查看采购退货单列表，并将结果拷屏后粘贴在实验报告中(条件中设置“单据类型”)。

31. 查看由红字回冲单生成的存货凭证，并将结果拷屏后粘贴在实验报告中。

32. 查看由蓝字回冲单(报销)生成的存货凭证，并将结果拷屏后粘贴在实验报告中。

33. 采购成本确认与应付确认，在操作流程上有何异同？

34. 查看所有应付单据的列表，并将结果拷屏后粘贴在实验报告中(可用应付款管理的“发票查询”功能)。

35. 查看核销单列表，并将结果拷屏后粘贴在实验报告中。

36. 查看应付凭证列表，并将结果拷屏后粘贴在实验报告中。

37. 红字采购入库单与蓝字采购入库单有哪些异同(业务操作)？

38. 红字采购入库单可以与哪些单据进行采购结算？

39. 存货记账的作用有哪些？

40. 存货凭证有何作用？

41. 采购成本确认的作用是什么？

42. 在用友 ERP-U8 中，如何进行采购成本确认？

43. 比较采购到货拒收与采购退货的异同点

44. 采购退货有哪 3 种情况？请比较它们在业务处理时的流程差异。

45. 列出结算后的采购退货与普通采购业务操作的异同点。

46. 用友 ERP-U8 中,存货生成凭证时,其默认的科目是如何设置的?

47. 暂估业务有哪几种暂估方式?请说明它们的异同点。

48. 用友 ERP-U8 中,如何设置存货的暂估方式?

49. 采购期初业务包括哪 3 种情况?请解释各自的业务含义。

50. 比较暂估业务与采购普通业务的操作流程。

51. 暂估入库单与普通采购入库单有何异同?

52. 在"单到回冲"暂估方式下,若本月相应的采购发票到了,该如何进行采购成本确认?

53. 在进行暂估业务的"暂估成本处理"操作后,系统会自动生成哪 2 种单据?它们的作用是什么?

54. 应付核销的作用是什么?何时应该进行应付核销?

55. 查看你的存货凭证列表,并将结果界面拷屏后粘贴在下面。

56. 若某笔采购业务已经进行了采购成本确认,发现采购入库单上的单价有错误,需要修改单价,给出你的操作步骤系列。

57. 若某笔采购业务已经进行了采购应付确认,发现采购发票上的货款总价有错误,需要修改货款数额,给出相应的操作步骤顺序。

第8章 生产管理

生产是指物料经过制造、组装到最终产品形成的完整过程，也是制造业产品最主要的增值过程。对应于一般制造业的流程，生产包括领料、车间(委外)生产、入库等过程。

生产管理是与自制件生产相关的管理。自制件生产通过定制生产计划并核发可执行的生产订单，然后根据生产订单从规划输入、审核到最后的产成品入库。

生产订单，主要表示某一物料的生产数量，以及计划开工/完工日期等，是现场自制派工或领料的依据。工厂的生产管理或物料管理，通常以生产订单为中心，以控制其产能利用、缺料、效率、进度等情形。

用友 ERP-U8 中的生产订单管理，是针对与制造有关的生产订单的生成、修改、审核、审核后修改、领料等作业的管理，以协助企业有效掌握各项制造活动的信息。

本章的实验，是基于主生产计划和物料需求规划，进行生产订单管理。本章的操作，请按照业务描述中的系统日期(例如 2017 年 4 月 7 日)和操作员(如生产主管刘正、仓库主管李莉等)，并在第 7 章完成的基础上，在生产订单和库存管理模块中进行。

在每笔业务的实验操作前，需要将系统时间调整为业务日期。如果没有调整系统时间，则在登录“企业应用平台”时需要修改“操作日期”为业务日期；如果操作日期与账套建账时间之间的跨度超过 3 个月，则该账套在演示版状态下不能执行任何操作。

如果没有完成第 7 章的采购与应付管理，可以到百度网盘空间(网盘地址：https://pan.baidu.com/s/1eSxB2uQ，密码：pxsn)的“实验账套数据”文件夹中，将“07 采购与应付.rar”下载到实验用机上，然后“引入”(操作步骤详见 1.3.5 节)到用友 ERP-U8 系统。而且，本章完成的账套，其“输出”压缩的文件名为“08 生产管理.rar”。

需要说明如下：

因网盘中的账套备份文件均为压缩文件，所以在下载完成后引入之前，需要用解压缩工具进行解压(建议用 WinRAR 3.42 或以上版本)，得到相应可以引入的账套数据文件。

本章建议的授课时间，理论课为 2 学时(主要讲解基础档案中各个部分的作用和数据之间的关系，内容可参见 8.1～8.3 节的相关讲解和本书配套的课件)，实验课为 2 学时(若课时不足，可跳过本章的讲解与实验)。

实验目的与要求如下：

(1) 了解企业生产管理的流程，理解生产管理的作用。

(2) 熟练掌握生产订单管理、生产领料和完工入库操作。

(3) 掌握相关账表的查询。

8.1 生产订单生成与审核

【预备知识】

1. 生产订单的概念与状态

生产订单(Manufacture Oder),又称制造命令或工作订单,它主要表示某一物料的生产数量,以及计划开工、完工日期等。为现场自制派工或领料的依据,工厂的生产主管或仓库主管通常以生产订单为中心,以控制其产能利用、缺料、效率、进度等情形。

生产订单,在用友 ERP-U8 中有 4 种状态,未审核、锁定、审核和关闭状态。

(1) 未审核(Not-Approved,NA)状态。未审核的生产订单不能进行任何库存交易作业(领/退料、入/退库)不能执行报检、转车间处理。MPS、MRP 计算时不考虑。

(2) 锁定(Firmed,FM)。锁定状态的生产订单不能进行任何库存交易作业(领料、退料、入库、退库)不能执行报检,不能转车间处理,但 MPS 和 MRP 运算将其订单原量作为预计入库量参与计算。

(3) 审核(Opened,OP)状态。审核状态的生产订单为可执行订单,即可以进行库存交易作业(领料、退料、入库、退库)或报检、转车间处理,且 MPS 和 MRP 将纳入计算之中。

(4) 关闭(Closed,CL)状态。关闭状态的生产订单不可进行任何库存交易作业(领料、退料、入库、退库)或报检、转车间处理。MPS 和 MRP 计算时不考虑。

2. 生产订单子系统的产品接口

用友 ERP-U8 中的生产订单管理,是针对与制造有关的生产订单的生成、修改、审核、审核后修改、领料等作业的管理,以协助企业有效掌握各项制造活动的信息。

生产订单子系统,与其他很多子系统都有关联关系,图 8-1 是生产订单子系统与其他子系统的接口示意图。

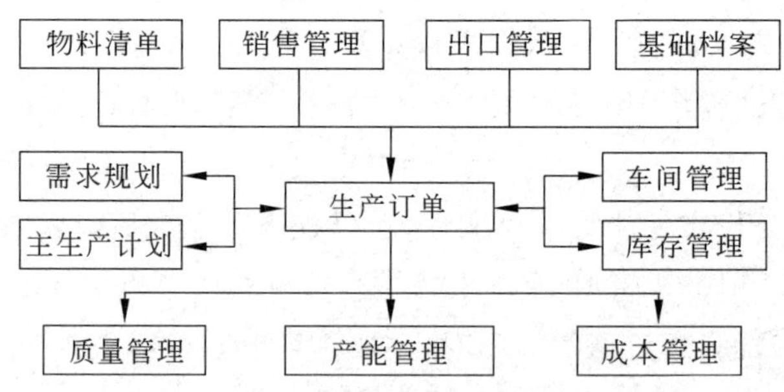

图 8-1 生产订单子系统的接口示意图

(1) 与物料清单子系统的关系。物料清单子系统中的物料清单,是生产订单生成子件用量所必须先行建立的基础资料。

(2) 与销售管理和出口管理子系统的关系。销售管理和出口管理子系统中,ATO 模型的销售订单在产品选配完成后,可直接转为锁定状态的标准生产订单。

(3) 与需求规划和主生产计划子系统的关系。主生产计划和需求规划子系统通过 MPS、MRP 和 BRP 展开自动产生的自制物料的建议生产量,就是自制计划订单,是生产订单子系统自动生成生产订单的依据；同时生产订单子系统中已锁定、已审核未关闭的生产订单，是 MPS 和 MRP 计算时必须考虑要素之一，即 MPS 和 MRP 净算时将考虑上述生产订单的有效供应量(母件)和有效需求量(子件)。

(4) 与基础档案和车间管理子系统的关系。基础档案中物料的工艺路线资料，是生产订单转入车间管理子系统所必须先行建立的基础资料；生产订单子系统中，已审核未关闭的生产订单可按其选定的工艺路线转入车间管理子系统，以生成生产订单的工序计划和产能需求计划。

(5) 与库存管理子系统的关系。生产订单子系统中已审核未关闭的生产订单，是库存管理子系统按生产订单领/退料和产品入库的依据；同时库存管理子系统中按生产订单的领料单和退料单将自动更新生产订单的子件已领料量，产品入库单将自动更新生产订单的累计入库量。

(6) 与质量管理子系统的关系。质量管理子系统，可按生产订单子系统中已审核未关闭的生产订单，生成报检单；同时质量管理子系统的报检单自动更新生产订单的累计报检量。

(7) 与产能管理子系统的关系。生产订单子系统中未审核、锁定、已审核未转车间管理子系统的生产订单，是产能管理子系统进行工作中心资源负载计算的依据。

(8) 与成本管理子系统的关系。生产订单子系统中已审核、已关闭的生产订单，是成本管理子系统按生产订单计算物料成本的依据。

3. 操作流程

生产订单管理子系统的操作流程如图 8-2 所示。

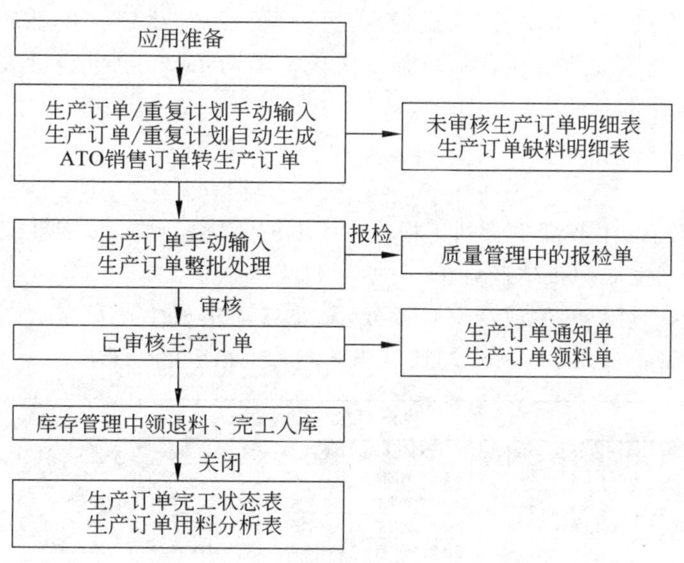

图 8-2 生产订单子系统的操作流程

用友 ERP-U8 的生产订单管理子系统，在使用前需要首先创建工业版账套，并有基础档案数据和期初设置，以及物料清单资料，具体地可参见第 1～4 章。

应用准备工作完成之后，就可以在生产订单子系统中，输入或生成生产订单了。可分为以下 3 种情况。

（1）使用“生产订单手动输入”和“重复计划手动输入”功能，手工输入生产订单，输入的生产订单其状态为未审核或锁定。

（2）使用“生产订单自动生成”和“重复计划自动生成”功能，将主生产计划和需求规划子系统自动产生的计划订单，转为正式生产订单，其状态为锁定。

（3）在销售管理和出口管理子系统将已审核 ATO 的销售订单转为锁定状态的生产订单。或在生产订单子系统使用“销售订单转生产订单”功能，将已审核的 ATO 销售订单转为锁定状态的生产订单。

生产订单建立后，可打印“未审核生产订单明细表”和“生产订单缺料明细表”，作为生产订单审核时核对和参考。

确定可发放到现场的生产订单后，即可使用“生产订单手动输入”或“生产订单整批处理”功能，将未审核生产订单进行审核处理；反之，如果已审核生产订单未执行任何库存交易、未转车间管理子系统、未报检，也可将已审核生产订单进行弃审处理，还原为审核前状态。

审核后的生产订单，可打印“生产订单通知单”和“生产订单领料单”，发放给现场生产；若有必要，可利用“已审核生产订单修改”和“已审核重复计划修改”功能，修改审核后的生产订单资料；已审核的生产订单，可在“生产订单整批处理”功能模块中执行报检处理，也可在车间管理子系统将其转入以生成工序计划。

库存管理子系统可按审核后的生产订单，进行领料、退料、入库、退库作业，用户可打印“生产订单完工状况表”和“生产订单用料分析表”，以随时了解生产订单完工状况和进行用料分析。

当生产订单累计入库量大于或等于其 MRP 净算量时，该生产订单将自动关闭（由生产制造参数设定中“生产订单自动关闭”设置）。另外，可使用“生产订单手动输入”或“生产订单整批处理”功能，将未完成的生产订单强制关闭。若有必要，也可将已关闭的生产订单还原为审核状态。

【业务描述】

2017 年 4 月 7 日，生产部主管刘正根据 MPS/MRP 规划单，按老花镜的品种生成生产订单，即一种老花镜生成一张生产订单。

本笔业务是生产订单的生成与审核业务，需要自动生成生产订单，然后审核生产订单。生产订单生成时，需要在图 8-3 所示的窗口中，逐行选择与生成订单。

生产订单自动生成

记录总数：6

选择	生产订单号	行号	类型	物料编码	物料名称	物料规格	提前期	开工日期	完工日期	计…	生产数量
	%1	1	标准	1001	高端低度老花镜	钛材100度	1	2017-04-11	2017-04-17	副	1,000.00
	%1	2	标准	1002	高端中度老花镜	钛材150度	1	2017-04-14	2017-04-25	副	2,000.00
	%1	3	标准	1003	高端高度老花镜	钛材400度	1	2017-04-14	2017-04-25	副	2,000.00
	%1	4	标准	2001	舒适低度老花镜	板材100度	1	2017-04-06	2017-04-17	副	1,900.00
	%1	5	标准	2002	舒适中度老花镜	板材150度	1	2017-04-14	2017-04-25	副	2,000.00
	%1	6	标准	3001	普通低度老花镜	塑料100度	1	2017-04-04	2017-04-20	副	3,000.00
小计											11,900.00

图 8-3 “生产订单自动生成”页签

生产订单自动生成时，将查核并确认 MPS/MRP 所产生的建议自制（或委外）量，并自动生成生产订单；按建议计划量自动生成生产订单时，系统可自动按产生的生产订单量消抵建议计划量余量。

生产订单只有审核后，才可查询和打印出“生产订单通知单”和“生产订单领料单”，作为生管派工时交给承制单位的凭单。

【操作指导】

操作时间：确认系统日期和业务日期为 2017 年 4 月 7 日。

视频观看：手机扫描二维码即可观看相关操作。

任务说明：生产部主管刘正生成并审核生产订单。

操作步骤如下：

1）生产主管刘正生成生产订单

（1）打开“生产订单自动生成”页签。登录“企业应用平台”，在“业务导航视图”的“业务工作”导航条中选中“生产制造”|“生产订单”|“生产订单生成”|“生产订单自动生成”，打开“查询条件选择”对话框，单击“确定”按钮，打开“生产订单自动生成”页签，如图 8-3 所示。

（2）生成高端低度老花镜的生产订单。首先选中“高端低度老花镜”所在行的“选择”栏，使其出现“Y”字样，再单击工具栏中的“修改”和“保存”按钮，系统自动生成一张生产订单，并弹出处理成功的消息框，单击“确定”按钮，关闭消息框。

（3）生成其他物料的生产订单。重复步骤(2)，从上到下逐一生成另外 5 个物料的生产订单。

（4）退出。单击“生产订单自动生成”页签的“关闭”按钮，关闭页签，完成操作。

提示：

- 本模块生成的生产订单，其状态为“锁定”。
- 本模块执行完毕，系统自动记录各建议计划量的未生成生产订单的余量。
- 若要修改或删除经本模块自动生成而未审核的生产订单资料，可在“生产订单手动输入”页签中进行。

2）生产主管刘正审核生产订单

（1）打开“生产订单手动输入”页签。登录“企业应用平台”，在“业务导航视图”的“业务工作”导航条中选中“生产制造”|“生产订单”|“生产订单生成”|“生产订单手动输入”，打开“生产订单手动输入”页签，结果如图 8-4 所示。

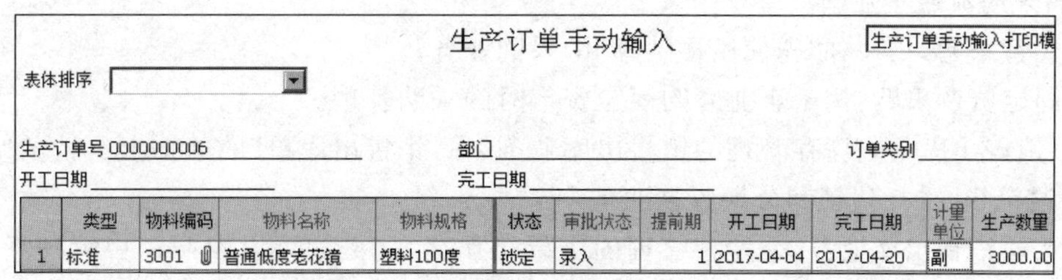

	类型	物料编码	物料名称	物料规格	状态	审批状态	提前期	开工日期	完工日期	计量单位	生产数量
1	标准	3001	普通低度老花镜	塑料100度	锁定	录入	1	2017-04-04	2017-04-20	副	3000.00

图 8-4 “生产订单手动输入”页签

（2）审核普通低度老花镜的生产订单。单击工具栏中的“审核”，系统自动完成审核，并弹出处理成功的消息框，单击“确定”按钮，关闭消息框。

（3）审核其他生产订单。多次单击工具栏中的“上张”和“审核”按钮，完成其他 5 张生产订单的审核工作。

(4) 退出。单击“生产订单手动输入”页签的“关闭”按钮,关闭页签,完成操作。

提示:在“生产订单手动输入”页签中,可新增、修改、删除、查询标准与非标准生产订单资料,可修改、删除和查询按 MPS/MRP/BRP 计划自动生成的锁定状态的生产订单及其子件需求资料。

8.2 生产领料

生产领料就是生产或仓库人员根据生产所需用物料,从仓库领取物料到生产车间的过程。生产订单经审核后,即可打印出其领料单,作为主管派工时交给承制单位进行领料的凭单。

【预备知识】

生产领料是在库存管理子系统中完成的。库存管理主要是管理企业存货的出入库业务。入库业务,是指仓库收到采购或生产的货物,仓库保管员验收货物的数量、质量、规格型号等,确认验收无误后入库,并登记库存账的管理过程;出库业务是指仓库进行的销售出库、材料出库等业务。

用友 ERP-U8 的库存管理系统中,其商业版和工业版的业务类型有所不同。商业版的不能使用产成品入库、委外加工入库、材料出库相关的功能,但商业版的可以设置受托代销业务。工业版的可以使用产成品入库、材料出库、领料申请、限额领料等,但不能使用受托代销业务。

1. 商业版的业务类型

用友 ERP-U8 的库存管理系统中,商业版的业务类型可分为 4 种,具体如下。

(1) 采购入库单。库存管理的采购入库业务,在“采购入库单”的单据上支持的“业务类型”包括普通采购、受托代销、代管采购和固定资产。

① 普通采购,是适合大多数企业的一般采购业务。

② 受托代销业务,是一种“先销售后结算”的采购业务,仅适用于有受托代销业务的商业企业和医药流通企业。

③ 代管采购,是一种“先使用再结算”的采购业务。

④ 固定资产采购,用于企业采购固定资产时的采购管理。

(2) 销售出库单。库存管理的销售出库业务,在“销售出库单”的单据上支持的“业务类型”为普通销售、委托代销和分期收款业务。

① 普通销售出库业务,是库存管理的主要工作之一,例如可以参照销售管理系统的发货单、销售发票、销售调拨单和零售日报,生成销售出库单。

② 委托代销业务,指企业将商品委托他人进行销售,但商品所有权仍归本企业的销售方式。委托代销商品销售后,受托方与企业进行结算,并开具正式的销售发票,形成销售收入,商品所有权转移。只有库存管理系统与销售管理系统集成使用时,才能在库存管理系统中应用委托代销业务。

③ 分期收款发出商品业务，类似于委托代销业务，货物提前发给客户，分期收回货款，收入与成本按照收款情况分期确认。分期收款销售的特点是：一次发货，当时不确认收入，分次确认收入，在确认收入的同时配比结转成本。

(3) 其他入库单。库存管理的其他入库业务，包括调拨入库、盘盈入库、组装入库、拆卸入库、转换入库等。

其他入库单，是指除采购入库、产成品入库之外的其他入库业务形成的入库单。一般地，其他入库单是由系统根据其他的业务单据自动生成的，业务类型为相应的业务，但也可以手工填制。

(4) 其他出库单。其他出库单指除销售出库、材料出库之外的其他出库业务，例如调拨出库、盘亏出库、组装拆卸出库、形态转换出库、不合格品记录等业务形成的出库单。

其他出库单一般由系统根据其他业务单据自动生成，业务类型为相应的业务；还可参照设备作业单生成，实现备件的领用；参照服务单生成，实现服务配件的领用，也可手工填制。

2. 工业版的业务类型

工业版的业务类型可分为 6 种，具体如下。

(1) 采购入库单。与商业版相比，工业版的采购入库单支持的业务，除了普通采购、代管采购、固定资产外，增加了委外加工入库类型，但不支持受托代销业务。

委外加工业务指由发包厂商提供委外品零部件或原材料，委外供应商负责加工，发包厂商支付加工费的业务。

用友 ERP-U8 支持的委外业务，以委外订单为核心，支持参照委外订单进行收发料以及材料核销，支持参照委外订单开具委外加工费发票以及委外结算，暂不支持无订单的委外到货、入库、发料、开票等委外业务。相应的业务设计和操作指导，可参见本系列教程之《企业生产制造应用——基于用友 ERP 产品微课教程》。

(2) 销售出库单，与商业版相同。

(3) 其他入库单，与商业版相同。

(4) 其他出库单，与商业版相同。

(5) 材料出库单。对于工业企业，材料出库单是领用材料时所填制的出库单据，当从仓库中领用材料用于生产或委外加工时，就需要填制材料出库单。对于生产倒冲或委外倒冲的材料，在产成品入库或委外入库(指业务类型为委外加工的采购入库)保存时，系统按规则自动生成材料出库单。

(6) 产成品入库单。产成品入库是工业版特有的入库业务。产成品入库单，一般指产成品验收入库时所填制的入库单据，是工业企业入库单据的主要部分。

【业务描述】

2017 年 4 月 7 日，各个工作中心，根据生产订单领料单，到仓库进行本月生产任务的一次性领料。另外，塑材眼镜中心单独领取螺钉 500 颗，用于普通低度老花镜生产的备用物料。

本笔业务是生产领料业务，需要填制并审核材料出库单。

【操作指导】

操作时间：确认系统日期和业务日期为 2017 年 4 月 7 日。

视频观看：手机扫描二维码即可观看相关操作。

任务说明：仓库主管李莉参照生成与审核 6 张材料出库单，填制并审核螺钉的领料出库单。

操作步骤如下：

（1）打开“材料出库单”页签。登录“企业应用平台”，在“业务导航视图”的“业务工作”导航条中选中“供应链”|“库存管理”|“出库业务”|“材料出库单”，打开“材料出库单”页签。

（2）打开“生产领料出库生单列表”窗口。单击工具栏中的“增加”按钮，新增一张材料出库单，然后在表头单击“订单号”的参照按钮，在弹出的“生单来源”对话框中，因默认选中了“生产订单”类型，所以单击“确认”按钮，关闭对话框，弹出“查询条件选择-父项过滤条件”对话框，单击“确定”按钮，打开“生产领料出库生单列表”窗口。

（3）高端低度老花镜的领料选单。选中上窗格中“高端低度老花镜”所在行的“选择”栏，以选择父项为“高端低度老花镜”的生产订单的领料信息。

（4）编辑表头信息。单击窗口工具栏中的“OK 确定”按钮，返回“材料出库单”页签，确认表头的“仓库”为“原材料仓库”，“出库类别”为“生产领料”，“部门”为“高端眼镜中心”，其他项默认。

（5）保存与审核。单击工具栏中的“保存”和“审核”按钮，审核通过该材料出库单，如图 8-5 所示。

材料出库单　　材料出库单打印模板

表体排序　　◉ 蓝字　◉ 红字　　合并显示 □

出库单号 0000000001　出库日期 2017-04-07　仓库 原材料仓库

订单号 0000000001　产品编码 1001　产量 1000.00

生产批号　业务类型 领料　业务号

出库类别 生产领料　部门 高端眼镜中心　委外商

审核日期 2017-04-07　备注

	材料编码	材料名称	规格型号	主计量单位	数量	单价	金额	项目编码	项目大类…	项目大类名称
1	0101	低度镜片	树脂100度	对	1000.00			1001	99	成本对象
2	1100	高端镜框	钛材	个	1000.00			1001	99	成本对象
3	1200	高端镜腿	钛材	对	1000.00			1001	99	成本对象
4	4002	硅胶鼻托		对	1000.00			1001	99	成本对象
5	4003	铰链		个	2000.00			1001	99	成本对象
6	4004	螺钉		颗	2000.00			1001	99	成本对象

图 8-5　高端低度老花镜的材料出库单

（6）完成其他生产订单的领料任务。重复步骤（2）～（5），完成其他生产订单的领料，其材料出库单请如图 8-6～图 8-10 所示。

（7）编辑螺钉的领料单。单击工具栏中的“增加”按钮，新增一张材料出库单，然后编辑表头的“仓库”为“原材料仓库”，“出库类别”为“生产领料”，“部门”为“普通眼镜中心”，“备注”为“螺钉的备用领料”，在表体参照生成“材料名称”为“螺钉”，编辑“数量”为“500”，参照生成“项目编码”为“3001”（普通低度老花镜），其他项目默认。

材料出库单

材料出库单打印模板

表体排序 　　　　◉ 蓝字 　◉ 红字 　合并显示 □

出库单号 0000000002 　出库日期 2017-04-07 　仓库 原材料仓库

订单号 0000000002 　产品编码 1002 　产量 2000.00

生产批号 　业务类型 领料 　业务号

出库类别 生产领料 　部门 高端眼镜中心 　委外商

审核日期 2017-04-07 　备注

	材料编码	材料名称	规格型号	主计…	数量	单价	金额	项目编码	项目大类编码	项目大类名称
1	0102	中度镜片	树脂150度	对	2000.00			1002	99	成本对象
2	1100	高端镜框	钛材	个	2000.00			1002	99	成本对象
3	1200	高端镜腿	钛材	对	2000.00			1002	99	成本对象
4	4002	硅胶鼻托		对	2000.00			1002	99	成本对象
5	4003	铰链		个	4000.00			1002	99	成本对象
6	4004	螺钉		颗	4000.00			1002	99	成本对象

图 8-6　高端中度老花镜的材料出库单

材料出库单

材料出库单打印模板

表体排序 　　　　◉ 蓝字 　◉ 红字 　合并显示 □

出库单号 0000000003 　出库日期 2017-04-07 　仓库 原材料仓库

订单号 0000000003 　产品编码 1003 　产量 2000.00

生产批号 　业务类型 领料 　业务号

出库类别 生产领料 　部门 高端眼镜中心 　委外商

审核日期 2017-04-07 　备注

	材料编码	材料名称	规格型号	主计…	数量	单价	金额	项目编码	项目大类编码	项目大类名称
1	0103	高度镜片	树脂400度	对	2000.00			1003	99	成本对象
2	1100	高端镜框	钛材	个	2000.00			1003	99	成本对象
3	1200	高端镜腿	钛材	对	2000.00			1003	99	成本对象
4	4002	硅胶鼻托		对	2000.00			1003	99	成本对象
5	4003	铰链		个	4000.00			1003	99	成本对象
6	4004	螺钉		颗	4000.00			1003	99	成本对象

图 8-7　高端高度老花镜的材料出库单

材料出库单

材料出库单打印模板

表体排序 　　　　◉ 蓝字 　◉ 红字 　合并显示 □

出库单号 0000000004 　出库日期 2017-04-07 　仓库 原材料仓库

订单号 0000000004 　产品编码 2001 　产量 1900.00

生产批号 　业务类型 领料 　业务号

出库类别 生产领料 　部门 舒适眼镜中心 　委外商

审核日期 2017-04-07 　备注

	材料编码	材料名称	规格型号	主计…	数量	单价	金额	项目编码	项目大类编码	项目大类名称
1	0101	低度镜片	树脂100度	对	1900.00			2001	99	成本对象
2	2100	舒适镜框	板材	个	1900.00			2001	99	成本对象
3	2200	舒适镜腿	板材	对	1900.00			2001	99	成本对象
4	4002	硅胶鼻托		对	1900.00			2001	99	成本对象
5	4003	铰链		个	3800.00			2001	99	成本对象
6	4004	螺钉		颗	3800.00			2001	99	成本对象

图 8-8　舒适低度老花镜的材料出库单

(8) 保存与审核。单击工具栏中的“保存”和“审核”按钮，审核通过该材料出库单，如图 8-11 所示。

材料出库单

材料出库单打印模板

表体排序

◉ 蓝字　○ 红字　合并显示 □

出库单号 0000000005　出库日期 2017-04-07　仓库 原材料仓库

订单号 0000000005　产品编码 2002　产量 2000.00

生产批号　业务类型 领料　业务号

出库类别 生产领料　部门 舒适眼镜中心　委外商

审核日期 2017-04-07　备注

	材料编码	材料名称	规格型号	主计量单位	数量	单价	金额	项目…	项目大类编码	项目大类名称
1	0102	中度镜片	树脂150度	对	2000.00			2002	99	成本对象
2	2100	舒适镜框	板材	个	2000.00			2002	99	成本对象
3	2200	舒适镜腿	板材	对	2000.00			2002	99	成本对象
4	4002	硅胶鼻托		对	2000.00			2002	99	成本对象
5	4003	铰链		个	4000.00			2002	99	成本对象
6	4004	螺钉		颗	4000.00			2002	99	成本对象

图 8-9　舒适中度老花镜的材料出库单

材料出库单

材料出库单打印模板

表体排序

◉ 蓝字　○ 红字　合并显示 □

出库单号 0000000006　出库日期 2017-04-07　仓库 原材料仓库

订单号 0000000006　产品编码 3001　产量 3000.00

生产批号　业务类型 领料　业务号

出库类别 生产领料　部门 普通眼镜中心　委外商

审核日期 2017-04-07　备注

	材料编码	材料名称	规格型号	主计…	数量	单价	金额	项目编码	项目大类编码	项目大类名称
1	0101	低度镜片	树脂100度	对	3000.00			3001	99	成本对象
2	3100	普通镜框	塑材	个	3000.00			3001	99	成本对象
3	3200	普通镜腿	塑材	对	3000.00			3001	99	成本对象
4	4002	硅胶鼻托		对	3000.00			3001	99	成本对象
5	4003	铰链		个	6000.00			3001	99	成本对象
6	4004	螺钉		颗	6000.00			3001	99	成本对象

图 8-10　普通低度老花镜的材料出库单

材料出库单

材料出库单打印模板

表体排序

◉ 蓝字　○ 红字　合并显示 □

出库单号 0000000007　出库日期 2017-04-07　仓库 原材料仓库

订单号　产品编码　产量 0.00

生产批号　业务类型 领料　业务号

出库类别 生产领料　部门 普通眼镜中心　委外商

审核日期 2017-04-07　备注 螺钉的备用领料

	材料编码	材料名称	规格型号	主计量单位	数量	单价	金额	项目编码	项目大类编码	项目大类名称
1	4004	螺钉		颗	500.00			3001	99	成本对象

图 8-11　普通低度老花镜的备用螺钉领料

(9) 退出。单击“材料出库单”页签的“关闭”按钮，关闭页签，完成操作。

8.3　生产完工入库

2017 年 4 月 17 日，各个工作中心完成生产任务并将完工产品送达仓库，仓库主管李莉进行产成品的完工入库。

本笔业务是生产完工入库业务，需要填制并审核产成品入库单。

操作时间：确认系统日期和业务日期为 2017 年 4 月 17 日。

视频观看：手机扫描二维码即可观看相关操作。

任务说明：仓库主管李莉参照生成与审核 6 张产成品入库单。

操作步骤如下：

(1) 打开“产成品入库单”页签。登录“企业应用平台”，在“业务导航视图”的“业务工作”导航条中选中“供应链”|“库存管理”|“入库业务”|“产成品入库单”，打开“产成品入库单”页签。

(2) 打开“生产订单入库生单列表”窗口。单击工具栏中的“增加”按钮，新增一张产成品入库单，然后在表头单击“生产订单号”的参照按钮，在打开的“查询条件选择-生产订单列表”对话框中，单击“确定”按钮，打开“生产订单入库生单列表”窗口。

(3) 选单。选中上窗格中第 1 行(“高端低度老花镜”所在行)的“选择”栏，选择高端低度老花镜的生产订单。

(4) 编辑并保存信息。单击窗口工具栏中的“OK 确定”按钮，关闭窗口。设置表头的“仓库”为“产成品仓库”，“入库类别”为“产成品入库”，“部门”为“高端眼镜中心”，然后单击工具栏中的“保存”按钮，如图 8-12 所示。

图 8-12　高端低度老花镜的产成品入库单

(5) 审核。单击工具栏中的“审核”按钮，弹出消息框，提示审核成功，单击“确定”按钮，关闭消息框，审核通过该单据。

(6) 完成其他生产订单的完工入库。重复步骤(2)～(5)，完成另外 5 个生产订单的完工入库。

(7) 退出。单击“产成品入库单”页签的“关闭”按钮，关闭页签，完成操作。

8.4　实验报告内容

1. 通过“生产订单整批处理”，查看你的生产订单，并将结果界面拷屏后粘贴在下面。
2. 按生产订单行号，查看你的生产订单用料分析表，并将结果界面拷屏后粘贴在下面。
3. 查看你的生产订单完工状态表，并将结果界面拷屏后粘贴在下面。
4. 查看你的材料出库单列表，并将结果界面拷屏后粘贴在下面。
5. 查看你的产成品入库单列表，并将结果界面拷屏后粘贴在下面。
6. 列出生产管理中生产订单的状态，并说明他们之间的转换操作。
7. 列出生产领料与工序领料作用的异同。

第 9 章　销售特殊业务

销售特殊业务包括分期收款、委托代销和销售退货等业务。

委托代销业务，指企业将商品委托他人进行销售但商品所有权仍归本企业的销售方式。委托代销商品销售后，受托方与企业进行结算，并开具正式的销售发票，形成销售收入，商品所有权转移。相关的业务描述和操作流程，详见 9.3 节。委托代销业务只能先发货后开票，不能开票直接发货。

分期收款业务类似于委托代销业务，是将货物提前发给客户、分期收回货款的业务。其特点是一次发货，当时不确认收入，分次确认收入，在确认收入的同时配比性地结转成本。相关的业务描述和操作流程，详见 9.2 节。

销售退货业务是指客户因货物质量、品种、数量等不符合要求，而将已购货物退回本企业的业务。相关的业务描述和操作流程，详见 9.4 节。

本章的实验，是将生产完工的产成品销售出库，并进行销售的应收确认。本章的操作，请按照业务描述中的系统日期(例如 2017 年 4 月 17 日)和操作员(如销售主管赵飞、财务部会计张兰等)，并在第 8 章完成的基础上，在销售管理、库存管理、存货核算和应收款管理模块中进行。

在每笔业务的实验操作前，需要将系统时间调整为业务日期。如果没有调整系统时间，则在登录"企业应用平台"时需要修改"操作日期"为业务日期；如果操作日期与账套建账时间之间的跨度超过 3 个月，则该账套在演示版状态下不能执行任何操作。

如果例如没有完成第 8 章的生产管理任务，可以到百度网盘空间(网盘地址：https://pan.baidu.com/s/1eSxB2uQ，密码：pxsn)的"实验账套数据"文件夹中，将"08 生产管理.rar"下载到实验用机上，然后"引入"(操作步骤详见 1.3.5 节)到用友 ERP-U8 系统。此外，本章完成的账套，其"输出"压缩的文件名为"09 特殊销售.rar"。

需要说明如下：

因网盘中的账套备份文件均为压缩文件，所以在下载完成后引入之前，需要用解压缩工具进行解压(建议用 WinRAR 3.42 或以上版本)，得到相应可以引入的账套数据文件。

本章建议的授课时间，理论课为 2～4 学时，实验课为 4 学时。理论部分主要讲解分期收款、委托代销业务和销售退货业务的业务流和单据流等，内容可参见第 9.1～9.4 节的相关讲解和本书配套的课件；实验部分，若课时不足可跳过。

实验目的与要求如下：

(1) 理解分期收款、委托代销和销售退货的业务流与单据流。

(2) 熟练掌握分期收款、委托代销和销售退货的操作流程。

(3) 掌握相关账表的查询。

9.1　拆单发货与定金转货款

【业务概述与分析】

2017 年 4 月 17 日，销售部依据销售合同 XS003，发货高端低度老花镜 1000 副和舒适低度老花镜 2000 副，仓管部完成出库。随货发出相应的增值税发票(票号 88170403，原始单据如图 9-1 所示)，货款尚未收到。财务部进行定金转货款操作。

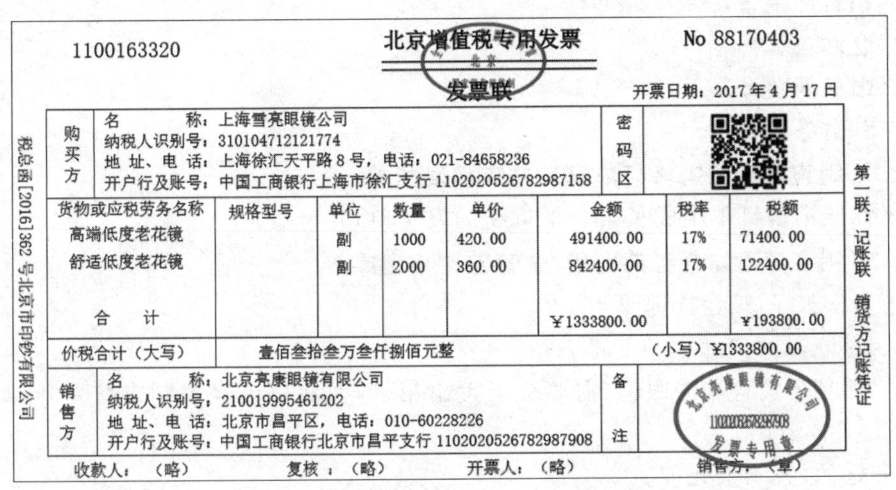

1100163320　　北京增值税专用发票　　No 88170403

发票联　　开票日期：2017 年 4 月 17 日

购买方	名　　称：上海雪亮眼镜公司 纳税人识别号：310104712121774 地 址、电 话：上海徐汇天平路 8 号，电话：021-84658236 开户行及账号：中国工商银行上海市徐汇支行 1102020526782987158					密码区	
货物或应税劳务名称	规格型号	单位	数量	单价	金额	税率	税额
高端低度老花镜		副	1000	420.00	491400.00	17%	71400.00
舒适低度老花镜		副	2000	360.00	842400.00	17%	122400.00
合　计					¥1333800.00		¥193800.00
价税合计（大写）	壹佰叁拾叁万叁仟捌佰元整				（小写）¥1333800.00		
销售方	名　　称：北京亮康眼镜有限公司 纳税人识别号：210019995461202 地 址、电 话：北京市昌平区，电话：010-60228226 开户行及账号：中国工商银行北京市昌平支行 1102020526782987908					备注	

收款人：（略）　复核：（略）　开票人：（略）　销售方：（章）

税总函[2016]362 号北京市印钞有限公司

第一联：记账联　销货方记账凭证

图 9-1　合同 XS003 的第一批货物发票

2017 年 4 月 20 日，销售部依据合同 XS003，完成剩下的普通低度老花镜 3000 副的发货和出库，随货发出相应增值税发票(票号 88170404，原始单据如图 9-2 所示)，货款尚未收到。

1100163320　　北京增值税专用发票　　No 88170404

发票联　　开票日期：2017 年 4 月 20 日

购买方	名　　称：上海雪亮眼镜公司 纳税人识别号：310104712121774 地 址、电 话：上海徐汇天平路 8 号，电话：021-84658236 开户行及账号：中国工商银行上海市徐汇支行 1102020526782987158					密码区	
货物或应税劳务名称	规格型号	单位	数量	单价	金额	税率	税额
普通低度老花镜		副	3000	180.00	631800.00	17%	91800.00
合　计					¥631800.00		¥91800.00
价税合计（大写）	陆拾叁万壹仟捌佰元整				（小写）¥631800.00		
销售方	名　　称：北京亮康眼镜有限公司 纳税人识别号：210019995461202 地 址、电 话：北京市昌平区，电话：010-60228226 开户行及账号：中国工商银行北京市昌平支行 1102020526782987908					备注	

收款人：（略）　复核：（略）　开票人：（略）　销售方：（章）

税总函[2016]362 号北京市印钞有限公司

第一联：记账联　销货方记账凭证

图 9-2　合同 XS003 的第二批货物发票

本笔业务是一个有销售定金的销售的拆单发货出库和开票业务，需要填制并审核销售发货单，审核出库单，填制并复核销售发票，销售收入确认(销售发票的应收审核与制单)、定金转货款、定金货款的审核与制单，以及应收核销。如果产成品仓库是移动平均法计价，还需要进行销售成本结转(销售出库的记账与生成凭证)。

备注：案例企业的产成品存放于产成品仓库，因为产成品仓库的计价方式是全月平均法，所以本业务的销售成本结转，将在月末进行，相关操作详见 11.3 节。

【虚拟业务场景】

人物：

赵飞(销售部主管)

李莉(仓库主管)

张兰(财务部会计)

曾志伟(财务主管)

场景 1：销售部参照销售订单填制并审核发货单

(赵飞参照销售订单生成了第一批货物的发货单，并审核)

场景 2：销售部通知仓管部发货，仓管部审核出库单

赵飞：喂，您好，是仓管部吗?

李莉：您好，是仓管部。

赵飞：雪亮公司订购的眼镜，需要今天发出第一批，我们已经填制审核发货单了，请你安排出库。

李莉：好的，我马上处理。

(仓管部出库完成后，李莉审核出库单……)

场景 3：销售部填制并复核销售专用发票

(赵飞填制并复核销售专用发票)

场景 4：财务部进行应收确认

赵飞：小张，今天有一笔销售给雪亮公司眼镜的业务，麻烦进行一下应收确认。

张兰：好的，没问题。

(张兰审核销售发票并制单)

场景 5：财务部进行定金转货款，收款单审核与制单

曾志伟：罗迪，你做一下 XS003 业务的定金转货款吧。

罗迪：好的。(定金转货款完成)

张兰，我已经完成了定金转货款，请您审核制单。

张兰：好的。(收款单审核和制单)

场景 6：财务部进行应收核销

(张兰进行应收核销)

场景 7：销售部和仓管部完成第二批发货，财务部进行相应的账务处理

(20 日，赵飞参照销售订单生成了第二批眼镜的发货单，并审核)

(赵飞填制并复核销售专用发票)

(仓管部根据发货单，出库完成后，李莉审核出库单)

(张兰审核销售发票并制单)

【操作指导】

1. 操作流程

先发货后开票的操作流程如图 9-3 所示。

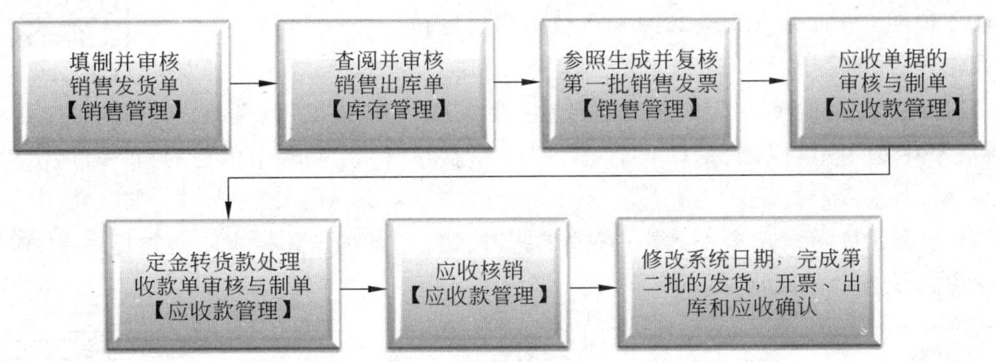

图 9-3　业务的操作流程

2. 场景 1 的操作步骤

操作时间：确认系统日期和业务日期为 2017 年 4 月 17 日。

视频观看：手机扫描二维码即可观看相关操作。

任务说明：销售部主管赵飞填制并审核销售发货单。

操作步骤如下：

(1) 打开销售“发货单”页签。登录“企业应用平台”，在“业务导航视图”的“业务工作”导航条中选中“供应链”|“销售管理”|“销售发货”|“发货单”，打开“发货单”页签。

(2) 打开“参照生单”窗口。单击工具栏中的“增加”按钮，打开“查询条件选择-参照订单”对话框，单击“确定”按钮，打开“参照生单”(“发货单参照订单”)窗口。

(3) 选单。在窗口的上窗格中，选中“订单号”为“XS003”所在行的“选择”栏，使其出现“Y”字样，此时系统自动在下窗格显示 3 条记录，选中第 3 行的“选择”栏，使其默认的“Y”消失。

(4) 生成发货单信息。单击窗口工具栏中的“OK 确定”按钮，关闭窗口。

(5) 保存与审核。单击工具栏中的“保存”和“审核”按钮，完成销售发货业务，如图 9-4 所示。

发货单

打印模板 发货单打印

表体排序

合并显示 □

发货单号 0000000003　发货日期 2017-04-17　业务类型 普通销售

销售类型 批发销售　订单号 XS003　发票号

客户简称 雪亮公司　销售部门 销售部　业务员 赵飞

发货地址　发运方式　付款条件

税率 17.00　币种 人民币　汇率 1

备注 拆单发货有定金5万

	仓库名称	存货编码	存货名称	规格型号	主计量	数量	无税单价	无税金额	税额	价税合计
1	产成品仓库	1001	高端低度老花镜	钛材100度	副	1000.00	420.00	420000.00	71400.00	491400.00
2	产成品仓库	2001	舒适低度老花镜	板材100度	副	2000.00	360.00	720000.00	122400.00	842400.00

图 9-4　销售 XS003 的第一批发货单

(6) 退出。单击“发货单”页签的“关闭”按钮,关闭页签,完成操作。

3. 场景 2 的操作步骤

操作时间:确认系统日期和业务日期为 2017 年 4 月 17 日。

视频观看:手机扫描二维码即可观看相关操作。

任务说明:仓库主管李莉查阅并审核销售出库单。

操作步骤如下:

(1) 打开“销售出库单”页签。登录“企业应用平台”,在“业务导航视图”的“业务工作”导航条中选中“供应链”|“库存管理”|“出库业务”|“销售出库单”,打开“销售出库单”页签。

(2) 查阅出库单。单击工具栏中的“末张”按钮,可以查找到相应的销售出库单,该销售出库单由系统自动生成,如图 9-5 所示。

销售出库单

销售出库单打印模板

表体排序 蓝字 红字 合并显示

出库单号 0000000003　出库日期 2017-04-17　仓库 产成品仓库

出库类别 销售出库　业务类型 普通销售　业务号 0000000003

销售部门 销售部　业务员 赵飞　客户 雪亮公司

审核日期 2017-04-17　备注 拆单发货有定金5万

	存货编码	存货名称	规格型号	主计量单位	数量	单价	金额
1	1001	高端低度老花镜	钛材100度	副	1000.00		
2	2001	舒适低度老花镜	板材100度	副	2000.00		

图 9-5　合同 XS003 的第一批销售出库

(3) 审核。单击工具栏中的“审核”按钮,弹出消息框,提示“该单据审核成功!”,单击“确定”按钮,关闭消息框。

(4) 退出。单击“销售出库单”页签的“关闭”按钮,关闭页签,完成操作。

4. 场景 3 的操作步骤

操作时间:确认系统日期和业务日期为 2017 年 4 月 17 日。

视频观看:手机扫描二维码即可观看相关操作。

任务说明:销售部主管赵飞参照生成并复核销售发票。

操作步骤如下:

(1) 打开“销售专用发票”页签。登录“企业应用平台”,在“业务导航视图”的“业务工作”导航条中选中“供应链”|“销售管理”|“销售开票”|“销售专用发票”,打开“销售专用发票”页签。

(2) 参照发货单生成销售专用发票。

① 新增一张发票。单击工具栏中的“增加”按钮,弹出“查询条件选择-参照订单”对话框,本业务需要参照销售发货单生成,所以单击“取消”按钮,关闭对话框。

② 打开“参照生单”窗口。选中工具栏中的“生单”|“参照发货单”下拉按钮,弹出“查询条件选择-发票参照发货单”对话框,单击“确定”按钮,打开“参照生单”窗口。

③ 选单。单击窗口工具栏中的“全选”按钮,以选中相应的销售发货单(其对应的“订单

号”为“XS003”)，然后单击窗口工具栏中的“OK 确定”按钮，关闭窗口，此时返回“销售专用发票”页签上已经有系统默认的信息。

(3) 编辑发票。编辑其表头的“发票号”为“88170403”，其他项默认。

(4) 保存并复核。单击工具栏中的“保存”和“复核”按钮，完成保存和复核工作，如图 9-6 所示。

销售专用发票

打印模板 销售专用发票打印模

表体排序

合并显示 □

发票号 88170403	开票日期 2017-04-17	业务类型 普通销售
销售类型 批发销售	订单号 XS003	发货单号 0000000004
客户简称 雪亮公司	销售部门 销售部	业务员 赵飞
付款条件	客户地址 上海徐汇天平路8号	联系电话 021-84658236
开户银行 工行徐汇支行	账号 1102020526782987158	税号 310104712121774
币种 人民币	汇率 1	税率 17.00
备注 拆单发货有定金5万		

	仓库名称	存货编码	存货名称	规格型号	主计量	数量	无税单价	无税金额	税额	价税合计
1	产成品仓库	1001	高端低度老花镜	钛材100度	副	1000.00	420.00	420000.00	71400.00	491400.00
2	产成品仓库	2001	舒适低度老花镜	板材100度	副	2000.00	360.00	720000.00	122400.00	842400.00

图 9-6 合同 XS003 的第一批销售发票

(5) 退出。单击“销售专用发票”页签的“关闭”按钮，关闭页签，完成操作。

5. 场景 4 的操作步骤

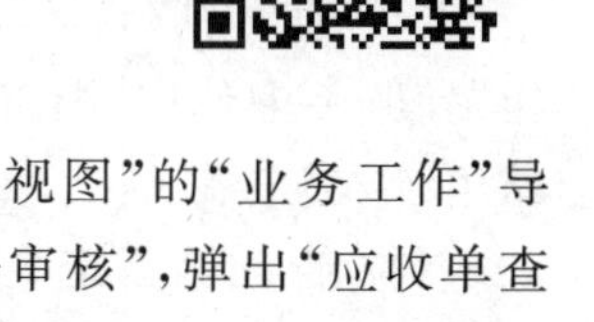

操作时间：确认系统日期和业务日期为 2017 年 4 月 17 日。

视频观看：手机扫描二维码即可观看相关操作。

任务说明：财务部会计张兰进行销售发票的审核与制单。

操作步骤如下：

(1) 打开“单据处理”页签。登录“企业应用平台”，在“业务导航视图”的“业务工作”导航条中选中“财务会计”|“应收款管理”|“应收单据处理”|“应收单据审核”，弹出“应收单查询条件”对话框，单击“确定”按钮，打开“单据处理”页签，其中已列出本业务的销售专用发票。

(2) 查阅应收单据。选中该单据所在行，单击工具栏中的“单据”按钮，打开“销售发票”页签，并默认显示本业务的销售发票。

(3) 审核。单击窗口工具栏中的“审核”按钮，系统完成审核并弹出消息框，提示“是否立即制单?”。

(4) 制单。单击消息框中的“是”按钮，打开“填制凭证”页签，并默认显示凭证的信息为“借记：应收账款”“贷记：主营业务收入、销项税额”。

(5) 保存凭证。单击工具栏中的“保存”按钮，显示红色的“已生成”字样，如图 9-7 所示。

(6) 退出。单击“填制凭证”“销售发票”和“单据处理”页签的“关闭”按钮，关闭页签，完成操作。

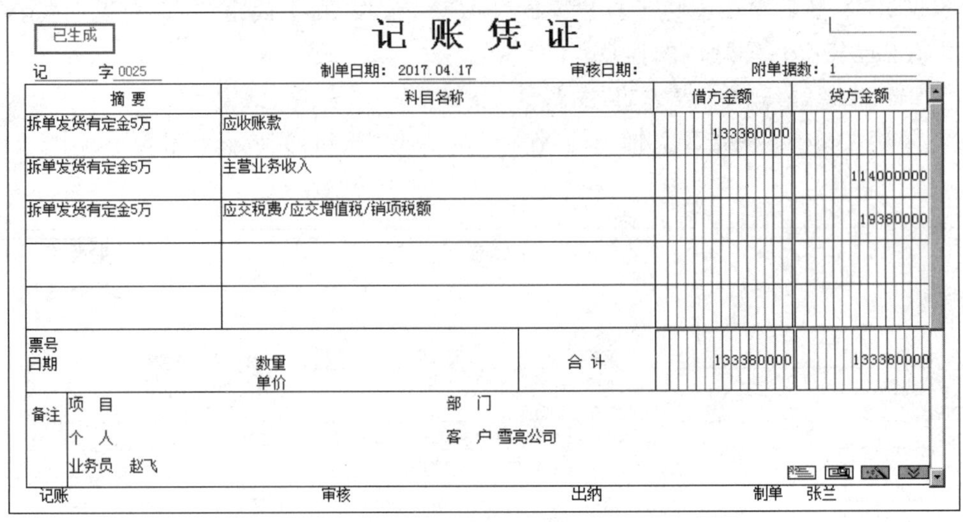

已生成

记 账 凭 证

记 字 0025　　制单日期: 2017.04.17　　审核日期:　　附单据数: 1

摘 要	科目名称	借方金额	贷方金额
拆单发货有定金5万	应收账款	133380000	
拆单发货有定金5万	主营业务收入		114000000
拆单发货有定金5万	应交税费/应交增值税/销项税额		19380000
票号 日期	数量 单价　　合 计	133380000	133380000

备注　项 目　　部 门
个 人　　客 户 雪亮公司
业务员 赵飞

记账　　审核　　出纳　　制单 张兰

图 9-7　合同 XS003 的第一批发票制单结果

6. 场景 5 的操作步骤

操作时间：确认系统日期和业务日期为 2017 年 4 月 17 日。

视频观看：手机扫描二维码即可观看相关操作。

任务说明：财务部出纳罗迪进行销售定金转货款处理，会计张兰进行相应的审核与制单。

操作步骤如下：

1）财务部出纳罗迪进行销售定金转货款处理

（1）打开“收付款单录入”页签。登录“企业应用平台”，在“业务导航视图”的“业务工作”导航条中选中“财务会计”|“应收款管理”|“收款单据处理”|“收款单据录入”，打开“收付款单录入”页签。

（2）查阅销售定金收款单。单击工具栏中的“末张”按钮，可查阅到“款项类型”为“销售定金”，“客户”为“雪亮公司”的收款单。

（3）定金转货款。单击工具栏中的“转出”|“转货款”下拉按钮，弹出“销售定金转出”对话框，单击“确定”按钮，弹出消息框，提示转出生成了一张收款单，单击“确定”按钮，关闭消息框和对话框。

（4）退出。单击“收付款单录入”页签的“关闭”按钮，关闭页签，完成操作。

2）财务部会计张兰对收款单进行审核与制单

（1）打开“收付款单列表”页签。登录“企业应用平台”，在“业务导航视图”的“业务工作”导航条中选中“财务会计”|“应收款管理”|“收款单据处理”|“收款单据审核”，弹出“收款单查询条件”对话框，单击“确定”按钮，打开“收付款单列表”页签，其中显示了本业务自动生成的收款单。

（2）查阅并编辑自动生成的收款单。选中该单据所在行，单击工具栏中的“单据”按钮，打开“收付款单录入”页签，并显示自动生成的收款单。

（3）审核并制单。单击工具栏中的“审核”按钮，系统自动完成审核并弹出消息框，询问

“是否立即制单?”,单击“是”按钮,弹出“填制凭证”页签。默认的凭证信息中,借记为“预收账款/定金”,贷记为“应收账款”。

(4) 保存凭证。单击工具栏中的“保存”按钮,保存该凭证,如图 9-8 所示。

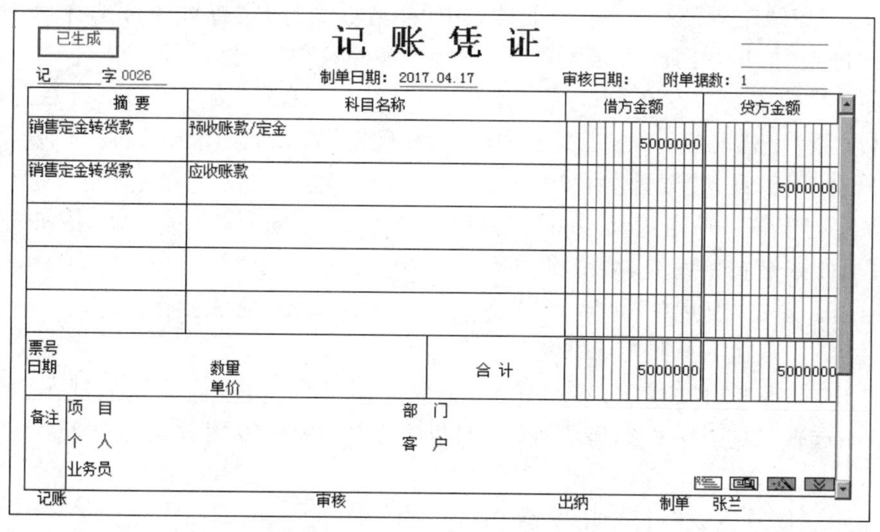

已生成

记账凭证

记 字 0026 制单日期: 2017.04.17 审核日期: 附单据数: 1

摘要	科目名称	借方金额	贷方金额
销售定金转货款	预收账款/定金	5000000	
销售定金转货款	应收账款		5000000
票号 日期	数量 单价 合计	5000000	5000000

备注 项目 部门 个人 客户 业务员

记账 审核 出纳 制单 张兰

图 9-8 销售定金转货款的制单结果

(5) 退出。单击“填制凭证”“收付款单录入”和“收付款单列表”页签的“关闭”按钮,关闭页签,完成操作。

7. 场景 6 的操作步骤

操作时间:确认系统日期和业务日期为 2017 年 4 月 17 日。

视频观看:手机扫描二维码即可观看相关操作。

任务说明:财务部会计张兰进行应收核销。

操作步骤如下:

(1) 打开“单据核销”页签。登录“企业应用平台”,在“业务导航视图”的“业务工作”导航条中选中“财务会计”|“应收款管理”|“核销处理”|“手工核销”,弹出“核销条件”对话框,参照生成“客户”为“雪亮公司”,然后单击“确定”按钮,打开“单据核销”页签。

(2) 核销设置。在页签的下窗格中,选中“单据编号”为“88170403”所在的行,使其“本次结算”栏出现结算金额“50000”。

(3) 核销。单击工具栏中的“保存”按钮,系统自动完成核销并刷新“单据核销”页签。

(4) 退出。单击“单据核销”页签的“关闭”按钮,关闭页签,完成操作。

8. 场景 7 的业务操作

操作时间:确认系统日期和业务日期为 2017 年 4 月 20 日。

视频观看:手机扫描二维码即可观看相关操作。

任务说明:第二批的发货、开票和出库,销售部主管赵飞参照生成并审核销售发货单,参照生成并复核销售发票;仓库主管李莉审核自动生成的销售出库单;财务部会计张兰进行应收确认。

操作步骤如下:

1）销售部主管赵飞参照生成发货单

（1）打开销售“发货单”页签。登录“企业应用平台”，在“业务导航视图”的“业务工作”导航条中选中“供应链”|“销售管理”|“销售发货”|“发货单”，打开“发货单”页签。

（2）打开“参照生单”窗口。单击工具栏中的“增加”，打开“查询条件选择-参照订单”对话框，单击“确定”按钮，打开“参照生单”（“发货单参照订单”）窗口。

（3）自动生成发货单。在窗口的上窗格中，选中“订单号”为“XS003”所在行的“选择”栏，使其出现“Y”字样，然后单击工具栏中的“OK 确定”按钮，关闭窗口，此时“发货单”页签的表体中只有1行，且其“数量”为“3000”。

（4）保存与审核。单击工具栏中的“保存”和“审核”按钮，保存发货单，并完成审核工作（根据本公司的账套初始设置，系统将自动生成销售出库单）。

（5）退出。单击“发货单”页签的“关闭”按钮，关闭页签，完成操作。

2）销售部主管赵飞参照生成并复核销售发票

（1）打开“销售专用发票”页签。登录“企业应用平台”，在“业务导航视图”的“业务工作”导航条中选中“供应链”|“销售管理”|“销售开票”|“销售专用发票”，打开“销售专用发票”页签。

（2）参照发货单生成销售专用发票。

① 新增一张发票。单击工具栏中的“增加”按钮，弹出“查询条件选择-参照订单”对话框，本业务需要参照销售发货单生成，所以单击“取消”按钮，关闭对话框。

② 打开“参照生单”窗口。单击工具栏中的“生单”|“参照发货单”下拉按钮，弹出“查询条件选择-发票参照发货单”对话框，单击“确定”按钮，打开“参照生单”窗口。

③ 选单。单击窗口工具栏中的“全选”按钮，以选中相应的销售发货单（其对应的“订单号”为“XS003”），然后单击窗口工具栏中的“OK 确定”按钮，关闭窗口，此时“销售专用发票”页签上已经有系统默认的信息。

（3）编辑并保存发票。编辑其表头的“发票号”为“88170404”，“备注”为“第二批发票”，其他项默认。

（4）保存并复核。单击工具栏中的“保存”和“复核”按钮，完成保存和复核工作，如图9-9所示。

销售专用发票

打印模板 销售专用发票打

表体排序

合并显示

发票号 88170404	开票日期 2017-04-20	业务类型 普通销售
销售类型 批发销售	订单号 XS003	发货单号 0000000004
客户简称 雪亮公司	销售部门 销售部	业务员 赵飞
付款条件	客户地址 上海徐汇天平路8号	联系电话 021-84658236
开户银行 工行徐汇支行	账号 1102020526782987158	税号 310104712121774
币种 人民币	汇率 1	税率 17.00
备注 第二批发票		

	仓库名称	存货编码	存货名称	规格型号	主计量	数量	无税单价	无税金额	税额	价税合计
1	产成品仓库	3001	普通低度老...	塑料100度	副	3000.00	180.00	540000.00	91800.00	631800.00

图 9-9　合同 XS003 的第二批销售发票

（5）退出。单击“销售专用发票”页签的“关闭”按钮，关闭页签，完成操作。

3）仓库主管李莉审核出库单

（1）打开库存管理的“销售出库单”页签。登录“企业应用平台”，在“业务导航视图”的“业务工作”导航条中选中“供应链”|“库存管理”|“出库业务”|“销售出库单”，打开“销售出库单”页签。

（2）查阅并审核销售出库单。单击工具栏中的“末张”按钮，查阅到相应的销售出库单；然后单击工具栏中的“审核”按钮，弹出消息框，提示审核成功；单击“确定”按钮，关闭消息框。

（3）退出。单击“销售出库单”页签的“关闭”按钮，关闭页签，完成操作。

4）财务部会计张兰进行应收确认

（1）打开“单据处理”页签。登录“企业应用平台”，在“业务导航视图”的“业务工作”导航条中选中“财务会计”|“应收款管理”|“应收单据处理”|“应收单据审核”，弹出“应收单查询条件”对话框，单击“确定”按钮，打开“单据处理”页签，其中已列出了本业务第二批的销售专用发票，

（2）查阅应收单据。选中单据所在行，单击工具栏中的“单据”按钮，打开“销售发票”页签，并默认显示相应的销售发票。

（3）审核。单击工具栏中的“审核”按钮，系统完成审核并弹出消息框，提示“是否立即制单?”。

（4）制单。单击“是”按钮，打开“填制凭证”页签。并默认显示凭证的信息为借记：应收账款，贷记：主营业务收入、销项税额。

（5）保存凭证。单击工具栏中的“保存”按钮，保存该凭证，如图 9-10 所示。

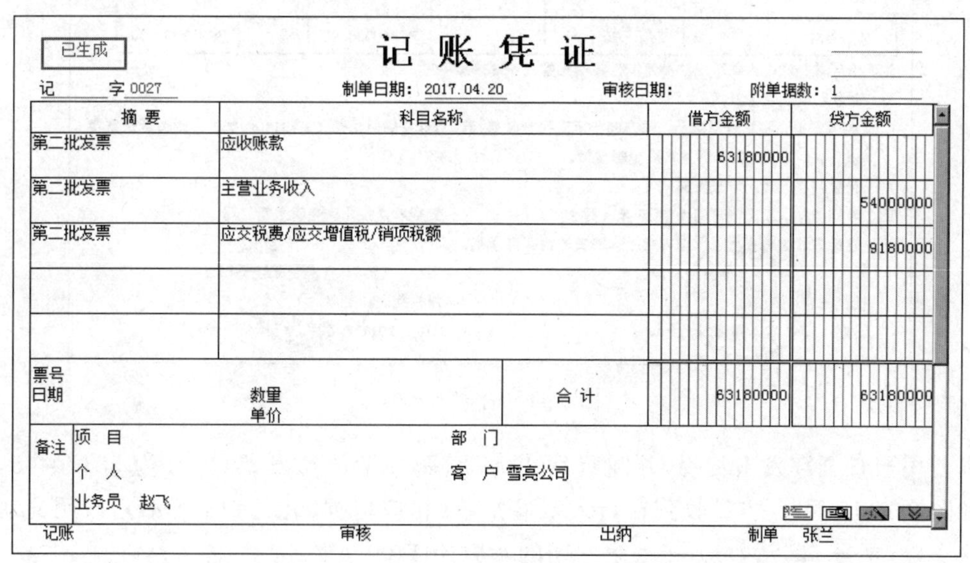

已生成

记账凭证

记　字 0027　　制单日期：2017.04.20　　审核日期：　　附单据数：1

摘要	科目名称	借方金额	贷方金额
第二批发票	应收账款	63180000	
第二批发票	主营业务收入		54000000
第二批发票	应交税费/应交增值税/销项税额		9180000
票号 日期	数量 单价 合计	63180000	63180000

备注　项　目　　部　门

个　人　　客　户 雪亮公司

业务员　赵飞

记账　审核　出纳　制单　张兰

图 9-10　合同 XS003 的第二批发票制单结果

（6）退出。单击“填制凭证”“销售发票”和“单据处理”页签的“关闭”按钮，关闭页签，完成操作。

9.2 分期收款业务(含现结处理)

分期收款业务是指商品已经售出,但货款分期收回的一种销售方式。分期收款业务只能先发货后开票,不能开票直接发货。

在用友 ERP-U8 中,该业务需要在填制销售报价单、销售订单、销售发货单和销售发票时,选择“业务类型”为“分期收款”。分期收款的销售发货单和销售发票,审核后传递至存货核算系统进行发出商品记账。

【业务描述】

2017 年 4 月 20 日,光明公司向销售部订购高端高度老花镜 2000 副,要求分期收款,销售部与其签订销售合同(合同编号 XS004,相应单据如图 9-11 所示),以无税单价 420 元成交,税率 17%。合同规定当日发货、分两次收款(当日和第 30 天各收 1000 副的货款)。

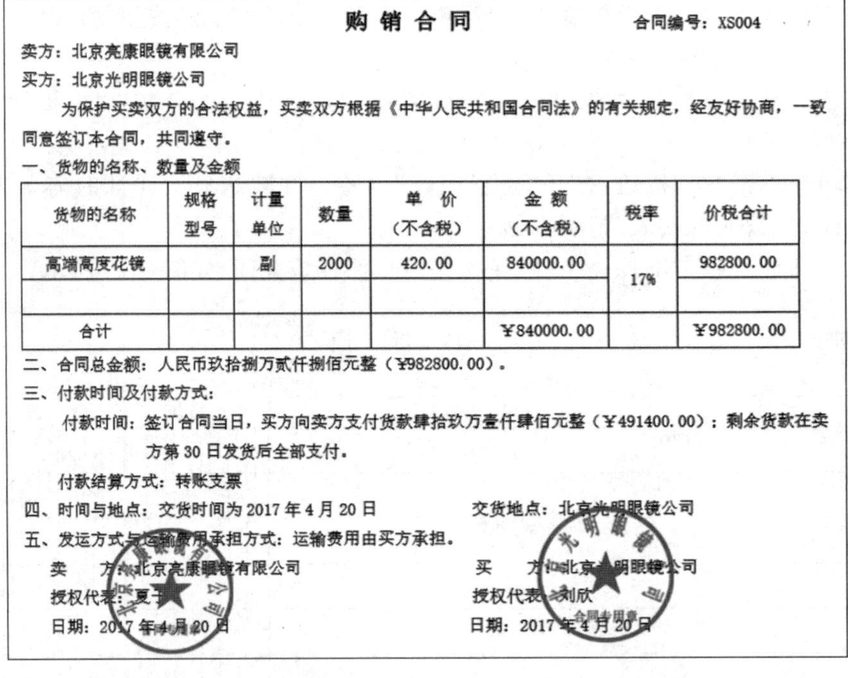

购 销 合 同　　合同编号：XS004

卖方：北京亮康眼镜有限公司

买方：北京光明眼镜公司

为保护买卖双方的合法权益，买卖双方根据《中华人民共和国合同法》的有关规定，经友好协商，一致同意签订本合同，共同遵守。

一、货物的名称、数量及金额

货物的名称	规格型号	计量单位	数量	单 价（不含税）	金 额（不含税）	税率	价税合计
高端高度花镜		副	2000	420.00	840000.00	17%	982800.00
合计					¥840000.00		¥982800.00

二、合同总金额：人民币玖拾捌万贰仟捌佰元整（¥982800.00）。

三、付款时间及付款方式：

付款时间：签订合同当日，买方向卖方支付货款肆拾玖万壹仟肆佰元整（¥491400.00）；剩余货款在卖方第 30 日发货后全部支付。

付款结算方式：转账支票

四、时间与地点：交货时间为 2017 年 4 月 20 日　　交货地点：北京光明眼镜公司

五、发运方式与运输费用承担方式：运输费用由买方承担。

卖　方：北京亮康眼镜有限公司　　买　方：北京光明眼镜公司

授权代表：夏于　　授权代表：刘欣

日期：2017 年 4 月 20 日　　日期：2017 年 4 月 20 日

图 9-11　合同 XS004

本公司当日全部发出货物,并随货发出 1000 副的增值税发票(票号为 88170405,相应单据如图 9-12 所示)。当日收到银行入账通知单(相应单据如图 9-13 所示),载明光明公司用转账支票(票号 22170411) 转入第一期的货款 491400 元。

本笔业务是分期收款业务,即先全部发货、再分期开票和确认收入、成本,需要填制并审核销售订单和发货单,审核出库单,进行发出商品的成本结转,填制并复核第一期的销售发票,进行第一期的应收确认。

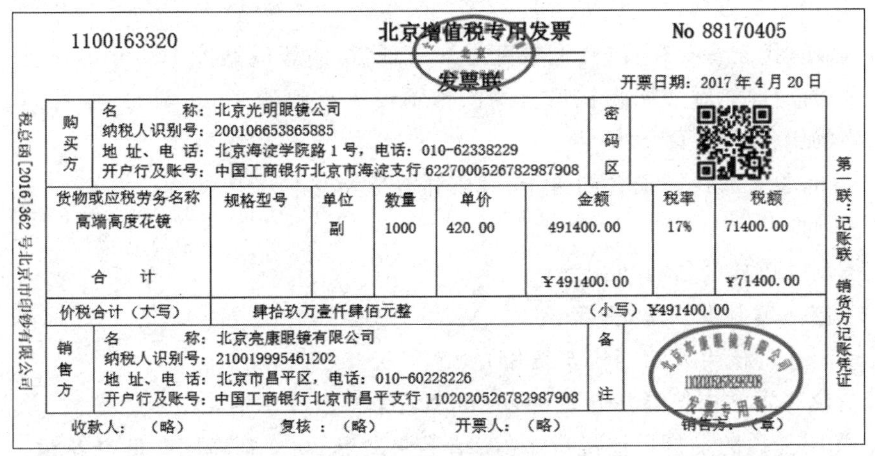

1100163320	北京增值税专用发票 发票联	No 88170405
		开票日期：2017 年 4 月 20 日

购买方	名　　称：北京光明眼镜公司 纳税人识别号：200106653865885 地 址、电 话：北京海淀学院路 1 号，电话：010-62338229 开户行及账号：中国工商银行北京市海淀支行 6227000526782987908				密码区		
货物或应税劳务名称	规格型号	单位	数量	单价	金额	税率	税额
高端高度花镜		副	1000	420.00	491400.00	17%	71400.00
合　计					¥491400.00		¥71400.00
价税合计（大写）	肆拾玖万壹仟肆佰元整				（小写）¥491400.00		
销售方	名　　称：北京亮康眼镜有限公司 纳税人识别号：210019995461202 地 址、电 话：北京市昌平区，电话：010-60228226 开户行及账号：中国工商银行北京市昌平支行 1102020526782987908				备注		

收款人：（略）　复核：（略）　开票人：（略）　销售方：（章）

税总函[2016]362 号北京市印钞有限公司

第一联：记账联　销货方记账凭证

图 9-12　合同 XS004 的第一期发票

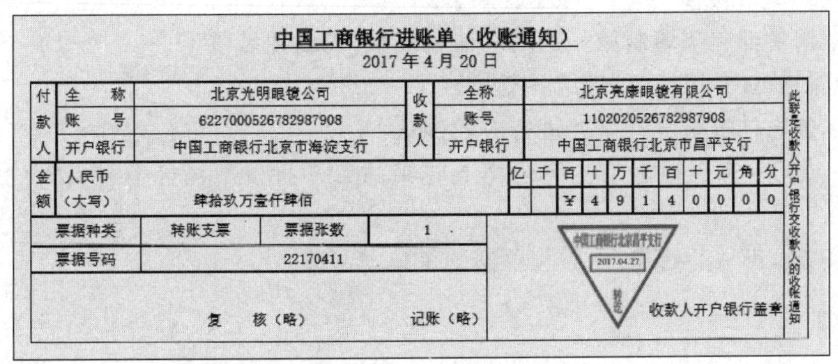

中国工商银行进账单（收账通知）

2017 年 4 月 20 日

付款人	全　称	北京光明眼镜公司	收款人	全称	北京亮康眼镜有限公司
	账　号	6227000526782987908		账号	1102020526782987908
	开户银行	中国工商银行北京市海淀支行		开户银行	中国工商银行北京市昌平支行
金额	人民币（大写）	肆拾玖万壹仟肆佰			¥491400.00
票据种类	转账支票	票据张数	1		
票据号码	22170411				
复　核（略）　记账（略）					收款人开户银行盖章

此联是收款人开户银行交收款人的收账通知

图 9-13　合同 XS004 的第一期货款入账通知

备注：

(1) 案例企业的产成品存放于产成品仓库，因为产成品仓库的计价方式是全月平均法，所以本业务的销售成本结转，将在月末进行，相关操作详见 11.3 节。

(2) 本笔业务应该填制并复核第二期的销售发票，进行第二期的应收确认与销售成本结转，但根据合同约定应该是在下个月完成，在此从略。

【虚拟业务场景】

人物：

赵飞（销售部主管）

刘欣（光明公司采购部）

李莉（仓库主管）

张兰（财务部会计）

曾志伟（财务主管）

场景 1：签订销售合同并审核

刘欣：您好！我是光明公司的采购员刘欣。我们需要订购 2000 副高端高度老花镜，有货吗?

赵飞：您好，我先看看存货(查询现存量)，有现货，给您最低价 420 元每副吧。

刘欣：好的。但能做分期收款吗？我们希望今天只确认 1000 副的，本月 30 日再确认剩余 1000 副的销售就好了。

赵飞：没问题。那我们把合同签了，我安排仓管部尽快给您发货。

刘欣：好的。

(赵飞填制并审核销售订单)

场景 2：赵飞填制发货单，并审核

(赵飞填制并审核当天的销售发货单)

场景 3：赵飞发站内信通知仓管部发货，李莉审核出库单

赵飞：光明公司的发货单已经准备好，请尽快发出 2000 副高端高度老花镜。

李莉：好的，我们马上准备。

(仓管部出库完成后，李莉审核出库单)

场景 4：销售部赵飞填制第一期的增值税发票，现结并复核

(赵飞填制销售专用发票，现结并复核)

场景 5：曾志伟提醒会计张兰进行应收确认

曾志伟：小张，今天销售给光明公司老花镜的第一批发票已经复核，请尽快完成应收确认。

张兰：好的，我马上处理。(应收单据的审核与制单)

【操作指导】

1. 操作流程

业务的操作流程如图 9-14 所示。

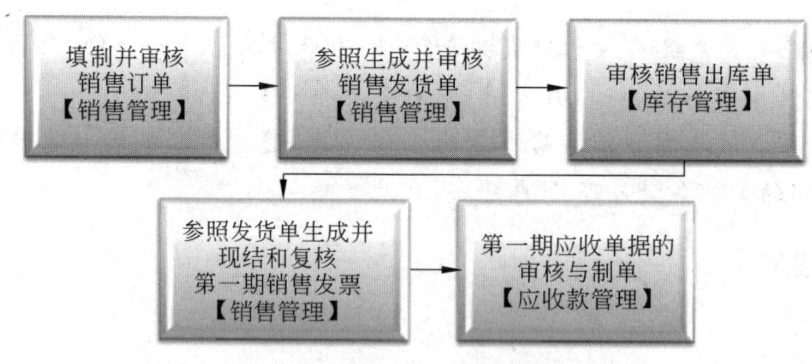

图 9-14　业务 9.2 的操作流程

2. 场景 1 的操作步骤

操作时间：确认系统日期和业务日期为 2017 年 4 月 20 日。

视频观看：手机扫描二维码即可观看相关操作。

任务说明：销售部主管赵飞填制并审核销售订单。

操作步骤如下：

(1) 打开“销售订单”页签。登录“企业应用平台”，在“业务导航视图”的“业务工作”导航条中选中“供应链”|“销售管理”|“销售订货”|“销售订单”，打开“销售订单”页签。

(2) 编辑销售订单。单击工具栏中的“增加”按钮，新增一张销售订单，然后做如下编辑。

① 编辑表头。修改“订单号”为“XS004”，选择“业务类型”为“分期收款”，参照生成“客户简称”为“光明公司”，“销售部门”为“销售部”，“业务员”为“赵飞”，“备注”为“销售 2000 副分期收款”，其他项默认。

② 编辑表体。参照生成“存货名称”为“高端高度老花镜”，“数量”为“2000”，确认“无税单价”为“420”，其他项默认。

(3) 保存与审核。单击工具栏中的“保存”和“审核”按钮，保存并审核该单据，如图 9-15 所示。

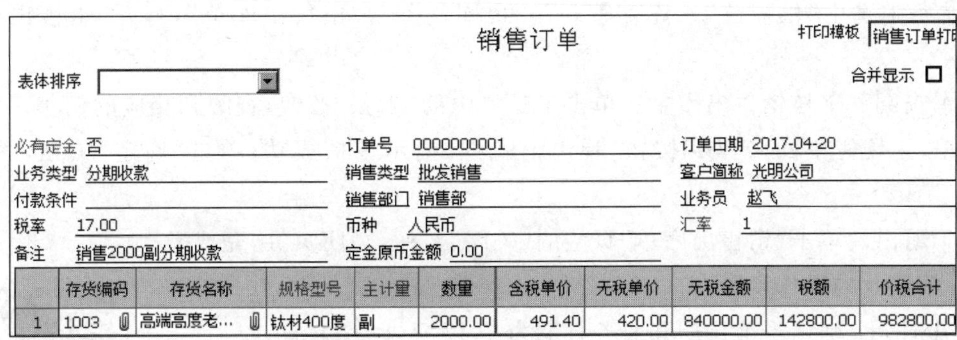

销售订单

打印模板 销售订单打印

表体排序

合并显示 □

必有定金 否　　订单号 0000000001　　订单日期 2017-04-20

业务类型 分期收款　　销售类型 批发销售　　客户简称 光明公司

付款条件　　销售部门 销售部　　业务员 赵飞

税率 17.00　　币种 人民币　　汇率 1

备注 销售2000副分期收款　　定金原币金额 0.00

	存货编码	存货名称	规格型号	主计量	数量	含税单价	无税单价	无税金额	税额	价税合计
1	1003	高端高度老…	钛材400度	副	2000.00	491.40	420.00	840000.00	142800.00	982800.00

图 9-15　业务 9.2 的销售订单

(4) 退出。单击“销售订单”页签的“关闭”按钮，关闭页签，完成操作。

3. 场景 2 的操作步骤

操作时间：确认系统日期和业务日期为 2017 年 4 月 20 日。

视频观看：手机扫描二维码即可观看相关操作。

任务说明：销售部主管赵飞参照生成并审核销售发货单。

操作步骤如下：

(1) 打开“发货单”页签。登录“企业应用平台”，在“业务导航视图”的“业务工作”导航条中选中“供应链”|“销售管理”|“销售发货”|“发货单”，打开“发货单”页签。

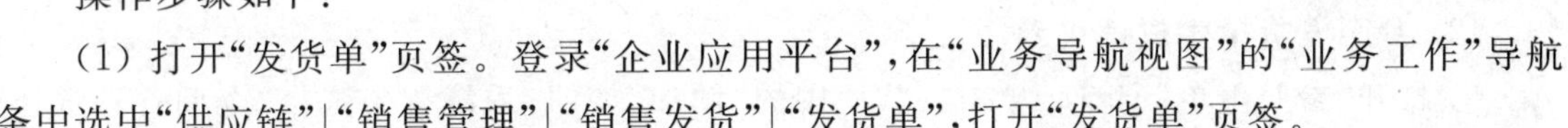

(2) 参照销售订单生成发货单。

① 打开“参照生单”窗口。单击工具栏中的“增加”按钮，弹出“查询条件选择-参照订单”对话框，此时其“业务类型”为普通销售，单击“取消”按钮，关闭对话框。编辑发货单表头的“业务类型”为“分期收款”，再单击工具栏中的“订单”按钮，系统再次弹出“查询条件选择-参照订单”对话框，此时其中的“业务类型”为“分期收款”，单击对话框的“确定”按钮，打开“参照生单”窗口。

② 复制信息。在窗口的上窗格中，选中要选择的销售订单(订单编号为“XS004”)所对

应的“选择”栏，使其出现“Y”字样，再单击窗口工具栏中的“OK 确定”按钮，关闭窗口，此时“发货单”页签中相关的信息已经填入。

(3) 保存。单击工具栏中的“保存”按钮，保存该发货单。

(4) 审核。单击工具栏中的“审核”按钮，完成审核工作(根据本公司的账套初始设置，系统将自动生成销售出库单)。

(5) 退出。单击“发货单”页签的“关闭”按钮，关闭页签，完成操作。

4. 场景 3 的操作步骤

操作时间：确认系统日期和业务日期为 2017 年 4 月 20 日。

视频观看：手机扫描二维码即可观看相关操作。

任务说明：仓库主管李莉审核销售出库单。

操作步骤如下：

(1) 打开“销售出库单”页签。登录“企业应用平台”，在“业务导航视图”的“业务工作”导航条中选中“供应链”|“库存管理”|“出库业务”|“销售出库单”，打开“销售出库单”页签。

(2) 查阅并审核销售出库单。单击工具栏中的“末张”按钮，查阅到相应的销售出库单，然后单击工具栏中的“审核”按钮，弹出消息框，提示审核成功；单击“确定”按钮，关闭消息框。

(3) 退出。单击“销售出库单”页签的“关闭”按钮，关闭页签，完成操作。

5. 场景 4 的操作步骤

操作时间：确认系统日期和业务日期为 2017 年 4 月 20 日。

视频观看：手机扫描二维码即可观看相关操作。

任务说明：销售部主管赵飞参照发货单生成第一期的销售发票，并现结和复核发票。

操作步骤如下：

(1) 打开“销售专用发票”页签。登录“企业应用平台”，在“业务导航视图”的“业务工作”导航条中选中“供应链”|“销售管理”|“销售开票”|“销售专用发票”，打开“销售专用发票”页签。

(2) 参照发货单生成销售专用发票。

① 打开“参照生单”窗口。单击工具栏中的“增加”按钮，系统首先弹出“查询条件选择-参照订单”，本业务是参照发货单生成发票，在此单击“取消”按钮，再单击工具栏中的“生单”|“参照发货单”下拉按钮，弹出“查询条件选择-发票参照发货单”对话框，选择其“业务类型”为“分期收款”，然后单击“确定”按钮，打开“参照生单”窗口。

② 复制信息。单击窗口工具栏中的“全选”按钮，以选中本业务生成的发货单，单击窗口工具栏中的“OK 确定”按钮，关闭窗口。

(3) 编辑销售专用发票。编辑表头的“发票号”为“88170405”，“备注”为“第一期收款 1 千副”，修改表体“数量”为“1000”，其他项默认。

(4) 保存。单击工具栏中的“保存”按钮,保存该发票,如图 9-16 所示。

现结

销售专用发票

打印模板 销售专用发票

表体排序

合并显示

发票号 88170405　开票日期 2017-04-20　业务类型 分期收款

销售类型 批发销售　订单号 0000000001　发货单号 0000000005

客户简称 光明公司　销售部门 销售部　业务员 赵飞

付款条件　客户地址 北京海淀学院路1号　联系电话 010-62338229

开户银行 工行海淀支行　账号 6227000526782987908　税号 200106653865885

币种 人民币　汇率 1　税率 17.00

备注 第一期收款1千副

	仓库名称	存货编码	存货名称	规格型号	主计量	数量	无税单价	无税金额	税额	价税合计
1	产成品仓库	1003	高端高度老花镜	钛材400度	副	1000.00	420.00	420000.00	71400.00	491400.00

图 9-16　业务的第一期销售专用发票

(5) 现结。单击工具栏中的“现结”按钮,并在弹出的“现结”对话框中,编辑其“结算方式”为“转账支票”,“原币金额”为“491400”元、“票据号”为“22170411”,然后单击“确定”按钮,关闭对话框,此时“专用发票”页签如图 9-16 所示。

(6) 复核。单击工具栏中的“复核”按钮,完成复核工作。

(7) 退出。单击“销售专用发票”页签的“关闭”按钮,关闭页签,完成操作。

6. 场景 5 的操作步骤

操作时间:确认系统日期和业务日期为 2017 年 4 月 20 日。

视频观看:手机扫描二维码即可观看相关操作。

任务说明:财务部会计张兰进行第一期应收单据的审核与制单。

操作步骤如下:

(1) 打开“单据处理”页签。登录“企业应用平台”,在“业务导航视图”的“业务工作”导航条中选中“财务会计”|“应收款管理”|“应收单据处理”|“应收单据审核”,弹出“应收单查询条件”对话框,选中“包括已现结发票”复选框,然后单击“确定”按钮,打开“单据处理”页签,其中已列出了本业务的销售专用发票。

(2) 查阅发票。选中该单据所在行,打开“销售发票”页签,并默认显示该单据。

(3) 审核并制单。单击工具栏中的“审核”按钮,系统自动完成审核,并弹出消息框,提示“是否立即制单?”;单击“是”按钮,打开“填制凭证”页签,并默认显示凭证的信息为借记:工行存款,贷记:主营业务收入、销项税额。

(4) 保存凭证。单击工具栏中的“保存”按钮,保存该凭证,结果如图 9-17 所示。

(5) 退出。单击“填制凭证”“销售发票”和“单据处理”页签的“关闭”按钮,关闭页签,完成操作。

已生成

记 账 凭 证

记 字 0028 制单日期：2017.04.20 审核日期： 附单据数：1

摘要	科目名称	借方金额	贷方金额
第一期收款1千副	银行存款/工行存款	49140000	
第一期收款1千副	主营业务收入		42000000
第一期收款1千副	应交税费/应交增值税/销项税额		7140000
票号 202 - 22170411 日期 2017.04.20 数量 单价	合计	49140000	49140000

备注 项 目 部 门

个 人 客 户

业务员

记账 审核 出纳 制单 张兰

图 9-17 业务 9.2 的第一期销售专用发票制单结果

9.3 委托代销业务

委托代销业务，是指企业将商品委托他人进行销售，但商品所有权仍归本企业的销售方式。委托代销的特点是受托方只是一个代理商，委托方将商品发出后，所有权并未转移给受托方，因此商品所有权上的主要风险和报酬仍在委托方。只有在受托方将商品售出后，商品所有权上的主要风险和报酬才转移出委托方。所以，企业采用委托代销方式销售商品时，应在受托方售出商品并取得受托方提供的代销清单时，才确认销售收入。

委托代销业务只能先发货后开票，不能开票直接发货。委托代销的成本核算，既可以按发出商品进行核算，也可以按照普通销售进行核算。

本案例企业设置的是“按发出商品核算”(如图 4-15 所示)，即在发出委托代销商品时结转委托代销的成本。如果读者希望学习“按普通销售核算”的委托代销业务操作，可参见本系统教程之《企业供应链基础应用——基于用友 ERP 产品微课教程》的 6.4 节。

【业务描述】

2017 年 4 月 20 日，批发部委托同方公司销售高端中度老花镜 2000 副，订单号为 WT001(相应单据如图 9-18 所示)，合同规定每月月底清算一次，统一的销售定价为无税单价 420 元，税率 17%；代销手续费为不含税货款的 10%。委托代销的商品，当日从本公司产成品仓库发出。

2017 年 4 月 30 日，本公司根据同方公司发来的销售清单(相应单据如图 9-19 所示)，开具销售专用发票(票号为 88170406，相应单据如图 9-20 所示)，发票上载明已销售高端中度老花镜 500 副，结算单价 420 元，税率为 17%。本公司尚未收到手续费发票和代销货款。

商品代销合同

合同编号：WT001

委托方：北京亮康眼镜有限公司

受托方：北京同方眼镜公司

为保护委托方和受托方的合法权益，委托方与受托方根据《中华人民共和国合同法》的有关规定，经友好协商，一致同意签订本合同，共同遵守。

一、货物的名称、数量及金额

货物的名称	规格型号	计量单位	数量	单价（不含税）	金额（不含税）	税率	价税合计
高端中度老花镜		副	2000	420.00	840000.00	17%	982800.00
合计					¥840000.00		¥982800.00

二、委托代销方式：

采用收手续费的方式由委托方委托受托方代销货物，即受托方只能按照合同规定的价格进行销售。受托方将代销的商品销售后，按总价款（不含增值税）的10%给予受托方手续费，商品销售款归委托方所有。

三、合同总金额：人民币玖拾捌万贰仟捌佰元整（¥982800.00）。

四、付款时间及付款方式：

根据代销商品销售情况，每月月底受托方向委托方发送代销清单并进行月结。付款方式：转账支票

五、交货时间与交货地点：交货时间为签订合同当日，交货地点：北京同方眼镜公司。

六、如受托方没有将商品售出时可以将商品退回给委托方，或受托方因代销商品出现亏损时可以要求委托方补偿。

七、发运方式与运输费用承担方式：由委托方送货，运输费用由委托方承担。

委托方：北京亮康眼镜有限公司　　受托方：北京同方眼镜公司

授权代表：赵飞　　授权代表：夏禾

日期：2017年4月20日　　日期：2017年4月20日

图 9-18　合同 WT001

代销商品销售清单

编制单位：北京同方眼镜公司销售部　　2017 年 4 月 30 日

编码	产品名称	规格	单位	单价	数量	金额	备注
003	高端中度老花镜		副	420.00	500	210000.00	
合计						¥210000.00	

制单人：略

图 9-19　代销清单

1100163320　　北京增值税专用发票　　No 88170406

发票联　　开票日期：2017年4月30日

购买方	名称：北京同方眼镜公司 纳税人识别号：200121554863995 地址、电话：北京海淀成府路3号，电话：010-82338278 开户行及账号：中国光大银行北京市海淀支行 6227000526782987973	密码区	

货物或应税劳务名称	规格型号	单位	数量	单价	金额	税率	税额
高端中度老花镜		副	500	420.00	245700.00	17%	35700.00
合计					¥245700.00		¥35700.00
价税合计（大写）	贰拾肆万伍仟柒佰元整				（小写）¥245700.00		

销售方	名称：北京亮康眼镜有限公司 纳税人识别号：1101082121202 地址、电话：北京市昌平区昌平路78号，电话：010-60228226 开户行及账号：中国工商银行北京市昌平支行 1102020526782987908	备注	

收款人：（略）　复核：（略）　开票人：（略）　销售方：（章）

税总函[2016]362号北京市印钞有限公司

第一联：记账联　销货方记账凭证

图 9-20　代销发票

本公司的委托代销成本是按发出商品核算的(详见图 4-15),本笔业务是委托代销的发货出库和结算业务,故需要填制并审核委托代销的订单和发货单,审核出库单,填制并审核委托代销的结算单、复核销售发票,委托销售的应收确认。成本结转在月末进行。

备注:

(1) 案例企业的产成品存放于产成品仓库,因为产成品仓库的计价方式是全月平均法,所以委托代销的发出商品核算和结算成本结转,将在月末进行,在此从略。

(2) 本业务的代销手续费发票和货款的信息化处理,本书没有完成,若需要请参阅本系列教程之《企业会计信息化应用——基于用友 ERP 产品微课教程》的第 9.4 节,相应的操作包括应付手续费的红字应收单填制、审核与制单,应收核销。

【虚拟业务场景】

人物:

赵飞(销售部主管)

李莉(仓库主管)

曾志伟(财务主管)

张兰(财务部会计)

场景 1: 委托代销合同,销售部填制委托代销销售订单并审核

(赵飞填制并审核委托代销订单)

场景 2: 委托代销发货,销售部填制并审核发货单

(赵飞填制并审核委托代销发货单)

场景 3: 委托代销商品出库,仓管部审核出库单

赵飞:李总您好,请仓管部发 2000 副高端中度老花镜给同方公司,今天能完成吗?

李莉:没问题,我们马上准备。

(仓管部出库完成后,李莉审核出库单)

场景 4: 委托代销结算,销售部填制并审核委托代销结算单、复核委托销售发票

(2017 年 4 月 30 日,赵飞根据同方公司发过来的售出清单,填制并审核委托代销结算单,复核发票)

场景 5: 财务部进行委托代销应收确认

曾志伟:小张,今天有一笔委托代销的结算发票,麻烦做应收确认。

张兰:好的,没问题。(委托代销销售发票的审核与制单)

【操作指导】

1. 操作流程

业务的操作流程如图 9-21 所示。

2. 场景 1 的操作步骤

操作时间:确认系统日期和业务日期为 2017 年 4 月 20 日。

视频观看:手机扫描二维码即可观看相关操作。

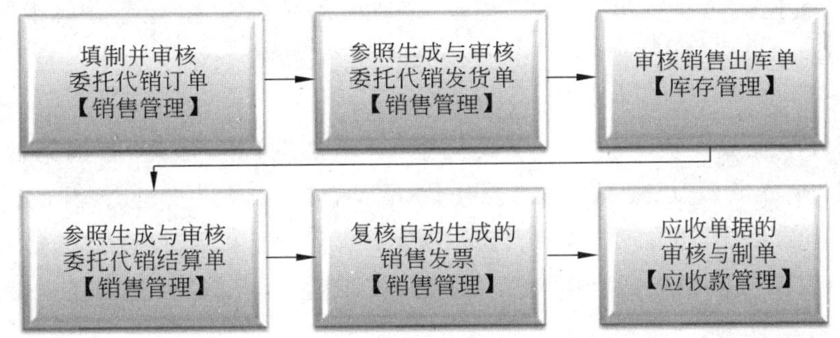

图 9-21　业务 9.3 的操作流程

任务说明：销售部主管赵飞填制并审核委托代销订单。

操作步骤如下：

(1) 打开"销售订单"页签。登录"企业应用平台"，在"业务导航视图"的"业务工作"导航条中选中"供应链"|"销售管理"|"销售订货"|"销售订单"，打开"销售订单"页签。

(2) 编辑委托代销订单。单击工具栏中的"增加"按钮，新增一张销售订单，然后做如下编辑。

① 编辑表头。修改"订单号"为"WT001"，选择"业务类型"为"委托代销"，参照生成"客户简称"为"同方公司"，"销售部门"为"销售部"，"业务员"为"赵飞"，"备注"为"委托代销2000 副"，其他项默认。

② 编辑表体。参照生成"存货名称"为"高端中度老花镜"，"数量"为"2000"，确认"无税单价"为"420"，其他项默认。

(3) 保存。单击工具栏中的"保存"按钮，保存该单据，如图 9-22 所示。

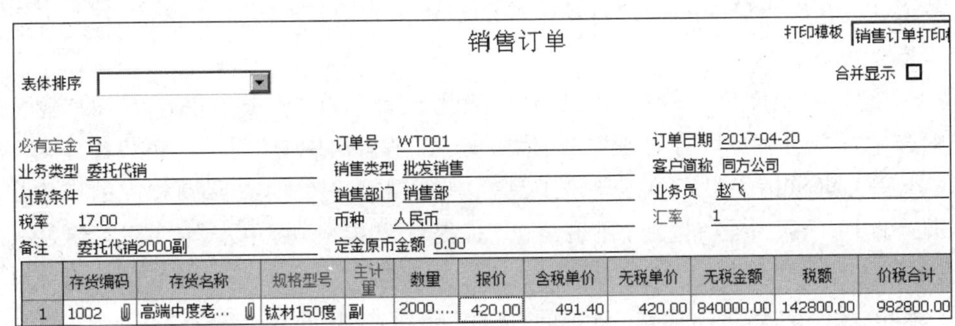

销售订单

打印模板 销售订单打印

表体排序

合并显示 □

必有定金 否　订单号 WT001　订单日期 2017-04-20
业务类型 委托代销　销售类型 批发销售　客户简称 同方公司
付款条件　销售部门 销售部　业务员 赵飞
税率 17.00　币种 人民币　汇率 1
备注 委托代销2000副　定金原币金额 0.00

	存货编码	存货名称	规格型号	主计量	数量	报价	含税单价	无税单价	无税金额	税额	价税合计
1	1002	高端中度老…	钛材150度	副	2000.…	420.00	491.40	420.00	840000.00	142800.00	982800.00

图 9-22　业务 9.3 的委托代销订单

(4) 审核。单击工具栏中的"审核"按钮，完成审核工作。

(5) 退出。单击"销售订单"页签的"关闭"按钮，关闭页签，完成操作。

3. 场景 2 的操作步骤

操作时间：确认系统日期和业务日期为 2017 年 4 月 20 日。

视频观看：手机扫描二维码即可观看相关操作。

任务说明：销售部主管赵飞参照生成并审核委托代销发货单。

操作步骤如下：

(1) 打开“委托代销发货单”页签。登录“企业应用平台”,在“业务导航视图”的“业务工作”导航条中选中“供应链”|“销售管理”|“委托代销”|“委托代销发货单”,打开“委托代销发货单”页签。

(2) 参照订单生成发货单。单击工具栏中的“增加”按钮,弹出“查询条件选择-参照订单”对话框,其“业务类型”已经默认为“委托代销”,单击“确定”按钮,打开的“参照生单”窗口。在窗口的上窗格中,选中要选择的订单(编号为 WT001) 所对应的“选择”栏,使其出现“Y”字样,单击窗口工具栏中的“OK 确定”按钮,关闭窗口,此时“委托代销发货单”页签中相关的信息已经有默认值,

(3) 保存。单击工具栏中的“保存”按钮,保存该单据。

(4) 审核。单击工具栏中的“审核”按钮,完成审核工作(根据本公司的账套初始设置,系统将自动生成销售出库单)。

(5) 退出。单击“委托代销发货单”页签的“关闭”按钮,关闭页签,完成操作。

小贴士

- 委托代销发货单可以手工增加,也可以参照委托代销订单生成;但必有订单业务模式时不可手工新增,只能参照生成。
- 委托代销发货单可以修改、删除、审核、弃审。
- 已审核未全部结算的委托代销发货单,可参照生成委托代销结算单。

4. 场景 3 的操作步骤

操作时间:确认系统日期和业务日期为 2017 年 4 月 20 日。

视频观看:手机扫描二维码即可观看相关操作。

任务说明:仓库主管李莉审核自动生成的销售出库单。

操作步骤如下:

(1) 打开“销售出库单”页签。登录“企业应用平台”,在“业务导航视图”的“业务工作”导航条中选中“供应链”|“库存管理”|“出库业务”|“销售出库单”,打开“销售出库单”页签。

(2) 查阅并审核销售出库单。单击工具栏中的“末张”按钮,查阅到相应的销售出库单,然后单击工具栏中的“审核”按钮,弹出消息框,提示审核成功,单击“确定”按钮,关闭消息框,完成审核工作。

(3) 退出。单击“销售出库单”页签的“关闭”按钮,关闭页签,完成操作。

5. 场景 4 的操作步骤

操作时间:确认系统日期和业务日期为 2017 年 4 月 30 日。

视频观看:手机扫描二维码即可观看相关操作。

任务说明:销售部主管赵飞参照生成并审核委托代销结算单,复核发票。

操作步骤如下:

1) 销售部主管赵飞参照生成并审核委托代销结算单

(1) 打开“委托代销结算单”页签。登录“企业应用平台”,在“业务导航视图”的“业务工

作”导航条中选中“供应链”|“销售管理”|“委托代销”|“委托代销结算单”，打开“委托代销结算单”页签。

(2) 参照订单生成结算单。

① 打开“参照生单”窗口。单击工具栏中的“增加”按钮，新增一张委托代销结算单，弹出“查询条件选择-委托结算参照发货单”对话框，单击“确定”按钮，打开“参照生单”窗口。

② 复制信息。在窗口的上窗格中，选中要选择的订单(订单号为 WT001) 所对应的“选择”栏，使其出现“Y”字样，然后单击窗口工具栏中的“OK 确定”按钮，关闭窗口，此时“委托代销结算单”页签中的相关的信息已经有了默认值。

(3) 编辑结算单。修改表头的“发票号”为“88170406”，“备注”为“委托结算 1000 副”，编辑表体的“数量”为“1000”，其他项默认。

(4) 保存。单击工具栏中的“保存”按钮，保存该结算单，如图 9-23 所示。

委托代销结算单

打印模板 委托代销结算单打印

表体排序

合并显示

结算单号 0000000001　结算日期 2017-04-30　销售类型 批发销售

客户简称 同方公司　销售部门 销售部　业务员 赵飞

付款条件　币种 人民币　汇率 1

税率 17.00　备注 委托结算1000副　发票号 88170406

	仓库名称	货物编码	存货名称	规格型号	主计量	数量	无税单价	无税金额	税额	价税合计	税率 (%)
1	产成品仓库	1002	高端中度老…	钛材150度	副	1000.00	420.00	420000.00	71400.00	491400.00	17.00

图 9-23　业务 9.3 的结算单

(5) 审核。单击工具栏中的“审核”按钮，弹出“请选择发票类型”消息框，选中“专用发票”单选按钮，单击“确定”按钮，关闭消息框，完成审核工作(委托代销结算单审核时，用友 ERP-U8 系统将自动生成销售专用发票)。

(6) 退出。单击“委托代销结算单”页签的“关闭”按钮，关闭页签，完成操作。

小贴士

- 委托代销结算单，参照已审核的未全部结算的委托代销发货单填制。
- 委托代销结算单可以修改、删除、审核、弃审。
- 委托代销结算单审核后自动生成销售发票(可选择生成专用发票还是普通发票，在表头栏目录入发票号)；弃审后删除生成的发票。
- 根据委托代销结算单生成的销售发票一经复核，将不允许对委托代销结算单进行弃审操作。若需要弃审，需要先对相应的销售发票弃复。

2) 销售部主管赵飞复核自动生成的销售专用发票

(1) 打开“销售专用发票”页签。登录“企业应用平台”，在“业务导航视图”的“业务工作”导航条中选中“供应链”|“销售管理”|“销售开票”|“销售专用发票”，打开“销售专用发票”页签。

(2) 查阅并复核销售专用发票。单击工具栏中的“上张”按钮，查阅到委托代销的销售专用发票，然后单击工具栏中的“复核”按钮，完成复核工作，如图 9-24 所示。

(3) 退出。单击“销售专用发票”页签的“关闭”按钮，关闭页签，完成操作。

销售专用发票

打印模板 销售专用发票打

表体排序

合并显示 □

发票号 88170406　开票日期 2017-04-30　业务类型 委托

销售类型 批发销售　订单号 WT001　发货单号 0000000001

客户简称 同方公司　销售部门 销售部　业务员 赵飞

付款条件　客户地址 北京海淀成府路3号　联系电话 010-82338278

开户银行 光大银行海淀支行　账号 6227000526782987973　税号 200121554863995

币种 人民币　汇率 1　税率 17.00

备注 委托结算1000副

	仓库名称	存货编码	存货名称	规格型号	主计量	数量	无税单价	无税金额	税额	价税合计
1	产成品仓库	1002	高端中度老花镜	钛材150度	副	1000.00	420.00	420000.00	71400.00	491400.00

图 9-24　业务 9.3 的销售专用发票

6. 场景 5 的操作步骤

操作时间：确认系统日期和业务日期为 2017 年 4 月 30 日。

视频观看：手机扫描二维码即可观看相关操作。

任务说明：财务部会计张兰进行委托代销应收单据的审核与制单。

操作步骤如下：

（1）打开“单据处理”页签。登录“企业应用平台”，在“业务导航视图”的“业务工作”导航条中选中“财务会计”|“应收款管理”|“应收单据处理”|“应收单据审核”，弹出“应收单查询条件”对话框，单击“确定”按钮，打开“单据处理”页签，其中列出了本业务的销售专用发票。

（2）查阅发票。选中该单据所在行，单击工具栏中的“单据”按钮，打开“销售发票”页签，其中默认显示该单据。

（3）审核并制单。单击工具栏中的“审核”按钮，系统自动完成审核，并弹出消息框，询问“是否立即制单?”，单击“是”按钮，打开“填制凭证”页签。在默认显示凭证的信息中借记为“应收账款”，贷记为“主营业务收入”和“销项税额”。

（4）保存凭证。单击工具栏中的“保存”按钮，保存该凭证，如图 9-25 所示。

已生成

记 账 凭 证

记 字 0029　制单日期：2017.04.30　审核日期：　附单据数：1

摘 要	科目名称	借方金额	贷方金额
委托结算1000副	应收账款	49140000	
委托结算1000副	主营业务收入		42000000
委托结算1000副	应交税费/应交增值税/销项税额		7140000
票号 日期	数量 单价 合 计	49140000	49140000

备注 项 目　部 门

个 人　客 户 同方公司

业务员 赵飞

记账　审核　出纳　制单 张兰

图 9-25　业务 9.3 的销售发票制单结果

（5）退出。单击“填制凭证”“销售发票”和“单据处理”页签的“关闭”按钮，关闭页签，完成操作。

9.4　销售退货与红票对冲业务

销售退货业务是指客户因货物质量、品种、数量不符合要求或者其他原因，而将已购货物退回给本单位的业务。

销售退货与正常销售的流程基本相同，若销售退货时未开票未出库，则可直接修改或作废发货单；若销售退货时已开票，则需要先填写退货单，审核退货单时系统自动生成红字销售出库单，到库房办理入库手续，再根据退货单开具红字销售发票。

销售退货单是发货单的红字单据，可以处理客户的退货业务，退货数量小于等于0。退货单也可以处理换货业务，货物发出后客户要求换货，则可以先按照客户要求退货的货物开退货单，然后再按照客户所换的货物开发货单。

销售退货可分为3种情况：开票前的部分退货和全部退货，以及开票后退货。下面分别说明这3种情况的主要操作及其单据。

（1）开票前部分退货，即已录入销售发货单，但未开票，并且部分退货。若需要退货的货物未出库，则可直接修改发货单；若货物已出库，则需要填制销售退货单和相应的红字销售出库单（即退货入库单）。

需要部分退货的货物已出库的业务流程为：首先填制一张销售退货单（其数量为销售发货单的部分数量），然后系统自动生成或手工填制一张对应的红字销售出库单，以及一张对应的销售发票，其中发票上的数量＝蓝字出库单数量－红字出库单数量。

（2）开票前全部退货，即已录入销售发货单，但未开票，并且全部退货。若需要退货的货物未出库，则可直接删除发货单；若货物已出库，则需要填制销售退货单和相应的红字销售出库单（即退货入库单）。

（3）开票后退货，即已录入销售发票，并且已全部出库，现在需要全额或部分退货。可以有两种业务模式：先退货后开票和开票直接退货。

先退货后开票的业务流程为：首先填制一张销售退货单，再填制一张相应的红字销售发票，然后进行红字应收确认和红字成本结转。

开票直接退货的业务流程为：首先填制一张红字销售发票，系统自动生成相应的销售退货单，然后进行红字应收确认和红字成本结转。

【业务描述】

2017年4月30日，光明公司要求退货，退回依据合同XS001购买的普通低度老花镜50副，本公司同意退货。当日收到退回的眼镜（入产成品仓库）并取得税务局的“开具红字增值税专用发票通知单”（原始单据请如图9-26所示），并开具相应的红字专用发票（发票号89170408，如图9-27所示），按无税单价180元退款。退货款尚未支付。

本笔业务是已完成开票和发货工作的退货业务，可先退货后开票，也可开票直接退货，相应的业务流程和操作说明如下。

（1）先退货后开票：退货单的填制、审核（数量为－50），红字出库单的填制、审核，红字

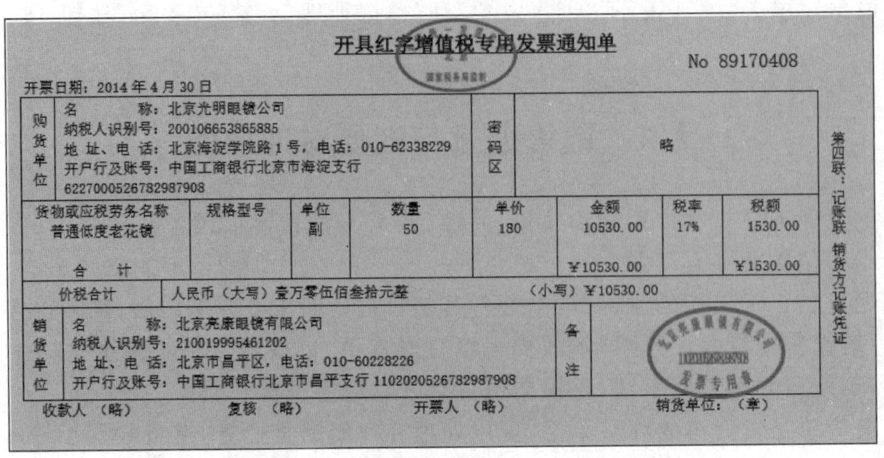

开具红字增值税专用发票通知单

No 89170408

开票日期：2014 年 4 月 30 日

购货单位：
名　　称：北京光明眼镜公司
纳税人识别号：200106653865885
地 址、电 话：北京海淀学院路 1 号，电话：010-62338229
开户行及账号：中国工商银行北京市海淀支行 6227000526782987908

密码区：略

货物或应税劳务名称	规格型号	单位	数量	单价	金额	税率	税额
普通低度老花镜		副	50	180	10530.00	17%	1530.00
合　计					￥10530.00		￥1530.00

价税合计　人民币（大写）壹万零伍佰叁拾元整　（小写）￥10530.00

销货单位：
名　　称：北京亮康眼镜有限公司
纳税人识别号：210019995461202
地 址、电 话：北京市昌平区，电话：010-60228226
开户行及账号：中国工商银行北京市昌平支行 1102020526782987908

备注

收款人（略）　复核（略）　开票人（略）　销货单位：（章）

第四联：记账联　销货方记账凭证

图 9-26　业务 9.4 的开具红字增值税专用发票通知单

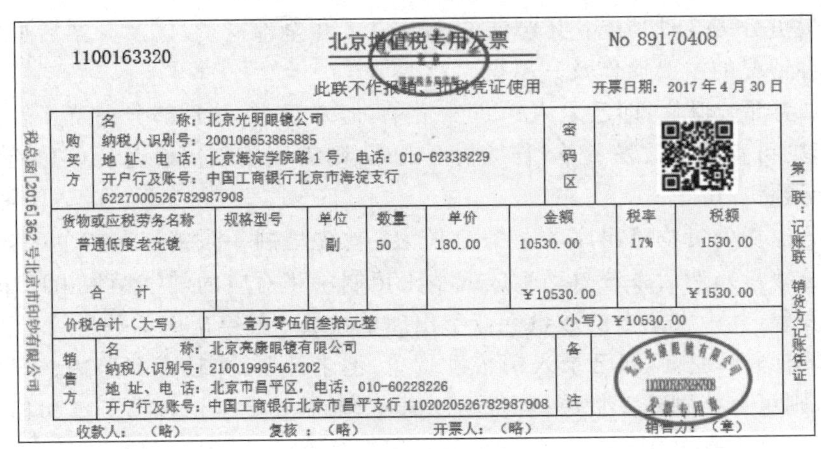

北京增值税专用发票

1100163320　　No 89170408

此联不作报销、扣税凭证使用　　开票日期：2017 年 4 月 30 日

购买方：
名　　称：北京光明眼镜公司
纳税人识别号：200106653865885
地 址、电 话：北京海淀学院路 1 号，电话：010-62338229
开户行及账号：中国工商银行北京市海淀支行 6227000526782987908

密码区

货物或应税劳务名称	规格型号	单位	数量	单价	金额	税率	税额
普通低度老花镜		副	50	180.00	10530.00	17%	1530.00
合　计					￥10530.00		￥1530.00

价税合计（大写）　壹万零伍佰叁拾元整　（小写）￥10530.00

销售方：
名　　称：北京亮康眼镜有限公司
纳税人识别号：210019995461202
地 址、电 话：北京市昌平区，电话：010-60228226
开户行及账号：中国工商银行北京市昌平支行 1102020526782987908

备注

收款人：（略）　复核：（略）　开票人：（略）　销售方：（章）

税总函[2016]362 号北京市印钞有限公司

第一联：记账联　销货方记账凭证

图 9-27　业务 9.4 的退货发票(发票上是红字)

专用销售发票的填制、复核,销售应收确认(应收单审核与制单),以及红票对冲。

(2) 开票直接退货：红字专用销售发票的填制、复核,红字出库单的审核,销售应收确认,以及红票对冲。

下面以先退货后开票方法为例,进行业务场景和操作流程说明。

备注：案例企业的产成品存放于产成品仓库,因为产成品仓库的计价方式是全月平均法,所以本业务的销售成本结转,将在月末进行,相关操作详见 11.3 节。

【虚拟业务场景】

人物：

赵飞(销售部主管)

李莉(仓库主管)

张兰(财务部会计)

场景 1：光明公司咨询退货问题,销售部赵飞填写退货单并审核

(光明公司采购部打来电话)

赵飞：喂，您好，这里是亮康公司销售部。

刘欣：您好！我是光明公司采购部的采购员。我们 4 月 1 日订购了普通低度老花镜，今天刚发现有 50 副有质量问题，今天能办退货吗？

赵飞：没问题。

刘欣：好的，马上把退货发给您，请注意查收。

赵飞：好的。

（赵飞填制并审核销售退货单，系统自动生成红字出库单）

场景 2：赵飞填写红字专用销售发票并复核

（赵飞填制红字销售专用发票，并复核）

场景 3：销售部发站内信通知仓管部审核红字出库单

赵飞：李总您好，光明公司今天退回了 50 副普通低度老花镜，请您注意接收货物并审核红字出库单。

李莉：好的。

（仓管部收到货物，李莉审核红字出库单）

场景 4：财务部张兰对本笔业务做退货的应收确认，红票对冲

曾志伟：小张，今天光明公司的退货业务发票已经开具了，可以做应收确认了。

张兰：好的，我马上处理。（红字应收单据的审核与制单，红票对冲）

【操作指导】

1. 操作流程（先退货后开票方法）

业务的操作流程如图 9-28 所示。

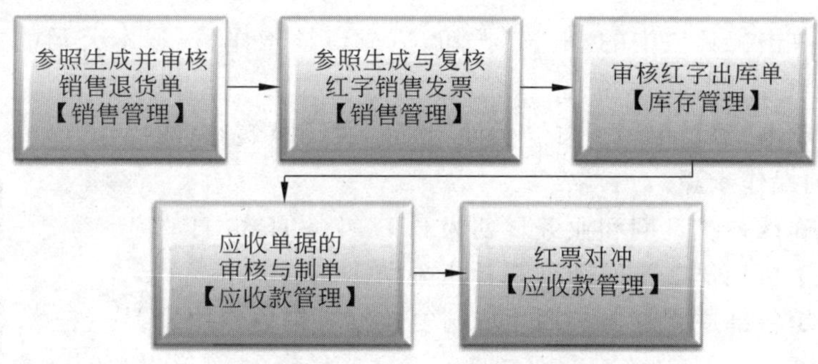

图 9-28　业务 9.4 的操作流程

2. 场景 1 的操作步骤

操作时间：确认系统日期和业务日期为 2017 年 4 月 30 日。

视频观看：手机扫描二维码即可观看相关操作。

任务说明：销售部主管赵飞参照生成与审核销售退货单。

操作步骤如下：

（1）打开“退货单”页签。登录“企业应用平台”，在“业务导航视图”的“业务工作”导航条中选中“供应链”|“销售管理”|“销售发货”|“退货单”，打开“退货单”页签。

（2）参照销售订单生成退货单。

① 打开“参照生单”窗口。单击工具栏中的“增加”按钮，弹出“查询条件选择-参照订单”对话框，因为本业务是参照发货单生成退货单，所以单击“取消”按钮关闭对话框。单击工具栏中的“生单”|“参照发货单”下拉按钮，打开“查询条件选择-退货单参照发货单”对话框，选择“退货类型”为“已开发票退货”，然后单击“确定”按钮，打开“参照生单”窗口。

② 复制信息。在窗口的上窗格中，选中要选择的销售发货单（发货单号为…001）所对应的“选择”栏，使其出现“Y”字样，再单击窗口工具栏中的“OK 确定”按钮关闭窗口，此时“退货单”页签中相关的信息已经有默认值。

（3）编辑退货单。修改表头的“销售类型”为“销售退回”，“备注”为“销售退货普通低度50 副”，修改表体的第 2 行（即普通低度老花镜所在行）“数量”为“－50”，删除第 1 行，其他项默认。

（4）保存。单击工具栏中的“保存”按钮，保存该退货单，如图 9-29 所示。

退货单

打印模版 退货单打印

表体排序

合并显示 □

退货单号 0000000006　退货日期 2017-04-30　业务类型 普通销售

销售类型 销售退回　订单号 XS001　发票号

客户简称 光明公司　销售部门 销售部　业务员 赵飞

发运方式　币种 人民币　汇率 1

税率 17.00　备注 销售退货普通低度50副

	仓库名称	货物编码	存货名称	规格型号	主计量	数量	无税单价	无税金额	税额	价税合计	税率（%）
1	产成品仓库	3001	普通低度老花镜	塑料100度	副	-50.00	180.00	-9000.00	-1530.00	-10530.00	17.00

图 9-29　业务 9.4 的退货单

（5）审核。单击工具栏中的“审核”按钮，完成审核工作（根据本公司的账套初始设置，系统将自动生成红字销售出库单）。

（6）退出。单击“退货单”页签的“关闭”按钮，关闭页签，完成操作。

3. 场景 2 的操作步骤

操作时间：确认系统日期和业务日期为 2017 年 4 月 30 日。

视频观看：手机扫描二维码即可观看相关操作。

任务说明：销售部主管赵飞参照生成与复核红字销售专用发票。

操作步骤如下：

（1）打开红字的“销售专用发票”页签。登录“企业应用平台”，在“业务导航视图”的“业务工作”导航条中选中“供应链”|“销售管理”|“销售开票”|“红字专用销售发票”，打开红字的“销售专用发票”页签。

（2）参照退货单生成红字销售专用发票。

① 打开“参照生单”窗口。单击工具栏中的“增加”按钮，弹出“查询条件选择-参照订单”，本业务是参照红字发货单生成发票，在此单击“取消”按钮。单击工具栏中的“生单”|“参照发货单”下拉按钮，弹出“查询条件选择-发票参照发货单”对话框，选择其“发货单类型”为“红字记录”，然后单击“确定”按钮，打开“参照生单”窗口，并已经显示本业务的退货单；

② 复制信息。在“参照生单”窗口中，单击工具栏中的“全选”按钮，以选中相应的退货单（“订单号”为 XS001），然后单击窗口工具栏中的“OK 确定”按钮，关闭窗口。

（3）编辑销售专用发票。编辑表头的“发票号”为“89170408”，其他项默认。

（4）保存并复核。单击工具栏中的“保存”和“复核”按钮，保存该发票，完成复核工作，如图 9-30 所示。

销售专用发票

打印模板 销售专用发票

表体排序

合并显示 □

发票号 89170408　开票日期 2017-04-30　业务类型 普通销售

销售类型 销售退回　订单号 XS001　发货单号 0000000006

客户简称 光明公司　销售部门 销售部　业务员 赵飞

付款条件　客户地址 北京海淀学院路1号　联系电话 010-62338229

开户银行 工行海淀支行　账号 6227000526782987908　税号 200106653865885

币种 人民币　汇率 1　税率 17.00

备注 销售退货普通低度50副

	仓库名称	存货编码	存货名称	规格型号	主计量	数量	无税单价	无税金额	税额	价税合计
1	产成品仓库	3001	普通低度老花镜	塑料100度	副	-50.00	180.00	-9000.00	-1530.00	-10530.00

图 9-30　业务 9.4 的红字销售专用发票

（5）退出。单击“销售专用发票”页签的“关闭”按钮，关闭页签，完成操作。

4. 场景 3 的操作步骤

操作时间：确认系统日期和业务日期为 2017 年 4 月 30 日。

视频观看：手机扫描二维码即可观看相关操作。

任务说明：仓库主管李莉审核自动生成的红字出库单。

操作步骤如下：

（1）打开“销售出库单”页签。登录“企业应用平台”，在“业务导航视图”的“业务工作”导航条中选中“供应链”|“库存管理”|“出库业务”|“销售出库单”，打开“销售出库单”页签。

（2）查阅并审核红字销售出库单。单击工具栏中的“末张”按钮，查阅到本业务生成的红字销售出库单，然后单击工具栏中的“审核”按钮，弹出消息框，提示审核成功，单击“确定”按钮，关闭消息框，完成审核工作。

（3）退出。单击“销售出库单”页签的“关闭”按钮，关闭页签，完成操作。

5. 场景 4 的操作步骤

操作时间：确认系统日期和业务日期为 2017 年 4 月 30 日。

视频观看：手机扫描二维码即可观看相关操作。

任务说明：财务部会计张兰进行应收单据的审核与制单，红票对冲。

操作步骤如下：

1）财务部会计张兰进行应收单据的审核与制单

（1）打开“单据处理”页签。登录“企业应用平台”，在“业务导航视图”的“业务工作”导航条中选中“财务会计”|“应收款管理”|“应收单据处理”|“应收单据审核”，弹出“应收单查询条件”对话框，单击“确定”按钮，打开“单据处理”页签，其中已列出了本业务的销售专用发票。

（2）查阅发票。选中该单据所在行，单击工具栏中的“单据”按钮，打开“销售发票”页签，并默认显示该单据。

（3）审核并制单。单击工具栏中的“审核”按钮，系统自动完成审核，并弹出消息框，提示“是否立即制单？”，单击“是”按钮，打开“填制凭证”页签，并默认显示凭证的信息为借记：应收账款，贷记：主营业务收入、销项税额，均为红字。

（4）保存凭证。单击工具栏中的“保存”按钮，保存该凭证，如图 9-31 所示。

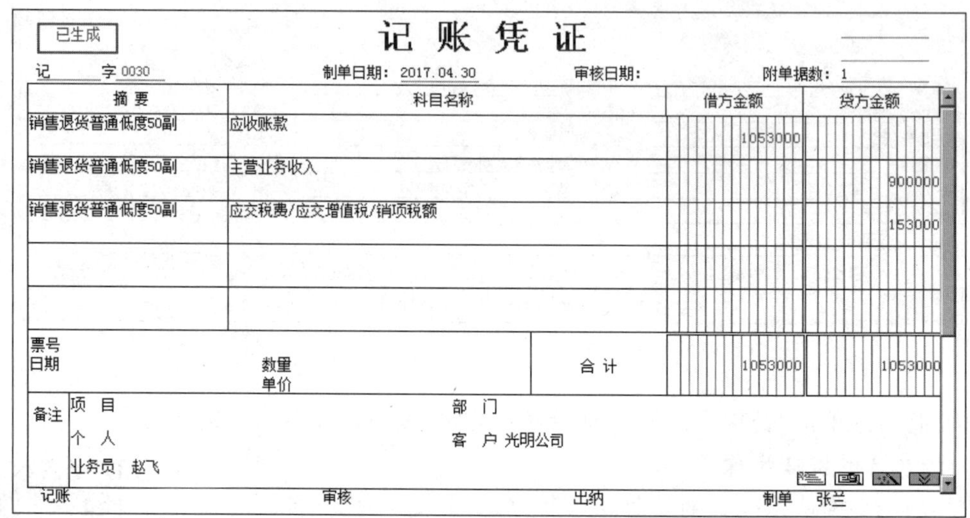

已生成

记账凭证

记 字 0030 制单日期：2017.04.30 审核日期： 附单据数：1

摘要	科目名称	借方金额	贷方金额
销售退货普通低度50副	应收账款	1053000	
销售退货普通低度50副	主营业务收入		900000
销售退货普通低度50副	应交税费/应交增值税/销项税额		153000
票号 日期 数量 单价	合计	1053000	1053000

备注 项目 部门

个人 客户 光明公司

业务员 赵飞

记账 审核 出纳 制单 张兰

图 9-31　业务 9.4 的红字销售专用发票制单结果（借贷方金额为红字）

（5）退出。单击“填制凭证”“销售发票”和“单据处理”页签的“关闭”按钮，关闭页签，完成操作。

2）财务部会计张兰进行红票对冲

（1）打开“红票对冲”页签。登录“企业应用平台”，在“业务导航视图”的“业务工作”导航条中选中“财务会计”|“应收款管理”|“转账”|“红票对冲”|“手工对冲”，弹出“红票对冲条件”对话框，参照生成“客户”为“光明公司”，然后单击“确定”按钮，打开“红票对冲”页签。

（2）设置对冲金额。选中下窗体中 2 行，使其“对冲金额”为“原币余额”，如图 9-32 所示。

简易桌面　红票对冲 ×

单据日期	单据类型	单据编号	客户	币种	原币金额	原币余额	对冲金额	部门	业务员	合同名称
2017-04-30	销售专...	89170408	光明公司	人民币	10,530.00	10,530.00	10,530.00	销售部	赵飞	
合计					10,530.00	10,530.00	10,530.00			

单据日期	单据类型	单据编号	客户	币种	原币金额	原币余额	对冲金额	部门	业务员	合同名称
2017-04-01	销售专...	88170401	光明公司	人民币	154,440.00	9,420.00	9,420.00	销售部	赵飞	
2017-04-01	其他应收单	0000000001	光明公司	人民币	1,110.00	1,110.00	1,110.00	销售部	赵飞	
合计					155,550.00	10,530.00	10,530.00			

图 9-32　红票对冲窗口

(3) 对冲并制单。单击工具栏中的“保存”按钮，系统进行红票对冲并弹出的消息框，询问“是否立即制单?”，单击“是”按钮，打开“填制凭证”页签，单击工具栏中的“保存”按钮，进行保存，如图 9-33 所示。

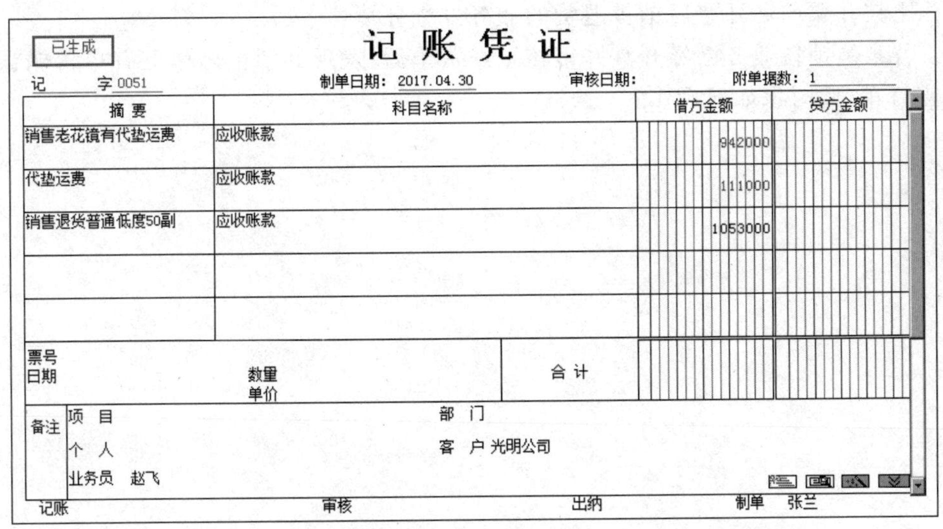

已生成

记账凭证

记 字 0051 制单日期：2017.04.30 审核日期： 附单据数：1

摘要	科目名称	借方金额	贷方金额
销售老花镜有代垫运费	应收账款	942000	
代垫运费	应收账款	111000	
销售退货普通低度50副	应收账款	1053000	
票号 日期	数量 单价	合计	

备注 项目 部门

个人 客户 光明公司

业务员 赵飞

记账 审核 出纳 制单 张兰

图 9-33 红票对冲制单结果(第 1 和 2 笔分录是红字金额)

(4) 退出。单击“填制凭证”和“红票对冲”页签的“关闭”按钮，关闭页签，完成操作。

9.5 实验报告内容

1. 查看分期收款业务 XS004 的发出商品记账凭证，并将结果拷屏粘贴在实验报告中。
2. 查看分期收款业务 XS004 的应收凭证(2 张)，并将结果拷屏后粘贴在实验报告中。
3. 查看委托代销业务 WT001 结算单的编辑窗口，并将结果拷屏后粘贴在实验报告中。
4. 查看委托代销业务 WT001 的发票，并将结果拷屏后粘贴在实验报告中。
5. 查看销售订单列表，并将结果拷屏后粘贴在实验报告中。
6. 查看销售发货单列表，并将结果拷屏后粘贴在实验报告中。
7. 查看销售专用发票列表，并将结果拷屏后粘贴在实验报告中。
8. 查看销售出库单列表，并将结果拷屏后粘贴在实验报告中。
9. 查看库存现存量，并将结果拷屏后粘贴在实验报告中。
10. 查看“发货单开票收款勾对表”，并将结果拷屏后粘贴在实验报告中。
11. 说明分期收款业务发生的业务环境。
12. 比较分期收款与一次销售多次出库业务类型的不同。
13. 画出实验中你完成分期收款销售业务的操作流程图。
14. 说明委托代销业务发生的业务环境。
15. 比较委托代销业务与普通销售先发货后开票业务的异同。
16. 如何启用委托代销业务?
17. 在“销售选项”中设置“委托代销必有订单”选项的作用是什么?

18. 画出实验中完成委托代销业务的操作流程图。

19. 解释销售退货的含义。

20. 企业业务中，销售退货会有哪几种情况？

21. 比较开票前和开票后销售退货的业务发生环境。

22. 若某笔销售业务已经开具并审核了发货单后，发现其销售订单上有单价错误，需要修改销售订单，此时该如何操作？

第 10 章　存货核算与财务会计

存货是企业的一项重要的流动资产，其价值在企业流动资产中占有很大的比重，存货成本直接影响利润水平，所以企业领导层希望能及时了解存货的资金占用及周转情况，因而使得存货会计人员的核算工作量越来越大。

财务会计处理包括固定资产、薪资管理、收付款处理与总账的处理。

本章的实验是进行存货核算、固定资产处理、薪资管理、收付款处理与总账的凭证记账。本章的操作应按照业务描述中的系统日期（例如 2017 年 4 月 30 日）和操作员（如财务部会计张兰等），并在第 9 章完成的基础上，在存货核算、固定资产、薪资管理、应收款管理、应付款管理与总账模块中进行。

在每笔业务的实验操作前，需要将系统时间调整为业务日期。如果没有调整系统时间，则在登录“企业应用平台”时需要修改“操作日期”为业务日期；如果操作日期与账套建账时间之间的跨度超过 3 个月，则该账套在演示版状态下不能执行任何操作。

如果没有完成第 9 章的销售特殊业务，可以到百度网盘空间（网盘地址：https://pan.baidu.com/s/1eSxB2uQ，密码：pxsn）的“实验账套数据”文件夹中，将“09 特殊销售.rar”下载到实验用机上，然后“引入”（操作步骤详见 1.3.5 节）到用友 ERP-U8 系统。而且，本章完成的账套，其“输出”压缩的文件名为“10 存货核算与财务.rar”。

需要说明如下：

(1) 因网盘中的账套备份文件均为压缩文件，所以在下载完成后引入之前，需要用解压缩工具进行解压（建议用 WinRAR 3.42 或以上版本），得到相应可以引入的账套数据文件。

(2) 本章的所有业务实验操作都有配套的微视频，可以通过扫描二维码或者到指定的网页去观看。本书配套的微视频均存放在网盘中。

本章建议的授课时间，理论课为 2～4 学时，实验课为 2 学时。理论部分，主要讲解存货核算的流程和假退料业务，固定资产管理和薪资管理的典型业务，收付款与核销业务，相关的内容可参见 10.1～10.5 节和配套课件。

实验目的与要求如下。

(1) 理解存货核算系统的作用及其与其他管理部门的关系。

(2) 理解固定资产和薪资管理系统的作用。

(3) 熟练掌握日常存货核算业务数据的编辑，以及假退料业务处理。

(4) 熟练掌握计提折旧处理。

(5) 熟练掌握计提工资和工资分配的相关处理。

(6) 熟练掌握收付款与核销处理。

(7) 学会凭证的记账操作。

10.1 存货核算

用友 ERP-U8 的存货核算系统,也是其供应链的重要产品,适用于工商业企业的各种存货核算形式,可极大地减轻材料会计的核算工作量。它从资金的角度来管理存货的出入库业务,主要用于核算企业的入库成本、出库成本、结余成本,可及时反映和监督存货的收发、领退和保管情况,以及了解存货资金的占用情况。

10.1.1 预备知识

1. 存货日常业务

存货核算系统的日常业务,主要是进行日常存货核算业务数据的录入和成本核算。在与采购、销售、库存等子系统集成使用时,日常业务主要是对从其他子系统传过来的各种存货出入库单据和调整单据的查询、部分数据项的修改,以及成本计算;在单独使用时,完成各种出入库单据的增加、修改、查询和成本计算。

1) 入库成本核算

入库成本核算是对入库单据进行核算,入库单据包括企业外部采购物资形成的采购入库单、生产车间加工产品形成的产成品入库单,以及盘点、调拨、调整、组装、拆卸等业务形成的其他入库单据。

采购入库单,对于工业企业来讲,一般指采购原材料验收入库时所填制的入库单据;对于商业企业来讲,一般指商品进货入库时填制的入库单。无论是工业还是商业企业,采购入库单都是企业入库单据的主要单据,除了企业仅启用存货核算系统的情况外,采购入库单都是由其他系统(如库存管理系统、采购管理系统)传递过来的,但在存货核算系统中可以通过修改功能调整入库金额。

产成品入库单,是指工业企业生产的产成品、半成品入库时所填制的入库单据。在用友 ERP-U8 的存货核算系统中,"产成品入库单"功能可用于编辑正常产品入库和已入库的不合格产品红字退回的单据。

在填制产成品入库单时,一般只填写数量,单价与金额可以由成本分配功能自动计算填入,也可以通过修改产成品入库单直接填入。

2) 出库成本核算

出库成本核算是对出库单据进行的核算,其中销售业务的成本核算,可以通过销售发票或销售出库单进行出库成本核算(可以在系统选项设置中选定,详见 4.3.1 节)。

出库单据包括销售出库形成的销售出库单、车间领用材料形成的材料出库单,以及盘点、调整、调拨、组装、拆卸等其他出库业务形成的其他出库单。

销售出库单,对于工业企业来讲,一般指产成品销售出库时所填制的出库单据;对于商业企业来讲,一般指商品销售(包括受托代销商品)出库时填制的出库单。无论是工业还是商业企业,销售出库单都是企业出库单据的主要部分,来源于销售管理系统和出口管理系统。所有销售出库单的单价、金额都可在存货核算系统中修改,但对数量的修改只能在该单据填制的系统中进行。

3）调整业务

出入库单据记账后，发现单据金额错误时，如果是录入错误，通常采用修改方式进行调整。但若是因暂估入库后发生零出库业务等原因所造成的出库成本不准确，或库存数量为零而仍有库存金额的情况时，则只能使用入库调整单或出库调整单进行调整。

(1) 入库调整单。入库调整单是对存货的入库成本进行调整的单据，它只调整存货的金额，不调整存货的数量；它调整当月的入库金额，并相应调整存货的结存金额；可针对单据进行调整，也可针对存货进行调整。

入库调整记账规则如下：

① 调整单记账时，在明细账中记录一笔只有金额没有数量的记录。

② 用全月平均方式核算时，系统自动调整本月对应入库单据上存货的入库成本。现入库成本＝原入库成本＋调整金额。

③ 用移动平均方式核算时，系统自动调整本月对应入库单据上存货的入库成本，并重新计算明细账中调整记录以下的出库成本及结存成本，并回填出库单。

(2) 出库调整单。出库调整单是对存货的出库成本进行调整的单据，它只调整存货的金额，不调整存货的数量；它调整当月的出库金额，并相应调整存货的结存金额；只能针对存货进行调整，不能针对单据进行调整。

出库调整记账规则如下：

① 调整单记账时，在明细账中记录一笔只有金额没有数量的记录。

② 用计划价方式核算时，调整金额记入差异账或差价账中，形成一笔差异调整。

③ 用实际价核算时，调整金额记入存货明细账中，形成一笔存货调整。

(3) 系统调整单。系统调整单是存货核算系统自动生成的出入库调整单，它有以下 3 种来源。

① 单据记账。如果在单据记账界面上选择了“账面负结存时入库单记账自动生成出库调整单”，则当账面负结存时入库单记账，系统将自动生成出库调整单，此时可在存货核算系统的“系统调整单”功能中修改。

② 存货结算成本处理。若结算成本处理时，暂估方式为“单到补差”且暂估入库单价和报销单价不一致，则系统自动生成入库调整单(报销单价大于暂估单价)或出库调整单(报销单价小于暂估单价)，可修改。

③ 期末处理。若期末处理时，出现了“数量为零，金额不为零”的情况，则系统自动生成调整单，可修改。

4）假退料业务

假退料业务的应用场景是，车间已领用的材料，在月末尚未消耗完，下月需要继续耗用，则可不办理退料业务，而制作假退料单进行成本核算。只有工业版的存货核算系统才有此功能。

假退料单记账或期末处理时，成本的核算方法同材料出库单。

月末结账时，根据当月已记账的假退料单，自动生成假退料的蓝字回冲单，数量、金额的符号与假退料单完全相反，日期是下个月的第一天，单据号同原假退料单的单号，其他内容完全相同。

假退料回冲单月末结账时自动记账，记账时成本的核算方法同材料出库单。恢复月末结账时，则将假退料单生成的蓝字回冲单一起恢复。

2. 存货财务核算

存货核算系统的业务核算，主要功能是对单据进行出入库成本的计算（记账）、结算成本的处理、产成品成本的分配，以及期末处理。

存货核算必须进行期初记账，否则不能出现业务核算内容。

存货核算系统的财务核算，主要是对已经执行业务核算的单据制单（即生成凭证），并将凭证传递至总账系统。

1）单据记账与恢复记账

单据记账可将输入的单据，登记到存货明细账、差异明细账/差价明细账、受托代销商品明细账、受托代销商品差价账等。

使用先进先出、后进先出、移动平均、个别计价这 4 种计价方式的存货，在单据记账时进行出库成本核算；使用全月平均、计划价/售价法计价的存货，在期末处理处进行出库成本核算。

单据记账主要包括正常单据记账、发出商品记账、特殊单据记账和直运销售记账。下面将在分别讲解这 4 种记账业务的基础上，说明恢复记账功能的作用。

（1）正常单据记账。正常单据记账是对普通业务的红蓝出、入库单，其他出入库和出入库调整单进行记账，记账的过程如下。

① 先将被选择的满足记账条件的数据打上记账标志。

② 执行记账过程，将参与记账的数据记入存货明细账。

③ 记账过程执行完成后，同步其他业务系统单据的单价、金额及相关数据项，并将业务单据上的记账标志更新为实际记账人，记账完毕。

正常单据规则如下。

① 在记账过程中的采购入库单，不能做采购结算、委外核销、委外结算等业务。

② 查询存货的报表（流水账、收发存汇总表、入库汇总表、出库汇总表、暂估材料/商品余额表等），在记账过程中的记录按已记账的记录查询。

③ 如果在记账过程中增加本月的业务数据（出入库单据、结算单、委外核销等），这些数据不会被记入存货明细账。

④ 在记账过程中，为其他系统提供的成本，按已记入存货明细账和总账的成本为准，不含记账过程中的数据。

（2）发出商品记账。发出商品记账，是对分期收款/委托代销商品的发货单记账（减少库存商品，增加分期收款/委托代销商品）和发票记账（减少分期收款/委托代销商品，并结转销售成本）。

发出商品记账规则如下。

① 分期收款发出商品的发货单记账时，是根据发货单中各存货或仓库、部门的计价方式，计算发货单的成本。使用计划价（售价）或全月平均计价方式的实际成本，在期末处理时计算。

② 分期收款发出商品的发票记账时，取发票对应的发货单的出库成本单价，计算发票的销售成本。如果发货单是计划价或全月平均计价时，发票可记账，但必须在发货单期末处理后有实际单价时，才能回写发票金额。发票记账时，如果发票对应的发货单未记账，则发

票不能记账。恢复记账时，发货单对应的发票全部恢复记账后，才能恢复发货单的记账。

③ 分期收款的发货单制单时，借方科目取分期收款发出商品对应的科目，贷方取存货对应的科目；发票制单时，借方科目取收发类别对应的科目，贷方取分期收款发出商品对应的科目。

④ 委托代销发出商品的发货单记账时，根据发货单中各存货或仓库、部门的计价方式，计算发货单的成本。

⑤ 委托代销发货单对应的销售出库单，如果已记账，则委托代销发货单不能记账。

⑥ 委托代销发出商品的发票记账时，取发票对应的发货单的出库成本单价计算发票的销售成本。每次记账后要将发票结转的数量和成本记在明细账的发货单上。如果发货单是计划价或全月平均计价时，发票也可记账，但必须在发货单期末处理后有实际单价时，发票才会写金额。发票记账时，如果发票对应的发货单未记账，则发票不能记账。恢复记账时，发货单对应的发票全部恢复后，才能恢复发货单的记账。

(3) 特殊单据记账。特殊单据记账是对调拨单、组装单和形态转换单等特殊单据的记账，以进行成本计算。这些特殊单据，也可以通过"正常单据记账"进行记账和成本计算。

① 调拨单：用于仓库之间存货的转库业务或部门之间的存货调拨业务。

② 组装单：组装指将多个散件组装成一个配套件的过程。组装单相当于两张单据，一个是散件出库单，一个是配套件入库单。配套件和散件之间是一对多的关系，应在产品结构中设置，需要在组装之前完成定义，否则无法进行组装。

③ 形态转换单：由于自然条件或其他因素的影响，某些存货会由一种形态转换成另一种形态，如煤块由于风吹、雨淋，天长日久变成了煤渣，活鱼由于缺氧变成了死鱼等，从而引起存货规格和成本的变化。因此库管员需根据存货的实际状况填制形态转换单，或叫规格调整单，报请主管部门批准后进行调账处理。

(4) 直运销售记账。直运销售记账是对直运销售业务进行核算。只有销售管理系统启用时，存货才能对直运销售进行核算。根据直运采购发票或销售发票记入明细账时，仓库和所属部门均为空。

(5) 恢复记账。恢复记账是将已登记明细账的单据恢复到未记账状态，其业务规则如下。

① 对于全月平均、计划价/售价、个别计价核算方式，可选择任意一张单据进行恢复，但对于移动平均、先进先出、后进先出核算方式，如果单独恢复其中某个行记录时，易造成数据错误，所以应按记账顺序从后向前恢复。

② 在移动平均、先进先出、后进先出核算方式下，若按存货核算，恢复记账时可只对要恢复记账的存货按顺序恢复，不影响其他存货；若按仓库核算，恢复记账时可只对要恢复记账的仓库＋存货按顺序恢复，不影响其他仓库的其他存货；若按部门核算，则恢复记账时可只对要恢复记账的所属部门＋存货按顺序恢复，不影响其他所属部门的其他存货。

③ 当与采购或委外系统集成使用，有暂估回冲处理时，恢复后单据成为暂估状态，需要重新进行暂估回冲处理。

④ 对于本月已生成凭证的单据，不能恢复记账，并且其之前的单据也不能恢复记账。如果想恢复记账，应先删除所生成的凭证。

⑤ 分期收款发出商品的发货单恢复记账时，发货单对应的发票必须全部恢复记账后，

才能恢复发货单的记账。

⑥ 委托代销的发货单恢复记账时，发货单对应的发票必须全部恢复记账后，才能恢复发货单的记账。

⑦ 直运采购发票恢复记账时，要将已记账的对应直运销售发票的出库调整单一起删除。恢复直运销售发票记账时，要将直运销售发票对应的出库调整单删除。

2）期末处理

当日常业务全部完成后，就可以进行期末处理了。期末处理时，系统自动计算按全月平均方式核算存货的全月平均单价及其本会计月出库成本，计算按计划价/售价方式核算的存货的差异率/差价率及其本会计月的分摊差异/差价，并对已完成日常业务的仓库/部门/存货做处理标志。

期末处理业务规则如下：

① 按仓库或按部门核算时，可以对整个仓库/所属部门进行期末处理或恢复期末处理，也可选择对仓库/所属部门中部分存货进行期末处理和恢复期末处理。

期末处理时，如果例如只选择了仓库/所属部门，而未选择存货，则默认要对仓库/所属部门中的所有未做期末处理的存货进行期末处理。

恢复期末处理时，如果例如只选择了仓库/所属部门，而未选择存货，则默认要对仓库/所属部门中的所有已做期末处理的存货恢复期末处理。

② 当所选仓库/部门/存货为全月平均方式核算时，系统自动计算此仓库/部门/存货中各存货的全月平均单价，并计算本会计月的出库成本（不包括已填成本的出库单），生成期末成本处理表，可打印此表。如果出库成本不符合要求，可单击“取消”按钮，然后对出库成本调整后再处理；如果单击“确认”按钮，则系统将对明细账回填出库成本，完成后提示“期末处理完成”。

③ 按全月平均或计划价核算时，系统计算出的出库单价为负数或无单价时，按零出库成本选项处理。

④ 期末处理自动生成的调整单，可在“系统调整单”中进行修改。

⑤ 当所选仓库/部门/存货为移动平均、先进先出、后进先出或个别计价的计价方式时，系统将自动标识此仓库/部门/存货的期末处理标志。

⑥ 本月已进行期末处理的仓库/部门/存货，不能再进行期末处理。

3）存货财务核算

企业的存货，在存货核算日常业务中进行出入库核算后，就可以生成记账凭证了。存货核算的财务核算功能，其主要作用是生成凭证并传递至总账，以及与总账对账。

在财务核算功能模块中，可依据业务规则自动生成凭证，可将多张单据合并生成凭证，可将借贷方差异合并制单，还可联查单据。

生成凭证用于对本会计月已记账单据的制单，并可对已生成的所有凭证进行查询显示，所生成的凭证可在总账系统中显示及生成科目总账。

10.1.2 假退料业务

2017 年 4 月 30 日，根据本月的车间领用料和使用物料的情况，财务部会计张兰办理螺钉 500 颗（普通低度老花镜的备用领料）的假退料业务。

本笔业务是假退料业务，需要填制假退料单。

操作时间：确认系统日期和业务日期为 2017 年 4 月 30 日。

视频观看：手机扫描二维码即可观看相关操作。

任务说明：财务部会计张兰填制假退料单。

操作步骤如下：

(1) 打开“假退料单”页签。登录“企业应用平台”，在“业务导航视图”的“业务工作”导航条中选中“供应链”|“存货核算”|“日常业务”|“假退料单”，打开“假退料单”页签。

(2) 编辑假退料单据。单击工具栏中的“增加”按钮，新增一张假退料单，然后做如下操作。

① 编辑表头。参照生成“仓库”为“原材料仓库”，“出库类型”为“生产领料”，“部门”为“普通眼镜中心”，其他项默认。

② 编辑表体。在表体的第 1 行，参照生成“材料名称”为“螺钉”，编辑“数量”为“—500”，参照生成“项目编码”为“3001”，“成本大类名称”为“成本对象”，其他项默认。

(3) 保存。单击工具栏中的“保存”按钮，保存该单据，如图 10-1 所示。

蓝字 红字

假退料单

材料出库单打印模板

表体排序

出库单号 0000000008　出库日期 2017-04-30　仓库 原材料仓库

订单号　产品编码　产量 0.00

生产批号　业务类型 假退料　业务号

出库类别 生产领料　部门 普通眼镜中心　委外商

审核日期　备注

	材料编码	材料名称	规格型号	主计量单位	数量	单价	金额	项目编码	项目大类编码	项目大类名称
1	4004	螺钉		颗	-500.00			3001	99	成本对象

图 10-1　螺钉的假退料单

(4) 退出。单击“假退料单”页签的“关闭”按钮，关闭页签，完成操作。

假退料业务规则如下：

① 假退料单记账或期末处理时成本的核算方法同材料出库单。如果是个别计价核算的存货，假退料单和假退料的回冲单记账时不能指定对应的入库单，其他单据也不能指定假退料单和假退料的回冲单。

② 月末结账时，根据当月已记账的假退料单自动生成假退料的回冲单，数量、金额的符号与假退料单完全相反。日期是下个月的第一天，单据号同原假退料单单号，其他内容完全相同。假退料回冲单月末结账时自动记账，记账时成本的核算方法同材料出库单。恢复月末结账时，则将假退料单生成的蓝字回冲单一起恢复。

10.1.3　材料出库与假退料核算

2017 年 4 月 30 日，财务部会计张兰进行本月的材料出库与假退料的存货核算。

本笔业务是对材料出库单和假退料单的核算业务，需要进行材料出库单的单据记账，材料出库单和假退料单上的存货制单。

操作时间：确认系统日期和业务日期为 2017 年 4 月 30 日。

视频观看：手机扫描二维码即可观看相关操作。

任务说明：财务部会计张兰进行材料出库单的单据记账，材料出库单和假退料单上的存货制单。

操作步骤如下：

1）财务部会计张兰进行正常单据记账

（1）打开“未记账单据一览表”页签。登录“企业应用平台”，在“业务导航视图”的“业务工作”导航条中选中“供应链”|“存货核算”|“业务核算”|“正常单据记账”，弹出“查询条件选择”对话框，设置其“收发类别”为从“生产领料”“到”“生产领料”，然后单击“确定”按钮，打开“未记账单据一览表”页签，此时显示 38 行记录。

（2）单据记账。单击工具栏中的“全选”按钮，以选中所有未记账的单据，然后单击工具栏中的“记账”按钮，弹出消息框，提示记账成功，单击“确定”按钮，关闭消息框。

（3）退出。单击“未记账单据一览表”页签的“关闭”按钮，关闭窗口，完成操作。

2）财务部会计张兰对生产领料的存货进行制单

（1）打开“生成凭证”页签。登录“企业应用平台”，在“业务导航视图”的“业务工作”导航条中选中“供应链”|“存货核算”|“财务核算”|“生成凭证”，打开“生成凭证”页签。

（2）打开“选择单据”窗口。单击工具栏中的“选择”按钮，弹出“查询条件”对话框，并且已经选中了所有的单据类型，单击“确定”按钮，打开“选择单据”窗口，如图 10-2 所示。

选择单据

输出 单据 全选 全消 确定 取消

□ 已结算采购入库单自动选择全部结算单上单据(包括入库单、发票、付款单)，非本月采购入库单按蓝字报销单制单

未生成凭证单据一览表

选择	记账日期	单据日期	单据类型	单据号	仓库	收发类别	记账人	部门	业务类型	计价方式	备注	摘要
	2017-04-30	2017-04-07	材料出库单	0000000001	原材料仓库	生产领料	张兰	高端眼镜中心	领料	移动平均法		材料出库单
	2017-04-30	2017-04-07	材料出库单	0000000002	原材料仓库	生产领料	张兰	高端眼镜中心	领料	移动平均法		材料出库单
	2017-04-30	2017-04-07	材料出库单	0000000003	原材料仓库	生产领料	张兰	高端眼镜中心	领料	移动平均法		材料出库单
	2017-04-30	2017-04-07	材料出库单	0000000004	原材料仓库	生产领料	张兰	舒适眼镜中心	领料	移动平均法		材料出库单
	2017-04-30	2017-04-07	材料出库单	0000000005	原材料仓库	生产领料	张兰	舒适眼镜中心	领料	移动平均法		材料出库单
	2017-04-30	2017-04-07	材料出库单	0000000006	原材料仓库	生产领料	张兰	普通眼镜中心	领料	移动平均法		材料出库单
	2017-04-30	2017-04-07	材料出库单	0000000007	原材料仓库	生产领料	张兰	普通眼镜中心	领料	移动平均法	螺钉的备用:	螺钉的备用:
	2017-04-30	2017-04-30	假退料单	0000000008	原材料仓库	生产领料	张兰	普通眼镜中心	假退料	移动平均法		假退料单

共8条单据

图 10-2　未生成凭证单据一览表(生产领料单据)

（3）选单并生成凭证。单击窗口工具栏中的“全选”和“确定”按钮，返回“生成凭证”页签，此时单击工具栏中的“生成”按钮，系统自动生成 8 张凭证，并打开“填制凭证”页签以显示凭证。

（4）保存凭证。单击工具栏中的“成批保存凭证”按钮，系统自动保存所有的凭证，并弹出消息框，提示保存成功，单击“确定”按钮，关闭消息框，此时“填制凭证”页签中高端眼镜中心的领料单据制单如图 10-3 所示。

（5）退出。单击“填制凭证”和“生成凭证”页签的“关闭”按钮，关闭页签，完成操作。

已生成

记 账 凭 证

记 字 0031　　制单日期：2017.04.30　　审核日期：　　附单据数：1

摘要	科目名称	借方金额	贷方金额
材料出库单	生产成本/直接材料	24600000	
材料出库单	原材料/主要原材料		23000000
材料出库单	原材料/其他原材料		1600000
票号 日期	数量 单价　　合计	24600000	24600000

备注　项 目　　部 门　高端眼镜中心

个 人　　客 户

业务员

记账　　审核　　出纳　　制单　张兰

图 10-3　高端眼镜中心的领料单据制单结果

10.2　固定资产处理

固定资产管理在企业中分为两部分，一是固定资产卡片台账管理，负责登记固定资产增加、减少、折旧，记录使用部门、是否在用等所有与固定资产相关的信息；二是固定资产的会计处理，包括确定固定资产的折旧方法和使用年限、每月计提固定资产折旧、固定资产清理等。

案例企业固定资产的卡片管理参见 4.4.3 节。本节将进行会计处理和月末结账。

10.2.1　计提本月固定资产折旧

2017 年 4 月 30 日，会计对各部门的固定资产计提本月折旧。

本笔业务是计提当月的固定资产折旧业务，需要进行本月的折旧计提与制单。

固定资产折旧是指在固定资产使用寿命内，按照确定的方法对应计折旧额进行系统分摊。常见的固定资产计提折旧的方法有平均年限法、工作量法、双倍余额递减法以及年数总和法。

操作时间：确认系统日期和业务日期为 2017 年 4 月 30 日。

视频观看：手机扫描二维码即可观看相关操作。

任务说明：财务部会计张兰计提折旧并制单。

操作步骤如下：

(1) 打开“折旧清单”窗口。登录“企业应用平台”，在“业务导航视图”的“业务工作”导航条中选中“财务会计”|“固定资产”|“处理”|“计提本月折旧”，弹出消息框，询问“是否要查看折旧清单?”，单击“是”按钮，系统提示“本操作将计提本月折旧，并花费一定时间，是否继续?”，单击“是”按钮，打开“折旧清单”窗口，如图 10-4 所示。

(2) 计提折旧完成。单击窗口工具栏中的“退出”按钮，弹出消息框，提示计提折旧完成，单击“确定”按钮，打开“折旧分配表”页签，如图 10-5 所示。

(3) 折旧制单。单击工具栏中的“凭证”按钮，打开“填制凭证”页签，设置凭证类别为“记账凭证”，然后单击工具栏中的“保存”按钮，保存该凭证。

按部门查询

固定资产部门编码目录
- 1 公司总部
- 2 财务部
- 3 销售部
- 4 采购部
- 5 仓管部
- 6 人力资源部
- 7 生产部
- 8 技术部

卡片编号	资产编号	资产名称	原值	计提原值	本月计提折旧额	累计折旧	本年计提折旧	减值准备	净值	净残值	折旧率
00001	022001	华硕A8电脑	000.00	20,000.00	324.00	14,904.00	324.00	0.00	096.00	600.00	0.0162
00002	022002	IBMX60电脑	000.00	20,000.00	324.00	5,508.00	324.00	0.00	492.00	600.00	0.0162
00003	022003	联想T4202	000.00	10,000.00	162.00	2,754.00	162.00	0.00	246.00	300.00	0.0162
00004	012001	厂房	000.00	720,000.00	1,944.00	165,240.00	1,944.00	0.00	760.00	4,400.00	0.0027
00005	021001	钛材眼镜装	000.00	50,000.00	405.00	18,630.00	405.00	0.00	370.00	1,500.00	0.0081
00006	021002	板材眼镜装	000.00	50,000.00	405.00	6,885.00	405.00	0.00	115.00	1,500.00	0.0081
00007	021003	塑材眼镜装	000.00	20,000.00	162.00	2,754.00	162.00	0.00	246.00	600.00	0.0081
00008	03001	货车	000.00	80,000.00	792.00	67,320.00	792.00	0.00	680.00	4,000.00	0.0099
合计			000.00	970,000.00	4,518.00	283,995.00	4,518.00	0.00	005.00	3,500.00	

图 10-4　本月固定资产折旧清单

01(2017.04-->2017.04)

部门编号	部门名称	项目编号	项目名称	科目编号	科目名称	折 旧 额
101	经理办公室			660202	折旧费	324.00
2	财务部			660202	折旧费	324.00
3	销售部			660102	折旧费	162.00
700	生管部			510103	折旧费	792.00
701	高端眼镜中			500103	制造费用	1,182.60
702	舒适眼镜中			500103	制造费用	988.20
703	普通眼镜中			500103	制造费用	745.20
合计						4,518.00

图 10-5　本月固定资产部门折旧分配表

(4) 退出。单击“填制凭证”和“折旧分配表”页签的“关闭”按钮，关闭页签，完成操作。

10.2.2　折旧凭证的审核与记账

2017 年 4 月 30 日，财务主管曾志伟对折旧凭证进行主管审核，会计张兰记账。

本笔业务是月末的固定资产折旧凭证审核与记账，需要在总账中进行凭证的审核与记账。

操作时间：确认系统日期和业务日期为 2017 年 4 月 30 日。

视频观看：手机扫描二维码即可观看相关操作。

任务说明：固定资产凭证的主管审核，以及会计记账。

操作步骤如下：

1) 财务主管曾志伟对凭证进行主管审核

(1) 打开“凭证审核列表”页签。登录“企业应用平台”，在“业务导航视图”的“业务工作”导航条中选中“财务会计”|“总账”|“凭证”|“审核凭证”，弹出“凭证审核”对话框，设置凭证的“来源”为“固定资产系统”，然后单击“确定”按钮，打开“凭证审核列表”页签。

(2) 会计主管审核。选中“凭证摘要”为“计提第[4]期间折旧”凭证所在的行，进入该凭证的“审核凭证”页签，单击工具栏中的“审核”按钮，以完成对该凭证的审核工作，此时凭证下方的“审核”处出现“曾志伟”字样。

(3) 退出。单击“审核凭证”和“凭证审核列表”页签的“关闭”按钮，关闭页签，完成操作。

2) 财务部会计张兰进行凭证记账

(1) 打开“记账”对话框。登录“企业应用平台”，在“业务导航视图”的“业务工作”导航条中选中“财务会计”|“总账”|“凭证”|“记账”，打开“记账”对话框。

(2) 会计记账。单击“全选”和“记账”按钮,系统自动完成记账工作,并弹出消息框和记账报告,单击“确定”按钮,关闭消息框。

(3) 退出。单击“记账”对话框的“退出”按钮,关闭对话框,完成操作。

10.2.3 固定资产月末结账

2017 年 4 月 30 日,财务部会计张兰对固定资产系统进行月末结账。

本笔业务是月末的固定资产结账,需要进行固定资产模块的月末结账。

操作时间:确认系统日期和业务日期为 2017 年 4 月 30 日。

视频观看:手机扫描二维码即可观看相关操作。

任务说明:财务部会计张兰做固定资产模块的月末结账。

操作步骤如下:

(1) 打开“月末结账”对话框。登录“企业应用平台”,在“业务导航视图”的“业务工作”导航条中选中“财务会计”|“固定资产”|“处理”|“月末结账”,打开“月末结账”对话框。

(2) 结账。单击“开始结账”按钮,弹出消息框,显示与账务对账结果,如图 10-6 所示。

(3) 确认。单击“确定”按钮,弹出消息框,提示“月末结账完毕!”,表示系统已经自动结账完成。

(4) 退出。单击“确定”按钮,再次弹出消息框,单击“确定”按钮,关闭消息框,完成操作。

图 10-6 固定资产与账务对账结果

10.3 薪资管理

薪资管理系统可进行工资核算、工资发放、工资费用分摊、工资统计分析和个人所得税核算等,可以与总账系统集成使用,将工资凭证传递到总账中;可以与成本管理系统集成使用,为成本管理系统提供人员的费用信息。

10.3.1 工资数据变动与计算工资

2017 年 4 月 30 日,设置本月的职工工资数据。经过人力资源部绩效考核,总经理李吉棕批准:自 4 月份开始给每位职工发放交通补助,标准为“企管人员”和“销售人员”补助 100 元/月,其他人员 50 元/月。

本笔业务是设置工资项目公式和变更本月职工工资数据的业务,需要首先进行工资项目公式编辑(交通补助的公式设置),然后进行工资数据变动,最后计算与汇总工资。

操作时间:确认系统日期和业务日期为 2017 年 4 月 30 日。

视频观看:手机扫描二维码即可观看相关操作。

任务说明:财务部会计张兰进行工资项目公式设置,做工资数据变动和工资计算。

操作步骤如下：

1）会计张兰进行工资项目公式设置

(1) 打开“工资项目设置”对话框。登录“企业应用平台”，在“业务导航视图”的“业务工作”导航条中选中“人力资源”|“薪资管理”|“设置”|“工资项目设置”，打开“工资项目设置”对话框。

(2) 设置“交通补助”工资项目的公式。首先选择“工资项目设置”对话框的“公式设置”选项卡，然后单击“增加”按钮，并选中左上角“工资项目”列表中的“交通补助”，做如下公式设置操作。

① 单击“函数公式导入”按钮，打开“函数向导——步骤之1”对话框，单击“函数名”列表中的“iff”函数。

② 单击“下一步”按钮，打开“函数向导——步骤之2”对话框，单击“逻辑表达式”栏的参照按钮，打开“参照”对话框，选择“参照列表”栏的“人员类别”，并选中“企管人员”，单击“确定”按钮，返回“函数向导——步骤之2”对话框，在“算术表达式1”文本框中输入“100”，单击“完成”按钮，返回“工资项目设置”对话框。

③ 在“交通补助公式定义”的编辑框中，将光标置于右括号前面，再单击“函数公式导入”按钮，打开“函数向导——步骤之1”对话框，然后单击“函数名”列表中的“iff”函数。

④ 单击“下一步”按钮，打开“函数向导——步骤之2”对话框，单击“逻辑表达式”栏的参照按钮，打开“参照”对话框，选择“参照列表”栏的“人员类别”，并选中“销售人员”，单击“确定”按钮，返回“函数向导——步骤之2”对话框，在“算术表达式1”文本框中输入“100”，在“算术表达式2”文本框中输入“50”。

⑤ 单击“完成”按钮，返回“工资项目设置”对话框，此时“交通补助定义公式”为“iff(人员类别="企管人员",100,iff(人员类别="销售人员",100,50))”结果如图10-7所示)。单击“公式确认”按钮，完成“交通补助”的公式定义完成。

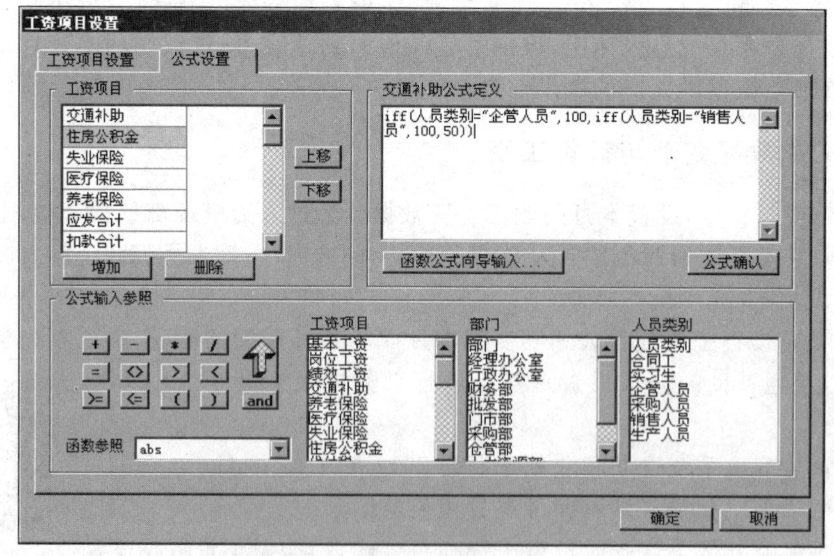

图10-7　交通补贴工资项目公式设置

(3) 退出。单击"确定"按钮,关闭对话框,完成操作。

2) 会计张兰做工资数据变动与计算工资

(1) 打开"工资变动"页签。登录"企业应用平台",在"业务导航视图"的"业务工作"导航条中选中"人力资源"|"薪资管理"|"业务处理"|"工资变动",打开"工资变动"页签。

(2) 计算并汇总工资。单击工具栏中的"全选"按钮,选择所有员工,然后单击"计算",再单击"全选"和"汇总"按钮,完成全部工资项内容的计算与汇总,如图 10-8 所示。

工资变动

过滤器 所有项目 □ 定位器

选择	人员编号	姓名	部门	人员类别	基本工资	岗位工资	绩效工资	交通补助	应发合计	养老保险
Y	0100	李吉棕	经理办公室	企管人员	2,000.00	1,000.00	5,000.00	100.00	8,100.00	648.00
Y	0101	陈虹	行政办公室	企管人员	2,000.00	1,000.00	3,000.00	100.00	6,100.00	488.00
Y	W01	曾志伟	财务部	企管人员	2,000.00	1,000.00	4,000.00	100.00	7,100.00	568.00
Y	W02	张兰	财务部	企管人员	2,000.00	900.00	3,000.00	100.00	6,000.00	480.00
Y	W03	罗迪	财务部	企管人员	2,000.00	900.00	3,000.00	100.00	6,000.00	480.00
Y	W04	赵俊	财务部	企管人员	2,000.00	1,000.00	3,000.00	100.00	6,100.00	488.00
Y	X01	赵飞	销售部	销售人员	2,000.00	900.00	4,000.00	100.00	7,000.00	560.00
Y	G01	刘静	采购部	采购人员	2,000.00	700.00	4,000.00	50.00	6,750.00	540.00
Y	C01	李莉	仓管部	企管人员	2,000.00	1,000.00	4,000.00	100.00	7,100.00	568.00
Y	0600	王军	人力资源部	企管人员	2,000.00	900.00	3,000.00	100.00	6,000.00	480.00
Y	0701	夏于	生管部	生管人员	2,000.00	700.00	3,000.00	50.00	5,750.00	460.00
Y	P01	刘正	生管部	生管人员	2,000.00	900.00	4,000.00	50.00	6,950.00	556.00
Y	0702	李华	高端眼镜中心	生产人员	2,000.00	700.00	3,000.00	50.00	5,750.00	460.00
Y	0703	张新海	高端眼镜中心	生产人员	2,000.00	700.00	3,000.00	50.00	5,750.00	460.00
Y	0704	赵林	舒适眼镜中心	生产人员	2,000.00	700.00	3,000.00	50.00	5,750.00	460.00
Y	0705	李东	舒适眼镜中心	生产人员	2,000.00	700.00	3,000.00	50.00	5,750.00	460.00
Y	0706	梁京	普通眼镜中心	生产人员	2,000.00	700.00	3,000.00	50.00	5,750.00	460.00
Y	0707	李江	普通眼镜中心	生产人员	2,000.00	700.00	3,000.00	50.00	5,750.00	460.00
Y	A01	赵技巩	技术部	企管人员	2,000.00	1,000.00	4,000.00	100.00	7,100.00	568.00
合计					38,000.00	16,100.00	65,000.00	1,450.00	120,550.00	9,644.00

图 10-8 本月工资变动结果

(3) 退出。单击"工资变动"页签的"关闭"按钮,关闭页签,完成操作。

10.3.2 计提工资总额

2017 年 4 月 30 日,财务部会计张兰计提本月职工工资。

本笔业务是对本月职工工资的计提业务,需要计提职工应发工资,对职工实发工资与个人承担的"三险一金"进行归集与制单。相应的计提工资的设置请参见 4.5.7 节。

工资是应付职工薪酬的一部分,应付职工薪酬包括基本工资、绩效工资、社保(医疗保险费、养老保险费、失业保险费和工伤保险费)、住房公积金、工会经费和职工教育经费等。

医疗保险、养老保险和失业保险,通常简称为"三险",这 3 种保险是由企业和个人共同缴纳的保费;"一金"通常指住房公积金,也是由企业和个人共同缴纳。

工资分配时,职工的应发工资(即工资总额),包括职工的实发工资,以及个人承担的"三险一金"。本公司规定,职工个人承担的养老保险、医疗保险、失业保险分别按照本人本月应发工资总额的 8%、2%、0.2%计算,住房公积金按照本人本月应发工资总额的 12%计算。

操作时间:确认系统日期和业务日期为 2017 年 4 月 30 日。

视频观看:手机扫描二维码即可观看相关操作。

任务说明:财务部会计张兰归集职工应发工资并制单。

操作步骤如下:

（1）打开“工资分摊”对话框。登录“企业应用平台”，在“业务导航视图”的“业务工作”导航条中选中“人力资源”|“薪资管理”|“业务处理”|“工资分摊”，打开“工资分摊”对话框。

（2）本月职工工资的分配归集。在“计提费用类型”选框中仅选中“计提工资总额”复选框，并且选中所有的核算部门，选中“明细到工资项目”和“按项目核算”复选框，然后单击“确定”按钮，完成本月职工工资的分配归集工作，打开“工资分摊明细”页签，在其中显示“工资总额一览表”，如图10-9所示。

计提工资总额一览表

☐ 合并科目相同、辅助项相同的分录

类型 计提工资总额　　　　计提会计月份 4月

人员类别	应发合计						
	分配金额	借方科目	借方项目大类	借方项目	贷方科目	贷方项目大类	贷方项目
企管人员	8100.00	660201			221101		
	6100.00	660201			221101		
	25200.00	660201			221101		
销售人员	7000.00	660101			221101		
采购人员	6750.00	660201			221101		
企管人员	7100.00	660201			221101		
	6000.00	660201			221101		
生管人员	12700.00	510101			221101		
生产人员	11500.00	500101			221101		
	11500.00	500101			221101		
	11500.00	500101			221101		
企管人员	7100.00	660201			221101		

图10-9　计提工资总额一览表

（3）工资分配的制单。在选中“合并科目相同、辅助项相同的分录”复选框，再单击工具栏中的“制单”按钮，打开“填制凭证”页签；选择凭证分类为“记账凭证”，单击工具栏中的“保存”按钮。

（4）退出。单击“填制凭证”和“工资分摊明细”页签的“关闭”按钮，关闭窗口，完成操作。

10.3.3　计提单位承担的社会保险费与住房公积金

2017年4月30日，财务部会计张兰计提单位承担的社会保险（应发合计的31.55%，包括养老保险20%、医疗保险9.55%、失业保险1%、工伤保险1%）和住房公积金（应发合计的12%）。

本笔业务是单位承担社会保险费和住房公积金的分摊与制单。单位承担社会保险和住房公积金的分摊科目设置，参见4.5.7节。

操作时间：确认系统日期和业务日期为2017年4月30日。

视频观看：手机扫描二维码即可观看相关操作。

任务说明：财务部会计张兰计提单位承担社会保险费和住房公积金，并制单。

操作步骤如下：

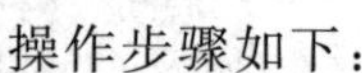

（1）打开“工资分摊”对话框。登录“企业应用平台”，在“业务导航视图”的“业务工作”

导航条中选中“人力资源”|“薪资管理”|“业务处理”|“工资分摊”，打开“工资分摊”对话框。

(2) 计提单位承担的社会保险费。在“计提费用类别”选框中仅选中“单位承担社会保险费”复选框，并选中所有的核算部门，确认选中“明细到工资项目”和“按项目核算”复选框，然后单击“确定”按钮以完成计提工作，打开“工资分摊明细”页签，显示“单位承担社会保险费一览表”，如图 10-10 所示。

单位承担社会保险费一览表

☐ 合并科目相同、辅助项相同的分录

类型 单位承担社会保险费 　　　　计提会计月份 4月

部门名称	人员类别	应发合计						
		计提基数	计提比例	计提金额	借方科目	借方项目大类	借方项目	贷方科目
经理办公室	企管人员	8100.00	31.55%	2555.55	660201			221102
行政办公室		6100.00	31.55%	1924.55	660201			221102
财务部		25200.00	31.55%	7950.60	660201			221102
销售部	销售人员	7000.00	31.55%	2208.50	660101			221102
采购部	采购人员	6750.00	31.55%	2129.63	660201			221102
仓管部	企管人员	7100.00	31.55%	2240.05	660201			221102
人力资源部		6000.00	31.55%	1893.00	660201			221102
生管部	生管人员	12700.00	31.55%	4006.85	510101			221102
高端眼镜中心	生产人员	11500.00	31.55%	3628.25	500101			221102
舒适眼镜中心		11500.00	31.55%	3628.25	500101			221102
普通眼镜中心		11500.00	31.55%	3628.25	500101			221102
技术部	企管人员	7100.00	31.55%	2240.05	660201			221102

图 10-10　单位承担社会保险费一览表

(3) 单位承担社会保险费的分摊制单。选中“合并科目相同、辅助项相同的分录”复选框，再单击工具栏中的“制单”按钮，打开“填制凭证”页签，设置表头的凭证分类为“记账凭证”，单击“保存”按钮。

(4) 退出。单击“填制凭证”和“工资分摊明细”页签的“关闭”按钮，关闭页签。

(5) 计提单位承担的公积金。重复步骤(1)～(4)，完成单位承担住房公积金的计提和制单，如图 10-11 所示。

单位承担住房公积金一览表

☐ 合并科目相同、辅助项相同的分录

类型 单位承担住房公积金 　　　　计提会计月份 4月

部门名称	人员类别	应发合计						
		计提基数	计提比例	计提金额	借方科目	借方项目...	借方项目	贷方科目
经理办公室	企管人员	8100.00	12.00%	972.00	660201			221103
行政办公室		6100.00	12.00%	732.00	660201			221103
财务部		25200.00	12.00%	3024.00	660201			221103
销售部	销售人员	7000.00	12.00%	840.00	660101			221103
采购部	采购人员	6750.00	12.00%	810.00	660201			221103
仓管部	企管人员	7100.00	12.00%	852.00	660201			221103
人力资源部		6000.00	12.00%	720.00	660201			221103
生管部	生管人员	12700.00	12.00%	1524.00	510101			221103
高端眼镜中心	生产人员	11500.00	12.00%	1380.00	500101			221103
舒适眼镜中心		11500.00	12.00%	1380.00	500101			221103
普通眼镜中心		11500.00	12.00%	1380.00	500101			221103
技术部	企管人员	7100.00	12.00%	852.00	660201			221103

图 10-11　单位承担住房公积金一览表

10.3.4 计提工会经费和职工教育经费

2017 年 4 月 30 日，财务部会计张兰计提本月工会经费(应发合计的 2%)、职工教育经费(应发合计的 2.5%)。

本笔业务是工会经费和职工教育经费的分摊与制单，相应的分摊科目设置，请参见 4.5.7 节。

工会经费是指工会依法取得并开展正常活动所需的费用，职工教育经费是指企业按工资总额的一定比例提取用于职工教育事业的一项费用，是企业为职工学习先进技术和提高文化水平而支付的费用。本公司规定，按应发工资总额的 2%计提工会经费，2.5%计提职工教育经费。

操作时间：确认系统日期和业务日期为 2017 年 4 月 30 日。

视频观看：手机扫描二维码即可观看相关操作。

任务说明：财务部会计张兰计提单位承担工会经费和职工教育经费，并制单。

操作步骤如下：

(1) 打开“工资分摊”对话框。登录“企业应用平台”，在“业务导航视图”的“业务工作”导航条中选中“人力资源”|“薪资管理”|“业务处理”|“工资分摊”，打开“工资分摊”对话框。

(2) 计提工会会费。在“计提费用类别”选框中仅选中“计提工会会费”复选框，选中所有的核算部门，确认选中“明细到工资项目”和“按项目核算”复选框，单击“确定”按钮以完成计提工作，打开“工资分摊明细”页签，显示“工会会费一览表”，如图 10-12 所示。

计提工会会费一览表

☐ 合并科目相同、辅助项相同的分录

类型 计提工会会费

计提会计月份 4月

部门名称	人员类别	应发合计						
		计提基数	计提比例	计提金额	借方科目	借方项目...	借方项目	贷方科目
经理办公室	企管人员	8100.00	2.00%	162.00	660201			221104
行政办公室		6100.00	2.00%	122.00	660201			221104
财务部		25200.00	2.00%	504.00	660201			221104
销售部	销售人员	7000.00	2.00%	140.00	660101			221104
采购部	采购人员	6750.00	2.00%	135.00	660201			221104
仓管部	企管人员	7100.00	2.00%	142.00	660201			221104
人力资源部		6000.00	2.00%	120.00	660201			221104
生管部	生管人员	12700.00	2.00%	254.00	510101			221104
高端眼镜中心	生产人员	11500.00	2.00%	230.00	500101			221104
舒适眼镜中心		11500.00	2.00%	230.00	500101			221104
普通眼镜中心		11500.00	2.00%	230.00	500101			221104
技术部	企管人员	7100.00	2.00%	142.00	660201			221104

图 10-12 工会会费一览表

(3) 工会会费的分摊制单。在“工资分摊明细”页签中，选中“合并科目相同、辅助项相同的分录”复选框，再单击工具栏中的“制单”按钮，打开“填制凭证”页签，设置表头的凭证分类为“记账凭证”，单击“保存”按钮。

(4) 退出。单击“填制凭证”和“工资分摊明细”页签的“关闭”按钮，关闭页签，完成操作。

(5) 计提职工教育经费。重复步骤(1)～(4),完成职工教育经费的计提和制单,计提结果如图 10-13 所示。

计提职工教育经费一览表

☐ 合并科目相同、辅助项相同的分录

类型 计提职工教育经费

计提会计月份 4月

部门名称	人员类别	应发合计						
		计提基数	计提比例	计提金额	借方科目	借方项目...	借方项目	贷方科目
经理办公室	企管人员	8100.00	2.50%	202.50	660201			221105
行政办公室		6100.00	2.50%	152.50	660201			221105
财务部		25200.00	2.50%	630.00	660201			221105
销售部	销售人员	7000.00	2.50%	175.00	660101			221105
采购部	采购人员	6750.00	2.50%	168.75	660201			221105
仓管部	企管人员	7100.00	2.50%	177.50	660201			221105
人力资源部		6000.00	2.50%	150.00	660201			221105
生管部	生管人员	12700.00	2.50%	317.50	510101			221105
高端眼镜中心	生产人员	11500.00	2.50%	287.50	500101			221105
舒适眼镜中心		11500.00	2.50%	287.50	500101			221105
普通眼镜中心		11500.00	2.50%	287.50	500101			221105
技术部	企管人员	7100.00	2.50%	177.50	660201			221105

图 10-13 职工教育经费一览表

10.3.5 计提个人三险一金和代扣的个人所得税

2017 年 4 月 30 日,财务部会计张兰计提个人承担的三险一金,归集个人所得税,并制单。

本笔业务是个人承担三险一金的计提和代扣代缴个人所得税的归集。

“三险一金”是指养老保险、失业保险、医疗保险,以及住房公积金。个人承担的“三险一金”计提比例,是在账套初始设置时,通过工资项目公式设置实现的,详见本书的 4.5.4 节。

个人所得税是国家对本国公民、居住在本国境内的个人的所得和境外个人来源于本国的所得征收的一种所得税。根据有关规定,本公司代扣个人所得税,相关的设置和初始值,参见 4.5.5 节和 4.5.7 节。

操作时间:确认系统日期和业务日期为 2017 年 4 月 30 日。

视频观看:手机扫描二维码即可观看相关操作。

任务说明:财务部会计张兰计提个人承担的社会保险费和住房公积金,归集代扣代缴的个人所得税,制单。

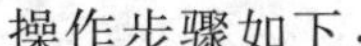

操作步骤如下:

1) 财务部会计张兰计提个人承担的社会保险费和住房公积金

(1) 打开“工资分摊”对话框。登录“企业应用平台”,在“业务导航视图”的“业务工作”导航条中选中“人力资源”|“薪资管理”|“业务处理”|“工资分摊”,打开“工资分摊”对话框。

(2) 计提个人承担的三险。在“计提费用类别”选框中仅选中“个人承担社会保险费”,选中所有的核算部门,选中“明细到工资项目”和“按项目核算”复选框,单击“确定”按钮以完成计提工作,打开“工资分摊明细”页签,显示“个人承担社会保险费一览表”。

(3) 个人承担的三险的分摊制单。选中“合并科目相同、辅助项相同的分录”复选框，再单击工具栏中的“制单”按钮，打开“填制凭证”页签，设置表头的凭证分类为“记账凭证”，单击“保存”按钮。

(4) 退出。单击“填制凭证”和“工资分摊明细”页签的“关闭”按钮，关闭页签。

(5) 计提个人承担住房公积金。重复步骤(1)～(4)，完成个人承担住房公积金的计提和制单。

2) 财务部会计张兰进行个人所得税的查阅与制单

(1) 打开“工资分摊”对话框。登录“企业应用平台”，在“业务导航视图”的“业务工作”导航条中选中“人力资源”|“薪资管理”|“业务处理”|“工资分摊”，打开“工资分摊”对话框。

(2) 查阅个人所得税。在“计提费用类别”选框中仅选中“代扣个人所得税”，并选中所有的核算部门，选中“明细到工资项目”复选框，单击工具栏中的“确定”按钮，完成计提工作，打开“工资分摊明细”页签，显示“代扣个人所得税一览表”。

(3) 代扣个人所得税制单。选中“合并科目相同、辅助项相同的分录”复选框，单击工具栏中的“制单”按钮，打开“填制凭证”页签，设置表头的凭证分类为“记账凭证”，单击“保存”按钮。

(4) 退出。单击“填制凭证”和“工资分摊明细”页签的“关闭”按钮，关闭页签，完成操作。

10.3.6 薪资凭证的审核与记账

2017 年 4 月 30 日，财务主管曾志伟对薪资凭证进行主管审核，会计张兰记账。

本笔业务是月末的薪资凭证审核与记账，需要在总账中进行凭证的审核与记账。

操作时间：确认系统日期和业务日期为 2017 年 4 月 30 日。

视频观看：手机扫描二维码即可观看相关操作。

任务说明：凭证的主管审核，以及会计记账。

操作步骤如下：

1) 财务主管曾志伟对凭证进行主管审核

(1) 打开“凭证审核列表”页签。登录“企业应用平台”，在“业务导航视图”的“业务工作”导航条中选中“财务会计”|“总账”|“凭证”|“审核凭证”，弹出“凭证审核”对话框，设置凭证的“来源”为“薪资管理系统”，然后单击“确定”按钮，打开“凭证审核列表”页签。

(2) 会计主管审核。在“凭证审核列表”页签中，双击凭证摘要为“计提工资总额”凭证所在的行，打开“审核凭证”页签，单击工具栏中的“批处理”|“成批审核凭证”下拉按钮，以完成对列表中所有凭证的审核工作。

(3) 退出。单击“审核凭证”和“凭证审核列表”页签的“关闭”按钮关闭页签，完成操作。

2) 财务部会计张兰进行凭证记账

(1) 打开“记账”对话框。登录“企业应用平台”，在“业务导航视图”的“业务工作”导航条中选中“财务会计”|“总账”|“凭证”|“记账”，打开“记账”对话框。

(2) 会计记账。单击对话框的“全选”和“记账”按钮，系统自动完成记账工作，并给出消息框和记账报告，单击“确定”按钮，关闭消息框。

(3) 退出。单击“记账”对话框的“退出”按钮，关闭对话框，完成操作。

10.3.7 薪资管理月末结账

2017 年 4 月 30 日，财务部会计张兰对薪资管理系统进行月末结账。

本笔业务是月末的薪资结账，需要进行薪资管理模块的月末结账。

操作时间：确认系统日期和业务日期为 2017 年 4 月 30 日。

视频观看：手机扫描二维码即可观看相关操作。

任务说明：财务部会计张兰对薪资管理系统进行月末结账。

操作步骤如下：

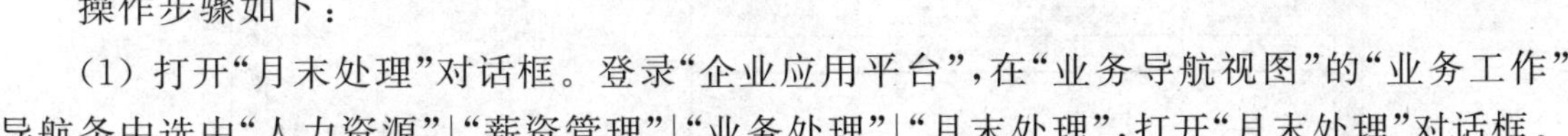

(1) 打开“月末处理”对话框。登录“企业应用平台”，在“业务导航视图”的“业务工作”导航条中选中“人力资源”|“薪资管理”|“业务处理”|“月末处理”，打开“月末处理”对话框。

(2) 结账。单击“确定”按钮，弹出消息框，询问“月末处理之后，本月工资将不许变动！继续月末处理吗？”，单击“是”按钮，弹出消息框，询问“是否选择清零项？”，单击“否”按钮，弹出消息框，询问“月末处理完毕！”，单击“确定”按钮，关闭消息框，完成操作。

10.4 收付款与核销

用友 ERP-U8 中应收系统的收款单，用来记录企业所收到的客户款项，款项性质包括应收款、预收款、销售定金、现款结算、其他费用等，其中应收款、预收款性质的收款单将与发票、应收单、付款单进行核销勾对。应收单据核销是收款核销应收款的工作，其作用是解决收回客商款项核销该客商应收款的处理，建立收款与应收款的核销记录，监督应收款及时核销，加强往来款项的管理。

应付款管理系统的付款单，用来记录企业所支付的款项。应付核销处理是日常进行的付款核销应付款的工作其作用是处理付款核销应付款，建立付款与应付款的核销记录，监督应付款及时核销，加强往来款项的管理。

10.4.1 收款与核销

2017 年 4 月 30 日，财务部查阅应收明细账，并收到银行的入账通知单，具体如下：

(1) 财务部收到银行的入账通知单，通知单上载明是雪亮公司用转账支票(票号为 22170431) 转入上月货款 819000 元，原始单据如图 10-14 所示。

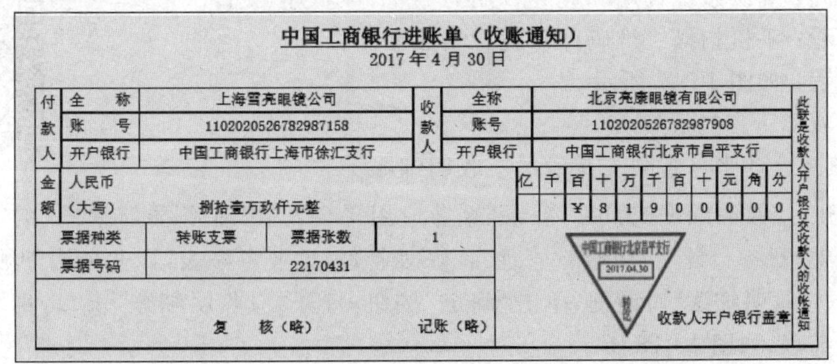

中国工商银行进账单（收账通知）

2017 年 4 月 30 日

付款人	全称	上海雪亮眼镜公司	收款人	全称	北京亮康眼镜有限公司
	账号	1102020526782987158		账号	1102020526782987908
	开户银行	中国工商银行上海市徐汇支行		开户银行	中国工商银行北京市昌平支行

金额	人民币（大写） 捌拾壹万玖仟元整	亿	千	百	十	万	千	百	十	元	角	分
				¥	8	1	9	0	0	0	0	0

票据种类	转账支票	票据张数	1
票据号码	22170431		

复 核（略） 记账（略）

中国工商银行北京市昌平支行 2017.04.30 转讫

收款人开户银行盖章

此联是收款人开户银行交收款人的收账通知

图 10-14 银行入账通知单(雪亮公司转入上月货款)

(2) 财务部收到银行的入账通知单，通知单上载明是雪亮公司用转账支票(票号为22170432) 转入本月货款 2027600 元，原始单据如图 10-15 所示。

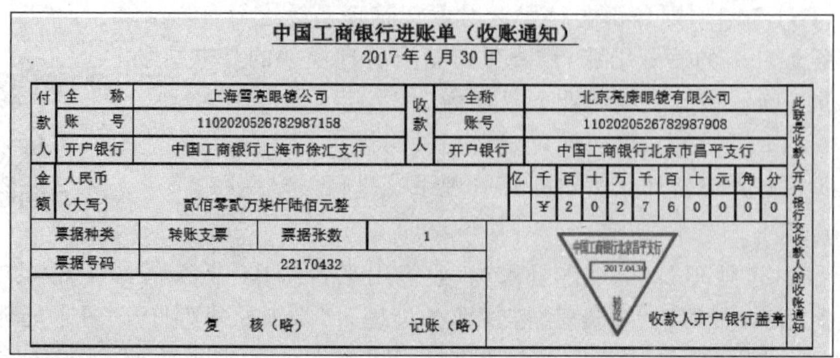

中国工商银行进账单（收账通知）

2017 年 4 月 30 日

付款人	全称	上海雪亮眼镜公司	收款人	全称	北京亮康眼镜有限公司
	账号	1102020526782987158		账号	1102020526782987908
	开户银行	中国工商银行上海市徐汇支行		开户银行	中国工商银行北京市昌平支行

金额	人民币（大写） 贰佰零贰万柒仟陆佰元整	亿	千	百	十	万	千	百	十	元	角	分
			¥	2	0	2	7	6	0	0	0	0

票据种类	转账支票	票据张数	1
票据号码	22170432		

复 核（略） 记账（略）

收款人开户银行盖章

此联是收款人开户银行交收款人的收账通知

图 10-15 银行入账通知单(雪亮公司转入本月货款)

(3) 财务部收到银行的入账通知单，通知单上载明是光明公司用转账支票(票号为22170433) 转入本月货款和代垫运费 145020 元，原始单据如图 10-16 所示。

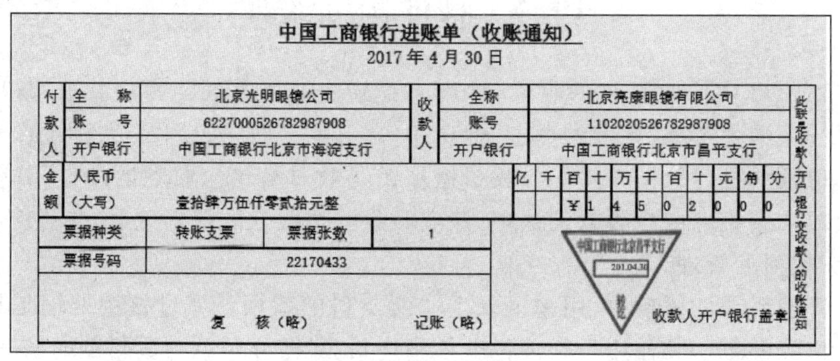

中国工商银行进账单（收账通知）

2017 年 4 月 30 日

付款人	全称	北京光明眼镜公司	收款人	全称	北京亮康眼镜有限公司
	账号	6227000526782987908		账号	1102020526782987908
	开户银行	中国工商银行北京市海淀支行		开户银行	中国工商银行北京市昌平支行

金额	人民币（大写） 壹拾肆万伍仟零贰拾元整	亿	千	百	十	万	千	百	十	元	角	分
				¥	1	4	5	0	2	0	0	0

票据种类	转账支票	票据张数	1
票据号码	22170433		

复 核（略） 记账（略）

收款人开户银行盖章

此联是收款人开户银行交收款人的收账通知

图 10-16 银行入账通知单(光明公司转入本月货款与代垫运费)

本笔业务是应收收款业务，本节将在查阅应收明细账的基础上，依据银行发来的入账通知单，进行收款单的填制、审核与制单，应收与收款的核销与制单，以及红票对冲与制单。

应收单据核销是收款核销应收款，红票对冲可实现某客户的红字应收单与其蓝字应收单、收款单与付款单中间进行冲抵的操作。

操作时间：确认系统日期和业务日期为 2017 年 4 月 30 日。

视频观看：手机扫描二维码即可观看相关操作。

操作流程：如图 10-17 所示。

操作步骤如下：

1) 财务部会计张兰查阅 4 月份的应收明细账

(1) 打开“应收明细账”窗口。登录“企业应用平台”，在“业务导航视图”的“业务工作”导航条中选中“财务会计”|“应收款管理”|“账表管理”|“业务账表”|“业务明细账”，打开“查询条件选择-应收明细账”对话框，单击“确定”按钮，打开“应收明细账”窗口，即可查阅 4 月份的应收明细账，如图 10-18 所示。

(2) 退出。单击“应收明细账”窗口的“关闭”按钮，关闭窗口，完成操作。

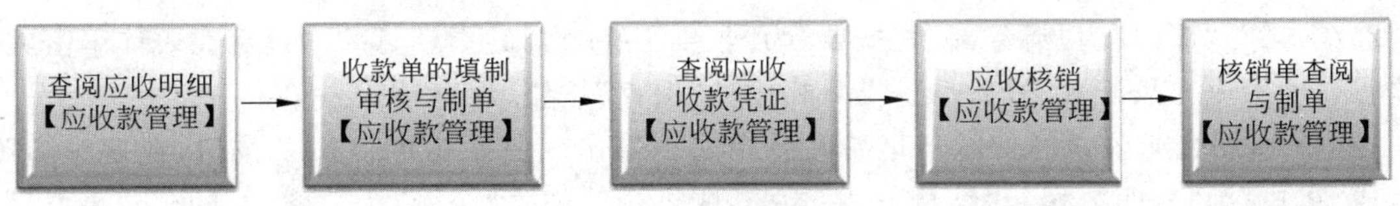

图 10-17　操作流程

应收明细账

币种：　全部
期间：　4　-　4

年	月	日	凭证号	客户		摘要	订单号	发货单	单据类型	单据号	本期应收	本期收回	余额	到期日
				编码	名称						本币	本币	本币	
2017	4	1	记-0002	001	北京光明眼镜公司	代垫运费			其他应收单	0000000001	1,110.00		1,110.00	2017-04-01
2017	4	1	记-0001	001	北京光明眼镜公司	销售老...	XS001	0000000001	销售专...	88170401	154,440.00		155,550.00	2017-04-01
2017	4	30	记-0030	001	北京光明眼镜公司	销售退...	XS001	0000000006	销售专...	89170408	-10,530.00		145,020.00	2017-04-30
				(00...							145,020.00		145,020.00	
				002	上海雪亮眼镜公司	期初余额							819,000.00	
2017	4	1	记-0003	002	上海雪亮眼镜公司	销售普...	XS002	0000000002	销售专...	88170402	112,000.00		931,000.00	2017-04-01
2017	4	17	记-0025	002	上海雪亮眼镜公司	分批发...	XS003	0000000003	销售专...	88170403	1,333,800.00		2,264,800.00	2017-04-17
2017	4	17	记-0026	002	上海雪亮眼镜公司	销售定...	XS003		收款单	0000000002		50,000.00	2,214,800.00	2017-04-17
2017	4	20	记-0027	002	上海雪亮眼镜公司	第二批发票	XS003	0000000004	销售专...	88170404	631,800.00		2,846,600.00	2017-04-20
				(00...							2,077,600.00	50,000.00	2,846,600.00	
2017	4	30	记-0029	003	北京同方眼镜公司	委托结...	WT001	0000000001	销售专...	88170406	491,400.00		491,400.00	2017-04-20
				(00...							491,400.00		491,400.00	
合...											2,714,020.00	50,000.00	3,483,020.00	

图 10-18　应收明细账

2）财务部出纳罗迪填制收款单

（1）打开“收付款单录入”(收款单)页签。登录“企业应用平台”，在“业务导航视图”的“业务工作”导航条中选中“财务会计”|“应收款管理”|“收款单据处理”|“收款单据录入”，打开“收付款单录入”(收款单)窗口。

（2）填制雪亮公司的期初货款收款单。单击工具栏中的“增加”按钮，在表头参照生成“客户”为“雪亮公司”，“结算方式”为“转账支票”，编辑“金额”为“819000.00”，“票据号”为“22170431”，“部门”为“财务部”，“摘要”为“收到雪亮公司的上月货款”，然后在表体单击，表体将自动生成一条记录，最后单击工具栏中的“保存”按钮，保存该收款单，如图 10-19 所示。

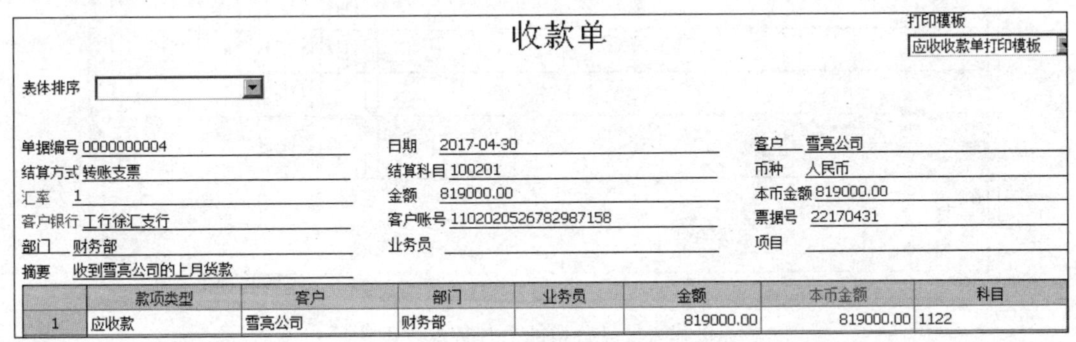

收款单

打印模板：应收收款单打印模板

表体排序

单据编号 0000000004　　日期 2017-04-30　　客户 雪亮公司
结算方式 转账支票　　结算科目 100201　　币种 人民币
汇率 1　　金额 819000.00　　本币金额 819000.00
客户银行 工行徐汇支行　　客户账号 1102020526782987158　　票据号 22170431
部门 财务部　　业务员　　项目
摘要 收到雪亮公司的上月货款

	款项类型	客户	部门	业务员	金额	本币金额	科目
1	应收款	雪亮公司	财务部		819000.00	819000.00	1122

图 10-19　雪亮公司的上月货款收款单

（3）填制雪亮公司的本期货款收款单。单击工具栏中的“增加”按钮，在表头参照生成“客户”为“雪亮公司”，“结算方式”为“转账支票”，编辑“金额”为“2027600.00”，“票据号”为

"22170432","部门"为"财务部","摘要"为"收到雪亮公司的本期货款",然后在表体单击,表体将自动生成一条记录,最后单击工具栏中的"保存"按钮,保存该收款单。

(4) 填制光明公司的货款与运费收款单。再单击工具栏中的"增加"按钮,在表头参照生成"客户"为"光明公司","结算方式"为"转账支票",编辑"金额"为"145020.00","票据号"为"22170433","部门"为"财务部","摘要"为"收到光明公司货款与运费",然后在表体单击,表体将自动生成一条记录,最后单击工具栏中的"保存"按钮,保存该收款单。

(5) 退出。单击"收付款单录入"页签的"关闭"按钮,关闭窗口,完成操作。

3) 财务部会计张兰对收款单进行审核

(1) 打开"收付款单列表"页签。登录"企业应用平台",在"业务导航视图"的"业务工作"导航条中选中"财务会计"|"应收款管理"|"收款单据处理"|"收款单据审核",弹出"收款单查询条件"对话框,单击"确定"按钮,打开"收付款单列表"页签,显示本业务生成的3张收款单。

(2) 审核收款单。单击工具栏中的"全选"和"审核"按钮,审核本业务的收款单。

(3) 退出。单击"收付款单列表"页签的"关闭"按钮,关闭页签,完成操作。

4) 财务部会计张兰对收款单制单

(1) 打开"制单"页签。登录"企业应用平台",在"业务导航视图"的"业务工作"导航条中选中"财务会计"|"应收款管理"|"制单处理",弹出"制单查询"对话框,选中"收付款单制单"复选框,单击"确定"按钮,打开"制单"页签,显示本业务已审核的3张收款单。

(2) 制单。单击工具栏中的"全选"和"制单"按钮,系统自动生成凭证并打开"填制凭证"页签。

(3) 保存。单击工具栏中的"成批保存凭证"按钮,如图10-20所示(以雪亮公司的上月货款收款凭证为例)。

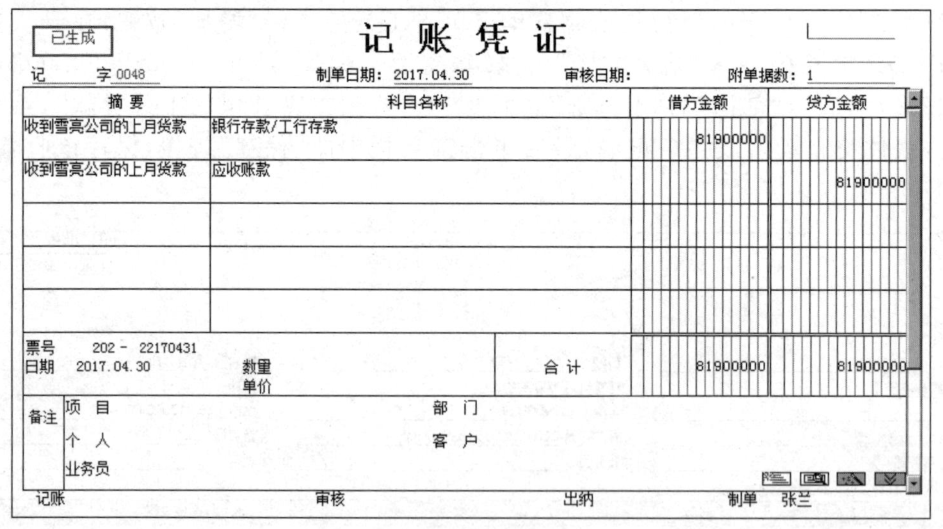
已生成

记账凭证

记 字 0048　　制单日期: 2017.04.30　　审核日期:　　附单据数: 1

摘要	科目名称	借方金额	贷方金额
收到雪亮公司的上月货款	银行存款/工行存款	81900000	
收到雪亮公司的上月货款	应收账款		81900000
票号 202 - 22170431 日期 2017.04.30	数量 单价	合计 81900000	81900000

备注　项目　　部门

个人　　客户

业务员

记账　　审核　　出纳　　制单 张兰

图10-20　雪亮公司的上月货款收款凭证

(4) 退出。单击"填制凭证"和"制单"页签的"关闭"按钮,关闭窗口,完成操作。

5) 财务部会计张兰进行应收账款自动核销

(1) 打开"核销条件"对话框。登录"企业应用平台",在"业务导航视图"的"业务工作"

导航条中选中“财务会计”|“应收款管理”|“核销处理”|“自动核销”，打开“核销条件”对话框。

(2) 核销应收款。单击“确定”按钮，弹出消息框，询问“是否进行自动核销?”，单击“是”按钮，系统自动完成应收核销工作，并弹出“自动核销报告”，显示自动核销了光明公司和雪亮公司的应收账款，单击“确定”按钮，关闭对话框，完成操作。

6) 财务部会计张兰查阅核销明细

(1) 打开“应收核销明细表”窗口，查阅核销明细。登录“企业应用平台”，在“业务导航视图”的“业务工作”导航条中选中“财务会计”|“应收款管理”|“单据查询”|“应收核销明细表”，弹出“查询条件选择-应收核销明细表”对话框，先取消“日期”的开始日期的设置，然后单击“确定”按钮，打开“应收核销明细表”页签，如图 10-21 所示。

应收核销明细表

单据日期	客户	单据类型	单据编号	应收原币金额	结算原币金额	原币余额	结算方式	核销日期	对回单据类型
2017-04-01	北京光明眼镜公司	其他应收单	0000000001	1,110.00		1,110.00			
2017-04-01	北京光明眼镜公司	销售专用发	88170401	154,440.00					
					145,020.00	9,420.00	转账支票	2017-04-30	收款单
2017-04-20	北京光明眼镜公司	销售专用发	88170405	491,400.00					
					491,400.00	0.00	转账支票	2017-04-20	收款单
2017-04-30	北京光明眼镜公司	销售专用发	89170408	-10,530.00		-10,530.00			
2017-03-25	上海雪亮眼镜公司	销售专用发	81090301	819,000.00					
					819,000.00	0.00	转账支票	2017-04-30	收款单
2017-04-01	上海雪亮眼镜公司	销售专用发	88170402	112,000.00					
					112,000.00	0.00	转账支票	2017-04-30	收款单
2017-04-17	上海雪亮眼镜公司	销售专用发	88170403	1,333,800.00					
					50,000.00	1,283,800.00	转账支票	2017-04-17	收款单
					1,283,800.00	0.00	转账支票	2017-04-30	收款单
2017-04-20	上海雪亮眼镜公司	销售专用发	88170404	631,800.00					
					631,800.00	0.00	转账支票	2017-04-30	收款单
2017-04-20	北京同方眼镜公司	销售专用发	88170406	491,400.00		491,400.00			
合计				4,024,420.00	3,533,020.00	491,400.00			

图 10-21　应收核销明细表

提示：在“查询条件选择-应收核销明细表”对话框中，“日期”的开始日期系统默认为“2017-04-01”，如果不取消“日期”的开始日期设置，则只能查询到本月的核销明细。

(2) 退出。单击“应收核销明细表”页签的“关闭”按钮，关闭页签，完成操作。

7) 财务部会计张兰进行核销制单

(1) 打开“制单”页签。登录“企业应用平台”，在“业务导航视图”的“业务工作”导航条中选中“财务会计”|“应收款管理”|“制单处理”，在弹出的“制单查询”对话框中，增加选中“核销制单”复选框，然后单击对话框的“确定”按钮，打开“制单”页签，如图 10-22 所示。

应收制单

凭证类别　记账凭证　　制单日期　2017-04-30　　共 4 条

选择标志	凭证类别	单据类型	单据号	日期	客户编码	客户名称	部门	业务员	金额
	记账凭证	核销	0000000002	2017-04-17	002	上海雪...	销售部	赵飞	50,000.00
	记账凭证	核销	0000000006	2017-04-30	001	北京光...	销售部	赵飞	145,020.00
	记账凭证	核销	0000000004	2017-04-30	002	上海雪...	销售部		819,000.00
	记账凭证	核销	0000000005	2017-04-30	002	上海雪...	销售部	赵飞	2,027,600.00

图 10-22　应收核销制单窗口

(2) 制单并打开“填制凭证”页签。单击工具栏中的“全选”和“制单”按钮，系统自动生成 4 张凭证并打开“填制凭证”页签，默认显示其中一张凭证信息。

(3) 保存凭证。单击工具栏中的"成批保存凭证"按钮,保存所有凭证,弹出消息框提示保存成功,单击"确定"按钮,关闭消息框。

(4) 退出。单击"填制凭证"和"制单"页签的"关闭"按钮,关闭页签,完成操作。

10.4.2 付款与核销

2017 年 4 月 30 日,财务部在查阅应付明细账的基础上,完成上月货款和本月货款的付款业务。具体的付款信息如下:

(1) 财务部用转账支票(票号 22170434,支票存根如图 10-24 所示)支付大运配件厂货款 1495260 元(支付报告书如图 10-23 所示)。

付 款 报 告 书

部门:采购部　　2017 年 4 月 30 日　　编号:001

开支内容	金　额	结算方式
支付货款	￥1495260.00	转账支票
合计(大写)	壹佰肆拾玖万伍仟贰佰陆拾元整	

会计主管:略　　单位负责人:略　　出纳:略　　经办人:略

图 10-23　大运配件厂货款的支付报告书

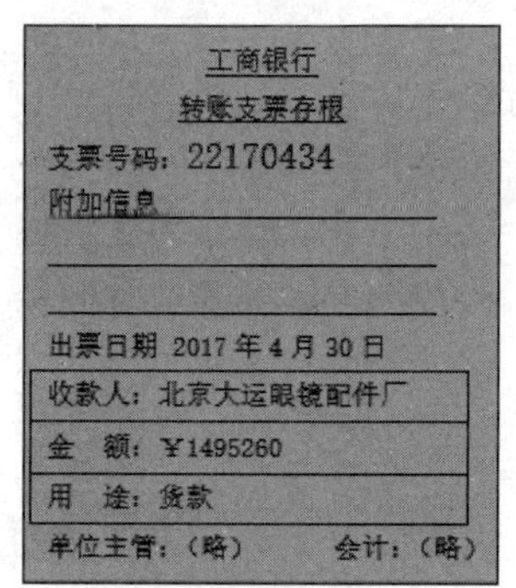

工商银行
转账支票存根
支票号码:22170434
附加信息
出票日期 2017 年 4 月 30 日

收款人:	北京大运眼镜配件厂
金　额:	￥1495260
用　途:	货款

单位主管:(略)　　会计:(略)

图 10-24　支付大运配件厂货款的支票存根

(2) 财务部用转账支票(票号 22170435,支票存根如图 10-26 所示)付给螺钉厂货款 24570 元(支付报告书如图 10-25 所示)。

付 款 报 告 书

部门:采购部　　2017 年 4 月 30 日　　编号:022

开支内容	金　额	结算方式
支付货款	￥24570.00	转账支票
合计(大写)	贰万肆仟伍佰柒拾元整	

会计主管:略　　单位负责人:略　　出纳:略　　经办人:略

图 10-25　螺钉厂货款的支付报告书

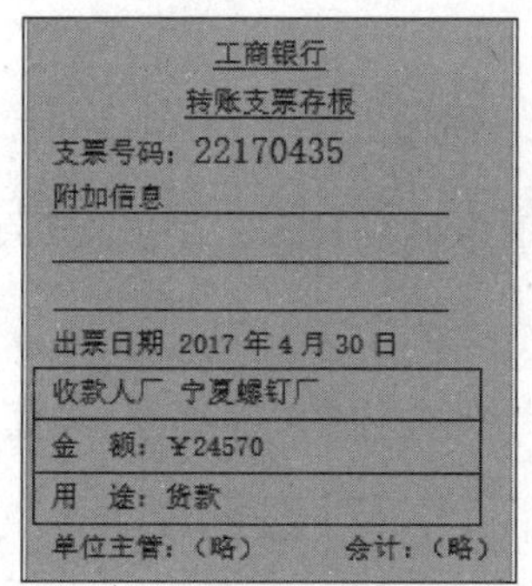
工商银行

转账支票存根

支票号码：22170435

附加信息

出票日期 2017 年 4 月 30 日

收款人厂 宁夏螺钉厂
金　额：¥24570
用　途：货款

单位主管：（略）　　会计：（略）

图 10-26　支付螺钉厂货款的支票存根

（3）财务部用转账支票（票号 22170436，支票存根如图 10-28）付给硅胶三厂货款 11700 元（支付报告书如图 10-27 所示）。

付 款 报 告 书

部门：采购部　　2017 年 4 月 30 日　　编号：032

开支内容	金　额	结算方式
支付货款	¥11700.00	转账支票
合计（大写）	壹万壹仟柒佰元整元整	

会计主管：略　　单位负责人：略　　出纳：略　　经办人：略

图 10-27　硅胶三厂货款的支付报告书

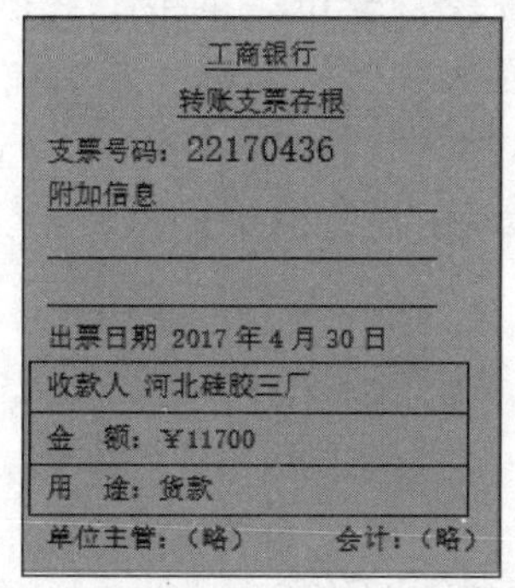
工商银行

转账支票存根

支票号码：22170436

附加信息

出票日期 2017 年 4 月 30 日

收款人 河北硅胶三厂
金　额：¥11700
用　途：货款

单位主管：（略）　　会计：（略）

图 10-28　支付硅胶三厂货款的支票存根

本笔业务是应付款业务，本节将在查阅付款预测的基础上，进行付款单的填制、审核与制单，应付与付款的核销与制单。

操作时间：确认系统日期和业务日期为 2017 年 4 月 30 日。

视频观看：手机扫描二维码即可观看相关操作。

操作流程：如图 10-29 所示。

操作步骤如下：

1）财务部会计张兰查阅 4 月份的付款预测

（1）打开“付款预测”页签。登录“企业应用平台”，在“业务导航视图”的“业务工作”导航条中选中“财务会计”|“应付款管理”|“账表管理”|“统计分析”|“付款预测”，打开“付款预

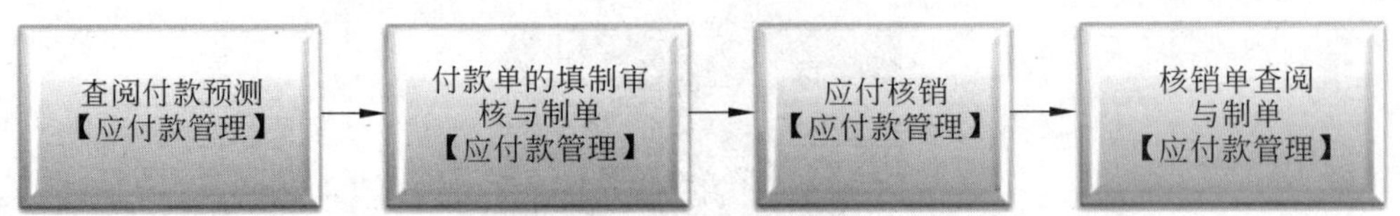

图 10-29　操作流程

测”对话框，单击“确定”按钮，打开“付款预测”页签，结果如图 10-30 所示。

付款预测　　金额式

供应商 全部　　币种：所有币种　　预测日期：2017-04-30至2017-04-30

供应商		付款总计	货款	其他应付款	预付款
编号	名称	本币	本币	本币	本币
001	北京大运眼镜配件厂	1,495,260.00	1,495,260.00		
004	宁夏螺钉厂	24,570.00	24,570.00		
005	河北硅胶三厂	11,700.00	11,700.00		
合计		1,531,530.00	1,531,530.00		

图 10-30　付款预测页签

（2）退出。单击“付款预测”页签的“关闭”按钮，关闭页签，完成操作。

2）财务部会计罗迪填制付款单

（1）打开“收付款单录入”(付款单)窗口。登录“企业应用平台”，在“业务导航视图”的“业务工作”导航条中选中“财务会计”|“应付款管理”|“付款单据处理”|“付款单据录入”，打开“收付款单录入”(付款单)页签。

（2）填制大运配件厂的期初货款付款单。单击工具栏中的“增加”按钮，在表头参照生成“供应商”为“大运配件厂”，“结算方式”为“转账支票”，编辑“金额”为“1495260.00”，“票据号”为“22170434”，“部门”为“财务部”，“摘要”为“支付大运配件厂货款”，然后在表体单击，表体将自动生成一条记录，最后单击工具栏中的“保存”按钮，保存该付款单，如图 10-31 所示。

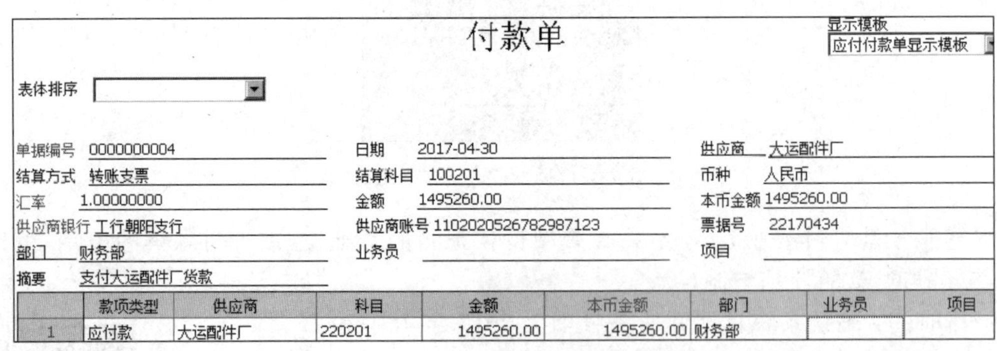

付款单

显示模板：应付付款单显示模板

表体排序

单据编号 0000000004　　日期 2017-04-30　　供应商 大运配件厂

结算方式 转账支票　　结算科目 100201　　币种 人民币

汇率 1.00000000　　金额 1495260.00　　本币金额 1495260.00

供应商银行 工行朝阳支行　　供应商账号 1102020526782987123　　票据号 22170434

部门 财务部　　业务员　　项目

摘要 支付大运配件厂货款

	款项类型	供应商	科目	金额	本币金额	部门	业务员	项目
1	应付款	大运配件厂	220201	1495260.00	1495260.00	财务部		

图 10-31　支付大运配件厂货款的付款单

（3）填制螺钉厂货款的付款单。单击工具栏中的“增加”按钮，在表头参照生成“供应商”为“螺钉厂”，“结算方式”为“转账支票”，编辑“金额”为“24570.00”，“票据号”为“22170435”，“部门”为“财务部”，“摘要”为“支付螺钉厂货款”，然后在表体单击，表体将自动生成一条记录，最后单击工具栏中的“保存”按钮，保存该付款单。

(4) 填制硅胶三厂货款的付款单。单击工具栏中的“增加”按钮,在表头参照生成“供应商”为“硅胶三厂”,“结算方式”为“转账支票”,编辑“金额”为“11700.00”,“票据号”为“22170436”,“部门”为“财务部”,“摘要”为“支付硅胶三厂货款”,然后在表体单击,表体将自动生成一条记录,最后单击工具栏中的“保存”按钮,保存该付款单。

(5) 退出。单击“收付款单录入”页签的“关闭”按钮,关闭页签,完成操作。

3) 财务部会计张兰对付款单进行审核

(1) 打开“收付款单列表”页签。登录“企业应用平台”,在“业务导航视图”的“业务工作”导航条中选中“财务会计”|“应付款管理”|“付款单据处理”|“付款单据审核”,弹出“付款单查询条件”对话框,单击“确定”按钮,打开“收付款单列表”页签,显示本业务生成的3张付款单。

(2) 审核付款单。单击工具栏中的“全选”和“审核”按钮,审核本业务的付款单。

(3) 退出。单击“收付款单列表”页签的“关闭”按钮,关闭页签,完成操作。

4) 财务部会计张兰对付款单制单

(1) 打开“制单”页签。登录“企业应用平台”,在“业务导航视图”的“业务工作”导航条中选中“财务会计”|“应付款管理”|“制单处理”,弹出“制单查询”对话框,选中“收付款单制单”复选框,然后单击“确定”按钮,打开“制单”页签,显示本业务已审核的3张付款单。

(2) 制单。单击工具栏中的“全选”和“制单”按钮,系统自动生成凭证并打开“填制凭证”页签。

(3) 保存。单击工具栏中的“成批保存凭证”按钮,保存所有的凭证。

(4) 退出。单击“填制凭证”和“制单”页签的“关闭”按钮,关闭页签,完成操作。

5) 财务部会计张兰进行应付账款自动核销

(1) 打开“核销条件”对话框。登录“企业应用平台”,在“业务导航视图”的“业务工作”导航条中选中“财务会计”|“应付款管理”|“核销处理”|“自动核销”,打开“核销条件”对话框。

(2) 核销应付款。单击“核销条件”对话框的“确定”按钮,弹出消息框,询问“是否进行自动核销”,单击“是”按钮,系统自动完成应付核销工作,并弹出“自动核销报告”,显示自动核销了大运配件厂、螺钉厂和硅胶三厂的应付账款,单击“确定”按钮,关闭对话框,完成操作。

6) 财务部会计张兰查阅核销明细

(1) 打开“应付核销明细表”页签,查阅核销明细。登录“企业应用平台”,在“业务导航视图”的“业务工作”导航条中选中“财务会计”|“应付款管理”|“单据查询”|“应付核销明细表”,弹出“查询条件选择-应付核销明细表”对话框,先取消“日期”的开始日期的设置,然后单击“确定”按钮,打开“应付核销明细表”页签,如图10-32所示。

提示:在“查询条件选择-应付核销明细表”对话框中,“日期”的开始日期系统默认为“2017-04-01”,如果不取消“日期”的开始日期设置,则只能查询到本月的核销明细。

(2) 退出。单击“应付核销明细表”页签的“关闭”按钮,关闭页签,完成操作。

7) 财务部会计张兰进行核销制单

(1) 打开“制单”页签。登录“企业应用平台”,在“业务导航视图”的“业务工作”导航条中选中“财务会计”|“应付款管理”|“制单处理”,在弹出的“制单查询”对话框中,增加选中

应付核销明细表

单据日期	供应商	单据类型	单据编号	应付原币金额	结算本币金额	原币余额	结算方式	核销日期
2017-03-17	北京大运眼镜配件厂	采购专用发	0000000001	11,700.00				
					11,700.00	0.00	转账支票	2017-04-30
2017-04-04	北京大运眼镜配件厂	采购专用发	66170401	1,483,560.00				
					1,483,560.00	0.00	转账支票	2017-04-30
2017-04-06	北京塑料二厂	采购专用发	66170405	884,520.00				
					50,000.00	834,520.00		2017-04-06
2017-03-20	宁夏螺钉厂	采购专用发	0000000002	7,020.00				
					7,020.00	0.00	转账支票	2017-04-30
2017-04-06	宁夏螺钉厂	采购专用发	66170403	70,200.00				
					69,030.00	1,170.00	转账支票	2017-04-07
					1,170.00	0.00		2017-04-07
2017-04-07	宁夏螺钉厂	采购专用发	66170408	17,550.00				
					17,550.00	0.00	转账支票	2017-04-30
2017-04-07	宁夏螺钉厂	采购专用发	67170407	-1,170.00				
					-1,170.00	0.00		2017-04-07
2017-03-25	河北硅胶三厂	采购专用发	0000000003	11,700.00				
					11,700.00	0.00	转账支票	2017-04-30
2017-04-06	河北硅胶三厂	采购专用发	66170404	117,000.00				
					117,000.00	0.00	转账支票	2017-04-06
合计				2,602,080.00	1,767,560.00	834,520.00		

图 10-32　应付核销明细表

“核销制单”复选框，然后单击对话框的“确定”按钮，打开“制单”页签，如图 10-33 所示。

应付制单

凭证类别　记账凭证　　　制单日期　2017-04-30　　　共 4 条

选择标志	凭证类别	单据类型	单据号	日期	供应商编码	供应商名称	部门	业务员	金额
	记账凭证	核销	0000000003	2017-04-07	004	宁夏螺钉厂	采购部	刘静	69,030.00
	记账凭证	核销	0000000004	2017-04-30	001	北京大运眼镜配件厂	采购部	刘静	1,495,260.00
	记账凭证	核销	0000000005	2017-04-30	004	宁夏螺钉厂	采购部		24,570.00
	记账凭证	核销	0000000006	2017-04-30	005	河北硅胶三厂	采购部		11,700.00

图 10-33　应付核销制单窗口

(2) 制单并打开“填制凭证”页签。单击工具栏中的“全选”和“制单”按钮，打开“填制凭证”页签，生成 4 张凭证并默认显示其中一张凭证信息。

(3) 保存凭证。单击工具栏中的“成批保存凭证”按钮，保存所有凭证。

(4) 退出。单击“填制凭证”和“制单”页签的“关闭”按钮，关闭页签，完成操作。

10.5　总账的凭证记账

2017 年 4 月 30 日，财务部出纳罗迪对凭证做出纳签字(若需要)，主管曾志伟进行主管审核，会计张兰记账。

本笔业务是凭证的签字、审核与记账，需要在总账中进行凭证的审核与记账。

操作时间：确认系统日期和业务日期为 2017 年 4 月 30 日。

视频观看：手机扫描二维码即可观看相关操作。

任务说明：凭证的出纳罗迪签字、主管曾志伟审核，以及会计张兰记账。

操作步骤如下：

1）财务部出纳罗迪对凭证进行出纳签字

（1）打开“出纳签字列表”页签。登录“企业应用平台”，在“业务导航视图”的“业务工作”导航条中选中“财务会计”|“总账”|“凭证”|“出纳签字”，弹出“出纳签字”对话框，单击“确定”按钮，打开“出纳签字列表”页签。

（2）出纳签字。双击代垫运费凭证所在的行，打开该凭证的“出纳签字”页签，单击工具栏中的“批处理”|“成批出纳签字”下拉按钮，以完成对所有未签字凭证的出纳签字工作。

（3）退出。单击“出纳签字”和“出纳签字列表”页签的“关闭”按钮，关闭页签，完成操作。

2）财务主管曾志伟对凭证进行主管审核

（1）打开“凭证审核列表”页签。登录“企业应用平台”，在“业务导航视图”的“业务工作”导航条中选中“财务会计”|“总账”|“凭证”|“审核凭证”，弹出“凭证审核”对话框，单击“确定”按钮，打开“凭证审核列表”页签。

（2）会计主管审核。双击凭证编号为“记-0001”所在的行，打开“审核凭证”页签，单击工具栏中的“批处理”|“成批审核凭证”下拉按钮，完成对所有未审核凭证的审核工作。

（3）退出。单击“审核凭证”和“凭证审核列表”页签的“关闭”按钮关闭页签，完成操作。

3）财务部会计张兰进行凭证记账

（1）打开“记账”对话框。登录“企业应用平台”，在“业务导航视图”的“业务工作”导航条中选中“财务会计”|“总账”|“凭证”|“记账”，打开“记账”对话框。

（2）会计记账。单击“全选”“记账”按钮，自动完成记账工作，弹出消息框和记账报告，单击“确定”按钮，关闭消息框。

（3）退出。单击“记账”对话框的“退出”按钮，关闭对话框，完成操作。

10.6 实验报告内容

1. 查看本月螺钉的假退料单，并将结果拷屏粘贴在实验报告中。
2. 查看本月的生产领料单列表，并将结果拷屏后粘贴在实验报告中。
3. 查看高端眼镜中心的领料单据制单结果，并将结果拷屏后粘贴在实验报告中。
4. 查看本月的固定资产折旧清单，并将结果拷屏后粘贴在实验报告中。
5. 查看本月计提工资总额一览表，并将结果拷屏粘贴在实验报告中。
6. 查看本月单位承担社会保险费一览表，并将结果拷屏后粘贴在实验报告中。
7. 查看本月工会会费一览表，并将结果拷屏后粘贴在实验报告中。
8. 查看本月的应收明细账，并将结果拷屏后粘贴在实验报告中。
9. 查看本月的应付明细账，并将结果拷屏后粘贴在实验报告中。
10. 查看本月的付款预测，并将结果拷屏后粘贴在实验报告中。
11. 查看本月的所有凭证列表，并将结果拷屏后粘贴在实验报告中。

第 11 章　成 本 管 理

企业生存和发展的关键，在于不断地提高经济效益。提高经济效益的手段为增收和节支。增收靠创新，节支靠成本控制。而成本控制的基础是成本核算工作。目前在企业的财务工作中，成本核算往往是工作量最大、占用人员最多的工作，企业迫切需要应用成本核算软件来更加准确及时地完成成本核算工作。

用友 ERP-U8 的成本管理系统，支持"单用户"或"多用户"应用模式。如果企业的生产规模较小，成本核算工作主要由总部的财务部门完成，则建议选择"单用户"应用模式。如果企业的规模较大，总部和分厂均进行成本核算工作，则可以选择"多用户"应用模式，用户可以在多个站点上录入和查询成本数据，在任意一个站点上进行成本计算工作，通过操作员权限来控制各部门的成本录入和查询范围。

用友 ERP-U8 的成本管理系统，支持品种法(分步法)、完全分批法、部分分批法、分类法等多种成本计算方法，提供多级成本核算，并提供成本预测和成本分析功能，以帮助企业不断降低成本。

成本管理系统既可独立使用，又可与生产制造系统、总账系统、薪资管理系统、固定资产系统、存货核算系统、UFO 报表系统集成，实现各类工业企业对成本的全面的掌控和核算。

本章的实验，是进行成本数据录入、成本核算、成本的凭证处理与总账的凭证记账。本章的操作，需按照业务描述中的系统日期(如 2017 年 4 月 30 日)和操作员(例如财务部会计赵俊等)，在第 10 章完成的账套基础上，在成本管理、存货核算与总账模块中进行。

在每笔业务的实验操作前，需要将系统时间调整为业务日期。如果没有调整系统时间，则在登录"企业应用平台"时需要修改"操作日期"为业务日期；如果操作日期与账套建账时间之间的跨度超过 3 个月，则该账套在演示版状态下不能执行任何操作。

如果没有完成第 10 章的存货核算、固定资产、薪资管理与收付款业务，可以到百度网盘空间(网盘地址：https://pan.baidu.com/s/1eSxB2uQ，密码：pxsn)的"实验账套数据"文件夹中，将"10 存货核算与财务.rar"下载到实验用机上，然后"引入"(操作步骤详见 1.3.5 节)到用友 ERP-U8 系统。而且，本章完成的账套，其"输出"压缩的文件名为"11 成本管理.rar"。

需要说明的内容如下。

(1) 因网盘中的账套备份文件均为压缩文件，所以在下载完成后引入之前，需要用解压缩工具进行解压(建议用 WinRAR 3.42 或以上版本)，得到相应可以引入的账套数据文件。

(2) 本章的所有业务实验操作都有配套的微视频，可以通过扫描二维码或者到指定的网页去观看。本书配套的微视频均存放在网盘中。

本章的建议授课时间，理论课为 4～8 学时，实验课为 4 学时。理论部分，主要讲解成本管理的概念、流程和选项设置，成本数据录入、成本核算和成本的月末处理，相关的内容可参见 11.1～11.7 节和配套课件。

实验目的与要求如下。

(1) 理解成本管理系统的作用及其与其他管理部门的关系。

(2) 理解成本计算与存货核算之间的数据流。

(3) 掌握成本数据录入和成本核算的操作。

(4) 掌握成本凭证处理和月末处理。

11.1 预备知识

在进行成本核算前,需要先了解成本管理的基本概念,然后根据本企业的业务进行成本数据的分类、归集,并输入成本资料,最后进行成本计算。

11.1.1 基本概念

成本管理的主要概念,包括成本核算、成本核算体系、成本核算方法、材料分类和成本计算方式。

1. 成本核算

成本核算是对成本中心(例如高端眼镜中心)中的成本对象(例如高端低度老花镜、高端中度老花镜),按成本费用项目(例如人工费用、制造费用)和相应的费用分配率(例如按产品产量、按实际人工工时、按实际机器工时),进行计算的过程。

(1) 成本中心,是成本计算的范围。在用友 ERP-U8 中,通过成本中心档案、成本中心对照设置,详见 4.7.2 节。

(2) 成本对象,是成本核算的对象。在用友 ERP-U8 中,需要先在物料清单子系统,或基础设置的产品结构中定义(详见 3.4 节),然后在成本管理子系统中定义产品属性(详见 4.7.4 节)。

(3) 成本费用项目,是成本核算所用的费用项目。在用友 ERP-U8 中,需要先在成本管理子系统的成本核算选项中设置费用项目和费用的数据来源(详见 4.7.3 节),然后再定义费用明细与总账接口(详见 4.7.5 节)。

(4) 费用分配率,是成本核算时生产费用在多个产品之间,以及某个产品的完工产品与在产品之间的费用分配比例。在用友 ERP-U8 中,通过成本管理的定义分配率来设置费用的分配率,详见 4.7.6 节。

2. 成本核算体系

常用的成本核算体系分为实际成本核算体系和标准成本核算体系。案例企业使用的是实际成本核算体系(设置步骤请参见 4.7.1 节)。本章主要讲解实际成本核算体系的相关设置与成本计算。

标准成本核算体系需要通过标准成本进行核算。标准成本是成本管理子系统中一个相对独立的模块,它没有期间的概念,可以随时进行计算,其计算的主线索是产品结构(或物料清单)中定义的母子件关系,材料及半成品的消耗数据均取自产品结构(或物料清单),算法是从末级产品算起,逐层卷级计算。

定义产品的标准成本时,可通过输入材料标准价、标准人工费用、服务标准价和单位产品费用耗用量,系统将自动生成产品的单位标准成本。

3. 成本核算方法

成本核算方法的种类很多。在手工成本核算中，分为品种法、分步法、分批法等，并且在实际工作中往往会出现几种方法混合应用的情况。在用友 ERP-U8 的成本管理子系统中，已将多种核算方法抽象为一种基本的成本算法，即按照产品的产品结构（或物料清单）定义的母子件关系，以产品品种为基本核算对象，辅助以生产批号、产品大类等基本属性的卷积计算方法。

但是为了排除一些不必要的设置步骤和简化操作，系统将成本核算方法分为以下 4 种。

(1) 品种法，是以产品的品种作为成本计算对象，主要适用于大量大批的单步骤生产，例如发电、采掘等生产。在大量大批多步骤生产中，如果生产规模小，或生成车间按封闭式车间设置，生产按流水线组织，不要求按生产步骤计算成本，则可以采用品种法计算产品成本。

品种法的特点，是以产品的品种作为计算对象，在管理上不需要分步骤计算产品成本。月末若有在产品，需要将生产费用在完工产品和在产品之间进行分配。

在用友 ERP-U8 中，与品种法对应的核算方法是“品种法或分步法”，它适用于煤炭、食品、制药等单品种大批量生产企业。

(2) 分步法，是按照产品的生产步骤作为成本计算对象（即与各工序产品为成本计算对象），适用于连续加工式多步骤的、大量大批的生产，其生产过程划分为若干个生产步骤，在管理上需要掌握各加工步骤的成本。

分步法的特点，是以产品的各生产步骤的半成品和最后的产成品为成本计算对象。月末若有在产品，需要将生产费用在完工产品（包括半成品和产成品）和相应在产品之间进行分配。

在用友 ERP-U8 中，与分步法对应的核算方法是“品种法或分步法”，它适用于钢铁、印染、纺织、石油、化工、造纸、水泥、印刷、汽车制造、机械加工、家电等连续加工式生产企业。

(3) 分批法，是以产品的批别或订单作为成本计算对象，适用于小件单批的多步骤或单步骤生产。分批法适用于企业完全按照订单生产产品的情况，可以将一个订单定义为一个批号，通过系统提供的按批号核算成本的方法，对订单完成情况进行管理。

分批法的特点，是以产品批号或订单作为成本计算对象。一般情况下，分批法不会有在产品，所以月末不需在完工产品和在产品中分摊生产费用。

在用友 ERP-U8 中，与分批法对应的核算方法是“完全分批法”或“部分分批法”，它适用于服装、家具、造船、重型机器制造等单件小批量生产企业。

(4) 分类法，是按照产品类别归集费用。凡是产品的品种繁多，而且可以划分为若干类别的企业和车间，均可以采用分类法计算成本。分类法与产品生产的类型没有直接联系，因而可以在各种类型的生产中应用。

在用友 ERP-U8 中，与分类法对应的核算方法是“分类法”，它适用于食品、针织、照明无线电等工业企业。

4. 材料分类

根据领用材料与成本中心和生产产品之间的关系，可将生产领用的材料分为共用材料与专用材料。共用材料是成本中心领用的材料，专用材料是产品直接领用的材料。

在用友 ERP-U8 中，如果在材料领用时设置了表头的“部门”（例如高端眼镜中心）和某个被领用材料(例如低度镜片)的“项目编码”(例如 1001,如图 8-3 的表体),则该材料(低度镜片)是成本项目 1001(高端低度老花镜)的专用材料。如果在材料领用时仅设置了表头的“部门”(例如高端眼镜中心),则被领用的材料是该部门的共用材料。

5. 成本计算方式

在用友 ERP-U8 中,成本管理子系统提供了成本计算(手动卷积,详见 11.3.1 节)与卷积运算(自动卷积,详见 11.3.3 节)两种成本计算方式,用于计算 BOM 中各层物料的成本。

卷积运算是自动卷积的一种,可一次性按顺序由低层到高层完成所有成本 BOM 层次的成本计算,包含各层入库单、出库单记账、期末处理、材料及外购半成品耗用表取数、成本计算、产成品成本分配,在计算过程中无交互操作。

11.1.2 成本计算流程

用友 ERP-U8 中成本计算的基本模型,是根据物料清单(或产品结构),以品种法为基础,采用逐步结转分步法,并辅以生产批号,以实现按批次归集成本费用的分批法核算。具体的成本计算流程如下:

第 1 步,对直接费用进行归集,将直接费用直接归集到各产品下。

第 2 步,对间接费用在各成本中心内进行归集。

第 3 步,对归集到成本中心下的费用,依据分配率在不同产品间进行分配。

第 4 步,进行完工产品与在产品间的分配。

1. 成本项目与成本分配

成本分配时,将成本项目(例如材料费用、人工费用)中需要分配的费用,按预设的分配方法(例如按产品产量、按实际工时,在产品的约当系数等)进行分配计算。成本项目的数据来源和是否需要分配的说明,如表 11-1 所示。

表 11-1 成本项目分配说明

成本项目	数据来源	二级分类	是否需要分配
材料费用	• 手工录入 • 存货核算系统	共用材料	是
		专用材料	否(直接记入产品)
人工费用	• 手工录入 • 薪资管理系统 • 总账系统	无	是
制造费用(含折旧费用)	• 手工录入 • 总账系统 • 固定资产系统(折旧费用)	无	是
辅助费用	成本计算结果	无	是
其他费用	• 无此数据项 • 手工输入 • 总账系统	无	否(直接记入产品)

2. 材料费用核算流程

用友 ERP-U8 的材料费用核算流程如图 11-1 所示。

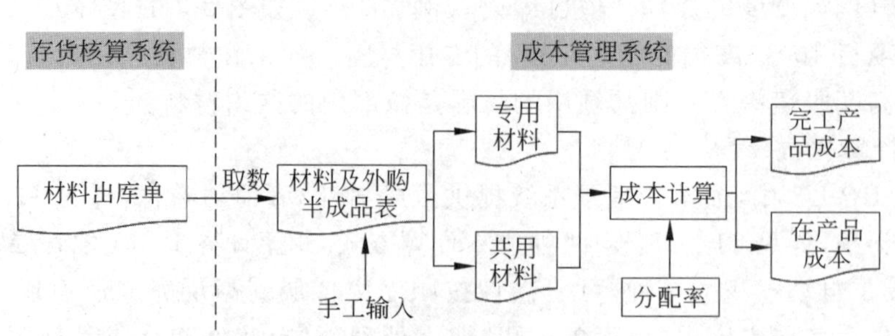

图 11-1　材料费用核算流程

由图 11-1 可知，材料费用核算是首先从存货核算系统的材料出库单(如果选择存货数据来源于存货核算系统，操作详见 4.7.3 节)取数或手工输入生产领料数据到材料及外购半成品表中，系统根据材料费用的分配率(操作详见 4.7.6 节)，进行产品的成本计算，计算完成之后可以查阅完工产品和在产品的汇总成本与明细成本(详见 11.4.1 节)。

3. 相关费用核算流程

制造产品的成本，除了材料成本，还有人工费用、期间制造费用、辅助费用等。这些相关费用的核算流程如图 11-2 所示。

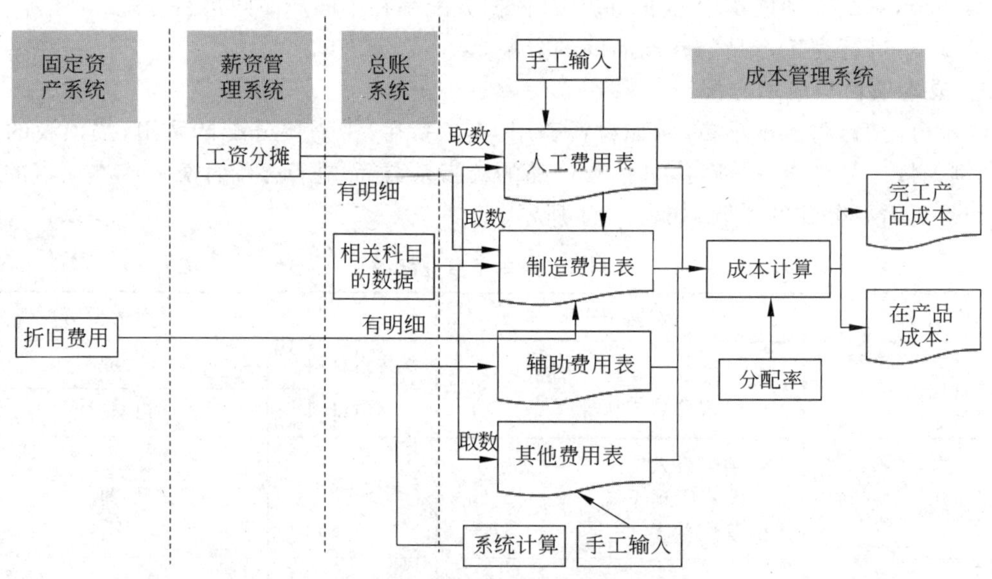

图 11-2　其他相关费用的核算流程

由图 11-2 可知，人工费用表中的数据可手工录入，也可通过对薪资管理系统的工资分摊数据取数获得；制造费用无明细时，其数据可手工录入，也可以从总账系统的相关已记账科目中取数；制造费用有明细时，还可以从固定资产中提取折旧费用，从薪资管理的工资分摊中提取人工费用；其他费用表中的数据可手工录入，也可从总账系统的相关已记账科目中取数；而辅助费用表是系统计算得出相关数据。

4. 成本计算的基本模型

用友 ERP-U8 中成本计算的基本线索是产品结构(或物料清单)，基本算法是以品种法为基础的逐步结转分步法，并辅助以生产批号以实现按批次归集成本费用的分批法核算，具体的如图 11-3 所示。

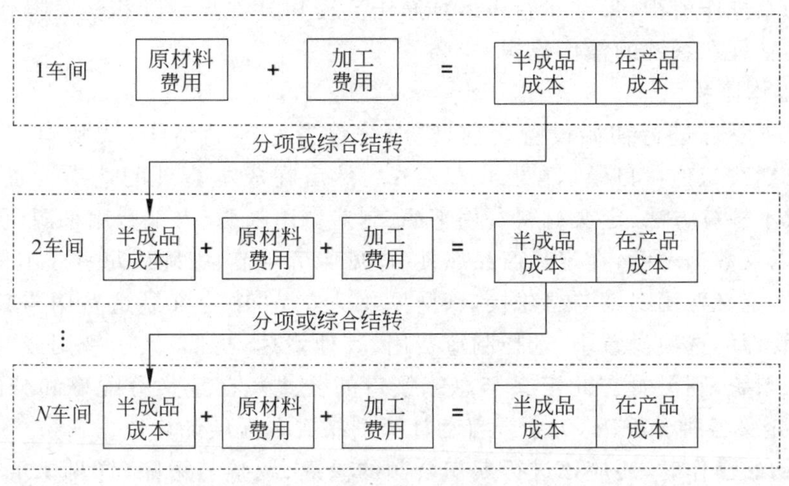

图 11-3　逐步结转分步法流程图

5. 日常成本核算流程

企业的日常成本核算流程，如图 11-4 所示。通常，企业先进行本月的成本资料录入(详见 11.2 节)，然后执行卷积运算(参见 11.3.3 节)或成本计算(参见 11.3.1 节)，成本计算之后就可以进行成本汇总表或明显表的查询，成本预测与分析，并在月末其他相关子系统结账之后生成成本结转凭证，最后是成本管理子系统的月末结账。

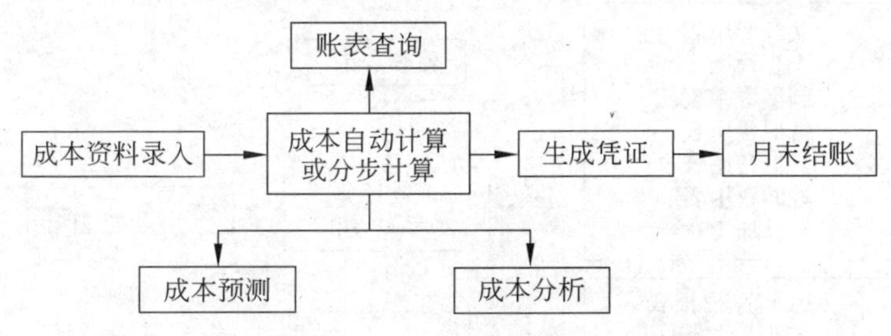

图 11-4　日常成本核算流程图

需要注意的是，只要录入的成本资料满足成本计算的需要，可以随时进行成本计算，但只有成本数据有效时的计算结果才可以定义凭证。

系统判断数据是否有效的依据是，除总账和存货核算系统以外的所有本系统读取数据的其他子系统(例如薪资管理、固定资产)均已经进行了月末结账，即数据不再发生变更，同时必须在成本管理子系统的相关资料录入表中，重新执行了“取数”功能。

以有效数据计算成本后，不能再进行本期的成本计算。若需要再计算，则可以通过执行“核算”|“恢复结账前状态”，将占用其他系统数据的标志取消(如果是卷积运算，则还需要单击“恢复”按钮)；并将已经生成的凭证全部删除，才可以重新执行“成本计算”或“卷积运算”功能。

11.1.3 操作流程

本节从初始操作流程、日常非卷积运算操作流程和日常自动卷积运算操作流程这 3 个流程讲解成本管理在系统的操作流程。

1. 初始操作流程

在进行成本管理进行初始设置之前，需要先设置好产品结构（或物料清单，详见 3.4 节）、成本中心档案与项目目录（详见 4.7.2 节），然后在成本管理的选项设置（详见 4.7.3 节）中，选择成本核算方法，定义材料费用来源、制造费用来源、人工费用来源、折旧费用和其他费用来源，以及数据精度；在定义产品属性（详见 4.7.4 节）中确认每月成本核算系统的产品核算范围；在定义费用明细与总账接口（详见 4.7.5 节）中定义制造费用与其他费用的明细（若在成本管理的选项设置中，选择制造费用、其他费用、折旧、人工费用或共耗费用的数据来源于总账系统，则需要在此定义与总账接口的公式）；在定义分配率和分配范围（详见 4.7.6 节）中，定义各种分配率，为系统自动计算产品成本提供计算依据。

另外，在初始操作时，还应该进行期初余额的录入、调整与记账（详见 4.7.8 节）。还可以根据需要，进行凭证的科目设置（详见 4.7.7 节）。

2. 日常业务操作流程（非卷积）

非卷积运算的日常业务操作流程如图 11-5 所示。

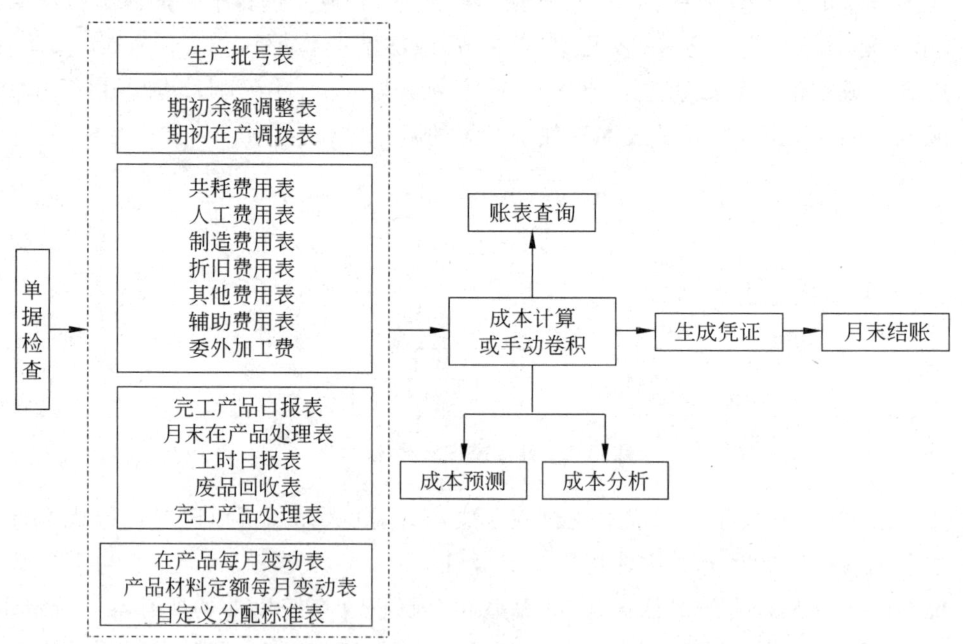

图 11-5 日常业务操作流程（非卷积）

由图 11-5 可知，成本计算（或手动卷积）之前，需要将相关数据录入或从其他相关子系统中取数并进行单据检查，然后进行计算；计算之后可以查阅、预测、分析成本，以及生成凭证，但不能回写相关数据。

3. 日常操作流程（卷积）

自动卷积运算的日常业务操作流程如图 11-6 所示。

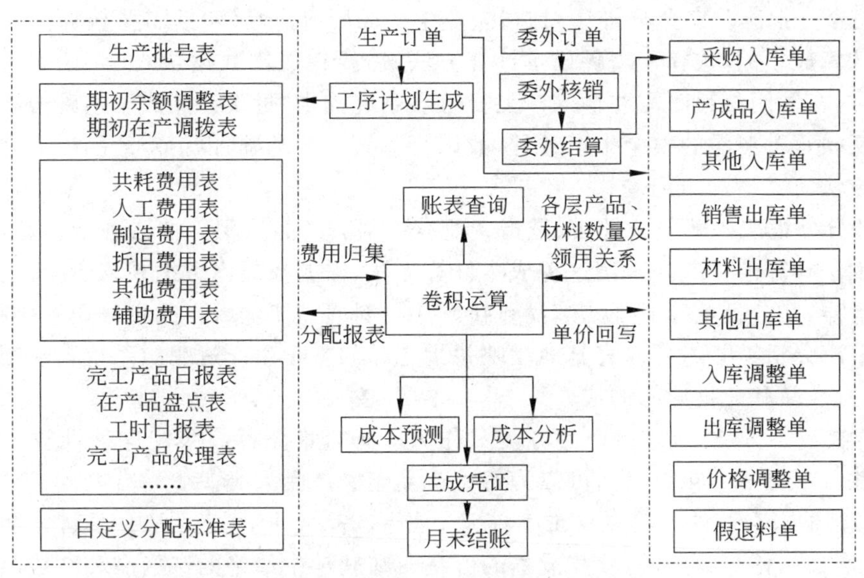

图 11-6　日常业务操作流程(自动卷积)

11.1.4　选项设置的内容与含义

成本管理系统的选项设置是其初始设置的主要任务之一。成本管理系统的初始设置主要是完成基础资料设置、系统参数(即选项)设置工作,提供成本业务处理所需的各种要素(初始设置的操作流程详见 4.7 节)。

初始设置是进行成本核算体系与核算方法定义,系统选项设置,成本对象设置,定义成本费用项目(共耗费用、材料费用、人工费用等)和各种成本费用项目的分配率,以及凭证科目的设置。本节主要讲解系统选项设置的内容与含义,11.1.5 节讲解成本对象设置,11.1.6 节讲解成本费用项目及其分配率定义,4.7.7 节进行凭证科目设置,11.5 节将在生成凭证时使用这些科目。

1. 成本核算体系及方法选择

企业在采用成本管理系统进行成本核算之初,首先要根据企业自身的生产特点和核算要求,确定所要采用的成本核算体系和方法。

成本核算体系分为实际成本核算体系和标准成本核算体系,设置及操作步骤请参见 4.7.1 节。案例企业使用的是实际成本核算体系。下面将主要讲解实际成本核算体系的相关设置与成本计算。

在手工成本核算中,成本核算方法的种类很多,分为品种法、分步法、分批法等,并且在实际工作中往往会出现几种方法混合应用的情况。在用友 ERP-U8 的成本管理中,系统已将多种核算方法抽象为一种基本的成本算法,即按照产品的产品结构(或物料清单)定义的母子件关系,以产品品种为基本核算对象,辅以生产批号、产品大类等基本属性的卷积计算方法(详见图 11-3)。

但是为了排除一些用户不必要的设置步骤和简化操作,也需要用户确认所要采用的成本核算方法(操作步骤详见 4.7.3 节),系统分为 4 种方法(详见图 4-40)。成本计算方法说明如下:

(1) 完全分批法。完全分批法，是指企业生产的所有产品，包括需要核算的工序产品都是按批号计算成本的，选择了这种成本计算方法，需要在成本数据录入(详见 11.2 节)时输入生产批号，在领用材料时需要输入产品批号。系统提供“批次产品成本追踪分析”功能，可以完整地反映每批产品的整个生产过程，故以订单为生产基础、以销定产的生产企业都可以采用这种方法。

(2) 部分分批法。部分分批法，是指企业有一部分产品采用分批法进行核算，同时也有不采用分批法核算的情况。采用这种成本计算方法，需要在成本数据录入(详见 11.2 节)时输入生产批号，在分批核算成本的产品直接领用材料时需要输入产品批号。系统提供“批次产品成本追踪分析”功能，可以完整地反映每批产品的整个生产过程。系统自动根据成本资料，计算出批产品和非批产品的成本。

(3) 分类法。分类法，是指产品分类只作为一种查询条件。采用这种计算方法，在“定义产品属性”(参见 4.7.4 节)时，可以为每种产品定义产品大类。

(4) 品种法或分步法。品种法或分步法，是指产品成本核算过程中不划分批别与类别的，完全按产品品种归集费用，核算成本的方法。在软件中最终的产成品和半成品均被视为产品。所以作为手工以分步法核算的企业，在选择了这种方法后还要注意存货档案和产品结构(或物料清单)要定义半成品。这种方法适合于所有手工成本采用品种法或分步法的企业。

2. 系统选项设置

成本管理子系统的系统选项设置，就是定义成本费用项目及来源。通常，在定义完成本核算方法后，还需要定义哪些成本费用项目需要核算以及它的数据来源，是手工录入，还是从其他系统取数，操作步骤详见 4.7.3 节。

具体地，需要定义的成本费用项目包括材料费用、人工费用、制造费用(含折旧费用)、辅助费用和其他费用。这些费用的数量来源定义分述如下。

(1) 存货数据来源。存货数据来源是设置材料费用的来源。在成本管理子系统中，可以定义存货的数据来源于手工输入还是来源于存货系统(详见图 4-41)，系统将依据选择判断存货数据的取值依据。

若选择手工输入，则需要手工输入每月成本核算所需的费用数据，且材料及外购半成品耗用表、完工产品日报表和完工产品处理表的录入中“取数”功能不能使用。

若选择来源存货系统，则每个会计期间只需进入材料及外购半成品耗用表(详见 11.2.1 节)。完工产品日报表(详见 11.2.3 节)和完工产品处理表(详见 11.2.3 节)，系统将自动从存货系统读取成本核算所需的材料出库数据和产成品入库数据，无须手工输入。

在存货数据来源设置时，如果选择“来源于存货核算系统”，则需要定义哪些出库类别记入直接材料费用，哪些入库类别记入入库数量。如果存货系统未启用，则“来源于存货核算系统”的选项为暗，不能选择；可以先启用存货核算系统并重新启动本系统后再选择。

① 记入直接材料费用：可从左边的“出库类别”选择区内选择出库类别项目(例如领料出库)，系统将根据所选出库类别从存货核算系统取材料出库数量和材料出库成本。“材料及外购半成品耗用表”依据该项设置进行取数操作。“出库类别”选择区显示的是“基础档案”中“收发类别”表内定义的所有收发标志为“发”的出库类别名称。

② 记入入库数量：可从左边的“入库类别”选择区内选择入库类别项目(如产成品入

库)，系统将根据所选入库类别从存货核算系统取完工入库数量。该项设置在“完工产品处理表”和“完工产品日报表”中引用。“入库类别”选择区显示的是“基础档案”中“收发类别”表内定义的所有收发标志为“收”的入库类别名称。

(2) 定义人工费用来源。人工费用来源是设置直接人工费用的数据来源。在成本管理子系统中，可以定义人工费用的数据来源于手工输入、来源于薪资管理还是来源于总账系统，系统将依据选择进行人工费用的取值，并进行成本计算，其操作步骤详见4.7.3节，操作界面可参见图4-42。

若选中“来源于手工录入”，则需要手工输入每月的成本核算所需的人工费用数据。

若选中“来源于总账系统”，则每个会计期间只需进入人工费用表(详见11.2.2节)进行“取数”，系统自动从总账系统读取成本核算所需的人工费用数据，无须手工输入。

若选中“来源于薪资管理”系统，则每个会计期间只需进入人工费用表(详见11.2.2节)进行“取数”，系统自动从薪资管理系统读取成本核算所需的人工费用数据，无须手工输入。

若选中“来源于薪资管理”系统，则需要选择工资类别、人员类别和工资分摊类型，以及是否“核算计件工资”。

① 选择工资类别：单击“工资类别”下拉按钮，列表中显示薪资管理系统定义的所有工资类别，从中选择一个，为人工费用来源。

② 选择工资分摊类型：列表中自动显示在所选“工资类别”中已定义的所有的分摊类型，必须选择计入成本的工资分摊类型(例如计提工资总额、计提单位承担的五险一金等)。

③ 选择人员类别：

- “人员类别”列表：数据来源于基础档案或薪资管理系统的人员类别定义，例如企管人员、采购人员、生产人员。
- “记入直接人工费”和“记入制造费用”的人员类别列表，是从“人员类别”列表中选取的，并且一种人员类别只能属于一个列表。

④ 核算计件工资：若选中“核算计件工资”复选框，则人工费用表从薪资管理系统取数时，将扣减符合条件的计件工资金额；未选择“核算计件工资”时，人工费用表直接取出符合对应条件的人工费用金额。

小贴士

- 如果薪资管理系统未启用，则“来源于薪资管理”系统的选项为暗，不能选择；需要先启用薪资管理系统并重新启动本系统后，再选择。
- 如果总账系统未启用，则“来源于总账系统”的选项为暗，不能选择；需要先启用总账系统并重新启动本系统后，再选择。
- 如果在“制造费用来源”选项卡中已经选择了“制造费用无明细”复选框，则“记入制造费用”的人员类别选项为暗，不可激活。

(3) 定义制造费用来源。制造数据来源是设置期间制造费用的来源。在成本管理子系统中，可以定义制造费用的数据来源于手工录入还是来源于总账系统(详见4.7.3节，操作界面如图11-7所示)，系统将依据选择进行制造费用的取值，并进行成本计算。

“制造费用无明细”是一个开关，决定了本系统中制造费用是否要定义明细项目。如果总账系统未启用，则“来源于总账系统”的选项为暗，不能选择；先启用总账系统并重新启动

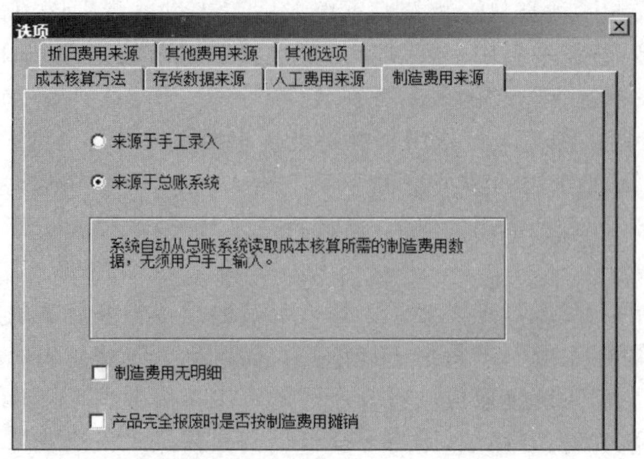

图 11-7　制造费用来源设置界面

本系统后，就可以选择。

若选中"来源于手工录入"，则需要手工输入每月成本核算所需的制造费用数据。

若选中"来源于总账系统"，则每个会计期间只需进入制造费用表（详见 11.2.2 节）进行"取数"，系统自动从总账系统读取成本核算所需的制造费用数据，无须手工输入。注意，相关的费用凭证只有记账后才能传递到成本核算系统。

若选中"制造费用无明细"复选框，则"人工费用来源"选项卡中的"记入制造费用"的人员类别，以及"折旧费用来源"页签为暗，不可激活。

若没有选中"制造费用无明细"复选框，则制造费用有明细，系统默认制造费用明细为折旧费、管理人员工资，这两项是固定项，不能修改，但可以增加制造费用明细，并对这些明细制造费用定义其取数公式，由系统自动提取数据。可在定义费用明细及与总账接口（详见 4.7.5）时，增加制造费用明细及定义其取数公式。

（4）定义折旧费用来源。在成本管理子系统中，可以定义折旧费用的数据来源于手工输入、固定资产系统还是来源于总账系统（操作界面如图 11-8），系统将依据选择进行折旧费用的取值，并进行成本计算。

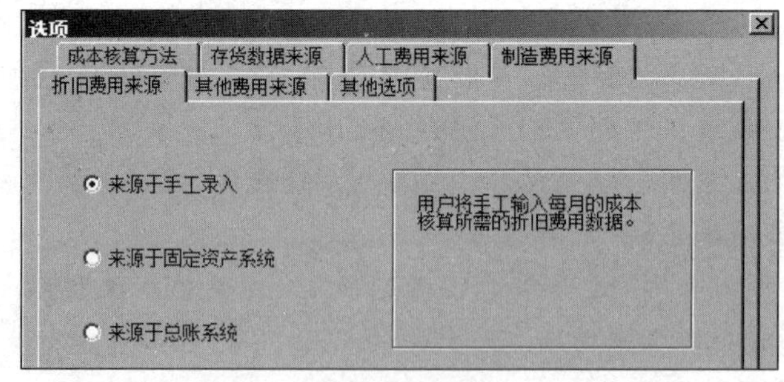

图 11-8　折旧费用来源设置界面

若选中"来源于手工录入"，则需要手工输入每月成本核算所需的折旧费用数据。

若选中"来源于固定资产系统"，则每个会计期间只需进入折旧费用表（详见 11.2.2 节）进行"取数"，系统自动从固定资产系统读取成本核算所需的折旧费用数据，无须手工输入。

若选中“来源于总账系统”，则每个会计期间只需进入折旧费用表(详见 11.2.2 节)进行“取数”，系统自动从总账系统读取成本核算所需的折旧费用数据，无须手工输入。

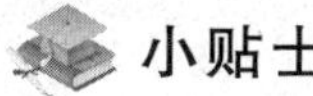

小贴士

- 如果在“制造费用来源”选项卡中已经选择了“制造费用无明细”复选框，则“折旧费用来源”页签为暗，不可激活。
- 如果固定资产系统未启用，则“来源于固定资产系统”的选项为暗，不能选择；可以先启用固定资产系统并重新启动本系统后，再选择。
- 如果总账系统未启用，则“来源于总账系统”的选项为暗，不能选择；可以先启用总账系统并重新启动本系统后，再选择。

(5) 定义其他费用来源。其他费用是除了材料费用、人工费用和制造费用以外的，用于生产的其他费用，如车间人员的差旅费。在成本管理子系统中，可以定义其他费用的数据来源于手工录入还是来源于总账系统，系统将依据选择进行其他费用的取值，并进行成本计算。另外，复选框“其他费用无明细”是一个开关选项，若选中此项，则成本项目中的其他费用不划分明细，其操作界面详见图 11-9。

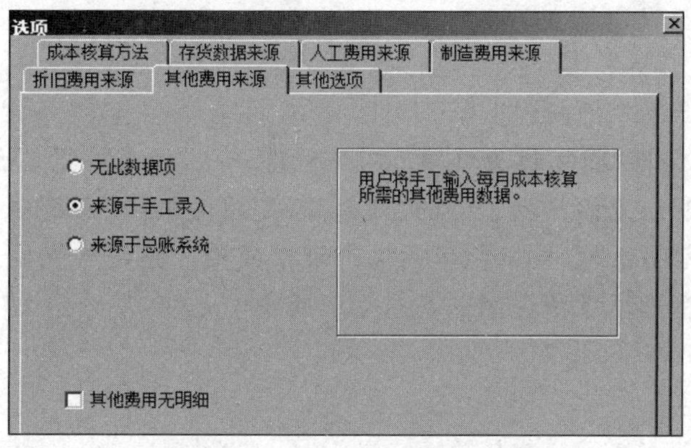

图 11-9　其他费用来源设置界面

① 若选中“无此数据项”，则成本费用项目中将仅包括材料费用、人工费用、制造费用和辅助费用 4 项费用大类。

② 若选中“来源于手工录入”，则需要手工输入每月成本核算所需的其他费用数据。

③ 若选中“来源于总账系统”，则每个会计期间只需进入其他费用表进行“取数”，系统自动从总账系统读取成本核算所需的其他费用数据，无须手工输入。

④ 若选中“其他费用无明细”复选框，则成本项目中的其他费用不划分明细。

⑤ 若没有选中“其他费用无明细”复选框，则其他费用有明细，可以增加其他费用明细。对这些明细费用可以定义其取数公式，由系统自动提取数据。可以在定义费用明细及与总账接口时，增加其他费用明细及定义其取数公式。

小贴士

- 如果已经确认了选项，则只允许在“来源于手工录入”和“来源于总账系统”之间转换;如果定义的是“无此数据项”或选中了“其他费用无明细”复选框,则不允许再改变。

- 如果总账系统未启用,则“来源于总账系统”的选项为暗,不能选择;需要先启用总账系统并重新启动本系统后,再选择。

11.1.5 成本对象设置

成本对象设置,即确认成本核算系统的产品核算范围。在用友 ERP-U8 系统中,成本对象的设置主要通过产品结构或物料清单、生产订单、定义产品属性等功能来完成。

在确认成本核算系统的产品核算范围之前,首先需要定义好产品结构(或物料清单)或生产订单,然后再进行产品属性的定义,确认成本对象。

1. 产品结构(或物料清单)

产品结构用来定义产品的组成,又称为物料清单(Bill of Material,BOM),是成本管理系统进行成本计算的主线索,因此在定义之处必须考虑完备,产品结构(或物料清单)定义的级次关系直接影响成本计算的结果,现就其重点描述如下,相关的操作请参见 3.4.3 节。

(1) 如果用户仅需要采用品种法进行核算,产品为单步骤生产,则应定义单层次结构,即“产品—原材料”,如表 3-13 所示。

(2) 如果用户仅需要采用分步法进行核算,产品为多步骤生产,则应定义多层次结构,即“母件产品—子件产品—原材料”。

(3) 在定义产品结构(或物料清单)时,对于母件产品,如果需要在成本管理系统中核算其成本,则需要视情况录入该产品子件的“领料部门”属性(若在系统选项设置时选中了“启用生产制造数据来源”复选框,则部门可在生产订单或工艺路线中指定),而且所选择的“领料部门”必须是成本管理子系统选用的基本生产成本中心(在基础档案的“成本中心对照”中操作,详见 4.7.2 节)。

2. 定义产品属性

定义产品属性,即对属于成本核算范围的产品,进行属性的定义和产品的大类定义。属于成本核算范围的产品,是已在产品结构或物料清单,或生产订单中定义的产品。

定义产品属性的操作,详见 4.7.4 节,相应的操作界面如图 4-43 所示。在操作界面上要得到最新的产品信息,请单击工具栏中的“刷新”按钮,以刷新并显示最新的成本对象列表。

小贴士

- 如果某产品在产品结构或物料清单或生产订单或物料工艺路线中未定义生产部门,则该产品不能参加成本核算,在定义产品属性界面中将不显示该产品的信息。
- 如果对所有的产品均未定义生产部门,即在定义产品属性界面中未显示任何一种产品的信息,则成本管理子系统不能执行定义分配率、成本计算等功能。
- 对于上述两种情况的产品,均可以到产品结构或物料清单,或生产订单、车间管理相关菜单中,重新定义其生产部门或工作中心,或者到成本中心对照中将其生产成本中心定义为“基本生产成本中心”,然后就可以核算该产品成本。

11.1.6 定义费用明细与总账接口

如果需要定义制造费用与其他费用的明细且初始设置时设置了制造费用、其他费用、折旧、人工费用的数据来源于总账系统，则需要定义与总账接口的公式。

如果新增加了基本核算成本中心，则必须再次执行“定义费用明细与总账接口”功能，否则系统将无法初始化新增成本中心的费用明细项目，这样在数据录入时，将无法录入其数据。

1. 定义制造费用明细与总账接口

制造费用的明细，根据在成本管理子系统中选项设置的不同而有差异。下面从制造费用明细、费用的取数公式和费用的成本习性进行阐述。

(1) 制造费用明细及其取数公式设置。在成本系统选项设置时，如果在“选项”对话框的“制造费用”选项卡中，没有选中“制造费用无明细”复选框，则在“定义费用明细与总账接口”页签的“制造费用”选项卡中系统会自动显示“制造费用”列表中序号“1”为“折旧”，序号“2”为“管理人员工资”，如图 11-10 所示。

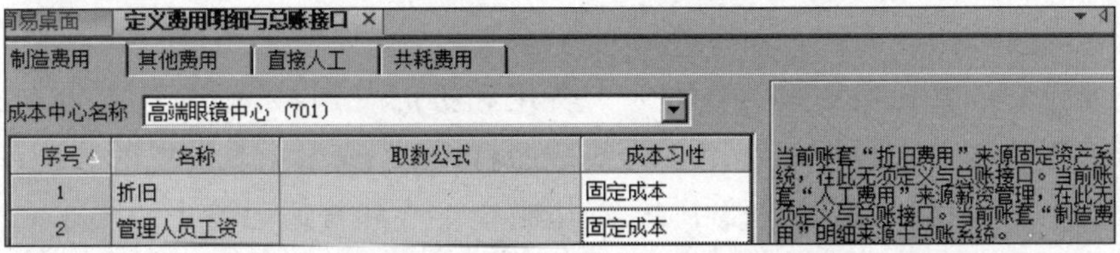

图 11-10 “定义费用明细与总账接口”页签的“制造费用”选项卡

若系统选项设置中选择了制造费用“来源于总账系统”复选框，还不能决定折旧和管理人员工资是否来源于总账系统，这两项的来源系统还需要根据在系统选项中的其他相关设置结果单独判断，以决定是否需要定义与总账的接口公式。

① 如果在“选项”对话框的“制造费用来源”选项卡中，已选中“制造费用无明细”复选框，则此时列表中仅显示制造费用一项。

② 如果“制造费用来源”选项卡中，没有选中“制造费用无明细”复选框，则可输入明细制造费用，输入的明细对所有的成本中心同时有效，即在一个成本中心下增加明细后，选择其他成本中心都可以直接使用。

③ 如果选择制造费用“来源于总账系统”且选中“制造费用无明细”复选框，则“取数公式”列必须定义公式，否则此列不能使用。输入公式可以使用“取数公式”栏目内的功能按钮进入向导定义公式。

④ 如果选择制造费用“来源于总账系统”且没有选中“制造费用无明细”复选框，并且人工费用来源薪资管理系统、折旧费用来源于固定资产系统，则“取数公式”列不能使用，如图 11-10 所示。

(2) 成本习性定义。在“定义费用明细与总账接口”页签中的“制造费用”“其他费用”和“共耗费用”选项卡内，对于每一项制造费用、其他费用和共耗费用明细项目，允许选择定义为“变动成本”或“固定成本”，不允许为空，系统默认为变动成本。

变动成本和固定成本的习性定义，是从管理会计角度对成本费用的划分标准。一般对于随产量的增减变化而变化的费用划分为变动成本，如装卸费。对于相对固定，一般不随产量的增减变化而变化的费用划分为固定成本，如折旧、管理人员工资等。提供成本习性定义，是为后续进行成本报表查询使用的。

成本习性栏目的定义，不区分成本中心，即对于同一费用项目所有成本中心的成本习性属性均相同，在某一成本中心定义后，其他成本中心不需要再定义。

2. 定义人工费用与总账接口

若系统选项设置中选择了人工费用“来源于总账系统”，即在“选项”对话框的“人工费用来源”选项卡中选择了“来源于总账系统”，则在“定义费用明细与总账接口”页签中可以定义“直接人工”的取数公式；否则“取数公式”列不能使用。

在“定义费用明细与总账接口”页签的“直接人工”选项卡内，“成本中心编码”和“成本中心名称”列自动显示所有的基本生产成本中心与辅助生产成本中心。

3. 定义共耗费用明细与总账接口

共耗费用指非成本中心的部门费用，根据企业管理或业务的需求，需要直接归集到产品或按一定分配方法分配到特定基本生产成本中心的费用，例如仓库的仓储费用、工艺设计部门的设计费等。

案例企业设置的共耗费用是共耗的人工费用和折旧费用，是所有基本生产成本中心共耗的生产管理部门的人工和折旧费用。这些费用将按照 11.1.7 节设置的分配率，分配到各个基本生产成本中心(例如高端眼镜中心、舒适眼镜中心和普通眼镜中心)。

共耗费用是在“定义费用明细与总账接口”的“共耗费用”选项卡内设置，案例企业的共耗费用设置结果如图 11-11 所示。

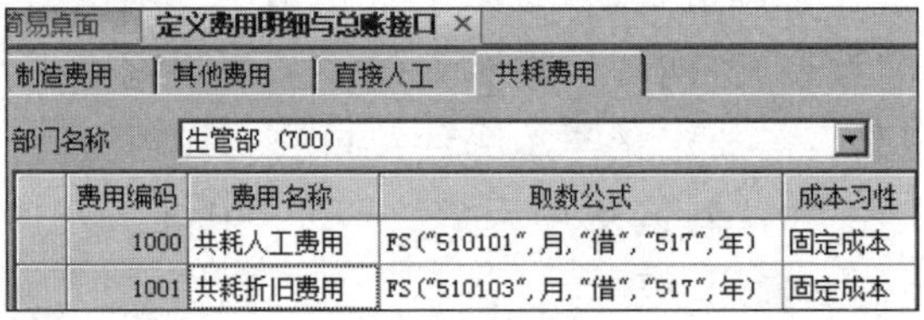

简易桌面 | 定义费用明细与总账接口 ×

制造费用 | 其他费用 | 直接人工 | 共耗费用

部门名称 生管部 (700)

费用编码	费用名称	取数公式	成本习性
1000	共耗人工费用	FS("510101",月,"借","517",年)	固定成本
1001	共耗折旧费用	FS("510103",月,"借","517",年)	固定成本

图 11-11 “定义费用明细与总账接口”页签的“共耗费用”选项卡

“定义费用明细与总账接口”页签的“共耗费用”选项卡中，“费用编码”是在共耗费用中“增行”后自动生成的，序号是从 1000 开始的自然数。在此输入的共耗费用明细，对“部门名称”下拉列表中的所有部门都有效，即在一个部门下增加明细后，选择其他部门都可以直接使用。案例企业在此的部门只有“生管部”。

“定义费用明细与总账接口”页签的“共耗费用”选项卡中，“费用名称”是手动输入的，不输入名称不能保存该行。“取数公式”是从总账中相关科目取出相关数据的定义，可以使用“取数公式”栏目内的功能按钮进入向导定义公式。案例企业的“共耗人工费用”，其“取数公式”为“FS("510101",月,"借","517",年)”，其含义是取出总账中已记账的“制造费用”下“职工薪酬”科目的本月借方发生额，作为本月的共耗人工费用。同理，案例企业的“共耗折旧费用”，其“取数公式”为“FS("510103",月,"借","517",年)”，即取出总账系统中制造费用下折旧费科目的本月借方发生额。

11.1.7 定义费用分配率

在 11.1.4 节～11.1.6 节，对料、工、费的数据来源和成本对象进行了设置，基本完成了成本费用的初次分配和归集，即将大部分专用费用归集到各产品名下，将其他间接成本费用归集到各生产成本中心范围内。

为了计算产成品的最终成本，还必须将按成本中心归集的成本费用，在成本中心内部各产品之间、在产品和完工产品之间进行分配。因此，在成本管理子系统中，需要定义各种分配率，为系统自动计算产品成本提供计算依据。

所谓费用分配率，其实质是成本计算的“权重”，即将某一待分配费用值，在各个应负担的成本对象中分摊的比例。

目前成本管理子系统中共有 6 类分配率，每一类中又对应多种分配方法，比较复杂。但这是为了尽可能满足不同用户的需要而设计的。归纳其实质，分为两种情况，一种是在部门内部各产品间的分配；另一种是在完工产品和在产品间的分配。

分配方法共 16 种(其中自定义分配方法，理论上可以定义任何一种分配方法)，用户可以根据需要进行选择，并允许随时修改。

下面从相关术语、定义分配率的操作与含义等方面进行阐述。

1. 相关术语

常用的与费用分配率有关的术语，包括以下 8 个。

(1) 共用材料，是指由成本中心领用的、需要分配到该成本中心各个产品上的材料。若材料数据来源于存货核算系统，则在库存管理系统填制的领料出库单上，“项目编码”或“生产订单号”为空的材料，归集为该“领料部门”的共用材料。

(2) 共耗费用，是指非成本中心的部门费用，但需要分配到产品上的费用。由于共耗费用是成本中心以外费用，所以要按一定比例先分配到各成本中心，再分配到产品中去，或跨越各成本中心直接分配到产品中去。

(3) 直接人工费用，是按照成本中心输入或取数的，所以要分配到该成本中心的产品中去。案例企业中，直接人工费用是按部门核算的，而部门与成本中心是一一对应的。

(4) 制造费用，是按照成本中心输入或取数的，所以要分配到产品中去。

(5) 在产品成本。在产品是企业正在制造尚未完工的生产物，包括正在各个生产环节加工的产品和已经加工完毕但尚未检验，或已检验但尚未办理入库手续的产品。完工产品是指在企业内已完成全部生产过程，并按规定标准检验合格、可供销售的产品。

由于在产品与完工产品所占的成本不同，在计算出某产品的总费用后，还要在完工产品与在产品之间分配。

(6) 辅助费用，即辅助生产费用。辅助生产指主要为基本生产车间、企业行政管理部门等单位服务而进行的产品生产和劳务供应，有时也对外销售和服务。辅助生产费用，是指企业所属辅助生产部门为生产提供工业性产品和劳务所发生的各种辅助生产费用。

由于辅助生产车间提供的可能是产品，也可能是劳务，所以核算的方法也不太一样。若提供的是产品，其核算同于基本生产车间的产品；若提供的是劳务，则应根据辅助生产车间所提供的产品或劳务的数量及其受益单位和程序等情况，采用适当的方法进行分配。

在成本管理子系统中计算出辅助生产总费用之后，还要根据成本中心的耗用量分配到成本中心，然后再根据辅助费用分配率，计算出各产品应负担的辅助费用。

(7) 联产品。若加工过程中产出一个以上的产品，与主产品一道产出的产品称为联产品。联合产品中被定义为联产品的，其成本要根据一定的分配率，从联合产品的总成本中分摊出来，所以在用友 ERP-U8 中，需要将各个基本生产成本中心，已经归集到主产品上的材料费用、人工费用、制造费用、其他费用和辅助费用等汇总并统一分配到各主、联产品中去。

(8) 副产品。副产品是主要产品加工过程中产出的残余品或附带品，企业可按其用途将其回收、销售或使用。联合产品中被定义为副产品的，其成本要根据一定分配率，从主产品中直接扣除出来，所以在用友 ERP-U8 中，需要将各个基本生产成本中心归集到主产品上的材料费用、人工费用、制造费用、其他费用和辅助费用等汇总并统一分配到各主、副产品中去。

案例企业中没有涉及辅助生产费用、联产品和副产品，所以下面将主要阐述主产品的基本生产费用的分配率和分配方法。

2. 定义共耗费用分配率

共耗费用分配率，是将各个非成本中心的共耗费用汇总统一并分配到成本中心或实际成本对象中去。分配率可以选择按“直接分配”(详见 4.7.6 节的图 4-44)，也可以选择按“二级分配”(如图 11-12 所示)，分配时均可选“全部统一”或按“费用明细”进行。

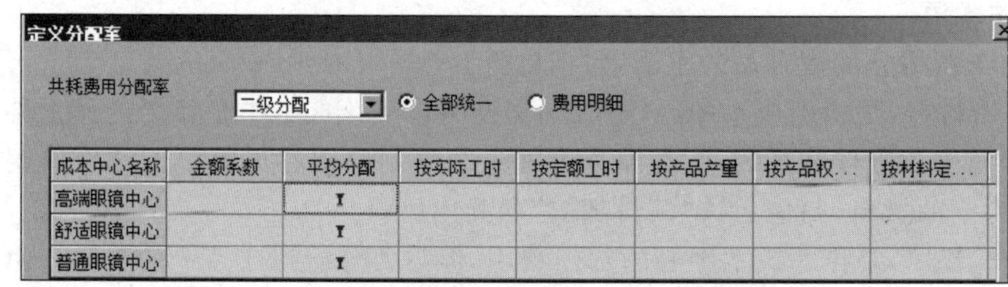

图 11-12　共耗费用分配率的“二级分配”示意图

(1) 直接分配。

① “全部统一”定义共耗费用分配率时，可从分配方法中任选其一(如平均分配、按产品产量等)，表示所有非成本中心的共耗费用分配，均采用这种方法，跨越成本中心，直接分配到所有实际成本对象中。

② “费用明细”制定共耗费用分配率时，系统将显示已在 11.1.6 节“定义费用明细与总账接口”中定义的所有共耗费用名称(如图 11-13 所示)，并显示出每种费用明细的多种分配方法(例如平均分配、按实际工时、按定额工时、按产品产量)，用户可根据需要选择，系统默认“平均分配”。

图 11-13 中的“分配范围”，是指各费用明细在哪些成本中心下进行分摊，可以选择多个成本中心。没有被选择的成本中心，其下的各成本对象将不能分摊所指定的共耗费用。

(2) 二级分配。

① “全部统一”定义共耗费用分配率时(操作界面如图 11-12 所示)，可从可选分配方法中任选其一(例如平均分配、按实际工时、按定额工时、按产品产量)，表示所有非成本中心的共耗费用分配，均采用这种方法，在各个成本中心分配。图 11-12 中的“金额系数”是指共耗费用在各成本中心所占比例，比例之和等于 1。

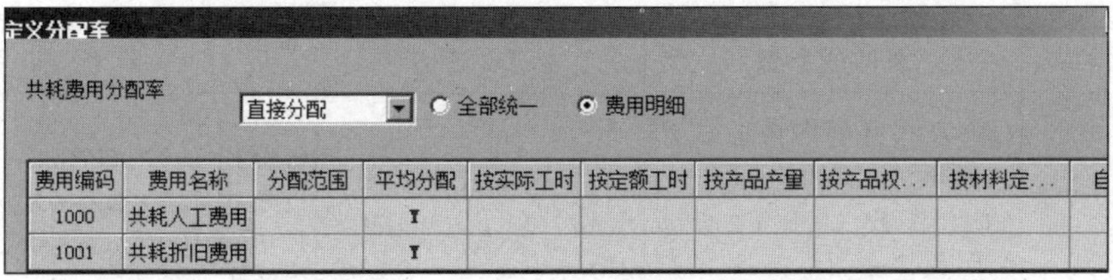

定义分配率

共耗费用分配率　直接分配　○ 全部统一　⊙ 费用明细

费用编码	费用名称	分配范围	平均分配	按实际工时	按定额工时	按产品产量	按产品权...	按材料定...	自
1000	共耗人工费用		Y						
1001	共耗折旧费用		Y						

图 11-13　共耗费用分配率的按费用明细“直接分配”示意图

② “费用明细”制定共耗费用分配率时(操作界面如图 11-14 所示),系统将显示已在 11.1.6 节“定义费用明细与总账接口”中定义的所有共耗费用名称,并显示出每种费用明细的多种分配方法(例如平均分配、按实际工时、按定额工时、按产品产量),用户可根据需要选择并设置金额系数,系统默认“平均分配”。

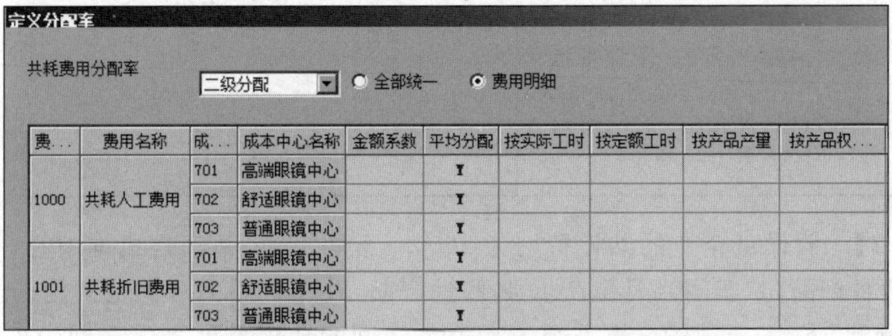

定义分配率

共耗费用分配率　二级分配　○ 全部统一　⊙ 费用明细

费...	费用名称	成...	成本中心名称	金额系数	平均分配	按实际工时	按定额工时	按产品产量	按产品权...
1000	共耗人工费用	701	高端眼镜中心		Y				
		702	舒适眼镜中心		Y				
		703	普通眼镜中心		Y				
1001	共耗折旧费用	701	高端眼镜中心		Y				
		702	舒适眼镜中心		Y				
		703	普通眼镜中心		Y				

图 11-14　共耗费用分配率的按费用明细“二级分配”示意图

【例 11-1】 假设某企业的共耗费用为 100,一车间、二车间都是成本中心,一车间当月生产 C、D 两种产品,二车间当月生产 E、F 两种产品,共耗费用的分配范围为一、二车间。则在“直接分配”下不同分配方法的分配结果和计算过程如表 11-2 所示。

表 11-2　共耗费用“直接分配”下各种分配方法及其对分配结果的影响示例

序号	分配方法	条件或参数	分配算法	分配结果
1	平均分配		100/4=25	C、D、E、F 各负担 25 费用
2	按实际工时	C 产品实际工时 10H,D 的 20H,E 的 15H,F 的 5H	100/(10+20+15+5)=2	C 负担 2×10=20 费用 D 负担 2×20=40 费用 E 负担 2×15=30 费用 F 负担 100−20−40−30=10 费用
3	按定额工时	C 产品单位定额工时 2H,当月产量 50;D 的 4H、产量 50;E 的 1H、产量 100;F 的 2H、产量 50	100/(2×50+4×50+1×100+2×50)=0.2	C 负担 2×50×0.2=20 费用 D 负担 4×50×0.2=40 费用 E 负担 1×100×0.2=20 费用 F 负担 100−20−40−20=20 费用
4	按产品产量	C 产品当月的产量 100,D 的 200,E 的 150,F 的 50	100/(100+200+150+50)=0.2	C 负担 100×0.2=20 费用 D 负担 200×0.2=40 费用 E 负担 150×0.2=30 费用 F 负担 100−20−40−30=10 费用

续表

序号	分配方法	条件或参数	分配算法	分配结果
5	按产品权重系数	C产品当月的产量100,约当系数1,D的产量100,约当系数2,E的产量100,约当系数1.5,F的产量100,约当系数0.5	100/(100×1＋100×2＋100×1.5＋100×0.5)＝0.2	C负担100×1×0.2＝20费用 D负担100×2×0.2＝40费用 E负担100×1.5×0.2＝30费用 F负担100－20－40－30＝10费用
6	按材料定额	C产品当月的产量100,D的50,E的200,F的100,同时在定额管理中制定的材料定额为：C产品单位消耗X为2,D产品单位消耗X为4,E产品单位消耗Y为4,F产品单位消耗Y为2。在存货档案中定义的材料计划价为：材料X单价为10,材料Y单价为1	100/(100×2×10＋50×4×10＋200×4×1＋100×2×1)＝0.02	C负担100×2×10×0.02＝40费用 D负担50×4×10×0.02＝40费用 E负担200×4×1×0.02＝16费用 F负担100－40－40－16＝4费用

【例11-2】 假设某企业的共耗费用为100,一车间、二车间都是成本中心,一车间当月生产C、D两种产品,二车间当月生产E、F两种产品,共耗费用的分配范围为一、二车间,而且在“二级分配”下,一车间的金额系数为0.4,二车间的金额系数为0.6,即一车间的共耗费用为100×0.4＝40,二车间的为100×0.6＝60,则不同分配方法的分配结果和计算过程如表11-3所示。

表11-3 共耗费用“二级分配”下各种分配方法及其对分配结果的影响示例

序号	分配方法	条件或参数	分配算法	分配结果
1	平均分配		一车间40/2＝20, 二车间60/2＝30	C、D各负担40/2＝20费用 E、F各负担60/2＝30费用
2	按实际工时	C产品实际工时10H,D的20H,E的15H,F的5H	一车间40/(10＋20)＝1.33;二车间60/(15＋5)＝3	C负担1.33×10＝13.3费用 D负担40－13.3＝26.7费用 E负担3×15＝45费用 F负担60－45＝15费用
3	按定额工时	C产品单位定额工时2H,当月产量50;D的4H、产量50;E的1H、产量100;F的2H、产量50	一车间40/(2×50＋4×50)＝0.13;二车间60/(1×100＋2×50)＝0.3	C负担2×50×0.13＝13费用 D负担40－13＝27费用 E负担1×100×0.3＝30费用 F负担60－30－20＝30费用
4	按产品产量	C产品当月的产量100,D的200,E的150,F的50	一车间40/(100＋200)＝0.13;二车间60/(150＋50)＝0.3	C负担100×0.13＝13费用 D负担40－13＝27费用 E负担150×0.3＝45费用 F负担60－45＝15费用

续表

序号	分配方法	条件或参数	分配算法	分配结果
5	按产品权重系数	C产品当月的产量100,约当系数1,D的产量100,约当系数2,E的产量100,约当系数1.5,F的产量100,约当系数0.5	一车间40/(100×1+100×2)=0.13;二车间60/(100×1.5+100×0.5)=0.3	C负担100×1×0.13=13费用 D负担40－13=27费用 E负担100×1.5×0.3=45费用 F负担60－45=15费用
6	按材料定额	C产品当月的产量100,D的50,E的200,F的100,同时在定额管理中制定的材料定额为:C产品单位消耗X为2,D产品单位消耗X为4,E产品单位消耗Y为4,F产品单位消耗Y为2。在存货档案中定义的材料计划价为:材料X单价为10,材料Y单价为1	一车间40/(100×2×10＋50×4×10)＝0.01;二车间60/(200×4×1＋100×2×1)＝0.06	C负担100×2×10×0.01=20费用 D负担40－20=20费用 E负担200×4×1×0.06=48费用 F负担60－48=12费用

3. 定义共用材料分配率

共用材料是一个成本中心领用的材料,这些材料费用是需要在该成本中心中所有的产品间进行分配的费用,其分配率可以"全部统一",可以"按成本中心制定",也可"按成本中心＋存货分类制定",如图11-15所示。

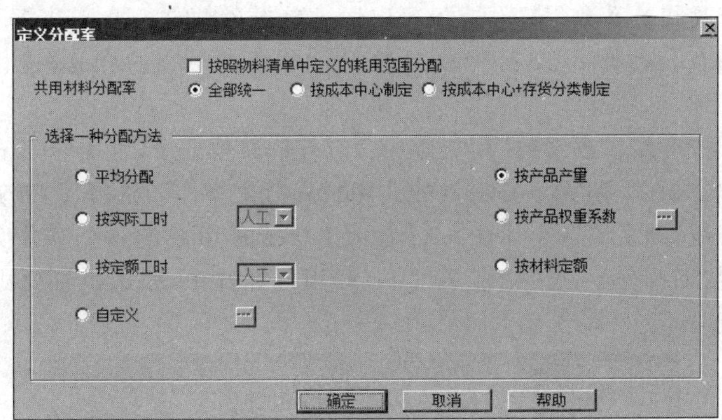

图11-15 共用材料分配率的"全部统一"方法

由图11-15所示,共用材料可以"按照物料清单中定义的耗用范围分配"。如果选中了该复选框,则在分配共用材料时先按照物料清单的定义,将不耗用此项材料的产品排除,再按所选择的分配率在相关产品(即产品的子项含有此种材料)间进行分配。此选项对于"全部统一","按成本中心制定"和"按成本中心＋存货分类制定"均有效。下面分述这3个选项下的分配方法及其含义。

(1) 全部统一的共用材料分配率。共用材料费用全部统一分配时(操作界面如图11-15所示),可以从可选分配方法中任选其一(例如平均分配、按实际工时、按定额工时、按产品产量、按产品权重系数等)，表示全部成本中心的共用材料分配均采用这种方法。

若选中“按产品权重系数”单选按钮，并单击右侧的参照按钮，则可进入产品权重系数的定义界面(如图 11-16 所示)。用键盘输入系数，默认值为 1，允许修改。

产里权重系数

输出 | 导入 | 查询 | 栏目 | 定位 | 退出

	成本中心编码	成本中心名称	产品编码	产品名称	规格型号	产里权重系数
1	701	高端眼镜中心	1000	钛材老花镜		1.0000
2	701	高端眼镜中心	1001	高端低度老花镜	钛材100度	1.0000
3	701	高端眼镜中心	1002	高端中度老花镜	钛材150度	1.0000
4	701	高端眼镜中心	1003	高端高度老花镜	钛材400度	1.0000
5	702	舒适眼镜中心	2001	舒适低度老花镜	板材100度	1.0000
6	702	舒适眼镜中心	2002	舒适中度老花镜	板材150度	1.0000
7	702	舒适眼镜中心	2003	舒适高度老花镜	板材400度	1.0000
8	703	普通眼镜中心	3001	普通低度老花镜	塑料100度	1.0000
9	703	普通眼镜中心	3002	普通中度老花镜	塑料150度	1.0000
10	703	普通眼镜中心	3003	普通高度老花镜	塑料400度	1.0000

图 11-16　共用材料分配率“全部统一”下的产品权重系统定义界面

若选择了除“按产品权重系数”和“自定义”以外的其他方法，则操作完毕。

(2) 按成本中心制定的共用材料分配率。若选择了“按成本中心制定”单选按钮，则系统在窗体中 1 行显示 1 个成本中心(如图 11-12 所示)，每一个成本中心可以从可选分配方法中，任选其一(选中后，使该位置处出现 Y 字样，表示该成本中心的共用材料分配采用这种方法)，系统默认“平均分配”。

若选择“按产品权重系数”分配方法，可以通过单击旁边的参照按钮，打开产品权重系数的定义界面(如图 11-16 所示，只是一次只显示一个成本中心的产品)进行系统的定义或修改。

若选择除了“按产品权重系数”和“自定义”以外的其他方法，则操作完毕。

(3) 按按成本中心＋存货分类制定的共用材料分配率。若选择了“按成本中心＋存货分类制定”单选按钮，则系统在窗体中 1 行显示 1 个成本中心的一个存货分类(如图 11-17 所示)，用户可以从可选分配方法中任选其一(即用鼠标选中，使该位置处出现 Y 字样)，系统默认“平均分配”。

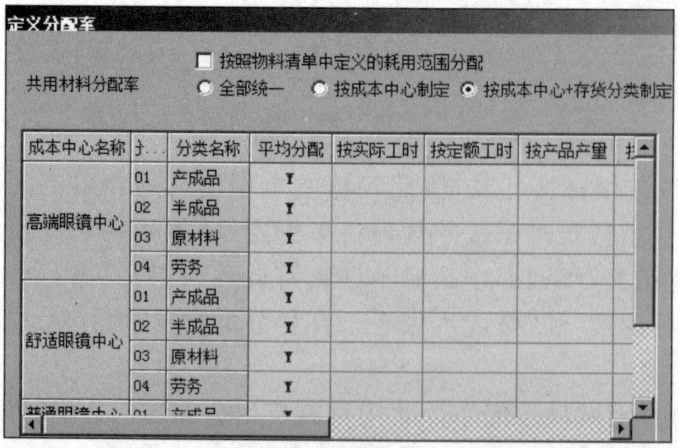

定义分配率

□ 按照物料清单中定义的耗用范围分配

共用材料分配率　○ 全部统一　○ 按成本中心制定　⊙ 按成本中心+存货分类制定

成本中心名称	扌...	分类名称	平均分配	按实际工时	按定额工时	按产品产量	扌
高端眼镜中心	01	产成品	Y				
	02	半成品	Y				
	03	原材料	Y				
	04	劳务	Y				
舒适眼镜中心	01	产成品	Y				
	02	半成品	Y				
	03	原材料	Y				
	04	劳务	Y				
普通眼镜中心	01	产成品	Y				

图 11-17　共用材料分配率“按成本中心＋存货分类制定”的界面

【例 11-3】 假设某企业的一车间是成本中心，该车间当月的共用材料 A 的费用为 100，一车间当月生产 C、D 两种产品，则不同分配方法的分配结果和计算过程如表 11-4 所示。

表 11-4 共用材料费用的各种分配方法及其对分配结果的影响示例

序号	分配方法	条件或参数	分配算法	分配结果
1	平均分配		100/2＝50	C、D 各负担 50 费用
2	按实际人工工时	C 产品实际工时 20H，D 的30H	100/(20＋30)＝2	C 负担 2×20＝40 费用 D 负担 100－40＝60 费用
3	按定额人工工时	C 产品单位定额工时 2H，当月产量 100；D 的 4H、产量 50	100/(2×100＋4×50)＝0.25	C 负担 2×100×0.25＝50 费用 D 负担 100－50＝50 费用
4	按产品产量	C 产品当月的产量 100，D 的 300	100/(100＋300) ＝0.25	C 负担 100×0.25＝25 费用 D 负担 100－25＝75 费用
5	按产品权重系数	C 产品当月的产量 100，约当系数 1，D 的产量 100，约当系数 3	100/(100×1＋100×3)＝0.25	C 负担 100×1×0.25＝25 费用 D 负担 100－25＝75 费用
6	按材料定额(生产 C、D、E 三种产品)	C 产品当月的产量 100，D 的 50，E 的 200，同时在定额管理中制定的材料定额为：C 产品单位消耗 A 为 2，D 产品单位消耗 A 为 4，E 不消耗 A。在存货档案中定义的 A 材料计划价为 1	100/(100×2×1＋50×4×1)＝0.25	C 负担 100×2×0.25＝50 费用 D 负担 100－50＝50 费用 E 因为未消耗 A 材料，所以不参与分配

4. 定义直接人工分配率

直接人工分配是将各个基本生产成本中心的人工费用汇总统一并分配到完工产品中去，分配率可以“全部统一”，也可以“按成本中心制定”，相应的分配方法及其含义，请参阅例 11-4。

【例 11-4】 假设某企业的一车间是成本中心，该车间当月的直接人工费用为 100，一车间当月生产 C、D 两种产品，则不同分配方法的分配结果和计算过程如表 11-5 所示。

表 11-5 直接人工费用的各种分配方法及其对分配结果的影响示例

序号	分配方法	条件或参数	分配算法	分配结果
1	平均分配		100/2＝50	C、D 各负担 50 费用
2	按实际人工工时	C 产品实际工时 20H，D 的 30H	100/(20＋30)＝2	C 负担 2×20＝40 费用 D 负担 100－40＝60 费用
3	按定额人工工时	C 产品单位定额工时 2H，当月产量 100；D 的 4H、产量 50	100/(2×100＋4×50)＝0.25	C 负担 2×100×0.25＝50 费用 D 负担 100－50＝50 费用

续表

序号	分配方法	条件或参数	分配算法	分配结果
4	按产品产量	C产品当月的产量100，D的300	100/(100+300) =0.25	C负担100×0.25=25费用 D负担100−25=75费用
5	按产品权重系数	C产品当月的产量100，约当系数1，D的产量100，约当系数3	100/(100×1+100×3)=0.25	C负担100×1×0.25=25费用 D负担100−25=75费用
6	按材料定额(生产C、D、E三种产品，消耗A、B两种材料)	C产品当月的产量100，D的50，E的200，同时在定额管理中制定的材料定额为：C产品单位消耗A为2，D产品单位消耗A为4，E消耗B为5。在存货档案中定义的材料计划价A为10，B为1	100/(100×2×10+50×4×10+200×5×1)=0.02	C负担100×2×10×0.02=40费用 D负担50×4×10×0.02=40费用 E负担100−40−40=20费用

5. 定义制造费用分配率

制造费用分配是将按成本中心输入的制造费用分配到产品中去，分配率可以"全部统一"，可以"按成本中心制定"，也可以"按费用明细"制定。如果在系统选项设置时选择"制造费用无明细"，系统则不显示"按费用明细"选项。

(1) 全部统一定义制造费用分配率。制造费用全部统一分配时(操作界面如图11-18所示)，可以从可选分配方法中任选其一(例如平均分配、按实际工时、按定额工时、按产品产量、按产品权重系数等)，表示全部成本中心的制造费用分配均采用这种方法。

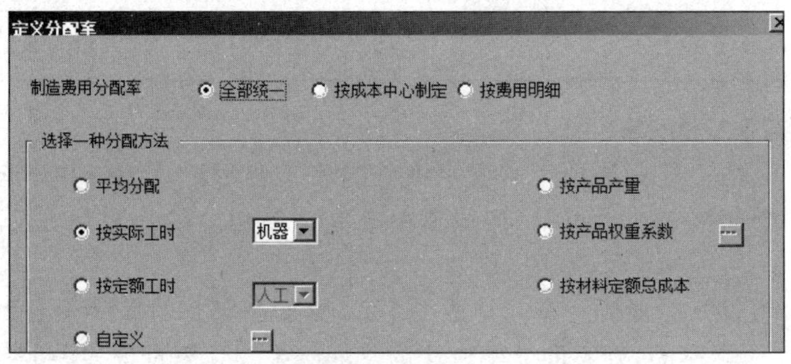

图11-18 制造费用分配率的"全部统一"方法

若选择"按产品权重系数"单选按钮，并单击右侧的参照按钮，则可进入产品权重系数的定义界面(如图11-16所示)。用键盘输入系数，默认值为1，允许修改。

(2) 按成本中心制定制造费用分配率。若选择了"按成本中心制定"单选按钮，则系统在窗体中1行显示1个成本中心(如图11-19)，每一个成本中心可以从可选分配方法中，任选其一(选中，使该位置处出现Y字样，表示该成本中心的共用材料分配采用这种方法)，系统默认"平均分配"。

若选择"按产品权重系数"分配方法，可以通过单击旁边的参照按钮，打开产品权重系数的定义界面(如图11-16所示，只是一次只显示一个成本中心的产品)，进行系统的定义或修改。

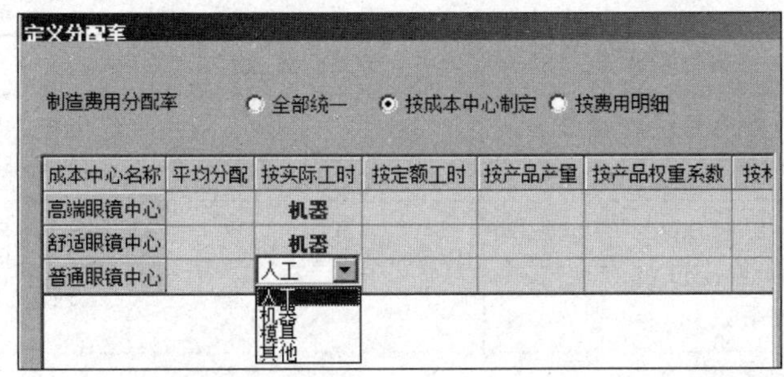

图 11-19 制造费用分配率的"按成本中心制定"方法

若选择除了"按产品权重系数"和"自定义"以外的其他方法，则操作完毕。

(3) 按费用明细制定制造费用的分配率。若选择了"按费用明细"单选按钮，则系统在窗体中 1 行显示 1 个成本中心的一个费用明细(如图 11-20 所示)，用户可以从可选分配方法中任选其一(选中，使该位置处出现 Y 字样)，系统默认"平均分配"。

定义分配率

制造费用分配率 ○全部统一 ○按成本中心制定 ⊙按费用明细

成本中心名称	月..	明细名称	平均分配	按实际工时	按定额工时	按产品产量	按
高端眼镜中心	1	折旧	Y				
	2	管理人员工资	Y				
舒适眼镜中心	1	折旧	Y				
	2	管理人员工资	Y				
普通眼镜中心	1	折旧	Y				
	2	管理人员工资	Y				

图 11-20 制造费用分配率的"按费用明细"方法

小贴士

如果直接人工分配率和制造费用分配率都选择了"按产品权重系数"制定，则在制造费用分配率的"产品权重系数"定义界面，可直接进行"取数"，取出直接人工分配率所定义的产品系数。

【例 11-5】 假设某企业的一车间是成本中心，该车间当月的制造费用为 100，一车间当月生产 C、D 两种产品，则不同分配方法的分配结果和计算过程如表 11-6 所示。

表 11-6 制造费用的各种分配方法及其对分配结果的影响示例

序号	分配方法	条件或参数	分配算法	分配结果
1	平均分配		100/2=50	C、D 各负担 50 费用
2	按实际人工工时	C 产品实际工时 20H，D 的 30H	100/(20+30)=2	C 负担 2×20=40 费用 D 负担 100−40=60 费用
3	按定额人工工时	C 产品单位定额工时 2H，当月产量 100；D 的 4H、产量 50	100/(2×100+4×50)=0.25	C 负担 2×100×0.25=50 费用 D 负担 100−50=50 费用

续表

序号	分配方法	条件或参数	分配算法	分配结果
4	按产品产量	C产品当月的产量100,D的300	100/(100+300)=0.25	C负担100×0.25=25费用 D负担100－25=75费用
5	按产品权重系数	C产品当月的产量100,约当系数1,D的产量100,约当系数3	100/(100×1+100×3)=0.25	C负担100×1×0.25=25费用 D负担100－25=75费用
6	按材料定额(生产C、D、E三种产品,消耗A、B两种材料)	C产品当月的产量100,D的50,E的200,同时在定额管理中制定的材料定额为:C产品单位消耗A为2,D产品单位消耗A为4,E消耗B为5。在存货档案中定义的材料计划价A为10,B为1	100/(100×2×10+50×4×10+200×5×1)=0.02	C负担100×2×10×0.02=40费用 D负担50×4×10×0.02=40费用 E负担100－40－40=20费用

6. 在产品成本分配率

在产品成本分配是将产品计算的全部费用分配到完工产品和在产品中去,分配率可以“全部统一”,也可以“按成本中心制定”。

在产品成本全部统一分配时(操作界面如图11-21所示),可以从10种可选分配方法中任选其一(例如只计算材料成本、按实际工时、按完工定额倒挤、按产品约当产量等),表示全部成本中心的在产品成本均采用这种方法进行分配。

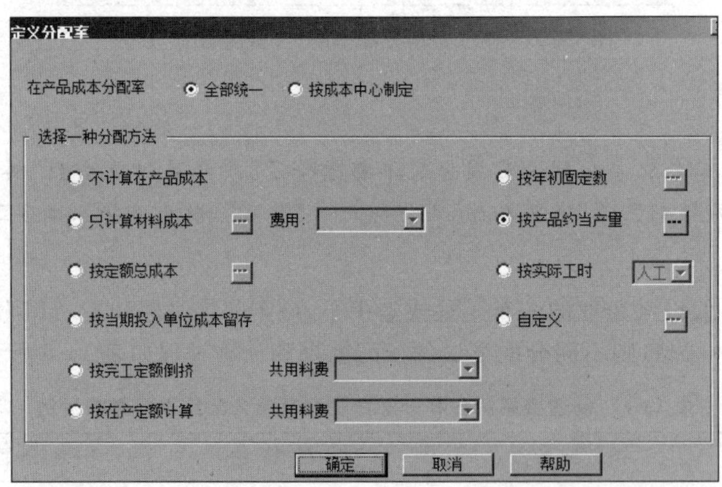

图11-21 在产品成本分配率的“全部统一”方法

图11-21中的各种分配方法说明如下。

(1) 不计算在产品成本,是指在产品不负担任何成本,本月所归集的该产品全部成本费用由完工产品负担。“不计算在产品成本”方法适用于各月末在产品数量很小,算不算在产品成本对于完工产品成本的影响很小,管理上也不要求计算在产品成本的情况。

(2) 只计算材料成本，是指在产品只负担材料费用，其他的如制造费用、人工费用、辅助费用、其他费用，全部由完工产品负担。这种方法适用于各月末在产品数量较大，各月末在产品的数量变化也较大，同时原材料费用在成本中所占的比例大的情况。计算示例如表 11-7 所示。

表 11-7　在产品成本分配方法“只计算材料成本”的计算示例

成本类别	产量	原材料占用比例	分配系数	材料费用	人工费用
总成本				300	60
完工产品	10		10/(10＋10×0.5)	200	60
在产品	10	0.5	10×0.5/(10＋10×0.5)	100	0

(3) 按定额总成本：这种方法是按照预先制定的定额成本计算月末在产品成本，即月末在产品成本按其数量和单位定额成本计算。计算示例如表 11-8 所示。

表 11-8　在产品成本分配方法“按定额总成本”的计算示例

成本类别	行号	产量	计算公式	材料费用	人工费用
总成本	1			300	60
在产品单位定额	2			50	2
完工产品	3		＝第 1 行－第 4 行	300－250＝50	60－10＝50
在产品	4	5	＝第 2 行×[产量]	5×50＝250	2×5＝10

备注：当在产品定额成本大于当月总成本时，系统在成本计算时会弹出消息框，询问用户“全部记入在产品成本或全部记入完工成本?”

(4) 按当期投入单位成本留存，是计算在产品成本时，先按成本构成项目加总计算当期投入的产品总成本，即扣除上期结存的数据后，以当期投入数量按成本构成项目计算单位成本(包括数量成本和金额成本)，最后以在产品数量按成本构成项目乘以该单位成本，计算应留存的在产品成本。计算公式为：

总成本(包括上期在产品累加过来的成本数据)－留存在产品成本＝完工产品成本

如果出现当期投入的产品总成本数据小于应留存的在产品成本时，则按综合单位成本乘以负担在产品数量，计算应留存的在产品成本。

若选择“按产品约当产量”或者“只计算材料成本”，并单击右侧的参照按钮，则系统将打开“产品权重系数”编辑界面，在此需要输入约当系数。

(5) 按完工定额倒挤：专用材料按完工定额在完工与在产之间分配，共用料费可以选择 4 种方式：不计算、按原材料占用、按产品约当产量、按实际工时。专用材料计算公式为：

完工产品应负担材料费用＝产品材料定额每月变动表耗量×实际材料平均单价

在产品应负担材料费用＝投入产品材料总费用－完工产品应负担材料费用

计算示例如表 11-9 所示。

表 11-9　在产品成本分配方法"按完工定额倒挤"专用材料的计算示例

成本类别	产量	产品材料定额每月变动表(耗量)	材料单价	材料费用	人工费用(选择"不计算")
总成本				500	60
完工产品	2	20	15	20×15=300	60
在产品				500－300=200	0

- 若共用料费选择"不计算",则共用材料、制造费用、人工费用、辅助费用和其他费用这 5 项费用,一般情况下全部由完工产品负担;在产品只负担材料费用。
- 若共用料费选择"按原材料占用",则共用材料、制造费用、人工费用、辅助费用和其他费用这 5 项费用,按专用材料的完工与在产比率在完工与在产之间分配。
- 若共用料费选择"按产品约当产量",则共用材料、制造费用、人工费用、辅助费用和其他费用这 5 项费用,按产品各自约当产量在完工与在产之间分配。
- 若共用料费选择"按实际工时",则共用材料、制造费用、人工费用、辅助费用和其他费用这 5 项费用,按产品完工与在产工时在完工与在产之间分配。

(6) 按在产定额计算：专用材料按在产定额在完工与在产之间分配,共用料费可以选择 4 种方式：不计算、按原材料占用、按产品约当产量和按实际工时。专用材料计算公式为：

在产品应负担材料费用=产品材料定额每月变动表耗量×实际材料平均单价

完工产品应负担材料费用=投入产品材料总费用－在产品应负担材料费用

计算示例如表 11-10 所示。

表 11-10　在产品成本分配方法"按在产定额计算"专用材料的计算示例

成本类别	产量	产品材料定额每月变动表(耗量)	材料单价	材料费用	人工费用(选择"不计算")
总成本				500	60
在产品	2	20	15	20×15=300	60
完工产品				500－300=200	0

- 若共用料费选择"不计算",则共用材料、制造费用、人工费用、辅助费用和其他费用这 5 项费用,一般情况下全部由完工产品负担;在产品只负担材料费用。
- 若共用料费选择"按原材料占用",则共用材料、制造费用、人工费用、辅助费用和其他费用这 5 项费用,按专用材料的完工与在产比率在完工与在产之间分配。
- 若共用料费选择"按产品约当产量",则共用材料、制造费用、人工费用、辅助费用和其他费用这 5 项费用,按产品各自约当产量在完工与在产之间分配。
- 若共用料费选择"按实际工时",则共用材料、制造费用、人工费用、辅助费用和其他费用这 5 项费用,按产品完工与在产工时在完工与在产之间分配。

(7) 按年初固定数：这种方法适用于各月末在产品数量很小,或者在产品数量虽大但各产品间的在产品数量变化不大,月初、月末在产品成本的差额不大,算不算各月在产品成本的差额,对于完工产品成本的影响很小的情况。若选择"按年初固定数"方法,需要输入在产品年初固定数。计算示例如表 11-11 所示。

表 11-11　在产品成本分配方法"按年初固定数"的计算示例

成本类别	行号	计算公式	材料费用	人工费用
总成本	1		300	60
在产品年初数	2		100	20
完工产品	3	＝第1行－第2行	300－100＝200	60－20＝40
在产品	4	＝第2行	100	20

备注：当在产品年初数大于当月总成本时，系统在成本计算时会提示用户选择"全部记入在产品成本或全部记入完工成本？"

(8) 按产品约当产量：是指将月末在产品数量按照完工程度折算为相当于完工产品的产量，即约当产量，然后按照完工产品产量与在产品的约当产量的比例分配计算完工与在产费用。在成本管理中提供按照成本费用项目设置约当系数的功能，以解决原料一次投放或费用发生不统一的情况。计算示例如表 11-12 所示。

表 11-12　在产品成本分配方法"按产品约当产量"的计算示例

成本类别	产量	原材料约当系数	材料分配系数	材料费用	人工费用约当系数	人工分配系数	人工费用
总成本				300			60
完工产品	10		10/(10＋10×0.5)	200		10/(10＋10×0.2)	50
在产品	10	0.5	10×0.5/(10＋10×0.5)	100	0.2	10×0.2/(10＋10×0.2)	10

(9) 按实际工时：

计算公式如下：

分配率＝待分配费用/实际总工时

完工产品应负担费用＝(实际总工时－在产品工时)×分配率

在产品应负担费用＝在产品工时×分配率

若选择此种方法，则必须在"工时日报表"中录入总工时，在"月末在产品处理表"中录入"在产工时"。

(10) 自定义：在共耗费用、共用材料、直接人工、制造费用、在产品成本分配等多个分配率选择界面，都有"自定义"选项。若选择了"自定义"分配率，则用户可以通过设置自定义公式进行分配，如图 11-22 所示。

用户可以在自定义分配的公式定义中，增加分配标准并组合定义分配公式，系统不提供固定备选项目。选择按自定义分配，用户需要到分配标准表中录入新增分配标准的在产与完工值，系统依此进行计算。

11.1.8　其他设置

本节主要阐述定义分配范围、定义定额分配标准和期初余额调整的作用与操作。

1. 定义分配范围

共用材料及公共费用可以在选定成本对象范围内进行分配，以适用更广泛的业务场景，

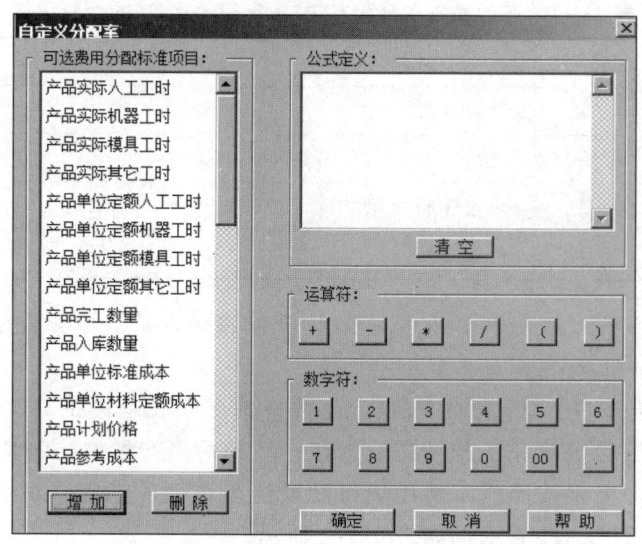

图 11-22　共耗费用的“自定义分配率”操作界面

从而满足成本计算准确性的要求。例如，包装材料只在最终产成品之间分摊。

（1）操作。登录“企业应用平台”，在“业务导航视图”的“业务工作”导航条中选中“管理会计”|“成本管理”|“设置”|“定义分配范围”，弹出“查询条件选择-定义公共费用分配范围”对话框，如图 11-23 所示。单击“确定”按钮，打开“定义公共费用分配范围”页签，如图 11-24 所示。

查询条件选择-定义公共费用分配范围
保存常用条件　过滤方案
常用条件
成本中心编码　到
成本中心名称　到
分摊范围　分摊方式
费用类型　全部类型
在选择范围内分摊
在选择范围外分摊

图 11-23　“查询条件选择-定义公共费用分配范围”对话框

简易桌面　定义公共费用分配范围

全部费用项目
高端眼镜中心：共用材料、人工费用、制造费用、共耗费用
舒适眼镜中心：共用材料、人工费用、制造费用、共耗费用
普通眼镜中心：共用材料、人工费用、制造费用、共耗费用

	成本中心名称	分摊方式	成本对象类型	费用类型	存货分类编码	存货分类名称	费用编码	费用名称	收发类别编码
1	高端眼镜中心	在范围内分配	按实际核算对象	共用材料					
2	高端眼镜中心	在范围内分配	按实际核算对象	人工费用				直接人工	
3	高端眼镜中心	在范围内分配	按实际核算对象	制造费用					
4	高端眼镜中心	在范围内分配	按实际核算对象	共耗费用					
5	舒适眼镜中心	在范围内分配	按实际核算对象	共用材料					
6	舒适眼镜中心	在范围内分配	按实际核算对象	人工费用				直接人工	
7	舒适眼镜中心	在范围内分配	按实际核算对象	制造费用					

	标识	成本中心编码	成本中心名称	BOM版本号	工序...	产...	产品名称	规格型号	批号	是否委外工序	是否返工返修
1	√	701	高端眼镜中心	10	0	1001	高端低度老花镜	钛材100度		否	否
2	√	701	高端眼镜中心	10	0	1002	高端中度老花镜	钛材150度		否	否
3	√	701	高端眼镜中心	10	0	1003	高端高度老花镜	钛材400度		否	否

图 11-24　“定义公共费用分配范围”页签

(2)“查询条件选择-定义公共费用分配范围”对话框的数据项说明如下。

① 成本中心编码、成本中心名称：可手工输入或参照选择已经定义好的基本成本中心。

② 分摊范围：选中“按基本产品”或“按实际核算对象”下拉列表项，默认为全部。

③ 分摊方式：选中“在选择范围内分摊”或“在选择范围外分摊”下拉列表项，默认为全部。

④ 费用类型：共用材料、人工费用、制造费用、共耗费用。

(3)“定义公共费用分配范围”页签中的数据项说明如下。

① 是否返工返修：可下拉选择“是”或“否”，默认全部。

② 显示范围：在“定义公共费用分配范围”页签中选中下窗格的数据行，再单击工具栏中的“查询”按钮，可再次打开“查询条件选择-定义公共费用分配范围”对话框，此时增加了“显示范围”等数据项，下拉选择“全部显示”“已标记”或“未标记”，默认为全部显示，即不管是否进行过选择，动态刷新所有基本或实际成本对象；若选择“已标记”，则在“定义公共费用分配范围”页签的下窗格中仅显示已经选择过的产品；选择“未标记”，则在“定义公共费用分配范围”页签的下窗格中仅显示未选择过的产品。

(4)“定义公共费用分配范围”页签中的分配对象选择操作。在“定义公共费用分配范围”页签左侧窗格中选择成本中心(例如高端眼镜中心)及成本项目(例如共用材料)，若已经定义了分配范围，则仅显示满足条件的记录；若没有满足条件的，可单击工具栏中的“增行”按钮，在右侧的上窗格中定义分摊方式、分摊范围、费用类型等，然后单击工具栏中的“加载”按钮以加载成本对象，下窗格将按所选择的方式显示相应的成本对象，最后批量或逐个选中所需要的成本对象。

2. 定额分配标准

企业为了核算或考核的需要，一般均制定了产品的各种定额(计划)指标数据。包括产品的定额单位生产工时、产品的定额单位材料消耗数量等，这些数据可以用作成本费用的分配依据，成本预测的数据基础。登录“企业应用平台”，在“业务导航视图”的“业务工作”导航条中选中“管理会计”|“成本管理”|“设置”|“定额分配标准”，弹出“定额管理”对话框，单击“确定”按钮，打开“定额分配标准”页签，即可制定产品的定额工时和定额材料数据，如图 11-25 所示。

由图 11-25 可知，在“定额分配标准”页签的上窗格中可以定义“定额人工工时”“定额及其工时”“定额模具工时”和“定额其他工时”，统称为定额工时。在下窗格中显示了某个产品的定额材料信息。

(1) 定额工时。定额工时数据主要用于费用分配，如果在定义分配率使用了按定额工时的方法，则要定义产品的定额工时，否则该数据可以不录入。录入定额工时时，可在图 11-25的上窗格中，将光标定位在某产品上，直接输入定额工时数据；或者单击工具栏中的“取数”按钮，系统从工艺路线资料中取出工时数据，并按选择条件覆盖或保留原有的数据。

(2) 定额材料。定额材料数据主要用于费用分配，如果在定义分配率使用了按定额材料的方法，则要定义产品的定额材料，否则该数据可以不录入。录入定额材料时，可在图 11-25所示的上窗格中将光标定位在某产品上，然后单击工具栏中的“取数”按钮，系统从物料清单或产品结构中取出该产品所耗用的材料，并按选择条件覆盖或保留原有的数据。

简易桌面 | 定额分配标准 ×

	成...	成本中心名称	产...	产品名称	BO...		规格型号	定额人工工时	定额机器工时	定额模具工时	定额其他工时
小计								0.00	0.45	0.00	0.00
2	701	高端眼镜中心	1001	高端低度老花镜	10		钛材100度	0.00	0.05	0.00	0.00
3	701	高端眼镜中心	1002	高端中度老花镜	10		钛材150度	0.00	0.05	0.00	0.00
4	701	高端眼镜中心	1003	高端高度老花镜	10		钛材400度	0.00	0.05	0.00	0.00
5	702	舒适眼镜中心	2001	舒适低度老花镜	10		板材100度	0.00	0.05	0.00	0.00
6	702	舒适眼镜中心	2002	舒适中度老花镜	10		板材150度	0.00	0.05	0.00	0.00
7	702	舒适眼镜中心	2003	舒适高度老花镜	10		板材400度	0.00	0.05	0.00	0.00
合计								0.00	0.45	0.00	0.00

	存货编码	存货名称	单位	规格型号	耗用定额
小计					8.00
1	1100	高端镜框	个	钛材	1.00
2	1200	高端镜腿	对	钛材	1.00
3	4002	硅胶鼻托	对		1.00
4	4003	铰链	个		2.00
5	4004	螺钉	颗		2.00
6	0101	低度镜片	对	树脂100度	1.00

图 11-25 “定额分配标准”窗口

3. 期初余额调整

期初余额的录入启用是系统核算的起点，本系统的期初余额是指上一会计期间的在产品成本。系统启用并进入新月份后，自动将上月初始余额转入本月。同时，系统允许对上月结转过来的成本对象明细数据进行手工调整，调整后的差异根据系统提供的辅助数据，在总账中生成调整凭证。

(1) 操作步骤。登录“企业应用平台”，在“业务导航视图”的“业务工作”导航条中选中“管理会计”|“成本管理”|“设置”|“期初余额调整”，弹出“查询条件选择-期初余额调整”对话框，如图 11-26，单击“确定”按钮，打开“期初余额调整”页签，如图 11-27 所示。

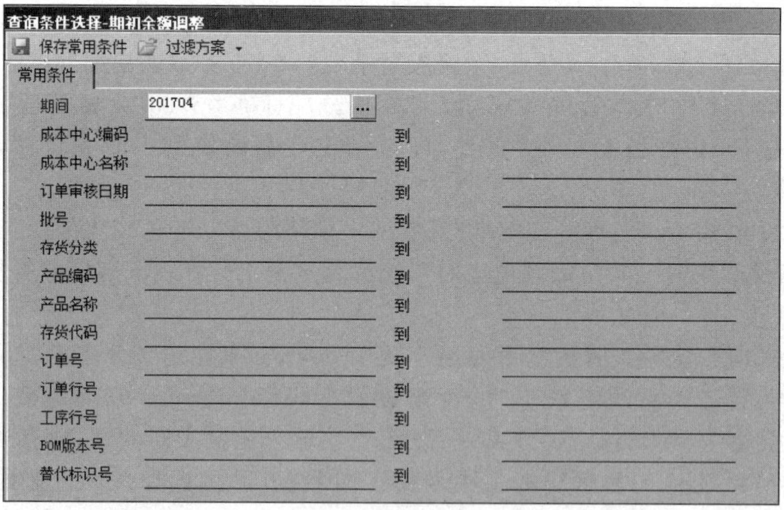

查询条件选择-期初余额调整

保存常用条件 过滤方案 ▾

常用条件

条件	从		到
期间	201704		
成本中心编码		到	
成本中心名称		到	
订单审核日期		到	
批号		到	
存货分类		到	
产品编码		到	
产品名称		到	
存货代码		到	
订单号		到	
订单行号		到	
工序行号		到	
BOM版本号		到	
替代标识号		到	

图 11-26 “查询条件选择-期初余额调整”对话框

(2) 操作技巧与说明。

① 在“期初余额调整”页签中录入的期初余额，必须还原为明细成本费用的消耗数据，如果有车间剩余的材料，建议先办理假退料或计算摊入在产品成本。若在手工账中的成本

简易桌面　**期初余额调整** ×

修改在产品数量时，齐套修改子件和费用　　期间:2017.4

	成…	成本中心名称	批号	产…	产品名称	工序行号	BOM版…	规格型号	主…	在产数量	材料费用	直接人工费用
小…										0.00	0.00	0.00
1	701	高端眼镜中心		1001	高端低度老花镜	0	10	钛材100度	副	0.00	0.00	0.00
2	701	高端眼镜中心		1002	高端中度老花镜	0	10	钛材150度	副	0.00	0.00	0.00
3	701	高端眼镜中心		1003	高端高度老花镜	0	10	钛材400度	副	0.00	0.00	0.00
4	702	舒适眼镜中心		2001	舒适低度老花镜	0	10	板材100度	副	0.00	0.00	0.00
5	702	舒适眼镜中心		2002	舒适中度老花镜	0	10	板材150度	副	0.00	0.00	0.00
6	702	舒适眼镜中心		2003	舒适高度老花镜	0	10	板材400度	副	0.00	0.00	0.00
7	703	普通眼镜中心		3001	普通低度老花镜	0	10	塑料100度	副	0.00	0.00	0.00
8	703	普通眼镜中心		3002	普通中度老花镜	0	10	塑料150度	副	0.00	0.00	0.00
9	703	普通眼镜中心		3003	普通高度老花镜	0	10	塑料400度	副	0.00	0.00	0.00
合计										0.00	0.00	0.00

图 11-27　“期初余额调整”页签

只有一个总数，此时只能将手工计算的成本还原成直接人工、材料费用、制造费用、辅助费用和其他费用。

② 如果采用分批法核算，在“期初余额调整”页签中可以录入某批次产品的期初数据，但在后面的“生产批号表”中必须补充定义该批号，否则无法核算该批号。

③ 如果用户同时使用了总账系统，在“期初余额调整”页签中录入期初数据后可以和总账核对数据，一般期初数据应与“生产成本”科目的借方余额相同，具体科目根据用户的实际情况确定。

(3) 期初余额录入的操作方法说明。期初余额数据，在“期初余额调整”页签中首先录入“在产数量”后，可以通过手工录入和自动取数进行材料和制造、人工等费用的录入，分述如下。

① 材料录入。若手工录入，可在“期初余额调整”页签中选中某个成本对象的“材料费用”列直接编辑其材料费用；或者先单击“材料费用”列，然后单击右侧的参照按钮，并在弹出的“材料余额”页签中，逐条“增加”并编辑其“材料编码”“数量”和“单价”。若自动取数，可单击工具栏中的“材料取数”按钮，并在弹出的“选项”对话框中，在“范围设定”选项卡中，单击“全选”和“执行”按钮，并“退出”对话框返回“期初余额调整”页签，此时系统自动刷新出成本对象所对应物料清单子件(因为案例企业采用的是品种法)，其材料数量等于在产数量乘以物料清单子件数量，单价等于优先取存货核算上期结存单价，如果无结存单价，取最新采购价或参考成本，存货属性包含“自制、在制或委外”属性，取出存货“参考成本”；纯“外购”属性，取出“最新成本”。

② 如果材料自动取数后，需要调整差额，可以单击工具栏中的“材料分配”按钮，系统自动按成本中心录入材料总额分配到各成本中心下成本对象上，分配方法：所有成本中心统一分配方法，按各成本中心下成本对象的材料定额汇总金额作为权重系数，例如：A 产品材料费用＝A 产品分配前定额材料费用×(该成本中心录入材料费用/该成本中心分配前定额材料合计)。

③ 费用录入。若手工录入，可在“期初余额调整”页签中选中某个成本对象的费用列(如制造费用、直接人工费用)，然后直接编辑其费用。若自动分配，则单击工具栏中的“费用分配”按钮，打开“期初费用”对话框，如图 11-28 所示，用户可按成本中心录入人工费用、制造费用的在产金额。人工与制造费用明细，按定义费用明细与总账接口设定的费用明细自

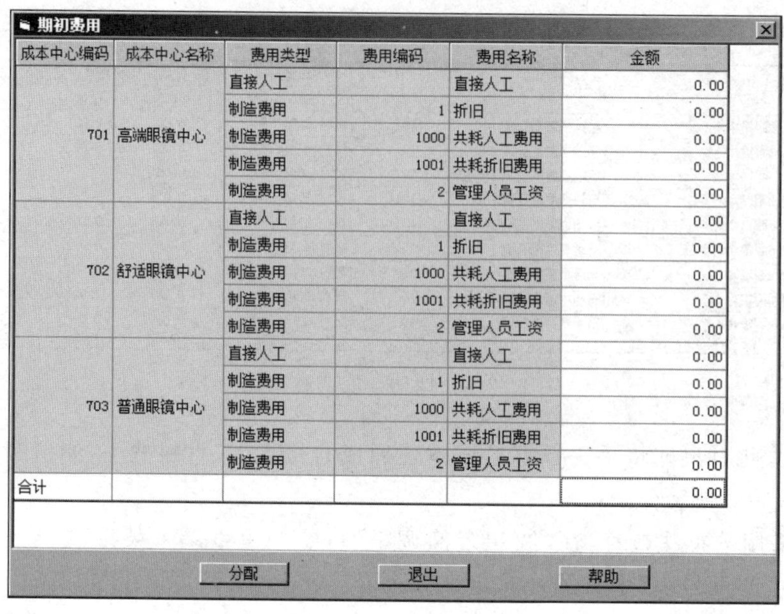

期初费用

成本中心编码	成本中心名称	费用类型	费用编码	费用名称	金额
701	高端眼镜中心	直接人工		直接人工	0.00
		制造费用	1	折旧	0.00
		制造费用	1000	共耗人工费用	0.00
		制造费用	1001	共耗折旧费用	0.00
		制造费用	2	管理人员工资	0.00
702	舒适眼镜中心	直接人工		直接人工	0.00
		制造费用	1	折旧	0.00
		制造费用	1000	共耗人工费用	0.00
		制造费用	1001	共耗折旧费用	0.00
		制造费用	2	管理人员工资	0.00
703	普通眼镜中心	直接人工		直接人工	0.00
		制造费用	1	折旧	0.00
		制造费用	1000	共耗人工费用	0.00
		制造费用	1001	共耗折旧费用	0.00
		制造费用	2	管理人员工资	0.00
合计					0.00

图 11-28 “期初费用”对话框

动显示编码及名称。

④ 费用分配。在“期初费用”对话框中，单击“分配”按钮，系统自动按录入费用分配到所有成本对象上，分配方法：所有成本中心及所有费用明细采用统一分配方法，按成本对象的材料费用汇总金额作为权重系数，例如：A 产品人工费用＝A 产品材料费用×(录入人工费用/所有成本中心材料费用合计)。

(4) 对账。在期初数据全部录入完毕后，单击工具栏中的“对账”按钮，与总账对账。

(5) 记账。对账确认无误后，单击工具栏中的“记账”按钮，表示本期初数已记账，不允许修改。

(6) 恢复记账。如果记账后又需要修改数据，且本月还没有进行过成本计算，则可以单击工具栏中的“恢复”按钮，以取消记账。

(7) 期初调整。若上月的初始余额结转到本月后，系统自动进行记账。如果本月需要调整数据，则可以先单击工具栏中的“恢复”按钮，然后再通过以下 3 种方式修改。

① 选中进入各成本对象材料费用(调整后)、直接人工费用(调整后)、制造费用(调整后)、辅助费用(调整后)、其他费用(调整后)明细，逐个调整相应数量或余额。

② 选中“期初余额调整”页签左上角的“修改在产品数量时，齐套修改子件和费用”复选框(首次使用该复选框不可选)，并手动修改在产品数量，系统将自动按单位成本增加或减少相应产品的料、工、费总成本。

③ 单击“批改”按钮，成批修改所选择产品的材料存货单价。

(8) 查看期初共用材料盘点数据。可单击工具栏中的“共用剩余”按钮，查询共用材料列表，以显示本年度期初的成本中心共用材料的数量，即上年末，月末在产品处理表中的共用材料剩余内容，不允许修改。如果是第一次使用本系统，则共用材料盘点数据全为空。

(9) 查看期初产品的直接材料盘点数据。可单击工具栏中的“专用剩余”按钮，以显示本年度期初的该产品直接领用材料的剩余数量，即上年末，月末在产品处理表中的该产品的专用材料剩余内容，不允许修改。如果是第一次使用本系统，则产品的直接材料盘点数据全为空。

11.1.9 产品接口与取数约束

成本管理子系统的产品接口如图 11-29 所示。

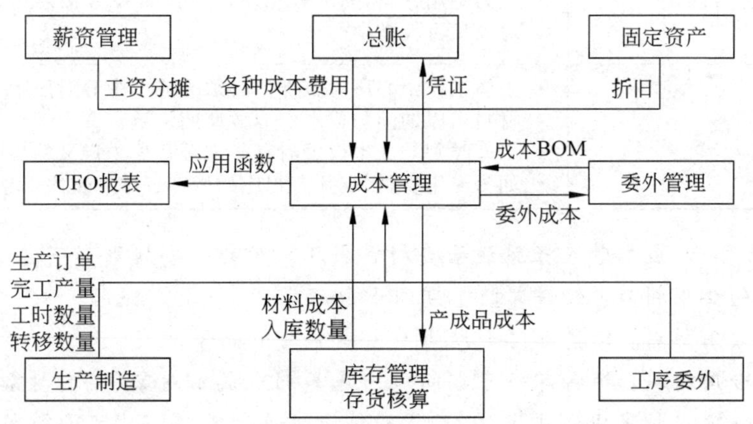

图 11-29 成本管理的产品接口图

分析成本管理子系统与其他系统之间的关系如下。

1. 与存货核算系统的关系

成本管理子系统引用存货核算系统提供的以出库类别和会计期间划分的领料出库单汇总表，包括领料部门、成本对象(产品)、批号、领用量、领料额和实际单价。

采用全月平均计价方式的存货，必须在存货核算系统对其所在仓库进行了月末处理之后，才能向成本系统传递数据。采用计划价计价方式的存货，必须在存货系统对其所在仓库进行了差异率计算和分摊之后，才能向成本系统传递材料的实际价格数据，否则为计划价格。

采用卷积运算时，系统自动完成存货计价核算、提取材料及半成品数据、分配产成品成本等操作过程。

从存货核算系统的材料出库单取数的规则，如表 11-13 所示；从存货核算系统的产成品入库单取数的规则，如表 11-14 所示。

表 11-13 从存货核算系统的材料出库单取数规则

系统选项设置	取 数 规 则
不“启用生产制造数据来源”或按成本中心制定，选择“品种法或分步法”	• 部门必须为成本中心对照中部门。 • 材料出库期间与成本的取数期间一致。 • 出库类别与成本设置时存货来源选项中定义的出库类别一致。 • 如为专用材料，则应选择成本对象项目大类中的项目(参照生产订单领料时，系统可以自动带出项目档案中的项目信息，不需要再手动录入)。另外，基础档案中项目目录可以在构建物料清单后自动带入或批量引入。 • 如成本核算方法采用分批法，则还应输入生产批号

续表

系统选项设置	取 数 规 则
选中“启用生产制造数据来源”或按成本中心制定，选中“按订单核算”，但未核算到工序	• 部门必须为成本中心对照中部门。 • 材料出库期间与成本的取数期间一致。 • 出库类别与成本设置时存货来源选项中定义的出库类别一致。 • 如为专用材料，则须有相应的生产订单号信息(不需要选择成本对象项目大类中的项目)
核算工序产品成本	• 表体工作中心所对应部门必须为成本中心对照中部门。 • 材料出库期间与成本的取数期间一致。 • 出库类别与成本设置时存货来源选项中定义的出库类别一致。 • 如为专用材料，则须有相应的生产订单中工序信息

备注：取数之后，成本管理子系统检查材料出库单时的检查规则如下。

- 不分批的共用材料：领料部门＋期间＋出库类别。
- 分批的共用材料：领料部门＋期间＋出库类别＋批号。
- 分批的专用材料：领料部门＋期间＋出库类别＋成本对象(成本对象与产品的对应关系须在项目档案中预先定义，存货材料出库单上的“项目”字段须在单据设计中预先增加)＋批号。
- 不分批的专用材料(选项中不“启用生产制造数据来源”或按成本中心制定选择“品种法或分步法”)：领料部门＋期间＋出库类别＋成本对象(成本对象与产品的对应关系须在项目档案中预先定义，存货材料出库单上的“项目”字段须在单据设计中预先增加)。
- 不分批的专用材料(选项中“启用生产制造数据来源”或按成本中心制定选择“按订单核算”但未核算到工序)：领料部门＋期间＋出库类别＋生产订单信息。

表 11-14　从存货核算系统的产成品入库单取数规则

系统选项设置	取 数 规 则
不“启用生产制造数据来源”，或按成本中心制定选中“品种法或分步法”	• 部门必须为成本中心对照中部门。 • 期间应与成本的取数一致。 • 入库类别与成本设置时存货来源选项中定义的入库类别一致。 • 选择成本对象项目大类中的项目(如果成本对象大类的项目档案编码在“项目档案”设置中与存货编码一致，此条成本对象在产品入库单可以不录入对应的项目编码；未与存货编码保持一致的其他 BOM 版本成本对象仍需要在产品入库单录入项目编码，否则系统自动把所有入库数量全部取到存货编码与项目编码一致的成本对象上。另外，如果不是多 BOM 版本同时生产，则可直接在项目档案中重新对应最新 BOM 版本) • 如成本核算方法采用分批法，则还应输入生产批号
“启用生产制造数据来源”，或按成本中心制定选中“按订单核算”但未核算到工序	• 部门必须为成本中心对照中部门。 • 期间应与成本的取数一致。 • 入库类别与成本设置时存货来源选项中定义的入库类别一致。 • 须对应生产订单号信息(启用库存系统)
核算工序产品成本	从车间管理取数

备注：取数之后，成本管理子系统检查产成品入库单时的检查规则如下。

- 分批的产品：部门＋期间＋入库类别＋批号＋成本对象(成本对象与产品的对应关系须在项目档案中预先定义，产成品入库单上的"项目"字段须在单据设计中预先增加)。
- 不分批的产品(不启用生产制造数据来源)：部门＋期间＋入库类别＋成本对象(成本对象与产品的对应关系须在项目档案中预先定义，产成品入库单上的"项目"字段须在单据设计中预先增加)。
- 不分批的产品(启用生产制造数据来源)：部门＋期间＋入库类别＋生产订单信息。

2. 与薪资管理系统的关系

薪资管理系统中以人员类别划分并且按部门和会计期间汇总的费用，在被成本管理子系统引用时，应计入生产成本的直接人工费用和间接人工费用。

为了避免工资因多次分摊而造成最终分摊数据与成本读取的数据不符，建议只有在工资分摊并生成分摊凭证后，再在成本管理系统中执行从薪资管理系统提取人工费用数据的"取数"操作。

3. 与固定资产系统的关系

成本管理子系统引用固定资产系统提供的按部门和会计期间汇总的折旧费用分配表。

固定资产系统计提折旧后，成本系统就可以向其"取数"，且取数时做了取数标志。如固定资产系统需要再次计提折旧，系统则提示成本系统已取数，不能重新计提。此时，必须在成本系统中执行"恢复结账前状态"功能，取消该项标志，然后再重新进行折旧计提，以及在成本系统中再次读取折旧数据。

4. 与总账系统的关系

成本管理子系统引用总账系统提供的应计入生产成本的间接费用(制造费用)或其他费用数据。如果没有启用固定资产系统与薪资管理系统，则可以引用总账系统中应计入生产成本的人工费用及折旧费用数据。

成本管理子系统将成本核算结果自动生成转账凭证，传递到总账系统。

总账为成本核算提供的制造费用、人工费用、折旧费用、其他费用等数据，必须在这些相关的费用凭证记账后才能传递到成本核算系统。

5. 与生产制造系统的关系

如果启用了生产制造系统，并且在成本系统的"选项"中选择了"启用生产制造数据来源"或"按订单核算"选项，则只有在"生产制造"系统制定了生产订单的产品，并且该产品已经符合投产日期条件后，方能进行该产品及其相关子项产品的日常成本资料录入工作。

11.1.10 重新初始化

系统在运行过程中发现账套设置错误很多或因其他缘故导致数据准备不全，无法通过"恢复"建期初余额或"反结账"纠错，这种情况可以通过"重新初始化"将该账套的内容全部清空，然后从系统初始化开始重新启用账套。

只有账套主管才具有"重新初始化"功能的操作权限。

操作步骤如下：

(1) 打开"重新初始化"对话框。登录"企业应用平台"，在"业务导航视图"的"业务工

作”导航条中选中“管理会计”|“成本管理”|“设置”|“重新初始化”，弹出“重新初始化”对话框，如图 11-30 所示，由用户选择成本管理系统设置中哪些录入数据在成本管理重新初始化后仍然需要保留并重新应用，系统提供 5 个选项：定义费用明细与总账接口、产品权重系数、产品约当系数-固定比率、定额分配标准-定额工时和定义公共费用分配范围-按基本产品，可以通过在选项前选中选择。

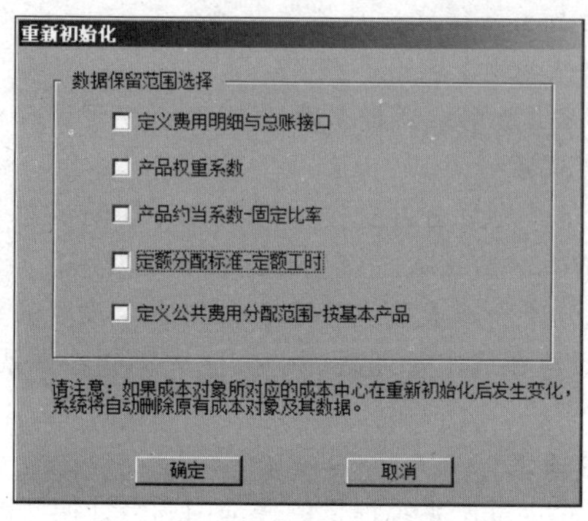

图 11-30 “重新初始化”对话框

（2）重新初始化。在“重新初始化”对话框中选中相应选项后，单击“确定”按钮，弹出消息框，询问“本操作将自动删除本年度成本管理所有月份数据，并重新启用成本管理，是否继续执行？”，若单击“否”按钮，则退出消息框，若单击“是”按钮，则系统再次弹出消息框，询问“本操作将自动删除本年度成本管埋所有月份数据，并不能以任何方式恢复，请再次确认是否继续？”，单击“是”按钮，系统将清空本年度本账套成本管理的数据，并删除启用标志，最后弹出消息框，提示“初始化成功，请在系统管理中重新启用成本管理”，单击“确定”按钮，关闭消息框，完成操作。

11.2 成本数据录入

每月成本资料的录入是成本核算的前提条件。为了计算成本，要输入每个会计期间的成本资料，包括料、工、费的数据。根据在系统选项中的定义，这些数据有不同的来源。每个会计期间必须运行这些功能，才能实现数据的（自动）输入。

在数据录入菜单下，共有多张录入表需要处理，但不一定需要处理所有的报表。用户应根据所选择的成本核算方法和费用分配率来准备成本资料，如表 11-15 所示。

表 11-15 成本核算方法与成本资料的关系

序号	数据表名称	品种法或分步法、分类法	完全分批法	部分分批法
1	期初余额调整表	可选	可选	可选
2	期初在产调拨表	可选	可选	可选
3	材料及外购半成品耗用表	卷积运算时不需要录入	卷积运算时不需要录入	卷积运算时不需要录入

续表

序号	数据表名称	品种法或分步法、分类法	完全分批法	部分分批法
4	共耗费用表	可选	可选	可选
5	人工费用表	必填	必填	必填
6	折旧费用表	必填	必填	必填
7	制造费用表	必填	必填	必填
8	工时日报表	可选	可选	可选
9	完工产品日报表	必填	必填	必填
10	废品回收表	可选	可选	可选
11	辅助费用耗用表	可选	可选	可选
12	月末在产品处理表	若有在产品,必填	必填	必填
13	在产品每月变动约当系数表	可选	可选	可选
14	完工产品处理表	必填	必填	必填
15	产品耗用日报表	若按工序核算,必填	不填	不填
16	生产批号设置	不填	必填	可选

对于表 11-15 中的数据录入与查阅报表,有以下操作及约束说明。

(1) 如果在系统选项设置中,选择成本核算方法为"完全分批法",则在定义"生产批号表"之前,部分与产品直接关联的成本资料录入表不能操作,包括材料及外购半成品耗用表、其他费用表、辅助费用耗用表、产品耗用日报表、工时日报表、废品回收表、完工产品处理表、完工产品日报表和期末在产品处理表等。

(2) 可选特定的日期或月份,进行数据输入。工时日报表、完工日报表、产品耗用日报表中,当用户过滤日期选择开始日期与结束日期相同时,可在相应表格内输入实际工时、产量数据,否则只能查看或取数。

(3) 可选本年度已有数据的历史期间,进行历史数据查询。工时日报表、完工日报表、产品耗用日报表中,当用户过滤日期选择开始日期与结束日期不同时,系统自动汇总所选期间所有产品已经录入的实际工时、产量数据,提供实时计算全月合计数据的功能。

案例企业的成本核算方法是品种法,所以每个会计期间需要进行材料及外购半成品耗用数据录入,以及期间费用(如共耗费用表、人工费用表、折旧费用表和制造费用表)和车间统计表(例如工时日报表、完工产品日报表)的录入。数据录入时,可手工编辑,也可根据 4.7.3 节的选项设置,从其他系统集成取数。

11.2.1 材料及外购半成品耗用

2017 年 4 月 30 日,财务部会计赵俊对本月的材料及外购半成品耗用数量,从存货核算系统中的取数。

本笔业务是从存货出库单上读取直接材料耗用数据。

在使用成本管理系统时,每个会计期间都需要输入直接材料耗用数据,允许在"材料及外购半成品耗用表”上手工录入数据，也可以从存货核算系统中取数(相关设置请参阅 4.7.3 节的图 4-41)。

操作时间：确认系统日期和业务日期为 2017 年 4 月 30 日。

视频观看：手机扫描二维码即可观看相关操作。

任务说明：财务部会计赵俊对本月的材料及外购半成品耗用数量进行取数。

操作步骤如下：

(1) 打开“材料及外购半成品耗用表”页签。登录“企业应用平台”，在“业务导航视图”的“业务工作”导航条中选中“管理会计”|“成本管理”|“数据录入”|“材料及外购半成品耗用”，弹出“查询条件选择-材料及外购半成品耗用表”对话框，单击“确定”按钮，打开“材料及外购半成品耗用表”页签。

(2) 取数设置。单击工具栏中的“取数”按钮，弹出“选项”对话框，确认“方式设定”选项卡中的“共用材料”和“专用材料”为“取数”，如图 11-31 所示。

选项

方式设定　范围设定

选项	待选项目
原有数据	覆盖
共用材料	取数
专用材料	取数

图 11-31 “选项”对话框的方式设定

(3) 取数。在“范围设定”选项卡中单击“全选”和“执行”按钮，系统自动完成取数并弹出消息框，提示执行完毕，如图 11-32 所示。

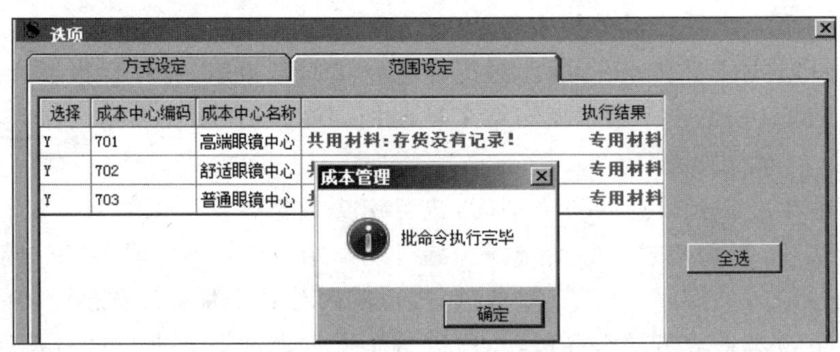

图 11-32 “选项”对话框的范围设定与执行结果

(4) 取数结果。单击消息框中的“确定”按钮，关闭消息框，返回“选项”对话框，单击“退出”按钮，返回“材料及外购半成品耗用表”页签，高端低度老花镜的材料及外购半成品耗用表如图 11-33 所示。

(5) 退出。单击“材料及外购半成品耗用表”页签的“关闭”按钮，关闭页签，完成操作。

小贴士

- 如果用户选择材料存货数据来源于存货系统，则单击工具栏中的“取数”按钮，系统自动从存货核算系统读取本月的领料数据，并且显示结果，允许修改。材料出库单

简易桌面　材料及外购半成品耗用表 ×

期间：2017.4

	成...	成本中心名称	产...	产品名称	产...	工序行号	BOM...	替代标识号	规格型号	工序属性
1	701	高端眼镜中心	1001	高端低度老花镜	1001	0	10		钛材100度	自制
2	701	高端眼镜中心	1002	高端中度老花镜	1002	0	10		钛材150度	自制
3	701	高端眼镜中心	1003	高端高度老花镜	1003	0	10		钛材400度	自制
4	702	舒适眼镜中心	2001	舒适低度老花镜	2001	0	10		板材100度	自制
5	702	舒适眼镜中心	2002	舒适中度老花镜	2002	0	10		板材150度	自制
6	702	舒适眼镜中心	2003	舒适高度老花镜	2003	0	10		板材400度	自制
7	703	普通眼镜中心	3001	普通低度老花镜	3001	0	10		塑料100度	自制
8	703	普通眼镜中心	3002	普通中度老花镜	3002	0	10		塑料150度	自制
9	703	普通眼镜中心	3003	普通高度老花镜	3003	0	10		塑料400度	自制

	存货编码	存货名称	存...	单位	规格型号	单价	数量	金额	是否调整单
小计							8000.00	246000.00	
1	1100	高端镜框	1100	个	钛材	80.00	1000.00	80000.00	N
2	1200	高端镜腿	1200	对	钛材	80.00	1000.00	80000.00	N
3	4002	硅胶鼻托	4002	对		10.00	1000.00	10000.00	N
4	4003	铰链	4003	个		2.00	2000.00	4000.00	N
5	4004	螺钉	4004	颗		1.00	2000.00	2000.00	N
6	0101	低度镜片	0101	对	树脂100度	70.00	1000.00	70000.00	N

图 11-33　高端低度老花镜的材料及外购半成品耗用表

的取数规则如表 11-11 所示。

- 可以选择共用材料、专用材料分别取数或不处理。用材料是指各成本中心领用的材料，专用材料是指各产品直接领用的材料。
- 取数之后，可以单击工具栏中的“汇总”按钮，按成本中心查询专用材料及共用材料合计、总计金额。
- 原有数据可以选择覆盖或保留。例如选择覆盖，每次取数时自动覆盖重复数据，保留本次未追加数据；如果选择保留，则原有数据不做修改，只追加新数据。
- 在库存管理系统中录入的材料出库单，必须执行了存货核算系统的“单据记账”功能后，其数据才能被“取数”过来。每次变更出库数据后，必须执行“取数”功能才能被重新取数。
- 如果采用非卷积运算，从存货核算系统读取的材料数据允许修改；系统对同一材料多次的出库数据自动汇总；如果重新取数，手工录入或修改的数据将被无法保存。
- 在材料及外购半成品耗用表中，从存货核算系统读取数据时，不判断存货核算系统是否进行看月末结账，但已结账会计期间的数据不允许修改。
- 采用全月平均计价方式的存货，必须在存货核算系统对其所在仓库进行了月末处理之后，成本管理系统才能读取到正确的数据。
- 采用计划价计价方式的存货必须在存货系统对其所在仓库进行了差异率计算和分摊之后才能向成本系统传递材料的实际价格数据，否则为计划价格。

11.2.2　期间费用录入

2017 年 4 月 30 日，财务部会计赵俊对本月的共耗费用、人工费用、折旧费用和制造费用，从其他子系统中取数。

本笔业务是期间费用录入，需要从总账系统读取共耗费用数据、从薪资管理系统读取人工费用数据、从固定资产系统读取折旧费用和制造费用数据。

在用友 ERP-U8 进行生产制造期间费用的成本管理时，可通过共耗费用表、人工费用表、制造费用表、折旧费用表、其他费用表、委外加工费和辅助费用表录入。其他费用是指费用发生时就可以指定其成本对象又不包括在材料费用、人工费用、制造费用及辅助费用中的费用，例如季节性临时人员工资、某产品的特殊加工费等。

本案例企业的制造费用，仅涉及共耗费用表、人工费用表、折旧费用表和制造费用表。期间费用的成本核算流程如图 11-2 所示。

共耗费用表用于输入在一个会计期间成本中心所耗用的共耗费用。数据可以来源于总账系统和手工录入。若从总账系统读取科目数据，必须是已记账凭证，数据才可以读取过来。

人工费用表用于录入各成本中心的人工费用消耗数据，或从薪资管理或总账系统读取工资分摊结果数据，用于输入在一个会计期间成本中心所耗用的直接人工费用和计入制造费用的管理人员工资。

折旧费用表，用于输入在一个会计期间成本中心所耗用的折旧费用。根据在系统选项中的设置，数据可以来源于总账系统、固定资产系统和手工录入。单如果在系统选项设置时选择了“制造费用无明细”，则本表不能操作。

本案例企业的制造费用科目，归集了用于生产的各种间接费用。制造费用表用于输入在一个会计期间成本中心所耗用的制造费用。

操作时间：确认系统日期和业务日期为 2017 年 4 月 30 日。

视频观看：手机扫描二维码即可观看相关操作。

任务说明：财务部会计赵俊录入本月的期间费用。

操作步骤如下：

1）财务部会计赵俊编辑本月的共耗费用

（1）打开“共耗费用表”页签。登录“企业应用平台”，在“业务导航视图”的“业务工作”导航条中选中“管理会计”|“成本管理”|“数据录入”|“共耗费用表”，打开“共耗费用表”页签。

（2）取数。单击工具栏中的“取数”按钮，系统自动取数完成，并弹出消息框，提示完成，单击“确定”按钮，返回“共耗费用表”页签，如图 11-34 所示。

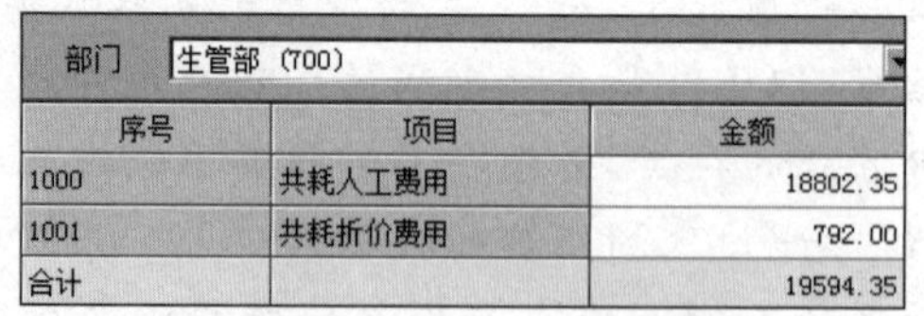

部门 生管部 (700)

序号	项目	金额
1000	共耗人工费用	18802.35
1001	共耗折价费用	792.00
合计		19594.35

图 11-34　共耗费用表

（3）退出。单击“共耗费用表”页签的“关闭”按钮，关闭页签，完成操作。

小贴士

• “取数”时，系统使用在选项设置中定义的共耗费用与总账的接口公式，自动从总账系统取数并用新数据覆盖原有数据，同时显示结果，允许修改。

- 若单击工具栏中的“取数”|“从历史数据”下拉按钮，则系统将选择的历史数据调入当期。

2）财务部会计赵俊编辑本月的人工费用

（1）打开“人工费用表”页签。登录“企业应用平台”，在“业务导航视图”的“业务工作”导航条中选中“管理会计”|“成本管理”|“数据录入”|“人工费用表”，打开“人工费用表”页签。

（2）取数。单击工具栏中的“取数”按钮，弹出消息框，询问“确定要取数吗？”，单击“确定”按钮，返回“人工费用表”页签，如图 11-35 所示。

期间 2017.4

成本中心编码	成本中心名称	直接人工费用	管理人员工资
701	高端眼镜中心	17025.75	0.00
702	舒适眼镜中心	17025.75	0.00
703	普通眼镜中心	17025.75	0.00
合计		51077.25	0.00

图 11-35　人工费用表

（3）退出。单击“人工费用表”页签的“关闭”按钮，关闭页签，完成操作。

小贴士

管理人员工资是否显示，取决于系统设置时，“选项”对话框的“制造费用来源”选项卡中，是否选中了“制造费用无明细”复选框。若没有选中，则显示管理人员工资。

当选择人工费用来源于总账系统时，则“取数”时系统使用在选项设置中定义的人工费用与总账的接口公式，自动从总账系统取数并用新数据覆盖原有数据，同时显示结果，允许修改。

当选择人工费用来源于薪资管理系统时，如果同时启用总账系统，则只有薪资管理系统中的工资分摊数据被生成凭证以后，才能被成本系统读取。若没有启用总账系统，则无此限制。

若单击工具栏中的“取数”|“从历史数据”下拉按钮，则系统将选择的历史数据调入当期。

如果定义非部门的工作中心作为成本基本核算成本中心，则不支持从薪资管理系统的取数。取数规则如下：

- 从薪资管理系统取数查询条件包括：部门＋期间＋工资类别＋工资分摊类型＋人员类别（直接人工或管理人员工资）。工资分摊结果必须生成凭证后的，数据才可以读取过来。
- 如果在系统选项设置的“人工费用来源”中选中了“核算计件工资”复选框，则从薪资系统中取出的部门人工费用＝符合条件的部门人工费用总额－部门计件工资总额。

3）财务部会计赵俊编辑本月的折旧费用

（1）打开“折旧费用表”页签。登录“企业应用平台”，在“业务导航视图”的“业务工作”导航条中选中“管理会计”|“成本管理”|“数据录入”|“折旧费用表”，打开“折旧费用表”页签。

（2）取数。单击工具栏中的“取数”按钮，弹出消息框，提示取数操作完成，单击“确定”按钮，返回“折旧费用表”页签，如图 11-36 所示。

期间 2017.4

成本中心编码	成本中心名称	折旧
701	高端眼镜中心	1182.60
702	舒适眼镜中心	988.20
703	普通眼镜中心	745.20
合计		2916.00

图 11-36　折旧费用表

（3）退出。单击“折旧费用表”页签的“关闭”按钮，关闭页签，完成操作。

小贴士

- 本表是否显示，取决于设置时是否在“选项”对话框的“制造费用来源”选项卡中选中了“制造费用无明细”复选框。若没有选中，则显示折旧费用表。若选择折旧费用来源于总账系统，则“取数”时系统使用在选项设置中定义的折旧与总账的接口公式，自动从总账系统取数并用新数据覆盖原有数据，同时显示结果，允许修改。从总账取数时，只取已记账凭证的数据。
- 若单击工具栏中的“取数”|“从历史数据”下拉按钮，则系统将选择的历史数据调入当期。
- 如果定义非部门的工作中心作为成本基本核算成本中心，则不支持从固定资产系统中取数。
- 从固定资产取数的查询条件包括：部门＋期间，必须是固定资产系统计提折旧后，数据才可以读取过来。

4）财务部会计赵俊编辑本月的制造费用

（1）打开“制造费用表”页签。登录“企业应用平台”，在“业务导航视图”的“业务工作”导航条中选中“管理会计”|“成本管理”|“数据录入”|“制造费用表”，打开“制造费用表”页签。

（2）查阅各个成本中心的制造费用。在“成本中心”的下拉列表框中，分别选择“高端眼镜中心”“舒适眼镜中心”和“普通眼镜中心”，如图 11-37～图 11-39 所示。

（3）退出。单击“制造费用表”页签的“关闭”按钮，关闭页签，完成操作。

成本中心 高端眼镜中心

序号	项目	金额
1	折旧	1182.60
2	管理人员工资	0.00
合计		1182.60

图 11-37　高端眼镜中心制造费用

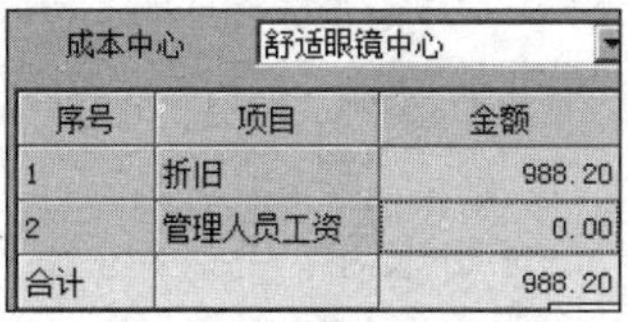

成本中心	舒适眼镜中心	
序号	项目	金额
1	折旧	988.20
2	管理人员工资	0.00
合计		988.20

图 11-38　舒适眼镜中心制造费用

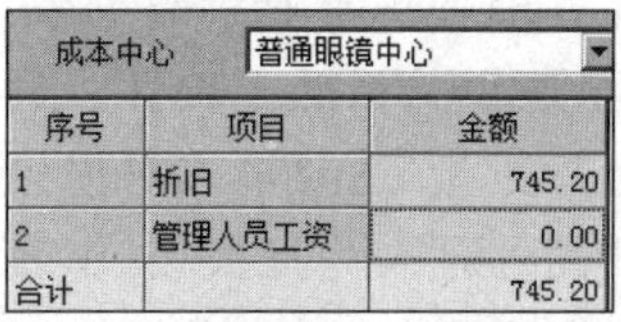

成本中心	普通眼镜中心	
序号	项目	金额
1	折旧	745.20
2	管理人员工资	0.00
合计		745.20

图 11-39　普通眼镜中心制造费用

小贴士

- 本表有两种格式，取决于设置时是否在"选项"对话框的"制造费用来源"选项卡中选中了"制造费用无明细"复选框。若没有选中，则显示"折旧"和"管理人员工资"两项数据，数据取自"折旧费用表"和"人工费用表"，此处不能修改，但可以到上述两表中修改数据。若选中了，则仅显示"折旧"数据项。
- 若选择制造费用来源于总账系统，则"取数"时系统使用在选项设置中定义的制造费用与总账的接口公式，自动从总账系统取数并用新数据覆盖原有数据，同时显示结果，允许修改。从总账取数时，只取已记账凭证的数据。
- 若单击工具栏中的"取数"|"从历史数据"下拉按钮，则系统将选择的历史数据调入当期。

11.2.3　车间统计表录入

2017 年 4 月 30 日，财务部会计赵俊对本月的车间数据进行统计和录入，其中本月的工时统计如表 11-16 所示。

表 11-16　本月工时表

产品名称	实际人工工时	实际机器工时
高端低度老花镜	250	250
高端中度老花镜	500	500
高端高度老花镜	500	500
舒适低度老花镜	475	475
舒适中度老花镜	500	500
普通低度老花镜	750	750

本笔业务是车间统计数据的录入，需要手工录入本月的工时数据，从存货核算系统读取完工产品数据。

车间统计表，包括工时日报表、完工产品日报表、月末在产品处理表、产品耗用日报表、完工产品处理表和废品回收表。

工时日报表用于录入各产品的实际生产工时统计数据。用户可以按天录入或一次录入，系统最后汇总所有日期的工时之和。如果在分配率中采用了"按实际工时"计算，则每个会计期间，必须输入工时日报表。

完工产品日报表用于录入各产品的实际完工数量统计数据，用于统计在一个会计期间内，各个基本生产成本中心所生产完工的产品数量，以及统计每种产品的废品数，此表是日报表，由系统自动汇总成月报表。

完工产品处理表实质上是数据录入后的平衡校验表，用于验证确认已录入的完工、在产、领用的数量逻辑关系的正确性。例如在每个会计期间都要输入产品完工入库数量，以及盘点损失的产品数量，还要输入对损失的处理数据。

月末在产品处理表为月报表，本表用于录入各产品的期末在产品数量和原材料剩余数量数据。如果无在产品数据可以不录入本表。统计在一个会计期间内，各个基本生产成本中心的月末在产品盘点数据。如果无在产品数据可以不录入本表。

产品耗用日报表用于录入工序或产品间(即产品结构或物料清单中的母子件产品之间)的相互领用数量。本表中输入的数据是指在各生产成本中心、产品之间直接结转的产品的数量，不包括经过库存和存货核算系统办理完工入库手续的产品。产品耗用表是日报表，系统自动汇总成月报表。

本案例企业的成本核算采用的是品种法，而且本月所有的产品出入库都经过库存和存货核算系统办理，月末没有在产品，所以不需要填写产品耗用日报表和月末在产品处理表，仅需要编辑工时日报表、完工产品日报表和完工产品处理表。

但为了系统、全面地阐述常用的车间统计表，本节对产品耗用日报表和月末在产品处理表，也进行了操作与相关说明。

操作时间：确认系统日期和业务日期为 2017 年 4 月 30 日。

视频观看：手机扫描二维码即可观看相关操作。

任务说明：财务部会计赵俊编辑和查阅本月的车间统计数据，包括编辑工时日报表、完工产品日报表和完工产品处理表，查阅产品耗用日报表和月末在产品处理表。

操作步骤如下：

1）财务部会计赵俊填制工时日报表

(1) 打开“工时日报表”页签。登录“企业应用平台”，在“业务导航视图”的“业务工作”导航条中选中“管理会计”|“成本管理”|“数据录入”|“工时日报表”，弹出“查询条件选择-工时日报表”对话框，设置“日期”为“2017-04-30”到“2017-04-30”，然后单击“确定”按钮，打开“工时日报表”页签。

(2) 录入实际人工工时和机器工时。依据表 11-16，录入本月的实际人工工时和实际机器工时，如图 11-40 所示。

日期 : 2017-04-30 至 2017-04-30

	成本...	成本中心名称	产...	产品名称	规格型号	实际人工工时	实际机器工时	实际模具工时	实际其他工时
小计						2975.000000	2975.000000	0.000000	0.00000
1	701	高端眼镜中心	1001	高端低度老花镜	钛材100度	250.000000	250.000000	0.000000	0.00000
2	701	高端眼镜中心	1002	高端中度老花镜	钛材150度	500.000000	500.000000	0.000000	0.00000
3	701	高端眼镜中心	1003	高端高度老花镜	钛材400度	500.000000	500.000000	0.000000	0.00000
4	702	舒适眼镜中心	2001	舒适低度老花镜	板材100度	475.000000	475.000000	0.000000	0.00000
5	702	舒适眼镜中心	2002	舒适中度老花镜	板材150度	500.000000	500.000000	0.000000	0.00000
6	702	舒适眼镜中心	2003	舒适高度老花镜	板材400度	0.000000	0.000000	0.000000	0.00000
7	703	普通眼镜中心	3001	普通低度老花镜	塑料100度	750.000000	750.000000	0.000000	0.00000
8	703	普通眼镜中心	3002	普通中度老花镜	塑料150度	0.000000	0.000000	0.000000	0.00000
9	703	普通眼镜中心	3003	普通高度老花镜	塑料400度	0.000000	0.000000	0.000000	0.00000

图 11-40　本月的工时日报表

(3) 退出。单击“制造费用表”页签的“关闭”按钮,关闭页签,完成操作。

小贴士

- 如果在“查询条件选择-工时日报表”对话框,设置其开始日期与结束日期相同,则可以进行此日期数据的手动录入或修改;如果开始日期与结束日期不同,则不能进行手动录入或修改,默认为此期间的查询汇总状态,但可以执行“取数”功能。
- 如果在分配率中采用了“按实际工时”分配方法,则每个会计期间必须输入工时日报表,系统自动汇总成月报表。但如果在定义分配率时所有的成本中心都没有选择“按实际工时”分配费用,则此表可以不录入。
- 如果在系统选项设置中选中了“启用‘生产制造’数据来源”复选框,则工时日报表中各成本中心所属产品列表中,仅显示在“生产订单”功能模块中已制定生产订单的产品,筛选条件为:该生产订单状态为已审核且上月未关闭,产品的投产日期符合成本期间。
- 每个成本计算期间内,工时日报表中各成本中心所属产品列表中,仅显示“定义产品属性”页签中能刷新出的未停用的实际成本对象。

2) 财务部会计赵俊编辑完工产品日报表

(1) 打开“完工产品日报表”页签。登录“企业应用平台”,在“业务导航视图”的“业务工作”导航条中选中“管理会计”|“成本管理”|“数据录入”|“完工产品日报表”,弹出“查询条件选择-完工产品日报表”对话框,单击“确定”按钮,打开“完工产品日报表”页签。

(2) 取数设置。单击工具栏中的“取数”按钮,弹出“选项”对话框,在“方式设定”选项卡中设置“数据来源”为“库存管理”,“开始日期”为“2017-04-01”,“结束日期”为“2017-04-30”。

(3) 取数。在“范围设定”选项卡中单击“全选”和“执行”按钮,系统自动完成取数并弹出消息框,提示执行完毕,单击消息框中的“确定”按钮,返回“选项”对话框,单击“退出”按钮,返回“完工产品日报表表”页签,如图 11-41 所示。

易桌面 | 完工产品日报表 ×

日期 : 2017-04-01 至 2017-04-30

	成...	成本中心名称	产...	产品名称	BO...	规格型号	完工产量(辅计量)	废品(辅计量)	完工净产量(辅计量)	入库产量(辅计量)
小..							1190.00	0.00	1190.00	1190.00
1	701	高端眼镜中心	1001	高端低度老花镜	10	钛材100度	100.00	0.00	100.00	100.00
2	701	高端眼镜中心	1002	高端中度老花镜	10	钛材150度	200.00	0.00	200.00	200.00
3	701	高端眼镜中心	1003	高端高度老花镜	10	钛材400度	200.00	0.00	200.00	200.00
4	702	舒适眼镜中心	2001	舒适低度老花镜	10	板材100度	190.00	0.00	190.00	190.00
5	702	舒适眼镜中心	2002	舒适中度老花镜	10	板材150度	200.00	0.00	200.00	200.00
6	702	舒适眼镜中心	2003	舒适高度老花镜	10	板材400度	0.00	0.00	0.00	0.00
7	703	普通眼镜中心	3001	普通低度老花镜	10	塑料100度	300.00	0.00	300.00	300.00
8	703	普通眼镜中心	3002	普通中度老花镜	10	塑料150度	0.00	0.00	0.00	0.00
9	703	普通眼镜中心	3003	普通高度老花镜	10	塑料400度	0.00	0.00	0.00	0.00

图 11-41　本月的完工产品日报表

(4) 退出。单击“完工产品日报表”页签的“关闭”按钮,关闭页签,完成操作。

小贴士

如果在“查询条件选择-完工产品日报表”对话框中,设置其开始日期与结束日期相同,则可以进行此日期数据的手动录入或修改；如果开始日期与结束日期不同，则不能进行手动录入或修改，默认为此期间的查询汇总状态，但可以执行"取数"功能。

单击工具栏中的"取数"按钮，如果未启用车间管理系统，系统将直接从存货系统取数，清除当月所有数据，并把汇总的产成品入库数量直接写入到所选日期的"完工产量"列及"入库产量"列中；如果启用车间管理系统，可以从"生产订单工时记录表"取出与成本中心对应的订单完工数量，取数规则如下：

- 分批的产品(不启用生产制造数据来源)：部门＋期间＋入库类别＋批号＋成本对象(成本对象与产品的对应关系须在项目档案中预先定义，产成品入库单上的"项目"字段须在单据设计中预先增加)。
- 不分批的产品(不启用生产制造数据来源)：部门＋期间＋入库类别＋成本对象(成本对象与产品的对应关系须在项目档案中预先定义)。
- 不分批的产品(启用生产制造数据来源)：部门＋期间＋入库类别＋生产订单信息。

废品数是指在此成本中心下该产品有多少数量的废品，废品回收将在废品回收表中录入系统。废品数值要小于"产量"，有辅计量单位的情况下，手工输入辅计量产量，不允许为负数。如果启用车间管理系统，可以从"生产订单工时记录表"取出与成本中心对应的订单废品数量；如果启用质量管理，可以从库存管理的"不合格品记录单"中取出废品数量(条件为部门＋批号＋成本对象(或生产订单))。

净产量是完工产量与废品数之差，即净产量＝完工数量－废品数量，系统自动计算并显示结果。手工输入净产量辅计量单位，允许录入数值型数据。不允许为负数，允许为空。主计量净产量＝辅计量净产量×换算率。

本表可以按天录入或一次录入，系统最后汇总所有日期的完工数量之和。

3）财务部会计赵俊编辑完工产品处理表

(1) 打开"完工产品处理表"页签。登录"企业应用平台"，在"业务导航视图"的"业务工作"导航条中选中"管理会计"|"成本管理"|"数据录入"|"完工产品处理表"，弹出"查询条件选择-完工产品处理表"对话框，单击"确定"按钮，打开"完工产品处理表"页签。

(2) 取数。单击工具栏中的"取数"按钮，弹出"选项"对话框，在"范围设定"选项卡中单击"全选"和"执行"按钮，系统自动完成取数并弹出消息框，提示执行完毕，单击消息框中的"确定"按钮，再单击"选项"对话框的"退出"按钮，关闭对话框，如图 11-42 所示。

简易桌面 | 完工产品处理表 ×

期间：2017.4

	成...	成本中心名称	产...	产品名称	产...	规格型号	差异总额	损益数量	入库数量(主...	入库数量(辅...	损失计入
小..							11900.00	0.00	11900.00	1190.00	
1	701	高端眼镜中心	1001	高端低度老花镜	1001	钛材100度	1000.00	0.00	1000.00	100.00	
2	701	高端眼镜中心	1002	高端中度老花镜	1002	钛材150度	2000.00	0.00	2000.00	200.00	
3	701	高端眼镜中心	1003	高端高度老花镜	1003	钛材400度	2000.00	0.00	2000.00	200.00	
4	702	舒适眼镜中心	2001	舒适低度老花镜	2001	板材100度	1900.00	0.00	1900.00	190.00	
5	702	舒适眼镜中心	2002	舒适中度老花镜	2002	板材150度	2000.00	0.00	2000.00	200.00	
6	702	舒适眼镜中心	2003	舒适高度老花镜	2003	板材400度	0.00	0.00	0.00	0.00	
7	703	普通眼镜中心	3001	普通低度老花镜	3001	塑料100度	3000.00	0.00	3000.00	300.00	
8	703	普通眼镜中心	3002	普通中度老花镜	3002	塑料150度	0.00	0.00	0.00	0.00	
9	703	普通眼镜中心	3003	普通高度老花镜	3003	塑料400度	0.00	0.00	0.00	0.00	

图 11-42　本月的完工产品处理表

(3) 退出。单击“完工产品处理表”页签的“关闭”按钮,关闭页签,完成操作。

小贴士

本表实质上是数据录入后的平衡校验表,用于验证确认已录入的完工、在产、领用的数量逻辑关系的正确性。

系统自动计算的栏目为“差异总额”,计算方法为,将本会计期间的“完工产品日报表”按成本中心进行汇总,得出本期完工产品汇总表,本期完工产品汇总表中的“产量净值”加上相应产品的上月末“月末在产品处理表”中的“完工盘点数量”,减去本月末“月末在产品处理表”中的“完工盘点数量”,再减去“产品耗用日报表”中该产品被其他产品领用数量的汇总数据,得出的结果就是“差异总额”。

“差异总额”一般应是产品的完工入库数量,因此应录入“入库数量”栏目(该数据也可以从存货系统的入库单读取),如果还存在数据差异,则有可能是前面各表的数据录入有误,或确实有盘盈、盘亏的情况出现。

损益数量=差异总额-入库数量,结果如果为正数则为损失;结果是负数为盘盈。

系统不能处理盘盈数据倒冲成本的情况,所以在“损失计入当期成本”中输入的数据必须大于等于零,如果“损失计入当期成本”中未输入数据,退出后,系统自动将损失数量中的数据记入“损失计入待处理损失”中。

在“损失计入当期成本”中输入的数据必须大于等于零,如果“损失计入当期成本”。

从存货取数时的成本系统检查产成品入库单上的项目包括 3 种。

- 分批的产品(不启用生产制造数据来源):部门+期间+入库类别+批号+成本对象(成本对象与产品的对应关系须在项目档案中预先定义)。
- 不分批的产品(不启用生产制造数据来源):部门+期间+入库类别+成本对象(成本对象与产品的对应关系须在项目档案中预先定义)。
- 不分批的产品(启用生产制造数据来源):部门+期间+入库类别+生产订单信息。

4) 部会计赵俊查阅月末在产品处理表

(1) 打开“月末在产品处理表”页签。登录“企业应用平台”,在“业务导航视图”的“业务工作”导航条中选中“管理会计”|“成本管理”|“数据录入”|“月末在产品处理表”,弹出“查询条件选择-月末在产品处理表”对话框,单击“确定”按钮,打开“月末在产品处理表”页签,如图 11-43 所示。

(2) 退出。单击“月末在产品处理表”页签的“关闭”按钮,关闭页签,完成操作。

页签上窗格中的栏目说明如下:

(1) 生产订单数量:指产品计划生产数量,系统自动从“生产订单”中取出 MRP 净算量。

(2) 累计投产数量:指产品累计实际投入生产数量,依据不同的取数来源,系统提供自动推算理论的累计投入数量=本期投产数量+截止上期投产数量。

(3) 本期投产数量:指产品本月实际投入生产数量,依据不同的取数来源,系统提供自动推算理论本期投入数量。

(4) 累计完工数量:指产品在生产工艺上已经完工的所有产品数量,包括入库数量及完工盘点数量,数据源为完工产品日报表中完工数量。主计量产量=辅计量产量×换算率。

增行 删行 全删 输出 全展 上期 取数 拷贝 导入 在产工时 刷新 查询 栏目 定位

简易桌面 月末在产品处理表

期间：2017.4

	成...	成本中心名称	产品名称	B...	规格型号	工...	生产订单数量	累计投产数量	累计完工产量	在产推算数量	在线盘点数...	完工盘点数...
小.							0.00	0.00	0.00	0.00	0.00	0.00
1	701	高端眼镜中心	高端低度老花镜	10	钛材100度	自制	0.00	0.00	0.00	0.00	0.00	0.00
2	701	高端眼镜中心	高端中度老花镜	10	钛材150度	自制	0.00	0.00	0.00	0.00	0.00	0.00
3	701	高端眼镜中心	高端高度老花镜	10	钛材400度	自制	0.00	0.00	0.00	0.00	0.00	0.00
4	702	舒适眼镜中心	舒适低度老花镜	10	板材100度	自制	0.00	0.00	0.00	0.00	0.00	0.00
5	702	舒适眼镜中心	舒适中度老花镜	10	板材150度	自制	0.00	0.00	0.00	0.00	0.00	0.00
6	702	舒适眼镜中心	舒适高度老花镜	10	板材400度	自制	0.00	0.00	0.00	0.00	0.00	0.00
7	703	普通眼镜中心	普通低度老花镜	10	塑料100度	自制	0.00	0.00	0.00	0.00	0.00	0.00
8	703	普通眼镜中心	普通中度老花镜	10	塑料150度	自制	0.00	0.00	0.00	0.00	0.00	0.00
9	703	普通眼镜中心	普通高度老花镜	10	塑料400度	自制	0.00	0.00	0.00	0.00	0.00	0.00
合计							0.00	0.00	0.00	0.00	0.00	0.00

	存货编码	存货名称	存货代码	单位	规格型号	剩余数量
小计						

图 11-43　本月的月末在产品处理表

单击工具栏中的“取数”按钮，系统自动从库存或车间管理系统中取出截至本月的累计完工数量。

（5）工序待转数量：上期工序待转数量＋本期工序完工数量－本期工序转出数量。

（6）工序待转金额：上期工序待转金额＋本期工序完工金额－本期工序转出金额，其中本期工序转出金额＝本期工序待转数量×A，A＝每月本道工序被耗用单位成本＝(上期工序待转金额＋本期工序完工金额)/(上期工序待转数量＋本期工序完工数量)。未进行计算时，本期“工序待转金额”默认为上期“工序待转金额”。

（7）关键子件：选择“按关键子件最大套数”或“按关键子件最小套数”取数，如果该成本对象子件的“成本投产推算”属性子件都未定义，则显示“无”；只要有一个子件定义，则显示“有”。显示“无”时，系统自动按“备选项目”中选择的取数方法取数。只有按订单核算或按工序核算时，可以支持“关键子件”的取数。

（8）在产推算数量：按照理论公式推算出的在产品数量，辅助盘点及核对。在产推算数量＝累计投产数量－累计完工数量。

（9）在线盘点数量：指产品在生产工艺上未完工，仍处于生产线上的产品数量。不允许为负数，允许为空。主计量产量＝辅计量产量×换算率。

（10）完工盘点数量：指产品在生产工艺上已完工，但在会计意义上仍属于在产品的产品数量，这部分数量在进行成本分配中不乘以约当系数。该数量应包含在“完工产品日报表”的“净产量”中，完工产品日报表从车间管理取数时，月末在产品处理表“取数”时同时取出末道工序“完工盘点数量”，完工盘点数量＝本月汇总完工净产量＋上期在产盘点完工数量－入库产量。

（11）在产工时：手工输入或点“在产工时”按钮取数，允许为空。本栏目数据必须小于等于工时日报表的“实际总工时”栏目数据。

页签下窗格栏目的说明如下。

（1）材料编码、材料名称：可以参照输入或单击工具栏中的“全展”按钮自动取出子件结构。

（2）规格、单位：根据材料编码自动生成。

(3) 剩余数量：手动录入，是指未投产的原材料数量。在核算工作中，也可以对该部分材料做假退库处理。如果在本表中录入，则在成本计算时将被从原材料耗用数量中扣除。此录入的剩余材料，必须是本会计期间所领用的材料。

小贴士

在进行在产品数量"取数"之前，必须先进行"完工产品日报表"的"取数"，以保证"累计完工数量"能够获得所需数据来源。

进行在产推算数量的"取数"和修改确认之后，必须单击工具栏中的在产数量"拷贝"按钮，否则在线盘点数量无数值。

页签下窗格中的"剩余数量"，是指未投产的原材料数量。在核算工作中，也可以对该部分材料做假退料处理。如果在本表中录入，则在成本计算时将被从原材料耗用数量中扣除。成本计算完成后，系统会自动将计算出来的平均价格回填到本表中。

在"查询条件选择-月末在产品处理表"对话框中，"原材料剩余"下拉列表中，分为共用材料和专用材料两项选择。共用材料是成本中心领用的材料，专用材料是产品直接领用的材料。为空时，系统默认为"专用材料"剩余。

若在"查询条件选择-月末在产品处理表"对话框的"原材料剩余"中选择"专用材料"，则进入"月末在产品处理表"窗口后，可以选择两种方式输入剩余数量：

- 点"展算子件"按钮，系统按生产订单子件或BOM自动增加各产品材料子件，剩余数量为零，可以在此基础上手动修改。
- 单击工具栏中的"增行"按钮，手工输入或参照选择存货，确定后输入产品或成本中心领用材料的盘点数量。

若在"查询条件选择-月末在产品处理表"对话框的"原材料剩余"中选择"共用材料"，则进入"月末在产品处理表"窗口后，先选择上窗体的成本中心，再单击工具栏中的"增行"按钮，可以输入该成本中心领用材料的盘点数据。

每个成本计算期间内，月末在产品处理表中各成本中心所属产品列表中，仅显示在"定义产品属性"页签中能刷新出的未停用的实际成本对象。

如果企业的成本核算方法为"完全分批法"，则在定义"生产批号表"之前，本表不能操作。

5) 财务部会计赵俊查阅产品耗用日报表

(1) 打开"产品耗用日报表"页签。登录"企业应用平台"，在"业务导航视图"的"业务工作"导航条中选中"管理会计"|"成本管理"|"数据录入"|"产品耗用日报表"，弹出"查询条件选择-产品耗用日报表"对话框，单击"确定"按钮，打开"产品耗用日报表"页签，如图11-44所示。

(2) 退出。单击"产品耗用日报表"页签的"关闭"按钮，关闭页签，完成操作。

小贴士

"产品耗用日报表"页签的上窗体是领用工序或产品表，下窗体是被领用工序或产品表。

在上窗体中选中一种产品后，下窗体的被领用产品表中会显示出该工序产品的上道工序产品或该产品在物料清单表中的直接下级产品。如果成本核算方法采用了分批法，则还

输出 取数 导入 上期 刷新 查询 栏目 定位

易桌面 产品耗用日报表×

日期：2017-04-01 至 2017-04-30

	成本中心编码	成本中心名称	批号	产品名称	产...	订单号	订单行号	工序行号	BOM版本号	替代标识号	规格型号	工序...
1	701	高端眼镜中心		高端低度老花镜	1001		0	0	10		钛材100度	自制
2	701	高端眼镜中心		高端中度老花镜	1002		0	0	10		钛材150度	自制
3	701	高端眼镜中心		高端高度老花镜	1003		0	0	10		钛材400度	自制
4	702	舒适眼镜中心		舒适低度老花镜	2001		0	0	10		板材100度	自制
5	702	舒适眼镜中心		舒适中度老花镜	2002		0	0	10		板材150度	自制
6	702	舒适眼镜中心		舒适高度老花镜	2003		0	0	10		板材400度	自制
7	703	普通眼镜中心		普通低度老花镜	3001		0	0	10		塑料100度	自制
8	703	普通眼镜中心		普通中度老花镜	3002		0	0	10		塑料150度	自制

	成本中心编码	成本中心名称	产品编码	产品名称	订单号	订单行号	工序行号	BOM版本号	替代标识号	规格型号	领用量(主计量)	领用量(辅计量)	工序属性
小计													

图 11-44　本月的产品耗用日报表

会显示与领用产品有关的批号。

若企业采用的是“品种法或分步法”，则已通过产品耗用日报表进行取数或手动录入的数据，不应该再在“材料及外购半成品耗用表”中进行取数或录入，否则，会引起成本重复计算错误。

若账套设置的是“品种法或分步法”，则取数时只支持简单核算模式，即物料清单中子件只为本母件所用，不会再被其他母件引用。否则，取出的耗用数量相同，都为子件的本月完工数量，系统不提供自动拆分，由用户手动分配修改。

对于采用分批法核算的情况，如果领用产品带批号，则被领用产品会自动带上同样的批号。

只有在系统选项设置中选择“核算工序产品成本”或选择“品种法或分步法”时，才可以进行取数操作，其余领用耗用量需要手工录入。

每个成本计算期间内，产品耗用日报表中各成本中心所属产品列表中，仅显示在“定义产品属性”页签中能刷新出的未停用的实际成本对象。

如果企业的成本核算方法为“完全分批法”，则在定义“生产批号表”之前，本表不能操作。

根据产品结构(或物料清单)，自动形成产品间相互领用的数量关系，可以实现“逐步结转分步法”的成本核算模式，核算出半成品的成本。但如果用户无半成品成本核算情况(产品结构或物料清单中仅两层母子件关系)，或半成品间的耗用通过仓库收发来核算，则不应录入本表数据，而应该通过“材料及外购半成品耗用表”来实现半成品的出库领用核算；在启用生产制造数据来源且核算工序产品成本时，通过此表的产品工序间相互领用数量关系，可以核算出工序成品的成本。

11.3　成本计算与存货核算

完成了每月的成本资料录入工作后，可以说成本核算工作已基本完成，剩下的计算工作只需要单击“计算”按钮，系统将自动准确快捷的完成。

在成本计算前，一般需要进行检查，即可根据已选的成本计算方法及费用分配率等参数，进行校验，如存在不符合计算要求的数据问题，以列表形式显示，以方便查找修改错误，从而提高成本计算效率。

用户在每个会计期间，将成本资料录入完毕后，就可以执行“成本计算”或“卷积运算”功能，进行成本计算。进入此功能后，系统将自动根据用户的成本计算方法的选择、有关各个费用的分配方法，结合本期实际的数据，自动进行计算，完全计算机处理。

计算过程可以分步骤进行并可以查看中间计算结果，也可以一步完成。在计算中系统将自动检查各种计算所需的数据是否完备，若成本计算过程中如果遇到数据录入不准确，将自动停止计算，并提示不能正确进行计算的原因。

成本计算和成本的初始设置和成本资料密不可分，如果用户的初始设置欠妥或成本日常数据没有录入完整都会导致成本计算的不准确。如果日常数据录入不完整，系统会根据具体情况给出相应的出错信息。如果用户在初始设置时没有结合本单位的实际情况设置导致成本计算不准确，有些设置可以更改而有些设置不能修改。例如成本计算方法、制造费用明细、其他费用明细和无其他费用等选项，将不再被允许更改。所以用户在进行成本初始设置时一定要结合本单位的实际情况而定。

哪些情况下成本计算不能顺利完成呢？例如，用户在填写材料出库单时没有填写部门，或者填写的部门不是定义成本中心中定义的基本生产成本中心导致成本计算无材料费用而无法计算下去。用户在定义成本中心中指定了辅助服务，而没有填写辅助费用表。用户想要生成半成品的成本，却没有将半成品定义为存货。用户选择了完全分批法，在材料出库单中却没有填写生产批号等。这些都会导致成本计算无法计算或者计算结果和手工计算大相径庭。不过只要用户进行分析，成本中所有的表单只要不是初始设置不对，都能解决。

成本管理提供成本计算（手动卷积）与卷积运算（自动卷积）两种方式，计算各层半成品成本，满足不同用户使用需要。本书采用的是品种法，直接用“成本计算”（手动卷积）对本月的成本进行核算，已经能满足要求，所以不产生计算误差，所以在此仅讲解“成本计算”的原理与操作。

11.3.1 成本计算

2017 年 4 月 30 日，财务部会计赵俊对本月的生产成本，进行成本计算和结果查询。

本笔业务是通过手动卷积进行成本计算，需要先进行成本计算的检查，然后计算并查询报表。

操作时间：确认系统日期和业务日期为 2017 年 4 月 30 日。

视频观看：手机扫描二维码即可观看相关操作。

任务说明：财务部会计赵俊进行本月的成本计算和结果查询，并恢复计算操作。

操作步骤如下：

1）财务部会计赵俊进行本月的成本计算和结果查询

（1）打开“成本计算”对话框。登录“企业应用平台”，在“业务导航视图”的“业务工作”导航条中选中“管理会计”|“成本管理”|“核算”|“成本计算”，弹出“成本计算”对话框，此时其“计算状态”为“未计算”。

（2）检查。单击对话框的“检查”按钮，系统自动检查完成并弹出消息框，提示检查完毕和是否有错误的情况，单击“确定”按钮，返回“成本计算”对话框。

（3）计算。单击对话框的“计算”按钮，系统自动完成计算，并弹出消息框，提示计算完成，结果可到凭证与报表中查询，单击“确定”按钮，返回“成本计算”对话框，如图 11-45 所示，此时其“计算状态”为“已计算”。

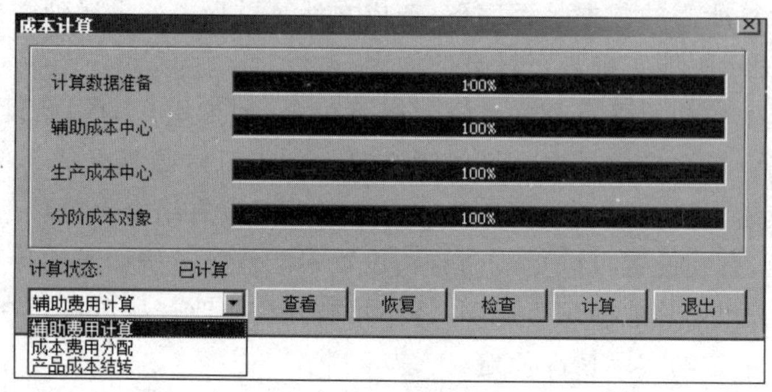

图 11-45 “成本计算”对话框

（4）成本费用分配结果查看。在“成本计算”对话框的左下角，从“计算状态”下拉列表中选择“成本费用分配”，然后单击“查看”按钮，高端眼镜中心的成本费用分配结果如图 11-46 所示。

成本中心 高端眼镜中心 (701)　　费用类型 全部

费用分配结果

BOM版本号	产品编码	产品名称	规格型号	直接人工		折旧(1)		共耗人工费用(1000)		共耗折旧费用(1001)	
				金额	分配率	金额	分配率	金额	分配率	金额	分配率
10	1001	高端低度老花i	钛材100度	3405.15	0.200000	236.52	0.200000	1580.02	0.084034	66.55	0.084034
10	1002	高端中度老花i	钛材150度	6810.30	0.400000	473.04	0.400000	3160.06	0.168067	133.11	0.168067
10	1003	高端高度老花i	钛材400度	6810.30	0.400000	473.04	0.400000	3160.06	0.168067	133.11	0.168067
合计				17025.75	1.000000	1182.60	1.000000	7900.14	0.420168	332.77	0.420168

图 11-46 高端眼镜中心的成本费用分配结果

（5）退出。单击“成本计算”对话框的“退出”按钮，关闭对话框，完成操作。

小贴士

单击“成本计算”对话框的“检查”按钮，系统根据用户选择的成本计算方法以及费用分配率等参数，进行成本数据校验，默认对存货核算系统与成本系统全部进行检查。若发现有不符合计算要求的数据，显示问题列表。用户可以依据问题列表进行错误的查找与修改。

如果用户不选择数据校验而直接进行成本计算，系统则逐步报出所发现的数据问题，而不是一次性校验。

成本计算的检查，主要是针对存货系统进行的，主要检查的内容如下。

- 是否工业版账套。
- 存货是否进行期初记账。
- 存货和成本是否在同一个会计月。
- 操作的日期是否在当前会计月，并且在最大记账日期之后。
- 仓库或存货是否都设置了计价方式（按仓库核算判断仓库计价方式；按存货核算判

断存货计价方式)。

- 按计划价法核算,存货档案中是否有计划价。
- 零成本出库选项(参见 4.3 节的图 4-15) 是否已选择手工输入或结存成本。
- 零成本入库选项是否已选择手工输入或结存成本。
- 是否有未做结算成本处理的采购入库单。
- 是否有未核销的委外单。
- 红字出库成本选项是否已选择手工输入。
- 最大、最小单价是否已选择手工输入或结存成本。
- 检查存货系统单价为零或为负。
- 专用材料或共用材料是否出现循环领用(如果出现,提示用户先手工填写单价。否则,先按零成本出库选选择;仍无,按参考成本取数;再无,按零成本处理)。
- 是否有未记账的采购入库单(建议底层材料做手动记账,如未做则卷积时自动进行记账处理)。
- 是否有未做结算成本处理的采购入库单。
- 如果是第 12 月进行卷积操作,已全部暂估报销的单据是否进行处理(若尚有已结算未处理的结算单,12 月也不能处理)。
- 没有输入拆卸入库的入库成本是否为空(必须先手工录入)。
- 最大、最小单价是否已选择手工输入或结存成本。

检查存货系统单价为零或为负。

用户可以按照如图 11-47 所示检查报告上列示的问题进行数据或计算方法以及费用分配率等参数的调整,然后再进行一次数据校验确保无误。

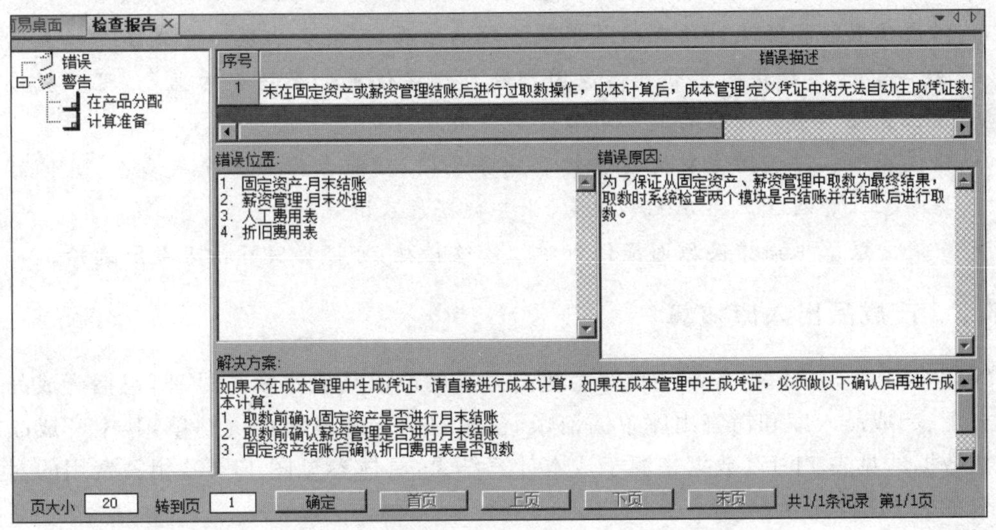

图 11-47 检查报告(成本数据录入前的检查结果)

如果用户不选择数据校验而直接进行成本计算,系统则逐步报出所发现的数据问题而不是一次性校验。

检查报告可供成本计算检查完毕后数据的核对与分析。

2）财务部会计赵俊查看检查结果

（1）打开“检查报告”页签。登录“企业应用平台”，在“业务导航视图”的“业务工作”导航条中选中“管理会计”|“成本管理”|“核算”|“检查报告”，打开“检查报告”页签，如图 11-47 所示。该图只是示例，若操作正确，则此时的窗口中没有错误和警告。

（2）查看警告。在页签的左侧窗体中选中“警告”|“计算准备”，右侧的上窗格中显示“错误描述”，系统根据不同错误来源显示相应错误提示。选中错误行号，可以查看完整文字，部分信息还可以提供数量、金额辅助显示，如图 11-47 所示。

（3）退出。单击“检查报告”页签的“关闭”按钮，关闭页签，完成操作。

小贴士

在“检查报告”页签的左侧窗格中，错误类型分为“错误”与“警告”两大类，默认显示所有错误类型。“错误”是指在成本计算分配与归集中发生逻辑问题，不进行修改就无法正常计算（计算过程中会逐条予以提示并中止计算）；“警告”是指可以不予以修改的逻辑检查项，主要是为避免可能出现更多的零成本出入库或影响成本计算的准确性而进行的提示，用户可以按提示进行相应操作，也可以不进行任何修改，直接进行下一步成本计算，系统自动按默认规则处理提示，并且计算过程中不会因此中断报错。

在“检查报告”页签的右侧上窗格显示错误信息时，系统会根据不同的错误来源显示相应错误提示，选中错误行号，可以查看完整文字，部分信息还可以提供数量、金额辅助显示，而且可以对错误报告的位置、原因、解决方案文字进行个性修改，系统自动保存修改结果，下次将按自定义的内容显示。

若单击错误描述行，则下窗格显示对应的错误位置、错误原因和解决方案。

- 错误位置。指修改时所在的菜单及字段的位置，可能会出现一个或多个位置需要修改，可以根据错误的实际具体原因判断。错误位置如果字体为蓝色，可以直接链接该位置菜单中所对应的成本中心或实际成本对象。
- 错误原因。错误描述发生的逻辑及业务原因，可能会出现一个或多个，具体可以根据料、工、费及在产品分配率设置、业务数据录入情况判断。
- 解决方案。根据错误原因提供针对性修改措施，可根据实际情况参照选择。

11.3.2 产成品出入库核算

2017 年 4 月 30 日，财务部会计张兰进行月末的产成品成本核算处理，包括产成品成本取数分配、产成品入库和销售出库单据记账，仓库的期末处理和存货制单，其中产成品的成本构成数据请见表 11-17，数据来源于成本计算结果，具体参见图 11-60，相关费用的对应科目设置如表 11-18 所示。

本笔业务是月末的产成品存货核算处理业务，需要进行产成品的成本取数与分配、产成品入库单据记账、所有仓库的期末处理和产成品入库单据的存货制单。

产成品成本分配表用于对已入库未记明细账的产成品进行成本分配，利用该表可随时对产成品入库单进行批量分配成本，可从成本管理系统取得成本，填入入库单，同时提供清除已分配的数据功能。

表 11-17　本月的产成品成本数据

产品编码	产品名称	单位	产量	总成本	直接材料	直接人工	直接折旧	共耗人工	共耗折旧
1001	高端低度老花镜	副	1000	251288.24	246000	3405.15	236.52	1580.03	66.54
1002	高端中度老花镜	副	2000	502576.51	492000	6810.30	473.04	3160.06	133.11
1003	高端高度老花镜	副	2000	502576.51	492000	6810.30	473.04	3160.06	133.11
2001	舒适低度老花镜	副	1900	441304.55	429400	8294.60	481.43	3002.05	126.47
2002	舒适中度老花镜	副	2000	464531.09	452000	8731.15	506.77	3160.06	133.11
3001	普通低度老花镜	副	3000	340710.70	318000	17025.75	745.20	4740.09	199.66

表 11-18　产成品成本的费用与科目对应表

成本项目	总成本	直接材料	直接人工	直接折旧	共耗人工	共耗折旧
对应科目代码	1405	500102	500101	500103	50010401	50010402
对应科目代码	库存商品	生产成本/直接材料	生产成本/直接人工	生产成本/制造费用	生产成本/共耗费用/人工	生产成本/共耗费用/折旧

操作时间：确认系统日期和业务日期为 2017 年 4 月 30 日。

视频观看：手机扫描二维码即可观看相关操作。

任务说明：财务部会计张兰进行单据记账、仓库的期末处理和所有单据的存货制单。

操作步骤如下：

1）财务部会计张兰进行产成品成本取数与分配

（1）打开“产成品成本分配表”页签。登录“企业应用平台”，在“业务导航视图”的“业务工作”导航条中选中“供应链”|“存货核算”|“业务核算”|“产成品成本分配”，打开“产成品成本分配表”页签。

（2）查询。单击工具栏中的“查询”按钮，在弹出的“产成品成本分配表查询”对话框中，先单击“全部选择”按钮，再单击“确定”按钮，关闭对话框。此时“产成品成本分配表”页签已经显示出本月生产的产成品。

（3）取数。单击工具栏中的“取数”按钮，此时的“产成品成本分配表”页签如图 11-48 所示。

产成品成本分配

存货/分类编码	存货/分类名称	存货代码	规格型号	计量单位	数量	金额	单价
	存货 合计				11900.00	2,502,987.60	
01	产成品小计				11900.00	2,502,987.60	
1001	高端低度老花镜	1001	钛材100度	副	1000.00	251,288.24	251.28824
1002	高端中度老花镜	1002	钛材150度	副	2000.00	502,576.51	251.288255
1003	高端高度老花镜	1003	钛材400度	副	2000.00	502,576.51	251.288255
2001	舒适低度老花镜	2001	板材100度	副	1900.00	441,304.55	232.265...
2002	舒适中度老花镜	2002	板材150度	副	2000.00	464,531.09	232.265545
3001	普通低度老花镜	3001	塑料100度	副	3000.00	340,710.70	113.570...

图 11-48　产成品成本分配

(4) 分配成本。单击工具栏中的“分配”按钮，系统自动完成成本分配，并弹出消息框，提示分配操作顺利完成，单击“确定”按钮，关闭消息框。

(5) 退出。单击“产成品成本分配表”页签的“关闭”按钮，关闭页签，完成操作。

小贴士

- 当与成本管理系统集成使用时，如果成本管理系统本月已计算出产成品的单位成本，本系统产成品的入库成本可以取成本管理系统的产成品单位成本，然后计算出列表中各记录的金额。
- 如果想只取一种产成品的单位成本，可把光标放在所要求的产成品上，然后单击工具栏中的“取价”按钮；若希望把所列示的所有产成品的单位成本都取出，可单击工具栏中的“全取”按钮。
- 成本分配时，先求出平均单价，某存货的金额除以单价为此存货的单价，再将详细信息中此存货的每笔记录的数量乘以此单价，算出每笔记录的金额，填到对应的产成品入库单中。成本分配完后，可以在产成品入库单上查看成本分配的情况。
- 单击工具栏中的“明细”按钮，可查看存货的详细信息，即此存货入库未记账的数据。

2) 财务部会计张兰进行产成品入库和普通销售出库单据的记账

(1) 打开“未记账单据一览表”页签。登录“企业应用平台”，在“业务导航视图”的“业务工作”导航条中选中“供应链”|“存货核算”|“业务核算”|“正常单据记账”，弹出“查询条件选择”对话框，单击“确定”按钮，打开“未记账单据一览表”页签，列示出所有的产成品入库单和销售出库单(含退货单)，共 13 条记录，如图 11-49 所示。

正常单据记账列表

记录总数：13

选择	日期	单据号	存...	存货名称	单据类型	收发类别	数量	单价	金额
	2017-04-01	88170401	1001	高端低度老花镜	专用发票	销售出库	100.00		
	2017-04-01	88170401	3001	普通低度老花镜	专用发票	销售出库	500.00		
	2017-04-01	88170402	3001	普通低度老花镜	专用发票	销售出库	500.00		
	2017-04-17	0000000001	1001	高端低度老花镜	产成品入库单	产成品入库	1,000.00	251.29	251,288.24
	2017-04-17	0000000002	1002	高端中度老花镜	产成品入库单	产成品入库	2,000.00	251.29	502,576.51
	2017-04-17	0000000003	1003	高端高度老花镜	产成品入库单	产成品入库	2,000.00	251.29	502,576.51
	2017-04-17	0000000004	2001	舒适低度老花镜	产成品入库单	产成品入库	1,900.00	232.27	441,304.55
	2017-04-17	0000000005	2002	舒适中度老花镜	产成品入库单	产成品入库	2,000.00	232.27	464,531.09
	2017-04-17	0000000006	3001	普通低度老花镜	产成品入库单	产成品入库	3,000.00	113.57	340,710.70
	2017-04-17	88170403	1001	高端低度老花镜	专用发票	销售出库	1,000.00		
	2017-04-17	88170403	2001	舒适低度老花镜	专用发票	销售出库	2,000.00		
	2017-04-20	88170404	3001	普通低度老花镜	专用发票	销售出库	3,000.00		
	2017-04-30	89170408	3001	普通低度老花镜	专用发票	销售退货	-50.00		
小计							18,950.00		2,502,987.60

图 11-49　产成品入库和销售出库单据的记账列表

(2) 单据记账。单击工具栏中的“全选”按钮，以选中所有未记账的单据，然后单击工具栏中的“记账”按钮，弹出消息框，提示记账成功，单击“确定”按钮，关闭消息框。

(3) 退出。单击“未记账单据一览表”页签的“关闭”按钮，关闭页签，完成操作。

3) 财务部会计张兰进行发出商品记账

(1) 打开“未记账单据一览表”页签。登录“企业应用平台”，在“业务导航视图”的“业务

工作”导航条中选中“供应链”|“存货核算”|“业务核算”|“发出商品记账”，弹出“查询条件选择”对话框，单击“确定”按钮，打开“未记账单据一览表”页签，列示出4条需要按发出商品记账的记录。

(2) 单据记账。单击工具栏中的“全选”按钮，以选中所有未记账的单据，然后单击工具栏中的“记账”按钮，弹出消息框，提示记账成功，单击“确定”按钮，关闭消息框。

(3) 退出。单击“未记账单据一览表”页签的“关闭”按钮，关闭页签，完成操作。

4) 财务部会计张兰做仓库和存货的期末处理

(1) 打开“期末处理”对话框。登录“企业应用平台”，在“业务导航视图”的“业务工作”导航条中选中“供应链”|“存货核算”|“业务核算”|“期末处理”，打开“期末处理”对话框。此时，系统已经默认选中了需要期末处理的所有仓库，并且默认选中了“结存数量为零金额不为零生成出库调整单”复选框，

(2) 月平均单价计算。单击“处理”按钮，系统自动完成各个仓库的期末处理任务，并首先弹出“月平均单价计算表”窗口，如图11-50所示。

仓库平均单价计算表

记录总数：5

存货名称	存...	期初数量	期初金额	入库数量	入库金额	有金额出库成本	平均单价	原单价	无金额出库数量	无金额出库成本	出库合计数量
高端低度老花镜	副	100.00	28,000.00	1,000.00	251,288.24	0.00	253.90	253.90	1,100.00	279,288.24	1,100.00
高端中度老花镜	副	0.00	0.00	2,000.00	502,576.51	0.00	251.29	251.29	2,000.00	502,576.51	2,000.00
高端高度老花镜	副	0.00	0.00	2,000.00	502,576.51	0.00	251.29	251.29	2,000.00	502,576.51	2,000.00
舒适低度老花镜	副	100.00	24,000.00	1,900.00	441,304.55	0.00	232.65	232.65	2,000.00	465,304.55	2,000.00
普通低度老花镜	副	1,050.00	126,000.00	3,000.00	340,710.70	0.00	115.24	115.24	3,950.00	455,186.98	3,950.00

图11-50　月平均单价计算表

(3) 出库调整单生成与显示。单击“月平均单价计算表”窗口工具栏中的“确定”按钮，系统关闭窗口，弹出消息框，提示处理成功，单击“确定”按钮，关闭消息框。

(4) 退出。单击“期末处理”对话框右上角的“关闭”按钮，关闭对话框，完成操作。

期末处理的业务规则如下：

(1) 按全月平均或计划价核算时，系统计算出的出库单价为负数或无单价时，按零出库成本选项处理。

(2) 期末处理自动生成的调整单，可在“系统调整单”中进行修改。

(3) 当所选仓库/部门/存货为移动平均、先进先出、后进先出或个别计价的计价方式时，系统将自动标识此仓库/部门/存货的期末处理标志。

(4) 本月已进行期末处理的仓库/部门/存货，不能再进行期末处理。

(5) 期末处理后，对于计划价或全月平均计价核算的委外出库单，存货核算回写委外出库单的实际成本后，如果委外出库单已进行数量核销，委外管理会自动将委外出库单的实际成本回写到委外出库单对应的核销单的核销金额中。

5) 财务部会计张兰进行产成品入库的存货制单

(1) 打开“生成凭证”页签。登录“企业应用平台”，在“业务导航视图”的“业务工作”导航条中选中“供应链”|“存货核算”|“财务核算”|“生成凭证”，打开“生成凭证”页签。

(2) 打开“选择单据”窗口。单击工具栏中的“选择”按钮，弹出“查询条件”对话框，先“全消”所有的已选项，再选中“(10)产成品入库单”，单击“确定”按钮，打开“选择单据”窗口，

列示了 6 张产成品入库单。

(3) 选单并生成凭证。单击窗口工具栏中的“全选”和“确定”按钮，返回“生成凭证”页签，此时单击工具栏中的“生成”按钮，系统自动生成 6 张凭证，并打开“填制凭证”页签以显示凭证，默认的是高端低度老花镜入库 1000 副的存货凭证。

(4) 编辑并保存第 1 张凭证。修改默认凭证的“摘要”为“入库高端低度老花镜 1000 副”，然后依据表 11-19 编辑该凭证(该表的内容来源于表 11-17 和表 11-18)，完成之后单击工具栏中的“保存”按钮，如图 11-51 所示。

表 11-19　高端低度老花镜入库 1000 副的存货凭证编辑

分录编号	科目编码	科 目 名 称	辅 助 核 算	方向	金　额
1	1405	库存商品		借	251288.24
2	500102	生产成本/直接材料	部门：高端眼镜中心	贷	246000.00
3	500101	生产成本/直接人工	部门：高端眼镜中心	贷	3405.15
4	500103	生产成本/制造费用	部门：高端眼镜中心	贷	236.52
5	50010401	生产成本/共耗费用/人工		贷	1580.03
6	50010402	生产成本/共耗费用/折旧		贷	66.54

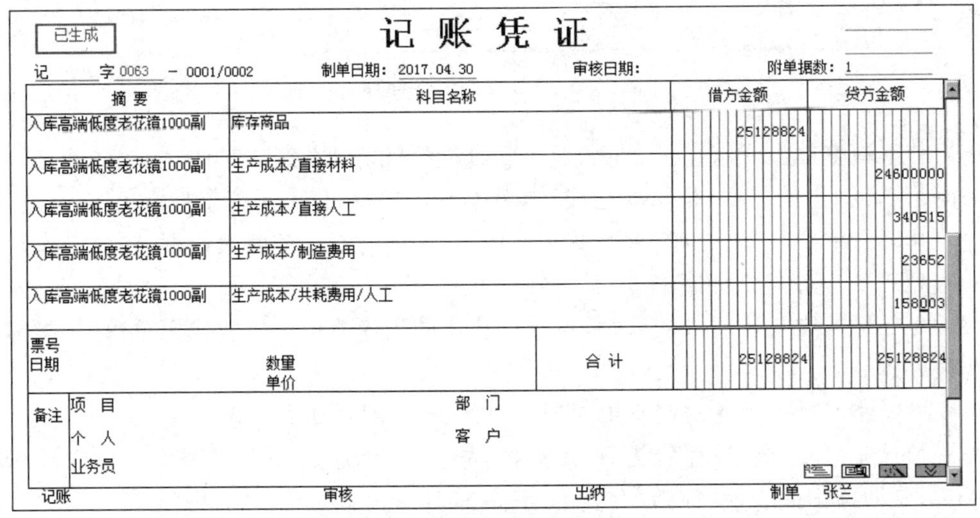

图 11-51　高端低度老花镜入库 1000 副的存货凭证截图(只显示前 5 笔分录)

(5) 编辑并保存另外 5 张凭证。重复步骤(4)，依据表 11-17 和表 11-18 中的科目与数据，参照图 11-51 修改凭证的“摘要”，并单击工具栏中的“保存”按钮，逐一保存凭证。

(6) 退出。单击“填制凭证”和“生成凭证”页签的“关闭”按钮，关闭页签，完成操作。

6) 财务部会计张兰进行销售出库的存货制单

(1) 打开“生成凭证”页签。登录“企业应用平台”，在“业务导航视图”的“业务工作”导航条中选中“供应链”|“存货核算”|“财务核算”|“生成凭证”，打开“生成凭证”页签。

(2) 打开“选择单据”窗口。单击工具栏中的“选择”按钮，弹出“查询条件”对话框，并且已经选中了所有的单据类型，单击“确定”按钮，打开“选择单据”窗口。

(3) 选单并生成凭证。单击窗口工具栏中的“全选”和“确定”按钮,关闭窗口,单击工具栏中的“生成”按钮,系统自动生成 9 张凭证,并打开“填制凭证”页签以显示凭证。

(4) 保存凭证。单击工具栏中的“成批保存凭证”按钮,系统自动保存所有的凭证,并弹出消息框,提示保存成功,单击“确定”按钮,关闭消息框。

(5) 退出。单击“填制凭证”和“生成凭证”页签的“关闭”按钮,关闭页签,完成操作。

11.3.3 数据核对

2017 年 4 月 30 日,财务部会计赵俊对本月的成本核算结果,进行投入产出核对、材料领用核对和完工入库核对。

本笔业务是在成本计算后的数据核对,需要进行投入产出核对、材料领用核对和完工入库核对。

成本计算完毕后,系统主要提供投入产出核对、材料领用核对、完工入库核对 3 种方法,供用户核对与查询,确保数据的正确性。

操作时间:确认系统日期和业务日期为 2017 年 4 月 30 日。

视频观看:手机扫描二维码即可观看相关操作。

任务说明:财务部会计赵俊对本月的成本计算结果,进行投入产出核对、材料领用核对和完工入库核对。

操作步骤如下:

1) 财务部会计赵俊进行投入产出核对

(1) 打开“投入产出核对”页签。登录“企业应用平台”,在“业务导航视图”的“业务工作”导航条中选中“管理会计”|“成本管理”|“核算”|“数据核对”|“投入产出核对”,打开“投入产出核对”页签,如图 11-52 所示。

简易桌面 投入产出核对 ×

投入产出对比
- 材料
- 人工
- 制造
- 辅助
- 共耗
- 委外加工费
- 其他

	成本项目	期初	+待转转入	+本期投入	-产出	-全废转出	-待转转出	=差异
1	材料	0.00	0.00	2429400.00	2429400.00	0.00		0.00
2	人工	0.00	0.00	51077.25	51077.25	0.00		0.00
3	制造	0.00	0.00	2916.00	2916.00	0.00		0.00
4	辅助	0.00	0.00	0.00	0.00	0.00		0.00
5	共耗	0.00	0.00	19594.35	19594.35	0.00		0.00
6	委外加工费	0.00	0.00	0.00	0.00	0.00		0.00
7	其他	0.00	0.00	0.00	0.00	0.00		0.00

图 11-52 投入产出核对窗口(整体核对)

(2) 整体核对。单击工具栏中的“核对”按钮,系统自动核对,完成后弹出消息框,提示核对完成,单击“确定”按钮,关闭消息框,此时“投入产出核对”页签如图 11-52 所示。

(3) 材料核对。单击“投入产出核对”页签左侧窗格的“投入产出对比”|“材料”,系统刷新“投入产出核对”页签,如图 11-53 所示。

(4) 退出。单击“投入产出核对”页签的“关闭”按钮,关闭页签,完成操作。

投入产出核对的业务规则如下。

(1) 投入产出核对,是在成本计算以后,对所有材料费用、人工费用、制造费用、辅助费用、共耗费用、委外加工费和其他费用的投入与产出是否一致,进行核对,以确保所取出的业

简易桌面 投入产出核对

投入产出对比
- 材料
- 人工
- 制造
- 辅助
- 共耗
- 委外加工费

	成本中心	成本	期初在产	+期初剩余	+期初调入	-期初调出	+待转转入	+系统转入	-系统转出	+本期投入	-本期剩余	+产品耗用	-完工在产	-全废转出	=差异
1	701	材料	0.00	0.00	0.00	0.00	0.00	0.00	0.00	1230000.00	0.00	0.00	1230000.00	0.00	0.00
2	702	材料	0.00	0.00	0.00	0.00	0.00	0.00	0.00	881400.00	0.00	0.00	881400.00	0.00	0.00
3	703	材料	0.00	0.00	0.00	0.00	0.00	0.00	0.00	318000.00	0.00	0.00	318000.00	0.00	0.00

图 11-53 “投入产出核对”页签(材料核对)

务数据完整、正确。

(2) 投入产出核对可以按成本中心,对成本费用项目的投入与产出是否一致比较。但在系统选项设置中,选择“按成本中心制定”选择的核算方法,如图 11-15 所示,暂不可用“投入产出核对”功能。

(3) 投入产出平衡公式。

① 期初在产＋本期投入＝产出(期末完工＋期末在产)。

② 全废转出:指在系统选项设置中选中“产品完全报废时是否按制造费用摊销”,投入成本转化为“废品分摊”明细的制造费用。

③ 待转转入:按工序核算时,月末在产品处理表中的期初待转金额。

④ 待转转出:按工序核算时,月末在产品处理表中的期末待转金额。

⑤ 系统转入:按工序核算,订单本期关闭,系统末道工序转入到的各非末道工序的在产品成本。

⑥ 系统转出:按工序核算,订单本期关闭,系统把非末道工序在产品成本自动转出到末道工序。

⑦ 完工在产＝期初在产＋期初剩余＋期初调入－期初调出＋本期投入－本期剩余＋产品耗用,其中期初剩余指上期的月末在产品处理表中的原材料剩余金额,期初调入指本期期初在产调整表中专用材料、共用材料和在产品的调入金额,期初调出指本期期初在产调整表中专用材料、共用材料和在产品的调出金额,本期剩余指本期月末在产品处理表中原材料剩余金额,产品耗用指按品种核算时,半成品不做出入库管理,按产品耗用路线耗用上阶半成品的金额。

2) 财务部会计赵俊进行材料领用核对

(1) 打开“材料领用核对”页签。登录“企业应用平台”,在“业务导航视图”的“业务工作”导航条中选中“管理会计”|“成本管理”|“核算”|“数据核对”|“材料领用核对”,打开“材料领用核对”页签,如图 11-55 所示。

(2) 打开“请输入过滤条件”对话框。单击工具栏中的“核对”按钮,弹出“请输入过滤条件”对话框,默认选择“材料类型”为“专用材料”,如图 11-54 所示。

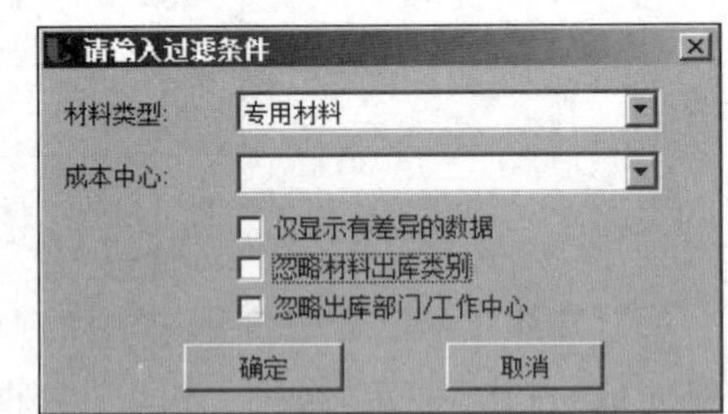

图 11-54 “请输入过滤条件”对话框

(3) 材料核对。单击“确定”按钮,系统自动核对完成,并弹出消息框,提示核对完成,单击“确定”按钮,打开“材料取数核对”页签,如图 11-55 所示。

(4) 退出。单击“投入产出核对”页签的“关闭”按钮,关闭页签,完成操作。

易桌面 | 材料取数核对 ×

	期间	码	项目编码	项目名称	产品编	产品名称	规格型号	BOM版本号	成本中心编码	出库单材料金额	成本取数金额	差异
1	2017.4	4	1001	高端低度老花镜	1001	高端低度老花镜	钛材100度	10	701	246000.00	246000.00	0.00
2	2017.4	5	1002	高端中度老花镜	1002	高端中度老花镜	钛材150度	10	701	492000.00	492000.00	0.00
3	2017.4	6	1003	高端高度老花镜	1003	高端高度老花镜	钛材400度	10	701	492000.00	492000.00	0.00
4	2017.4	7	2001	舒适低度老花镜	2001	舒适低度老花镜	板材100度	10	702	429400.00	429400.00	0.00
5	2017.4	8	2002	舒适中度老花镜	2002	舒适中度老花镜	板材150度	10	702	452000.00	452000.00	0.00
6	2017.4	10	3001	普通低度老花镜	3001	普通低度老花镜	塑料100度	10	703	318000.00	318000.00	0.00
计										**2429400.00**	**2429400.00**	**0.00**

	材料编码	材料名称	存货代号	计量单位	出库单材料数量	成本取数数量	数量差异	出库单材料金额	成本取数金额	金额差异
1	1100	高端镜框	1100	个	1000.00	1000.00	0.00	80000.00	80000.00	0.00
2	1200	高端镜腿	1200	对	1000.00	1000.00	0.00	80000.00	80000.00	0.00
3	4002	硅胶鼻托	4002	对	1000.00	1000.00	0.00	10000.00	10000.00	0.00
4	4003	铰链	4003	个	2000.00	2000.00	0.00	4000.00	4000.00	0.00
5	4004	螺钉	4004	颗	2000.00	2000.00	0.00	2000.00	2000.00	0.00
6	0101	低度镜片	0101	对	1000.00	1000.00	0.00	70000.00	70000.00	0.00
计					**8000.00**	**8000.00**	**0.00**	**246000.00**	**246000.00**	**0.00**

图 11-55 “材料取数核对”页签(高端低度老花镜)

小贴士

- 按订单行号(若按品种核算时则按 BOM 结构)+成本中心,对材料出库单单据进行汇总,与当月实际成本对象或成本中心领用材料总金额进行差异比较,同时对展开材料明细的数量与金额作核对比较。
- 取数时默认考虑单据中的出库类别,如果在图 11-54 中选中“忽略材料出库类别”,则没有录入出库部门,或出库类别与成本选项中设置不一致的出库单据,将作为汇总差异列示。
- 取数时默认考虑单据中的出库部门,如果在图 11-54 中选中“忽略出库部门/工作中心”,则没有录入出库部门,或出库部门与成本中心对照中成本中心设置不一致的出库单据,将作为汇总差异列示。
- 材料领用核对需要在成本计算以后核对数量及金额。
- 在系统选项设置中,选择“按成本中心制定”选择的核算方法(如图 11-15 所示),暂不可用“材料领用核对”功能。

3) 财务部会计赵俊进行完工入库核对

(1) 打开“完工入库核对”页签。登录“企业应用平台”,在“业务导航视图”的“业务工作”导航条中选中“管理会计”|“成本管理”|“核算”|“数据核对”|“完工入库核对”,打开“完工入库核对”页签,如图 11-57 所示。

(2) 打开“请输入过滤条件”对话框。单击工具栏中的“核对”按钮,弹出“请输入过滤条件”对话框,如图 11-56 所示。

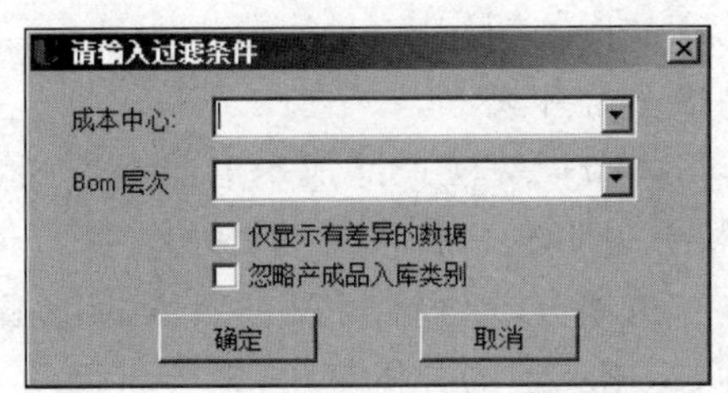

图 11-56 “请输入过滤条件”对话框

(3) 完工入库核对。单击“确定”按钮,系统自动核对完成,并弹出消息框,提示核对完成,单击“确定”按钮,打开“完工入库核对”页签,如图 11-57 所示。

(4) 退出。单击“完工入库核对”页签的“关闭”按钮,关闭页签,完成操作。

简易桌面 | 完工入库核对

	项目编	项目名称	产品编	产品名称	规格型号	BOM	成本	成本中心名称	成本入库数量	产成品入库数量	数量差异	成本入库金额	产成品入库金额	金额差异
1	1001	高端低度老花镜	1001	高端低度老花镜	钛材100度	10	701	高端眼镜中心	1000.00	1000.00	0.00	251288.25	251288.25	0.00
2	1002	高端中度老花镜	1002	高端中度老花镜	钛材150度	10	701	高端眼镜中心	2000.00	2000.00	0.00	502576.52	502576.52	0.00
3	1003	高端高度老花镜	1003	高端高度老花镜	钛材400度	10	701	高端眼镜中心	2000.00	2000.00	0.00	502576.51	502576.51	0.00
4	2001	舒适低度老花镜	2001	舒适低度老花镜	板材100度	10	702	舒适眼镜中心	1900.00	1900.00	0.00	441304.53	441304.53	0.00
5	2002	舒适中度老花镜	2002	舒适中度老花镜	板材150度	10	702	舒适眼镜中心	2000.00	2000.00	0.00	464531.09	464531.09	0.00
6	3001	普通低度老花镜	3001	普通低度老花镜	塑料100度	10	703	普通眼镜中心	3000.00	3000.00	0.00	340710.70	340710.70	0.00
合计									**11900.00**	**11900.00**	**0.00**	**2502987.60**	**2502987.60**	**0.00**

图 11-57 “完工入库核对”页签

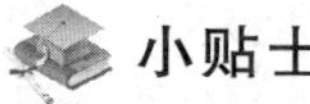

小贴士

- 按订单行号(若按品种核算时则按 BOM 结构)＋成本中心,对产成品入库单据进行汇总,与当月实际成本对象进行数量、金额差异比较。
- 在“材料取数核对”页签中的“BOM 层次”,可以下拉选择需要查询的 BOM 层次。卷积运算(包括分层卷积)后,系统将自动推算出本月所有成本对象的 BOM 层次。非当前成本计算期间的 BOM 层次不允许选择查询。
- 在“材料取数核对”页签中的“忽略产成品入库类别”复选框,默认没有选中,此时系统核对时考虑单据中的入库类别条件。如果选中了该复选框,则没有录入入库类别,或入库类别与成本选项中设置不一致的入库单据,将作为差异列示。
- 在系统选项设置中,选择“按成本中心制定”选择的核算方法(如图 11-15 所示),暂不可用“完工入库核对”功能。

11.4 成本查询与分析

成本管理子系统提供了各种汇总报表和明细报表,以满足企业对成本报表的要求。同时该系统还提供了自定义报表的功能,以满足企业对成本查询的个性化需求。

成本汇总报表有完工产品成本汇总表、产品成本汇总表、在产品成本汇总表、入库产品成本汇总表、批次成本汇总表、分阶完工成本汇总表、材料及外购半成品耗用统计表、辅助服务成本汇总表和完工产品成本台账等。

类似地,成本明细报表有完工产品成本明细表、产品成本明细表、在产品成本明细表、入库产品成本明细表、批次成本明细表、期初在产调整明细表、辅助服务成本明细表和完工产品成本合并表等。

本节以完工产品成本汇总表、产品成本汇总表、完工产品成本明细表和产品成本明细表为例,说明汇总表和明细表的作用。

成本分析功能,主要是针对标准成本核算体系,根据计划成本和历史期间的实际成本数据,运用一定的分析算法,来分析目的期间的成本中心成本数据或目标产品的成本数据,监控成本的高低变化情况,以达到对生产过程进行监督考核、降低成本提高经济效益的目的。

本书案例企业的成本核算体系是实际成本核算体系。所以,仅有部分成本分析功能适用,包括产品成本趋势分析、产品横向比较分析和成本项目构成分析。

本节以产品横向比较分析和成本项目构成分析为例,说明成本分析的作用与意义。

11.4.1 成本查询

2017 年 4 月 30 日，财务部会计赵俊对本月生产成本进行查询。

本笔业务是查询成本计算结果的汇总表和明细表，包括完工产品成本汇总表、产品成本汇总表、完工产品成本明细表和产品成本明细表。

完工产品成本汇总表提供完工产品的成本汇总数据；产品成本汇总表提供投入、产出汇总成本统计，可按产品成本项目查询各汇总数据，包括期初、本期和期末数据，以及数据间的平衡关系：上期结存＋期初调整＋本期投入＝本期发生＝期末在产品＋本期产成品。

完工产品成本明细表，提供按成本中心、产品、成本习性、材料计划价格等条件查询完工产品的成本明细数据；产品成本明细表，提供按成本中心的成本统计数据，包括期初、本期、期末数据。

操作时间：确认系统日期和业务日期为 2017 年 4 月 30 日。

视频观看：手机扫描二维码即可观看相关操作。

任务说明：财务部会计赵俊查询完工产品成本汇总表、产品成本汇总表、完工产品成本明细表和产品成本明细表。

操作步骤如下：

1）财务部会计赵俊查询完工产品成本汇总表

（1）打开“查询条件选择-完工产品成本汇总表”对话框。登录“企业应用平台”，在“业务导航视图”的“业务工作”导航条中选中“管理会计”|“成本管理”|“账表”|“成本汇总报表”|“完工产品成本汇总表”，弹出“查询条件选择-完工产品成本汇总表”对话框，如图 11-58 所示。

查询条件选择-完工产品成本汇总表
保存常用条件 过滤方案
常用条件
批号 到
期间 201704 到 201704
成本中心编码 到
成本中心组…
产品编码 到
订单号 到
订单行号 到
工序行号 到
订单类别 到
存货分类 到
单独列示存… 制造费用和…
不单独列示
单列制造费用
单列制造费用和其他费用
产品类别编码 到
仅显示最大… 成本还原
仅显示本阶… 工序属性
单独显示返…
成本BOM层次 到
维修订单属性 仅显示调整…
视图 默认视图 每页行数 50
分组 无分组 确定(E) 取消(C)

图 11-58 “查询条件选择-完工产品成本汇总表”对话框

“查询条件选择-完工产品成本汇总表”对话框中的栏目说明如下：

① 批号：(只有在“分批法”核算成本时，才需要设置此项)，可参照选择，显示本年所有批号，并有“全部”项；如果是“部分分批法”，还有“无批号”选项。

② 期间：可下拉选择所有已经进行过成本计算的会计期间。

③ 成本中心编码、成本中心名称：手工输入或参照选择(可以按编码或名称模糊过滤)，显示所有基本生产成本中心。

④ 产品编码：手工输入或参照选择(可以按编码或名称模糊过滤)，显示所有作为成本基本对象的存货编码。

⑤ 单独列示存货分类：选择存货分类级次，可下拉选择 1-6。选择并打开图 11-59(完工产品成本汇总表)，系统显示的材料费用为材料总费用扣除该存货分类的材料费用的金额，该存货分类费用则在存货分类材料栏目中单独显示。

完工产品成本汇总表

产品名称	主	辅	主计量产	主计量单	总成本	材料费用	人工费用	制造费用			
								共耗人工	共耗折旧	折旧	小计
普通低度老花镜	副	盒	3,000.00	113.57	340,710.71	318,000.00	17,025.75	4,740.09	199.67	745.20	5,684
高端低度老花镜	副	盒	1,000.00	251.29	251,288.25	246,000.00	3,405.15	1,580.03	66.55	236.52	1,883
高端中度老花镜	副	盒	2,000.00	251.29	502,576.50	492,000.00	6,810.30	3,160.05	133.11	473.04	3,766
高端高度老花镜	副	盒	2,000.00	251.29	502,576.51	492,000.00	6,810.30	3,160.06	133.11	473.04	3,766
舒适低度老花镜	副	盒	1,900.00	232.27	441,304.54	429,400.00	8,294.60	3,002.06	126.45	481.43	3,609
舒适中度老花镜	副	盒	2,000.00	232.27	464,531.09	452,000.00	8,731.15	3,160.06	133.11	506.77	3,799
			11,900…	210.34	2,502,987.…	2,429,400…	51,077.25	18,802.35	792.00	2,916…	22,51

图 11-59　完工产品成本汇总表(单列制造费用)

⑥ 制造费用和其他费用：可下拉选择“不单独列示”“单列制造费用”“单列制造费用和其他费用”。默认为“不单独列示”，打开图 11-59 后仅显示制造费用及其他费用各明细汇总金额；选择“单列制造费用”，打开图 11-59 后列示所有制造费用明细；选择“单列制造费用和其他费用”，打开图 11-59 后列示所有制造费用及其他费用明细。

⑦ 产品类别编码：如果选择“分类法”核算成本，则显示所有的产品大类，并有“全部”项。

⑧仅显示最大工序：默认为否。当系统选项设置中选择了“核算工序产品成本”，若在此选择“是”，则打开图 11-59 后仅显示最后一道工序产品；若选择“否”，显示全部工序产品。

⑨成本还原：可下拉选择“不还原”和“按实际成本还原”，默认为“不还原”。选择“不还原”，出入库领用半成品显示为半成品形态，车间及工序领用显示为料、工、费成本项目形态；选择“按实际成本还原”，自动把出入库领用半成品还原为各料、工、费成本项目。

⑩工序属性：可下拉选择“自制”“委外”，默认为全部显示。选择“自制”，核算工序成本时，仅显示工序属性为自制的成本对象；选择“委外”，仅显示工序属性为委外的成本对象。

(2) 打开“完工产品成本汇总表”页签。在对话框的“制造费用和其他费用”下拉列表中选择“单列制造费用”，然后单击对话框的“确定”按钮，打开“完工产品成本汇总表”页签，如图 11-59 所示。

(3) 退出。单击“完工产品成本汇总表”页签的“关闭”按钮，关闭页签，完成操作。

小贴士

- 由图 11-59 可知，成本计算与卷积运算的高端老花镜成本单价为 251.29 元，舒适老花镜的成本单价为 232.27 元，普通老花镜的成本单价为 113.57 元。
- 汇总表(包括完工产品汇总表、在产品成本汇总表、入库产品汇总表)如果需要进行还原查询，一定要先进行“还原运算”操作；明细报表(完工、在产、入库)可以进行动态还原。
- 如果需要在报表中区分专用材料与共用材料，必须在产品材料定额每月变动表中进行“全展”并单击“重置材料属性”(如果已进行过成本计算，不需要重新进行计算)。

2) 财务部会计赵俊查询产品成本汇总表

(1) 打开“查询条件选择-产品成本汇总表”对话框。登录“企业应用平台”，在“业务导航视图”的“业务工作”导航条中选中“管理会计”|“成本管理”|“账表”|“成本汇总报表”|“产品成本汇总表”，弹出“查询条件选择-产品成本汇总表”对话框，如图 11-60 所示。

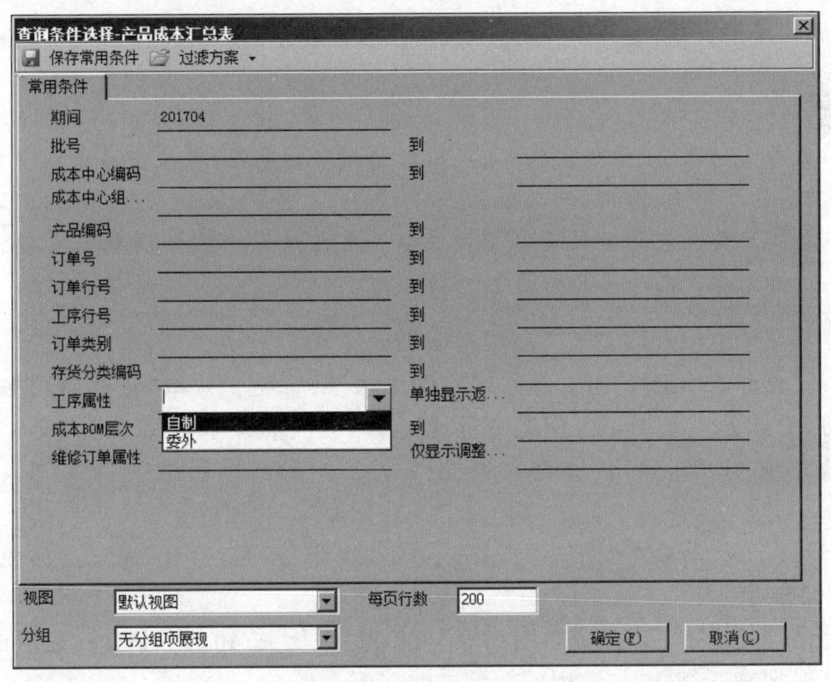

图 11-60 “查询条件选择-产品成本汇总表”对话框

“查询条件选择-产品成本汇总表”对话框的栏目说明如下。

① 期间：可下拉选择所有已经进行过成本计算的会计期间。

② 成本中心：手工输入或参照选择(可以按编码或名称模糊过滤)，显示所有基本生产成本中心。

③ 产品编码：手工输入或参照选择(可以按编码或名称模糊过滤)，显示所有作为成本基本对象的存货编码。

④ 工序属性：可下拉选择“自制”和“委外”，默认为全部显示。选择“自制”，核算工序成本时，仅显示工序属性为自制的成本对象；选择“委外”，仅显示工序属性为委外的成本对象。

⑤ 单独显示返工成本对象：默认为全部显示。若选择“是”，则单独统计生产制造中不良品返工处理中成本对象数据。

（2）打开“产品成本汇总表”页签。单击对话框的“确定”按钮，打开“产品成本汇总表”页签，如图 11-61 所示。

简易桌面 | 产品成本汇总表 ×

产品成本汇总表

产品名称	计	工序	上期结存	期初调整	本期投入					
			上	期	本期投入材料	本期投入人工	本期投入制造	本期投入合计	本期发生产量	本期发
高端低度老花镜	副	自制	0	0.	246,000.00	3,405.15	1,883.10	251,288.25	1,000.00	246
高端中度老花镜	副	自制	0	0.	492,000.00	6,810.30	3,766.22	502,576.52	2,000.00	492
高端高度老花镜	副	自制	0	0.	492,000.00	6,810.30	3,766.21	502,576.51	2,000.00	492
舒适低度老花镜	副	自制	0	0.	429,400.00	8,294.60	3,609.93	441,304.53	1,900.00	429
舒适中度老花镜	副	自制	0	0.	452,000.00	8,731.15	3,799.94	464,531.09	2,000.00	452
普通低度老花镜	副	自制	0	0.	318,000.00	17,025.75	5,684.95	340,710.70	3,000.00	318
			0	0.	2,429,400.00	51,077.25	22,510.35	2,502,987.60	11,900.00	2,429

图 11-61 产品成本汇总表

（3）退出。单击“产品成本汇总表”页签的“关闭”按钮，关闭页签，完成操作。

小贴士

- 产品成本汇总表，用于提供投入、产出汇总成本的数据，可按产品成本项目查询各汇总数据，包括期初、本期、期末数据。
- 成本各项目金额及总金额基本平衡关系：上期结存＋期初调整＋本期投入＝本期发生＝期末在产品＋本期产成品。

3）财务部会计赵俊查询完工产品成本明细表

（1）打开“查询条件选择-完工产品成本明细表”对话框。登录“企业应用平台”，在“业务导航视图”的“业务工作”导航条中选中“管理会计”|“成本管理”|“账表”|“成本汇总报表”|“完工产品成本明细表”，弹出“查询条件选择-完工产品成本明细表”对话框，如图 11-62 所示。

（2）打开“完工产品成本明细表”页签。单击“确定”按钮，打开“完工产品成本明细表”页签，如图 11-63 所示。

（3）退出。单击“完工产品成本明细表”页签的“关闭”按钮，关闭页签，完成操作。

“完工产品成本明细表”页签中的栏目说明如下。

① 仅显示本阶产品成本：选择此选项时，各成本项目不包含上阶半成品或工序结转成本，只显示本阶产品或工序所领用材料或分摊费用。

② 成本习性：固定成本、变动成本，不允许为空，系统默认为全部成本。选择变动成本数据，则报表中的费用项目仅显示定义变动成本习性的项目；若选择固定成本数据，则报表中的费用项目仅显示固定成本习性的项目。（查询分析成本习性，需要选择产品成本还原选项）

③ 成本还原形态。它有“分项显示”“综合显示”和“默认”3 个选项。

- 选择“默认”，出入库领用半成品显示为半成品形态，车间及工序领用显示为料、工、费成本项目形态。

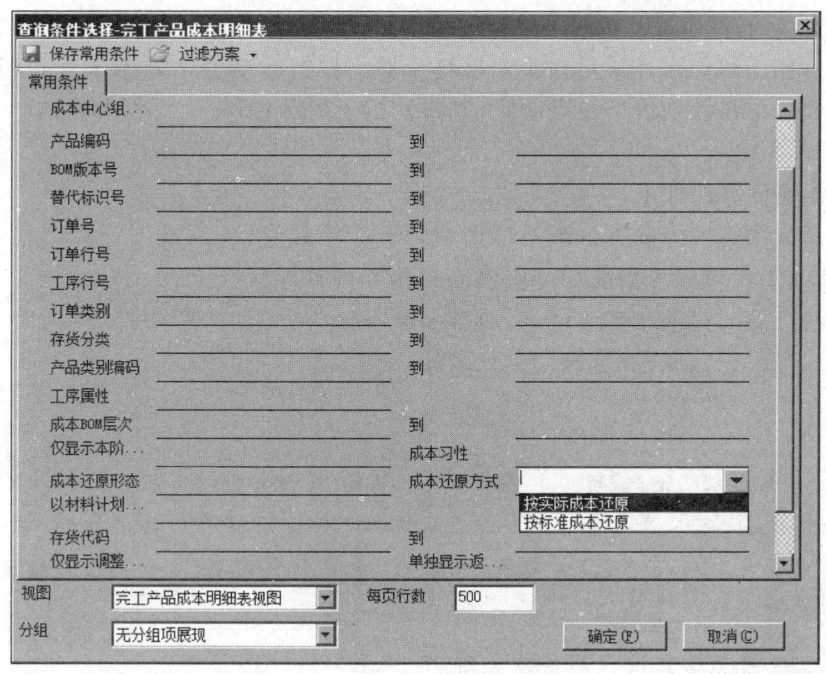

图 11-62　完工产品成本明细表

完工产品成本明细表

存货名称	BOM版						规格型号		单	产量	费用类型	费用编	费用名称	规格型号(	单	成本	单价	数量
高端低度老花镜	10						钛材100度		副	1,000.00	材料费用	4002	硅胶鼻托		对	变动	10.00	1,000.00
高端低度老花镜	10						钛材100度		副	1,000.00	材料费用	4003	铰链		个	变动	2.00	2,000.00
高端低度老花镜	10						钛材100度		副	1,000.00	材料费用	4004	螺钉		颗	变动	1.00	2,000.00
高端低度老花镜	10						钛材100度		副	1,000.00	材料费用	0101	低度镜片	树脂100度	对	变动	70.00	1,000.00
高端低度老花镜	10						钛材100度		副	1,000.00	材料费用	1100	高端镜框	钛材	个	变动	80.00	1,000.00
高端低度老花镜	10						钛材100度		副	1,000.00	材料费用	1200	高端镜腿	钛材	对	变动	80.00	1,000.00
高端中度老花镜	10						钛材150度		副	2,000.00	材料费用	4002	硅胶鼻托		对	变动	10.00	2,000.00
高端中度老花镜	10						钛材150度		副	2,000.00	材料费用	4003	铰链		个	变动	2.00	4,000.00
高端中度老花镜	10						钛材150度		副	2,000.00	材料费用	4004	螺钉		颗	变动	1.00	4,000.00
高端中度老花镜	10						钛材150度		副	2,000.00	材料费用	0102	中度镜片	树脂150度	对	变动	70.00	2,000.00
高端中度老花镜	10						钛材150度		副	2,000.00	材料费用	1100	高端镜框	钛材	个	变动	80.00	2,000.00
高端中度老花镜	10						钛材150度		副	2,000.00	材料费用	1200	高端镜腿	钛材	对	变动	80.00	2,000.00
高端高度老花镜	10						钛材400度		副	2,000.00	材料费用	4002	硅胶鼻托		对	变动	10.00	2,000.00
高端高度老花镜	10						钛材400度		副	2,000.00	材料费用	4003	铰链		个	变动	2.00	4,000.00
高端高度老花镜	10						钛材400度		副	2,000.00	材料费用	4004	螺钉		颗	变动	1.00	4,000.00
高端高度老花镜	10						钛材400度		副	2,000.00	材料费用	0103	高度镜片	树脂400度	对	变动	70.00	2,000.00
高端高度老花镜	10						钛材400度		副	2,000.00	材料费用	1100	高端镜框	钛材	个	变动	80.00	2,000.00

图 11-63　完工产品成本明细表

- 若选择“分项显示”，则自动把出入库领用半成品还原为各料、工、费成本项目。
- 若选择“综合显示”，则自动把车间领用半成品或工序的已还原为料、工、费成本项目的形态显示为半成品形态。

④ 成本还原方式：分“按实际成本还原”和“选择标准成本还原”。

- 若选择“按实际成本还原”，则系统自动按照当月及至当年实际成本项目及比率，把出入库领用半成品还原为各料、工、费成本项目。
- 若选择“按标准成本还原”，则系统自动按照标准成本项目及比率，把出入库领用半成品还原为各料、工、费成本项目。

⑤ 以材料计划价格显示：如果用户选择本参数，则以材料计划价格替换材料实际价格进行显示。材料计划价格×材料耗量＝材料金额。材料计划价格来源于存货档案；如果部分查询所需要的材料计划价格没有制定，则系统给予提示；所有无计划单价的材料以零值计算价格。

产品成本还原算法如下：

查询产品耗用表中当前查询产品所消耗的子产品数量，查询成本计算结果表中该子产品的单位成本，二者乘积为当前产品所消耗的总产品成本。

根据当前产品的完工在产比例，将总产品成本分为完工、在产两部分，同时计算出完工部分的单位成本＝完工成本/负担完工数量。

小贴士

- “完工产品成本明细表”页签中显示的成本项目，材料部分以存货编号＋存货名称显示。
- 如果需要在“完工产品成本明细表”页签中区分专用材料与共用材料，必须在产品材料定额每月变动表中进行“全展”并单击“重置材料属性”（如果已进行过成本计算，不需要重新进行计算）。

4）财务部会计赵俊查询产品成本明细表

（1）打开“产品成本明细表”页签。登录“企业应用平台”，在“业务导航视图”的“业务工作”导航条中选中“管理会计”|“成本管理”|“账表”|“成本明细报表”|“产品成本明细表”，弹出“查询条件选择-成本中心成本核算表”对话框，单击“确定”按钮，打开“产品成本明细表”页签，如图 11-64 所示。

产品成本明细表

期间：2017.4

产品名称	规格型号	主计量	BOM版本号	完工数量	在产数量	费用类型	材料分类级次	费用编码	费用名称	上期结存	期初调整 金额	本阶数量	本阶金额
普通低度老花镜	塑料100度	副	10	3,000.00	0.00	材料费用	1	4002	硅胶鼻托			3,000.00	30,000.00
普通低度老花镜	塑料100度	副	10	3,000.00	0.00	材料费用	1	4003	铰链			6,000.00	12,000.00
普通低度老花镜	塑料100度	副	10	3,000.00	0.00	材料费用	1	4004	螺钉			6,000.00	6,000.00
普通低度老花镜	塑料100度	副	10	3,000.00	0.00	材料费用	1	0101	低度镜片			3,000.00	210,000…
普通低度老花镜	塑料100度	副	10	3,000.00	0.00	材料费用	1	3100	普通镜框			3,000.00	30,000.00
普通低度老花镜	塑料100度	副	10	3,000.00	0.00	材料费用	1	3200	普通镜腿			3,000.00	30,000.00
普通低度老花镜	塑料100度	副	10	3,000.00	0.00	直接人工			直接人工			0.00	17,025.75
普通低度老花镜	塑料100度	副	10	3,000.00	0.00	制造费用		1	折旧			0.00	745.20
普通低度老花镜	塑料100度	副	10	3,000.00	0.00	制造费用		1000	共耗人工费用			0.00	4,740.09
普通低度老花镜	塑料100度	副	10	3,000.00	0.00	制造费用		1001	共耗折旧费用			0.00	199.66
高端低度老花镜	钛材100度	副	10	1,000.00	0.00	材料费用	1	4002	硅胶鼻托			1,000.00	10,000.00
高端低度老花镜	钛材100度	副	10	1,000.00	0.00	材料费用	1	4003	铰链			2,000.00	4,000.00
高端低度老花镜	钛材100度	副	10	1,000.00	0.00	材料费用	1	4004	螺钉			2,000.00	2,000.00
高端低度老花镜	钛材100度	副	10	1,000.00	0.00	材料费用	1	0101	低度镜片			1,000.00	70,000.00
高端低度老花镜	钛材100度	副	10	1,000.00	0.00	材料费用	1	1100	高端镜框			1,000.00	80,000.00
高端低度老花镜	钛材100度	副	10	1,000.00	0.00	材料费用	1	1200	高端镜腿			1,000.00	80,000.00
高端低度老花镜	钛材100度	副	10	1,000.00	0.00	直接人工			直接人工			0.00	3,405.15
高端低度老花镜	钛材100度	副	10	1,000.00	0.00	制造费用		1	折旧			0.00	236.52
高端低度老花镜	钛材100度	副	10	1,000.00	0.00	制造费用		1000	共耗人工费用			0.00	1,580.03
高端低度老花镜	钛材100度	副	10	1,000.00	0.00	制造费用		1001	共耗折旧费用			0.00	66.55
高端中度老花镜	钛材150度	副	10	2,000.00	0.00	材料费用	1	4002	硅胶鼻托			2,000.00	20,000.00
高端中度老花镜	钛材150度	副	10	2,000.00	0.00	材料费用	1	4003	铰链			4,000.00	8,000.00

图 11-64　产品成本明细表

(2) 退出。单击“产品成本明细表”页签的“关闭”按钮,关闭页签,完成操作。

“产品成本明细表”页签的栏目说明如下。

① 本期投入。

- 本阶数量:仅包含本层所耗用的材料或辅助费用数量。
- 本阶金额:仅包含本层所耗用的材料、人工、制造等费用金额。
- 耗用数量:产品耗用日报表中所录入的“领用量”。
- 耗用金额:产品耗用日报表中所录入的“领用量”×耗用单价。
- 废品分摊金额:指在系统选项设置中选中了“产品完全报废时是否按制造费用摊销”选项,投入成本转化为“废品分摊”明细的制造费用。

② 完工转出。

- 数量:产品耗用日报表中所录入的“领用量”。
- 金额:产品耗用日报表中所录入的“领用量”×耗用单价。

③ 完工全废。

- 数量:指成本对象完全报废数量。
- 金额:指成本对象完全报废时,所分摊到的成本金额。

④ 期末在产。

- 待转数量:按工序核算,月末在产品处理表中的期末待转数量。
- 待转金额:按工序核算,月末在产品处理表中的期末待转金额。

11.4.2 成本分析

2017 年 4 月 30 日,财务部会计赵俊进行本月的高端低度与普通低度老花镜的成本比较分析,以及高端低度老花镜的成本项目构成分析。

本笔业务是月末的成本分析,包括产品横向比较分析和成本项目构成分析。

产品横向比较分析,是比较各产品在同一会计期间内的单位成本差异,分析的结果以耗量或金额的差异额和差异率的方式表示。成本项目构成分析,采用图形的方式对各产品的成本项目构成比例进行分析,但只对系统已计算成本的期间或期间段进行分析。

本节以横向比较高端低度与普通低度老花镜的成本,以及查阅高端低度老花镜的成本项目构成为例,进行案例企业的成本分析。

操作时间:确认系统日期和业务日期为 2017 年 4 月 30 日。

视频观看:手机扫描二维码即可观看相关操作。

任务说明:财务部会计赵俊进行本月的高端低度与普通低度老花镜的成本比较分析,以及高端低度老花镜的成本项目构成分析。

操作步骤如下:

1) 财务部会计赵俊进行本月的高端低度和普通低度老花镜的成本比较分析

(1) 打开“查询条件选择”对话框。登录“企业应用平台”,在“业务导航视图”的“业务工作”导航条中选中“管理会计”|“成本管理”|“分析”|“产品横向比较分析”,弹出“查询条件选择”对话框,如图 11-65 所示。

(2) 设置横向比较条件。设置参照生成“产品”为“高端低度老花镜”,“基准对象”为“普通低度老花镜”。

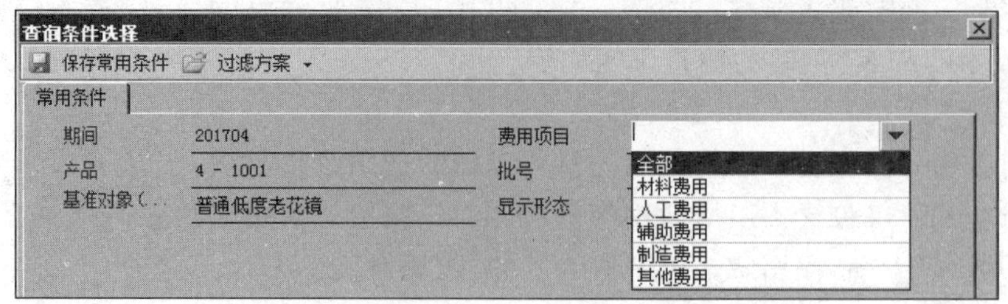

图 11-65　产品横向比较分析的查询条件选择

“查询条件选择”对话框的栏目说明如下。

① 期间：参照选择需要查询的期间范围，显示所有已经进行过成本计算的会计期间。

② 产品：参照选择截至本期为止的所有实际成本对象，单选，不允许为空。

③ 基准对象：参照选择欲比较的实际成本对象，可多选，不允许为空。

④ 费用项目：参照选择，有全部、材料费用、人工费用、制造费用、辅助费用和其他费用等 6 个选项，可以从中任选一项，系统默认为“全部”。

⑤ 显示形态：从下拉列表中选择“默认”和“成本还原”，默认为“默认”，即出入库领用半成品显示为半成品形态，车间工序领用显示为料、工、费成本项目形态；“成本还原”将自动把出入库领用半成品还原为各料、工、费成本项目。

(3) 打开“产品横向比较分析”页签。单击“确定”按钮，打开“产品横向比较分析”页签，如图 11-66 所示。

产品横向比较分析

期间:201704　　分析对象:高端低度老花镜(产品编码:1001　成本中心:701　Bom版本号:10)

费用类型	费用编码	费用名称	单位耗量	单位成本	普通低度老花镜(产品编码:3001 成本中心:普通眼镜中心)					
					单位耗量	单位耗量差异额	单位耗量差异率(%)	单位成本	单位成本差异额	单位成本差异率(%)
材料费用	0101	低度镜片	1.00	70.00	1.00	0.00	0.00%	70.00	0.00	0.00%
材料费用	3100	普通镜框			1.00	-1.00	-100.00%	10.00	-10.00	-100.00%
材料费用	3200	普通镜腿			1.00	-1.00	-100.00%	10.00	-10.00	-100.00%
材料费用	4002	硅胶鼻托	1.00	10.00	1.00	0.00	0.00%	10.00	0.00	0.00%
材料费用	4003	铰链	2.00	4.00	2.00	0.00	0.00%	4.00	0.00	0.00%
材料费用	4004	螺钉	2.00	2.00	2.00	0.00	0.00%	2.00	0.00	0.00%
人工费用		直接人工	0.00	3.41				5.68	-2.27	-40.00%
制造费用	1	折旧	0.00	0.24				0.25	-0.01	-4.78%
制造费用	1000	共耗人工费用	0.00	1.58				1.58	0.00	0.00%
制造费用	1001	共耗折旧费用	0.00	0.07				0.07	0.00	-0.01%
总计				91.30						

图 11-66　“产品横向比较分析”页签

“产品横向比较分析”页签的栏目说明如下。

① 费用类型：根据图 11-65 中“费用项目”的选择显示。

② 费用编码：显示选择期间完工成本对象实际耗用费用类型编码。

③ 单位耗量：显示选择期间完工成本对象耗用材料单位数量。

④ 单位金额：显示选择期间完工成本对象耗用单位金额。

⑤ 基准对象(普通低度老花镜)的单位耗量：显示选择期间基准对象耗用材料单位数量。

⑥ 基准对象的单位耗量差异：单位耗量-基准对象的单位耗量。

⑦ 基准对象的单位耗量差异率：(单位耗量-基准对象单位耗量)/基准对象单位耗量×100%。

⑧ 基准对象的单位金额：显示选择期间基准对象耗用材料单位金额。

⑨ 基准对象的单位金额差异：单位金额-基准对象单位金额。

⑩ 基准对象的单位金额差异率：(单位金额-基准对象单位金额)/基准对象单位金额×100%。

(4) 退出。单击"产品横向比较分析"页签的"关闭"按钮，关闭页签，完成操作。

2) 财务部会计赵俊进行本月高端低度老花镜的成本项目构成分析

(1) 打开"成本项目构成分析"页签。登录"企业应用平台"，在"业务导航视图"的"业务工作"导航条中选中"管理会计"|"成本管理"|"分析"|"成本项目构成分析"，打开"成本项目构成分析"页签，如图 11-67 所示。

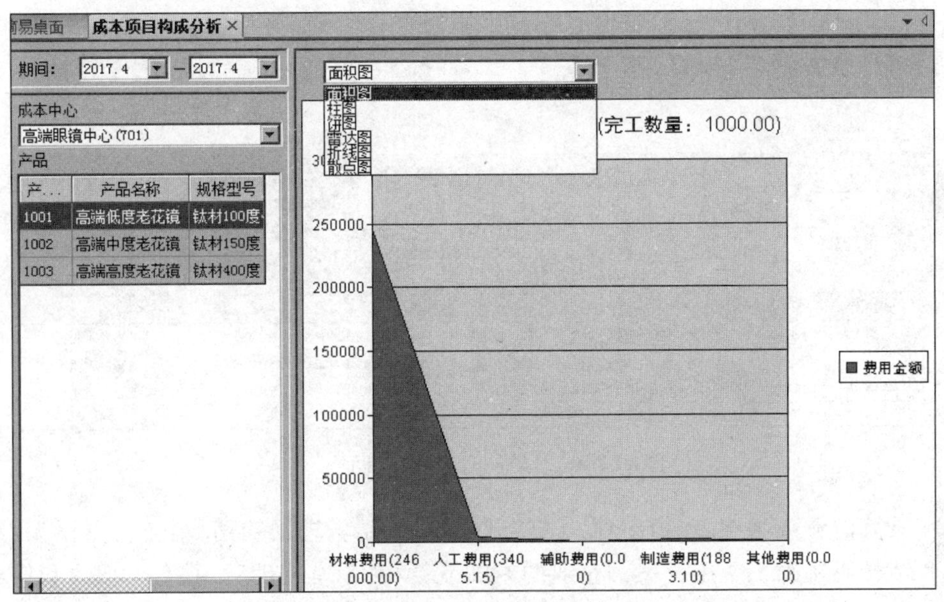

图 11-67　高端低度老花镜的成本项目构成分析

(2) 高端低度老花镜的成本项目构成分析。在左侧窗格的"产品"列表中选中"高端低度老花镜"，右侧窗格显示相应的分析图。

(3) 退出。单击"成本项目构成分析"页签的"关闭"按钮，关闭页签，完成操作。

"成本项目构成分析"页签的栏目说明如下。

① 期间：参照选择需要查询的期间范围，显示所有已经进行过成本计算的会计期间。时间期间的前后列表可以选择单一期间，此时显示某一期间的数据。

② 成本中心：显示所有基本生产成本中心，可从下拉列表中选择其一。

③ 产品：显示"成本中心"中选定的基本生产成本中心生产的全部产品的编码及名称。

④ 右窗格下边的费用数据，是根据用户所选月份的完工产品成本数据自动生成的。如果所选产品有多个批次，则系统自动汇总所有批次的成本费用。

⑤ 可下拉选择用于显示的分析图，如面积图、柱图、饼图、雷达图、折线图和散点图。

11.5 成本凭证处理

在使用有效数据进行成本计算后，就可以进行本期的凭证处理。在生成凭证前，首先要定义凭证所需的信息。为减轻定义凭证的工作量，如果需要批量增加或调整部分科目，可以在“科目设置”功能中增加或修改科目(具体的设置和操作步骤请参见 4.7.7 节和表 4-29)，然后在定义凭证时进行“科目同步”。

本节的任务是定义和生成成本凭证，并查询凭证。

2017 年 4 月 30 日，财务部会计赵俊定义和生成本月的成本凭证，并查询凭证。

本笔业务是对本月的成本进行结转生成凭证和查询凭证，需要定义凭证、自动生成凭证和查询凭证。

在定义凭证操作界面，系统按会计期间及业务类型，自动显示各成本对象需要结转的金额、借方科目、贷方科目、摘要(基于表 4-29)，如图 11-68 所示，也可以手工修改所需要的信息。

结转制造费用

期间: 2017.4　　□ 该记录已有标志无法修改

结转制造费用 | 结转辅助生产成本 | 结转盘点损失 | 结转产品耗用 | 结转直接人工

成本中心: 高端眼镜中心　　明细: 共耗折旧费用　　凭证类别: 记 记账凭证

BOM版本号	替代标...	产品(服务)编码	产品(服务)名称	规格型号	金额	借方	贷方	摘要
10		1001	高端低度老花镜	钛材100度	66.55	50010402	510103	结转共耗折旧
10		1002	高端中度老花镜	钛材150度	133.11	50010402	510103	结转共耗折旧
10		1003	高端高度老花镜	钛材400度	133.11	50010402	510103	结转共耗折旧
合计					332.77			

图 11-68　结转制造费用的凭证定义

成本核算的业务类型，包括 5 种：结转制造费用、结转辅助费用、结转盘点损失、结转产品耗用和结转直接人工费用。案例企业的本期业务中，没有辅助费用、盘点损失和产品耗用费用，库存商品科目没有按产品进行项目核算，所以仅需结转制造费用，而且只需要结转所有成本中心共耗的人工和折旧费用。

在自动生成凭证操作界面，系统自动将需要生成凭证的记录汇总。用户可以通过选择凭证生成的方式(批量生成或选择生成)，进行凭证生成。系统将按总账规定的凭证格式生成凭证，并完成向总账系统的数据传递。

在凭证查询界面，可以查看成本系统传输到总账系统的凭证，并能对查到的凭证进行修改、删除、冲销的处理，并可以联查原始业务单据。

操作时间：确认系统日期和业务日期为 2017 年 4 月 30 日。

视频观看：手机扫描二维码即可观看相关操作。

任务说明：财务部会计赵俊定义和生成本月的成本凭证，并查询凭证。

操作步骤如下：

1）财务部会计赵俊定义成本凭证

（1）打开“定义凭证”页签。登录“企业应用平台”，在“业务导航视图”的“业务工作”导航条中选中“管理会计”|“成本管理”|“核算”|“凭证处理”|“定义凭证”，打开“定义凭证”页签，并默认显示“结转制造费用”选项卡，如图 11-68 所示。

（2）科目同步。单击工具栏中的“科目同步”和“刷新”按钮，系统自动将“科目设置”中已经设置的科目信息，同步到“定义凭证”页签中。

（3）查看凭证定义信息。选择“明细”下拉列表中的“共耗折旧费用”选项，结果如图 11-68 所示。

“结转制造费用”选项卡的栏目说明如下。

① 期间：自动显示登录期间，可以选择其他期间。

② 成本中心：单击下拉按钮，自动显示所有基本生产成本中心和辅助生产成本中心，从中选择需要定义凭证的成本中心。

③ 明细：下拉列表中显示所有已定义的费用明细项目，可以从中选择需要定义凭证的明细项目。

④ 产品编码、产品名称：如果是基本生产成本中心，自动显示该成本中心的所有产品；如果是辅助生产成本中心，显示该成本中心定义的服务。

⑤ 金额：自动显示计算中归集的产品或服务耗用的费用各明细项目金额，允许修改。

⑥ 借方、贷方：结转成本费用的科目，可选择账套中的科目填入，不允许为空；默认为 4.7.7 节中做的科目设置；单击右侧的参照按钮，可参照输入科目。若科目带有辅助核算，则需要输入辅助核算的项目。

（4）退出。单击“定义凭证”页签的“关闭”按钮，关闭页签，完成操作。

小贴士

- 无论选择期间是否结账，如果显示的数据记录已经生成凭证，则不允许修改。已经生成凭证的记录将不在定义凭证界面中显示。
- 定义凭证时，右击鼠标，可以对已录入的一条或几条借、贷方科目和摘要信息，进行复制和粘贴，以避免重复操作。本项功能对所有的定义凭证页都起作用。
- 成本计算后，如果金额正确，但需要批量增加或调整部分科目，可以在“科目设置”（参见 4.7.7 节）增加或修改科目，之后进入“定义凭证”页签的“结转制造费用”选项卡，在单击工具栏中的“科目同步”按钮，系统可自动把“科目设置”已定义的凭证借方、贷方、摘要等信息同步到各数据行中。
- 如果凭证的金额被修改了，则需要重新进行成本计算。
- 结转制造费用：系统按成本中心自动生成产品本期所耗用的制造费用。结转制造费用的金额自动显示计算中归集的产品或服务耗用的制造费用各明细项目金额，只是本产品耗用的，不包括领用其他产品转入的，允许修改。
- 结转辅助费用：系统按成本中心自动生成产品本期所耗用的辅助费用以及成本中心耗用的辅助费用。辅助费用的金额，自动显示计算中分配的该产品的此种辅助费用，只是本产品耗用的，不包括领用其他产品转入的；或者是其他服务耗用的此种辅助服务；或者是非基本成本核算成本中心耗用的此中辅助费用。允许修改。

- 结转盘点损失：系统按成本中心自动生成各产品本期待处理损失金额。结转盘点损失中的金额，自动显示用户录入完工产品处理表中该产品的“记入待处理损失”的数量乘以计算出的该产品的单位成本的结果。
- 结转产品耗用：系统按成本中心自动生成本期产品之间直接领用的金额。结转产品耗用的金额，自动显示被领用产品的被领用数量与计算出的该产品的单位成本的乘积。
- 结转直接人工：系统按成本中心自动生成本期所耗费的直接人工费用，由用户定义凭证的借、贷方和摘要，系统在此基础上生成凭证。上期定义的凭证借、贷方在本期仍然有效，并允许在此基础上修改，形成本期凭证的借、贷方。

2）财务部会计赵俊生成成本凭证

（1）打开“自动生成凭证”页签。登录“企业应用平台”，在“业务导航视图”的“业务工作”导航条中选中“管理会计”|“成本管理”|“核算”|“凭证处理”|“自动生成凭证”，系统将弹出“查询条件选择-自动生成凭证”对话框，单击“确定”按钮，打开“自动生成凭证”页签，如图11-69所示。

自动生成凭证

期间	业务类型	成本中心	摘要	借方	贷方	金额	凭证类别
201704	结转制造费用	普通眼镜中心	结转共耗人工	50010401	510101	4740.09	记
201704	结转制造费用	普通眼镜中心	结转共耗折旧	50010402	510103	199.66	记
201704	结转制造费用	高端眼镜中心	结转共耗人工	50010401	510101	1580.02	记
201704	结转制造费用	高端眼镜中心	结转共耗折旧	50010402	510103	66.55	记
201704	结转制造费用	高端眼镜中心	结转共耗人工	50010401	510101	3160.06	记
201704	结转制造费用	高端眼镜中心	结转共耗折旧	50010402	510103	133.11	记
201704	结转制造费用	高端眼镜中心	结转共耗人工	50010401	510101	3160.06	记
201704	结转制造费用	高端眼镜中心	结转共耗折旧	50010402	510103	133.11	记
201704	结转制造费用	舒适眼镜中心	结转共耗人工	50010401	510101	3002.06	记
201704	结转制造费用	舒适眼镜中心	结转共耗折旧	50010402	510103	126.46	记
201704	结转制造费用	舒适眼镜中心	结转共耗人工	50010401	510101	3160.06	记
201704	结转制造费用	舒适眼镜中心	结转共耗折旧	50010402	510103	133.11	记

图11-69　自动生成凭证的分录列表

（2）打开“生成凭证方式”对话框。单击工具栏中的“设置”按钮，弹出“生成凭证方式”对话框，如果11-70所示。

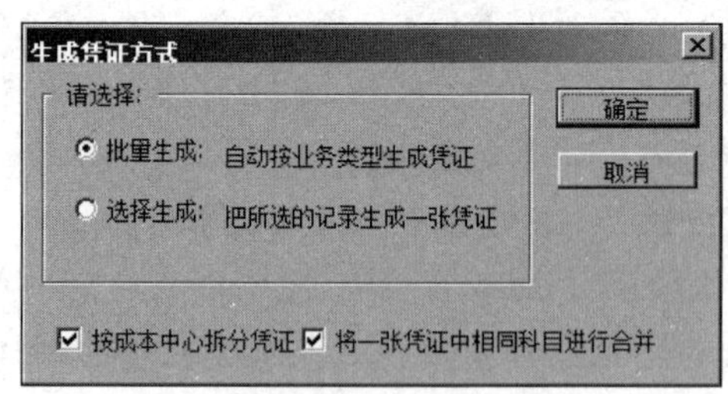

图11-70　生成凭证方式设置

（3）设置凭证的生成方式。确认选择“批量生成：自动生成凭证列表中的记录一次全部生成凭证”单选按钮，并选中“按成本中心拆分凭证”（即每个成本中心生成一张凭证）复选框和“将一张凭证中相同科目进行合并”（即将相同的科目合并成一笔分录）复选框。

"生成凭证方式"对话框的栏目说明如下。

① 如果是第一次执行"自动生成凭证"功能,则系统自动打开"生成凭证方式"对话框;如果不是第一次进入此功能,则打开"自动生成凭证"页签,单击工具栏中的"设置"按钮,也可打开此对话框。

② 在"批量生成"和"选择生成"之中只能任选一种。"批量生成"是指将自动生成凭证表中的记录一次全部生成凭证;选择生成是指根据用户选择生成凭证的记录,生成凭证。

③ 若选择"批量生成",则图 11-70 下边的两个复选项均可以使用;若选择"选择生成",则只有"将一张凭证中科目进行合并"项可以使用。

- "按成本中心拆分凭证":系统将自动将一个成本中心的记录归入一张凭证内。
- "将一张凭证中相同科目进行合并":系统将自动完成相同科目的合并。

(4) 退出"生成凭证方式"对话框。单击"生成凭证方式"对话框的"确定"按钮,关闭对话框,返回"自动生成凭证"页签。

(5) 生成凭证。单击工具栏中的"制单"按钮,系统自动按成本中心生成 3 张凭证,并打开"填制凭证"页签,显示默认的凭证信息。

(6) 保存凭证。单击工具栏中的"成批保存凭证"按钮,系统自动完成凭证保存并弹出消息框,提示保存成功,单击"确定"按钮,返回"填制凭证"页签,此时高端眼镜中心的费用结转凭证如图 11-71 所示。

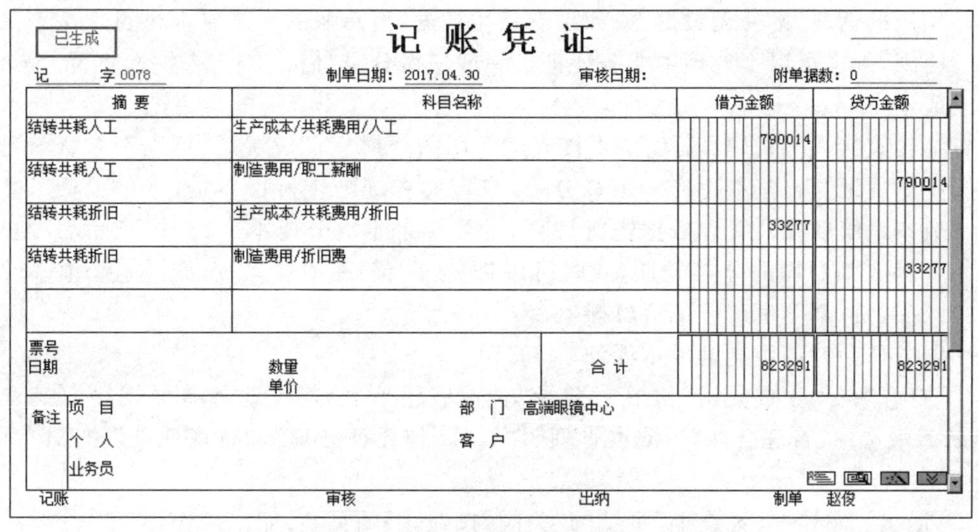

已生成

记 账 凭 证

记 字 0078　　制单日期: 2017.04.30　　审核日期:　　附单据数: 0

摘要	科目名称	借方金额	贷方金额
结转共耗人工	生产成本/共耗费用/人工	790014	
结转共耗人工	制造费用/职工薪酬		790014
结转共耗折旧	生产成本/共耗费用/折旧	33277	
结转共耗折旧	制造费用/折旧费		33277
票号 日期	数量 单价 合计	823291	823291

备注　项 目　　部 门 高端眼镜中心
　　　个 人　　客 户
　　　业务员

记账　　审核　　出纳　　制单 赵俊

图 11-71　自动生成的凭证

(7) 退出。单击"填制凭证"和"自动生成凭证"页签右上角的"关闭"按钮,关闭页签,完成操作。

小贴士

已经生成凭证的记录将不在自动生成凭证界面中显示。

用户定义的借贷方科目不全的记录或者金额为"0"的记录,在自动生成凭证界面中不显示。

如果用户在自动生成凭证界面中查看不到应显示的凭证记录，可单击工具栏中的“刷新”功能。

凭证业务规则如下。

- 结转制造费用：系统提供的数据是成本计算分配后，各产品或辅助服务应负担的制造费用数据，一般应做分录“借：生产成本-(明细)，贷：制造费用-(明细)”。
- 结转辅助费用：系统提供的数据是成本计算分配后各产品、管理部门或辅助服务应负担的辅助费用数据(如果未设置辅助成本中心，则本处无数据)，一般应做分录“借：生产成本-基本生产成本-(明细)，贷：生产成本-辅助生产成本-(明细)；借：管理费用-(明细)，贷：生产成本-辅助生产成本-(明细)；借：生产成本-辅助生产成本--服务明细 1，贷：生产成本-辅助生产成本--服务明细 2”。
- 结转盘点损失：系统提供的数据是成本计算后，完工产品处理表录入的“记入待处理损益”栏目中，盘盈、盘亏产量应负担的成本数据，正数表示盘盈，负数表示盘亏。如果无盘盈、盘亏情况，则本处无数据，或如果有数据，但是否处理本业务凭证有用户灵活控制，并不影响成本系统数据。一般应做分录“借：待处理财产损益-(明细)，贷：生产成本-(明细)”。
- 结转产品耗用：系统提供的数据是成本计算后，产品间通过“产品耗用日报表”相互领用的半成品，应结转的成本费用数据。如果无产品间通过“产品耗用日报表”相互领用的情况，本处无数据；或如果有领用数据，但总账的生产成本科目未按产品设置明细，则也可以不处理本业务凭证。一般应做分录“借：生产成本-A 产品，贷：生产成本-B 产品”。
- 结转直接人工费用：提供了直接人工费用的分摊凭证设置后，可以在薪资管理系统中做凭证“借；基本生产 - 工资分摊(自定义末级结转科目)，贷；应付工资”；然后在成本系统取薪资管理数据进行计算，计算结果生成分成本中心、按产品品种显示的直接人工费用的分摊凭证，此时可以做凭证“借；基本生产-A 产品，借；基本生产-B 产品，贷；基本生产 - 工资分摊”。

3）财务部会计赵俊查询成本凭证

(1) 打开“自动生成凭证”页签。登录“企业应用平台”，在“业务导航视图”的“业务工作”导航条中选中“管理会计”|“成本管理”|“核算”|“凭证处理”|“查询凭证”，打开“凭证查询”页签。

(2) 退出。单击“凭证查询”页签的“关闭”按钮，关闭页签，完成操作。

小贴士

- 单击工具栏中的“查询”按钮，可以根据所选期间列示满足条件的凭证记录。
- 对于已记账的凭证，单击工具栏中的“冲销”按钮，可以自动生成一张红字凭证。但已进行红字冲销的凭证，不能再做冲销处理，即不能对红字凭证进行冲销处理。对于已进行红字冲销的凭证的原始单据，必须将该红字冲销凭证记账后才能再次处理。
- 先选中某条未审核、未记账凭证记录，再单击工具栏中的“删除”按钮，可以删除该凭证，对于已审核的凭证，可以在总账系统取消审核状态，然后在此界面删除。如果当期成本系统未结账，则已删除凭证在“自动生成凭证”界面中重新显示，可以重新生成凭证。删除凭证时，系统判断凭证是否已出纳签字、是否已主管签字、是否已审核、是否已记账，若存在其中一种状态，则该凭证不允许删除。

- 先选中某条凭证记录，再单击工具栏中的“凭证”按钮，可以查看该凭证记录所对应的凭证。
- 先选中某条凭证记录，再单击工具栏中的“修改”按钮，可以修改该凭证记录所对应的凭证。
- 先选中某条凭证记录，再单击工具栏中的“单据”按钮，可以查看该凭证记录所对应的原始单据。
- 单击工具栏中的“刷新”按钮，可重新读取满足查询条件的凭证记录。

11.6　凭证的审核与记账

2017 年 4 月 30 日，财务主管曾志伟对薪资凭证进行主管审核，会计张兰记账。

本笔业务是月末的成本凭证和存货凭证的审核与记账，需要在总账中进行相关凭证的审核与记账。

操作时间：确认系统日期和业务日期为 2017 年 4 月 30 日。

视频观看：手机扫描二维码即可观看相关操作。

任务说明：凭证的主管审核，以及会计记账。

操作步骤如下：

1）财务主管曾志伟对凭证进行主管审核

（1）打开“凭证审核列表”页签。登录“企业应用平台”，在“业务导航视图”的“业务工作”导航条中选中“财务会计”|“总账”|“凭证”|“审核凭证”，弹出“凭证审核”对话框，单击“确定”按钮，打开“凭证审核列表”页签。

（2）会计主管审核。在“凭证审核列表”页签中，选中任意凭证所在的行，进入该凭证的“审核凭证”页签，然后单击工具栏中的“批处理”|“成批审核凭证”按钮，以完成对列表中所有未审核凭证的审核工作。

（3）退出。单击“审核凭证”和“凭证审核列表”页签的“关闭”按钮，完成操作。

2）财务部会计张兰进行凭证记账

（1）打开“记账”对话框。登录“企业应用平台”，在“业务导航视图”的“业务工作”导航条中选中“财务会计”|“总账”|“凭证”|“记账”，打开“记账”对话框。

（2）会计记账。单击对话框“全选”和“记账”按钮，系统自动完成记账工作，并给出消息框和记账报告，单击消息框中的“确定”按钮，返回“记账”对话框。

（3）退出。单击“记账”对话框的“退出”按钮，关闭对话框，完成操作。

11.7　成本管理月末处理

用户在每个会计期末，做完所有的工作后，包括成本计算、生成凭证等，要进行月末结账的处理，做完月末结账后，标志本月已经结账，不允许再做有关本月的业务处理。如果用户发现已结账月份数据有误，可以通过执行“恢复结账”的功能，修改并重新计算已结账月份的数据。

11.7.1 月末结账

2017 年 4 月 30 日，财务部会计赵俊对成本管理系统进行月末结账。

本笔业务是月末的成本处理，需要进行成本管理模块的月末结账。

在月末结账功能中，需要定义成本管理子系统中在产品与总账对账的科目，系统将自动进行对账，并显示对账结果。但在成本管理子系统的月末结账过程中，不检查存货核算子系统是否已经月末结账。

操作时间：确认系统日期和业务日期为 2017 年 4 月 30 日。

视频观看：手机扫描二维码即可观看相关操作。

任务说明：财务部会计赵俊进行成本管理的月末结账。

操作步骤如下：

(1) 打开“月末处理”对话框。登录“企业应用平台”，在“业务导航视图”的“业务工作”导航条中选中“管理会计”|“成本管理”|“核算”|“月末结账”，弹出“月末处理”对话框，如图 11-72 所示。

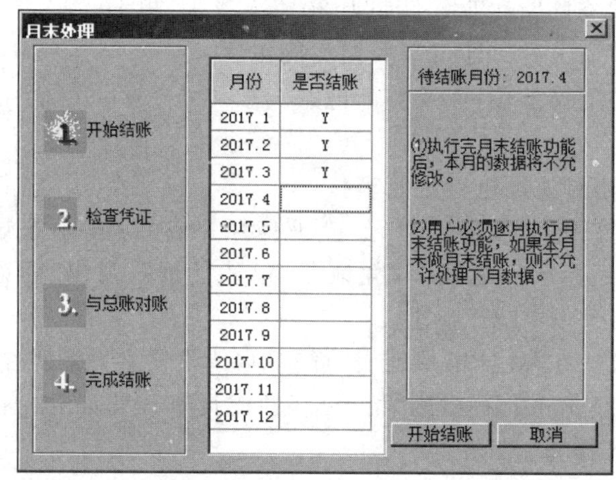

图 11-72 成本管理的月末处理-开始结账

(2) 开始结账。单击“开始结账”按钮，系统自动检查成本管理子系统读取数据的其他子系统(例如薪资管理、固定资产等，但总账和存货核算子系统除外)是否已结账，并在对话框中给出检查结果。此时，本操作符合结账条件。

(3) 检查凭证。单击“下一步”按钮，此时“下一步”变为“检查凭证”，再单击“检查凭证”按钮，系统自动检查用户定义的凭证记录是否已全部生成凭证，并在对话框中给出检查结果。此时，本操作符合结账条件。

(4) 与总账对账。单击“下一步”按钮，此时“下一步”变为“开始对账”，并在对话框中显示与总账对账的相关设置和选项，参照生成“科目”为 5001(生产成本)，如图 11-73 所示。

(5) 设置与对账。单击“开始对账”按钮，系统在对话框中显示与总账对账的结果，并且“开始对账”变为“完成结账”。

(6) 结账。单击“完成结账”按钮，完成操作。

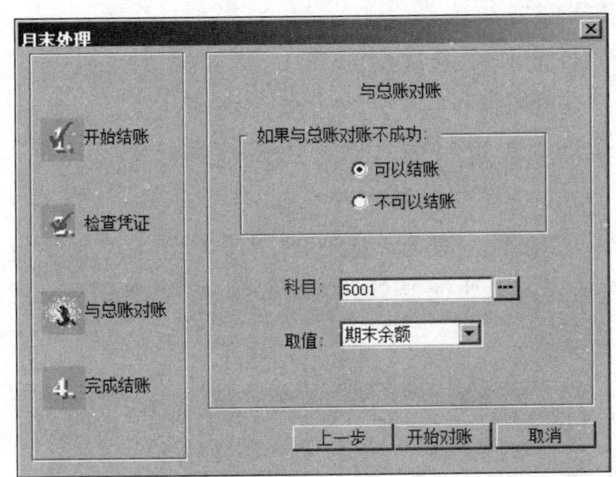

图 11-73　成本管理的月末处理-与总账对账

小贴士

成本管理子系统,分 4 步进行月末结账前的处理。

- 显示系统当前允许进行月末结账的“待结账月份”,该月份为系统内已结账月份之后的第一个会计月份,不允许更改。
- 用户单击“开始结账”按钮后,系统将自动检查成本管理子系统读取数据的其他子系统(如薪资管理、固定资产等,但总账和存货核算子系统除外)是否已结账。如果有未结账的子系统,则成本管理子系统不能结账。
- 如果相关子系统均已结账,用户单击“下一步”和“检查凭证”按钮后,系统将自动检查用户定义的凭证记录是否已全部生成凭证,如果有未生成凭证的记录,则成本管理子系统不能结账。
- 如果用户定义的凭证记录已全部生成凭证,则单击“开始对账”按钮后,系统将设置的总账科目(如生产成本)的期末余额与成管理子本系统内所有当月在产品的金额进行对账,并根据对账结果,以及对于“对账不平是否允许结账”的选择结果,判断是否继续月末结账工作。

必须逐月执行“月末结账”功能,如果当月未做“月末结账”,则不允许处理下月数据。

11.7.2　恢复结账

成本系统在计算过程中需要引用其他系统的数据,为保证成本计算结果的准确性,系统将所有成本系统读取数据的系统均已结账(除总账和存货核算系统外),作为判断成本计算数据有效性的依据,并将“成本计算数据有效”的系统状态称为“成本计算”状态。

如果某会计期间的状态为“已结账”,用户将不能再进行本月的业务处理工作,如果某会计期间的状态为“成本计算”,用户将不能再执行其他相关系统的“恢复结账”功能。

对于上述两种状态,均可以通过执行“恢复结账”的功能,恢复其状态,使其能重新核算本月成本。

2017 年 4 月 30 日,财务部会计赵俊对成本管理系统的月末结账进行恢复处理测试。

本笔业务是成本管理月末结账的恢复测试工作,需要执行成本管理模块的恢复结账功能，但通过“取消”按钮退出恢复结账。

操作时间：确认系统日期和业务日期为2017年4月30日。

视频观看：手机扫描二维码即可观看相关操作。

任务说明：财务部会计赵俊进行成本管理的恢复结账测试操作。

操作步骤如下：

（1）打开“恢复月初”对话框。登录“企业应用平台”，在“业务导航视图”的“业务工作”导航条中选中“管理会计”|“成本管理”|“核算”|“月末结账”，弹出“恢复月初”对话框，如图11-74所示。

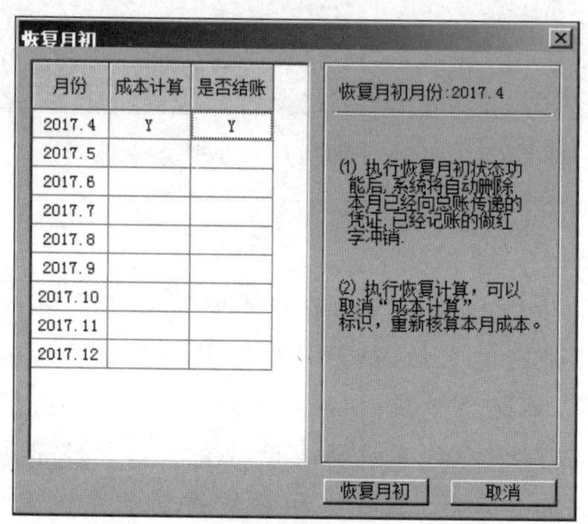

图11-74　成本管理的恢复月初对话框

（2）恢复月初提示。单击“恢复月初”按钮，弹出提示信息“成本核算恢复月初操作需要对所有已记账凭证全部冲销，保存并对这些冲销凭证进行记账操作（总账功能），本月的原始单据才能再次使用”。

（3）取消恢复。本账套暂时不需要恢复月初，单击“取消”按钮，取消恢复结账操作。

（4）单击“恢复月初”对话框的“关闭”按钮，关闭对话框，完成操作。

小贴士

- 如果确定需要“恢复月初”，则在第（3）步中可以单击“确定”按钮，系统将自动根据当前可恢复会计期间的状态，分别处理。
- 如果当前可恢复月初状态的会计期间已经结账，则判断本期总账是否已经结账；如果总账已经结账，则提示“总账本会计期已经结账，所以成本系统本期不允许恢复月初状态”；如果总账未结账，则首先删除本月已经向总账传送的凭证（若总账已经记账的凭证，则自动作红字冲销凭证；若总账已经审核的凭证，提示用户到总账中取消审核标志）；最后取消本月的“已结账”标志和“成本计算”标志，这样就可以重新核算本月成本。
- 如果当前可恢复月初状态的会计期间未结账，但是有“占用其他系统数据”标志，则系统首先检查本月是否已经向总账传送凭证，如果有则删除本月已经向总账传送的凭证（如总账已经记账，则自动做红字冲销凭证；若总账已审核，则提示用户到总账中取消审核标志)；然后取消本月的"成本计算"标志，这样就可以在其他相关系统内执行恢复结账功能或重新核算本月成本。

- 恢复结账功能必须自后向前逐月进行，即如果本月未恢复，则上一月份不能执行本功能。
- 如果当前账套已做年末处理，则不允许再执行恢复结账功能。
- 已执行"恢复结账"功能的会计期间，应当重新进行从其他系统读取数据、成本计算、凭证处理、月末结账等工作。

11.8 实验报告内容

1. 查看高端低度老花镜的材料及外购半成品耗用表，并将结果拷屏粘贴在实验报告中。

2. 查看本月的人工费用表，并将结果拷屏后粘贴在实验报告中。

3. 查看本月的折旧费用表，并将结果拷屏后粘贴在实验报告中。

4. 查看本月的工时日报表，并将结果拷屏后粘贴在实验报告中。

5. 查看本月的完工产品日报表，并将结果拷屏后粘贴在实验报告中。

6. 查看本月的产品耗用日报表，并将结果拷屏后粘贴在实验报告中。

7. 查看本月的高端眼镜中心的成本费用分配结果，并将结果拷屏后粘贴在实验报告中。

8. 查看本月的产成品成本分配表，并将结果拷屏后粘贴在实验报告中。

9. 查看本月的完工产品成本汇总表(单列制造费用)，并将结果拷屏后粘贴在实验报告中。

10. 查看本月的高端低度老花镜的成本项目构成分析图，并将结果拷屏后粘贴在实验报告中。

11. 查看本月的成本结转凭证，并将结果拷屏后粘贴在实验报告中。

12. 查看成本管理月末处理的"与总账对账"对话框，并将结果拷屏后粘贴在实验报告中。

第 12 章　会计月末处理

本章所讲的会计月末处理包括总账月末业务和各个模块的期末处理与月末结账。

总账的月末业务，一般有计算应交增值税及结转未缴增值税、计算并结转城市维护建设税及教育费附加费、期间损益结转处理、计算并结转本月企业所得税，以及所有凭证的出纳签字、会计主管签字与审核、会计记账。本账套需要做月末结账的子系统，除了在第 10 章完成的固定资产和薪资管理系统、第 11 章完成的成本管理系统，还有采购、应付、销售、应收、库存、存货和总账模块。

本章的操作，按照业务描述中的系统日期(例如 2017 年 4 月 30 日)和操作员(例如财务部会计张兰等)使用第 11 章完成的账套，在总账模块与其他子系统中进行。

在每笔业务的实验操作前，需要将系统时间调整为业务日期。如果没有调整系统时间，则在登录"企业应用平台"时需要修改"操作日期"为业务日期；如果操作日期与账套建账时间之间的跨度超过 3 个月，则该账套在演示版状态下不能执行任何操作。

如果没有完成第 11 章的成本管理业务，可以到百度网盘空间(网盘地址：https://pan.baidu.com/s/1eSxB2uQ，密码：pxsn)的"实验账套数据"文件夹中，将"11 成本管理.rar"下载到实验用机上，然后"引入"(操作步骤详见 1.3.5 节)到用友 ERP-U8 系统。而且，本章完成的账套，其"输出"压缩的文件名为"12 月末处理.rar"。

需要说明如下：

因网盘中的账套备份文件均为压缩文件，所以在下载完成后引入之前，需要用解压缩工具进行解压(建议用 WinRAR 3.42 或以上版本)，得到相应可以引入的账套数据文件。

本章建议的授课时间，理论课为 1 学时(综合分析企业各个业务、财务模块之间的关系)，实验课为 2 学时。

实验目的与要求如下：

(1) 熟练掌握总账月末业务的操作。

(2) 熟练掌握各个模块的期末处理与月末结账。

12.1　计算并结转增值税

增值税可以是针对销售货物，也可以是提供加工、修理修配劳务以及进口货物的单位和个人，就其实现的增值额征收的一个税种。企业的应交增值税是销项税额扣减进项税额后的数字，它专门用来核算未缴或多缴的增值税。

【业务描述】

2017 年 4 月 30 日，计算本月应交增值税并结转本月未交增值税。

本笔业务是计算并结转本月未交增值税业务，需要使用对应结转方式生成凭证并记账。对应结转时，将"应交税费"|"应交增值税"|"销项税额"和"应交税费"|"应交增值税"|"进项

税额”转入“应交税费”出未缴增值税，生成凭证，最后将转出未缴增值税结转到“应交税费”|“未交增值税”。

由于案例企业的本月业务中没有进项税额转出业务，所以本笔业务也可以直接将“应交增值税”的科目余额转入“未交增值税”科目。但为了更全面地学习相关操作，本业务将采用结转转出操作。

需要说明的是，本节对应结转生成凭证之前，需要对相关的已有凭证做出纳签字(若需要)、会计主管签字、会计主管审核，以及记账操作。对应结转生成的凭证，还需要做会计主管签字、审核，以及凭证记账操作。

【虚拟业务场景】

人物：

曾志伟(财务主管)

张兰(财务部职员)

场景1：财务主管让下属进行“转出未交增值税”的对应结转设置和本月的对应结转制单

曾志伟：小张，月末了，你把本月的“转出未交增值税”对应结转尽快完成了。

张兰：没问题，我现在就做。(张兰做“销项税额”，“进项税额转出”和“进项税额”转到“转出未交增值税”的对应结转设置和生成凭证)

场景2：对应结转凭证的主管签字审核及记账，以及结转转出未交增值税

张兰：曾总，“转出未交增值税”对应结转的凭证已经生成，请您签字审核。

曾志伟：好。(签字审核完成)没问题，你可以记账了，然后做一下“未交增值税”的对应结转吧。

张兰：好的。(记账，然后进行“转出未交增值税”转到“未交增值税”的对应结转设置和生成凭证)

场景3：会计主管签字、审核转出未交增值税凭证，会计张兰记账

张兰：曾总，转出未交增值税的凭证已经生成好了，请您签字审核。

曾志伟：好的。(签字审核完成)凭证没问题，你去记账吧。

张兰：好的。(记账完成)

【操作指导】

1. 操作流程

计算及结转未交增值税业务的操作流程如图12-1所示。

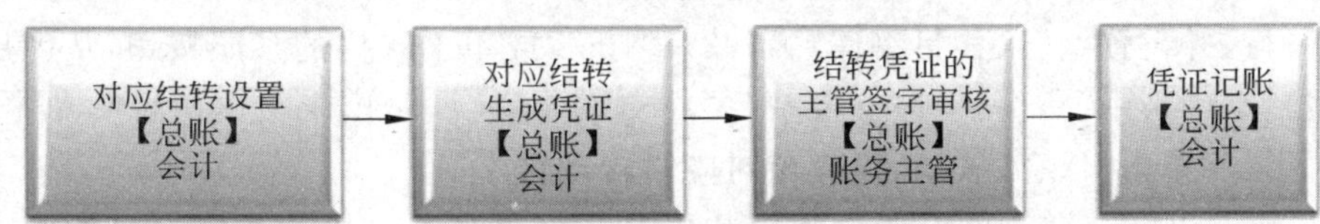

图12-1 计算并结转增值税的操作流程

2. 场景 1 的操作步骤

操作日期：确认系统日期和业务日期为 2017 年 4 月 30 日。

视频观看：手机扫描二维码即可观看相关操作。

任务说明：财务部会计张兰做“销项税额”和“进项税额”转到“转出未交增值税”的对应结转设置和生成凭证，以及“转出未交增值税”转到“未交增值税”的对应结转设置。

操作步骤如下：

1）财务部会计张兰进行对应结转设置

（1）打开“对应结转设置”窗口。登录“企业应用平台”，在“业务导航视图”的“业务工作”导航条中选中“财务会计”|“总账”|“期末”|“转账定义”|“对应结转”，打开“对应结转设置”窗口。

（2）结转销项税额设置的编辑与保存。在“对应结转设置”窗口，做如下编辑：

① 编辑表头。录入“编号”为“0081”，“摘要”为“结转销项税额”，“转出科目”栏直接输入“22210103”或单击该栏的参照按钮，从弹出的“科目参照”对话框中选中“负债”|“应交税费”|“应交增值税”|“销项税额”，单击“确定”按钮返回。

② 编辑表体。单击“对应结转设置”窗口工具栏中的“增行”按钮，在表体新增一行，并在“转入科目编码”栏直接输入“22210105”或单击参照按钮从弹出的“科目参照”对话框中选中“负债”|“应交税费”|“应交增值税”|“转出未交增值税”，单击“确定”按钮返回。

③ 保存。单击“对应结转设置”窗口工具栏中的“保存”按钮，保存该对应结转设置，如图 12-2 所示。

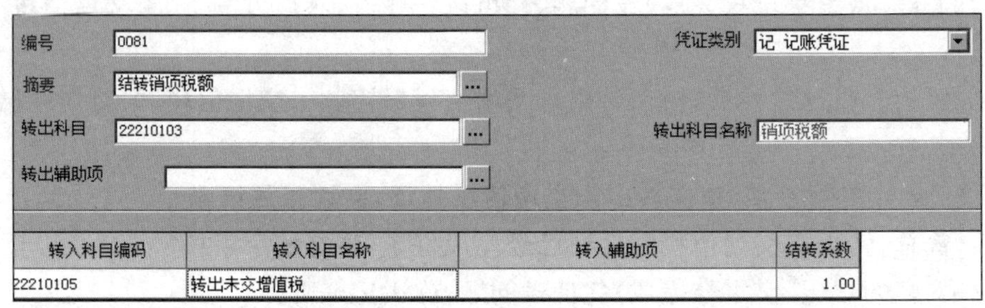

图 12-2　结转销项税额的设置结果

（3）结转进项税额设置的编辑与保存。再单击窗口工具栏中的“增加”按钮，新增一张结转设置单据，然后在表头录入“编号”为“0082”，“摘要”为“结转进项税额”，“转出科目”为“22210101”，或单击该栏的参照按钮，从弹出的“科目参照”对话框中选中“负债”|“应交税费”|“应交增值税”|“进项税额”，单击“确定”按钮返回。再单击工具栏中的“增行”按钮，在表体新增一行，并设置“转入科目编码”为“22210105” 或单击该栏的参照按钮，从弹出的“科目参照”对话框中选中“负债”|“应交税费”|“应交增值税”|“转出未交增值税”，单击“确定”按钮返回。最后单击“保存”按钮，保存该对应结转设置。

（4）结转转出未交增值税设置的编辑与保存。再单击工具栏中的“增加”按钮，新增一张对应结转设置单据，然后在表头录入“编号”为“0083”，“摘要”为“结转转出未交增值税”，“转出科目”为“22210105”，或单击该栏的参照按钮，从弹出的“科目参照”对话框中选中“负

债”|“应交税费”|“应交增值税”|“转出未交增值税”；再单击工具栏中的“增行”按钮，在表体新增一行，并设置“转入科目编码”为“222102”，或单击该栏的参照按钮，从弹出的“科目参照”对话框中选中“负债”|“应交税费”|“未交增值税”；最后单击工具栏中的“保存”按钮，保存该对应结转设置。

（5）退出。单击“对应结转设置”窗口工具栏中的“退出”按钮，关闭窗口，完成操作。

2）财务部会计张兰进行对应结转凭证生成

提示：进行下列操作前，需要先对之前的相关凭证进行签字、审核与记账，相应的操作可参见 11.7 节。

（1）打开“转账生成”对话框。登录“企业应用平台”，在“业务导航视图”的“业务工作”导航条中选中“财务会计”|“总账”|“期末”|“转账生成”，打开“转账生成”对话框。

（2）转账生成凭证。在“转账生成”对话框中，选中“对应结转”单选按钮，再选中“编号”为“0081”和“0082”的记录所在行，使其“是否结转”列出现“Y”字样，单击“确定”按钮，弹出“转账”对话框（此时生成了 2 张记账凭证，默认显示结转销项税额的凭证）。

（3）保存凭证。单击对话框工具栏中的“保存”和“下张凭证”按钮，再“保存”该张凭证，如图 12-3 所示。

已生成

记 账 凭 证

记　字 0081　　制单日期：2017.04.30　　审核日期：　　附单据数：0

摘要	科目名称	借方金额	贷方金额
结转销项税额	应交税费/应交增值税/销项税额	46558350	
结转销项税额	应交税费/应交增值税/转出未交增值税		46558350
票号 日期　数量 单价		合计 46558350	46558350

备注　项　目　　部　门
个　人　　客　户
业务员

记账　　审核　　出纳　　制单　张兰

图 12-3　结转销项税额凭证

（4）退出。单击“转账”对话框工具栏中的“退出”按钮，关闭对话框；再单击“转账生成”对话框中“确定”按钮，关闭对话框，完成操作。

3. 场景 2 的操作步骤

操作日期：确认系统日期和业务日期为 2017 年 4 月 30 日。

视频观看：手机扫描二维码即可观看相关操作。

任务说明：财务主管曾志伟进行凭证的主管审核，会计张兰记账，张兰进行“结转出未交增值税”的凭证生成。

操作步骤如下：

1）财务主管曾志伟对凭证进行主管审核

（1）打开“凭证审核列表”页签。登录“企业应用平台”，在“业务导航视图”的“业务工作”导航条中选中“财务会计”|“总账”|“凭证”|“审核凭证”，弹出“凭证审核”对话框，单击“确定”按钮，打开“凭证审核列表”页签。

（2）会计主管审核。在“凭证审核列表”页签中，选中任意凭证所在的行，进入该凭证的“审核凭证”页签，然后单击工具栏中的“批处理”|“成批审核凭证”按钮，以完成对列表中所有未审核凭证的审核工作。

（3）退出。单击“审核凭证”和“凭证审核列表”页签的“关闭”按钮，关闭页签，完成操作。

2）财务部会计张兰进行凭证记账

（1）打开“记账”对话框。登录“企业应用平台”，在“业务导航视图”的“业务工作”导航条中选中“财务会计”|“总账”|“凭证”|“记账”，打开“记账”对话框。

（2）会计记账。单击对话框“全选”和“记账”按钮，系统自动完成记账工作，并给出消息框和记账报告，单击消息框中的“确定”按钮，返回“记账”对话框。

（3）退出。单击“记账”对话框的“退出”按钮，关闭对话框，完成操作。

3）财务部会计张兰进行“结转转出未交增值税”的凭证生成

（1）打开“转账生成”对话框。登录“企业应用平台”，在“业务导航视图”的“业务工作”导航条中选中“财务会计”|“总账”|“期末”|“转账生成”，打开“转账生成”对话框。

（2）转账生成凭证。在“转账生成”对话框中，选中“对应结转”单选项，再选中“编号”为“0083”的记录所在行，使其“是否结转”栏出现“Y”字样，再单击“确定”按钮，弹出“转账”对话框（此时已生成凭证）。

（3）保存。在“转账”对话框中，单击工具栏中的“保存”按钮，凭证的左上角出现“已生成”字样，表明该凭证已保存，如图 12-4 所示。

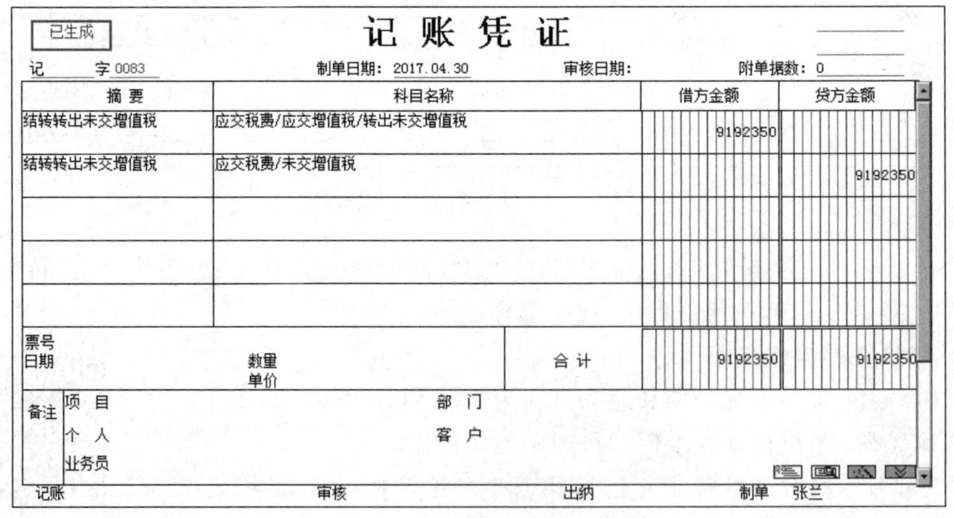

已生成

记 账 凭 证

记 字 0083　　制单日期：2017.04.30　　审核日期：　　附单据数：0

摘要	科目名称	借方金额	贷方金额
结转转出未交增值税	应交税费/应交增值税/转出未交增值税	9192350	
结转转出未交增值税	应交税费/未交增值税		9192350
票号 日期	数量 单价 合计	9192350	9192350

备注　项目　部门

个人　客户

业务员

记账　审核　出纳　制单 张兰

图 12-4　结转转出未交增值税凭证

(4) 退出。单击“转账”对话框的“退出”按钮,关闭对话框;再单击“转账生成”对话框的右上角的“关闭”按钮,关闭对话框,完成操作。

4. 场景 3 的操作步骤

操作日期:确认系统日期和业务日期为 2017 年 4 月 30 日。

视频观看:手机扫描二维码即可观看相关操作。

任务说明:财务主管曾志伟进行凭证的主管审核,会计张兰记账。

操作步骤如下:

1) 财务主管曾志伟对凭证进行主管审核

(1) 打开“凭证审核列表”页签。登录“企业应用平台”,在“业务导航视图”的“业务工作”导航条中选中“财务会计”|“总账”|“凭证”|“审核凭证”,弹出“凭证审核”对话框,单击“确定”按钮,打开“凭证审核列表”页签。

(2) 会计主管审核。在“凭证审核列表”页签中,选中任意凭证所在的行,进入该凭证的“审核凭证”页签,单击工具栏中的“批处理”|“成批审核凭证”下拉按钮,完成对列表中所有未审核凭证的审核工作。

(3) 退出。单击“审核凭证”和“凭证审核列表”页签的“关闭”按钮,关闭页签,完成操作。

2) 财务部会计张兰进行凭证记账

(1) 打开“记账”对话框。登录“企业应用平台”,在“业务导航视图”的“业务工作”导航条中选中“财务会计”|“总账”|“凭证”|“记账”,打开“记账”对话框。

(2) 会计记账。单击对话框“全选”和“记账”按钮,系统自动完成记账工作,并给出消息框和记账报告,单击消息框中的“确定”按钮,返回“记账”对话框。

(3) 退出。单击“记账”对话框的“退出”按钮,关闭对话框,完成操作。

12.2 计提并结转相关税费

城市建设维护税是国家对缴纳增值税、消费税、营业税(以下简称“三税”)的单位和个人就其缴纳的“三税”税额为计税依据而征收的一种税。按规定,本公司的城市维护建设税税率为 7%。

教育费附加和地方教育费附加是对缴纳“三税”的单位和个人征收的一种附加费,征收率分别为 3%和 2%。

【业务描述】

2017 年 4 月 30 日,计提本月应交的城市维护建设税、教育费附加和地方教育费附加费。

本笔业务是计提本月应交城市维护建设税及教育费附加费的业务,需要使用自定义转账方式生成凭证并记账,所以需要进行自定义转账设置并制单,凭证的主管签字、审核和会计记账。

12.2.2 操作指导

确认系统日期和业务日期为 2017 年 4 月 30 日。

视频观看：手机扫描二维码即可观看相关操作。

任务说明：财务部会计张兰进行自定义转账设置并生成凭证，财务主管曾志伟进行凭证的主管审核，会计张兰记账。

操作步骤如下：

1）财务部会计张兰进行自定义转账设置

(1) 打开"自定义转账设置"窗口。登录"企业应用平台"，在"业务导航视图"的"业务工作"导航条中选中"财务会计"|"总账"|"期末"|"转账定义"|"自定义转账"，打开"自定义转账设置"窗口。

(2) 进行"计算城市维护建设税教育费附加"转账设置。单击工具栏中的"增加"按钮，弹出"转账目录"对话框，编辑"转账序号"为"0001"，"转账说明"为"计算城市维护建设税教育费附加"，单击"确定"按钮，返回"自定义转账设置"窗口。

(3) 转账公式的第 1 行设置。首先单击窗口工具栏中的"增行"按钮，然后编辑其"科目编码"为"222105"(应交城市维护建设税)，"方向"设定为"贷"；再单击"金额公式"的参照按钮，在弹出的"公式向导"对话框中，选择"公式名称"为"期末余额"，单击"下一步"按钮，编辑"科目"为"222102"(未交增值税)，其他项默认，单击"完成"按钮，公式带回"自定义转账设置"窗口，然后将光标移至公式末尾，输入" * 0.07"，此时"金额公式"一栏中显示"QM(222102,月) * 0.07"(期末余额的 7%)；最后按 Enter 键完成第 1 行的编辑。

(4) 转账公式的第 2 行设置。再单击工具栏中的"增行"按钮，然后编辑其"科目编码"为"222106"(应交教育费附加)，"方向"设定为"贷"；再单击"金额公式"的参照按钮，在弹出的"公式向导"对话框中，选择"公式名称"为"期末余额"，单击"下一步"按钮，编辑"科目"为"222102"(未交增值税)，其他项默认，单击"完成"按钮，公式带回"自定义转账设置"窗口，然后将光标移至公式末尾，输入" * 0.03"，此时"金额公式"一栏中显示"QM(222102,月) * 0.03"(期末余额的 3%)，最后按 Enter 键，完成第 2 行的编辑。

(5) 转账公式的第 3 行设置。再单击工具栏中的"增行"按钮，然后编辑其"科目编码"为"222107"(应交地方教育费附加)，"方向"设定为"贷"；再单击"金额公式"的参照按钮，在弹出的"公式向导"对话框中，选择"公式名称"为"期末余额"，单击"下一步"按钮，编辑"科目"为"222102"(未交增值税)，其他项默认，单击"完成"按钮，公式带回"自定义转账设置"窗口，然后将光标移至公式末尾，输入" * 0.02"，此时"金额公式"一栏中显示"QM(222102,月) * 0.02"(期末余额的 2%)，最后按 Enter 键，完成第 3 行的编辑。

(6) 转账公式的第 4 行设置。在"自定义转账设置"窗口中，单击工具栏中的"增行"按钮，编辑"科目编码"为"6403"(营业税金及附加)，方向设定为"借"，"金额公式"为"JG()"(取对方科目计算结果)。

(7) 保存。单击"自定义转账设置"窗口工具栏中的"保存"按钮，保存转账公式设置，结果如图 12-5 所示。

(8) 退出。单击"自定义转账设置"窗口的"关闭"按钮，关闭窗口，完成操作。

转账序号 0001　　转账说明 计算城市维护建设税教育费附加　　凭证类别 记账凭证

摘要	科目编码	部门	个人	客户	供应商	项目	方向	金额公式
计算城市维护建设税...	222105						贷	QM(222102,月)*0.07
计算城市维护建设税...	222106						贷	QM(222102,月)*0.03
计算城市维护建设税...	222107						贷	QM(222102,月)*0.02
计算城市维护建设税...	6403						借	JG()

图 12-5 "计算城市维护建设税教育费附加"转账公式定义结果图

2）财务部会计张兰通过转账生成凭证

（1）打开"转账生成"对话框。登录"企业应用平台"，在"业务导航视图"的"业务工作"导航条中选中"财务会计"|"总账"|"期末"|"转账生成"，打开"转账生成"对话框。

（2）生成并保存转账凭证。在"转账生成"对话框中，选中左侧的"自定义转账"选项，然后选中编号为"0001"的记录行的"是否结转"栏，使其出现"Y"字样，再单击"确定"按钮，弹出"转账"对话框，默认显示"计算城市维护建设税教育费附加"记账凭证，单击对话框工具栏中的"保存"按钮，如图 12-6 所示。

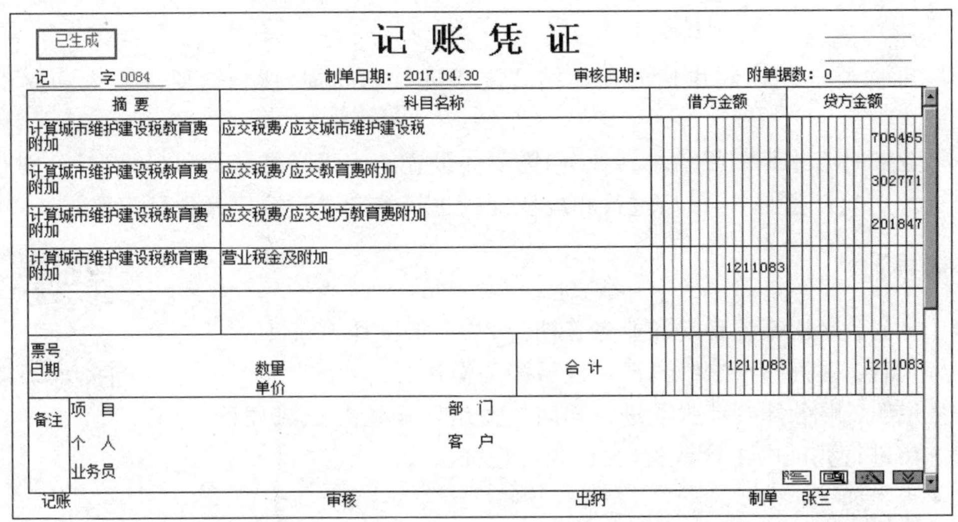

已生成

记 账 凭 证

记　字 0084　　制单日期：2017.04.30　　审核日期：　　附单据数：0

摘要	科目名称	借方金额	贷方金额
计算城市维护建设税教育费附加	应交税费/应交城市维护建设税		706465
计算城市维护建设税教育费附加	应交税费/应交教育费附加		302771
计算城市维护建设税教育费附加	应交税费/应交地方教育费附加		201847
计算城市维护建设税教育费附加	营业税金及附加	1211083	
票号 日期	数量 单价	合计 1211083	1211083

备注　项　目　　部　门
　　　个　人　　客　户
　　　业务员

记账　　审核　　出纳　　制单　张兰

图 12-6 "计算城市维护建设税教育费附加"转账凭证

（3）退出。单击对话框工具栏中的"退出"按钮，关闭对话框；单击"转账生成"对话框"关闭"按钮，关闭对话框，完成操作。

3）财务主管曾志伟对凭证进行主管审核

（1）打开"凭证审核列表"页签。登录"企业应用平台"，在"业务导航视图"的"业务工作"导航条中选中"财务会计"|"总账"|"凭证"|"审核凭证"，弹出"凭证审核"对话框，单击"确定"按钮，打开"凭证审核列表"页签。

（2）会计主管审核。选中任意凭证所在的行，进入该凭证的"审核凭证"页签，然后单击工具栏中的"批处理"|"成批审核凭证"下拉按钮，以完成对列表中所有未审核凭证的审核工作。

（3）退出。单击"审核凭证"和"凭证审核列表"页签的"关闭"按钮，关闭页签，完成操作。

4）财务部会计张兰进行凭证记账

（1）打开“记账”对话框。登录“企业应用平台”，在“业务导航视图”的“业务工作”导航条中选中“财务会计”|“总账”|“凭证”|“记账”，打开“记账”对话框。

（2）会计记账。单击对话框“全选”和“记账”按钮，系统自动完成记账工作并给出消息框和记账报告，单击消息框中的“确定”按钮，返回“记账”对话框。

（3）退出。单击“记账”对话框的“退出”按钮，关闭对话框，完成操作。

12.3 期间损益结转

会计期末时，应将各损益类科目的余额转入“本年利润”科目，以反映企业在一个会计期间内实现的利润或亏损总额。

收入类科目：包括主营业务收入、其他业务收入、投资收益、补贴收入和营业外收入。

成本费用类科目：包括主营业务成本、营业税金及附加、其他业务成本、销售费用、管理费用、财务费用、营业外支出和企业所得税。

【业务描述】

2017 年 4 月 30 日，利用期间损益结转方式进行期间损益结转，要求收入和支出分别制单。

本笔业务是月末期间损益结转业务，需要先设置期间损益结转的科目，然后分别对收入和支出进行期间损益制单，最后进行相应凭证的主管签字、审核，以及凭证记账。

【操作指导】

操作时间：确认系统日期和业务日期为 2017 年 4 月 30 日。

视频观看：手机扫描二维码即可观看相关操作。

任务说明：财务部会计张兰进行期间损益结转设置并生成凭证，财务主管曾志伟进行凭证的主管审核，会计张兰记账。

操作步骤如下：

1）财务部会计张兰进行期间损益结转设置

（1）打开“期间损益结转设置”对话框。登录“企业应用平台”，在“业务导航视图”的“业务工作”导航条中选中“财务会计”|“总账”|“期末”|“转账定义”|“期间损益”，打开“期间损益结转设置”对话框。

（2）设置本年利润科目。在“期间损益结转设置”对话框中，参照生成或直接输入“本年利润科目”为“4103”(本年利润)，然后在对话框的列表区单击，如图 12-7 所示。

（3）确定并退出。单击“期间损益结转设置” 对话框的“确定”按钮，关闭对话框，完成操作。

2）财务部会计张兰进行期间损益结转凭证生成

（1）打开“转账生成”对话框。登录“企业应用平台”，在“业务导航视图”的“业务工作”导航条中选中“财务会计”|“总账”|“期末”|“转账生成”，打开“转账生成”对话框。

（2）设置收入结转项。先选中左侧的“期间损益结转”单选项，再选择对话框上方的“类

期间损益结转设置

凭证类别 记 记账凭证　　本年利润科目 4103

损益科目编号	损益科目名称	损益科目账类	本年利润科目编码	本年利润科目名称	本年利润科目账类
6001	主营业务收入	项目核算	4103	本年利润	
6011	利息收入		4103	本年利润	
6021	手续费及佣金收入		4103	本年利润	
6031	保费收入		4103	本年利润	
6041	租赁收入		4103	本年利润	
6051	其他业务收入		4103	本年利润	
6061	汇兑损益		4103	本年利润	
6101	公允价值变动损益		4103	本年利润	
6111	投资收益		4103	本年利润	
6201	摊回保险责任准备金		4103	本年利润	
6202	摊回赔付支出		4103	本年利润	
6203	摊回分保费用		4103	本年利润	
6301	营业外收入		4103	本年利润	
6401	主营业务成本	项目核算	4103	本年利润	

每个损益科目的期末余额将结转到与其同一行的本年利润科目中. 若损益科目与之对应的本年利润科目都有辅助核算，那么两个科目的辅助账类必须相同 。损益科目为空的期间损益结转将不参与

打印　预览　确定　取消

图 12-7　期间损益结转设置结果图

型”为“收入”，并单击“全选”按钮，使表体的所有记录行的“是否结转”栏，出现“Y”字样。

(3) 生成并保存收入转账凭证。单击“转账生成”对话框的“确定”按钮，弹出“转账”对话框，默认显示“期间损益结转”收入的记账凭证，单击“保存”按钮，结果如图 12-8 所示。

已生成

记 账 凭 证

记　字 0085　　制单日期：2017.04.30　　审核日期：　　附单据数：0

摘要	科目名称	借方金额	贷方金额
期间损益结转	本年利润		273872650
期间损益结转	主营业务收入	273872650	
票号 日期	数量 单价	合计 273872650	273872650

备注　项目　　部门

个人　　客户

业务员

记账　　审核　　出纳　　制单 张兰

图 12-8 “期间损益结转”的收入结转凭证

(4) 生成并保存支出转账凭证。单击“转账”对话框工具栏中的“退出”按钮，关闭对话框，返回“转账生成”对话框，此时选择对话框上方的“类型”为“支出”，并单击“全选”按钮，再单击“确定”按钮，弹出消息框，询问“有未记账凭证，是否继续结转?”，单击“是”按钮，弹出

“转账”对话框，默认显示“期间损益结转”支出的记账凭证，单击“保存”按钮，如图 12-9 所示。

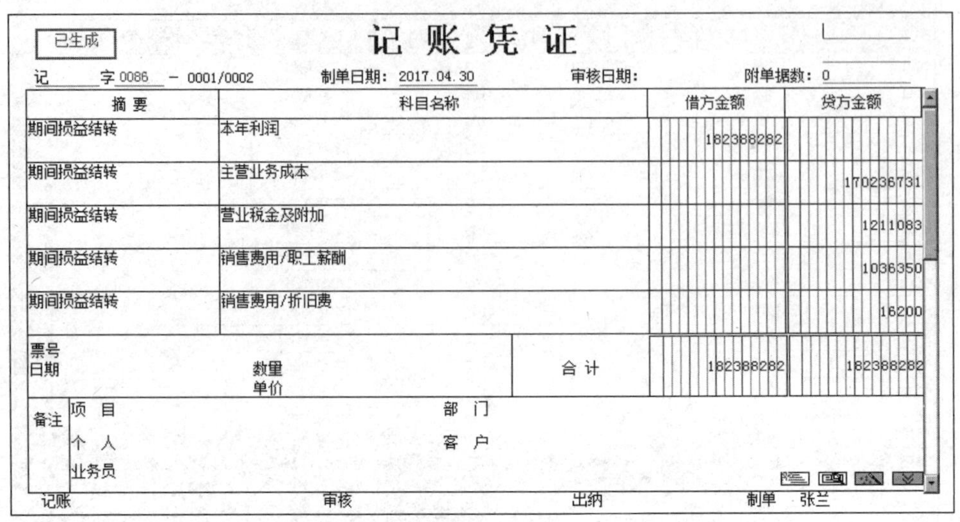

已生成

记账凭证

记 字 0086 - 0001/0002 制单日期：2017.04.30 审核日期： 附单据数：0

摘要	科目名称	借方金额	贷方金额
期间损益结转	本年利润	182388282	
期间损益结转	主营业务成本		170236731
期间损益结转	营业税金及附加		1211083
期间损益结转	销售费用/职工薪酬		1036350
期间损益结转	销售费用/折旧费		16200
票号 日期	数量 单价 合计	182388282	182388282

备注 项目 部门

个人 客户

业务员

记账 审核 出纳 制单 张兰

图 12-9 “期间损益结转”的支出结转凭证

(5) 退出。单击“转账”对话框工具栏中的“退出”按钮，关闭对话框；再单击“转账生成”对话框的“取消”按钮，关闭对话框，完成操作。

3) 财务主管曾志伟对凭证进行主管审核

(1) 打开“凭证审核列表”页签。登录“企业应用平台”，在“业务导航视图”的“业务工作”导航条中选中“财务会计”|“总账”|“凭证”|“审核凭证”，弹出“凭证审核”对话框，单击“确定”按钮，打开“凭证审核列表”页签。

(2) 会计主管审核。在“凭证审核列表”页签中，选中任意凭证所在的行，进入该凭证的“审核凭证”页签，然后单击工具栏中的“批处理”|“成批审核凭证”按钮，完成对列表中所有未审核凭证的审核工作。

(3) 退出。单击“审核凭证”和“凭证审核列表”页签的“关闭”按钮，关闭页签，完成操作。

4) 财务部会计张兰进行凭证记账

(1) 打开“记账”对话框。登录“企业应用平台”，在“业务导航视图”的“业务工作”导航条中选中“财务会计”|“总账”|“凭证”|“记账”，打开“记账”对话框。

(2) 会计记账。单击对话框中的“全选”和“记账”按钮，系统自动完成记账工作，并给出消息框和记账报告，单击消息框中的“确定”按钮，返回“记账”对话框。

(3) 退出。单击“记账”对话框的“退出”按钮，关闭对话框，完成操作。

12.4 计提并结转本月企业所得税

根据会计制度，本公司的企业所得税税率为 25%，按月预计，按季预缴，全年汇总清缴，其计算公式为“本年利润 * 0.25”。不考虑纳税相关调整因素。

【业务描述】

2017 年 4 月 30 日，计提并结转本月企业所得税。

本笔业务是计提并结转本月企业所得税业务，需要使用自定义转账方式和期间损益结转方式生成企业所得税费的凭证，并进行凭证的主管签字、审核与记账，具体的包括计算本月企业所得税的自定义转账设置与制单，所得税费结转的凭证生成，凭证的主管签字与审核，以及凭证的会计记账。

【虚拟业务场景】

人物：

曾志伟（财务主管）

张兰（财务部会计）

场景 1：财务主管分配下属计算本月企业所得税并制单

曾志伟：小张，月末了，你把本月的企业所得税尽快算出来吧。

张兰：没问题，我现在就做。

（张兰做“计算本月企业所得税”的自定义结转设置和生成凭证）

场景 2：企业所得税凭证的主管审核及记账

张兰：曾总，企业所得税费用凭证已经生成了，请您签字审核。

曾志伟：好。（审核完成）没问题，你可以记账了。

张兰：好的。（记账完成）

场景 3：结转所得税费用凭证的生成、主管审核及记账

曾志伟：小张，尽快完成所得税费结转吧。

张兰：好的。（生成凭证）曾总，所得税费用凭证已经做好了，请你审核。

曾志伟：好的。（签字审核完成）凭证没问题，你去记账吧。

张兰：好的。（记账完成）

【操作指导】

1. 操作流程

计提并结转本月企业所得税的操作流程如图 12-10 所示。

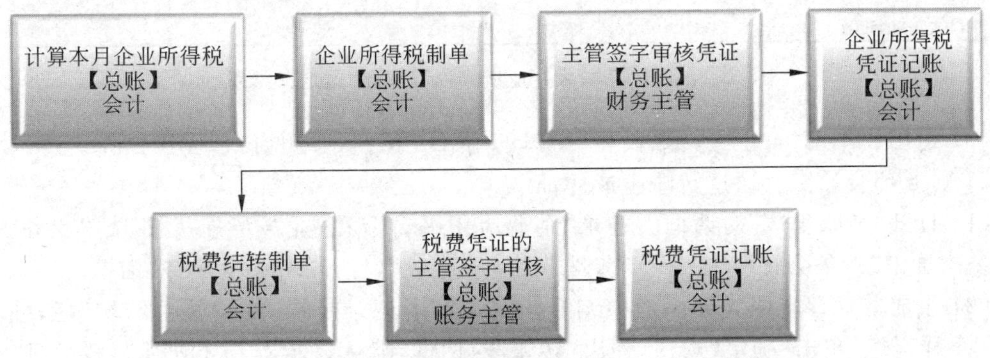

图 12-10　计提并结转本月企业所得税的操作流程

2. 场景 1 的操作步骤

操作时间：确认系统日期和业务日期为 2017 年 4 月 30 日。

视频观看：手机扫描二维码即可观看相关操作。

任务说明：财务部会计张兰进行计算本月企业所得税的自定义转账设置并生成凭证。

操作步骤如下：

1）财务部会计张兰进行自定义转账设置

(1) 打开“自定义转账设置”窗口。登录“企业应用平台”，在“业务导航视图”的“业务工作”导航条中选中“财务会计”|“总账”|“期末”|“转账定义”|“自定义转账”，打开“自定义转账设置”窗口。

(2) 进行“计算本月企业所得税”转账设置。单击窗口工具栏中的“增加”按钮，弹出“转账目录”对话框，编辑“转账序号”为“0002”，“转账说明”为“计算本月企业所得税”，单击“确定”按钮，返回“自定义转账设置”窗口。

(3) 转账公式的第 1 行设置。

① 增加并编辑第 1 行。单击工具栏中的“增行”按钮，编辑其“科目编码”为“6801”(所得税费用)，“方向”设定为“借”，单击“金额公式”的参照按钮，弹出“公式向导”对话框，选择“公式名称”为“贷方发生额”，单击“下一步”按钮，编辑“科目”为“4103”(本年利润)，选中“继续输入公式”复选框，选择“—(减)”单选按钮，其他选项默认，单击“下一步”按钮，返回“公式向导”对话框中；再选择“公式名称”为“借方发生额”，单击“下一步”按钮，编辑“科目”为“4103”(本年利润)，然后单击“完成”按钮，公式带回“自定义转账设置”窗口。

② 设置征税税率。在“自定义转账设置”窗口表体的第 1 行，将公式用“()”括起来，并在公式末尾输入“ * 0.25”，此时“金额公式”一栏中显示“(FS(4103,月,贷)- FS(4103,月,借)) * 0.25”；按 Enter 键，完成第 1 行的编辑。

(4) 转账公式的第 2 行设置。单击工具栏中的“增行”按钮，编辑“科目编码”为 222103 (应交所得税)，“方向”设定为“贷”，“金额公式”为 JG( )(取对方科目计算结果)。

(5) 保存。单击工具栏中的“保存”按钮，保存转账公式设置，其结果如图 12-11 所示。

转账序号 0002　　转账说明 计算本月企业所得税　　凭证类别 记账凭证

摘要	科目编码	部门	个人	项目	方向	金额公式	外币公式
计算本月企业所得税	6801				借	(FS(4103,月,贷)- FS(4103,月,借))*0.25	
计算本月企业所得税	222103				贷	JG()	

图 12-11　“计算本月企业所得税”转账公式定义结果

(6) 退出。单击“自定义转账设置”窗口的“关闭”按钮，关闭窗口，完成操作。

2）财务部会计张兰通过转账生成凭证

(1) 打开“转账生成”对话框。登录“企业应用平台”，在“业务导航视图”的“业务工作”导航条中选中“财务会计”|“总账”|“期末”|“转账生成”，打开“转账生成”对话框。

(2) 生成并保存转账凭证。选中编号为“0002”的记录所在行的“是否结转”栏，使其出现“Y”字样，然后单击“确定”按钮，弹出“转账”对话框，默认显示本月企业所得税凭证，单击“保存”按钮，结果如图 12-12 所示。

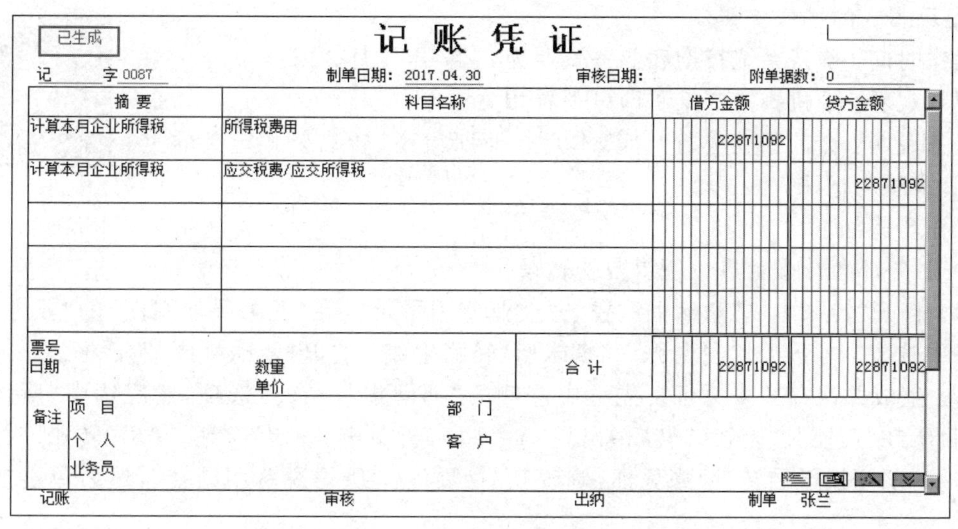

已生成

记 账 凭 证

记 字 0087　　制单日期：2017.04.30　　审核日期：　　附单据数：0

摘要	科目名称	借方金额	贷方金额
计算本月企业所得税	所得税费用	22871092	
计算本月企业所得税	应交税费/应交所得税		22871092
票号 日期　数量 单价	合计	22871092	22871092

备注　项目　部门

个人　客户

业务员

记账　审核　出纳　制单 张兰

图 12-12 “计算本月企业所得税”凭证

(3) 退出。单击“转账”对话框工具栏中的“退出”按钮，关闭对话框；再单击“转账生成”对话框的“取消”按钮，关闭对话框，完成操作。

3. 场景 2 的操作步骤

操作时间：确认系统日期和业务日期为 2017 年 4 月 30 日。

视频观看：手机扫描二维码即可观看相关操作。

任务说明：财务主管曾志伟对本月企业所得税凭证进行凭证的主管审核，会计张兰记账。

操作步骤如下：

1) 财务主管曾志伟对凭证进行主管审核

(1) 打开“凭证审核列表”页签。登录“企业应用平台”，在“业务导航视图”的“业务工作”导航条中选中“财务会计”|“总账”|“凭证”|“审核凭证”，弹出“凭证审核”对话框，单击“确定”按钮，打开“凭证审核列表”页签。

(2) 会计主管审核。在“凭证审核列表”页签中，选中企业所得税凭证所在的行，进入该凭证的“审核凭证”页签，然后单击工具栏中的“审核”按钮，完成对列表中所有未审核凭证的审核工作。

(3) 退出。单击“审核凭证”和“凭证审核列表”页签的“关闭”按钮，关闭页签，完成操作。

2) 财务部会计张兰进行凭证记账

(1) 打开“记账”对话框。登录“企业应用平台”，在“业务导航视图”的“业务工作”导航条中选中“财务会计”|“总账”|“凭证”|“记账”，打开“记账”对话框。

(2) 会计记账。单击对话框“全选”和“记账”按钮，系统自动完成记账工作，并给出消息框和记账报告，单击消息框中的“确定”按钮，返回“记账”对话框。

(3) 退出。单击“记账”对话框的“退出”按钮，关闭对话框，完成操作。

4. 场景 3 的操作步骤

操作时间：确认系统日期和业务日期为 2017 年 4 月 30 日。

视频观看：手机扫描二维码即可观看相关操作。

任务说明：会计张兰进行“计算本月企业所得税”转账公式定义的生成、主管审核与记账。

操作步骤如下：

1）财务部会计张兰进行所得税费转账

（1）打开“转账生成”对话框。登录“企业应用平台”，在“业务导航视图”的“业务工作”导航条中选中“财务会计”|“总账”|“期末”|“转账生成”，打开“转账生成”对话框。

（2）生成并保存转账凭证。先选中左侧的“期间损益结转”选项，然后选中“所得税费用”科目所在行，使其“是否结转”栏出现“Y”字样，再单击“确定”按钮，弹出“转账”对话框，默认显示“期间损益结转”记账凭证，修改其“摘要”为“所得税费用结转”，然后单击“保存”按钮。

（3）退出。在“转账”对话框中，单击“退出”按钮，关闭对话框，再单击“转账生成”对话框的“取消”按钮，关闭对话框，完成操作。

2）财务主管曾志伟对凭证进行主管审核

（1）打开“凭证审核列表”页签。登录“企业应用平台”，在“业务导航视图”的“业务工作”导航条中选中“财务会计”|“总账”|“凭证”|“审核凭证”，弹出“凭证审核”对话框，单击“确定”按钮，打开“凭证审核列表”页签。

（2）会计主管审核。在“凭证审核列表”页签中，选中所得税费结转凭证所在的行，进入该凭证的“审核凭证”页签，然后单击工具栏中的“审核”按钮，以完成对列表中所有未审核凭证的审核工作。

（3）退出。单击“审核凭证”和“凭证审核列表”页签的“关闭”按钮，关闭页签，完成操作。

3）财务部会计张兰进行凭证记账

（1）打开“记账”对话框。登录“企业应用平台”，在“业务导航视图”的“业务工作”导航条中选中“财务会计”|“总账”|“凭证”|“记账”，打开“记账”对话框。

（2）会计记账。单击对话框“全选”和“记账”按钮，系统自动完成记账工作，并给出消息框和记账报告，单击消息框中的“确定”按钮，返回“记账”对话框。

（3）退出。单击“记账”对话框的“退出”按钮，关闭对话框，完成操作。

12.5 其他子系统月末结账

本账套需要做月末结账的子系统，还有采购、应付、销售、应收、库存、存货和总账模块，本节主要是对以上子系统进行期末处理和月末结账。

注意，在月末结账前，一定要进行账套数据的备份，否则一旦数据发生错误，损失将无法挽回。另外，只有在当前会计月的所有工作全部完成后才能进行月末结账，否则会遗漏某些业务，导致业务数据不全面；若没有期初记账，则不能进行月末结账；若上月尚未结账，则本月业务不能记账；不允许跳月取消月末结账，只能从最后一个月逐月取消；在月末结账后，该月的单据将不能修改和删除，该月末录入的单据将视为下个会计月的单据。

【业务描述】

2017 年 4 月 30 日，对公司账套的各个业务模块中的经济业务进行月末结账处理。

本笔业务是对采购、应付、销售、应收、库存、存货和总账模块进行期末处理和月末结账。

需要说明的是，存货核算系统的期末处理，需要首先进行仓库和存货的期末处理，然后才能进行月末结账处理。

【操作指导】

操作日期：确认系统日期和业务日期为 2017 年 4 月 30 日。

视频观看：手机扫描二维码即可观看相关操作。

任务说明：

(1) 采购主管刘静进行采购管理系统的月末结账；

(2) 销售部主管赵飞进行销售管理系统的月末结账；

(3) 财务部会计张兰进行应付款管理系统的月末结账；

(4) 财务部会计张兰进行应收款管理系统的月末结账；

(5) 仓库主管李莉进行库存管理系统的月末结账；

(6) 财务部会计张兰进行仓库和存货的期末处理；

(7) 财务部会计张兰进行存货核算系统的月末结账；

(8) 财务主管曾志伟进行总账系统的月末对账。

(9) 财务主管曾志伟进行总账系统的月末结账。

操作步骤如下：

1) 采购主管刘静进行采购管理系统的月末结账

(1) 打开采购"结账"对话框。登录"企业应用平台"，在"业务导航视图"的"业务工作"导航条中选中"供应链"|"采购管理"|"月末结账"，打开"结账"对话框，如图 12-13 所示。

结账

会计月份	起始日期	结束日期	是否结账
4	2016-04-01	2016-04-30	是
5	2016-05-01	2016-05-31	否
6	2016-06-01	2016-06-30	否
7	2016-07-01	2016-07-31	否
8	2016-08-01	2016-08-31	否
9	2016-09-01	2016-09-30	否
10	2016-10-01	2016-10-31	否
11	2016-11-01	2016-11-30	否
12	2016-12-01	2016-12-31	否

结账　取消结账　帮助　退出

为保证采购系统的暂估余额表和存货核算系统的暂估余额表数据一致，建议在月末结账前将未填单价、金额的采购入库单填上单价、金额

图 12-13　采购管理系统的"结账"对话框

(2) 结账。在“结账”对话框中，系统已经默认选择会计月份“4”，单击“结账”按钮，弹出“月末结账”消息框，询问“是否关闭订单?”，如图 12-14 所示。单击“否”按钮，系统自动进行月末结账，将所选月份采购单据按会计期间分月记入有关账表中。

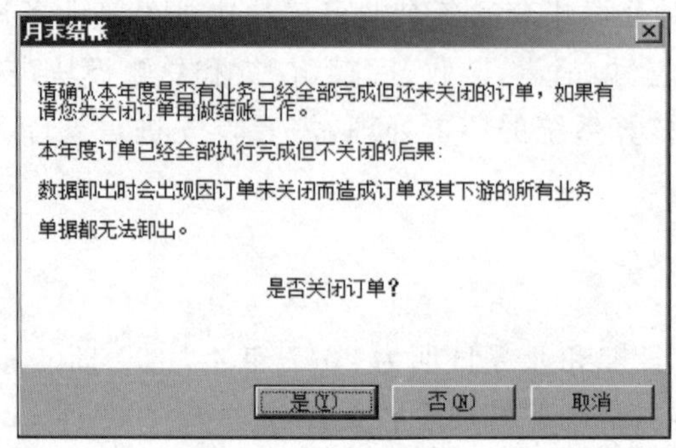

图 12-14 “月末结账”消息框

(3) 退出。单击“结账”对话框“退出”按钮，关闭对话框，完成操作。

提示：

- 采购管理系统的月末结账，可以对多个月的单据一次性结账，但不允许跨月结账。
- 只有对采购管理系统进行月末处理了，才能对库存管理、存货核算和应付款管理系统进行月末处理。
- 若采购管理系统要取消月末结账，必须先取消库存管理、存货核算和应付款管理的月末结账；若它们中的任何一个系统不能取消月末结账，则采购管理系统的月末结账也不能取消。

2) 销售部主管赵飞进行销售管理系统的月末结账

(1) 打开销售“结账”对话框。登录“企业应用平台”，在“业务导航视图”的“业务工作”导航条中选中“供应链”|“销售管理”|“月末结账”，打开“结账”对话框，如图 12-13 所示。

(2) 结账。在“结账”对话框中，系统已经默认选择会计月份“4”，单击“结账”按钮，弹出“月末结账”消息框，询问“是否关闭订单?”，如图 12-14 所示。单击“否”按钮，系统自动进行月末结账，将所选月份销售单据按会计期间分月记入有关账表中。

(3) 退出。单击“结账”对话框中的“退出”按钮，关闭对话框，完成操作。

提示：

- 只有对销售管理系统进行月末处理了，才能对库存管理、存货核算和应收款管理系统进行月末处理。
- 若销售管理系统要取消月末结账，必须先取消库存管理、存货核算和应收款管理的月末结账；若它们中的任何一个系统不能取消月末结账，则销售管理系统的月末结账也不能取消。

3) 财务部会计张兰进行应付款管理系统的月末结账

(1) 打开“月末结账”对话框。登录“企业应用平台”，在“业务导航视图”的“业务工作”导航条中选中“财务会计”|“应付款管理”|“期末处理”|“月末结账”，打开“月末结账”对话框，如图 12-15 所示。

(2) 结账。在“月末结账”对话框中，选中“四月”结账标志栏，使其出现“Y”字样；然后单击“下一步”按钮，弹出如图 12-16 所示的对话框，单击“完成”按钮，弹出“4 月份结账成功”消息框，表示系统已经自动结账完成。

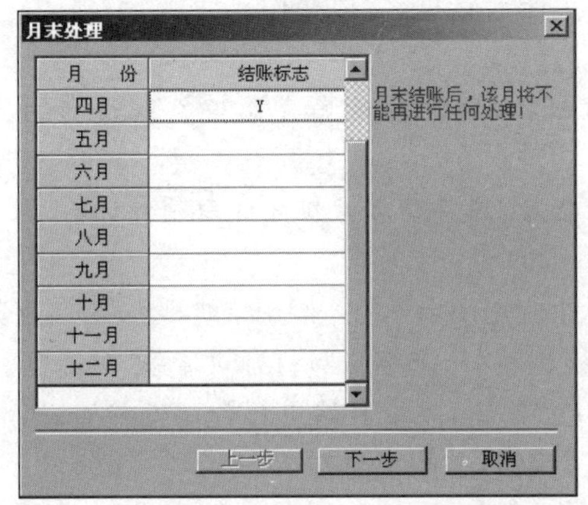

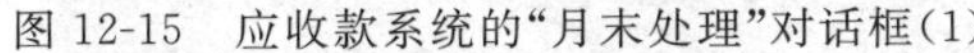
图 12-15　应收款系统的“月末处理”对话框(1)

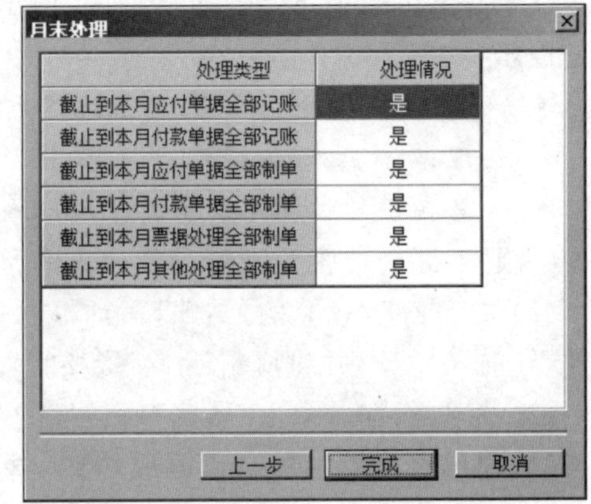

图 12-16　应收款系统的“月末处理”对话框(2)

(3) 退出。单击消息框中的“确定”按钮，关闭消息框，完成操作。

提示：

- 只有在采购管理系统结账后，才能对应付系统进行结账处理。
- 因为本账套设置的审核日期为单据日期，所以本月的单据(发票和应付单)在结账前需要全部审核。但若设置的审核日期为业务日期，则截至本月末还有未审核单据(发票和应付单)，照样可以进行月结处理。
- 如果本月的付款单还有未审核的，不能结账。

4) 财务部会计张兰进行应收款管理系统的月末结账

(1) 打开“月末处理”对话框。登录“企业应用平台”，在“业务导航视图”的“业务工作”导航条中选中“财务会计”|“应收款管理”|“期末处理”|“月末结账”，打开“月末处理”对话框，如图 12-15 所示。

(2) 结账。选中“四月”的“结账标志”栏，使其出现“Y”字样，如图 12-15 所示；单击“下一步”按钮，弹出如图 12-16 所示的对话框，单击“完成”按钮，系统再弹出“4 月份结账成功”消息框，表示系统已经自动结账完成。

(3) 退出。单击消息框中的“确定”按钮，关闭消息框，完成操作。

提示：

- 只有在销售管理系统结账后，才能对应收系统进行结账处理。
- 因为本账套设置的审核日期为单据日期，所以本月的单据(发票和应收单)在结账前需要全部审核。但若设置的审核日期为业务日期，则截至本月末还有未审核单据(发票和应收单)，照样可以进行月结处理。
- 如果本月的收款单还有未审核的，不能结账。

5) 仓库主管李莉进行库存管理系统的月末结账

(1) 打开库存“结账”对话框。登录“企业应用平台”，在“业务导航视图”的“业务工作”导航条中选中“供应链”|“库存管理”|“月末结账”，打开“结账”对话框。

(2) 在“结账”对话框中，系统已经默认选择会计月份“4”，单击“结账”按钮，弹出“库存管理"消息框,询问"结账后将不能修改期初数据,是否继续结账?"。单击"是"按钮,系统自动完成月末结账。

(3) 退出。单击"结账"对话框的"退出"按钮,关闭对话框,完成操作。

提示:

- 只有对采购和销售管理系统进行月末结账之后,才能对库存管理系统进行月末处理;
- 只有在存货核算系统当月未结账或取消结账后,库存管理系统才能取消结账。

6) 财务部会计张兰进行存货核算的月末结账

(1) 打开存货核算的"结账"对话框。登录"企业应用平台",在"业务导航视图"的"业务工作"导航条中选中"供应链"|"存货核算"|"业务核算"|"月末结账",打开 "结账"对话框。

(2) 月结检查。单击"结账"对话框的"月结检查"按钮,系统开始进行合法性检查;若检查通过,弹出消息框,提示"检测成功!",单击"确定"按钮,关闭消息框。

(3) 月结结账。在"结账"对话框中,单击"结账"按钮,系统完成月末结账并弹出消息框,提示"月末结账完成!",单击"确定"按钮,关闭消息框,再关闭"结账"对话框,完成操作。

提示:

- 只有对采购、销售和库存管理系统进行月末结账之后,才能对存货核算系统进行月末结账处理;
- 在进行存货核算系统月末结账后,只有以下一个会计期间时间登录用友 ERP-U8 系统,才能恢复月末结账。

7) 财务主管曾志伟进行总账系统的月末对账与试算

(1) 打开"对账"对话框。登录"企业应用平台",在"业务导航视图"的"业务工作"导航条中选中"财务会计"|"总账"|"期末"|"对账",打开"对账"对话框,如图 12-17 所示。

图 12-17　总账系统月末对账示意图

(2) 对账设置。在"对账"对话框中,将光标定位在"2017.04"所在行,然后单击工具栏中的"选择"按钮,使其"是否对账"栏出现"Y"字样,如图 12-17 所示。

(3) 对账。单击工具栏中的“对账”按钮,系统自动对账并显示对账结果,如图 12-17 所示。

(4) 试算。单击“试算”按钮,可以对各科目类别余额进行试算平衡,如图 12-18 所示。

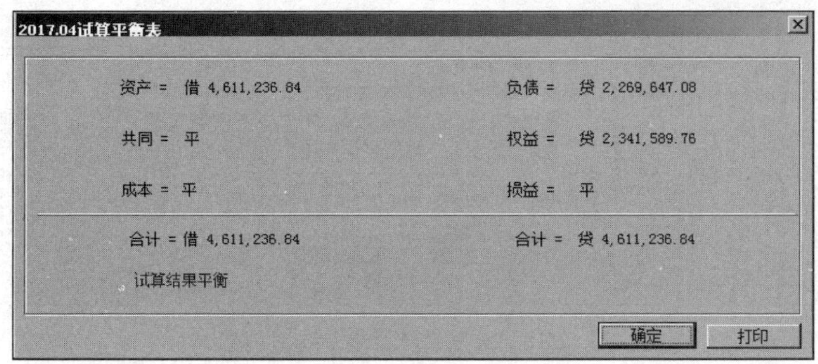

图 12-18 总账系统月末试算结果

(5) 退出。单击试算结果对话框的“确定”按钮,返回“对账”对话框,再单击“对账”对话框的“退出”按钮,关闭对话框,完成操作。

提示:

若对账结果为账账相符,则对账月份的“对账结果”栏显示“正确”;若对账结果为账账不符,则对账月份的“对账结果”栏显示“错误”,单击工具栏中的“错误”按钮,可查看引起账账不符的原因。

若需要恢复记账前状态,其操作步骤如下:

- 登录“企业应用平台”,在“业务导航视图”的“业务工作”导航条中选中“财务会计”|“总账”|“期末”|“对账”,打开“对账”对话框,
- 在期末对账界面中,按 Ctrl+H 键,则在“凭证”中增加“恢复记账前状态”(如再次按 Ctrl+H 键则隐藏此项)。
- 选择恢复方式为“最近一次记账前状态”,这种方式一般用于记账时系统造成的数据错误的恢复;选择“上个月初状态”,则恢复到上个月初未记账时的状态,例如如果登录时间为“2017.04”,则系统提示可恢复到“2017.03”初状态。
- 选择是否恢复“往来两清标志”和选择恢复两清标志的月份,系统根据选择在恢复时,清除恢复月份的两清标志。
- 系统提供灵活的恢复方式,可以根据需要而不必恢复所有的会计科目,只需将要恢复的科目从“不恢复的科目”选入“恢复的科目”,即可只恢复需要恢复的科目。

8) 财务主管曾志伟进行总账系统的月末对账

(1) 打开“结账”对话框。登录“企业应用平台”,在“业务导航视图”的“业务工作”导航条中选中“财务会计”|“总账”|“期末”|“结账”,打开“结账”对话框。

(2) 对账。在“结账”对话框中,单击要结账月份“2017.04”,然后单击“下一步”按钮,再单击“对账”按钮,系统对要结账的月份进行账账核对。

(3) 结账。单击“下一步”按钮,系统显示“4 月工作报告”,结果如图 12-19 所示。

(4) 查看“4 月工作报告”后,再单击“下一步”按钮,若符合结账要求,则系统自动进行

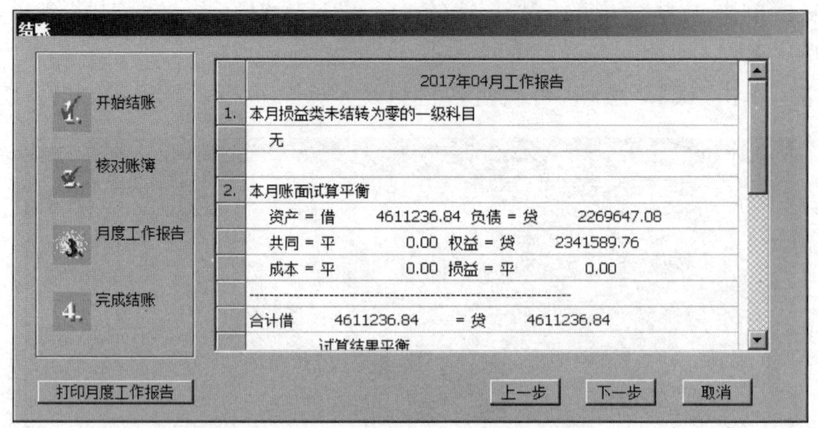

图 12-19　总账系统月末结账对话框

结账，否则不予结账。

(5) 结账并退出。单击“结账”对话框的“结账”按钮，关闭对话框，完成操作。

提示：

结账只能由有结账权的人进行。

结账必须按月连续进行，若上月未结账，则本月不能结账。

如果本月还有未记账凭证(包括作废凭证)，则本月不能结账。

若总账与明细账对账不符，则不能结账。

已结账月份不能再填制凭证。

反结账操作只能由账套主管执行，操作步骤如下：

- 登录“企业应用平台”，在“业务导航视图”的“业务工作”导航条中选中“财务会计”|“总账”|“期末”|“结账”，打开“结账”对话框；
- 选择要取消结账的月份“2017.04”；
- 按 Ctrl＋Shift＋F6 键，激活“取消结账”功能；
- 单击“确认”按钮，取消结账标志。

12.6　实验报告内容

1. 查看本月转出未交增值税的凭证，并将结果拷屏粘贴在实验报告中。

2. 查看“计算城市维护建设税教育费附加”转账公式定义的结果窗口，并将窗口拷屏后粘贴在实验报告中。

3. 查看本月的期间损益收入结转凭证，并将结果拷屏后粘贴在实验报告中。

4. 查看本月的期间损益支出结转凭证，并将结果拷屏后粘贴在实验报告中。

5. 查看“计算本月企业所得税”转账公式定义的结果窗口，并将窗口拷屏后粘贴在实验报告中。

6. 查看本月的企业所得税费用凭证，并将结果拷屏后粘贴在实验报告中。

第 13 章　供应链、生产管理、成本管理与财务会计综合业务

本章涉及的综合业务，有利于读者从企业管理者的角度去理解与分析，并可在步骤概要的提示下理解业务与软件操作之间的关系，用于检验读者是否理解并掌握了相关操作。

本章的操作，请按照业务描述中的系统日期(例如 2017 年 4 月 1 日)和操作员(如销售主管赵飞、财务部会计张兰等)，在第 4 章完成的基础上，对案例企业 4 月份的销售、生产规划、生产订单管理、采购、库存、存货核算、固定资产、薪资管理、成本核算、应收、应付和总账业务进行综合练习。

如果没有完成第 4 章的账套期初设置与期初记账的操作，可以到百度网盘空间(网盘地址：https://pan.baidu.com/s/1eSxB2uQ，密码：pxsn)的"实验账套数据"文件夹中，将"04 期初记账.rar"下载到实验用机上，然后引入(操作步骤详见 1.3.5 节)到用友 ERP-U8 系统中。此外，本章完成的账套，其输出压缩的文件名为"13 综合实验.rar"。

需要说明如下：

因网盘中的账套备份文件均为压缩文件，所以在下载完成后引入之前，需要用解压缩工具进行解压(建议用 WinRAR 3.42 或以上版本)，得到相应可以引入的账套数据文件。

本章的建议授课时间，理论课为 4 学时(综合分析企业成本管理与供应链的业务流和数据流，内容可参见教程配套的课件)，实验课为 8～12 学时。

实验目的与要求如下：

(1) 深入理解工业企业的财务、供应链、生产制造和成本管理之间的关系，以及企业的业务流、资金流和信息流的集成性、实时性和共享性的内涵。

(2) 综合练习销售、生产规划、生产订单管理、采购、库存、存货核算、固定资产、薪资管理、成本核算、应收、应付和总账业务，并熟练掌握业务操作。

2017 年 4 月份企业开展的供应链、生产管理、成本管理与财务会计综合业务如下。

【业务 1】 2017 年 4 月 1 日，销售部赵飞与雪亮公司签订销售合同(合同编号 XS001)，合同约定销售普通低度老花镜 400 副，无税单价 200 元，税率 17%，当日发货，商业折扣 5000 元，货到 30 日内结清货款。

本公司开具增值税发票(票号为 88170401)，价税合计 88600 元，当日随货发出，款项尚未收到。

步骤概要：

(1) 填制与审核销售订单；

(2) 参照销售订单生成与复核销售专用发票；

(3) 查阅自动生成和审核的发货单；

(4) 审核出库单；

(5) 销售应收单据的审核与制单(借记：应收账款，贷记：主营业务收入、销项税额)。

【业务 2】 2017 年 4 月 1 日，销售部赵飞与光明公司签订销售合同(合同编号 XS002)，

出售高端低度老花镜 100 副(无税单价 420 元)、普通低度老花镜 500 副(无税单价 180 元),增值税 17%,货到 30 天之内结清货款。本公司当日发货,并用现金代垫运费 1100 元。

光明公司当日收到货物并确认合格后,本公司开具货款的增值税发票(票号为 88170402,价税合计 154440 元),货款发票和运费发票随后寄出,款项尚未收到。

步骤概要:

(1) 填制与审核销售订单;

(2) 参照生成与审核销售发货单;

(3) 参照生成与复核销售专用发票,填制与审核代垫运费单;

(4) 审核销售出库单;

(5) 应收单据的审核与制单(销售专用发票审核与制单,借记:应收账款,贷记:主营业务收入、销项税额;代垫费用单审核与制单,借记:应收账款,贷记:库存现金)。

【业务 3】 2017 年 4 月 1 日,销售部赵飞与雪亮公司签订销售合同(合同编号 XS003),出售高端低度老花镜 1000 副(无税单价 420 元)、舒适低度老花镜 2000 副(无税单价 360 元)和普通低度老花镜 3000 副(无税单价 180 元),增值税 17%,销售定金 50000 元,货到 30 天内结清货款。合同约定 2017 年 4 月 17 日发货高端 1000 副和舒适 2000 副,2017 年 4 月 20 日发货普通 3000 副。

当日,案例企业收到银行入账通知单,通知单上载明雪亮公司用转账支票转入 50000 元(票号 22170413)。

步骤概要:

(1) 填制销售订单;

(2) 填制与审核定金的收款单;

(3) 收款单的审核与制单(借记:工行存款,贷记:预收账款/定金);

(4) 审核销售订单。

【业务 4】 2017 年 4 月 1 日,生产主管刘正根据销售部的销售预测,完成近期预测订单的填制与审核:2017-4-25—2017-4-30,将有高端中度老花镜 2000 副、高端高度老花镜 2000 副、舒适中度老花镜 2000 副的需求。

步骤概要:填制并审核产品预测单。

【业务 5】 2017 年 4 月 1 日,生产部主管刘正进行本月各种老花镜的生产计划生成与查询。

步骤概要:MPS 计划生成与查询。

【业务 6】 2017 年 4 月 1 日,生产部主管刘正进行本月各种老花镜生产所需原料的物料规划生成与查询。

步骤概要:MRP 规划与查询。

【业务 7】 2017 年 4 月 2 日,采购主管刘静陆续收到上月采购的普通镜腿(合同 CG0301)、螺钉(合同 CG0302)和硅胶鼻托(合同 CG0303),已验收入库。

步骤概要:

(1) 参照生成与审核采购到货单;

(2) 参照生成与审核采购入库单;

(3) 采购结算并查看采购结算单;

（4）采购存货的记账与生成凭证（普通镜腿存货凭证，借记：原材料/主要原材料，贷记：在途物资；螺钉存货凭证，借记：原材料/其他原材料，贷记：在途物资；硅胶鼻托存货凭证，借记：原材料/其他原材料，贷记：在途物资）。

【业务8】 2017年4月2日，采购部刘静与大运配件厂签订采购合同（编号CG001），约定采购高端镜腿4600对、高端镜框4600个、舒适镜腿3500对、舒适镜框3500个、普通镜腿1600对和普通镜框2600个，要求于2017年4月4日全部到货，货到30天内结清货款。

2017年4月4日，大运配件厂依据合同CG001发来所有的采购物料，随货到达的采购专用发票（发票号66170401）上标明价税合计为1483560元。仓管部验收入原材料仓库。货款尚未支付。

步骤概要：

（1）参照生成与审核采购订单；

（2）参照生成与审核采购到货单；

（3）参照生成与审核采购入库单；

（4）采购专用发票的参照生成与窗口结算；

（5）采购存货的记账与生成凭证（借记：原材料/主要原材料，贷记：在途物资）；

（6）采购发票的审核与制单（借记：在途物资、进项税额，贷记：一般应付账款）。

【业务9】 2017年4月4日，采购部刘静与塑料二厂签订采购合同（合同编号CG002），约定采购各种镜片共11000对（其中低度镜片5000对、中度镜片4000对和高度镜片2000对），无税单价70元，增值税17%。当日用转账支票（支票票号22170402）预付定金50000元。约定2017年4月6日到货，自签订合同之日30天内支付尾款。

2017年4月4日，采购部刘静与螺钉厂签订采购合同（合同编号CG003），约定采购铰链共22000个，无税单价2元，增值税17%；采购螺钉共16000颗，无税单价1元，增值税17%；2017年4月6日到货，自签订合同之日30天内付款。

2017年4月4日，采购部刘静与硅胶三厂签订采购合同（合同编号CG004），约定采购硅胶鼻托共10000对，无税单价10元，增值税17%。约定2017年4月6日到货，货到付款。

2017年4月6日，采购部收到螺钉厂依据合同CG003发来的铰链22000个和螺钉16000颗，以及随货发来的增值税发票（票号66170403）。仓管部将货物验收入库，货款尚未支付。

2017年4月6日，硅胶三厂依据合同CG004，将10000对硅胶鼻托和增值税发票（票号66170404）送到本公司，仓管部验收入库。财务部开具转账支票（票号22170403），支付全部货款。

步骤概要：

（1）根据MRP计划批量生成、修改并审核采购订单；

（2）填制采购定金的付款单并审核与制单（借记：预付账款，贷记：工行存款）；

（3）生成与审核采购到货单；

（4）参照生成与审核订单CG003和CG004的采购入库单；

（5）采购专用发票的参照生成与窗口结算；

（6）采购发票的审核与制单（硅胶鼻托的发票凭证，借记：在途物资、进项税额，贷记：工行存款；铰链和螺钉的发票凭证，借记：在途物资、进项税额，贷记：一般应付账款）；

(7) 采购存货的记账与生成凭证(借记：原材料/其他原材料，贷记：在途物资)。

【业务10】 2017年4月6日，采购部收到塑料二厂发来的各种镜片共11000对，到货验收时发现有不合格产品(品种和数量暂时不确定)，要求退回。

当日，塑料二厂同意退货，经确认有300对不合格的低度镜片，当日未入库直接退货。随后，塑料二厂发来10700对镜片的购销专用发票(票号为66170405)，单价为70元，税率17%。财务部将采购订单CG002的定金冲销相应的应付款，尾款尚未支付。

步骤概要：

(1) 参照生成与审核采购到货单；

(2) 参照生成并审核到货拒收单；

(3) 参照生成并审核采购入库单；

(4) 参照入库单生成采购专用发票，采购的窗口结算；

(5) 采购应付确认(应付单据的审核与制单，借记：在途物资、进项税额，贷记：一般应付账款)；

(6) 预付冲应付的转账与制单(借记：预付账款(红字)、一般应付账款，贷记：(无))；

(7) 采购的成本确认(借记：原材料/主要原材料，贷记：在途物资)。

【业务11】 2017年4月7日，仓管部发现本月依据CG003采购的铰链有1000个不合格，要求退货，与螺钉厂取得联系，对方同意退货。

本公司填写“开具红字增值税专用发票申请单”(单号67170406)，当日晚些时候收到了销售方发来的红字专用发票(票号为67170407)，价税合计2340元。

当日，采购部收到红字发票(票号为67170407)，财务部开出转账支票(票号为22170404)，向螺钉厂支付CG003的实际货款67860元。

步骤概要：

(1) 参照生成并审核采购退货单；

(2) 参照生成并审核红字采购入库单；

(3) 参照生成红字采购专用发票并结算；

(4) 采购成本确认(借记：原材料/其他原材料，贷记：在途物资，均为红字)；

(5) 红字发票的审核与制单(借记：在途物资、进项税额，贷记：一般应付账款，均为红字)；

(6) 填制付款单并审核与制单(借记：一般应付账款，贷记：工行存款)；

(7) 应付核销，红票对冲与对冲制单(借记：(无)，贷记：一般应付账款(红字)、一般应付账款)。

【业务12】 2017年4月7日，采购主管刘静收到螺钉厂发来的专用发票(票号66170408)，发票上载明铰链7500个，无税价格为2元，增值税为17%，价税合计17550元。经查，发票上载明的铰链，仓管部已于上月验收入库，暂估的入库单价为2元。款项尚未支付。

步骤概要：

暂估业务的采购专用发票的填制与结算；

应付单据的审核与制单(借记：在途物资、进项税额，贷记：一般应付账款)；

结算成本处理和生成存货凭证(红字凭证，借记：原材料/其他原材料，贷记：暂估应付账款;蓝字凭证:借记:原材料/其他原材料,贷记:在途物资)。

【业务13】 2017年4月7日,生产部主管刘正根据MPS/MRP规划单,按老花镜的品种生成生产订单,即一种老花镜生成一张生产订单。

步骤概要:生产订单生成与审核。

【业务14】 2017年4月7日,各个工作中心,根据生产订单领料单,到仓库进行本月生产任务的一次性领料。另外,塑材眼镜中心单独领取螺钉1000颗,用于普通低度老花镜生产的备用物料。

步骤概要:填制并审核材料出库单。

【业务15】 2017年4月17日,各个工作中心完成生产任务并将完工产品送达仓库,仓库主管李莉进行产成品的完工入库。

步骤概要:填制并审核产成品入库单。

【业务16】 2017年4月17日,销售部依据销售合同XS003,发货高端低度老花镜1000副和舒适低度老花镜2000副,仓管部完成出库。随货发出相应的增值税发票(票号88170403),货款尚未收到。财务部进行定金转货款操作。

2017年4月20日,销售部依据合同XS003,完成剩下的普通低度老花镜3000副的发货和出库,随货发出相应增值税发票(票号88170404),货款尚未收到。

步骤概要:

填制并审核销售发货单;

查阅并审核销售出库单;

参照生成并复核销售发票;

销售发票的审核与制单(借记:应收账款,贷记:主营业务收入、销项税额);

销售定金转货款处理并进行相应的审核与制单(借记:预收账款/定金,贷记:应收账款);

应收核销;

第二批的发货、开票和出库,并参照生成并审核销售发货单,参照生成并复核销售发票;然后审核自动生成的销售出库单;最后进行应收确认(借记:应收账款,贷记:主营业务收入、销项税额)。

【业务17】 2017年4月20日,光明公司向销售部订购高端高度老花镜2000副,要求分期收款,销售部与其签订销售合同(合同编号XS004),以无税单价420元成交,税率17%。合同规定当日发货、分两次收款(当日和第30天各收1000副的货款)。

本公司当日全部发出货物,并随货发出1000副的增值税发票(票号为88170405)。当日收到银行入账通知单,载明光明公司用转账支票(票号22170414)转入第一期的货款491400元。

步骤概要:

填制并审核销售订单;

参照生成并审核销售发货单;

审核销售出库单;

参照发货单生成第一期的销售发票,并现结和复核发票;

第一期应收单据的审核与制单(借记:工行存款,贷记:主营业务收入、销项税额)。

【业务 18】 2017 年 4 月 20 日，批发部委托同方公司销售高端中度老花镜 2000 副，订单号为 WT001，合同规定每月月底清算一次，统一的销售定价为无税单价 420 元，税率 17%；代销手续费为不含税货款的 10%。委托代销的商品，当日从本公司产成品仓库发出。

2017 年 4 月 30 日，本公司根据同方公司发来的销售清单，开具销售专用发票（票号为 88170406），发票上载明已销售高端中度老花镜 500 副，结算单价 420 元，税率为 17%。本公司尚未收到手续费发票和代销货款。

步骤概要：

填制并审核委托代销订单；

参照生成并审核委托代销发货单；

审核自动生成的销售出库单；

参照生成并审核委托代销结算单，复核发票；

委托代销应收单据的审核与制单（借记：应收账款，贷记：主营业务收入、销项税额）。

【业务 19】 2017 年 4 月 30 日，光明公司要求退货，退回依据合同 XS002 购买的普通低度老花镜 50 副，本公司同意退货。当日收到退回的眼镜（入产成品仓库）并取得税务局的“开具红字增值税专用发票通知单”，并开具相应的红字专用发票（发票号 89170408），按无税单价 180 元退款。退货款尚未支付。

步骤概要：

先退货后开票：

参照生成与审核销售退货单；

参照生成与复核红字销售专用发票；

审核自动生成的红字出库单；

应收单据的审核与制单（借记：应收账款，贷记：主营业务收入、销项税额，均为红字）；

红票对冲（借记：应收账款（红字）、应收账款（红字）、应收账款，贷记：（无））。

开票直接退货：

填制并复核红字专用销售发票；

审核红字出库单；

应收确认（借记：应收账款，贷记：主营业务收入、销项税额，均为红字）；

红票对冲（借记：应收账款（红字）、应收账款（红字）、应收账款，贷记：（无））。

【业务 20】 2017 年 4 月 30 日，根据本月的车间领用料和使用物料的情况，财务部会计张兰办理螺钉 1000 颗（普通低度老花镜的备用领料）的假退料业务。

步骤概要：填制假退料单。

【业务 21】 2017 年 4 月 30 日，财务部会计张兰进行本月的材料出库与假退料的存货核算。

步骤概要：

材料出库单的单据记账；

材料出库单和假退料单上的存货制单（高端眼镜中心领料单制单，借记：生产成本/直接材料，贷记：原材料/主要原材料、原材料/其他原材料）。

【业务 22】 2017 年 4 月 30 日，会计对各部门的固定资产计提本月折旧。

步骤概要：进行本月的折旧计提与制单，记账凭证（借记：管理费用/折旧费、管理费用/折旧费、销售费用/折旧费、制造费用/折旧费(设置部门为“生管部”)、生产成本/制造费用(设置部门为“高端眼镜中心”)、生产成本/制造费用(设置部门为“舒适眼镜中心”)、生产成本/制造费用(设置部门为“普通眼镜中心”),贷记:累计折旧)。

【业务23】 2017年4月30日,财务主管曾志伟对折旧凭证进行主管审核,会计张兰记账。

步骤概要:在总账中进行凭证的审核与记账。

【业务24】 2017年4月30日,财务部会计张兰对固定资产系统进行月末结账。

步骤概要:进行固定资产模块的月末结账。

【业务25】 2017年4月30日,设置本月的职工工资数据。经过人力资源部绩效考核,总经理李吉棕批准:自4月份开始给每位职工发放交通补助,标准为“企管人员”和“销售人员”补助100元/月,其他人员50元/月。

步骤概要:

工资项目公式编辑(交通补助的公式设置);

工资数据变动;

计算与汇总工资。

【业务26】 2017年4月30日,财务部会计张兰计提本月职工工资。

步骤概要:计提职工应发工资,对职工实发工资与个人承担的“三险一金”进行归集与制单,记账凭证。

【业务27】 2017年4月30日,财务部会计张兰计提单位承担的社会保险(应发合计的31.55%,包括:养老保险20%、医疗保险9.55%、失业保险1%、工伤保险1%)和住房公积金(应发合计的12%)。

步骤概要:单位承担社会保险费和住房公积金的分摊与制单。

【业务28】 2017年4月30日,财务部会计张兰计提本月工会经费(应发合计的2%)、职工教育经费(应发合计的2.5%)。

步骤概要:工会经费和职工教育经费的分摊与制单。

【业务29】 2017年4月30日,财务部会计张兰计提个人承担的三险一金,归集个人所得税,并制单。

步骤概要:个人承担三险一金的计提和代扣代缴个人所得税的归集。

【业务30】 2017年4月30日,财务主管曾志伟对薪资凭证进行主管审核,会计张兰记账。

步骤概要:在总账中进行凭证的审核与记账。

【业务31】 2017年4月30日,财务部会计张兰对薪资管理系统进行月末结账。

步骤概要:进行薪资管理模块的月末结账。

【业务32】 2017年4月30日,财务部查阅应收明细账,并收到银行的入账通知单,具体如下:

财务部收到银行的入账通知单,通知单上载明是雪亮公司用转账支票(票号为22170431)转入上月货款819000元。

财务部收到银行的入账通知单,通知单上载明是雪亮公司用转账支票(票号为22170432)转入本月货款2004200元。

财务部收到银行的入账通知单，通知单上载明是光明公司用转账支票（票号为22170433）转入本月货款和代垫运费 145010 元。

步骤概要：

查阅应收明细账；

填制收款单并审核、制单（借记：工行存款，贷记：应收账款）；

应收与收款的核销与制单；

红票对冲与制单。

2017 年 4 月 30 日，财务部在查阅应付明细账的基础上，完成上月货款和本月货款的付款业务。具体的付款信息如下：

财务部用转账支票（票号 22170434）支付大运配件厂货款 1495260 元。

财务部用转账支票（票号 22170435）付给螺钉厂货款 24570 元。

财务部用转账支票（票号 22170436）付给硅胶三厂货款 11700 元。

步骤概要：

查阅付款预测；

填制付款单并审、制单；

应付与付款的核销与制单。

【业务 33】 2017 年 4 月 30 日，财务部出纳罗迪对凭证做出纳签字（若需要），主管曾志伟进行主管审核，会计张兰记账。

步骤概要：在总账中进行凭证的审核与记账。

【业务 34】 2017 年 4 月 30 日，财务部会计赵俊对本月的材料及外购半成品耗用数量，从存货核算系统中的取数。

步骤概要：从存货出库单上读取直接材料耗用数据。

【业务 35】 2017 年 4 月 30 日，财务部会计赵俊对本月的共耗费用、人工费用、折旧费用和制造费用，从其他子系统中取数。

步骤概要：从总账系统读取共耗费用数据、从薪资管理系统读取人工费用数据、从固定资产系统读取折旧费用和制造费用数据。

【业务 36】 2017 年 4 月 30 日，财务部会计赵俊对本月的车间数据进行统计和录入，其中本月的工时统计如表 13-1 所示。

表 13-1　本月工时表

产品名称	实际人工工时	实际机器工时
高端低度老花镜	250	250
高端中度老花镜	500	500
高端高度老花镜	500	500
舒适低度老花镜	475	475
舒适中度老花镜	500	500
普通低度老花镜	750	750

步骤概要：手工录入本月的工时数据，从存货核算系统读取完工产品数据。

【**业务 37**】 2017 年 4 月 30 日，财务部会计赵俊对本月的生产成本，进行成本计算和结果查询。

步骤概要：先进行成本计算的检查，然后计算并查询报表。

【**业务 38**】 2017 年 4 月 30 日，财务部会计张兰进行月末的产成品成本核算处理，包括产成品成本取数分配、产成品入库和销售出库单据记账，仓库的期末处理和存货制单，其中产成品的成本构成数据如表 13-2 所示，相关费用的对应科目设置如表 13-3 所示。

表 13-2 本月的产成品成本数据

产品编码	产品名称	单位	产量	总成本	直接材料	直接人工	直接折旧	共耗人工	共耗折旧
1001	高端低度老花镜	副	1000	251288.24	246000	3405.15	236.52	1580.03	66.54
1002	高端中度老花镜	副	2000	502576.51	492000	6810.30	473.04	3160.06	133.11
1003	高端高度老花镜	副	2000	502576.51	492000	6810.30	473.04	3160.06	133.11
2001	舒适低度老花镜	副	1900	441304.55	429400	8294.60	481.43	3002.05	126.47
2002	舒适中度老花镜	副	2000	464531.09	452000	8731.15	506.77	3160.06	133.11
3001	普通低度老花镜	副	3000	340710.70	318000	17025.75	745.20	4740.09	199.66

表 13-3 产成品成本的费用与科目对应表

成本项目	总成本	直接材料	直接人工	直接折旧	共耗人工	共耗折旧
对应科目代码	1405	500102	500101	500103	50010401	50010402
对应科目代码	库存商品	生产成本/直接材料	生产成本/直接人工	生产成本/制造费用	生产成本/共耗费用/人工	生产成本/共耗费用/折旧

步骤概要：

进行产成品的成本取数与分配；

产成品入库单据记账；

所有仓库的期末处理；

产成品入库单据的存货制单(高端眼镜中心凭证，借记：库存商品，贷记：生产成本/直接材料(设置部门为“高端眼镜中心”)、生产成本/直接人工(设置部门为“高端眼镜中心”)、生产成本/制造费用(设置部门为“高端眼镜中心”)、生产成本/共耗费用/人工、生产成本/共耗费用/折旧)。

【**业务 39**】 2017 年 4 月 30 日，财务部会计赵俊对本月的成本核算结果，进行投入产出核对、材料领用核对和完工入库核对。

步骤概要：进行投入产出核对、材料领用核对和完工入库核对。

【**业务 40**】 2017 年 4 月 30 日，财务部会计赵俊对本月生产成本进行查询。

步骤概要：查询成本计算结果的汇总表和明细表，包括完工产品成本汇总表、产品成本汇总表、完工产品成本明细表和产品成本明细表。

【**业务 41**】 2017 年 4 月 30 日，财务部会计赵俊进行本月的高端低度与普通低度老花镜的成本比较分析，以及高端低度老花镜的成本项目构成分析。

步骤概要：月末的成本分析，包括产品横向比较分析和成本项目构成分析。

【业务 42】 2017 年 4 月 30 日，财务部会计赵俊定义和生成本月的成本凭证，并查询凭证。

步骤概要：定义凭证、自动生成凭证和查询凭证。

【业务 43】 2017 年 4 月 30 日，财务主管曾志伟对薪资凭证进行主管审核，会计张兰记账。

步骤概要：在总账中进行相关凭证的审核与记账。

【业务 44】 2017 年 4 月 30 日，财务部会计赵俊对成本管理系统进行月末结账。

步骤概要：进行成本管理模块的月末结账。

【业务 45】 2017 年 4 月 30 日，财务部会计赵俊对成本管理系统的月末结账进行恢复处理测试。

步骤概要：执行成本管理模块的恢复结账功能，但通过“取消”按钮退出恢复结账。

【业务 46】 2017 年 4 月 30 日，计算本月应交增值税并结转本月未交增值税。

步骤概要：

做“销项税额”和“进项税额”转到“转出未交增值税”的对应结转设置和生成凭证（结转销项税额凭证，借记：销项税额，贷记：转出未交增值税），以及“转出未交增值税”转到“未交增值税”的对应结转设置。

凭证的主管审核，记账并生成凭证（借记：转出未交增值税，贷记：未交增值税）。

凭证的主管审核并记账。

【业务 47】 2017 年 4 月 30 日，计提本月应交的城市维护建设税、教育费附加和地方教育费附加费。

步骤概要：使用自定义转账方式生成凭证并记账，需要进行自定义转账设置并制单，凭证的主管签字、审核和会计记账。

【业务 48】 2017 年 4 月 30 日，利用期间损益结转方式进行期间损益结转，要求收入和支出分别制单。

步骤概要：先设置期间损益结转的科目，然后分别对收入和支出进行期间损益制单，最后进行相应凭证的主管签字、审核，以及凭证记账。

【业务 49】 2017 年 4 月 30 日，计提并结转本月企业所得税。

步骤概要：

计提本月企业所得税的自定义转账设置并生成凭证（借记：所得税费用，贷记：应交税费/应交所得税）。

对本月企业所得税凭证进行凭证的主管审核并记账。

“所得税费用”的期间损益结转凭证的生成、主管审核与记账。

【业务 50】 2017 年 4 月 30 日，对公司账套的各个业务模块中的经济业务进行月末结账处理。

步骤概要：对采购、应付、销售、应收、库存、存货和总账模块进行期末处理和月末结账。

参考文献

[1] 李吉梅,刘大斌,等. 企业会计信息化应用——基于用友 ERP 产品微课教程[M]. 北京：清华大学出版社,2017.

[2] 李吉梅,李康,等. 企业供应链高级应用——基于用友 ERP 产品微课教程[M]. 北京：清华大学出版社,2017.

[3] 李吉梅,杜美杰,等. 企业财务业务综合应用——基于用友 ERP 产品微课教程[M]. 北京：清华大学出版社,2016.

[4] 张莉莉,李吉梅,等. 企业财务业务一体化实训教程(用友 ERP-U8.72 版)[M]. 北京：清华大学出版社,2013.

[5] 王成. 财务与供应链综合实践教程(用友 ERP-U8 V10.1) [M]. 北京：机械工业出版社,2014.

[6] 牛永芹,刘大斌,等. ERP 供应链管理系统实训教程(用友-U8 V10.1 版)[M]. 北京：高等教育出版社,2015.

[7] 陈国平,张燕,等. 会计综合模拟实验(手工账务处理)[M]. 北京：立信会计出版社,2014.

[8] 王新玲. 财务业务一体化实战演练(用友 ERP-U8.72 版)[M]. 北京：清华大学出版社,2013.

[9] 龚中华,何平,等. 用友 ERP-U8 完全使用详解[M]. 北京：人民邮电出版社,2013.

[10] 龚中华,何平,等. 用友 ERP-U8(V8.72)模拟实战——财务、供应链和生产制造[M]. 北京：人民邮电出版社,2012.

[11] 何平,龚中华,等. 用友培训教程——财务核算/供应链管理/物料需求计划 [M]. 2 版. 北京：人民邮电出版社,2010.

[12] 李爱红. 用友 ERP-U8.72 财务业务一体化实训教程[M]. 郑州：郑州大学出版社,2013.

图书资源支持

感谢您一直以来对清华版图书的支持和爱护。为了配合本书的使用，本书提供配套的资源，有需求的读者请扫描下方的“书圈”微信公众号二维码，在图书专区下载，也可以拨打电话或发送电子邮件咨询。

如果您在使用本书的过程中遇到了什么问题，或者有相关图书出版计划，也请您发邮件告诉我们，以便我们更好地为您服务。